भाषा और प्रौद्योगिकी

भाषा और प्रौद्योगिकी

डॉ. विनोद कुमार प्रसाद

वाणी प्रकाशन

वाणी प्रकाशन
4695, 21-ए, दरियागंज, नयी दिल्ली 110 002

शाखा
अशोक राजपथ, पटना 800 004

फ़ोन : +91 11 23273167 फ़ैक्स : +91 11 23275710

www.vaniprakashan.in
vaniprakashan@gmail.com
sales@vaniprakashan.in

Bhasha Aur Praudyogiki
by Dr. Vinod Kumar Prasad

ISBN : 978-81-7055-638-1
Linguistics

संस्करण 1999, 2008
आवृत्ति 2017
मूल्य : ₹895

रजौरिया प्रिंटर्स, दिल्ली-110 093 में मुद्रित

वाणी प्रकाशन का लोगो मक़बूल फ़िदा हुसेन की कूची से

वात्सल्यमूर्ति

माँ

प्रेरणास्रोत

पिता

संगिनी

पद्‌मा

और

हमारे आँगन की किलकारी

प्रियंका

प्राक्कथन

आधुनिक विज्ञान और प्रौद्योगिकी के बढ़ते प्रभाव के साथ-साथ विश्व के बहुभाषी राष्ट्रों में जनसामान्य तक वैज्ञानिक और प्रौद्योगिकीय ज्ञान के प्रचार-प्रसार को लेकर एक समस्यामूलक स्थिति बनी हुई है। आमतौर पर अंग्रेजी भाषा को ही विज्ञान और प्रौद्योगिकी की भाषा मान लिया जाता है, किन्तु वस्तुस्थिति ऐसी नहीं है। हाँ इतना अवश्य है कि अन्य भाषाओं की तुलना में अंग्रेजी में विज्ञान और प्रौद्योगिकी के क्षेत्र में बहुत अधिक काम हुआ है तथा प्रचुर मात्रा में साहित्य और संदर्भ सामग्री उपलब्ध है। भारतीय उपमहाद्वीप में अंग्रेजी भाषा के ज्ञान के अभाव में ज्ञान-विज्ञान की यह जानकारी जनसामान्य के लिए सहज ही सुलभ नहीं है। अतः तेजी से बदललते हुए संसार के सामाजिक और सांस्कृतिक स्वरूप तथा परस्पर आदान-प्रदान के फलस्वरूप काफी गहराई तक प्रभावित हो रही भारतीय संस्कृति के समस्त तत्वों की अभिव्यक्ति हेतु हिन्दी भाषा में विज्ञान और प्रौद्योगिकी से संबंधित विषयों की अभिव्यक्ति अनिवार्य हो गयी है। जनभाषा में विज्ञान और प्रौद्योगिकी संबंधी ज्ञान के अभिव्यक्ति की अनिवार्यता इसलिए और भी बढ़ जाती है क्योंकि विश्व के समस्त दर्शनों और अनुशासनों में विज्ञान और प्रौद्योगिकी का स्थान सर्वोपरि है और फिलहाल इन्हीं के साथ किसी भी देश का सामाजिक और आर्थिक विकास जुड़ा हुआ है।

इस संदर्भ में प्रस्तुत पुस्तक *'भाषा और प्रौद्योगिकी'* अपना विशेष महत्त्व रखती है। इस पुस्तक भारत में आधुनिक ज्ञान-विज्ञान के प्रचार-प्रसार के परिप्रेक्ष्य में भाषा समस्या का एक विश्लेषणात्मक अध्ययन प्रस्तुत किया गया है। विषय की प्रासंगिकता के साथ-साथ इस पुस्तक में अपनाई गयी शैली एवं दृष्टिकोण इसकी महत्ता को और अधिक बढ़ाते हैं।

इस पुस्तक के लेखक डॉ.विनोदकुमार प्रसाद उक्त विषय में न केवल एक कुशाग्र दृष्टिकोण रखते हैं, बल्कि एक मौलिक चिंतक भी हैं। हिन्दी साहित्य, तकनीकी हिन्दी भाषा, भारतीय संस्कृति और पर्यावरण आदि से संबंधित उनके कई निबंध विभिन्न पत्र-पत्रिकाओं में प्रकाशित हो चुके हैं। इनके दो काव्य संग्रह 'निर्झर' और 'श्रद्धांजलि' तथा एक अनूदित पुस्तक 'कम्प्यूटर एक परिचय' प्रकाशित हो चुकी है।

डॉ.प्रसाद 'उन्मुक्त' नामक पत्रिका के संपादक हैं तथा भारतीय प्रौद्योगिकी संस्थान, मुंबई से प्रकाशित होने वाली गृह पत्रिका 'क्षितिज' का प्रकाशन आरंभ करने में इन्होंने महत्वपूर्ण भूमिका निभाई है। इनकी उपर्युक्त कृतियों का पाठकों ने मुक्त हृदय से स्वागत किया है । किसी भी विषय के दार्शनिक एवं अनुभवमूलक परिप्रेक्ष्यों को संश्लेषित करने की उनमें विलक्षण क्षमता है। प्रस्तुत पुस्तक उनकी गहरी समझ एवं सहज लेखनशैली का परिचायक है।

प्रस्तुत पुस्तक में डॉ. विनोदकुमार प्रसाद ने हिन्दी भाषा के उद्‌भव एवं विकास, विज्ञान, प्रौद्योगिकी और समाज के आपसी संबंध, पारिभाषिक शब्दावली की भारतीय परंपरा एवं वर्तमान स्थिति, शिक्षा प्रौद्योगिकी पर एक विहंगम समीक्षा तथा विज्ञान एवं प्रौद्योगिकी के क्षेत्र में हिन्दी भाषा के प्रयोग की समस्या सहित उनके व्यावहारिक समाधान आदि से संबंधित एक सारगर्भित विवेचन प्रस्तुत किया है। आद्योपांत अवलोकन करने के पश्चात् मैं दृढ़तापूर्वक कह सकता हूँ कि यह पुस्तक अपने विषयवस्तु और प्रस्तुतीकरण के कारण विज्ञान और प्रौद्योगिकी के क्षेत्र में हिन्दी भाषा के प्रयोग का अनुशीलन तथा प्रयोजनमूलक हिन्दी का अध्ययन करने वाले स्नातकोत्तर छात्रों, प्राध्यापकों, अध्येताओं तथा सभी प्रकार के शिक्षण व्यवस्थापन से जुड़े लोगों के लिएं एक संदर्भ ग्रंथ के रूप में उपयोगी बन पड़ी है। आशा है कि देश में भारतीय भाषा के माध्यम से ज्ञान-विज्ञान के प्रचार-प्रसार और भाषिक उन्नति से सरोकार रखनेवाले सुधीपाठकों में इसे व्यापक लोकप्रियता प्राप्त होगी और पाठकगण इसका सहर्ष स्वागत करेंगे ।

प्रा.सुहास पां. सुखात्मे
निदेशक
भारतीय प्रौद्योगिकी संस्थान (आई.आई.टी.), मुंबई
पवई, मुंबई - 400 076

अपनी बात

बेबीलोन की एक प्रसिद्ध लोककथा है कि एक बार सभी बेबीलोन वासियों ने मिलकर एक मीनार बनाने का कार्य आरंभ किया। मीनार काफी तेजी से बन रही थी और बुलंदियों को छूती जा रही थी। ऐसा प्रतीत होता था कि शीघ्र ही वह ऊपर स्वर्ग से जा मिलेगी। इसे देखकर ईश्वर को मनुष्य की धृष्टता पर क्रोध आ गया और उन्हों ने उनके सम्मिलित प्रयास को समाप्त करने के लिए उनको बहुत सी भाषाएँ प्रदान कर दीं। सभी लोग भाषिक वैभिन्नता के कारण संप्रेषण की समस्या से घिर गये। आपस में समुचित संप्रेषण और तालमेल के अभाव में मीनार निर्माण के कार्य में अनेक प्रकार की बाधाएँ उत्पन्न होने लगीं और आपसी सहयोग के अभाव में उस मीनार के निर्माण का कार्य फिर कभी नहीं पूर्ण हो सका। अपूर्ण बेबीलोनी मीनार की यह कथा भाषा के संबंध में एक ऐसा महत्वपूर्ण उदाहरण प्रस्तुत करती है जो किसी भी कार्य के अपेक्षित विकास में भाषिक समस्या के कारण आनेवाली बाधाओं की ओर इंगित करता है। भाषिक विविधता ने ही सांस्कृतिक विविधता को जन्म दिया है। भाषिक और सांस्कृतिक रूप से विभाजित विश्व के विभिन्न देशों में सामाजिक - आर्थिक एवं सांस्कृतिक विकास में आनेवाली अनेकानेक व्यावहारिक बाधाओं में भाषा की समस्या एक महत्वपूर्ण एवं ज्वलंत समस्या है। भारत जैसे विविधता प्रधान देश में यह समस्या अपनी चरम सीमा पर है, अतः भारत के सामाजिक, आर्थिक और सांस्कृतिक विकास से सरोकार रखने वाले व्यक्ति इसकी ओर आकृष्ट हुए बिना नहीं रह सकते हैं। आज जब कि हम किसी भी देश के सामाजिक और आर्थिक विकास में आधुनिक विज्ञान और प्रौद्योगिकी की महत्वपूर्ण भूमिका को देखते हैं तो इस प्रकार के तकनीकी ज्ञान के सार्वजनिक प्रचार-प्रसार में संबंधित देश की जनभाषा के महत्व को रेखांकित किए बिना भी नहीं रह सकते हैं। प्रस्तुत पुस्तक का प्रतिपाद्य इसी सोच का प्रतिफल है।

प्रस्तुत पुस्तक का लेखन कार्य तकनीकी हिन्दी भाषा के प्रयोग की समस्या के परिप्रेक्ष्य में शोधपरक कार्य के पश्चात् किया गया है। इस कार्य को सम्पन्न करने में मुझे अपने गुरूजनों डॉ. ए.पी.सिंह, डॉ.रामजी तिवारी, और डॉ.चन्द्रकांत बांदिवडेकर का समय-समय पर यथोचित मार्गदर्शन मिलता रहा है। मैं उनके प्रति अपनी हार्दिक कृतज्ञता ज्ञापित करता हूँ। आई.आई.टी.मुंबई के निदेशक डॉ.सुहास पां.सुखात्मे ने

इस कार्य के दौरान मुझे सदैव प्रेरित और प्रोत्साहित किया। उन्होंने प्राक्कथन के रूप में पुस्तक की पृष्ठभूमि का सारगर्भित विवेचन लिखकर भी मुझे उपकृत किया है। मैं ऐसे प्रेरणास्रोत, सरल और सहृदय वैज्ञानिक के प्रति अपना आभार व्यक्त करने में अपने को गौरवान्वित अनुभव करता हूँ। इस महत् कार्य के दौरान मेरे इष्टमित्र सर्वश्री राम लालवाणी, डॉ.करूणाशंकर उपाध्याय, डॉ.एस.वेंकटाचलम्, डॉ.पुष्पक भट्टाचार्य, अर्जुन महतो, रामचन्द्र मिश्र, रामशरण मिश्र, प्रदीप ठोंबरे, वासुदेव हलदणकर, नवनीत खैरनार, प्रकाश वैद्य, आर.डी.तटे, पुरूषोत्तम रानडे, अजय मौर्य प्रभृति, सदैव मुझे प्रेरित और व्यक्त-अव्यक्त रूप से मेरी सहायता करते रहे हैं । मैं अपने सभी मित्रों के प्रति कृतज्ञ हूँ। आद्योपांत यह कार्य पूर्ण करने के दौरान मुझे अपनी माँ और सभी भाइयों -सुभाष, शर्मानंद (श्यामचरणदास), संतोष, तथा संदीप से जो आत्मीय सहयोग, प्रेरणा, प्रोत्साहन और स्नेह मिलता रहा है, उसकी स्मृति मेरे लिए एक धरोहर है जिसे मैं संजो कर रखना चाहूँगा और उन सभी के प्रति अपनी हार्दिक संवेदना व्यक्त करना चाहूँगा। मेरा यह सारस्वत अनुष्ठान मेरी धर्मपत्नी पद्मा के सहयोग के बिना पूरा नहीं हो सकता था। इस कार्य के दौरान हर क्षण वह मेरे साथ लगी रही और हर प्रकार से मेरी सहायता के लिए आतुर और तत्पर रही। मैं उसके त्याग, समर्पण और आत्मीयता को रेखांकित करना अपना कर्तव्य समझता हूँ।

इसी संदर्भ में मैं आई.आई.टी. मुंबई के केन्द्रीय पुस्तकालय के सभी कर्मचारियों और अधिकारियों के प्रति अपनी हार्दिक कृतज्ञता व्यक्ता करता हूँ। आप सभी ने प्रत्यक्ष-परोक्ष रूप से मेरी बहुत सहायता की है और मेरा मनोबल बढ़ाया है। वाणी प्रकाशन, नई दिल्ली के प्रबंध निदेशक श्री अरूण माहेश्वरी, जिन्होंने इस पुस्तक के प्रकाशन का गुरूतर कार्य अत्यंत कम समय में पूरा किया है, मैं उनके प्रति अपनी हार्दिक संवेदनाएँ व्यक्त करता हूँ।

अंत में मैं अपने उन समस्त सुहृदजनों तथा शुभचिंतकों के प्रति अपना आभार प्रकट करता हूँ, जिन्होंने इस पुनीत कार्य में मुझे निरंतर प्रोत्साहित और प्रेरित किया है। यद्यपि स्थानाभाव के कारण मैं उनका यहाँ समुचित उल्लेख नहीं कर पाया हूँ, तथापि उनकी स्मृति सदैव मेरे मन की गहराइयों में संचित रहेगी।

विनोद

अनुक्रमणिका

***

प्रस्तावना

भाषा की अनिवार्यता

मानव सभ्यता का चाहे कितना ही वैज्ञानिक और प्रौद्योगिक विकास क्यों न हो जाए, उत्तरोत्तर परिवर्तन और विकास के कारण नवोद्भूत भावों, विचारों और संकल्पनाओं के संप्रेषण और विचार-विनिमय का माध्यम भाषा ही रहेगी। वास्तव में मानव जीवन के विविध कार्यकलापों में अपनी महत्वपूर्ण और केन्द्रीय भूमिका के कारण भाषा से जुड़े प्रश्नों ने सदैव ही मनुष्य को अपनी ओर आकृष्ट किया है। उल्लेखनीय है कि यदि भाषा का विवेकपूर्ण ढ़ंग से प्रयोग किया जाए तो यह न केवल रूढ़ियों, कुसंस्कारों और आपसी मतभेदों को नष्ट कर सकने में सक्षम है अपितु राष्ट्रीय और अर्न्तराष्ट्रीय सद्भावना पैदा करने का भी एक सशक्त माध्यम बन सकती है। आधुनिक युग में भाषा के इस सामाजिक स्वरूप को और अधिक समृद्ध और व्यापक बनाने में आधुनिक विज्ञान और प्रौद्योगिकी का सर्वाधिक और उल्लेखनीय योगदान है। आज वे आपस में एक दूसरे के पूरक हैं। एक के बिना दूसरा अपूर्ण और अपंग है। संभवतः यही कारण है कि गत कुछ दशाब्दियों से विज्ञान और प्रौद्योगिकी संबंधी विचारधाराओं और अवधारणाओं को जनसामान्य की भाषा में प्रस्तुत करने की मांग अधिकाधिक प्रखर और व्यापक होती जा रही है।

भाषा, विज्ञान एवं प्रौद्योगिकीः एक अन्तःसंबंध

विज्ञान और प्रौद्योगिकी के साथ भाषा का एक अटूट संबंध रहा है। इतिहास इस बात का साक्षी है कि जिस देश और जाति का विज्ञान और प्रौद्योगिकी संबंधी ज्ञान जितना अधिक उन्नत रहा है, उसकी भाषा भी उतनी ही समुन्नत रही है। इस तथ्य की पुष्टि के लिए हम स्पष्ट रूप से कह सकते हैं कि पारंपरिक विज्ञान और प्रौद्योगिकी के क्षेत्र में विश्व में भारत का स्थान सर्वोपरि रहा है और भारत में भाषा अध्ययन की भी अत्यंत प्राचीन और समृद्ध परंपरा रही है। क्लासिकी भाषाओं में लैटिन और ग्रीक की अपेक्षा संस्कृत सर्वाधिक व्यवस्थित, समुन्नत और वैज्ञानिक भाषा रही है। किन्तु आधुनिक विज्ञान और प्रौद्योगिकी के क्षेत्र में जिस प्रकार भारत का योगदान नगण्य है ठीक उसी प्रकार आधुनिक भारतीय भाषाओं का योगदान भी नगण्य ही है। वर्तमान

भारत भाषा की एक अत्यंत जटिल समस्या से ग्रस्त है। इस समस्या के कारण सार्वदेशिक स्तर पर ज्ञान-विज्ञान का प्रचार-प्रसार भी ठीक से नहीं हो पा रहा है। प्रशासनिक कार्य की भाषा, लोक-संपर्क की भाषा और शिक्षण माध्यम की भाषा में व्याप्त व्यापक असमानता के कारण समेकित विकास भी बाधित है तथा सभी भारतीय भाषाओं में अपेक्षित सामंजस्य के अभाव के कारण स्वतंत्रताप्राप्ति के आज पचास वर्षों के बाद भी विदेशी भाषा अंग्रेजी का वर्चस्व ज्यों का त्यों कायम है।

प्रौद्योगिकी के क्षेत्र में आधुनिक भारतीय भाषाओं की स्थिति

विभिन्न विज्ञान मंचों, तकनीकी शिक्षा केन्द्रों, सम्मेलनों, संगोष्ठियों तथा कार्यशालाओं के माध्यम से आधुनिक विज्ञान और प्रौद्योगिकीय ज्ञान की अभिव्यक्ति के लिए भारतीय भाषाओं की भूमिका और उनकी सामर्थ्य को लेकर जो चर्चाएँ होती रहती हैं, उनके निष्कर्ष के रूप में सदैव ही विभिन्न कारण देकर इन भाषाओं को उक्त क्षेत्र में प्रयुक्त होने के लिए अयोग्य घोषित कर दिया जाता है। भारतीय संघ की राजभाषा के रूप में स्वीकृत हो जाने पर हालाकि हिन्दी भाषा को आधुनिक विज्ञान और प्रौद्योगिकी के विभिन्न विषयों की अभिव्यक्ति के योग्य समर्थ बनाने के लिए सरकारी और गैर-सरकारी प्रयासों से तकनीकी हिन्दी भाषा का निर्माण कार्य एक लम्बे अर्से से किया जा रहा है किन्तु सार्वजनिक प्रयोग के स्तर पर आकर ये समस्त प्रयास असफल साबित हो रहे हैं। यह भी एक कटु सत्य है कि आधुनिक विज्ञान और प्रौद्योगिकी ज्ञान की अभिव्यक्ति हेतु जब वास्तव में हिन्दी तकनीकी शब्दावली का अभाव था, तब हिन्दी में तकनीकी लेखन का आग्रह करने पर भारतीय वैज्ञानिक समुदाय कथित विषय की अभिव्यक्ति के लिए शब्दावली के अभाव का कारण देकर विदेशी भाषा का प्रयोग करने की अपनी बाध्यता और मजबूरी जाहिर करते हुए हिन्दी में तकनीकी शब्दावली की मांग करता था, तथा अपने विविध प्रयोजनों के लिए अंग्रेजी का ही प्रयोग करता था। इस अभाव की पूर्ति के लिए स्वैच्छिक तथा शासकीय स्तर पर एक सुनियोजित कार्यक्रम के अन्तर्गत व्यापक रूप से पारिभाषिक शब्दावली का निर्माण किया गया। यद्यपि पारिभाषिक शब्दावली का अभाव लगभग दूर किया जा चुका है तथापि आज भी उक्त समस्या ज्यों की त्यों बनी हुई है। शब्दावली निर्माण का यह महत् और श्रमसाध्य कार्य जिनके लिए किया गया है वही लोग आज इसे दुर्बोध, अप्रचलित, अव्यावहारिक, दुरूह, संबंधित अवधारणा की अभिव्यक्ति के लिए अक्षम आदि .... आदि ...... आरोप लगा कर उसे स्वीकार करने से कतरा रहे हैं और अपने उद्देश्यों की पूर्ति के लिए आज भी अंग्रेजी भाषा का ही अनिवार्य रूप से उपयोग कर रहे हैं। देश में आज भी तकनीकी शिक्षण की माध्यम भाषा अंग्रेजी ही बनी हुई है जबकि वर्तमान परिस्थितियों में प्रगतिमूलक आत्मनिर्भरता के लिए ज्ञान-विज्ञान का शिक्षण-प्रशिक्षण जनभाषा के माध्यम से किया जाना अनिवार्य

है जिससे कि एक लोकोपयुक्त प्रौद्योगिकी के विकास पर बल दिया जा सके।

भाषिक रूढ़िवाद

वर्तमान वैज्ञानिक समुदाय एक ओर जहाँ मानव जीवन से रूढ़ियों और अंधविश्वासों का पर्दाफाश करने तथा प्रकृति के विभिन्न रहस्यों से पर्दा उठाकर मनुष्य को उसकी निहित शक्तियों और सामर्थ्य से अवगत कराने के महान कार्य में लगा है, वहीं हम देखते हैं कि भारतीय वैज्ञानिक समुदाय इस रूढ़ि से जकड़ता ही जा रहा है कि आधुनिक विज्ञान और प्रौद्योगिकी संबंधी ज्ञान की अभिव्यक्ति भारतीय भाषाओं में नहीं हो सकती। आज जब कि विज्ञान और प्रौद्योगिकी जन-जीवन का अभिन्न अंग बन चुके हैं और उनके बिना किसी भी देश का विकास संभव नहीं है, हमारे देश का शिक्षित व्यक्ति भी उन्हें हौवा समझता है और इस कुंठा से ग्रसित है कि अपनी भाषाओं के माध्यम से वह उनका ज्ञानार्जन अथवा ज्ञानदान नहीं कर सकता। इससे यह खतरा पैदा हो गया है कि देश के लगभग 98 प्रतिशत लोग जिनमें अंग्रेजी जानने वालों का भी समावेश है, विज्ञान और प्रौद्योगिकी ज्ञान के अभाव में अनाधुनिकता और अवैज्ञानिकता के अंधकार में ढकेल दिए जाएंगे और पाश्चात्य सांस्कृतिक प्रभाव में आकार अपनी सांस्कृतिक अस्मिता भी खो बैठेंगे।

भाषा के कारण असमानता

हालांकि विश्व के विकसित देशों की तरह आज भारत में भी साहित्य, समाज विज्ञान, विज्ञान, अभियांत्रिकी और प्रौद्योगिकी में उच्चस्तरीय शिक्षा और अनुसंधान की उत्कृष्ट व्यवस्था है, किन्तु यह संपूर्ण व्यवस्था विदेशी पद्धति और एक विदेशी भाषा में होने के कारण देश की अधिसंख्य जनता अथवा जनसामान्य के लिए अनुपयोगी और अप्राप्य है। यह मात्र कुछ प्रतिशत लोगों की ही पूँजी बन कर रह गयी है। जनसाधारण तक तकनीकी ज्ञान के प्रचार-प्रसार का जहाँ तक सवाल है, वर्तमान शिक्षा पद्धति में भाषा की असमानता के कारण अनेकों कठिनाइयाँ हैं। अंग्रेजी भाषा में उपलब्ध तकनीकी ज्ञान तथा वस्तुओं और सेवाओं की उपलब्धता के बावजूद उत्पादक जनबल वर्ग में व्यापक स्तर पर परनिर्भरता और बेरोजगारी फैली हुई है। एक ओर जहाँ सुदूर गांवों, वनों, पहाड़ों और सीमाओं पर बसा भारतीय समुदाय आज भी भाषागत विषमता के कारण अज्ञान के अंधकार में उपेक्षित पड़ा है, वहीं दूसरी ओर विज्ञान और प्रौद्योगिकी ज्ञान के क्षेत्र में देश का प्रतिनिधित्व करने वाले वैज्ञानिक समुदाय की अन्तर्राष्ट्रीय उपादेयता भी अत्यंत निम्नकोटि की है। यह भारत के आम आदमी का नहीं अपितु वर्तमान भारतीय वैज्ञानिकों, प्रौद्योगिकीविदों, अप्रवासी भारतीय वैज्ञानिकों, प्रौद्योगिकीविदों और विदेशी विशेषज्ञों के विचारों का निष्कर्ष है।

विज्ञान और प्रौद्योगिकी के इस विशाल खोजी विश्व में इक्के-दुक्कों को छोड़कर न ही हमारे तमाम विश्वविद्यालय और न ही अनेकों राष्ट्रीय प्रयोगशालाएँ, जहाँ अंग्रेजी भाषा का ही वर्चस्व है, यह दावा पेश कर सकती हैं कि आधुनिक विज्ञान और प्रौद्योगिकी के क्षेत्र में हमारा यह विशिष्ट योगदान है। जबकि यह एक ऐतिहासिक वास्तविकता है कि प्राचीन काल में अपनी भाषा में ज्ञान-विज्ञान का अध्ययन-अध्यापन होने के कारण तत्कालीन भारत विज्ञान और प्रौद्योगिकी के क्षेत्र में विश्व में शीर्ष स्थान पर था। यद्यपि वर्तमान आंकड़ों के अनुसार विश्व में तकनीकी जनबल के स्तर पर भारत का शीर्षस्थ दस देशों में अपना एक महत्वपूर्ण स्थान है और अंग्रेजी भाषा में समुचित शिक्षा व्यवस्था के साथ-साथ आधुनिक विज्ञान और प्रौद्योगिकी संबंधी ढांचागत सुविधाओं की प्रचुरता भी है तथापि आज भी हमारे पास राष्ट्रीय आवश्यकताओं के अनुरूप सुविधाओं और सेवाओं का पर्याप्त अभाव है। उक्त क्षेत्र में अन्तर्राष्ट्रीय स्तर पर भी हमारा प्रदर्शन नगण्य है। विदेशों से आज भी प्रौद्योगिकी का आयात करना हमारी मजबूरी है।

मौलिक चिंतन का अभाव

विज्ञान और प्रौद्योगिकी के क्षेत्र में फिलहाल भारत में उपलब्ध ढांचागत सुविधाओं का एक विहंगावलोकन करने पर हम सहज ही विश्वास कर सकते हैं कि हमारा देश आधुनिक विज्ञान और प्रौद्योगिकी के क्षेत्र में पर्याप्त विकसित है, किन्तु ईमानदारी और सच्चाई से किया गया एक समीक्षात्मक और विश्लेषणात्मक निरीक्षण करने पर हम पाते हैं कि उक्त क्षेत्र में प्रदर्शित विशालतम् ढांचा सरकार द्वारा किए गये भारी पूँजी निवेश का परिणाम है, न कि हमारी अपनी मौलिक वैज्ञानिक क्षमता का। कोई भी विशाल ढांचा अपने आप में वैज्ञानिक प्रगति की कोई गारंटी नहीं दे सकता जब तक कि देश में मौलिकता का विकास न हो। यह मौलिकता अपनी भाषा में सोच-विचार के फलस्वरूप ही पैदा हो सकती है। यह सत्य है कि आधुनिक भारत में स्वभाषा में मौलिक चिंतन के अभाव में वैज्ञानिक प्रगति काफी हद तक अवरूद्ध रही है और संभवतः इसी कारण इस युग में कभी भी तीव्र और गतिशील विकास का अनुभव नहीं किया गया है। देश में विज्ञान और प्रौद्योगिकी के क्षेत्र में अब तक की सारी प्रगति आयातीत ज्ञान-विज्ञान तथा प्रौद्योगिकीय वस्तुओं और सेवाओं पर आधारित रही है।

हम तकनीकी जनबल की संख्या गिनाकर और संस्थापन तथा ढांचागत सुविधाएँ दिखाकर देश को संतुष्ट नहीं कर सकते। जब इतना कुछ हमारे पास है जैसा कि सरकारी प्रतिवेदनों में प्रस्तुत किया जाता है अथवा विभिन्न राजनैतिक और वैज्ञानिक मंचों से घोषित किया जाता है, तो विचारणीय प्रश्न है कि अब तक हमारे देश में वैज्ञानिक तेवर क्यों नहीं बन पाया है ? अवैज्ञानिकता और अनाधुनिकता का खतरा

क्यों उठ रहा है? विज्ञान और प्रौद्योगिकी की शिक्षा पूरे देश में सर्वत्र समान रूप से क्यों उपलब्ध नहीं है? क्यों देश की लगभग 98 प्रतिशत जनसंख्या आज भी विज्ञान-ज्ञान के अभाव में उपेक्षित है जबकि विश्व के अन्य देश जहाँ शिक्षा का माध्यम उनकी अपनी भाषाएँ हैं, तकनीकी ज्ञान के शीर्ष पर अवस्थित हैं। पाश्चात्य देश जिनका कि अनुकरण करने में हम अपने को धन्य समझते हैं क्यों नहीं उन्हीं की भाँति हम भी अपनी भाषाओं को शिक्षा का माध्यम बनाते ? अपनी भाषा में ज्ञान-विज्ञान का शिक्षण-प्रशिक्षण करने के कारण ही वे देश आज विश्व में अग्रणी हैं, इस वास्तविकता को हम क्यों भूल जाते हैं ? उक्त संदर्भ में गत पचास वर्षों की उपलब्धियों को देखते हुए भी हमें यह सोचने के लिए बाध्य होना पड़ता है कि स्वतंत्र भारत में विज्ञान और प्रौद्योगिकी का लक्ष्य क्या है ? उस लक्ष्य की प्राप्ति में हम कहाँ तक सफल हुए हैं ? इस प्रकार के अनेकानेक प्रश्न उठाए जा रहे हैं और उनका उठना स्वाभाविक और उचित भी है। हमारे देश को विशेष रूप से क्या चाहिए ऐसे लक्ष्य निर्देशित कार्यकलापों की जगह, पाश्चात्य देशों में क्या हो रहा है, वह करने की हमारे वैज्ञानिकों में अधिक उत्सुकता दिखाई देती है, जबकि तथाकथित अन्तर्राष्ट्रीयता के भ्रम में हम विज्ञान के क्षेत्र में अपनी राष्ट्रीय छवि तक बनाने में असमर्थ रहे हैं। देश के कुछ हिस्सों में विशेषकर महानगरों में तो हमें विज्ञान और प्रौद्योगिकी प्रदत्त भौतिक सुख-सुविधाएँ प्रचुर मात्रा में दिखाई देती हैं, किन्तु आज भी भारत के ग्रामीण क्षेत्रों, सुदूर क्षेत्रों में बुनियादी आवश्यकताओं के अभाव सहित अशिक्षा, पिछड़ापन और अज्ञान का अंधकार सर्वत्र व्याप्त है।

उपर्युक्त प्रश्नों पर गंभीरतापूर्वक विचार करने पर हम पाते हैं कि अन्य बातों के अलावा देश की वर्तमान भाषा समस्या भी इस पिछड़ेपन के मूल कारणों में से एक है। भाषा के प्रश्न पर हमारे देश में न ही अब तक कोई आम राय नहीं बन पाई है और न ही कोई समुचित समाधान निकल पाया है। इसके विपरीत वस्तुस्थिति यह है कि जब भी हिन्दी माध्यम से तकनीकी शिक्षा प्रदान करने की बात उठती है तो तुरंत ही उसके विरूद्ध यह एक स्थापित तर्क प्रस्तुत कर दिया जाता है कि यह भाषा ठीक इसी समय प्रयोग में लाने के लिए पर्याप्त विकसित नहीं है। उक्त उद्देश्य के लिए पहले इसका आधुनिक और समर्थ होना आवश्यक है। जबकि वस्तुस्थिति का अनुशीलन करने पर हम पाते हैं कि सभी भारतीय भाषाओं के सम्यक योगदान से निर्मित तकनीकी हिन्दी इतनी अधिक अक्षम भी नहीं है कि विचाराधीन उद्देश्य के लिए उसका आधुनिकीकरण की प्रक्रिया से गुजरना आवश्यक है। हालांकि बदलते परिवेश के साथ-साथ भाषा की प्रकृति और शब्दावली में स्वाभाविक रूप से परिवर्तन होता ही रहता है। हिन्दी भाषा में संतुलित और अपेक्षित शब्दावली तथा साहित्य उपलब्ध होने के बावजूद विज्ञान और प्रौद्योगिकी के क्षेत्र में इसके प्रयोग को स्थगित रखना अनुचित है। इस तर्क के आधार पर किसी भाषा के प्रयोग को बाधित करना कि अभी

वह विकसित नहीं हुई है तो ऐसी स्थिति में उस भाषा का कभी अपेक्षित विकास नहीं हो सकता, क्योंकि भाषा प्रयोग से विकसित होती और निखरती है, किसी प्रयोगशाला अथवा अनुवादशाला की परखनली में उसका निर्माण और विकास कभी नहीं किया जा सकता। अंग्रेजी भाषा इसका प्रत्यक्ष प्रमाण है।

चिंतन में विरोधाभास

उक्त संबंध में यह भी उल्लेखनीय है कि जहाँ एक ओर विज्ञान जगत में यह आमधारणा है कि विज्ञान की कोई भाषा नहीं होती, उसकी अभिव्यक्ति मानव की किसी भी भाषा में सहज संभाव्य है, वहीं दूसरी ओर पाश्चात्य देशों की कुछ भाषाओं को छोड़कर विश्व की अन्य भाषाओं को आधुनिक विज्ञान और प्रौद्योगिकी के क्षेत्र में अभिव्यक्ति के स्तर पर अक्षम अथवा कमजोर माना जाता है। यह एक विचित्र विरोधाभास हैं। हमारे देश में भी यह विरोधाभास अपनी चरम सीमा पर पहुंचा हुआ है। किसी काल में अपनी ही भाषाओं के माध्यम से ज्ञान-विज्ञान के क्षेत्र में शीर्ष स्थान पर अवस्थित भारत देश जहाँ विज्ञान सहित विभिन्न प्रकार के गूढ़तर विषयों की अभिव्यक्ति में समर्थ और सक्षम भाषाओं की सुदीर्घ परंपरा रही है, वहीं आज यह प्रवृत्ति देखने को मिल रही है कि उनकी अपनी ही भाषाएँ आधुनिक विज्ञान और प्रौद्योगिकी के क्षेत्र में अथवा शासन के कार्यों में प्रयुक्त होने के लिए असमर्थ हैं। वर्तमान भारत की यह सच्चाई है कि संघ की राजभाषा, लोकसंपर्क भाषा तथा तकनीकी ज्ञान की अभिव्यक्ति में समुचित रूप से समर्थ होने के बावजूद हिन्दी भाषा का पर्याप्त उपयोग नहीं हो रहा है जब कि भारत का संविधान उसे अपने देश की जनसंपर्क भाषा और अपनी सामासिक संस्कृति के समस्त तत्वों की अभिव्यक्ति का माध्यम घोषित करता है। देश के आर्थिक और सामाजिक विकास में इस भाषा की अनिवार्य भूमिका है और आज जबकि विज्ञान और प्रौद्योगिकी को आर्थिक और सामाजिक विकास का सशक्त माध्यम माना जा रहा है, ऐसे में भारत में हिन्दी भाषा की भूमिका और भी महत्वपूर्ण हो जाती है।

उपर्युक्त विवेचन से यह स्पष्ट है कि भारत में भाषा की समस्या के साथ-साथ आधुनिक विज्ञान और प्रौद्योगिकी संबंधी ज्ञान के प्रचार-प्रसार की भी एक गंभीर समस्या व्याप्त है। इस समस्या के समाधान में हिन्दी भाषा की एक महत्वपूर्ण भूमिका हो सकती है. बशर्ते हम उसका समुचित उपयोग करें। किन्तु आधुनिक विज्ञान और प्रौद्योगिकी के क्षेत्र में हिन्दी भाषा के प्रयोग से संबंधित कुछ भ्रामक एवं कुछ व्यावहारिक समस्याएँ हैं। प्रस्तुत पुस्तक में इन्हीं समस्याओं पर व्यापक रूप से विचार करने का प्रयास किया गया है। पुस्तक के विषयवस्तु को मुख्यतः पाँच अध्यायों में विभक्त किया गया है जिनका संक्षिप्त सार निम्नांकित प्रकार से है :

अध्याय 1

इस अध्याय में ऐतिहासिक, भाषा-साहित्यिक और भाषा-वैज्ञानिक दृष्टि से हिन्दी भाषा के उद्भव और विकास पर प्रकाश डालते हुए तकनीकी हिन्दी भाषा के क्रमिक विकास का एक सर्वेक्षण प्रस्तुत किया गया है। इसी प्रकार पारंपरिक भारतीय विज्ञान और प्रौद्योगिकी की समृद्ध परंपरा को रेखांकित करते हुए उक्त क्षेत्र में भारतीय भाषाओं के प्रयोग और सार्वदेशिक स्तर पर तकनीकी ज्ञान के प्रचार-प्रसार की आवश्यकता और औचित्य पर भी विचार किया गया है। इस अध्याय में पारंपरिक और आधुनिक विज्ञान और प्रौद्योगिकी का तुलनात्मक अध्ययन प्रस्तुत करते हुए उक्त क्षेत्र में भारत के योगदान को भी रेखांकित किया गया है।

अध्याय 2

दूसरे अध्याय में विज्ञान और प्रौद्योगिकी के स्वरूप की व्यापक विवेचना करते हुए जनसामान्य के साथ उनके संबंधों को रेखांकित किया गया है। इस अध्याय में एक ओर जहाँ सामाजिक और आर्थिक उत्थानोपतन में विज्ञान और प्रौद्योगिकी की भूमिका का विवेचन किया गया है, वहीं दूसरी ओर कथित समाज में ज्ञान-विज्ञान के संप्रेषण में जनभाषा की भूमिका और महत्ता का प्रतिपादन भी किया गया है। देश में अंग्रेजी भाषा के सहारे गत पचास वर्षों में हुई वैज्ञानिक और प्रौद्योगिक प्रगति का भी एक संक्षिप्त लेखा-जोखा प्रस्तुत किया गया है।

अध्याय 3

तकनीकी ज्ञान की अभिव्यक्ति का महत्वपूर्ण दायित्व भाषा में प्रयुक्त तकनीकी शब्दावली का होता है। यह शब्दावली ही भाषा को शास्त्रीय भाषा के रूप में प्रतिष्ठित करती है। वर्तमान भारत में मुख्यतः वैज्ञानिक समुदाय की यह आमधारणा है कि आधुनिक विज्ञान और प्रौद्योगिकी की अभिव्यक्ति के लिए उक्त प्रकार की पारिभाषिक शब्दावली केवल अंग्रेजी भाषा में ही विद्यमान है, अतः विश्व की अन्य भाषाओं की अपेक्षा तकनीकी ज्ञान की अभिव्यक्ति में अंग्रेजी का ही प्रयोग संभव है। अंग्रेजी भाषा को अन्तर्राष्ट्रीय भाषा मानते हुए तकनीकी ज्ञान के सार्वभौमिक विस्तार की दृष्टि से हमारे देश की शिक्षा पद्धति में भी अंग्रेजी भाषा को ही प्रधानता और प्राथमिकता दी गयी है। उच्चस्तरीय तकनीकी शिक्षा में तो अंग्रेजी का मानो एकाधिकार ही है। विवेच्य अध्याय में इस मिथ्या अवधारणा के विपरीत वर्तमान भारत में वर्द्धमान भाषिक चेतना के परिप्रेक्ष्य में एक लम्बे अर्से से हिन्दी में हो रहे पारिभाषिक शब्दावली निर्माण की परंपराओं का व्यापक विवेचन प्रस्तुत किया गया है तथा आधुनिक पारिभाषिक एवं विज्ञान की अन्तर्राष्ट्रीय शब्दावली का समीक्षात्मक अध्ययन प्रस्तुत किया गया है।

अध्याय 4

चौथे अध्याय में विवेच्य समस्या के संबंध में कहाँ-कहाँ रिक्तियाँ हैं, और कहाँ - कहाँ उनको भरने की आवशकता है? विज्ञान और प्रौद्योगिकी संबंधी विषयों के शिक्षण माध्यम के रूप में भारतीय भाषाएँ और विशेषकर हिन्दी भाषा क्यों अधिक लोकप्रिय, रूचिकर और सफल नहीं हो पा रही है ? अध्यापकों और विद्यार्थियों में इसके प्रति अपेक्षित रूचि क्यों नहीं जागृत हो पाई है? क्यों अधिकांश अध्यापक और विद्यार्थी भारतीय भाषाओं की ओर आकृष्ट नहीं हो रहे हैं? आधुनिक विज्ञान की हिन्दी पारिभाषिक शब्दावली और अन्तर्राष्ट्रीय प्रतीकों को प्रयुक्त कर के हिन्दी को किस प्रकार और अधिक लोकप्रिय बनाया जा सकता है? किस प्रकार स्वदेशी भाषा माध्यम से सार्वदेशिक स्तर पर विज्ञान और प्रौद्योगिकी का व्यापक प्रचार-प्रसार किया जा सकता है? देश में क्यों अंग्रेजी माध्यम छूट नहीं रहा है ? विवेच्य समस्या के कारण और निवारण में अनुवाद जैसे कार्यों का क्या योगदान है ? नवनिर्मित आधुनिक पारिभाषिक शब्दावली का इसके कारण और निवारण में क्या योगदान है ? शिक्षा व्यवस्था इसके लिए कहाँ तक उत्तरदायी है ? साहित्य सामग्री तथा अन्य शैक्षिक उपदानों की क्या भूमिका है ? वैज्ञानिकों, साहित्यकारों और जनसामान्य की इसमें क्या भूमिका है ? रोजगार व्यवस्था में कहाँ और कैसी कमियाँ है ? सरकारी अभिकरण इस समस्या के पोषण और समाधान के लिए कहाँ तक उत्तरदायी हैं ? जैसे अनेक प्रश्नों के आलोक में सामाजिक - आर्थिक - शैक्षिक - मनोवैज्ञानिक - राजनैतिक आदि विविध परिप्रेक्ष्यों में विज्ञान और प्रौद्योगिकी के क्षेत्र में हिन्दी भाषा के प्रयोग की समस्या का समाधानपरक अध्ययन प्रस्तुत किया गया है ।

अध्याय 5

पांचवे अध्याय में हिन्दी में उपलब्ध यांत्रिक सुविधाओं का समीक्षात्मक अध्ययन प्रस्तुत किया गया है । उल्लेखनीय है कि किसी भी भाषा के चतुर्दिक विकास के लिए समकालीन प्रौद्योगिकी द्वारा सृजित यांत्रिक सुविधाओं की उपलब्धता अनिवार्य है । यांत्रिक सुविधाओं की उपलब्धता मनुष्य की दक्षता और कार्यकुशलता को व्यापक रूप से प्रभावित करती है । इन्हीं के माध्यम से मनुष्य क्रमशः प्राचीनता से नवीनता और आधुनिकता से अत्याधुनिकता की ओर अग्रसर हुआ है । भाषा के उद्भव और उत्तरोत्तर विकास की भी लगभग यही कहानी है । भाषा के विकास और लिपियों के स्थिरीकरण में यंत्रों का भी सम्यक योगदान रहा है । इस अध्याय में अंग्रेजी भाषा की तुलना में हिन्दी भाषा (देवनागरी लिपि) में उपलब्ध यांत्रिक सुविधाओं की वर्तमान स्थिति, उनकी लिपिगत समस्या और विवेच्य समस्या के कारण और निवारण में यांत्रिक सुविधाओं (संगणक प्रौद्योगिकी, शिक्षा प्रौद्योगिकी आदि) के परिप्रेक्ष्य में व्यापक रूप से विचार किया गया है।

इस पुस्तक के प्रणयन में ऐतिहासिक, अनुभूतिमूलक तथा विश्लेषणात्मक दृष्टिकोण रखा गया है । उपलब्ध ऐतिहासिक और वर्तमान साहित्य सामग्री के सर्वेक्षण, भारत में अभियांत्रिकी एवं प्रौद्योगिकी शिक्षा के क्षेत्र में अग्रणी भारतीय प्रौद्योगिकी संस्थानों (आई. आई. टी.) जैसी शिक्षा संस्थाओं, विश्वविद्यालय के तकनीकी शिक्षण तथा भाषा और साहित्य से जुड़े प्राध्यापकों, छात्रों और शिक्षा व्यवस्थापकों तथा राजभाषा कार्यान्वयन से जुड़े व्यक्तियों के साक्षात्कार, उक्त संबंध में देश-विदेश में हुए सम्मेलनों, संगोष्ठियों, कार्यशालाओं, परिसंवादों आदि की प्रकाशित कार्यवाहियों, विभिन्न विश्वकोशों, थिसारसों, संगठनों एवं संबंधित सरकारी संस्थाओं के वार्षिक प्रतिवेदनों आदि को संदर्भ रूप में लेकर गहन अध्ययन के पश्चात यह पुस्तक लिखी गयी है । प्रत्येक अध्याय के अंत में अपेक्षित संदर्भ सामग्री का उल्लेख किया गया है।

* * *

प्रथम अध्याय

भारत में तकनीकी हिन्दी का विकास : एक सर्वेक्षण

परिवर्तन के इस दौर में वैश्विक धरातल पर आर्थिक और प्रौद्योगिक उन्नति का विशेष महत्व है। आर्थिक उत्थान का सबसे महत्वपूर्ण माध्यम प्रौद्योगिक विकास को ही माना जा रहा है। वर्तमान परिवेश में एक आधुनिक राष्ट्र के रुप में विकसित होने के लिए भारत को गतिशील सामाजिक और आर्थिक परिवर्तनों की आवश्यकता है। भारत जो अब तक विदेशी विज्ञान और प्रौद्योगिकी के सहारे विकास की सीढ़ियाँ चढ़ता रहा है, वर्तमान स्थिति में उसके लिए विदेशी प्रौद्योगिकी के बावजूद अपनी परिस्थितियों, पर्यावरण और आवश्यकताओं के अनुसार विज्ञान और प्रौद्योगिकी को विकसित करना अनिवार्य है। आज की इस संक्रमण बेला में सर्वसाधारण के लिए जब भी विज्ञान और प्रौद्योगिकी के विकास का प्रश्न उठेगा, भाषा का प्रश्न सबसे पहले उठेगा, क्योंकि उनकी अपनी भाषा के अलावा सर्वसाधारण तक ज्ञान-विज्ञान की जानकारी अपेक्षित रूप में नहीं पहुँचाई जा सकती। इतिहास भी इस बात का साक्षी है कि व्यापक स्तर पर ज्ञान-विज्ञान का प्रचार-प्रसार अंततः जनभाषा के माध्यम से ही संभव होता रहा है। वस्तुतः भाषा एक आर्गनिज्म यानी जीवाणु की तरह होती है। उसके विकास के लिए अनुकूल पर्यावरण, वातावरण और संवेदना की आवश्यकता होती है जो एक व्यापक जनाधार से ही प्राप्त हो सकती है। भाषाएँ भी निरंतर अपने विकास के लिए संभावनाओं की तलाश करती रहती हैं जिससे त्वरित गति से होने वाले परिवर्तनों में भी उनकी प्रासंगिकता बनी रहे। आर्थिक और सामाजिक परिवर्तन के साथ-साथ अपनी भाषा में भी निरंतर परिवर्द्धन करते रहना ही किसी भी स्वस्थ समाज का लक्षण है।

उल्लेखनीय है कि भारत अब तक मात्र एक सांस्कृतिक और आध्यात्मिक तेवर वाले सामाजिक ढांचे में ही विकसित होता रहा है। किन्तु आज जब कि यह निश्चित हो चुका है कि किसी भी देश का विकास उसकी आर्थिक प्रगति पर निर्भर करेगा और आर्थिक प्रगति विज्ञान और प्रौद्योगिकी पर निर्भर है तो ऐसी स्थिति में भारत के लिए यह भी अत्यानिवार्य है कि वह भी व्यापक स्तर पर विज्ञान और प्रौद्योगिकी के क्षेत्र में प्रगति करे। ऐसा नहीं है कि भारत ने इस दिशा में अभी तक सोचा ही नहीं है, अपितु

यह सत्य है कि स्वतंत्रतापूर्व काल से ही भारत में इस दिशा में अपेक्षाकृत अधिक ध्यान दिया गया है। स्वतंत्रता प्राप्ति के गत पचास वर्षों का इतिहास भी यह स्पष्ट रूप से दर्शाता है कि उक्त् क्षेत्र में बहुत अधिक ध्यान दिया गया है और अत्यधिक मात्रा में पूंजी निवेश भी किया गया है। सरकारी आंकड़ो के आधार पर विभिन्न विज्ञान मंचों से अक्सर इस बात की पुष्टि होती रहती है। यह भी उल्लेखनीय है कि भारत में विज्ञान और प्रौद्योगिकी संबंधी संपूर्ण कार्यव्यापार एक विदेशी भाषा - अंग्रेजी - के माध्यम से चलाया जाता रहा है। विज्ञान का शिक्षण-प्रशिक्षण मुख्यत: अंग्रेजी माध्यम से ही होता रहा है। तात्पर्य यह कि भारत में ज्ञान-विज्ञान का प्रचार-प्रसार अंग्रेजी के माध्यम से ही किया जा रहा है। किन्तु आज भी भारत व्यापक स्तर पर विज्ञान और प्रौद्योगिकी संबंधी ज्ञान से वंचित, अशिक्षा से ग्रसित और साधन सम्पन्न होने के वाबजूद भी आर्थिक रूप से विपन्न और पिछड़ा हुआ देश है। वर्तमान परिस्थितियों के परिप्रेक्ष्य में आर्थिक उन्नति हेतु भारत के लिए अब यह नितांत आवश्यक हो गया है कि वह विज्ञान और प्रौद्योगिकी का व्यापक स्तर पर विकास कर के एक स्वस्थ और वैज्ञानिक तेवर वाले समाज का निर्माण करे। किन्तु इसके लिए उसे अपने बहुभाषी देश की लोक-संपर्क भाषा अथवा जनभाषा हिन्दी को माध्यम के रूप में प्रयुक्त करना होगा। स्वतंत्रता संग्राम के दौरान हिन्दी ने जनजागृति की अपनी क्षमता का ठोस प्रमाण प्रस्तुत कर दिया है। किसी भी देश में सामाजिक जागृति और आर्थिक परिवर्तन किसी भी विदेशी भाषा के माध्यम से कदापि नहीं किया जा सकता, स्वतंत्र भारत के गत पचास वर्षों की उपलब्धियों ने इसे स्पष्ट कर दिया है। विज्ञान के क्षेत्र में भारत में स्थापित तर्क के विपरीत यह दृढ़तापूर्वक कहा जा सकता है कि विदेशी भाषा के माध्यम से विज्ञान और प्रौद्योगिकी संबंधी ज्ञान का व्यापक प्रचार-प्रसार कदापि नहीं किया जा सकता, सांचे में ढालने की बात ही और है।

आज भी भारत की समृद्ध परंपरा में विकसित अनेक उत्कृष्ट भाषाओं का प्रचुर भण्डार उपलब्ध है, जिसमें 18 भाषाओं (असमिया, उड़िया, उर्दू, कन्नड़, कश्मीरी, गुजराती, तमिल, तेलुगु, पंजाबी, बंगला, मराठी, मलयालम, संस्कृत, सिन्धी, हिन्दी, कोंकणी, मणिपुरी तथा नेपाली) को संवैधानिक मान्यता प्रदान की गयी है। स्वतंत्र भारत के संविधान के - भाग 5 (120), भाग 6 (210) और भाग 17 में संघ की राजभाषा नीति और राजभाषा संबंधी सांविधिक उपबंधों की पर्याप्त व्यवस्था की गयी है (अनुच्छेद 343 से 351 तक) और इन भाषाओं से संबंधित एक सूची बनाई गयी है जिसे अष्टम सूची के रूप में जाना जाता है। अष्टम् सूची में उल्लिखित सभी भारतीय मानक भाषाएँ इस देश की राष्ट्रभाषाएँ हैं और संबंधित राज्यों की राजभाषाएँ भी हैं। हिन्दी-भाषी राज्यों की राजभाषा होने के साथ - साथ हिन्दी भारतीय संघ की भी राजभाषा है। संविधान के अनुच्छेद 343 में इसका स्पष्ट उल्लेख किया गया है *भारतीय संघ की राजभाषा देवनागरी लिपि में हिन्दी होगी ।*[1] इन सभी भाषाओं का

साहित्य गुणवत्ता की दृष्टि से विश्वस्तरीय और समृद्ध है, किन्तु विज्ञान और प्रौद्योगिकी के क्षेत्र में इन सभी भारतीय भाषाओं की उपलब्धि नगण्य है। वास्तव में भारत को इन समृद्ध भाषाओं के वरदान का कोई विशेष लाभ नहीं मिला है। अपितु भाषा की विविधता की स्थिति भस्मासुर की तरह उसका अभिशाप बन गयी है। यह विडंबना ही है कि समेकित रूप में ताल-मेल बैठाकर विकास करने और विदेशी भाषा से निजात पाने की बजाय सभी भारतीय भाषाओं में अनपेक्षित असहयोग और असंतुलन के कारण एक भयानक स्थिति पैदा हो गयी है। ऐसी ही स्थिति से उबरने तथा इस बहुभाषिक देश की विभिन्न भाषाओं में ताल-मेल और आपसी सौहार्द्र बढ़ा कर विकास करने के उद्देश्य से ही संविधान सभा ने हिन्दी भाषा का चुनाव किया था और उसे इस देश के ज्ञान-विज्ञान, संस्कृति और सभ्यता की समन्वयक वाहिका बनाने के लिए संविधान के अनुच्छेद 351 में सरकार से यह स्पष्ट अनुरोध किया था कि वह हिन्दी का प्रचार-प्रसार और विकास इस प्रकार करे जिससे कि हिन्दी भारत की सामासिक संस्कृति के समस्त तत्वों की अभिव्यक्ति का एक सशक्त माध्यम बन सके। वह भाषा की समृद्धि के लिए ऐसी व्यवस्था करे कि हिन्दुस्तानी तथा अष्टम सूची में परिगणित अन्य भाषाओं के रूप, शैली और मुहावरे आदि अपनाने पर भी हिन्दी की प्रकृति अक्षुण बनी रहे।[2]

चूँकि इस समय संसार के समस्त दर्शनों और अनुशासनों में विज्ञान और प्रौद्योगिकी का स्थान सर्वोपरि है अतः तेजी से बदलते हुए संसार के सामाजिक और सांस्कृतिक स्वरूप तथा परस्पर आदान-प्रदान के फलस्वरूप काफी गहराई तक प्रभावित हो रही भारतीय संस्कृति के समस्त तत्वों की अभिव्यक्ति हेतु हिन्दी भाषा में विज्ञान और प्रौद्योगिकी से संबंधित विषयों की अभिव्यक्ति आज अनिवार्य हो गयी है। यद्यपि यह एक राष्ट्रीय समस्या है और इसके समाधान हेतु राष्ट्रीय दृष्टिकोण अपनाना ज़रुरी है, तथापि राष्ट्रीय स्तर पर इस संबंध में गहरी सोच का एकांत अभाव दृष्टिगोचर होता है और कुनियोजित कार्यक्रमों पर हमारे संसाधनों का अपव्यय हो रहा है ।

आज की अधिकांश समस्याओं के मूल हमें अतीत की गहराइयों में मिलते हैं। यह सर्वविदित है कि किसी भी समस्या का निदान हो जाने पर उसे निर्मूल करने का प्रयास किया जाता है। आज जब कि यह प्रत्यक्ष है कि भारत की बहुभाषिक संस्कृति में अपने विकासात्मक कार्यक्रमों को सार्वजनिक रूप से चलाने के लिए भाषा माध्यम की एक विकट समस्या मौजूद है तथा भारतीय भाषाओं की अनेकता और उपयुक्त सामंजस्य के अभाव में भारत को अपने पुनरूत्थान काल से ही एक विदेशी भाषा का सहारा लेना पड़ा है तथा आरंभ से ही हम इस समस्या के प्रति सचेत भी रहे हैं और इसकी गंभीरता से भलि-भाँति परिचित हैं, फिर भी हम इसका कोई समुचित हल क्यों नही

ढूंढ पाए हैं? वस्तुतः सच्चाई यह है कि विभिन्न प्रकार के सामाजिक, आर्थिक और राजनैतिक दबाओं के कारण समस्या का समुचित समाधान न खोज पाने की वजह से हम लगातार इसे टालते आ रहे हैं। यह समस्या अब इतना गंभीर रूप धारण कर चुकी है कि इससे आज समस्त भारतीय राष्ट्रीयता और सांस्कृतिक एवं भाषिक अस्मिता का प्रश्न भी उठ खड़ा हुआ है। अतः वर्तमान परिस्थितियों में इस समस्या का समुचित समाधान निकालना अनिवार्य हो गया है। मेरी राय में भारत की वर्तमान भाषा समस्या का समाधान भी उसके अतीत की गहराइयों में ही मिलेगा। अंग्रेजों ने जिस प्रकार सुनियोजित ढंग से इस समस्या का बीज बोया था ठीक उसी प्रकार की रणनीति बनाकर और लक्ष्य प्राप्ति का दृढ़ निश्चय करके इस समस्या का समाधान किया सकता है।

उल्लेखनीय है, अंग्रेजी भाषा के प्रवेश के पूर्व, सत्रहवीं शताब्दी में एशिया में विज्ञान का विकास अपनी चरम ऊंचाई तक पहुंचा हुआ था। चीन, हिन्दुस्तान और अरब आदि देशों के पास विज्ञान की अपनी एक उन्नत भाषा थी। तत्कालीन विश्व में विज्ञान और प्रौद्योगिकी के क्षेत्र में इनकी काफी प्रतिष्ठा भी थी। किन्तु दीर्घकालीन औपनिवेशिकता के कारण हमारा वर्तमान समाज बौद्धिक विकलांगता की स्थिति में आ गया है। यही कारण है कि स्वदेशी भाषा में विज्ञान और प्रौद्योगिकी की बात आते ही चारों ओर हाय-तौबा मच जाती है। इस हाय-तौबा की मन:स्थिति का विरोध करते हुए प्रसिद्ध भारतीय वैज्ञानिक प्राध्यापक एम.जी.के.मेनन ने जुलाई 1971 में मद्रास आई.आई.टी. के दीक्षांत समारोह के अवसर पर अपना विचार व्यक्त करते हुए कहा था - *देश में विज्ञान और प्रौद्योगिकी का विकास पूरी तरह अंग्रेजी पर आधारित रहा है। इस देश का आभिजात्य वर्ग यहाँ के विशाल जनसमुदाय के ऊपर एक पतले छिलके का अंश मात्र है। आवश्यकता इस बात कि है कि किसी न किसी विन्दु पर शुरुआत की जाए। ऐसे केन्द्रों की आवश्यकता है जिनमें इस तरह का नेतृत्व तैयार किया जा सके वरना यह कैसे संभव है कि इस लक्ष्मण रेखा का उल्लंघन करके विज्ञान के क्षेत्र में विस्तृत वैज्ञानिक समुदाय का विकास हो सकेगा और राष्ट्र में वैज्ञानिक तेवर निर्मित किया जा सकेगा।*[3] यह कथन स्पष्ट रूप से यह संकेत देता है कि हम एक विशिष्ट वर्ग तक अपने को सीमित नहीं रख सकते। उस विशाल जन समुदाय को भी अपने साथ लेना होगा जो छूटा हुआ है लेकिन अपना महत्वपूर्ण योगदान दे सकता है। अपने प्रयासों में उन्हें भागीदार बनाना है। मानव क्षमताओं का वह अनछुआ भण्डार संभवतः अंग्रेजी जानने वाले अत्यधिक सीमित वर्ग से कहीं ज्यादा महत्वपूर्ण है।

जैसा कि ऊपर कहा जा चुका है , प्राचीन एशियाई देशों - चीन, भारत, अरब देश आदि के पास विज्ञान की उन्नत भाषा थी और इन देशों के लोग इन्हीं भाषाओं

के माध्यम से विज्ञान और प्रौद्योगिकी से जुड़े हुए थे। इसलिए उस काल में एशिया का विज्ञान सर्वाधिक विकसित और समुन्नत था। भारत का वस्त्रोद्योग जिसमें ढाका का मलमल जगप्रसिद्ध है (*हजारों वर्ष पुराने मिस्त्र देश के पिरामिडों में रखे गये ममी भारतीय मलमल कपड़े में ही लपेटे गये हैं।*) रासायनिक प्रौद्योगिकी, चिकित्सा (आयुर्वेद) धातुकी तथा शिल्पकारी और अभिकल्पन (*जयपुर की सवाई मानसिंह वेधशाला*) आदि समुन्नत भारतीय प्रौद्योगिकी के उदाहरण हैं। शून्य (0) सहित 1 से 9 तक के अंकों की खोज, शुद्ध विज्ञान के रुप में गणित, खगोलशास्त्र तथा आध्यात्मिक-विज्ञान ज्योतिषशास्त्र का विकास भारत में अपनी चरम सीमा पर था। यूरोपीय देश इनसे निरंतर लाभान्वित हो रहे थे। किन्तु कालांतर में इन देशों की राजनैतिक स्थिति तथा यूरोप की औद्योगिक क्रांति ने इस पूरे परिदृश्य को ही बदल दिया और एशिया के देश आज यूरोपीय विज्ञान और प्रौद्योगिकी का आयात करने पर निर्भर हो गये हैं। वर्तमान स्थिति यह है कि आधुनिक विज्ञान और प्रौद्योगिकी के मूल स्त्रोत का पाश्चात्य देशों में होना मानकर हम उनकी भाषा के अलावा स्वभाषा में विज्ञान और प्रौद्योगिकी के विकास की कल्पना तक नहीं कर रहे हैं।

यद्यपि यह सत्य है कि कतिपय ऐतिहासिक कारणों से भारत में मौलिक विज्ञान और प्रौद्योगिकी के विकास की गति धीमी पड़ गयी और इससे तकनीकी भाषा का विकास अवरुद्ध हो गया परन्तु यह भी उल्लेखनीय तथ्य है कि पूरे देश में एक लम्बे अर्से से हिन्दी भाषा में विज्ञान और प्रौद्योगिकी के क्षेत्र में जो कुछ भी हुआ है उसका समन्वयन, संयोजन और उचित मूल्यांकन नहीं किया गया है, जब कि एक लम्बे अर्से से हिन्दी में भी मौलिक विज्ञान- लेखन होता रहा है और स्वैच्छिक तथा सरकारी प्रयासों से आधुनिक विज्ञान और प्रौद्योगिकी संबंधी हिन्दी परिभाषिक शब्दावली निर्माण का कार्य भी लगभग पूर्ण हो चुका है। वस्तुस्थिति का सही मूल्यांकन करने के लिए हिन्दी भाषा के विकास के मूल में जाकर तकनीकी हिन्दी भाषा के विकास पर दृष्टिपात करना आवश्यक है। एतदर्थ हिन्दी भाषा के उद्भव और विकास का संक्षिप्त इतिहास यहाँ प्रस्तुत किया जा रहा है :

1.1 आधुनिक हिन्दी भाषा का उद्भव और विकास

विश्व की समृद्धतम् और सर्वाधिक उर्वर भाषा ''संस्कृत`` की कोख से व्युत्पन्न् विभिन्न भारतीय भाषाएँ आज विश्व में समृद्ध भाषाओं के रूप में जानी जाती हैं। हिन्दी भाषा जो यहाँ विवेच्य भाषा है, आज भारत की राष्ट्रभाषा एवं राजभाषा के गौरवमय पद पर आसीन है। यहाँ हिन्दी भाषा के आर्विभाव के प्रश्न पर ऐतिहासिक, साहित्यिक और भाषा-वैज्ञानिक दृष्टि से विचार करना प्रासंगिक होगा। किन्तु यह विकास कब हुआ? किस विशेष कवि या उसकी कृति से हुआ ? - जैसे प्रश्नों के दो-टूक उत्तर देना

दुष्कर है। सच तो यह है कि किसी भाषा या बोली का उद्भव और विकास किसी निश्चित तिथि से नहीं होता। वह बहुत ही प्रच्छन्न् रूप में कई सदियों में जाकर होता है।

अपने प्रसिद्ध इतिहास ग्रंथ ''द मार्डन वर्नाक्यूलर लिट्रेचर ऑफ हिन्दुस्तान'' (1889) की भूमिका में सर जार्ज ग्रियर्सन ने हिन्दी भाषा के उद्भव पर प्रकाश डालते हुए लिखा है - *मराठा शक्ति के पतन और विद्रोह समापन के साथ उदित हुए 19वीं सदी के पूर्वार्द्ध से ही भारत के इतिहास में एक महत्वपूर्ण और नवीनतम् युग का शुभारंभ होता है। यही हिन्दी भाषा के उद्भव का काल था जिसकी खोज अंग्रेजों ने की थी और गिलक्राइस्ट की प्रेरणा से सन् 1803 में ''प्रेमसागर'' के रचयिता लल्लूजी लाल ने साहित्यिक गद्य लेखन की वाहिका के रुप में जिसका सर्वप्रथम प्रयोग किया था।*[4] यहां डॉ. ग्रियर्सन ने हिन्दी भाषा का उद्भव 19वीं सदी पूर्वार्द्ध से माना है। पर हिन्दी भाषा के उद्भव और विकास के संबंध में अपने शोध के आधार पर हिन्दी जगत के अनेकानेक विद्वानों - जैसे कैलाग, बीम्स, हार्नली, कामता प्रसाद गुरु, सुनिती कुमार चाटुर्ज्या, आचार्य रामचन्द्र शुक्ल, डॉ माताबदल जायसवाल आदि ने ग्रियर्सन के उपर्युक्त मत का खण्डन करते हुए हिन्दी भाषा के उद्भव और विकासक्रम को प्राचीन और पारंपरिक बताया है।

हिन्दी भाषा के उद्भव और विकास के संबंध में शोधाध्ययन करने वाले लगभग सभी विद्वान यह मानते हैं कि आधुनिक भारतीय आर्यभाषाओं का विकास प्राचीन भारतीय प्राकृत भाषाओं से ही हुआ है। ज्ञातव्य है भारत वर्ष में प्राकृत भाषा बहुत प्राचीन काल से ही कथित भाषा रुप में प्रचलित थी। देश- भेद से उस प्राकृत में भी थोड़ा बहुत प्रभेद था । परंतु यह प्राकृत जब लिखित भाषा रुप में व्यवहृत होने लगी तब आवश्यकतानुसार उसके संस्कार का भी प्रयोजन हुआ । वही सुसंस्कृत प्राकृत भाषा पालि, मागधी अथवा अर्द्धमागधी रूप में प्रसिद्ध हुई [5] जिससे आगे चलकर अपभ्रंश के माध्यम से आधुनिक भारतीय आर्यभाषाओं का विकास हुआ है ।

नाट्यसूत्रकार भरत के मत से संस्कृत, प्राकृत, अपभ्रंश और मिश्र, ये ही चार भाषाएँ हैं।[6]प्राकृत व्याकरण के अनुसार प्राकृत भाषा प्रधानतः संस्कृतभव, संस्कृतसम और देशी इन तीन श्रेणियों में विभक्त है। इन तीन श्रेणियों में पालि को तत्सम् और अर्द्धमागधी को तद्भव श्रेणी में गिना जाता है। हेमचन्द्र ने अपने ''प्राकृत व्याकरण'' में अर्द्धमागधी को आर्ष प्राकृत माना है। चण्डाचार्य के मतानुसार अर्द्धमागधी, महाराष्ट्री और शौरसेनी के प्राचीन रुप को ही आर्ष प्राकृत कहते हैं। चण्ड ने अपने ''प्राकृत लक्षण'' नामक आर्ष प्राकृत व्याकरण में प्राकृत भाषा को प्राकृत, मागधी, पैशाची और अपभ्रंश इन चार भागों में विभक्त किया है। परंतु वररुचि के मत से मागधी, शौर-सेनी, महाराष्ट्री और पैशाची यही चार प्रकार की प्राकृत भाषाएँ है। 12वीं सदी में

शेषकृष्ण ने अपनी ''प्राकृत चन्द्रिका'' में लिखा है - आर्ष, मागधी, शौरसेनी, पैशाची, चुलिका पैशाची और अपभ्रंश ये ही छः प्रकार की मूल प्राकृतें हैं। इन सब मूल प्राकृतों से देश-भेद और अपभ्रंश भेद में 61 प्रकार की प्राकृत भाषा प्रचलित हुई थी। कृष्ण पण्डित के मत से इन 61 प्रकार की प्राकृत भाषा में से पांचाल, कैकेय, शौरसेनी, ब्राचड, गौड, मागध, शावर, दक्षिणात्य, द्राविड़, कांचीदेशीय और पाण्ड्य ये ग्यारह पिशाचज अर्थात पैशाची भाषा से निकली हैं। पैशाची प्राकृत के उक्त प्रचलन स्थान से मालूम होता है कि उत्तर में हिमालय, पूर्व में गौड़ देश तथा पश्चिम में मथुरा और वज्रमण्डल तक पैशाची प्राकृत का प्रचार था। पैशाची प्राकृत भाषा में ''र'' और ''ण'' की जगह ''ल'' और ''न'' होता है।[7] मूर्धन्य ''ण'' की जगह दन्त्य ''न'' होता है। रेफयुक्त ''श'' और ''ष'' की जगह सभी स्थलों में ''स'' होता है[8] तथा ''य'' की जगह सर्वत्र ''ज'' होता है।[9] वररुचि के अनुसार पैशाची की प्रकृति शौरसेनी जैसी है[10] अर्थात शूरसेन अथवा मथुरा (व्रजमण्डल) में जो प्राकृत प्रचलित थी उससे भी प्राकृत भाषा पुष्ट हुई है।

उपर्युक्त पैशाची प्राकृत की जो विशेषता कही गयी है प्राचीन हिन्दी भाषा में भी वैसी ही प्रकृति हमें दिखाई देती है। प्राचीन हिन्दी में इसी प्रकार ''ण'' की जगह ''न'' और ''ष'' तथा ''श'' की जगह ''स'' और ''य'' की जगह ''ज'' हुआ करता है।[11] इस प्रकार यह तथ्य प्रकट होता है कि हिन्दी भाषा का विकास क्रमशः प्राकृत और अपभ्रंश के अनन्तर हुआ है। अपभ्रंश में ही हिन्दी के बीज मिलते हैं। इसीलिए मध्यवर्ती अपभ्रंश भाषा को कुछ विद्वानों ने पुरानी हिन्दी माना है।

हिन्दी भाषा के उद्भव के आरंभिक मूलादि हिन्दी साहित्य लेखन की परंपरा में भी स्पष्ट रुप से परिलक्षित होते हैं। अनेक विद्वानों ने आरंभ से ही हिन्दी साहित्य लेखन में भाषा की उत्पत्ति के संबंध में अपने दृष्टिकोण प्रस्तुत किए हैं। प्रसिद्ध भाषाशास्त्री डॉ.सुनीति कुमार चाटुर्ज्या के मतानुसार *12वीं-13वीं शती की तुर्की विजय के पश्चात (पूर्वी पंजाब से बंगाल तक) उत्तर भारत में बोली जाने वाली सभी बोलियों तथा भाषाओं का प्राचीनतम् एवं सरलतम् नाम हिन्दी ही है।*[12] उनका मानना है कि *तुर्कों तथा अन्य मुसलमान विदेशियों द्वारा उत्तरी भारत और उत्तरी भारत के मुसलमानों द्वारा दक्षिण भारत की विजय को लेकर 1000 ई. के पश्चात जब एक नये युग का सूत्रपात हुआ, तब भारतीय भाषाओं को भी भारतीय विचारों तथा भारतीय संस्कृति की नई दिशा को व्यक्त करने के लिए एक बार नये सिरे से कटिबद्ध होना पड़ा।*[13] प्राकृतों का युग बीत चुका था। प्रादेशिक अपभ्रंशों की राह से होती हुई प्राकृतें, परिवर्तित होकर आधुनिक भारतीय भाषाएँ बन गयी थी। इन्हीं आधुनिक भारतीय भाषाओं में से एक हिन्दी भाषा है जिसके प्राथमिक रुप के दर्शन राजस्थान की डिंगल-पिंगल उपभाषा तथा पृथ्वीराजरासो आदि कई अन्य तत्कालीन ग्रंथों में होता है। डॉ. उदयनारायण तिवारी के विचार से भी उक्त अभिमत की ही पुष्टि होती है।

डॉ. तिवारी के अनुसार *आचार्य हेमचन्द्र के पश्चात तेरहवीं शती के आरंभ में आधुनिक भारतीय भाषाओं के अभ्युदय के समय पन्द्रहवीं शती के पूर्व तक का काल संक्रांति का काल था जिसमें भारतीय आर्यभाषा धीरे - धीरे अपभ्रंश की स्थिति को छोड़कर आधुनिक काल की विशेषताओं से युक्त होती जा रही थी।*[14] आचार्य रामचन्द्र शुक्ल भी संवत् 1050 से हिन्दी साहित्य के आदिकाल का उदय मानते हैं। रासो काव्यों की भाषाओं के आधार पर वे पृथ्वीराज रासो को हिन्दी का आदि ग्रंथ मानते हैं। उनका मानना है कि *उस समय की प्राप्त साहित्य सामग्री की भाषा अपभ्रंश अर्थात प्राकृताभास (प्राकृत की रुढ़ियों से बहुत कुछ बद्ध) हिन्दी है।*[15] यदि यह माना जाए कि भाषा का विकास साहित्य से पूर्व होता है तो संवत् 1050 से पूर्व ही हिन्दी भाषा का उद्भव माना जा सकता है ।

डॉ हजारीप्रसाद द्विवेदी ने सन् 1000 ई. से हिन्दी साहित्य के आदिकाल का आरंभ मानते हुए इसी तथ्य को निर्भान्त रुप में स्वीकार किया है । उनका मानना है कि *वस्तुतः छंद, काव्यरुप, काव्यगत रुढ़ियों और वक्तव्य वस्तु की दृष्टि से दसवीं से चौदहवीं शताब्दी तक का लोकभाषा का साहित्य परिनिष्ठित अपभ्रंश में प्राप्त साहित्य का ही बढ़ावा है यद्यपि उसकी भाषा उक्त अपभ्रंश से थोड़ी भिन्न् है।* हिन्दी साहित्य की भूमिका में भी आचार्य द्विवेदी का यही मंतव्य व्यक्त हुआ है। वे लिखते हैं *असल में अपभ्रंश भाषा में काव्यरचना चौदहवीं शताब्दी तक होती रही। यद्यपि इसके बहुत पहले ही उसने नई भाषा को स्थान दे दिया था। विद्यापति ने पूर्व देश में एक साथ तत्कालीन प्रचलित लोकभाषा और अपभ्रंश दोनों में काव्य लिखा था।* डॉ. द्विवेदी के अनुसार हिन्दी का विकास आचार्य हेमचन्द्र सूरि द्वारा अपने ``प्राकृत व्याकरण'' में उद्धृत उस ग्राम्य अपभ्रंश से हुआ जिसमें रासक, डोम्बिका आदि लिखे जाते थे। यही ग्राम्य अपभ्रंश आधुनिक भारतीय भाषाओं के रुप में विकसित हुई ।

यद्यपि 1000 ई. से अपभ्रंश का अवसान और आरंभिक हिन्दी का उदय माना जाता है तथापि निश्चित रूप से यह नहीं कहा जा सकता है कि 1000 ई. के लगभग अपभ्रंश युग के समाप्त होते ही हिन्दी विकसित हो गयी। इस काल की भाषा सामग्री ``संदेह रासक'', ``कीर्तिलता'', ``ज्ञानेश्वरी'', ``प्राकृत पैंगलम्'', ``पुरातन प्रबंध संग्रह'', ``वर्ण रत्नाकर'' आदि ग्रंथों में मिलती है। इन ग्रंथों की भाषा में उन प्रवृत्तियों के अंकुर मिलते हैं, जो आगे चलकर हिन्दी भाषा में पल्लवित हुए । हिन्दी के विकास की पीठिका होने के कारण पं. चन्द्रधर शर्मा ``गुलेरी'' ने 1000 ई. से 1500 ई. तक प्रचलित अपभ्रंश को ``पुरानी हिन्दी'' की संज्ञा दी है। प्रकारांतर से डॉ. नामवर सिंह भी इसी मत की पुष्टि करते हैं उनका कथन है - *तेरहवीं शताब्दी तक आते-आते अपभ्रंश के सहारे ही पूर्व और पश्चिम के देशों ने अपनी-अपनी बोलियों का स्वतंत्र रुप प्रकट किया था, अतः हिन्दी का उद्भव यहीं से माना जा सकता है।*[16]

चन्द्र बरदाई कृत ``पृथ्वीराजरासो'' और 12वीं शती के जैनाचार्य हेमचन्द्र सूरि ने ``सिद्ध हेमचन्द्र शब्दानुशासन'' में शौरसेनी अपभ्रंश तथा प्राचीन हिन्दी भाषा के जो उदाहरण दिए हैं उनमें हिन्दी का आदि रुप देखा जा सकता है :

करनाटी दासी सुबन रजनी अथ्थि अवास ।
काम मुच्छ कयमास तनु दिठ्ठि बिलग्गी तास ।।
(पृ.रासो)

मनहु काम कामिनि रचिय, रचिय रुप की रासि ।
पसु पंछी सब मोहिनी, सुर नर मुनिबर पास ।।
(पृ.रासो)

मनहुं कला ससिभान कला सोलह सो बन्निय ।
बाल बैस ससि ता समीप अमृत रस पिन्निय ।।
(पृ.रासो)

भल्ला हुआ जो मारिया बहिणि म्हारा कंतु ।
लल्जेजं तु वयंसिअहु जई भग्गा घरु एंतु ।।
(सिद्ध हेमचन्द्र शब्दानुशासन)

प्राचीन हिन्दी का नमूना सिद्धों, नाथों, और जैनों के धार्मिक साहित्य में भी उपलब्ध होता है। गोरखनाथ के कई छन्दों की भाषा हिन्दी के निकट जान पड़ती है। कुछ उदाहरण देखें :

बसती न सुन्यं सुन्यं न बसती अगम अगोचर ऐसा ।
गगन सिषर महिं बालक बोलै ताका नांव धरहुगे कैसा ।।
(गोरखबानी)

अवधू ब्रम्ह अगोचर मन प्रकास, परचै धरि षेलै निरास ।
परम ज्योति यहां सिध गहि रहे, गोरष पूछै दत्तातृय कहै ।।
(गोरखबानी)

मुसलमानों के शासन की स्थापना हुई और अमीर खुसरो की रचनाओं का काल आरंभ हुआ। उनका रचनाकाल तेरहवीं शती माना जाता है। आधुनिक हिन्दी का स्पष्ट स्वरूप यहीं से दृष्टिगोचर होता है। कुछ उदाहरण प्रस्तुत किए जाते हैं :

एक नारि ने अचरज किया, सांप मार पिंजरे में दिया।
ज्यों- ज्यों सांप ताल को खाए, सूखे ताल सांप मर जाए ।।

एक थाल मोतियों से भरा, सबके सिर पर औंधा धरा।
चारो ओर वह थाल फिरे, मोती उसका एक न गिरे ।।

बीसों का सिर काट लिया, ना मारा ना खून किया।

अरथ तो उसका बूझेगा, मुंह देखो तो सूझेगा।

उपर्युक्त विवेचन से यह निष्कर्ष निकाला जा सकता है कि हिन्दी भाषा का उद्भव 10वीं शती ई. से 13वीं शती ई. के मध्य विभिन्न प्राकृतों और अपभ्रंशों के सम्मिलित योगदान से हुआ है जिसके लिए किसी निश्चित तिथि का निर्धारण करना संभव नहीं।

एतदर्थ एक बात तो स्पष्ट है कि हिन्दी भाषा का उद्भव आज से लगभग 1000 वर्ष पूर्व एक जनभाषा के रूप में हुआ और जनमानस में फलता-फूलता अपने वर्तमान स्वरूप को प्राप्त हुआ है। जैसे-जैसे इस भाषा का दायरा बढ़ता गया, स्थान- भेद के कारण और दूसरी भाषाओं से प्रभावित होने के कारण इसके अनेकानेक रुवरूप विकसित हो गये। उनमें पाँच उपभाषाएँ (पश्चिमी हिन्दी, पूर्वी हिन्दी, राजस्थानी, बिहारी और पहाड़ी) तथा इनसे संबंधित 18 जनपदीय बोलियाँ हैं। इन उपभाषाओं में से कई में प्राचीन तथा मध्यकालीन युग में पर्याप्त साहित्य भी लिखा गया है। आज भी ये उपभाषाएँ और बोलियाँ समस्त हिन्दी भाषी क्षेत्र में ग्रामों और नगरों के अशिक्षित और अर्धशिक्षित सामान्य स्तर के नागरिकों में बोलचाल की भाषाएँ हैं। हिन्दी- भाषी प्रदेशों के अलावा आज हिन्दी भाषा का विस्तार गैर-हिन्दी- भाषी प्रदेशों और विदेशों में भी हो गया है। स्वतंत्रता के पश्चात भारत सरकार ने हिन्दी को संघ की राजभाषा के रूप में स्वीकार किया और भारतीय संघ की बहुभाषिकता को ध्यान में रखकर एक मानक हिन्दी भाषा के विकास पर बल दिया है। भारतीय संविधान के अनुच्छेद 351 में इसके लिए स्पष्ट निर्देश दिए गये हैं। मानक हिन्दी के उद्गम और विकास में उपर्युक्त हिन्दी प्रदेश की बोलियों सहित अन्यान्य भारतीय और विदेशी भाषाओं का योगदान भी विचारणीय है। आधुनिक युग में अनेक देशी तथा विदेशी भारतीय भाषा-शास्त्रियों ने मानक हिन्दी के उद्गम के संबंध में अपने विचार व्यक्त किये हैं। किन्तु अभी तक कोई सर्वमान्य मत निर्धारित नहीं हो सका है। मानक हिन्दी के उद्गम के संबंध में निम्नलिखित प्रसिद्ध मतों का उल्लेख किया जाता है[17] :

1. मानक हिन्दी का उद्गम उर्दू से
2. मानक हिन्दी का उद्गम ब्रजभाषा से
3. मानक हिन्दी का उद्गम पूर्वी पंजाबी, हरियानी, राजस्थानी, ब्रज के मिश्रणसे
4. मानक हिन्दी का उद्गम खड़ी बोली (कौरवी से)
5. मानक हिन्दी का उद्गम पंजाबी, राजस्थानी, हरियानी, ब्रज से प्रभावित साहित्यिक खड़ीबोली या देहलवी से ।

1.1.1 मानक हिन्दी का उद्गम उर्दू से

राजनैतिक दृष्टि से हिन्दी और उर्दू दो अलग - अलग भाषाएँ हैं। हिन्दी भारत गणराज्य की राजभाषा है तो उर्दू पाकिस्तान की राजभाषा है। किन्तु भारत की मान्य भाषाओं में इसका भी स्थान है। दोनों भाषाओं की लिपि में अंतर है। उर्दू अरबी - फ़ारसी लिपि में लिखी जाती है जो सेमेटिक लिपि से विकसित हुई है जब कि हिन्दी नागरी लिपि में लिखी जाती है जिसका विकास भारत की प्रचीन ब्राह्मी लिपि से हुआ है। रचनाशिल्प, व्याकरण और मूल भाषिक प्रकृति में दोनों भाषाओं में व्यापक समानता है। अर्थात दोनों की मूलाधार ध्वनियाँ, व्याकरण, वाक्य संगठन तथा शब्द भण्डार लगभग समान ही हैं।

हिन्दी उर्दू से विकसित हुई अथवा उर्दू हिन्दी से निकली इसका वैज्ञानिक दृष्टि से निर्धारण दोनों भाषाओं के नामकरण के इतिहास में जाकर ही किया जा सकता है। हिन्दी नाम उर्दू से बहुत ही प्राचीन है। भाषा के अर्थ में उर्दू शब्द का प्रयोग 18वीं शती ईस्वी से पहले नहीं मिलता जब कि भाषा के अर्थ में हिन्दी भाषा का प्रयोग 11वीं शती ईस्वी से ही मिलने लगता है।[18] मध्ययुगीन राजनैतिक संरक्षण में विकसित उर्दू भाषा में से भाखापन छांटकर निकाल देने की वजह से ही कुछ विद्वान भ्रमवश यह मान बैठे हैं कि हिन्दी का विकास उर्दू से हुआ है - *इसी मिथ्या आभास के कारण विदेशी विद्वान तासी, ग्रियर्सन आदि ने यह कहना आरंभ किया कि उर्दू से फारसी-अरबी छांट-छांट कर लल्लू लाल ने ''प्रेम सागर'' में मानक हिन्दी का 1800 ई. के आस-पास नवनिर्माण किया।* लल्लूलाल कृत ''लालचंद्रिका'' की भूमिका में डॉ.ग्रियर्सन का मंतव्य इस प्रकार व्यक्त हुआ है - *लल्लूलाल ने फोर्टविलियम कॉलेज के हिन्दुस्तानी विभाग के अध्यक्ष डॉ.गिलक्राइस्ट की प्रेरणा से एक नई भाषा का निर्माण किया जिसका नाम आगे चलकर हिन्दी भाषा पड़ा।*[19]

ग्रियर्सन के अनुसार फारसी व्याकरण पद्धति का अनुसरण करने से हिन्दी भाषा उर्दू में बदल जाती है। भले ही उसमें फारसी का एक शब्द भी न आए। हिन्दी उर्दू के उद्भव के संबंध में हिन्दी के अनेक आरंभिक विद्वानों ने ग्रियर्सन के मत को ही ठीक

मान लिया था। 19वीं शती के उत्तरार्ध के अधिकांश हिन्दी विद्वान (भारतेन्दु, बालमुकुन्द गुप्त, जगन्नाथ रत्नाकर, भगवानदीन, चन्द्रधर शर्मा गुलेरी, महावीर प्रसाद प्रभृति) ग्रियर्सन का अनुसरण कर उर्दू से ही हिन्दी की उत्पत्ति मानते हैं।

कानपुर के प्रथम भारतीय कवि सम्मेलन में सभापति के पद से भाषण देते हुए रत्नाकर जी कहते हैं - *जो भाषा आज कल खड़ीबोली के नाम से कही जाती है, वह हमारी समझ में उर्दू का ही एक रूपान्तर है* । आरंभ में तो उर्दू भाषा ``भाखा'' के प्रचलित शब्द रखकर बनाई गयी और फिर शनैः शनैः उसमें संस्कृत के शब्द मिलाए गये।[20] बालमुकुन्द गुप्त जी भी लगभग इसी मत का समर्थन करते हैं - *वर्तमान हिन्दी भाषा की जन्मभूमि दिल्ली है। वहीं ब्रजभाषा से वह उत्पन्न हुई और वहीं उसका नाम हिन्दी रखा गया। आरंभ में उसका नाम रेख्ता पड़ा था। बहुत दिनों तक यही नाम रहा पिछे हिन्दी कहलाई। कुछ और पिछे इसका नाम उर्दू हुआ। अब फारसी वस्त्रों में अपना नाम ज्यों का त्यों बना हुआ रखकर देवनागरी वस्त्रों में हिन्दी भाषा कहलाती है।*[21] दक्खिनी हिन्दी में पश्चातकालीन उर्दू की अपेक्षा फारसी के कम शब्द पाये जाते थे, - एक पंक्ति में कहीं-कहीं छितरे हुए (रेख्ता) रहते थे। इसलिए आधुनिक उर्दू-हिन्दूस्तानी पद्य की भाषा का आद्य रुप ''रेख्ता`` कहलाता था।[22] लाला भगवानदीन भी हिन्दी का उद्गम उर्दू या फारसी से मानते हैं - *फारसी में ही कुछ ब्रज और कुछ बांगडू की टेक लगाकर बोली को खड़ा कर दिया गया और उसका नाम पड़ गया खड़ीबोली। खड़ीबोली किसी बोली का नाम नहीं है, वह सिर्फ हिन्दी की तारीफ है, फारसी आर्यान बोली है।*[23] चन्द्रधर शर्मा गुलेरी भी ''पुरानी हिन्दी`` में प्रकारांतर से आधुनिक मानक हिन्दी का उद्गम उर्दू से ही मानते हैं।[24]

20वीं शती के पूर्वाद्ध में हिन्दी भाषी विद्वानों द्वारा हुई विशेष खोजों के पश्चात ग्रियर्सन के इस मत (आधुनिक मानक हिन्दी का जन्म फोर्ट विलियम कॉलेज में डॉ.गिलक्राइस्ट की प्रेरणा से लल्लूलाल ने प्रेमसागर की रचना करके किया था) का खण्डन कर के आचार्य रामचन्द्र शुक्ल ने यह जाहिर किया कि फोर्ट विलियम कॉलेज से बहुत पूर्व 18वीं शती में रामप्रसाद निरंजनी ने ''योगवशिष्ठ`` और दौलतराम ने ''पद्मपुराण`` की रचना उसी शैली में की जिसमें लल्लूलाल ने ''प्रेमसागर`` की रचना की थी। लल्लूलाल, सदल मिश्र, सदासुखलाल तथा इंशाअल्ला खां आदि 19वीं शती ई. प्रथम चरण के आदि हिन्दी या खड़ीबोली के लेखकों ने फारसी - अरबी के शब्द छांट-छांट कर निकाले नहीं अपितु उनका कम प्रयोग किया और उन्हें हिन्दी की प्रकृति के अनुरुप ही रखा। इन सभी आचार्यों ने गिलक्राइस्ट की प्रेरणा से कोई नई भाषा निर्मित या आविष्कृत नहीं की बल्कि उसी भाषा का प्रयोग किया जिसे गोरख, फरीद, कबीर, नानक, दादू, प्राणनाथ, लालदास, रामप्रसाद निरंजनी और दौलतराम तथा पंजाब और दक्खिन के हिन्दी (हिन्दवी) कवियों या लेखकों ने किया था।

''ऐतिहासिक हिन्दी का मानक व्याकरण'' में डॉ.माताबदल जायसवाल ने यह स्पष्ट किया है कि मानक हिन्दी का उद्गम उर्दू से नहीं अपितु मध्यकालीन हिन्दी या हिन्दवी से मानक हिन्दी और उर्दू दोनो का भिन्न- भिन्न् सांस्कृतिक और साहित्यिक परिस्थितियों में अलग-अलग शैली के रुप में विकास हुआ है। इस प्रकार यह स्पष्ट है कि हिन्दी भाषा का विकास बहुत पहले ही हुआ है। उर्दू शैली से अरबी-फारसी के शब्द निकाल कर हिन्दी भाषा का विकास किया जाना एक मिथ्याभास मात्र है।

1.1.2. मानक हिन्दी का उद्गम ब्रजभाषा से

ब्रजभाषा से मानक हिन्दी का उद्गम मानने वालों में सर्वप्रथम नाम मुहम्मद हुसैन आजाद का है। ''आबे हयात'' में वे लिखते हैं कि *हमारी जबान (उर्दू) ब्रजभाषा से निकली है।*[25] 19वीं शती उत्तरार्द्ध में ब्रजभाषा और खड़ीबोली के विवाद के समय ब्रजभाषा समर्थक - बालमुकुन्द गुप्त, जगन्नाथदास रत्नाकर, लाला भगवानदीन आदि आजाद साहब के स्वर में स्वर मिलाकर मानक हिन्दी का उद्गम ब्रजभाषा से मानने वाले मत का समर्थन करने में अग्रणी हैं। गुप्त जी का कहना है *वर्तमान हिन्दी भाषा की जन्मभूमि दिल्ली है। वहीं वह ब्रजभाषा से उत्पन्न हुई और वहीं उसका नाम हिन्दी रखा गया।*[26]

रत्नाकर जी का मत है कि ऊर्दू में ब्रजभाषा के शब्द मिलाकर फिर कालान्तर में उसमें संस्कृत शब्दों का समावेश कर खड़ीबोली या आधुनिक हिन्दी का जन्म हुआ है। उन्हीं के शब्दों में - *जो भाषा आजकल खड़ीबोली नाम से कही जाती है — आरंभ में तो वह उर्दू भाषा में ''भाखा'' के प्रचलित शब्द रखकर बनाई गयी और फिर शनैः शनैः उसमें संस्कृत के शब्द मिलाए जाने लगे।*[27] लाला भगवानदीन मानते हैं कि *फारसी में कुछ ब्रज और कुछ बांगडू की टेक लगा कर बोली को खड़ा कर दिया गया और उसका नाम पड़ गया खड़ीबोली।*[28]

हिन्दी और ब्रजभाषा व्याकरणिक रचना के तुलनात्मक विवेचन से दोनों की प्रवृत्ति में व्यापक अन्तर पाया जाता है। ब्रज में शौरसेनी प्राकृत तथा शौरसेनी अपभ्रंश की ओकारान्त तथा उकारान्त प्रवृत्ति सुरक्षित है जब कि हिन्दी में आकारान्त प्रवृत्ति मिलती है। ये दोनो भाषाएँ सहजात विकसित हुई हैं और यह महत्वपूर्ण संकेत है कि पेशावर से दिल्ली तक बोली जाने वाली समस्त बोलियों की प्रवृत्ति आकारान्त है जो ओकारान्त ब्रज से इन्हें अलग करती है। अतएव मानक हिन्दी का मूलाधार ब्रज भाषा से नहीं माना जा सकता है। दोनों का सहजात रुप में स्वतंत्र विकास हुआ है।

1.1.3. मानक हिन्दी का उद्गम पूर्वी पंजाबी, हरियानी, राजस्थानी, ब्रज के मिश्रण से

सामान्यतः खड़ी बोली या कौरवी (वर्नाक्युलर हिन्दुस्तानी) को मानक हिन्दी का मूलाधार मानकर भाषावैज्ञानिक दृष्टि से इसी को जनपदीय मानक हिन्दी कहा जाता है, किन्तु यह तथ्य भी प्रायः प्रत्येक भाषा वैज्ञानिक को ज्ञात है कि आधुनिक खड़ीबोली या कौरवी बोली ही मानक हिन्दी नहीं है क्योंकि जनपदीय खड़ीबोली और मानक हिन्दी में भाषावैज्ञानिक दृष्टि से अन्तर है। मानक हिन्दी के मूलाधार के संबंध में कई संभावनाएँ प्रचलित हैं। डॉ. माताबदल जायसवाल ने इस तथ्य को निम्नलिखित प्रकार से प्रस्तुत किया है:[29]

1. वर्तमान ग्रामीण खड़ीबोली मानक हिन्दी का मूलाधार है और मानक हिन्दी इसा का मानकीकृत रूप है। कुछ अन्य लोग हरियानी को ही आधुनिक मानक हिन्दी की मूलाधार बोली मानते हैं। ऐसे भी दो वर्ग हैं। पहला वर्ग उन लोगों का है जो यह मानते हैं कि हरियानी से पृथक आधुनिक उर्दू शैली का विकास हुआ फिर क्रमशः 19वीं शती ई. पूर्वार्द्ध में नवजागरण काल में हिन्दू संस्कृति के पुनरुद्धार की प्रवृत्ति के प्रबल होने पर उर्दू शैली से फारसी - अरबी शब्दों, लोकोक्तियों और मुहावरों तथा फारसी - अरबी के व्याकरणिक ढांचे के स्थान पर संस्कृत व्याकरण के ढांचे को रखकर तत्समताप्रधान आधुनिक मानक हिन्दी का सचेत रूप से निर्माण हुआ। और दूसरा वर्ग ऐसे विद्वानों का है जो यह मानता है कि आधुनिक मानक हिन्दी और उर्दू दोनों के विकास में हरियानी का ही अधिक हाथ है। इन्हीं दो शैलियों के रूप में अलग - अलग मानक हिन्दी और उर्दू का दो विशेष वर्गो में एक साथ ही विकास हुआ।

2. कुछ अन्य विद्वान खड़ीबोली और हरियानी दोनो आकारान्त पश्चिमी हिन्दी की दो बोलियों को आधुनिक मानक हिन्दी की मूलाधार बोलियाँ मानते हैं।

3. उपर्युक्त विचारों से कुछ मतवैभिन्य प्रकट करते हुए कुछ भाषा वैज्ञानिक यह संकेत करते हैं कि अकेले न तो खड़ीबोली, न हरियानी और न दोनों के समन्वित रुप को ही मानक हिन्दी का मूलाधार माना जा सकता है। ऐसे लोगों के मतानुसार आधुनिक पूर्वी पंजाबी, खड़ीबोली, हरियानी तथा उत्तरी पश्चिमी ब्रज, उत्तरी - पूर्वी राजस्थानी क्षेत्र में जो बोली 10वीं से 12वीं शती ईस्वी तक प्रचलित थी वही बोली आधुनिक मानक हिन्दी की मूलाधार बोली है। अबः ऐसे लोगों के मतानुसार आधुनिक मानक हिन्दी, खड़ीबोली, हरियानी, पूर्वी पंजाबी, उत्तर-पूर्वी राजस्थानी तथा उत्तरी पश्चिमी ब्रज के समन्वित रूप का मानकीकृत स्वरुप है।

उपर्युक्त मत से मिलता-जुलता एक अन्य मत उन लोगों का है जो परोक्षरुप से उपर्युक्त मत का समर्थन तो करते हैं किन्तु उपर्युक्त क्षेत्र की बोली को प्राचीन देहलवी के नाम से पुकारते हैं। ऐसे लोगों का संभवतः यह मत है कि जिस प्रकार आधुनिक मानक अंग्रेजी लंदन की बोली पर आधारित है उसी प्रकार आधुनिक मानक हिन्दी दिल्ली या देहलवी, पूर्वी पंजाबी, राजस्थानी, ब्रज, हरियानी से प्रभावित दिल्ली की खड़ीबोली (दिल्ली की विशुद्ध मानक भाषा) पर आधारित है। अतः 10वीं से 12वीं शती तक की देहलवी बोली को ही आधुनिक मानक हिन्दी का मूलाधार मानना चाहिए।

1.1.4. मानक हिन्दी का उद्गम – खड़ीबोली (कौरवी) से

आज ``खड़ीबोली'' शब्द का प्रयोग दिल्ली और मेरठ के समीपस्थ ग्रामीण बोली के लिए होता है। डॉ ग्रियर्सन ने इसे ``वर्नाक्यूलर'' हिन्दुस्तानी[30] तथा डॉ सुनीति कुमार चटर्जी ने ``जनपदीय हिन्दुस्तानी''[31] कहा है। भाषा वैज्ञानिक दृष्टि से खड़ीबोली ही मानक उर्दू तथा हिन्दुस्तानी की मूलाधार बोली कही जाती है। डॉ.चटर्जी का मत है *एक ही व्याकरण, एक ही प्रकार की धातुओं, प्रत्ययों तथा शब्दों के एक ही भण्डार को प्रतिष्ठा भूमि बनाकर उर्दू तथा नागरी हिन्दी के भिन्न-भिन्न भवनों का निर्माण हुआ है। दोनो भाषाओं में समानरुप से निहित इस मूल भाषा को खड़ीबोली कहा गया है।*[32]

खड़ीबोली का क्षेत्र पूर्वी पंजाबी, हरियानी, पहाड़ी, राजस्थानी और ब्रज के बीच में पड़ता है। यह वर्तमान बिजनौर, मुरादाबाद, मुजफ्फरनगर, सहारनपुर और देहरादून की भाषा है। इन क्षेत्रों की अन्य भाषाओं यथा - हरियानी, पश्चिमी खड़ीबोली, केन्द्रीय खड़ीबोली और पूर्वी खड़ीबोली के तुलनात्मक विवेचन के आधार पर डॉ.माताबदल जायसवाल यह मानते हैं कि प्राचीन, मध्यकालीन तथा आधुनिक मानक हिन्दी का ध्वन्यात्मक गठन जनपदीय खड़ीबोली (कौरवी) का ही मानकीकृत रूप नहीं है अपितु इसका ध्वन्यात्मक गठन केन्द्रीय तथा पूर्वी खड़ीबोली (कौरवी) के साथ- साथ प्राचीन पूर्वी पंजाबी, हरियानी, राजस्थानी तथा ब्रज के समन्वित ध्वन्यात्मक गठन का ही मानकीकृत रूप है।[33]

1.1.5. मानक हिन्दी का उद्गम पंजाबी, राजस्थानी, हरियानी, ब्रज से प्रभावित साहित्यिक खड़ीबोली या देहलवी से

मानक हिन्दी का व्याकरणिक गठन (पद रचना, वाक्य रचना, वचन, कारक, सर्वनाम, क्रिया) आदि का विस्तृत विवेचन और कौरवी, हरियानी, पंजाबी,

राजस्थानी तथा ब्रज के व्याकरणिक गठन के तुलनात्मक अध्ययन का निष्कर्ष प्रस्तुत करते हुए डॉ. माताबदल जायसवाल यह मानते हैं कि मानक हिन्दी का उद्गम आधुनिक आर्यभाषाओं में से प्राचीन देहलवी (खड़ीबोली), हरियानी, पूर्वी पंजाबी, राजस्थानी तथा ब्रज के सामूहिक योगदान से हुआ है। इनमें से कौरवी या जनपदीय खड़ीबोली का योगदान सर्वाधिक और शेष का अल्पाधिक है।[34]

1.2 हिन्दी भाषा के विकास में अन्य भारतीय भाषाओं का योगदान

भारत की अनेक आर्य और द्रविण भाषाओं का आपस में अत्यंत प्राचीन संबंध रहा है। वे सदैव एक दूसरे से प्रभावित होती रही हैं। अपने विकासक्रम में वे एक दूसरे को संवर्धित भी करती रही हैं क्योंकि इन सबकी मूलाधार भाषा मातृरुपा संस्कृत रही है। इन्हीं के कारण भारतीय संस्कृति शाश्वत और समन्वय की स्त्रोतस्विनी बन सकी है। इस समन्वय संस्कृति की वाहिका के रूप में हिन्दी का उद्भव एक जनभाषा के रूप में हुआ है जो चिंतन, प्रयोग और लेखन के माध्यम से क्रमशः अपनी क्षमता बढ़ाती विकास की सीढ़ियां चढ़ती रही है और सदियों से सभी भारतीय भाषाओं के बीच एक सेतु की भूमिका का निर्वाह करती रही है। अपने जन्म काल से ही यह भाषा इस बहुभाषी विशाल देश के विभिन्न भाषा-भाषियों के बीच संपर्क, विनियम और समन्वय की भाषा रही है।

संस्कृत भाषा के विख्यात विद्वान हेनरी थामस कोलब्रुक ने हिन्दी के संबंध में अपने विचार व्यक्त करते हुए लगभग दो सौ वर्ष पूर्व (1782) कहा था *जिस भाषा का व्यवहार भारत के प्रत्येक प्रांत के लोग सामान्य रुप से करते हैं, जो पढ़े-लिखे और अनपढ़ दोनो प्रकार के लोगों की साधारण बोलचाल की भाषा है और जिसको प्रत्येक गांव में थोड़े बहुत लोग अवश्य समझ लेते हैं, उसी का नाम हिन्दी है।*[35] वर्तमान हिन्दी किसी एक प्रदेश की नहीं अपितु संपूर्ण देश की जनभाषा है। और विभिन्न क्षेत्रों में हिन्दी का व्यवहार थोड़े से स्थानीय प्रभाव के साथ हो रहा है। देश की अन्य भाषाएँ जिसका संविधान की अष्टम सूची में उल्लेख है वे सभी अपने - अपने क्षेत्र में अपनी विशिष्ट शब्दावली हिन्दी में घुला-मिलाकर हिन्दी की समृद्धि में अपना योगदान दे रही हैं । दायरा विस्तार और स्थानीय प्रभाव के कारण हिन्दी भाषा के अनेकों रूप और शैलियां विकसित हो गयी हैं यथा - बम्बईया हिन्दी , हैदराबादी या दक्षिणी हिन्दी, कलकतिया हिन्दी आदि । इसी प्रकार विदेशों में भी हिन्दी भाषा के विभिन्न रूप विकसित हुए हैं। रूस में हिन्दी की एक बोली ``ताजिकी'' बोली जाती है। यह जिप्सी लोगों की भाषा है। सूरीनाम में ``सरनामी हिन्दी'' बोली जाती है। स्वातंत्र्यपूर्व वहाँ जाकर बस गये भारतीयों की यह भाषा है। इसी प्रकार मॉरीसस और थाईलैण्ड, रोमानिया , फिजी तथा जापान आदि की अपने प्रकार की हिन्दी भाषा है जो वहाँ की

स्थानीय भाषाओं से प्रभावित होकर एक नये रूप में प्रतिष्ठित हो गयी है। भारतीय आर्य और द्रविण भाषाओं के साथ - साथ विदेशी भाषाओं ने भी हिन्दी को अत्याधिक प्रभावित किया है। तकनीकी हिन्दी के विकास में अंग्रेजी भाषा का सर्वाधिक और महत्वपूर्ण योगदान है। हिन्दी का अन्तर्राष्ट्रीय स्वरुप भी विकसित हो चला है। कार्यालयीन और तकनीकी विषयों में प्रयुक्त होने के कारण हिन्दी की पारिभाषिक शब्दावली का भी काफी विकास हुआ है। इस संबंध में अगले अध्याय में विस्तृत विवेचन किया गया है।

ज्ञान- विज्ञान के जितने क्षेत्र या विषय हैं, उनमें प्रयुक्त भाषा के रूप भी भिन्न-भिन्न हैं। विषय-भेद के अनुरूप हिन्दी ज्ञान-विज्ञान के विविध क्षेत्रों में अपना विकास कर चुकी है। यथा - कार्यालयीन हिन्दी, समाजशास्त्रीय अथवा साहित्यशास्त्रीय हिन्दी, तकनीकी हिन्दी आदि। यद्यपि हिन्दी में वाक्य-प्रयोगगत अंतर बहुत कम मिलता है किन्तु पारिभाषिक हिन्दी शब्दावली के प्रयोग में बहुत अंतर परिलक्षित होता है। उदाहरणस्वरुप - `ब्रम्ह', `माया', `अद्वैत' आदि दर्शनशास्त्र के शब्द हैं, `अभिधा', `लक्षणा', `व्यंजना', `अनुभाव' आदि हिन्दी साहित्यशास्त्र के ; `स्वन', '`स्वनिम'', `रुपिम' आदि भाषा विज्ञान के शब्द हैं तो `ऑक्सीजन', `नाइट्रोजन', `कार्बनडाय-आक्साइड', `ऑक्सीकरण', `आसवन', `निष्कर्षण', `अभिक्रिया', `भट्ठी', `भौतिकी', `धातुकी', `ज्यामिति', `फलन', आदि विज्ञान की शब्दावलियाँ हैं ।

स्वतंत्रता के पश्चात संघ की राजभाषा बनने पर हिन्दी को प्रादेशिक स्तर से उठाकर अखिल भारतीय स्तर की भाषा बनाने पर जोर दिया जा रहा है जिससे देश के विभिन्न प्रदेशों में रहने वाले नागरिक सहजतापूर्वक इसका समुचित उपयोग कर सकें। संभवतः हिन्दी भाषा के विकास हेतु संविधान के अनुच्छेद 351 के द्वारा सरकार को दिए गये निर्देश का अभीष्ट यही रहा है।[36]

1.3 हिन्दी भाषा का विकास : भाषावैज्ञानिक दृष्टिकोण

हिन्दी जो आधुनिक आर्यभाषाओं के योग से शौरसेनी, अर्धमागधी तथा मागधी अपभ्रंश से 1000 ई. के आस-पास उद्भूत हुई थी। यह अब विकसित होते - होते लगभग 1000 वर्षों की हो गयी है। ऐतिहासिक दृष्टि से इसके विकास का संक्षिप्त विवेचन हमने उपर्युक्त परिच्छेदों में प्रस्तुत किया है। यहाँ हिन्दी भाषा के विकास पर भाषा वैज्ञानिक दृष्टि से विवेचन प्रस्तुत किया जा रहा है।

हिन्दी भाषा के कथित 1000 वर्षों के इतिहास अथवा विकास को भाषावैज्ञानिक दृष्टि से तीन काल खण्डों में बांटा जा सकता है:

1.3.1. आदिकाल (1000 ई. से 1500 ई. तक)

हिन्दी अपने आदिकाल में सभी बातों में अपभ्रंश के बहुत अधिक निकट थी, क्यों कि उसी से हिन्दी का विकास हुआ। आदिकालीन हिन्दी की मुख्य विशेषताएँ निम्नलिखित हैं :

ध्वनि

आदिकालीन हिन्दी में मुख्यत: उन्हीं ध्वनियों, (स्वरों, व्यंजनों) का प्रयोग मिलता है जो अपभ्रंश में प्रयुक्त होती थीं। मुख्य अंतर इस प्रकार हैं :

1. अपभ्रंश में केवल आठ स्वर थे - अ आ इ ई उ ऊ ए ओ । ये आठों ही स्वर मूल स्वर थे। आदिकालीन हिन्दी में दो नये स्वर ऐ, औ विकसित हो गये, जो संयुक्त स्वर थे और जिनका उच्चारण क्रमश: अऍ, अओ जैसा था ।

2. च छ ज झ संस्कृत, पालि, प्राकृत, अपभ्रंश में स्पर्श व्यंजन थे किन्तु आदिकालीन हिन्दी में वे स्पर्श-संघर्षी हो गये और तब से अब तक स्पर्श संघर्षी ही हैं।

3. न र ल स व्यंजन संस्कृत ,पालि, प्राकृत अपभ्रंश में दंत्य ध्वनि थे । आदिकाल में ये वर्त्स्य हो गये

4. अपभ्रंश में ड़, ढ़ व्यंजन नहीं थे । आदिकाल की हिन्दी में इनका विकास हुआ ।

5. न्ह म्ह ल्ह पहले संयुक्त व्यंजन थे, अब वे क्रमश: न म ल के महाप्राण रूप हो गये हैं। अर्थात संयुक्त व्यंजन न रहकर मूल व्यंजन हो गये हैं। इन्हें अब हिन्दी की नवीन ध्वनियों के रूप में जाना जाता है। `कान्हा', `तुम्हारा', `कुल्हाड़ी' इत्यादि शब्दों को इसके उदाहरण के रूप में लिया जा सकता है।

6. संस्कृत तथा फ़ारसी आदि के कुछ नये शब्दों के आ जाने के कारण कुछ व्यंजन हिन्दी में ऐसे आ गये जो अपभ्रंश में नहीं थे। जैसे क़ ख़ ग़ ज़ फ़ आदि तथा कुछ अपभ्रंश शब्दों के लोप के कारण कुछ ऐसे व्यंजनों, स्वरानुक्रमों (Vowel sequence) तथा व्यंजनानुक्रमों (Consonant sequence) आदि का भी लोप हो गया जो अपभ्रंश में थे। जैसे व्याघ्र >बग्घ, चक्र > चक्क आदि ।

व्याकरण

आदिकालीन हिन्दी की व्याकरणिक संरचना 1000 ई. के आसपास तक अपभ्रंश के बहुत निकट थी। भाषा मे काफी ऐसे रूप थे जो अपभ्रंश के थे, किन्तु धीरे - धीरे अपभ्रंश के व्याकरणिक रुप कम होते गये और हिन्दी के अपने रूप विकसित हुए। धीरे - धीरे 1500 ई. तक आते- आते हिन्दी अपने पैरों पर खड़ी हो गयी और अपभ्रंश के रूप प्रायः प्रयोग से निकल गये।

आदिकालीन हिन्दी का व्याकरण समवेततः अपभ्रंश व्याकरण से निम्न बातों में भिन्न था :

1. अपभ्रंश भाषा संस्कृत, पालि, प्राकृत की तुलना में वियोगात्मक होते हुए भी एक सीमा तक संयोगात्मक भाषा थी । अधिकांश क्रिया तथा कारकीय रूप संयोगात्मक भी थे, किन्तु आदिकालीन हिन्दी में वियोगात्मक रूपों का प्राधान्य हो चला। सहायक क्रियाओं तथा परसर्गों (कारक चिह्नो) का प्रयोग अधिक होने लगा और धीरे - धीरे संयोगात्क रूप कम होते गये और उनका स्थान वियोगात्मक रूप लेते गये।

2. नपुंसकलिंग एक सीमा तक अपभ्रंश में था, हालांकि संस्कृत, पालि, प्राकृत की तुलना में उसकी स्थिति अस्पष्ट होती जा रही थी । आदिकालीन हिन्दी में नपुंसकलिंग का प्रयोग प्रायः पूर्णतः समाप्त हो गया । गोरखनाथ की रचनाओं में कुछ प्रयोगों को कुछ लोगों ने नपुंसकलिंग माना है किन्तु यह मान्यता पूर्णतः असंदिग्ध नहीं कही जा सकती।

3. कृदंतों से बनी क्रियाओं में लिंग परिवर्तन पूरी तरह होने लगे।

4. वाक्य रचना में शब्दक्रम काफी कुछ निश्चित से होने लगे।

5 हिन्दी की बोलियों के अपने अपने व्याकरणिक रूप अभी तक पूर्णत. पृथक नहीं हुए थे।

शब्द भण्डार

आदिकालीन हिन्दी का शब्द भण्डार अपने आरंभिक चरण में अपभ्रंश का ही था। किन्तु धीरे - धीरे उसमें कुछ परिवर्तन आते गये, जिनमें से कुछ का उल्लेख नीचे किया जा रहा है:

(i) भक्ति आंदोलन का प्रारंभ हो गया था, अतः तत्सम शब्दावली आदिकालीन हिन्दी में अपभ्रंश की तुलना में कुछ बढ़ने लगी थी।

(ii) मुसलमानों के आगमन से कुछ पश्तो, फारसी, अरबी, तुर्की शब्द हिन्दी में आए, उदा. गोरखबानी में `नूर', `गूंगा', `अलह', `काज़ी', `करद' (कर्दृचाकू), `पीर' ; पृथ्वीराज रासो में `अब्बीर', `नज़र', `जीन', `सोर', `गाजी', `समसेर'; चन्दायन में `खून', `तुरसी', `सुरमा', `मीर' आदि शब्दों को देखा जा सकता है।

(iii) भक्ति आंदोलन तथा मुसलमानी शासन का प्रभाव समाज पर भी पड़ा जिसके परिणामस्वरुप इस बात की भी संभावना हो सकती है कि कुछ ऐसे पुराने शब्द जो अपभ्रंश में प्रचलित थे, इस काल में अनावश्यक अथवा अल्पावश्यक होने के कारण या तो हिन्दी शब्द भण्डार से निकल गये या फिर उनका प्रयोग बहुत ही कम हो गया।

1.3.2. मध्यकाल (1500 ई. से 1800 ई. तक)

इस काल में आकर हिन्दी भाषा के ध्वनि, व्याकरण और शब्द भण्डार के क्षेत्र में निम्नांकित परिवर्तन मुख्यरूप से परिलक्षित होते हैं :

ध्वनि के क्षेत्र में तीन बातें उल्लेखनीय हैं

(i) शब्दान्त का `अ' मूल व्यंजन के बाद आने पर लुप्त हो गया। अर्थात `राम' का उच्चारण `राम्' होने लगा। किन्तु `भक्त' जैसे शब्दों में जहाँ `अ' के पूर्व संयुक्त व्यंजन था `अ' बना रहा। कुछ स्थितियों में अक्षरांत `अ' का भी लोप होने लगा था।

(iii) फारसी की शिक्षा की कुछ व्यवस्था तथा दरबार में फारसी भाषा का प्रयोग होने से उच्च वर्ग में तथा नौकरी-पेशा लोगों में फारसी का प्रचार हुआ जिसके कारण उच्च वर्ग के लोगों की हिन्दी में तुर्की-अरबी-फारसी के काफी शब्द प्रचलित हो गये और उन शब्दों के माध्यम से क़ ख़ ग़ ज़ फ़ ये पांच नये व्यंजन हिन्दी में आ गये।

(गग) ``है'' के पहले का ``अ'' कुछ स्थितियों में ऍ जैसा उच्चरित होने लगा था। पांडुलिपियों में ऐसे ``अ'' के स्थान पर ``ए'' के प्रयोग से इस बात

का अनुमान लगता है। उदाहरणार्थ - पचहत्तर पचहेत्तर, सतहत्तर सतहेत्तर, हाँफना, हैंफना, जहाँ, जहें आदि।

व्याकरण :

व्याकरण के क्षेत्र में भी मुख्यतः तीन बातें ही उल्लेखनीय हैं :

(i) आदिकालीन हिन्दी में अपभ्रंश के काफी रूपों का प्रयोग होता था। इस काल में हिन्दी भाषा व्याकरण के क्षेत्र में पूरी तरह अपने पैरों पर खड़ी हो गयी। अपभ्रंश के रूप प्रायः हिन्दी से निकल गये। जो कुछ बचे थे उन्हें हिन्दी ने आत्मसात कर लिया था।

(ii) इस काल की भाषा आदिकालीन भाषा की तुलना में और भी वियोगात्मक हो गयी। संयोगात्मक रुप और भी कम हो गये। परसर्गों तथा सहायक क्रियाओं का प्रयोग और भी बढ़ गया। उदाहरणार्थ - यह मथुरा काजर की कोठरि जे आवहिं ते कारे ....

(iii) उच्च वर्ग में फारसी का प्रचार होने के कारण हिन्दी वाक्य- रचना फारसी वाक्य-रचना से प्रभावित होने लगी थी। प्रारंभिक परंपरा के अनुकूल सूरदास के साहित्य में - 'इन्द्र कह्यो मम करो सहाइ' जैसी वाक्य रचना को उदाहरण के रूप में लिया जा सकता है। यहाँ 'कि' का प्रयोग नहीं है किन्तु बाद में फारसी शब्द 'कि' के प्रयोग से वाक्य बनने लगे। रामप्रसाद निरंजनी के 'भाषा योगवसिष्ठ' (1741 ई.) का अग्रांकित वाक्य उदाहरणस्वरूप प्रस्तुत किया जा सकता है - 'वेद में एक ठौर कहा है कि जब लग जीवता रहे तब लग कर्म को करना।'

शब्द भण्डार

शब्द भण्डार की दृष्टि से निम्नांकित दो तीन बातें मुख्य हैं :

(i) इस काल में आते- आते काफी शब्द फारसी (लगभग 3500), अरबी (लगभग 2500), पश्तो (लगभग 50) तथा तुर्की (लगभग 125) से हिन्दी में आ गये और इन आगत विदेशी शब्दों की संख्या 6000 से अधिक हो गयी।[37] फारसी से कुछ मुहावरे और लोकोक्तियाँ भी आई।

(ii) भक्ति आंदोलन के चरम विन्दु पर पहुंचने के कारण तत्सम शब्दों का अनुपात भाषा में और भी बढ़ गया।

(iii) यूरोप से संपर्क होने के कारण कुछ पुर्तगाली, स्पेनी, फ्रांसीसी, तथा अंग्रेजी शब्द भी इस काल के परवर्ती चरण में हिन्दी में आ गये।

1.3.3 आधुनिक काल (1800 से अबतक)

ध्वनि :

आधुनिककालीन हिन्दी में ध्वनि के क्षेत्र में निम्नांकित बातें उल्लेख्य हैं :

(i) आधुनिक काल में शिक्षा के व्यवस्थित प्रचार के कारण तथा आरंभ में हिन्दी प्रदेश में अनेक क्षेत्रों में कचहरी की भाषा उर्दू होने के कारण क़ ख़ ग़ ज़ फ़ जो मध्यकाल में केवल उच्च वर्ग या फ़ारसी पढ़ेलिखे लोगों तक प्रचलित थे, इस काल में प्रायः 1947 तक सुशिक्षित लोगों में खूब प्रचलित हो गये। किन्तु स्वतंत्रता के बाद स्थिति बदली है और अंग्रेजी भाषा में प्रयुक्त होने के कारण ज़ फ़ तो एक सीमा तक अब भी प्रयोग में हैं किन्तु क़ ख़ ग़ के ठीक प्रयोग में कमी आई है। नई पीढ़ी, कुछ अपवादों को छोड़कर इनके स्थान पर प्रायः क ख ग बोलने लगी है। हाँ हिन्दी की उर्दू शैली में इन पाँचो का ठीक उच्चारण होता है ।

(ii) अंग्रेजी शिक्षा के प्रचार के कारण कुछ बहुशिक्षित लोगों में `ऑ' (कॉलिज, डॉक्टर, ऑफिस, कॉफी आदि में) ध्वनि भी हिन्दी में प्रयुक्त हो रही है। यों सामान्य लोग इसके स्थान पर `आ' का ही प्रयोग करते हैं। जैसे - कॉलिज > कालेज ; ऑफिस > आफिस ; कॉफी > काफी आदि।

(iii) अंग्रेजी शब्दों के प्रचार के कारण कुछ नये संयुक्त व्यंजन (जैसे ड्र) हिन्दी में प्रयुक्त होने लगे हैं । (ड्रीम, ड्राम, ड्रील, ड्रामा)

(iv) स्वरों में `ऐ' `औ' की स्थिति कुछ भिन्न हो गयी है । इस संबंध में तीन बातें उल्लेख्य हैं :

(v) पश्चिमी हिन्दी क्षेत्र में अब ये मूल स्वर हो गये हैं। जैसे - और > ओर, कौर > कोर

(vi) पूर्वी हिन्दी क्षेत्र में ये `अए', `अओ' के रुप में संयुक्त स्वर ही हैं

(vii) `नैया', `वैयाकरण', `कौआ' जैसे शब्दों में पश्चिमी तथा पूर्वी दोनो ही हिन्दी भाषी क्षेत्रों में `ऐ' और `औ' का उच्चारण क्रमशः `अइ', `अउ' रूप में अर्थात संस्कृत उच्चारण के समान होता है ।

(viii) मध्यकाल में `अ' का लोप शब्दान्त में तथा कुछ स्थितियों में अक्षरांत में होना आरंभ हुआ था। आधुनिक काल आते- आते यह प्रक्रिया पूरी हो गयी है। अब हिन्दी में उच्चारण में कोई भी शब्द अकारान्त नहीं है। उदाहरणार्थ - मतलब, एटलस, अटकल, दाम, पाप, बात, नाच, नाक, आग आदि ।

(xi) `व' ध्वनि आदि तथा मध्यकाल में कुछ अपवादों को छोड़ कर प्रायः द्वयोष्ठ्य रूप में उच्चरित होती थी। अब वह कुछ अपवादों को छोड़कर हिन्दी के काफी शब्दों में कम से कम पश्चिमी क्षेत्र में दन्तोष्ठ्य रूप में उच्चरित हो रही है। संभावना यह है कि द्वयोष्ठ्य `व' का प्रयोग धीरे - धीरे बहुत ही कम रह जाएगा या यह उच्चारण समाप्त हो जाएगा।

व्याकरण

व्याकरण की दृष्टि से निम्नांकित बातों का उल्लेख किया जा सकता है :

(i) हिन्दी प्रायः पूर्णतः एक वियोगात्मक भाषा हो गयी है।

(ii) उसके व्याकरण का रूप काफी स्थिर हो गया है।

(iii) हिन्दी भाषा अपनी वाक्यरचना, मुहावरों तथा लोकोक्तियों के क्षेत्र में अंग्रेजी से बहुत प्रभावित हुई है।

(iv) हिन्दी भाषा रूप-रचना तथा वाक्य-रचना दोनों ही क्षेत्रों में परिवर्तित हो रही है जैसे - कीजिए के लिए `करिए', मुझे के लिए `मेरे को', नहीं जाता है, के स्थान पर `नहीं जाता' आदि जैसे प्रयोग होने लगे हैं।

शब्द भण्डार

आजकल अंग्रेजी के अनेक शब्द हिन्दी भाषा में आते जा रहे हैं। ई. सन् 1800 से 1850 तक हिन्दी शब्द भण्डार प्रायः वही था जो मध्यकाल के अंतिम चरण में था। सन् 1850 से 1900 तक अंग्रेजी शब्दों के अतिरिक्त आर्यसमाज के प्रचार - प्रसार के कारण तत्सम शब्दों का प्रयोग बढ़ा और कुछ पुराने तद्भव शब्द परिनिष्ठित

हिन्दी से निकल गये। सन् 1900 के पश्चात तत्सम और पुनः तद्भव शब्दों की वृद्धि हुई। सन् 1947 तक लगभग यही स्थिति रही, किन्तु सन् 1947 के बाद अनेक पुराने शब्द नये अर्थ में प्रचलित हो गये - जैसे ``सदन'' शब्द राज्यसभा और लोकसभा के लिए प्रयुक्त हो रहा है। अभिव्यक्ति की आवश्यकताओं की पूर्ति के लिए नये शब्द बन गये हैं (फिल्माना, घुसपैठिया आदि)। हिन्दी में विज्ञान और प्रौद्योगिकी के क्षेत्र में अभिव्यक्ति के लिए पारिभाषिक शब्द बनाए गये हैं। हिन्दी शब्द भण्डार अनेक प्रभावों को ग्रहण करते हुए तथा नये शब्दों से समृद्ध होते हुए दिनोंदिन बढ़ता जा रहा है। इसके परिणामस्वरूप हिन्दी अपनी अभिव्यंजना में अधिक सटीक, निश्चित, गहरी तथा समर्थ होती जा रही है।

1.4 तकनीकी हिन्दी का विकास

हिन्दी में वैज्ञानिक और तकनीकी साहित्य का प्रकाशन काफी पहले से होता आ रहा है। प्रमाण मिलते हैं कि आधुनिक हिन्दी के जन्म होने के कुछ समय पश्चात् ही हिन्दी में वैज्ञानिक और तकनीकी साहित्य सृजन आरंभ हो गया था। या यों कहें कि जिस प्रकार खड़ीबोली हिन्दी में साहित्यिक रचना भारतेन्दु काल से शुरू हुई, ठीक उसी प्रकार हिन्दी में विज्ञान संबंधी साहित्य का लेखन भी भारतेन्दु के समय से ही आरंभ हो गया था। 19वीं शती आरंभ से ही इस दिशा में हुए प्रयास यत्र-तत्र बिखरे मिलते हैं। हिन्दी के आरंभिक लेखकों ने पुस्तक प्रणयन के साथ - साथ शब्द संग्रह पर भी ध्यान दिया था। लल्लू लाल ने 1810 ई. में साढ़े तीन हजार शब्दों की एक सूची तैयार की थी और उन शब्दों के फारसी और अंग्रेजी प्रतिरूप भी दिए थे। सभी शब्द पारिभाषिक न थे, किन्तु नये विषयों पर पुस्तक लिखने के लिए उपयोगी थे। इसी तरह जॉन शेक्सपीयर और फैलन ने भी अंग्रेजी, अंग्रेजी-हिन्दी तथा हिन्दी-अंग्रेजी कोशों की रचना की जिसमें विज्ञान के अनेक पारिभाषिक शब्दों का समावेश किया गया है ।

आगरा में एक स्कूल बुक सोसायटी बनी थी जिसने 1847 में `रसायन प्रकाश प्रश्नोत्तर' नाम की एक पुस्तक प्रकाशित की थी।[38] 23 अगस्त, 1973 की `कविवचन सुधा' में भारतेन्दु ने एक टिप्पणी में लिखा था - *`कायस्थ राजकीय पाठशाला के गणित विद्या के मुख्य अध्यापक पण्डित लक्ष्मीशंकर मिश्र, एम.ए. ने हिन्दी भाषा में गणित विद्या की पूरी श्रेणी (Mathematical series) बनाने का संकल्प किया है। उक्त महाशय ने सरल त्रिकोणमिती (Plane trignometry) हिन्दी में प्रस्तुत कर ली है।*[39] प्राचीन संग्रहों से पता चलता है कि पण्डित लक्ष्मीशंकर मिश्र ने इन पुस्तकों के अतिरिक्त स्थिति विद्या, गति विद्या, वायुमण्डल विज्ञान, प्राकृतिक भूगोल, पदार्थ

विज्ञान आदि अनेक विषयों की पुस्तके लिखीं। इन्हीं दिनों महामहोपाध्याय पण्डित सुधाकर द्विवेदी 'चलन-कलन' आदि गणित की पुस्तकें लिख चुके थे। सन् 1896 ई. में श्री विशम्भर नाथ शर्मा का 'रसायन संग्रह' नाम की पुस्तक बड़ा बाजार, कलकत्ता से प्रकाशित हुई।[40]

सन् 1862 में अलीगढ में साइंटिफिक सोसायटी नाम से एक विज्ञान समिति बनाई गयी थी। इसके संस्थापक सर सैयद अहमद खां थे। इसने भी यूरोप के वैज्ञानिक साहित्य का अनुवाद करने के प्रयास किए। इस समिति का उद्देश्य अंग्रेजी और दूसरी यूरोपीय भाषाओं से वैज्ञानिक साहित्य का उर्दू, हिन्दी और फारसी में अनुवाद कराना था। इस समिति ने अनुवाद के लिए 18 पुस्तकें भी चुनी थी।[41] इस समिति ने मौलिक ग्रंथ लिखने की भी एक योजना बनाई थी जिसमें - यूरोपीय विज्ञानों पर पुस्तक, भाप इंजन, कृषि के आधुनिक तरिके और औजार, भूगर्भ-शास्त्र, भौतिकी की पाठ्यपुस्तक, आधुनिक औषधि, ज्योतिष शास्त्र और पर्वतों के इतिहास पर पुस्तकें लिखने का निर्णय लिया गया था। यह समिति ''अलीगढ़ इंन्स्टीट्यूट गजट'' नामक एक साप्ताहिक पत्र भी निकालती थी जिसमें रेल्वे, कपास उत्पादन, भारत में कृषि आदि तकनीकी और वैज्ञानिक विषयों से संबंधित लेख लिखे जाते थे। लेखों में प्रयुक्त शब्दावली सहज-सरल और बोधगम्य होती थी। इस साप्ताहिक पत्र द्वारा शिक्षा के विभिन्न स्तरों पर भारतीय भाषाओं के माध्यम से शिक्षा देने का एक जोरदार अभियान भी चलाया गया था । इन्हीं दिनों इसी प्रकार का एक प्रयास बनारस में भी किया गया। सन् 1862 ई. में बनारस में एक वाद-विवाद क्लब के माध्यम से हिन्दी में वैज्ञानिक शिक्षा देने का आंदोलन चलाया गया था जिसके मंत्री बाबू शिवप्रसाद थे।[42] इस वाद-विवाद क्लब में विज्ञान सहित विभिन्न विषयों पर संगोष्ठी और व्याख्यान मालाएँ भी आयोजित की जाती थी।

स्वतंत्रतापूर्व हिन्दी में वैज्ञानिक और तकनीकी शब्दावली और साहित्य निर्माण का उल्लेखनीय प्रयास काशी नागरी प्रचारिणी सभा और गुरुकुल कांगड़ी का रहा है। बंगीय साहित्य परिषद और बंबई प्रेसीडेंसी के आरंभिक प्रयास भी स्तुत्य हैं ।

1.4.1 काशी नागरी प्रचारिणी सभा

काशी नागरी प्रचारिणी सभा ने सन् 1898 ई में भूगोल, ज्योतिष, गणित, अर्थशास्त्र, भौतिक विज्ञान, रसायन और दर्शनशास्त्र के पारिभाषिक शब्दों के निर्माण का बीड़ा उठाया और लगातार आठ वर्षों तक मेहनत कर यह महत्त्वपूर्ण कार्य सम्पन्न किया। इसमें सर्वश्री बाबू श्यामसुन्दर दास, महामहोपाध्याय पण्डित सुधाकर द्विवेदी, महावीर प्रसाद द्विवेदी, भगवानदास, पण्डित माधवराव सप्रे और ठाकूर प्रसाद प्रभृति

विद्वानों का उल्लेखनीय योगदान था। इस के संशोधन के लिए एक उपसमिति गठित की गयी थी जिसमें प्रा.ए.सी.सान्याल, बाबू भगवती सहाय, पण्डित विनायक राव और लाला खुशीराम आदि विभिन्न भाषाशास्त्रियों के अतिरिक्त और कई हिन्दी भाषी विद्वान थे। इस कार्य में गुजराती, मराठी और बंगीय क्षेत्रों में हुए इसी प्रकार के कार्यों और प्रयत्नों का समुचित उपयोग किया गया था। हिन्दी में पारिभाषिक शब्द निर्माण का यह पहला सर्वाधिक सुनियोजित सांस्थिक प्रयास था ।[43]

काशी नागरी प्रचारिणी सभा का यह प्रयत्न चिरस्मरणीय है क्योंकि इससे एक ऐसी प्रक्रिया का जन्म हुआ जिससे देश में सभी प्रचलित भाषाओं में वैज्ञानिक शब्दावली और साहित्य के निर्माण की एक श्रृंखला प्रक्रिया आरंभ हो गयी। इस सभा ने बाबू श्यामसुन्दर दास के मार्गदर्शन में भारतीय वैज्ञानिक शब्दावली के क्षेत्र में बुनियादी काम किया है।44 सभा को वैज्ञानिक शब्दावली निर्माण की आवश्यकता क्यों पड़ी इस संबंध में बाबू श्यामसुन्दर दास लिखते हैं - *जब कभी किसी व्यक्ति से किसी वैज्ञानिक विषय की पुस्तक लिखने या अनुवाद करने के लिए कहा जाता है तो वह इसके लिए तभी तैयार होता है यदि सभा उन वैज्ञानिक शब्दों के पर्यायवाची शब्द हिन्दी में बना कर उन्हें देदे जिनकी उस पुस्तक या लेख को लिखने में जरूरत पड़ेगी।*[45] अतः इन मांगों की पूर्ति के लिए नागरी प्रचारिणी सभा द्वारा शब्द कोश बना कर प्रकाशित करने का निर्णय लिया गया। इसी क्रम में 1901 ई. में बाबू श्यामसुन्दर दास की गणित विषयक शब्दावली तथा ठाकूर प्रसाद खत्री का भौतिकी विषयक कोश सन् 1902 ई. में प्रकाशित हुआ। दर्शन, भूगोल, रसायन आदि का संकलन 1906 ई. में प्रकाशित हुआ। इस प्रकार हिन्दी में सभी विषयों की पारिभाषिक शब्दावली निर्माण का कार्य हाथ में लेकर हिन्दी शब्द भण्डार की श्रीवृद्धि का पहला और सुनियोजित कदम आगे बढ़ा जिसकी बुनियाद पर तकनीकी हिन्दी शब्दावली का प्रणयन अब तक जारी है।

1.4.2 गुरुकुल कांगड़ी

हिन्दी में वैज्ञानिक साहित्य निर्माण के क्षेत्र में एक और उल्लेखनीय कदम गुरुकुल कांगड़ी ने सन् 1900 ई. में अपने यहाँ विज्ञान सहित सभी प्रकार की शिक्षा का माध्यम हिन्दी को बनाकर उठाया। काशी नागरी प्रचारिणी सभा के वैज्ञानिक कोश की शब्दावली ने इस निर्णय को बहुत बल दिया क्योंकि इस शब्दावली को उपयोग में लाकर विज्ञान की अनेक पाठ्यपुस्तकों का निर्माण हुआ। उदाहरणार्थ 1900 से 1930 ई. के बीच हिन्दी में प्रकाशित कतिपय विज्ञान पुस्तकों की सूची नीचे दी जा रही है:

विषय	लेखक	प्रकाशक	ई.सन्
गणित			
अंकगणित	श्री यादवचन्द्र चक्रवर्ती	पी.सी.द्वादसश्रेणी, अलीगढ़	1900
गणित का इतिहास	सुधाकर द्विवेदी	संस्कृत कॉलेज, बनारस	1902
बीजगणित	ला.सीताराम	कौशल किशोर, मुरादाबाद	1907
लीलावती	.....	लक्ष्मी वेंकटेश्वर प्रेस, बम्बई	1909
भौतिकी			
भौतिकी	श्री गोवर्धन	..	1910
चुम्बक	श्री सालगराम भार्गव	विज्ञान परिषद, प्रयाग	1917
ताप	श्री प्रेमवल्लभ जोशी	विज्ञान परिषद, प्रयाग	1921
वैज्ञानिक परिणाम	सत्यप्रकाश व निहालकरण सेठी	विज्ञान परिषद, प्रयाग	1928
प्रारंभिक भौतिक विज्ञान	निहालकरण सेठी	काशी हिन्दू विश्वविद्यालय	1930
रसायन			
रसायनशास्त्र	श्री महेशशरण सिंह	---	1909
विद्युतशास्त्र	श्री महेशशरण सिंह	---	1912
गुणात्मक विश्लेषण	श्री महेशशरण सिंह	---	1919
केमिस्ट्री	श्री लक्ष्मीचन्द्र	विज्ञान हुनरमाला ऑफिस काशी	1917
मनोरंजक रसायन	श्री गोपालस्वरुप भार्गव	विज्ञान परिषद प्रयाग	1923
कार्बनिक रसायन	सत्यप्रकाश	विज्ञान परिषद प्रयाग	1928
प्रारंभिक रसायन	श्री अमीचन्द्र विद्यालंकार	हिन्दी साहित्य सम्मेलन	1928
साधारण रसायन (भाग 2)	श्री फूलदेव सहाय वर्मा	हिन्दी विश्वविद्यालय काशी	1932

इस प्रकार नागरी प्रचारिणी सभा और गुरुकुल कांगड़ी के प्रयासों के फलस्वरुप हिन्दी भाषा में वैज्ञानिक साहित्य प्रणयन का मार्ग प्रशस्त होने लगा। इसी क्रम में सन् 1913 में इलाहाबाद में विज्ञान परिषद की स्थापना हुई और इसने उसी वर्ष 'विज्ञान प्रवेशिका' (भाग-1) नामक एक पुस्तक भी प्रकाशित किया। विज्ञान परिषद द्वारा सन् 1914 ई. से निरंतर 'विज्ञान' पत्रिका का प्रकाशन हो रहा है। 'विज्ञान' पत्रिका के

सितंबर, 1930 अंक में डॉ. सत्यप्रकाश द्वारा संपादित विभिन्न विषयों की वैज्ञानिक पारिभाषिक शब्दावली प्रकाशित हुई जो 'विज्ञान' में प्रकाशित लेखों पर आधारित थी। विज्ञान परिषद के सहयोग से भारतीय हिन्दी परिषद इलाहाबाद ने सन् 1942 में पुन: यह कार्य हाथ में लिया और अंग्रेजी-हिन्दी वैज्ञानिक कोश के दो भाग प्रकाशित किए।

सन् 1916 ई. में श्री नगेन्द्रनाथ बसु ने हिन्दी विश्वकोश प्रकाशित करना आरंभ किया। 25 खण्डों का यह विश्वकोश कलकत्ते में सन् 1932 में पूर्ण हुआ। श्री बसु ने सन् 1911 ई. में 22 खण्डों में प्रकाशित अपने बंगला विश्वकोश के आधार पर हिन्दी विश्वकोश का निर्माण किया है।

सन् 1925 ई. में बनारस से हिन्दी विद्युत शब्दावली प्रकाशित हुई, जो सिर्फ 60 पृष्ठों की है। इसी समय बनारस हिन्दू विश्वविद्यालय के कतिपय प्राध्यापकों के प्रयास से एक वैज्ञानिक शब्दकोश निकाला गया जिसमें पदार्थ विज्ञान, रसायनशास्त्र, गणित और ज्योतिष संबंधी कई नूतन शब्दों की उद्भावना की गयी।[46]

सन् 1930-31 में प्रयाग की विज्ञान परिषद ने वैज्ञानिक शब्दों का संचयन करने का प्रयास किया और 4821 शब्दों का एक महत्वपूर्ण शब्दकोश चार खण्डों में प्रकाशित किया। इसके बाद ही श्री सुखसम्पत्तिराय भण्डारी की पाँच खण्डों वाली 'द ट्वेनटिएथ सेंचुरी इंग्लिश हिन्दी डिक्शनरी' (THE TWENTIETH CENTURY ENGLISH-HINDI DICTIONARY) प्रकाशित हुई जो पारिभाषिक शब्दावली निर्माण संबंधी कार्य में एक उल्लेखनीय कदम था। इसमें ज्ञान- विज्ञान के विभिन्न क्षेत्रों से संबंधित एक लाख से भी अधिक शब्द अंग्रेजी के पर्यायों और विवरणों सहित दिए गये हैं। इतना व्यापक और अंग्रेजी शब्दों के समुचित पारिभाषिक शब्दों से युक्त कोश अभी तक हिन्दी में नहीं प्रस्तुत किया गया था।

सन् 1939 से श्री कृष्णवल्लभ द्विवेदी के संपादन में ज्ञान-विज्ञान के क्षेत्र में हिन्दी विश्वभारती नाम से एक विश्वकोश का प्रकाशन आरंभ हुआ। इसमें हिन्दी की वैज्ञानिक शब्दावली को बड़े पैमाने पर प्रयुक्त किया गया है। संभवत: हिन्दी का यह पहला वैज्ञानिक संदर्भ ग्रंथ है और इसने हिन्दी में वैज्ञानिक शब्दावली को स्थिरता और उपयोगिता प्रदान करने में भारी योगदान दिया है।

प्रथम कांग्रेस मंत्रीमण्डल के निर्माण के बाद बिहार में एक हिन्दुस्तानी कमेटी की स्थापना हुई थी। देशरत्न डॉ. राजेन्द्र प्रसाद, मौलाना अबुल कलाम आजाद, डॉ.सच्चिदानंद सिन्हा, काका कालेलकर, राजाराधिकारमण प्रसाद सिंह, आचार्य बद्रीनाथ वर्मा, डॉ. अब्दुलहक और डॉ.ताराचन्द प्रभृति विद्वान इसके सदस्य थे।

इस कमेटी ने पाँच वर्षों तक कार्य कर के हिन्दी और उर्दू दोनों में समानरुप से प्रचलित शब्दों का संचय किया। किन्तु प्रकाशन से पूर्व दुर्भाग्यवश सन् 1942 ई. में इसकी पाण्डुलिपि ही कहीं खो गयी।[47] हिन्दी विज्ञान शब्दावली के क्षेत्र में हिन्दी साहित्य सम्मेलन और वैज्ञानिक परिषद तथा भारतीय सम्मेलन और वैज्ञानिक परिषद तथा भारतीय हिन्दी परिषद का कार्य भी उल्लेखनीय है।

हिन्दी में विज्ञान शब्दावली के क्षेत्र में वैज्ञानिक एवं तकनीकी शब्दावली आयोग से पूर्व सर्वाधिक उल्लेखनीय एवं स्तुत्य योगदान डॉ. रघुवीर का है। उन्हों ने संस्कृत की 520 धातुओं, 20 उपसर्गों एवं 80 प्रत्ययों की सहायता से हिन्दी में लाखों वैज्ञानिक शब्दों का निर्माण किया है। सन् 1950 ई. में प्रकाशित डॉ. रघुवीर की 'CONSOLIDATED GREAT ENGLISH INDIAN DICTIONARY OF TECHNICAL TERMS` में एक लाख से भी अधिक वैज्ञानिक और तकनीकी शब्दों का संकलन किया गया है। इसके पूर्व 1943-46 के दौरान उक्त शब्द कोश की - देवनागरी, तमिल, बंगला और कन्नड़ इन चार लिपियों में प्रकाशन लाहौर से हो चुका था। इसके पश्चात डॉ. रघुवीर ने डॉ. लोकेशचन्द्र के साथ मिलकर "A COMPREHENSIVE ENGLISH HINDI DICTIONARY OF GOVERNMENTAL AND EDUCATIONAL WORDS AND PHARASES`` नामक एक और शब्दकोश प्रकाशित किया जिसमें रसायनशास्त्र से संबंधित लगभग सभी प्रकार की शब्दावली , शब्दावली निर्माण के नियम तथा नये शब्द निर्माण हेतु अपेक्षित संस्कृत की धातुओं, प्रत्ययों और उपसर्गों का सम्यक विवेचन प्रस्तुत किया गया है।

संस्कृतनिष्ठ और सामान्यतः अप्रचलित / नवनिर्मित शब्दावली होने के कारण डॉ. रघुवीर की शब्दावली का हिन्दी जगत में घोर विरोध होता रहा है फिर भी डॉ. रघुवीर द्वारा निर्मित शब्दावली और शब्दावली निर्माण के सिद्धांतों ने हिन्दी भाषा को उर्वरता प्रदान किया है। विश्व भर के किसी भी विज्ञान शब्द का हिन्दी में पर्याय इनके सिद्धांत के आधार पर बनाया जा सकता है। यहाँ उल्लेखनीय है कि डॉ. रघुवीर के बृहत् शब्दकोश की नवनिर्मित शब्दावली को और अधिक सरल और व्यावहारिक रुप देने के लिए भारत सरकार ने सन् 1952 में शिक्षा मत्रांलय के अन्तर्गत एक टर्मिनो-लॉजी बोर्ड बनाया।[48] और परवर्ती काल में शब्दावली निर्माण में इसका सम्यक उपयोग किया है।

इलाहाबाद विश्वविद्यालय के रसायन विभाग के भूतपूर्व अध्यक्ष और प्राध्यापक डॉ.सत्यप्रकाश का भी हिन्दी विज्ञान साहित्य सृजन और प्रचार-प्रसार में उल्लेखनीय योगदान है। सन् 1913 में स्थापित 'विज्ञान परिषद` प्रयाग के प्राण डॉ. सत्यप्रकाश ही रहे हैं। 'विज्ञान` और 'अनुसंधान` पत्रिका के अतिरिक्त् यह संस्था हिन्दी में अनेक विज्ञान पुस्तकें और स्मारिकाएँ आदि प्रकाशित कर चुकी है। विज्ञान लेखन को

प्रोत्साहन देने के लिए डॉ. गोरखप्रसाद पुरस्कार और हिन्दी के विज्ञान सेवी साहित्यकारों की परंपरा भी 'विज्ञान परिषद' ने ही आरंभ की है।

हिन्दी में वैज्ञानिक और तकनीकी शब्दावली निर्माण के क्षेत्र में डॉ सिद्धेश्वर वर्मा का भी उल्लेखनीय योगदान है। वे शब्दब्रह्म के अनन्य जिज्ञासु और भाषाविज्ञान के मर्मज्ञ थे। डॉ. रणवीर रांग्रा इन्हें भाषा-दर्शन की प्राचीन भारतीय मनीषी परंपरा की आधुनिक कड़ी मानते हुए उन्हें हिन्दी में वैज्ञानिक शब्दावली निर्माण का पितामह कहते हैं।[49] इसी प्रकार डॉ.गोरखप्रसाद, प्रो. फूलदेवसहाय वर्मा, प्रो.भगवती प्रसाद श्रीवास्तव जैसे अनेक विद्वानों ने हिन्दी में विज्ञान साहित्य प्रदान करने में अपना-अपना यथेष्ट योगदान दिया है।

भारत की सभी आधुनिक भाषाओं के लिए समान वैज्ञानिक शब्दावली विकसित करने की दिशा में शासकीय स्तर पर सर्वप्रथम बम्बई सरकार का ध्यान गया। और इसकी सिफारिश पर केन्द्रीय शिक्षा परामर्श मण्डल ने 1942 में डॉ. सर फजलूर रहमान की अध्यक्षता में एक निदेश समिति नियुक्त की जिसके सदस्य डॉ. अब्दुलहक, डॉ.शांतिस्वरुप भटनागर, प्रो.सुनीतिकुमार चटर्जी और सर सी.वी.रमण थे। भारतीय भाषाओं को उपयुक्त समूहों में बांटने और शब्दावली संबंधी विभिन्न प्रश्नों पर विचार करने का कार्य इस समिति को सौंपा गया। विद्वानों और विशेषज्ञों द्वारा निजी तौर पर किए जा रहे शब्दावली निर्माण संबंधी कार्यों को समन्वित करने और पूरे देश में वैज्ञानिक शब्दावली के निर्माण और विशेष कर वैज्ञानिक विषयों में पुस्तकें तैयार करने के उद्देश्य से सन् 1950 ई. में एक वैज्ञानिक तथा तकनीकी शब्दावली मण्डल की नियुक्ति भी की गयी जिसके सदस्यों के नाम इस प्रकार हैं:

वैज्ञानिक	**भाषाशास्त्री**
डॉ. शांतिस्वरुप भटनागर	डॉ.सुनीति कुमार चटर्जी
डॉ दौलत सिहं कोठारी	आचार्य नरेन्द देव
डॉ. बेनी प्रसाद	श्री काका कालेलकर
डॉ. जे.सी.घोष	डॉ. जाफर अली खां ''असर''
डॉ. के.एन.बहल	डॉ. यदुवंशी
प्रा. एम. मुजीब	
डॉ. के. मित्रा	

इस मण्डल के विचारार्थ प्रश्न इस प्रकार थे:

1. हिन्दी और देश की प्रमुख साहित्यिक भाषाओं में अन्तर्राष्ट्रीय वैज्ञानिक और पारिभाषिक शब्दावली अपनाने के बारे में केन्द्रीय परामर्श मण्डल के प्रस्ताव के बारे में अमल करना।

2. ऐसे सिद्धांत निर्धारित करना जिनके आधार पर अन्तर्राष्ट्रीय पारिभाषिक शब्दावली को भारतीय भाषाओं की प्रकृति के अनुरुप बनाया जा सके।

3. विभिन्न भारतीय भाषाओं में प्रचलित शब्दावली के संग्रह का प्रबंध करना। ज्ञान की जिन शाखाओं में विदेशी शब्दों का प्रयोग उचित न हो, उनके लिए भारतीय भाषाओं के आधार पर उचित शब्दावली का निर्माण करना।

4. वैज्ञानिक विषयों पर आदर्श पुस्तकें तैयार करने के लिए नीति निश्चित करना और उनका पालन करना।

इस मण्डल की पहली बैठक 11 दिसम्बर, 1950 को हुई जिसकी अध्यक्षता तत्कालीन शिक्षा मंत्री मौलाना आजाद ने की थी। अपने उदघाटन भाषण में उन्होंने कहा कि - *हम यहाँ हिन्दी और प्रादेशिक भाषाओं को शिक्षा और ज्ञान-विज्ञान के माध्यम के योग्य बनाने के लिए इकट्ठे हुए हैं।*[50] इसी बैठक में वैज्ञानिक शब्दावली मण्डल ने शब्दावली निर्माण के लिए निम्नलिखित सिद्धांत निर्धारित किए :

1. अन्तर्राष्ट्रीय शब्दावली से अर्थ उन वैज्ञानिक और पारिभाषिक शब्दों से है जो कि समय - समय पर वैज्ञानिक संघों की अन्तर्राष्ट्रीय परिषद की कार्यवाहियों में प्रकाशित किए जाते हैं

2. यह बोर्ड विश्वविद्यालय अनुदान आयोग और केन्द्रीय शिक्षा परामर्श मण्डल के विचारों से सहमत है कि जहाँ तक हो सके, हिन्दी और भारत की दूसरी प्रमुख भाषाओं की पुस्तकों में अन्तर्राष्ट्रीय वैज्ञानिक और पारिभाषिक शब्दों का प्रयोग किया जाए । वनस्पति विज्ञान, प्राणि विज्ञान और भू-विज्ञान के अन्तर्राष्ट्रीय शब्द ज्यों के त्यों ले लिए जायें ।

3. गणित एवं अन्य विज्ञानों में प्रयोग किए जाने वाले चिह्न, प्रतीक और सूत्र बिना किसी परिवर्तन के ग्रहण कर लिए जांए अर्थात रोमन लिपि में लिखे हुए अक्षर और अंक ही हिन्दी में प्रयुक्त किए जाएं।

4. वैज्ञानिक शब्दावली कोश तैयार करने में अन्तर्राष्ट्रीय पारिभाषिक शब्दों का नागरीकरण किया जाए और उनका मूल रूप रोमन लिपि में कोष्ठक में दिया जाए। जहाँ कहीं जरुरी हो, शब्दों का अनुवाद और व्याख्या भी दी जाए।

उपर्युक्त सिद्धांतो के आधार पर वैज्ञानिक एवं तकनीकी शब्दावली का निर्माण करने के लिए शिक्षा मंत्रालय में जनवरी 1952 में एक हिन्दी अनुभाग की स्थापना की गयी साथ ही विभिन्न विषयों की शब्दावलियाँ अनुमोदित करने के लिए विशेषज्ञ समितियों का गठन भी किया गया, जिसके फलस्वरुप 1953 में स्कूली पाठ्य पुस्तकों के लिए पांच विषयों की पारिभाषिक शब्दावलियाँ प्रकाशित की गयीं। इनमें से चार सूचियाँ वैज्ञानिक विषयों की थी और एक सामाजिक विज्ञान की। ये सूचियाँ अस्थाई थीं और इन्हें जनसम्मति के लिए प्रकाशित किया गया था ।

दो- तीन वर्षों के अन्दर ही शब्दावली के कार्य में तेजी से प्रगति हुई और अनेक विषयों की विशेषज्ञ समितियाँ गठित की गयीं। काम की बढ़ती हुई मात्रा को देखते हुए हिन्दी अनुभाग का विस्तार कर के उसे हिन्दी प्रभाग का रुप दे दिया गया। इस प्रभाग द्वारा 1958-59 तक माध्यमिक स्तर पर पढ़ाए जाने वाले सभी विषयों की पारिभाषिक शब्दावलियाँ प्रकाशित की जा चुकी थी ।

इसी बीच श्री बी.जी.खेर की अध्यक्षता में राजभाषा आयोग की नियुक्ति की गयी जिसने 1956 ई. में अपना प्रतिवेदन राष्ट्रपति को प्रस्तुत किया। प्रतिवेदन की जॉच एक संसदीय समिति द्वारा की गयी जिसकी सिफारिशों को ध्यान में रखते हुए राष्ट्रपति के 27 अप्रैल 1960 के आदेशान्तर्गत 1 अक्तूबर, 1961 को भारत सरकार ने वैज्ञानिक और तकनीकी शब्दावली आयोग की स्थापना की जिसने धीरे-धीरे अपने प्रयासों और कार्यक्रमों से मानक हिन्दी का स्वरुप निर्धारित करते हुए वैज्ञानिक तथा तकनीकी साहित्य के प्रणयन हेतु आवश्यक शब्दावली और साहित्य सामग्री निर्माण के क्षेत्र में सराहनीय कार्य किया है ।

वैज्ञानिक एवं तकनीकी शब्दावली आयोग के प्रयासों से अबतक 1600 से अधिक पाठ्यपुस्तकें, शब्द-संग्रह, शब्दकोश, परिभाषाकोश, चयनिकाएँ तथा पत्रिकाएँ प्रकाशित की जा चुकी हैं। हिन्दी माध्यम से विज्ञान पढ़ने-पढ़ाने को प्रोत्साहन देने के लिए इन पुस्तकों की बिक्री पर 10 से 40 प्रतिशत तक की छूट देने की भी व्यवस्था की गई है। उत्तर प्रदेश, मध्यप्रदेश, राजस्थान, हरियाणा तथा बिहार की हिन्दी ग्रंथ अकादमियों और काशी हिन्दू विश्वविद्यालय एकक, दिल्ली विश्वविद्यालय, हिन्दी माध्यम कार्यान्वयन निदेशालय तथा पंतनगर कृषि विश्वविद्यालय ने आयोग की योजना के कार्यान्वयन में ठोस योगदान दिया है। पंतनगर विश्वविद्यालय सन् 1986 तक कृषि की विविध शाखाओं में 80 से भी अधिक पुस्तकें छाप चुका है। इन सबका प्रकाशन वैज्ञानिक एवं तकनीकी शब्दावली आयोग के अधीन ही किया गया है।

अंतरिक्ष विज्ञान से लेकर खेलकूद तक के शब्द संग्रह आयोग प्रकाशित कर चुका है। सारी शब्दावलियाँ छापी जा चुकी हैं, जिनमें वैज्ञानिक विषयों के साथ - साथ ही

मानविकी, वानिकी और समेकित रक्षा शब्दावली भी शामिल है। इसके अतिरिक्त 30 शब्दकोश तथा 10 अन्य प्रकाशन हैं जिनमें पाठमाला, व्याकरण आदि शामिल हैं। अब तक 10 चयनिकाएँ छप चुकी हैं जिनमें जैव विज्ञान और भू-विज्ञान, चयनिकाएँ आदि शामिल हैं । अनेक पाठमालाएँ प्रकाशित हो चुकी हैं जैसे - थैलोफायटा, ब्रायोफायटा आदि। थैलोफायटा पाठमाला में 17 अध्याय हैं इसके अंत में थैलोफायटा परिभाषा कोश भी है।

सन् 1986 तक वैज्ञानिक तथा तकनीकी शब्दावली आयोग द्वारा प्रकाशित वैज्ञानिक साहित्य के कुछ उदाहरण प्रस्तुत किए जा रहे हैं :

कृषि विज्ञान के क्षेत्र में आयोग 110 पुस्तकें प्रकाशित कर चुका है, जिनमें डॉ. नारायण दुनीचंद व्यास की 'कृषि दीपिका' से लेकर डॉ. राधारमण अग्रवाल की ''भारत में उर्वरक और कृषि विज्ञान'' की लगभग सभी शाखाओं पर पठनीय पुस्तकें उपलब्ध हैं। केवल पशुविज्ञान संबंधी अनुवादों को पढ़ना और समझना मुश्किल है, अन्यथा कृषि विज्ञान साहित्य में ऐसी कोई कठिनाई नहीं है। अधिकांश पुस्तकें पंतनगर कृषि विश्वविद्यालय द्वारा प्रकाशित की गयी हैं ।

कृषि विज्ञान संबंधी पुस्तकों का सबसे बड़ा और सबसे पुराना प्रकाशक भारतीय कृषि अनुसंधान परिषद् है, जो अब तक हिन्दी में लगभग 200 पुस्तकें प्रकाशित कर चुका है। इसके साथ ही परिषद् 'खेती' नामक मासिक पत्रिका और 'फलफूल' तथा 'कृषि चयनिका' नामक त्रैमासिक पत्रिका प्रकाशित करता है। सन् 1970 के बाद के दशक से परिषद् ने हिन्दी में मौलिक लेखन पर बल दिया, जिसके अधीन 22 से अधिक उत्कृष्ट मौलिक ग्रंथ प्रकाशित किए जा चुके हैं। कृषि विज्ञान में मौलिक लेखन को प्रोत्साहन देने के लिए परिषद् ने डॉ. राजेन्द्र प्रसाद पुरस्कार योजना भी शुरु की है। इसके अधीन पंतनगर कृषि विश्वविद्यालय की अनेक पुस्तकें पुरस्कृत हो चुकी हैं ।

आयोग और परिषद् के बीच कृषिविज्ञान संबंधी पुस्तकों के प्रकाशन को लेकर यह समझौता है कि जहाँ आयोग पाठ्यपुस्तकों के प्रकाशन पर ध्यान देगा, वहाँ परिषद् कृषि विज्ञान संबंधी संदर्भ पुस्तकों को प्रकाशित करके कृषि विज्ञान संबंधी पुस्तकों की कमी को पूरा करेगी ।

गणित तथा सांख्यिकी के क्षेत्र में आयोग ने लगभग 70 अनूदित और मौलिक पुस्तकें प्रकाशित की हैं, जिसमें 'शुद्ध घन ज्यामिति प्रवेशिका' से लेकर 'निर्देशांक ज्यामिति' तक सभी विषय शामिल किए गये हैं । इसी प्रकार इंजीनियरी से संबंधित विषयों की लगभग 73 पुस्तकें आयोग ने प्रकाशित की हैं। 'निर्माण सामग्री' और

`भवन निर्माण' से लेकर `सिंचाई इंजीनियरी' तक और `रेल्वे इंजीनियरी' से लेकर `जल-प्रदाय इंज़ीनियरी' और `वैमानिकी' तक शायद ही कोई विषय छोड़ा गया हो। इलेक्ट्रॉनिकी के क्षेत्र में आयोग ने `दूरवीक्षण के सिद्धांत' और `औद्योगिक इलेक्ट्रॉनिकी के सिद्धांत और प्रयोग' जैसी पुस्तकें प्रकाशित की हैं।

आयोग ने भौतिकी की लगभग 100 पुस्तकें प्रकाशित की हैं। जिनमें `अर्धचालक और उनके उपयोग' से लेकर `उल्काएँ', `अश्रव्य ध्वनियाँ' और `रहस्यमय विश्व' पर प्रकाश डालने के साथ ही `ग्रह और उपग्रह', `न्यूक्लीय शक्ति', `रेडियो भौतिकी', `कास्मिक किरणें', `नाभिकीय भौतिकी' तथा `क्वांटम यांत्रिकी` तक शायद ही कोई विषय छूटा हो। भौतिकी संबंधी लगभग सभी विश्व प्रसिद्ध पुस्तकें अब हिन्दी में उपलब्ध हैं।

रसायन विज्ञान में हिन्दी में पुस्तक लेखन का काम बहुत पहले से शुरु हो गया था। इलाहाबाद के रसायन विभाग ने हिन्दी में विज्ञान लेखन के लिए पहल की और अनेक रसायनज्ञ हिन्दी में अपने भाव व्यक्त करने में दीक्षित किए गये। शब्दावली आयोग ने भी इन विद्वानों का लाभ उठाया है और प्रा. फूलदेव सहाय वर्मा से लेकर डॉ. सत्यप्रकाश और डॉ.शिवगोपाल मिश्र तक सभी श्रेष्ठ रसायन विज्ञान लेखकों की पुस्तकें आयोग ने प्रकाशित की हैं। इनमें 'समस्थानिकों का संसार`, 'जैवरसायन की रुपरेखा`, 'वायुमण्डल की निष्क्रिय गैसें`, 'विटामिन रसायन`, 'हॉरमोन और संश्लेषित रेशे`. आदि रसायन विज्ञान के लगभग सभी क्षेत्रों से संबंधित 100 से भी अधिक पुस्तकें आयोग ने प्रकाशित की हैं। इसी तरह वनस्पति विज्ञान में भी आयोग ने 80 से अधिक पुस्तकें प्रकाशित की हैं। पौधों के जीवन का कोई भी पक्ष ऐसा नहीं है जिस पर कोई न कोई ग्रंथ उपलब्ध न हो। वनस्पतियों का कोई भी वर्ग ऐसा नहीं है, जिसपर आयोग ने पुस्तक प्रकशित न की हो। वनस्पति विज्ञान संबंधी पाठमालाओं ने यह सिद्ध कर दिया है कि विज्ञान के जटिल से जटिल विषय को हिन्दी में व्यक्त किया जा सकता है।

भू-विज्ञान और भूगोल पर भी 50 से अधिक ग्रंथ आयोग ने प्रकाशित किए हैं। भूगोल और भू-विज्ञान पर अधिकतर पुस्तकें मौलिक लिखी गयी हैं। इसमें डॉ अनन्तगोपाल झिंगरन से लेकर डॉ.खड्‌गसिंह बल्दिया तक सभी श्रेष्ठ विज्ञान लेखकों की सहायता ली गयी है। इसी प्रकार गृह विज्ञान में लगभग 20 पुस्तकें और नृविज्ञान में भी 20 से अधिक पुस्तकें प्रकाशित की गयी है। 'मानव प्रगति की कहानी` से लेकर 'मानव अनुवांशिकी तथा प्रजाति` तक नृविज्ञान के सभी महत्वपूर्ण पक्षों पर हिन्दी में पुस्तकें उपलब्ध हैं।

यद्यपि हिन्दी बी.एससी. स्तर की अधिकांश पुस्तकें उपलब्ध हैं फिर भी शब्दावली आयोग का दावा है कि यदि स्नातक तथा स्नातकोत्तर स्तर पर हिन्दी में पढ़ाई आरंभ की जाय तो सरकारी अभिकरणों तथा गैर-सरकारी और अन्य संस्थाओं के प्रयास से जल्दी ही बाजार में हिन्दी पुस्तकों की भरमार हो जाएगी। शिक्षा के क्षेत्र में उचित उपयोग न होने के कारण पुस्तकों की लिखाई और छपाई बहुत हद तक प्रभावित होती है और हिन्दी के साथ भी ऐसा ही हुआ है। फिर भी अन्य संस्थाओं में नेशनल बुक ट्रस्ट, राजपाल एण्ड सन्स, आत्माराम, राजकमल, हिन्दी पैकेट बुक्स, इंडियन प्रेस, किताब महल, देहाती पुस्तक भण्डार तथा कैपिटल बुक हाउस इत्यादि प्रकाशकों के सहयोग से विविध वैज्ञानिक विषयों पर लोकप्रिय पुस्तकों सहित पाठ्य पुस्तकों का यथेष्ट प्रकाशन हो रहा है। केन्द्रीय हिन्दी निदेशालय की प्रकाशकों के सहयोग से लोकप्रिय पुस्तकें प्रकाशित करने की योजना के अधीन बहुत उपयोगी वैज्ञानिक पुस्तकें प्रकाशित की गयी हैं और की जा रहीं हैं।

लेकिन अब भी हिन्दी में विज्ञान साहित्य के क्षेत्र में बहुत से काम किए जाने बाकी हैं। आवश्यकता को देखते हुए इस क्षेत्र में जो भी काम हुआ है वह अपर्याप्त है। विश्वकोशों की परंपरा में अब वैज्ञानिक तथा औद्योगिक अनुसंधान परिषद् के प्रकाशन निदेशालय द्वारा 7 खण्डों में प्रकाशित 'भारत की संपदा' के अतिरिक्त कोई भी उल्लेखनीय वैज्ञानिक कोश हिन्दी में उपलब्ध नहीं है। बहुत समय पहले नागरी प्रचारिणी सभा ने 'हिन्दी विश्व कोश' प्रकाशित किया था, लेकिन उसमें विज्ञान के विभिन्न विषयों पर ही अधिक लिखवाया गया है। नगेन्द्र नाथ बसु का हिन्दी विश्वकोश सही मामले में हिन्दी विज्ञान विश्वकोश नहीं है ।

1.5 हिन्दी में थिसारस अर्थात समानान्तर कोश

थिसारस एक तरह का शब्दकोश है। हिन्दी में इसे समानान्तर कोश कहते हैं। यह ग्रीक शब्द 'थिसरस' से बना है जिसका अर्थ 'कोश' होता है। यह आम प्रचलित शब्दकोश से काफी भिन्न होता है तथा भिन्न पद्धति पर निर्मित होता है। अगर शब्दकोश, शब्द को परिभाषा देता है तो थिसारस परिभाषा को शब्द देता है। यह अव्यक्त को व्यक्त, अमूर्त को मूर्त और निराकार को साकार करता है क्योंकि भावों अथवा संप्रत्ययों और विचारों का साकार रुप शब्द ही होते हैं। शब्दकोश की अपेक्षा थिसारस में शब्दों का नहीं, शब्द समूहों का संकलन किया जाता है। यह संकलन आकारादिक्रम से न कर के भाव क्रम से किया जाता है। संसार के जितने पदार्थ हैं, जितने विचार हैं, मान्यताएँ, धर्म अथवा देवी-देवता हैं, संदेह, अन्वेषण कालक्रम अथवा भविष्य की कल्पनाएँ हैं, सबका वर्गीकरण किया जाता है फिर उन सबको एक के बाद एक इस तरह रखा जाता है कि एक भाव से दूसरे भाव तक की यात्रा सहज

और स्वाभाविक हो। हर भाव का अपना एक शब्द समूह होता है। इसमें इस भाव विशेष को अभिव्यक्ति देनेवाले अधिकाधिक शब्दों को संकलित किया जाता है। संज्ञा, सर्वनाम, क्रिया, मुहावरे, लोकोक्तियाँ, विशेषण, क्रिया-विशेषण, उद्गार आदि शब्द समूह पर्यायवाची शब्दों के समूह नहीं होते अपितु एक जैसी वस्तुओं के शब्द समूह होते हैं।

पहला आधुनिक थिसारस 1852 में अंग्रेजी भाषा में प्रकाशित हुआ जिसके रचयिता डॉ. पीटर मार्क रोज़ट हैं। डॉ. रोज़ट एक प्रसिद्ध वैज्ञानिक और रॉयल सोसायटी के महासचिव थे। चन्द्रकलाओं की तरह रोज परिवर्तित होती आधुनिक विज्ञान और प्रौद्योगिकी संबंधी विचारों को शब्द प्रदान करने में थिसारस बड़ी अहम् भूमिका निभाते हैं। अंग्रेजी में आज अनेकों थिसारस मौजूद हैं जो संसार भर में अंग्रेजी भाषा के सही और बेहतर प्रयोग में सहायक हो रहे हैं ।

आधुनिक थिसारस के सबसे नजदीक पड़ने वाला संस्कृत भाषा का अमरसिंह रचित अमर कोश है। इसे 'नामलिंगानुशासन' और तीन काण्डों में होने के कारण 'त्रिकाण्ड' भी कहते हैं। थिसारस की पद्धति पर इसका भी संयोजन भावक्रम में हुआ है जो निम्नप्रकार से है :

प्रथम काण्ड: परिभाषा, स्वर्ग वर्ग, व्योम वर्ग, दिग्वर्ग, काल वर्ग, धी वर्ग, शब्दादि वर्ग, नाट्य वर्ग, पातालभोगि वर्ग, नरक वर्ग, वारि वर्ग ।

द्वितीय काण्ड: भूमि वर्ग, पुर वर्ग, शैल वर्ग, वनौषधि वर्ग, सिंहादि वर्ग, मनुष्य वर्ग, ब्रह्म वर्ग क्षत्रीय वर्ग, वैश्य वर्ग, शूद्र वर्ग ।

तृतीय काण्ड: विशेष्यनिध्न वर्ग, संकीर्ण वर्ग, नानार्थ वर्ग, अव्यय वर्ग, लिंगादि संग्रह वर्ग ।

10,000 पारिभाषिक शब्दों का यह कोश संस्कृत कोशों में सर्वाधिक प्रचलित है।

तकनीकी हिन्दी के उद्भव और विकास संबंधी उपर्युक्त विवेचना से हमें यह स्पष्ट परिलक्षित होता है कि हम अंग्रेजी के विद्यमान शब्दों का हिन्दी पर्याय तलाश करने और नवनिर्माण करने के कारण अनुवाद की एक जटिल प्रक्रिया में उलझे रहे हैं। आवश्यकता है अपने प्राचीन और अर्वाचीन भाषा सम्पत्ति का पुनरावलोकन कर उसका संकलन और उपयोग करने की। इस कमी को दूर करने के लिए हिन्दी में

थिसारस की अनिवार्य आवश्यकता है। सरकारी अथवा गैर-सरकारी अभिकरणों ने हिन्दी में थिसारस के संबंध में अभी तक सोचा भी नहीं है। इस ओर सम्यक कार्यक्रम बनाकर प्रवृत्त होने की आवश्यकता है। हमारे देश की प्राचीन परंपरा भी इससे जुड़ी हुई है। अपने वैयक्तिक प्रयास से अभी हाल ही में अरविंद कुमार, भूतपूर्व संपादक, 'सर्वोत्तम', सी-18, चन्द्रनगर, गाजियाबाद, ने हिन्दी में थिसारस प्रकाशित करवाया है। अपेक्षा की जाती है कि हिन्दी भाषा में प्रकाशित यह पहला थिसारस हिन्दी भाषा और तकनीकी हिन्दी के विकास में अपना महत्वपूर्ण योगदान अवश्य देगा।

1.6 तकनीकी हिन्दी के विकास में पत्र-पत्रिकाओं का योगदान

किसी भी ज्ञान-विज्ञान का तेजी से प्रसार और फैलाव पाठ्यपुस्तकों और संदर्भ ग्रंथों की अपेक्षा पत्र-पत्रिकाओं के माध्यम से अधिक तेजी से होता है। किसी भी विषय या संबंधित विषय पर हो रहे कार्यों की समीक्षा, विभिन्न विश्वविद्यालयों अथवा शिक्षा संस्थानों में हो रहे शोध कार्यों की जानकारी, प्रगति, समीक्षात्मक लेख या अन्य वैज्ञानिक सामग्री पत्रिकाओं में प्रकाशित की जा सकती है जिसका व्यापक परिचालन होने से तकनीकी भाषा के विकास को बल मिलेगा।

यद्यपि अंग्रेजी भाषा की अपेक्षा हिन्दी अथवा अन्य भारतीय भाषाओं में आज भी विज्ञान पत्र-पत्रिकाओं का नितांत अभाव है। किन्तु फिर भी इस शताब्दी के आरंभ से ही हिन्दी भाषा और अन्य भारतीय भाषाओं में कतिपय पत्रिकाएँ प्रकाशित होती रही हैं जिनका हिन्दी भाषा माध्यम से भारत में आधुनिक विज्ञान और प्रौद्योगिकी के विकास, प्रचार और प्रसार में उल्लेखनीय योगदान है।

भारतीय भाषा की प्रथम वैज्ञानिक पत्रिका होने का श्रेय बंगला की ''पश्वावली'' को है जिसका आरंभ सन् 1821 ई. में हुआ था। हिन्दी में वैज्ञानिक पत्रिकाओं का शुभारंभ सन् 1913 ई. में 'आयुर्वेद महासम्मेलन पत्रिका' के प्रकाशन से माना जाता है।[51] उसके बाद सन् 1914 ई. से इलाहाबाद से विज्ञान पत्रिका का प्रकाशन आरंभ हुआ। ये पत्रिकाएँ आज भी प्रकाशित हो रही हैं। हिन्दी की 'प्रभा', 'सुधा', 'सरस्वती', 'गंगा', 'लक्ष्मी', 'शारदा', 'वाणी' आदि सभी पत्रिकाओं में वैज्ञानिक रचनाओं को स्थान मिलता रहा है। इनमें डॉ. सत्यप्रकाश, डॉ.गोरख प्रसाद, प्रो.फूलदेव सहाय वर्मा, प्रो.भगवती प्रसाद श्रीवास्तव जैसे अनेक अग्रगण्य विज्ञान लेखकों की रचनाएँ छपती रही हैं। भारत सरकार द्वारा प्रकाशित 'विज्ञान प्रगति' नाम की मासिक पत्रिका सन् 1951 ई. से निकलती है, जिसमें पहले औद्योगिक विषयों पर अधिकाधिक लेख, विज्ञान वार्ता, पुस्तक समालोचन एवं पेटेण्टो (स्वत्वाधिकारों) की सूचना रहती थी और बाद में सन् 1964 ई. से इसको लोक विज्ञान की पत्रिका में रुपांतरित कर दिया गया। बच्चों के लिए सन् 1959 ई. से 'विज्ञान लोक' आगरा से तथा 'विज्ञान जगत' प्रयाग से प्रकाशित हो रहा है।

आयुर्वेद के क्षेत्र में 'आयुर्वेद विज्ञान' और बनारस से 'आपका स्वास्थ्य' पत्रिका सन् 1953 ई. से प्रकाशित हो रही है। विज्ञान परिषद की 'अनुसंधान पत्रिका' सन्

1956 ई. से प्रकाशित हो रही है। इसमें रसायन, भौतिकी, गणित, जीव-विज्ञान तथा कृषि विज्ञान पर मौलिक लेख, शोध निबंध आदि हिन्दी में प्रकाशित होते आ रहे हैं। अभियांत्रिकी संबंधी हिन्दी में शोध-पत्रिका 'इंस्टीट्यूट ऑफ इंजीनियर्स जर्नल' अभियंता संस्थान (INSTITUTE OF ENGINEERS) से प्रकाशित होती है। कृषिशास्त्र पर कई पत्रिकाएँ केन्द्रीय एवं राज्य सरकारों द्वारा प्रकाशित की जाती हैं। इनमें भारतीय कृषि अनुसंधान परिषद की 'खेती' मासिक और 'पशुपालन' त्रैमासिकी' मुख्य हैं। विस्तार निदेशालय की 'गृहणी' और 'उन्नत कृषि' नवसाक्षरों के लिए प्रकाशित की जाती है। सूचना विभाग, उत्तर प्रदेश द्वारा भी कृषि तथा पशुपालन, कृषि समाचार एवं पंचायत राज्य नामक पत्रिकाएँ प्रकाशित करता हैं।

तृतीय विश्व हिन्दी सम्मेलन के अवसर पर वैज्ञानिक और औद्योगिक अनुसंधान परिषद् द्वारा प्रकाशित 'हिन्दी वैज्ञानिक और तकनीकी प्रकाशन निर्देशिका -1966-1980' के अनुसार हिन्दी वैज्ञानिक पत्रिकाओं का विषयवार विवरण निम्नप्रकार से है:

क्र.	पत्रिका विषय	संख्या
1.	सामान्य विज्ञान (जिनमें विज्ञान और प्रौद्योगिकी की विभिन्न शाखाओं से सम्बद्ध सामग्री प्रकाशित होती है)	20
2.	चिकित्सा और स्वास्थ्य (इनमें औषधि और योग आदि विषयक पत्रिकाएँ भी शामिल हैं)	150
3.	कृषि और पशुपालन (उद्यान विज्ञान और वानिकी सहित)	100
4.	इंजीनियरी और प्रौद्योगिकी	20
5.	अंतरिक्ष विज्ञान	3
6.	भौतिकी (परमाणु ऊर्जा सहित)	4
7.	रसायन विज्ञान	2
8.	भू-गर्भ विज्ञान और भूगोल (खनिज विज्ञान पत्रिकाओं सहित)	6
9.	प्राणि विज्ञान	5
10.	वनस्पति विज्ञान	2
11.	विविध	10
	कुल :	322

उक्त पत्रिकाओं में से कुछ में हिन्दी के अतिरिक्त अंग्रेजी में भी सामग्री प्रकाशित होती है। कुछ पत्रिकाओं में हिन्दी-अंग्रेजी और किसी अन्य भारतीय भाषा में भी सामग्री प्रकाशित होती है।

यद्यपि वर्तमान में हिन्दी भाषा में लगभग 350 हिन्दी विज्ञान पत्रिकाएँ देश के विभिन्न विश्वविद्यालयों / शिक्षा केन्द्रों / शोध संस्थानों और संगठनों से प्रकाशित हो रही हैं फिर भी अंग्रेजी की अपेक्षा हिन्दी में वैज्ञानिक शोध पत्रिकाओं की संख्या अत्यंत सीमित है और अधिकांश पत्रिकाओं की सामग्री और गेटअप काफी निम्न स्तर का है। इस दृष्टि से दो-चार पत्रिकाएँ ही उल्लेखनीय हैं जैसे - विज्ञान प्रगति, अनुसंधान पत्रिका, वैज्ञानिक, जिज्ञासा आदि।

फिर भी उल्लेखनीय है कि स्तर चाहे कुछ भी क्यों न रहा हो। सीमित संसाधनों और विपरीत शैक्षिक तथा सामाजिक परिवेश के बावजूद हिन्दी में विज्ञान साहित्य प्रणयन और तकनीकी हिन्दी के प्रचार-प्रसार में विज्ञान पत्रिकाओं का भी उल्लेखनीय और महत् योगदान रहा है।

1.7 संगठनों तथा संस्थाओं का योगदान

स्वतंत्रता प्राप्ति के पश्चात स्वायत्त संगठनों के साथ-साथ केन्द्र अथवा राज्य सरकार की विभिन्न संस्थाओं - वैज्ञानिक एवं तकनीकी शब्दावली आयोग, वैज्ञानिक एवं औद्योगिकी विभाग, भारत सरकार, विश्वविद्यालय अनुदान आयोग, मानव संसाधन विकास मंत्रालय, केन्द्रीय हिन्दी निदेशालय, हिन्दी संस्थान, विभिन्न विश्वविद्यालय, ऑल इंडिया रेडियो, दूरदर्शन इत्यादि द्वारा प्रकाशन, पुरस्कार, अनुवाद, प्रचार-प्रसार, संगोष्ठियों, कार्यशालाओं, सम्मेलनों, योजनाओं, कार्यक्रमों आदि के माध्यम से तकनीकी हिन्दी के विकास को बल मिला है और हिन्दी में तकनीकी साहित्य सृजन में तेजी आई है। फिर भी तकनीकी हिन्दी को भी फ्रेंच और अंग्रेजी की तरह समृद्ध भाषा बनाने के लिए हमें अभी मीलों जाना है।

अंग्रेजी भाषा की पद्धति और अनुवाद की प्रक्रिया में सृजित तकनीकी हिन्दी साहित्य की संप्रेषणीयता कुछ हद तक जरूर प्रभावित हुई है। इसका मुख्य कारण हिन्दी में विज्ञान संबंधी भाषा का विकास मूलतः प्राकृतिक नहीं नियोजित होना है। इसका बहुत बड़ा अंश नवनिर्मित है जिसने पहले पारिभाषिक शब्दकोशों में स्थान पाया और बाद में व्यवहार और सामाजिक स्वीकृति के लिए समाज में आया। एक तथ्य यह भी है कि हिन्दी में विज्ञान और प्रौद्योगिकी की तकनीकी भाषाशैली और अभिव्यक्ति का प्रयोग सर्वप्रथम वैज्ञानिकों या चिंतकों के स्तर पर न होकर अनुवादकों

के स्तर पर हुआ है। इससे भाषा का स्वरुप स्वाभाविक होने की अपेक्षा दूरूह हो गया है। दूसरी ओर जो वैज्ञानिक या विचारक वास्तव में विज्ञान के साथ-साथ तकनीकी भाषा का भी विकास करते हैं या कर सकते थे, उनका अपनी मातृभाषा पर इतना सशक्त अधिक़ार नहीं था कि वे लेखन के स्तर पर तकनीकी विचारों को उचित शब्द और अभिव्यक्ति दे पाते जैसा कि प्राचीन भारत में अथवा वर्तमान पाश्चात्य देशों में होता रहा है । फलस्वरुप हिन्दी में वैज्ञानिक तथा तकनीकी भाषा रूप और शैली का कोई सर्वमान्य मॉडल नहीं विकसित हुआ है जो परवर्ती लेखकों को परंपरा के रुप में उपलब्ध हो।

फिर भी शासकीय स्तर पर किए जा रहे प्रयासों और वैज्ञानिक तथा तकनीकी शब्दावली आयोग द्वारा इस क्षेत्र में विभिन्न् स्वैच्छिक संगठनों, व्यक्तियों और सर-कारी तथा गैर-सरकारी अभिकरणों द्वारा किए गये कार्यों के संग्रह और समन्वय के फलस्वरुप उपलब्ध वर्तमान तकनीकी हिन्दी शब्दावली का जब शब्दकोशों से निकाल कर मौलिक और लोकप्रिय विज्ञान लेखन में उपयोग बढ़ेगा तब स्वत: ही धीरे - धीरे तकनीकी हिन्दी का स्वरुप भी मानकता प्राप्त कर लेगा।

1.8 भारत में वैज्ञानिक और प्रौद्योगिकीय लेखन की परंपरा और विकास क्रम

मानव जाति के इतिहास में 'सबसे पहला सभ्य समाज' के रुप में प्रसिद्ध समूचा भारतीय समुदाय प्राचीन युग में अपनी वैज्ञानिक उपलब्धियों के लिए ख्यातिनाम रहा है। इसने ही विश्व को शिक्षा तथा विज्ञान और प्रौद्योगिकी का आधार प्रदान किया है। इसके व्यावहारिक ज्ञान का इतिहास लगभग 5000 वर्ष पुराना है[52] जिसका संबंध प्राचीन सिन्धु घाटी की सभ्यता से है ।

पाषाण युगीन मानव में ही सर्वप्रथम वैज्ञानिक चेतना का अभ्युदय हुआ था जिसके पश्चात निरंतर उद्यम करती हुई मानवीय सभ्यता आज वैज्ञानिक और प्रौद्योगिकीय विकास की पराकाष्ठा पर पहुंची है। किसी युग का खाद्य सामग्री चुन कर खाने वाला (Food gatherer) मानव धीरे धीरे एक सुदृढ़ सामाजिक ढांचे में रह कर जीविकोपार्जन हेतु विभिन्न वैज्ञानिक और प्रौद्योगिकीय प्रणालियों का विकास किया। अग्नि, कृषि और संचार हेतु पहिए की खोज मानव की वैज्ञानिक खोजों में सर्वोत्तम हैं जिनके सहारे आज मानव जाति आधुनिकता के इस मुकाम पर पहुंची है।

अपना खाद्य चुनकर खाने के युग से लेकर खाद्य उत्पादन और स्थाई सामुदायिक मानव आवासों तक का काल पृथ्वी पर अन्य स्थानों की अपेक्षा भारतीय

उपमहाद्वीप के लिए अत्यंत महत्वपूर्ण और उद्देश्यपूर्ण रहा है। 3000 से 1500 ईस्वी पूर्व काल से इस उपमहाद्वीप में मानवों के विकसित और उन्नत ग्राम्य और नागर जीवन के ऐतिहासिक और पुरातात्विक प्रमाण प्राप्त होते हैं। लगभग 2500 ई.पूर्व इस उपमहाद्वीप को संभवतः प्राकृतिक संघर्षों और विनाश का प्रकोप झेलना पड़ा था जब लगभग आठ सौ वर्षों से चली आई सिंधु सभ्यता बिखर गयी और काल के गाल में समा गयी। मोहनजोदड़ो और हड़प्पा के अतिरिक्त इस सभ्यता के अनेक बड़े नगर अब पाकिस्तान में हैं। राजस्थान का कालीबंगन (2300 ई.पू.), गुजरात का लोथल (2000 ई.पू.) तथा अन्य स्थानों की पुरातात्विक खोजों और खुदाई में प्राप्त सामानों ने इस देश के प्राचीन ज्ञान-विज्ञान और उन्नत सांस्कृतिक विकास की प्रामाणिकता को संदेह से काफी ऊपर उठा दिया है।

अपनी नगर योजना, पकाए हुए ईटों से बने मकानों, मलजल निकास की सुव्यवस्थित प्रणाली, चाक निर्मित मृदभाण्ड, हस्तकला के माध्यम से निर्मित मिट्टी और तांबा-कांसा जैसी धातुओं की वस्तुएँ, पशुओं के प्रतिरुप, चूड़ियाँ, ठोस पहियों वाले वाहन आदि के लिए प्रसिद्ध कालीबंगन तथा नागरिक सुविधाओं से सज्ज लोथल तत्कालीन युग में विश्व का सबसे बड़ा और प्रसिद्ध बंदरगाह था जहाँ बड़े- बड़े जहाजों को लंगर लगाकर खड़ा करने, बडे-बड़े प्लेटफार्मों पर भण्डारण की उत्तम सुविधाएँ तथा बाजारों ने उसे उस युग का एक महत्वपूर्ण व्यापारिक केन्द्र बना दिया था। सिंधु के मैदानों की उपजाऊ मिट्टी ने कृषि को विकसित किया, यहाँ के घरों , सार्वजनिक स्नानागारों आदि की पृष्ठभूमि में हम देखते हैं कि तत्कालीन भारतीय समुदाय ने अपनी भाषा और अपने प्रयासों से ज्ञान-विज्ञान और तकनीकी को बुलं-दियों पर पहुंचा दिया था। सिंधु सभ्यता के प्राकृतिक विनाश के बावजूद अवशिष्ट भारतीय मनीषा ने अपने ज्ञान-विज्ञान की परंपरा को जीवित, उत्कृष्ट और अविच्छिन्न बनाए रखा था। 11वीं सदी के एक अरबी ज्योतिषशास्त्री तथा विज्ञान इतिहासकार सईद अल-अब्दालुसी ने अपनी पुस्तक ``तबाकत अल अमाम'' में तत्कालीन हिन्दूओं की दार्शनिक मनीषा और वैज्ञानिक खोजों की खूब प्रशंसा की है। उस समय तक इस देश में ज्योतिषशास्त्र, गणित, चिकित्सा तथा धातुकार्य और अन्य तकनीकों में स्वदेशी और विदेशी ज्ञान के समागम से काफी उन्नति हुई थी। इस काल में हिन्दुओं का ज्ञान इतना उन्नत और प्रसिद्ध था कि पश्चिमी एशिया तथा उनके माध्यम से लैटिन मध्य यूरोप के ज्ञान पिपासु इसकी तरफ खीचे चले आए थे।

अरब वालों को भारतीय ज्योतिष और गणित की उपलब्धियों का अच्छा ज्ञान था। 8 वीं सदी के अब्बासीद खलिफा से भारतीय पण्डितों के घनिष्ट संबंध थे। इसी सदी में ब्रह्मगुप्त के 'ब्रह्मस्फुट सिद्धांत' और 'खण्डखाद्यक' का हिन्दू पण्डितों की सहायता से क्रमशः मोहम्मद इब्न इब्राहिम अल फ़जारी तथा याकुब इब्न तारिक ने अरबी में अनुवाद किया था। प्रसिद्ध अलख्वारिज्मी ने 'ब्रह्मस्फुट सिद्धांत' का एक

संक्षिप्त रुपांतरण तैयार किया था तथा हिन्दू दशमलव पद्धति की व्याख्या करते हुए एक अंकगणित की पुस्तक तैयार की थी। उस युग के अल खिन्दी, हबारा अल हसिब, अल नैरिजी, अल हसन इब्न मिसबाह तथा इब्न अल आदमी प्रभृति अरबी विद्वान भारतीय गणित और ज्योतिष के प्रसिद्ध विद्वानों में गिने जाते थे। 11वीं सदी के प्रसिद्ध विद्वान अलबरूनी भारतीय गणित और ज्योतिष विज्ञान के भारतीय और अरबी ज्ञान संश्लेषण के सुप्रसिद्ध प्रेक्षक थे। अरबी के माध्यम से भारतीय ज्ञान-विज्ञान लैटिन यूरोप में हस्तांतरित हुआ। 12-13 वीं सदी के बाथ निवासी एडलार्ड, सेविले निवासी जॉन, कैस्टर निवासी रॉबर्ट, विल्लैडियू सैक्रोबेस तथा लियनार्दो पिसानो का अरबी के माध्यम से भारतीय ज्ञान- विज्ञान के यूरोपीय भाषा में रुपान्तरण कार्य में महत्वपूर्ण योगदान माना जाता है। इसी प्रकार भारतीय चिकित्सा तथा शल्यक्रिया का भारतीय ज्ञान अरब, दक्षिण-पूर्व-एशिया, तिब्बत तथा चीन सर्वत्र ज्ञात था। अबासिद अल खलिफा ने चरक, सुश्रुत, माधव तथा वाग्भट्ट के कार्यों के अरबी में अनुवाद को काफी प्रोत्साहन दिया था। 9-10 वीं सदी के अल राजी ने अपनी महत्वपूर्ण पुस्तक 'किताब अल हवाई' में भारतीय चिकित्सा ज्ञान को पूरी तरह से संजोया है जो मध्ययुगीन यूरोप में LIBER CONTINEUS के नाम से मोजेस फ्रेंची द्वारा अनूदित हुई और इतनी प्रसिद्ध हुई कि मध्ययुग (13वीं सदी ई.) की मानक चिकित्सा पुस्तक के रुप में प्रतिष्ठित हुई।

लौह धातुकी के लिए भी भारत विख्यात रहा है। पाँचवी सदी में निर्मित तथा फिलहाल दिल्ली में कुतुबमीनार के प्रांगण में स्थित लौह स्तंभ भारतीय धातु प्रौद्योगिकी का सर्वोत्कृष्ट प्रमाण है। इसी प्रकार अन्य अनेक विज्ञान क्षेत्रों में भी भारत ने तकनीकी एवं प्रौद्योगिकीय उत्कृष्टता का प्रदर्शन किया है। भौगोलिक वातावरण और उपलब्ध खनिज संसाधनों ने भारत में विज्ञान और प्रौद्योगिकी संबंधी विचारधाराओं के स्फूरण और अनुकूल विकास तथा बौद्धिक नेतृत्व की क्षमता प्रदान किया है।

सांस्कृतिक और ऐतिहासिक दृष्टि से देखा जाए तो वर्तमान विश्व की वैज्ञानिक और प्रौद्योगिक उपलब्धियों को दो खण्डों में विभक्त किया जा सकता है :

1. पारंपरिक विज्ञान और प्रौद्योगिकी तथा
2. आधुनिक विज्ञान और प्रौद्योगिकी।

उपर्युक्त दोनो ही क्षेत्रों में भारत की उपलब्धियों का अध्ययन - विश्लेषण करने पर भारत में विज्ञान और प्रौद्योगिकीय लेखन की परंपरा और विकास पर प्रकाश डाला जा सकता है। इसी ध्येय की पूर्ति हेतु नीचे संक्षिप्त विवेचन प्रस्तुत किया जा रहा है :

1.9 पारंपरिक विज्ञान और प्रौद्योगिकी

सिंधु घाटी की सभ्यता के बाद उपलब्ध प्रमाणों के आधार पर विदित होता है कि वैदिककाल में भारत में ज्ञान - विज्ञान की परंपरा का आरंभ हुआ है। वेद संहिताओं से प्रेरणा प्राप्त कर के वैदिक काल के ऋषियों ने अनेक शास्त्रों, विज्ञानों, वेदांगों और उपवेदों की नींव डाली थी। वैदिक मनीषियों के पुरुषार्थ प्रेरक यथार्थवाद ने एक ऐसे समाज की परंपरा स्थापित की जिसके आधार पर आज का विकसित समाज खड़ा हो सका है। सन् 600 ई. तक भारत ने संसार के सभी प्रगतिशील देशों का नेतृत्व किया और परस्पर मिलजुल कर ज्ञान के समस्त अंगों और उपांगों का विकास भी किया। यूनान, मिश्र, अरब, ईरान, मध्य एशियाई देश चीन और भारत - सभी के पारस्परिक सहयोग इस विकास में सहायक हुए। इस विकास का लिखित और सर्वमान्य इतिहास तो उपलब्ध नहीं है फिर भी परंपरा से जो सामग्री और वांग्मय आज उपलब्ध है, उससे हम अपने पूर्व इतिहास का कुछ अनुमान लगा सकते हैं क्योंकि साहित्य और पुरातन सभ्यता के भग्नावशेष अतीत के अध्ययन के हमारे सुलभ साधन हैं। ईसा पूर्व बौद्ध काल और इस्लामी समाज के सम्मिलन ने इस देश को लोकतांत्रिक बनाने में अपनी भूमिका निभाई जिससे इस देश की विज्ञान की परंपरा और सुदृढ़ हुई तथा मानव जीवन का प्रत्येक पक्ष प्रभावित हुआ।

आग की खोज मानव सभ्यता के इतिहास की एक युगान्तरकारी घटना है। मानव जीवन में प्राचीन विज्ञान और प्रौद्योगिकी का बीजारोपण यहीं से माना जाना चाहिए। कृषि का आविष्कार मानव की दूसरी सबसे बड़ी उपलब्धि है। प्राचीन युग के ऋषियों द्वारा एक एक कर के की गयी इन आश्चर्यपूर्ण खोजों को तत्कालीन परिस्थितियों में वर्तमान आणविक शक्ति की खोज से भी अधिक महत्वपूर्ण और उल्लेखनीय माना जा सकता है। इन आदिम उपकरणों की पहले- पहल खोज करने वालों के बारे में किसी भी राष्ट्र में पूरे विवरण नहीं मिलते, किन्तु वेद मंत्रों और शतपथ ब्राह्मण में हमें यज्ञ के प्रसंग में भारतीय विज्ञान और प्रौद्योगिकी के उद्भव और विकास की परंपरा सप्रमाण प्राप्त होती है। *कुछ ऋचाओं का ऋषि अंगिरा है, अथर्वण है, इस अथर्वण और उसके सहयोगियों ने अग्नि का सर्वप्रथम मन्थन किया और यज्ञों की परंपरा डाली।*[53] शतपथ ब्राह्मण में अग्नि संस्कारों का आरंभ आचार्य तुरकावषेय से माना गया है। *तुरकावषेय अग्निवेदी का आविष्कर्ता* है।[54] कुल मिलाकर वैदिक यज्ञों को भारतीय विज्ञान का जनक माना जाता है। अतः इन यज्ञ वेदियों से विभिन्न विज्ञान विषयों का उद्भव और विकास कैसे हुआ इस पर अलग- अलग दृष्टिपात करने से स्थिति और स्पष्ट हो जाएगी । संक्षिप्त विवरण इस प्रकार है :

1.9.1 गणित और ज्योतिष का विकास

गणित शास्त्र अथवा गणित विज्ञान सभी विज्ञानों का मूलाधार माना जाता है। रेखागणित, अंकगणित, बीजगणित और त्रिकोणमिति आदि गणित की विभिन्न शाखाएँ हैं। खगोल विज्ञान अथवा ज्योतिषशास्त्र या ज्योतिर्गणित भी गणित पर ही आश्रित है ।

1.9.2 रेखागणित / ज्यामिति / भूमिती

रेखागणित के विज्ञान का उद्भव भारत में वैदिक यज्ञ की वेदी का निर्माण करने के सिलसिले में हुआ है। *भूमिति या रेखागणित तथा खगोलशास्त्र का जन्म और विकास सर्वप्रथम भारत में ही हुआ है।*[55] प्राचीन वैदिक ऋषियों की यज्ञ हेतु वेदियों का निर्माण करने की प्रक्रिया में रेखागणित का उद्भव हुआ।[56] यजुर्वेद को यज्ञकर्म संबंधी वेद माना जाता है। यज्ञ की वेदियाँ अनेक प्रकार की थी - आह्वनीय, गार्हपत्य, दक्षिणाग्नि, महादेवी आदि। इन्हीं यज्ञ वेदियों के निर्माण - समिधा समर्पण आदि के लिए शुल्ब सूत्रों का विकास हुआ। ये शुल्बसूत्र यजुर्वेद के ही अंग हैं। इन्हीं शुल्बसूत्रों में प्राथमिक रेखागणित के बीज उपलब्ध हैं। अब तक उपलब्ध शुल्बसूत्रों में बौधायन शुल्बसूत्र, आपस्तम्ब शुल्बसूत्र, कात्यायन शुल्बसूत्र, मानव / मनु शुल्बसूत्र, मैत्रायण शुल्बसूत्र तथा वाराह शुल्बसूत्र का उल्लेख किया जाता है।[57] 'शुल्ब' या 'शुल्व' शब्द का अर्थ 'नापना', 'नापने की क्रिया', 'नापी गयी चीज', 'नापने का यंत्र' अथवा 'नापने की ईकाई' है। प्राचीन युग में नापने के लिए रस्सी का उपयोग किया जाता था अत: इसका अर्थ 'रस्सी' भी हुआ। शांडिल्य और तुरकावषेय को ऐसे उल्लेखनीय व्यक्तियों के रुप में माना जाता है जिन्होंने न केवल अग्निसंस्कारों का सूत्रपात किया अपितु अग्निचितियों की पहली नींवे रखी। (चिति में सात अग्नि के पर्त होते हैं (सप्त-चितिक:अग्नि:))। चितियों के ज्ञान से ही, जैसा कि पिछले शुल्ब सूत्रों में वर्णित है, रेखागणित की नींव पड़ी।

प्रसिद्ध ग्रीक दार्शनिक-विज्ञानी 'पायथागोरस/PYATHAGORAS' (ई.पूर्व 540) को रेखागणित के सबसे महत्वपूर्ण जिस प्रमेय का जनक माना जाता है वही प्रमेय बौधायन शुल्बसूत्रों में (ई.पू. 8वीं शताब्दी) प्राप्त होता है। इतना ही नहीं, बल्कि बर्क (Burk) के कथनानुसार बौधायन शुल्बसूत्रों के लिखे जाने के दो-ढाई शताब्दी बाद पायथागोरस भारत आया था और तब उसे यहाँ इस प्रमेय का ज्ञान प्राप्त हुआ। शुल्बसूत्रों से प्राप्त सूचनाओं के आधार पर यह स्पष्ट रुप से कहा जा सकता है कि ई.पू. आठवीं शताब्दी तक भारत ने रेखागणित के अन्तर्गत पर्याप्त विकास कर लिया था।

1.9.3 अंकगणित

मानव जाति की अब तक की सारी वैज्ञानिक, तकनीकी और अन्य प्रकार की प्रगति का मूल और ठोस आधार है - एक से लेकर नौ (1-9) तथा शून्य (0) के अंकचिह्न। इन अंकों और अंकचिह्नों को भारतीय मनीषियों ने दो - ढाई हजार (शायद ज्यादा भी) वर्ष पहले ही खोजा है। यह शुद्ध रूप से भारतीय आविष्कार है जिसने दाशमिक पद्धति को भी जन्म दिया।

किस भारतीय व्यक्ति ने एक से नौ तक तथा शून्य अंकों और अंक संकेतों का आविष्कार कब किया इसका कोई ऐतिहासिक प्रमाण उपलब्ध नहीं है किन्तु अंक निश्चय ही भारतीय उद्भव हैं, जिसका उल्लेख भारतीय, अरबी और ग्रीक के प्राचीन ग्रंथों में मिलता है। इन अंकों का विचार मूलतः वेदों में निहित है और ऋगवेद के सूक्तों से सम्बद्ध मेघातिथि ने अंकों को पहले - पहल गणना कर परार्ध तक पहुंचाया है।[58] (अयुत, प्रयुत, शंकु, पद्म, अर्बुद, खर्व, शंख, निखर्व, महापद्म और परार्ध)। भारत ने सभ्यता को न केवल अंक प्रदान किए हैं अपितु उनके उपयोग की दाशमिक पद्धति और उनका नामकरण भी किया है। अंकों की व्युत्पत्ति का विस्तृत विवरण स्वामी सत्यप्रकाश सरस्वती लिखित 'भारत के वैज्ञानिक कर्णधार' नामक पुस्तक में सविस्तार प्रदान किया गया है।

ई.सन् 712 में जब अरबों ने सिंध प्रान्त पर आक्रमण किया उस समय अरब व्यापारी इन अंक संकेतों को भारत से अन्य देशों तक ले गये। यह अंक पद्धति इतनी सरल और सर्वकार्योपयोगी थी कि अन्य सभी अंकन प्रणालियों का चलन धीरे-धीरे बंद हो गया और सभी देशों में भारतीय पद्धति स्वीकार कर ली गयी। एक से नौ तक तथा शून्य अंकों के साथ- साथ भारत में दाशमिक स्थानमान अंकन पद्धति (दशमलव पद्धति) का भी विकास हुआ। ई.पू. 1500 वर्ष पहले की वैदिक संहिताओं में शून्य का अंक संकेत के रुप में उल्लेख किया गया है।[59] दशमांश संकेत और उसके कारण अंकों को प्राप्त पदमान का प्रयोग ई.स. की दूसरी शताब्दी के संस्कृत ग्रंथों और शिलालेखों में भी पाया जाता है।[60]

1.9.4 बीजगणित

बीजगणित का मूल बौधायन तथा आपस्तम्ब शुल्बसूत्रों में दिखाई देता है।[61] उस समय यज्ञवेदी के विभिन्न रूपों के लिए विभिन्न प्रकार की ऊंचाई, लम्बाई, चौड़ाई के आकार वाली इंटों की माप-तोल करने के लिए संकेत स्वरूप इन चिह्नों का उपयोग होता था। 'आर्यभट्ट प्रथम (499 ई.पू.) ने वर्गमूल और घात (Cubes),

त्रिकोण और परिधि के क्षेत्रफल और शंकु (र्ड्स्) के आयतन के क्षेत्र में काम किया। महावीर (9वीं सदी) ने सर्वप्रथम बीजगणित का विकास किया जिसे भास्कर (12वीं सदी) के द्वारा और आगे विकसित किया गया। ब्रह्मगुप्त (7वीं सदी) ने क्षेत्रफल और सभी प्रकार के परिधीय चतुर्भुजों का सूत्र दिया तथा शून्य और वर्गमूल हेतु चतुर्भुज समीकरण का नियम दिया। उसने ऋणात्मक संख्याओं का उपयोग करना भी सिखाया।[62]

आर्यभट्ट (प्रथम) ने ग्रीक गणितज्ञों की अपेक्षा अपूर्णांकों में बहुतांश शुद्ध रुप अर्थात (पाई) का मूल्य चार दशमलव अंकों तक (6282/2000 = 3.1416 तक) खोज लिया था। बाद के भारतीय गणितज्ञों ने उसे नौ दशमलव अंकों तक शुद्ध किया। आर्यभट्ट का प्रसिद्ध ग्रंथ 'आर्यभटीय' बीजगणित का एक महत्वपूर्ण ग्रंथ है । आर्यभट्ट चोटी के बीजगणितज्ञ और ज्योतिर्विद् थे। उन्होंने जो कुछ लिखा था, वह पूर्व लेखकों के कार्य पर आधारित और उनसे प्रेरित था और जहाँ जरुरी था, वहां कुछ जगहों पर उन्होंने उन बातों को अपनी तरफ से शुद्ध कर के लिखा।[63]

1.9.5 त्रिकोणमिति

भारत में त्रिकोणमिति का विकास चौथी शताब्दी से बारहवीं शताब्दी तक व्यवस्थित रूप से हुआ। उसका रूप लगभग वैसा ही था जैसा कि आज संसार में त्रिकोणमिति का प्रचलित रूप है।[64] त्रिकोणमिति का मूल भारतीय नाम 'ज्योत्पत्ति' था। उसे नौवीं शताब्दी के आसपास अरबों ने यूरोपीय देशों में पहुंचाया।[65] त्रिकोणमिति के सिद्धांत को धारण करने वाला प्राचीन ग्रंथ ''सूर्य सिद्धांत'' है जो ई.स. चौथी से पांचवी शताब्दी के आसपास का है और संभवत: अपने बाद के रूप में उपलब्ध है। इस ग्रंथ में ज्योतिष और त्रिकोणमिति का वर्णन है। वाराहमिहिर ने पृथ्वी को 'भूगोलम्' की संज्ञा दी है। उसने पृथ्वी की परिधि 24,835 मील और क्षेत्रफल 7905-5124 मील बताया था जो क्रमश: आधुनिक मान 24902 तथा 7926.7 मील के सन्निकट है। वाराहमिहिर की 'पंचसिद्धांतिका' भी ज्योतिष तथा त्रिकोणमिति के क्षेत्र में महत्वपूर्ण जानकारी प्रदान करती है। ब्रह्मगुप्त के 'स्फुट सिद्धांत' (ई.स.628 के आसपास), 'खण्डखाद्यक' (ई.स.656 के आसपास) में त्रिकोणमिति का बहुमूल्य ज्ञान उपलब्ध है। इसी प्रकार भास्कराचार्य (द्वितीय) (ई.स.1114-1200 के आसपास) का ग्रंथ 'लीलावती' तथा 'सिद्धांत शिरोमणि' बीजगणित तथा त्रिकोणमिति के ज्ञान की वृद्धि करते हैं।

1.9.6 ज्योतिष

वैदिक युग के भारतीय ऋषि न केवल प्रेरणाशक्ति से ओत-प्रोत थे और प्रकट होने वाले वेद ज्ञान से लाभान्वित थे अपितु बड़े सूक्ष्म प्रेक्षक भी थे। उनकी बौद्धिक

प्रखरता बड़ी ही उच्च कोटि की थी। हर रोज की प्राकृतिक चीजों के बारे में प्रकट हुए ज्ञान में उनका अगाध विश्वास था। वे एक गतिशील युग में रहते थे जो नई खोजों, नये प्रेक्षणों, नई व्याख्याओं और नई समस्याओं से ओत-प्रोत था। एक विज्ञान के रूप में ज्योतिष शास्त्र इसी पृष्ठभूमि में पल्लवित हुआ।

भारत में ज्योतिष शास्त्रों का प्रारंभ वैदिक और वेदांग ज्योतिष काल तक ई.पू.5000 से 1500 वर्ष के बीच हुआ।[66] वैदिक काल अर्थात ई.पू. 3000 वर्ष से ही भारत वासियों को नक्षत्र ज्ञान, ग्रहों की स्थिति का ज्ञान, मास ज्ञान, अधिकमास गणना आदि का ज्ञान था। ज्योतिष को व्यवस्थित करने वाले पहले व्यक्ति लगध (ई.पू.900) थे। उन्होंने ही सबसे पहले ज्योतिष के बारे में एक पाठ्यग्रंथ संकलित किया था। ज्योतिष शास्त्र के ऋषि प्रणेताओं में गर्ग, शुनःशेप, विश्वामित्र, पराशर, गत्समद, गौतम, वामदेव (गौतम के पुत्र वामदेव को वृहस्पति ग्रह का पहली बार पहचान करने का श्रेय दिया जाता है जिसका उल्लेख ऋगवेद (4.50.4)2 में मिलता है और यही ऋचा अथर्ववेद (20.88.4) में भी दुहराई गयी है।) तथा वेन (भृगु के पुत्र वेन ने सबसे पहले शुक्र ग्रह का पता लगाया था) आदि ऋषियों का उल्लेख किया जाता है।

आर्यभट्ट (जन्म ई.स.476) के युग में भारतीय ज्योतिष ने उल्लेखनीय प्रगति की। इसी आर्यभट्ट ने पृथ्वी का अपनी धुरी पर घूमने का सर्वप्रथम पता लगाया था। 'आर्यभटीय' अथवा 'आर्य सिद्धांत' ज्योतिषशास्त्र का अत्यंत प्रामाणिक और प्राचीन ग्रंथ है। इस ग्रंथ के चार प्रकरणों - दशगीतिकापाद, गणितपाद, कालक्रियापाद और गोलापाद में तथा 'लीलावती' में आर्यभट्ट ने गणित और ज्योतिषशास्त्र की अनन्यतम् जानकारी प्रदान की है। आर्यभट्ट के पश्चात विख्यात ज्योतिषशास्त्री वाराहमिहिर (ई.स.505-584 के आसपास) ने पंचसिद्धांतिका, पंचसिद्धांतिक, विवाह पटल, बृहज्जातक, लघुजातक, यात्रा और बृहत्संहिता नामक ग्रंथों का लेखन किया। इन ग्रंथों में ज्योतिष, गणित और त्रिकोणमिति विषयक जानकारी है। ब्रह्मगुप्त (लगभग 628 ई.स.) का भी इस क्षेत्र में उल्लेखनीय योगदान है।

1.9.7 चिकित्सा शास्त्र

भारतीय चिकित्साशास्त्र आयुर्वेद के रूप में प्रख्यात है। आयुर्वेद को अथर्ववेद का उपवेद माना जाता है। यह बात चरक संहिता और सुश्रुत संहिता में उल्लिखित है। किन्तु चरणव्यूह नामक वेदों की शाखा विषयक विचार करनेवाले ग्रंथ में 'आयुर्वेद' को ऋगवेद का उपवेद बताया गया है।[67] आयुर्वेद का अर्थ है, आयु संबंधी शास्त्र। चरक, सुश्रुत और वाग्भट आयुर्वेद के तीन महान प्रणेता हैं। चरक संहिता, सुश्रुत संहिता और अष्टांग हृदय आयुर्वेद के उपलब्ध सर्वोत्कृष्ट ग्रंथ हैं। प्लास्टिक सर्जरी भारतीय

चिकित्सा विज्ञान की देन है। भरद्वाज (700 ई.पू.) को आयुर्वेद का जनक माना जाता है। *आयुर्वेद नामक चिकित्सा विज्ञान का सूत्रपात करने वाले यही महान ऋषि भरद्वाज थे।*[68] रोगों के प्रसंग में जड़ी-बूटियों के उपयोग के बारे में विश्व में हुई पहली गोष्ठी का विवरण चरक संहिता में दिया गया है। महर्षि भरद्वाज ने इस गोष्ठी की अध्यक्षता की थी। चरक संहिता संकलन का काल सातवीं सदी ई.पू. है।

महाभारत में एक कृष्ण आत्रेय नामक व्यक्ति का उल्लेख आता है जो चिकित्सा-शास्त्र या काय-चिकित्सा के महान आचार्य थे। आयुर्वेद के एक महान ग्रंथ चरक संहिता को आत्रेय के उपदेशों का अंतिम संग्रह माना जाता है जिसे आचार्य चरक ने संकलित किया है। आयुर्वेद शास्त्र का ज्ञान भरद्वाज से आत्रेय पुनर्वसु ने सीखा और उनसे उनके शिष्यों ने और फिर वह बड़ा ही लोकप्रिय हुआ। सुश्रुत को शल्य चिकित्सा का जनक माना जाता है और आत्रेय पुनर्वसु को काय चिकित्सा का विधिवत अध्यापन करने वाला पहला आचार्य माना जा सकता है। ब्रितानी विश्वकोश के बहुत पुराने संस्करण (1887) में चार्ल्स क्रेटन ने शल्य के बारे में लिखा है - *आर्य जाति की दोनों शाखाओं में शल्यक्रिया का (और चिकित्सा का भी) व्यवहार बड़े ही पुराने जमाने में उच्चकोटि की सफलता प्राप्त कर चुका था।* भारत में अन्य शास्त्रों की तरह चिकित्सा और शल्यज्ञान का जन्म भी यज्ञ के चतुर्दिक ही हुआ है।

1.9.8 भौतिकी अथवा पदार्थ विज्ञान

भौतिकी वह वैज्ञानिक अनुशासन है जिसमें प्रकृति का उसकी सब अभिव्यक्तियों में परमाणु के भीतर स्थित लघुतम उपकरणों से लेकर ब्रह्माण्ड की विशालतम् एवं जटिलतम् व्यवस्थाओं तक का अध्ययन किया जाता है । इसके अनुसंधान सभी भौतिक वस्तुओं की क्रियाओं को शासित करने वाले नियमों का पता लगाते हैं और उनको परखते हैं। भौतिकी वह क्षेत्र है जिसमें हम प्रकृति के साथ अपने संपर्कों में सत्य के सबसे निकट पहुंचते हैं। प्राचीन भारत के भौतिक विज्ञानियों ने श्रमसाध्य अन्वेषणों और अंत:प्रज्ञा का यथोचित उपयोग कर भौतिक जगत के अनेकानेक उपादानों पर अध्ययन विश्लेषण किया था। यर्थाथवाद, कारणवाद और परमाणु सिद्धांत के प्रथम आविष्कर्ता के रुप में महर्षि कणाद का नाम लिया जाता है। पुराणों के अनुसार छ: पदार्थों अर्थात द्रव्य, गुण, कर्म, सामान्य, विशेष और समवाय के संबंध में तत्वज्ञान प्राप्त कर महर्षि कणाद ने वैशेषिक सिद्धांत के सूत्रों की रचना की। कणाद सूत्रों का उल्लेख प्राचीन सांख्य सूत्रों और परवर्ती ग्रंथ वायुपुराण, पद्मपुराण, देवी भागवत, महाभारत, श्रीमद् भागवत और अन्य लोकप्रिय गंथों में मिलता है । ये लगभग 2500 वर्ष पुराने हैं । कणाद का वैशेषिक बौद्ध धर्म के उद्भव से पहले विद्यमान था । इसमें पदार्थ का विस्तृत अध्ययन प्रस्तुत किया गया है । पदार्थ की परिभाषा, द्रव्य के नौ

भेद (पृथ्वी, जल, तेज, वायु, आकाश, काल, दिक्, आत्मा, और मन का वैज्ञानिक विवेचन) , परमाणु का विस्तृत विवेचन तथा रासायनिक क्रिया और उसकी समय सीमा का भी यथेष्ट विवेचन कणाद सूत्रों का प्रतिपाद्य है ।

भारत में 'पकुध काच्चायन' (कात्यायन) नामक बुद्ध के समकालीन एक विचारक ने एक प्रकार के अणुवाद (Atomic theory) का प्रतिपादन किया। वह संसार का सर्वप्रथम व्यवस्थित अणुवाद कहलाता है।[69] (लगभग ई.स. 623)। उसका सिद्धांत था कि विश्व में न ही कुछ नवीन उत्पन्न होता है और न ही कुछ नष्ट होता है।[70] यह वर्तमान (ऊर्जा का कभी विनाश नहीं होता है वह एक रूप से दूसरे रूप में रुपांतरित हो जाती है) सिद्धांत के सदृश ही है। विज्ञान के क्षेत्र में वर्तमान युग के शास्त्रज्ञों जैसे - नील्स बॉर (Niels Bohr), हायजेनबर्ग (Heisenberg), एर्विन श्रोंडिगर (Erwin Schrodinger) और जे.रॉबर्ट आपेनहायमर (J.Robert Oppenheimer) प्रभृत्ति ने भी प्राचीन भारतीय शास्त्रों का अध्ययन किया है और भौतिकी के क्षेत्र में प्राचीन भारतीय ज्ञान की उपलब्धियों को सराहा है तथा आधुनिक भौतिकी और पदार्थ विज्ञान को आधार प्रदान करने वाले बीजांकुरों की विद्यमानता पर प्रकाश डाला है। आपेनहायमर लिखते हैं : *आणविक भौतिक की खोजों के बारे में प्रसिद्ध .... मानवीय समझ की आमधारणा ऐसी नहीं जो पूर्णत: अपरिचित है और न ही ऐसी है जिसके बारे में पहले कभी नहीं सुना गया था । यहाँ तक की हमारी अपनी संस्कृति में भी उसका एक इतिहास है तथा बौद्ध और हिन्दू विचारधारा में तो उसका अतिमहत्वपूर्ण और केन्द्रीय स्थान है। हमने जो भी खोजा या पाया है वह प्राचीन मनीषा का एक दृष्टांत्, एक संवर्धन अथवा एक परिमार्जन ही है ।*[71]

डॉ. बाशम के मतानुसार कणाद का वैशेषिक दर्शन परमोच्च प्रकार का अणुवाद है।[72] बाशम ने अपने उक्त विवेचन की पुष्टि से हमारा ध्यान इस महत्वपूर्ण बात की ओर आकृष्ट किया है कि *भारतीय परमाणुवाद प्रायोगिक विज्ञान पर आधारित न हो कर अन्त:प्रज्ञा और तर्कवाद पर आधारित है*[73] और यही कारण है कि आध्यात्मिकता से जुड़े होने के कारण भारतीय ज्ञान-विज्ञान स्वतंत्र विज्ञान के रुप में नहीं विकसित हो सके ।

1.9.9 रसायन और धातुकी

जैसा कि उल्लेख किया जा चुका है, प्राचीन भारत में विभिन्न शास्त्रों के उद्भव और विकास का केन्द्रविन्दु वैदिक यज्ञ और यज्ञ वेदियाँ रही हैं । यज्ञ ही मनुष्य के योग-क्षेम का केन्द्र था। उसी के सहारे वैदिक मानव ने गणित और ज्योतिष का विकास किया और उसी के आश्रय पर रसायन में काम आने वाली आरंभिक मौलिक क्रियाओं

को भी जन्म दिया। यज्ञशाला ही इस देश की मूल रसायनशाला थी। इसमें प्रयुक्त होने वाले शूर्प, उलूखल, मुशल, प्रोक्षणी, शमी, शम्या, मन्थनी, स्त्रुक, स्त्रुव, दृष्ट-उपल, अधिषवण, अस्पात्र, कुंभ, ग्रह, नेत्र (रज्जु) और न जाने कितने उपकरण और यंत्र जो मनुष्य की पाकशाला, आयुर्वेदशाला, और यज्ञशाला के उपकरण थे, आज किसी न किसी रूप में रसायनशालाओं में विद्यमान हैं।

ऋगवेद, अथर्ववेद, यजुर्वेद, तैत्तिरीय संहिता, शतपथ ब्राह्मण आदि प्राचीन ग्रंथों में इन रसायनशालाओं में प्रयुक्त अनेकानेक पात्रों, उपकरणों और यंत्रों का विवरण सविस्तार दिया गया है जो वर्तमान रासायनिक प्रयोगशालाओं में प्रयुक्त पात्रों, उपकरण-यंत्रादि से काफी साम्य रखते हैं। उपलब्ध प्राचीन भारतीय वांगमय के आधार पर कहा जा सकता है कि प्राचीन भारत में रसायन का उद्भव और विकास प्रथमतः आयुर्वेद चिकित्सा पद्धति की आवश्यकताओं के कारण हुआ है। वैदिक ऋषिगण औषध और धातु के वस्तुशक्ति की परीक्षा कर के उसकी उपकारिता ज्ञात करते थे फिर कुछ विनिर्दिष्ट पद्धतियों / नियमों और यंत्रों की सहायता से रासायनिक क्रिया द्वारा उसके गुणों का भी पता लगा लेते थे। इस प्रकार वैज्ञानिक प्रक्रिया से प्रस्तुत औषध रसरक्तादि पुष्टिसाधक और व्याधिनाशक होता था। इस कारण आयुर्वेद में उसका नाम रसायन रखा गया।[74] एतदर्थ जिस शास्त्र द्वारा मिश्रित द्रव्य का गुणागुण और बलाबल जाना जाता था उसे रसायनशास्त्र कहा गया। प्राचीन भारत में इस विद्या को किमियाविद्या कहा जाता था। अंगेजी में इसी किमियाविद्या के लिए केमेस्ट्री शब्द प्रचलित है।

उल्लेख मिलता है कि आयुर्वेद के महान ऋषियों जैसे- सुश्रुत, चरक अग्निवेश आदि ने रसायन की परंपरा डाली और परवर्ती ऋषियों जैसे - वाग्भट्ट, चक्रपाणि आदि ने उसे विकसित किया। हिमालय की तलहटी में इस संबंध में हुई वैदिक ऋषियों की संगोष्ठी का उल्लेख इन ग्रंथों में सर्वत्र मिलता है। उल्लेखनीय है कि इन ऋषियों ने उक्त संगोष्ठी में पंचभूतात्मक रस और आहार्य पदार्थों की प्रकृत अवस्था और प्रयोजनीयता का सम्यक निरुपण किया था।[75]

महर्षि कणाद् के पंचतन्मात्र से पंचमहाभूत, सूक्ष्म और स्थूलदेह, क्षिति की आणविक समष्टि तथा अणु, द्वाणुक, त्रासरेणु और स्थुलाणु (Single, binary, tertiary and quarternary atoms) आदि के संयोग, द्रव्य के रुप, रस और गंध, आपेक्षिक गुरुत्व, लघुत्व, तारल्य, घनत्व और शब्दादि गुण का विषय विवेचन करने से रसायनशास्त्र की प्राथमिक भित्ती की कल्पना की जाती है। अतएव ईसा से लगभग छः सदी पूर्व ही भारत में दर्शनशास्त्र की उत्तपत्ति के साथ-साथ रसायनशास्त्र के आणविक विश्लेषण का आभास प्रस्फुट हुआ था। अतः महर्षि कणाद् के वैशेषिक सूत्र,

कपिल के सांख्य सूत्र और गौतम के न्याय सूत्र आदि में आरंभिक रसायन ज्ञान का स्पष्ट उल्लेख मिलता है। काश्यप संहिता में आयुर्वेद के आठ तंत्रों में रसायन तंत्र भी एक है। इसी प्रकार चरक ने भी अपने खण्ड विभाजन में रसायन को पृथक खण्ड के रुप में रखा है। छान्दोग्य उपनिषद में भूतविद्या का उल्लेख मिलता है। यहाँ भूत का तात्पर्य भौतिक विद्या से है जिसमें रसायन और धातुकर्म का उल्लेख है ।

आयुर्वेद के सभी आचार्यो ने दीर्घायु और निरोग होने तथा रुग्णावस्था से निदान / निवारण के लिए विभिन्न वनस्पतियों के रसों तथा धातुभस्मों का औषधि के रुप में उपयोग किया जिससे रसायनशास्त्र का उद्भव और विकास हुआ है। पारे की खोज और उसके उपयोग का ज्ञान इस काल में भारतीय समाज में पूर्णरूप से फैला हुआ था। मध्ययुग में यही ज्ञान काफी फला-फूला और तत्कालीन भारतवासी शस्त्रास्त्र निर्माण, रंगाई, चित्रकारी, बारुद, तथा श्रृंगार प्रसाधन बनाने में काफी निपुण हुए। प्रमाण मिलते हैं कि 7वीं सदी के आस-पास से ही चीन परिव्राजक भारत में आकर वैदकशास्त्र पढ़ते थे। अरब के प्रसिद्ध विद्वान अलबरुनी जब भारत आये थे तो उन्होंने हिन्दुओं के गूढ रसायनशास्त्र का पूर्ण प्रभाव देखा था । वे लिखते हैं - *वे लोग इसे गोपनीय भाव में रखते थे, किसी को भी इस गूढ़ रहस्य का मर्म नहीं मालूम होने देते थे। इस कारण भारतीय आयुर्वेदविदों से वे यह विद्या सीख न सके।* उन्होंने हिन्दुओं के अग्नियोग से पुटपाक (Sublimation), पृथक्करण या सारग्रहण (Calcination) तथा तालक (Waxing of talc) प्रस्तुतविधि का अनुधावन कर के स्पष्ट अनुमान किया था कि वे लोग प्रधानतः धातुसंपर्कीय रसायन की आलोचना में लगे रहते थे।[76]

साक्ष्य मिलते हैं कि 1100-1300 ई. में भारत में तांत्रिकविद्या का काफी प्रभाव और प्रसार था। इस काल के बौद्धों के 'महाकालतंत्र' और 'रसरत्नाकर' तथा शैवों के 'रसार्णव', 'रसह्रदय', 'रससिद्धांत' आदि ग्रंथों में रसायनशास्त्र का यथेष्ट ज्ञान संचित है। इस सदी में भारत में फलित रसायन (Practical Chemistry) का पूर्ण प्रचार था। पारा की खोज और उसके उपयोग का ज्ञान इस काल में भारतीय समाज में पूर्णरुप से फैला हुआ था। उस समय यूरोपवासी रसायनविद्या से अनभिज्ञ थे। 16वीं सदी में यूरोपीय रसायनज्ञान के संबंध मे प्राध्यापक स्कॅर्लेमर (Prof.Schorlemmer) ने लिखा है कि - *16वीं सदी तक यूरोपीय रसायनज्ञों की सारी चेष्टा (फिलासफर्स स्टोन) पारस पत्थर की खोज में रही। किन्तु अभी रसायन-शास्त्र के दो नये और संपूर्ण विभिन्न पथ के अवलम्बन पर उन्नति कर रहा है। एग्रीकोला ने धातु विज्ञान और पारासेलसस ने आयुर्वेदीय रसयोग (Intro Chemical) के संबंध में गहरी आलोचना कर धातव रसायनविज्ञान की उन्नति का पथ प्रशस्त कर दिया है। यूरोपीय समाज में ये लोग रसायनशास्त्र के प्रणेता समझे जाते हैं ।*[77]

मोहनजोदड़ो, हड़प्पा, कालीबंगन, हस्तिनापुर, बनाबाली, झंगर तथा नाल जैसे अनेक ऐतिहासिक महत्व के स्थानों की खुदाई में असंख्य चित्रित मिट्टी के बर्तन (मृदभाण्ड) प्राप्त हुए हैं जिनसे पता चलता है कि आज से लगभग 5-6 हजार वर्ष पूर्व हमारे देश के लोग मिट्टी के बर्तनों पर रंगसाजी किया करते थे। इसी काल के बर्तनों में काली मिट्टी के पात्र भी प्राप्त हुए हैं जो बंद भट्ठों में मन्द ताप पर पकाये जाते थे। इन्हीं लोगों ने धातुओं के निष्कर्षण की विधियाँ खोजी थी जिसमें रसायनज्ञान का समुचित उपयोग होता है। स्वामी सत्यप्रकाश लिखित 'प्राचीन भारत में रसायनशास्त्र का विकास' और आचार्य प्रफुल्ल चंद्र रे की पुस्तक 'हिन्दू केमेस्ट्री' में भारत में रसायन के उद्भव और विकास पर विशद् विवेचन प्रस्तुत किया गया है ।

इस प्रकार हम देखते हैं कि प्राचीन भारत में अंत:प्रज्ञा, तर्क प्रज्ञा, रसायनशास्त्र, धातुकर्म और वास्तु विज्ञान तथा योगशास्त्र, मस्तिष्क अनुसंधान आदि का काफी विकास हुआ था और अग्नि के अविष्कार से लेकर वैदिक संवत् नक्षत्रों का पहली बार संख्यान, गणित के विभिन्न शाखाओं और भौतिक विज्ञान का विकास भारत में सर्वाधिक हुआ था जिससे विश्व को विज्ञान दृष्टि प्राप्त हुई। कई ग्रीक और अरबी विद्वानों ने इस तथ्य को सहर्ष स्वीकार किया है और अपने प्रसिद्ध ग्रंथो में इसका उल्लेख भी किया है। इस दृष्टि को प्रदान करने वालों में वैदिक ऋषियों - अथर्वन, दीर्घतमस, गार्ग्य, भरद्वाज, आत्रेय, पुनर्वसु, चरक, सुश्रुत, कणाद्, मेघातिथि, आर्यभट्ट, लगध, वाराहमिहिर, लाटदेव, श्रीणेष, बौधायन, प्रभृति का उल्लेखनीय योगदान है ।

1.10 आधुनिक विज्ञान और प्रौद्योगिकी

विज्ञान के क्षेत्र में प्राचीन भारत ने विश्व को बहुत कुछ दिया। इन वैज्ञानिकों का शास्त्रीय ज्ञान अरबी और लैटिन भाषा में अनुवाद के माध्यम से यूरोप तक पहुंचा और वहीं फूला-फला और आधुनिक विज्ञान एवं प्रौद्योगिकी का आधार बना किन्तु कुछ धार्मिक - आध्यात्मिक और रुढ़िगत तथा राजनैतिक कारणों से प्राचीन भारत की स्वस्थ वैज्ञानिक अवधारणाओं का परवर्ती काल में स्वतंत्र विज्ञान के रुप में विकास अवरुद्ध हो गया और आधुनिक विज्ञान और प्रौद्योगिकी हेतु अपेक्षित यंत्रों और उपकरणों के स्थान पर वही प्राचीन आदिम उपकरण ही भारतीय विज्ञान के इर्द-गिर्द शेष रह गये। सदियों तक भारतीय समाज युद्ध की त्रासदी और गुलामी के जाल में फंसा रहा। इस काल के दौरान की भारतीय वैज्ञानिक उपलब्धियों का उल्लेख भी नहीं के बराबर मिलता है। किन्तु अक्सर हम अपने अतीत के राजनैतिक गौरवगान के मद में यह भूल जाते हैं कि राजनीतिक उथल-पुथल के अतिरिक्त मध्य भारत की आर्थिक और वैज्ञानिक एवं प्रौद्योगिकीय स्थिति कैसी थी। इस युग की वैज्ञानिक

उपलब्धियाँ मुख्यत: युद्ध से संबंधित उपकरणों और लघु उद्योग से संबंधित प्रौद्योगिकीय उत्पादों तक ही सीमित थी। भारत की छाप नामक कोमेट परियोजना में उल्लेख मिलता है कि जिस समय गजनी बार-बार भारत पर आक्रमण कर रहा था, गोरी भारत में बस गया था और इस काल के दौरान पश्चिम और मध्य एशिया से इस उपमहाद्वीप में बहुत सी नई तकनीकों का आगमन हुआ जिसका यहाँ की कला और हस्तकला पर काफी प्रभाव पड़ा। ये नई तकनीकें जल्दी ही इस देश की संस्कृति में समाहित हो गयीं और उनका उत्पादन और व्यापार बढ़ने लगा और धीरे- धीरे पूरे उपमहाद्वीप में फैल गया। चरखे को जन्मदेने वाली पट्टा चालित यंत्रावली की तकनीकी चीन में विकसित हुई तथा एशिया और ईरान से होती हुई भारत पहुंची। वस्त्रोद्योग पर इसका काफी प्रभाव पड़ा था।

चीन से ही निमार्ण कार्यों में चूने-गारे के उपयोग की तकनीक, कागज बनाने की तकनीक, रेशम का कीड़ा पालने और रेशमी वस्त्र बनाने की तकनीक इस देश में 15वीं सदी में आई और यहाँ की संस्कृति में समहित हो गयी। तत्कालीन बंगाल रेशमी वस्त्रोद्योग में दुनिया का एक महत्वपूर्ण केन्द्र बन गया। करघा और वस्त्रों की रंगाई-छपाई भी विकसित हुई। ये सभी तकनीकें चीन में मौलिक रूप से विकसित हो कर इस देश में किसी न किसी माध्यम से आई और यहां की प्रौद्योगिकी को विकसित की। युद्ध सामग्रियों का इस काल में अच्छा विकास हुआ और तत्कालीन उपलब्धियों में नियंत्रित विस्फोटक एक बड़ी उपलब्धि थी। जय सिंह द्वारा जयपुर नगर की योजना और देश के विभिन्न भागों में वेधशालाओं का निर्माण इसी युग की देन है। दक्षिण के टीपू सुल्तान ने तत्कालीन आर्थिक - वैज्ञानिक - प्रौद्योगिकीय - समाजिक परिवर्तन को काफी प्रभावित किया था। नई युद्ध प्रौद्योगिकी और सर्वप्रथम उसकी सेना द्वारा इस्पात् रॉकेट की खोज उसकी महत्वपूर्ण उपलब्धि थी। मुगल साम्राज्य का पतन और इस युग की धार्मिक राजनैतिकी उथल-पुथल ने विज्ञान को जनसामान्य तक फैलाने में रुकावटें पैदा की और तत्कालीन उत्तम वैज्ञानिक विकास को बहुत सीमित कर दिया था।

अंग्रेजी शासन की नींव पड़ी और अंग्रेजी शिक्षा प्रणाली ने भारत की संपूर्ण प्राचीन परंपरा का पटाक्षेप कर अपना शासनतंत्र चलाने के लिए भारत में पाश्चात्य विज्ञान और प्रौद्योगिकी की आधारशिला रखी। 18वीं सदी की यूरोपीय औद्योगिक क्रांति ने इस परिवर्तन को और अनिवार्य बना दिया। भारतीय विज्ञान और प्रौद्योगिकीय परंपराएँ शनैः शनैः कर्मकाण्डों और आध्यात्मिक चमत्कारों तक सीमट गयीं और अंग्रेज भारत में अपना स्थायी साम्राज्य कायम रखने की खातिर धीरे- धीरे भारतीय संस्कृति को उपभोक्तावादी संस्कृति में बदलने का षडयंत्र रचने लगे किन्तु इसी प्रक्रिया में और सस्ते दर पर मजदूर उपलब्ध कराने की कोशिश में अंग्रेजों ने भारत

में अंग्रेजी शिक्षा की नींव डाली जिसके माध्यम से कालांतर में पाश्चात्य विज्ञान और प्रौद्योगिकी का भारत में आगमन और विकास होने लगा।

तत्कालीन भारतीय नेताओं और समाजसुधारकों ने यह महसूस कर लिया था कि भारत में दीर्घावधि विज्ञान और प्रौद्योगिकीय विकास के लिए मौलिक अवसंरचनाओं की आवश्यकता है। विलियम ए.ब्लानापइड लिखते हैं - *यह अवधारणा पिछली सदी की है कि दीर्घावधि प्रौद्योगिकीय प्रगति हेतु भारत में सुदृढ़ मौलिक अनुसंधान अवसंरचनाओं की आवश्यकता यहाँ की पहली जरुरत है।*[78] कलकत्ता के एक दूरदर्शी चिकित्सक डॉ महेन्द्रलाल सरकार, जिन्होंने भारत में आधुनिक विज्ञान शिक्षा और शोध सुविधाएँ स्थापित करने के लिए लगभग 25 वर्षों तक अभियान चलाया, साइंस इन इंडिया (1901) में लिखते हैं - Educated patriotic gentlemen are westing their energies in the vain endeavour to promote technical education without even thinking about the necessity of a preliminary scientific education. अर्थात कुछ भारतीय देशभक्त शिक्षाविद् भारत में विज्ञान की शिक्षा प्रदान करना तो चाहते हैं किन्तु उसके लिए बुनियादी विज्ञान शिक्षा के विषय मे नहीं सोच रहे हैं।

कुछ विद्वानों का विचार था कि भारत में यूरोपीय शासन की चिरस्थायित्वता पाश्चात्य और एशियाई लोगों की आपसी उन्नति और सामाजिक स्थायित्व का कारण बन सकती थी किन्तु तत्कालीन ब्रिटिश औपनिवेशिक सरकार ने 19-20वीं शताब्दी में इस विचारधारा को ही उपहासास्पद बना दिया जिसके परिणामस्वरुप तत्कालीन ब्रिटिश सिविल सर्वेन्टस् के एक वर्ग ने एशिया और विशेष कर भारत के संबंध में शोधपूर्ण अध्ययन हेतु 1784 में कलकत्ता में ''एशियाटिक सोसायटी ऑफ बंगाल'' के नाम से एशिया की पहली शोधसंस्था स्थापित की जो लंदन की रॉयल सोसायटी के अनुरूप बनाई गयी थी तथा जिसका मुख्य उद्देश्य एशिया के इतिहास और पुरातत्व, प्राकृतिक उत्पादन, कला, विज्ञान और साहित्य का शोधान्वेषण और अध्ययन तथा मानव और प्रकृति के संबंधों का व्यापक रूप से अध्ययन करना था।

एशियाटिक सोसायटी के सदस्य राजाराम मोहन राय ने अपने प्रयत्नों से विज्ञान और सामाजिक आत्मनिर्भरता के बीच संपर्क स्थापित किया। इनके प्रयासों से कलकत्ता में सन् 1816 ई. में पहला विद्यालय 'कलकत्ता विद्यालय' *के नाम से खुला जिसमें भारतीय और यूरोपीय दोनों भाषाओं में प्रशिक्षण प्रदान किया जाने लगा। इसके सात वर्ष पश्चात उन्होंने गवर्नर जनरल लार्ड एमहर्स्ट को एक ज्ञापन दिया जिसमें अनुरोध किया गया था कि विज्ञान से संबंधित विविध विषयों की उचित शिक्षा भारतीयों को प्रदान की जाए - चूंकि स्थानीय जनसंख्या के सुधार-विकास का दायित्व सरकार का है अतः सरकार को यह चाहिए कि गणित, प्राकृतिक दर्शन, रसायन-*

शास्त्र, ज्योतिष और अन्य उपयोगी विज्ञान विषयों का प्रशिक्षण और अधिक स्वतंत्र तथा ज्ञानवर्धक प्रणाली के माध्यम से करना चाहिए।[79] फिर भी अपने देशवासियों को जैसी शिक्षा राजाराम मोहन राय दिलाना चाहते थे, वह अगली अर्ध शताब्दी तक नहीं ही सुलभ हो पाई। इसके विपरीत मातहत काम करने लायक मजदूर पैदा कर सकने वाली शिक्षा ही अंग्रेजी शासन भारत वासियों को प्रदान कर सका। सन् 1823 ई. को लार्ड एमहर्स्ट को दिए गये अपने ज्ञापन में राजाराममोहन राय ने पुन: उल्लेख किया है कि कैसे तत्कालीन संभ्रांत अंग्रेज विद्वान जैसे जेम्स मिल, चार्ल्स ट्रेवेलीयन और थॉमस मैकाले और उनकी लीबरल पार्टी के सहयोगियों ने भारतीयों की इस मांग का उपहास किया था। अत: काफी प्रयासों के बावजूद भी संपूर्ण 19 वीं सदी और 20 वीं सदी के कुछेक वर्षों तक यूरोपीय लोगों की भाँति विज्ञान की शिक्षा - दीक्षा भारत वासियों को सुलभ नहीं हो पाई । फिर भी सन् 1870 ई. तक कलकत्ता में कम से कम तीन संस्थाओं में आधुनिक विज्ञान की शिक्षा प्रदान की जाती थी। इनमें से पहला संस्थान था 1835 में स्थापित 'मेडिकल कॉलेज ऑफ बंगाल' जिसमें भारतीय नागरिकों को चिकित्सा तकनीशियन के रूप में प्रशिक्षण दिया जाता था। विलियम ए. ब्लॉनपाइड लिखते हैं - *यह मेडिकल कॉलेज ही सर्वप्रथम और ब्रिटिश भारत में अनेक वर्षों तक एकमात्र ऐसा संस्थान था जिसमें एक वास्तविक प्रयोगशाला विज्ञान की सुविधाएँ सुलभ थी।*[80] दूसरा उल्लखनीय संस्थान कलकत्ता का प्रेसिडेंसी कॉलेज था जो सरकार द्वारा संचालित था और कलकत्ता विश्वविद्यालय से संबद्ध था। तीसरा शिक्षा संस्थान ''सेंट जेवियर`` नाम का एक प्राइवेट स्कूल था , जो तत्कालीन कलकत्ता और संभवत: संपूर्ण भारत में उत्कृष्ट वैज्ञानिक प्रशिक्षण प्रदान करने का एक महत्वपूर्ण केन्द्र था। इस स्कूल का संचालन पादरी ऐंजीन ला फोंट (Engene La Font), एक बेल्जियम वैज्ञानिक के मार्गदर्शन में हो रहा था। पादरी फोंट कलकत्ता में 40 वर्ष से भी ज्यादा समय से शिक्षण कार्य कर रहे थे और कलकत्ता में अपने आम भाषणों और प्रदर्शनों के लिए सुविख्यात थे।

मेडिकल कॉलेज ऑफ बंगाल से स्नातक की उपाधि लेने के पश्चात सरकार महोदय ने भारतीय चिकित्सा पद्धति को आधुनिक चिकित्सा की तुलना में श्रेष्ठ प्रतिपादित करते हुए अपने ब्रिटिश मित्रों और सहपाठियों को मिलाकर सन् 1868 ई में 'कलकत्ता जर्नल ऑफ मेडिसीन` नाम की एक पत्रिका की स्थापना की और तीन वर्ष पश्चात इसी पत्रिका में पारंपरिक भारतीय चिकित्सा के परिप्रेक्ष्य में 'इंडियन एशोसिएशन फॉर दी कल्टीवेशन ऑफ साइंस` (INDIAN ASSOCIATION FOR THE CULTIVATION OF SCIECNE) की एक योजना प्रस्तुत की जहाँ भारतीय विद्यार्थियों को विभिन्न वैज्ञानिक विषयों में शोधादि के अवसर प्रदान किए जाने थे, जैसा कि तत्कालीन यूरोपीय लोगों को प्राप्त थे।[81] सरकार ने इस एशोसिएशन की स्थापना हेतु धन जमा करने के लिए एक जोरदार अभियान चलाया और सन् 1876

ई. में इसकी स्थापना की। अपने जीवन के बाकी 27 वर्ष भी उन्होंने इसी एशोसिएशन के विस्तार और विकास हेतु कार्य करने में ही गुजारे। विलियम ए.ब्लानपाइड लिखते हैं - *एम.सरकार ने सन् 1868 ई. में कलकत्ता जर्नल ऑफ मेडिसिन और सन् 1876 ई. में इंडियन एशोसिएशन फॉर दी कल्टीवेशन ऑफ साइंस की स्थापना की। दोनों जर्नल और एशोसिएशन ने मिलकर भारत में आधुनिक विज्ञान के विकास में अहम भूमिका निभाई है।*[82]

तत्कालीन कलकत्ता में आधुनिक विज्ञान के क्षेत्र में स्थापित दो महत्वपूर्ण केन्द्रों में एक तो सरकार द्वारा स्थापित Indian Associan for the Cultivation of Science तथा दूसरा महत्वपूर्ण केन्द्र उनके ही सहपाठी, महान गणितज्ञ, सन् 1912 ई. से एशियाटिक सोसायटी ऑफ बंगाल के सक्रिय कार्यकर्ता, कलकत्ता विश्वविद्यालय के वाइस चांसलर आशुतोष मुखर्जी द्वारा स्थापित ''कॉलेज ऑफ साइंस`` था, जो कलकत्ता विश्वविद्यालय से संबद्ध था। यह संस्थान भारत में गणित और विज्ञान में स्नातकोत्तर प्रशिक्षण प्रदान करने वाला पहला केन्द्र था। ज्ञातव्य है कि मुखर्जी द्वारा उपार्जित धन राशि इतनी पर्याप्त थी कि प्रथम प्राध्यापकीय पीठ (First Professorial chair) किसी योग्य भारतीय वैज्ञानिक हेतु आरक्षित की जा सके। यहाँ यह उल्लेखनीय है कि प्रेसीडेंसी कॉलेज में प्रोफेसर के रुप में कार्य करते हुए भी डॉ. जे.सी.बोस को अंग्रेजों की अपेक्षा दो तिहाई वेतन ही मिलता था क्योंकि वे भारतीय थे। इस संस्थान में प्रथम पालित प्रोफेसरसीप (First Palit Professorship) प्राप्त करने वालों में भौतिकी के लिए सर सी.वी.रमण और रसायनशास्त्र के लिए पी.सी.रे जैसे भारत के कर्णधार वैज्ञानिकों का नाम है।

इस प्रकार सरकार और मुखर्जी के प्रयासों से लगभग आधी शताब्दी बाद ही राजाराममोहन राय का स्वप्न साकार हो सका और जैसी शिक्षा वे अपने देशवासियों को देना चाहते थे उसका शुभारंभ हो सका। 19वीं शताब्दी में अंगेजी शिक्षा के आरंभ के साथ ही भारत में आधुनिक विज्ञान की शिक्षा प्रारंभ हो गयी। किन्तु शिक्षण की भाषा भारतीय न हो कर अंग्रेजी ही रही। इसके कारण ही परवर्ती काल में भारतीय भाषा से विज्ञान और प्रौद्योगिकी के प्रशिक्षण की समस्या पैदा हो गयी। 'भारत में आधुनिक शिक्षा का इतिहास` नामक पुस्तक में श्री जे.पी.नायक ने अंग्रेजी शिक्षा के आरंभ के संदर्भ में उल्लेख किया है कि अंग्रेजी माध्यम से शिक्षा की आरंभिक मांगे भारत में राजाराममोहन राय जैसे लोगों के नेतृत्व में तत्कालीन भारतीय जनता ने स्वयं ही किया था। उक्त पुस्तक में इस बात का भी उल्लेख है कि जब तक ब्रिटिश शासन भारतीय जनता के लिए अंग्रेजी माध्यम से शिक्षा उपलब्ध न करा पाई थी तब तक अधिकांश भारतीय मिशनरी स्कूलों में जाकर अपनी अपेक्षाओं की पूर्ति करते रहे जो मुख्य रूप से आप्रवासी विदेशियों के लिए बनाए गये थे। प्रकारांतर से इस बात का

उत्तर देते हुए भले ही यह कहा जा सकता है कि इस के पीछे आर्थिक और मनोवैज्ञानिक घटक क्रियाशील रहे हैं, तथापि हम निःसंदेह यह भी कह सकते हैं कि शिक्षा के क्षेत्र में भारतीय भाषा के प्रयोग की समस्या का बीजारोपण इन्हीं दिनों हुआ था जो आज एक जटिल समस्या के रूप में विद्यमान है।

स्वतंत्रता पूर्व भारत के अग्रणी और कर्णधार वैज्ञानिकों के शोध कार्यों का एक संक्षिप्त अध्ययन भारत में आधुनिक विज्ञान के प्रारंभ और विकास को और अधिक स्पष्ट रूप से समझने में सहायक होगा। अतः उनका जीवनवृत्तात्मक अध्ययन निम्नांकित प्रकार से प्रस्तुत किया जाता है :

1.10.1 श्रीनिवास रामानुजन (1887–1920 ई.)

रामानुजन आधुनिक भारत के सबसे महान गणितज्ञ हैं। उनका गणितीय अनुसंधान विशुद्ध गणित कोटि का है। इनका अधिकांश कृतित्व गणित के उस विषय से संबंधित है जिसे संख्या सिद्धांत (Theory of Numbers) कहते हैं। इस विषय में विभिन्न प्रकार की संख्याओं के गुणधर्मों की खोज की जाती है। संख्या सिद्धांत के क्षेत्र में रामानुजन के सूत्र, प्रमेय, सर्वसमिकाएँ और अनुमान अत्यंत जटिल हैं। वे 2 का वर्गमूल, पाई आदि के मान हजारों दशमलव स्थानों तक प्रस्तुत कर देने में समर्थ थे। कैम्ब्रिज विश्वविद्यालय के गणित के प्राध्यापक गाडफ्रे हेराल्ड हार्डी ने रामानुजन की प्रतिभा को पहचान कर विश्व के समक्ष प्रकाश में लाया है।

उनके इंग्लैण्ड निवास के दौरान रामानुजन के जो शोध निबंध प्रकाशित हुए उनमें सबसे बड़ा (63 पृष्ठ) अतिभाज्य संख्याओं के बारे में है। लंदन की एक गणित पत्रिका 'प्रोसिडिंग्स ऑफ लंदन मैथमेटिकल सोसायटी' में सन् 1915 ई. में प्रकाशित इस निबंध के बारे में हार्डी की टिप्पणी है - *अतिभाज्यों का यह प्राथमिक विश्लेषण अतिविलक्षण है और असमिकाओं (Inequalities) के बीजगणित पर रामानुजन के असामान्य अधिकार का परिचायक है।*[83] रामानुजन ने विभाजन सिद्धांत के क्षेत्र में बड़े महत्वपूर्ण अनुमान (Conjecture) प्रस्तुत किए और बाद में इन्हें प्रमाणित किया। उन्होंने झ(n) के कई अद्भुत अंकगणितीय गुणधर्म प्रस्तुत किए हैं। यह सूत्र संख्या सिद्धांत के क्षेत्र में एक महान उपलब्धि माना जाता है। रामानुजन का विभाजन सिद्धांत सांख्यिकीय यांत्रिकी में प्रयुक्त् होता है और इसी सिद्धांत पर हाल ही में ब्रह्माण्ड की उत्पत्ति (Super string theory) का एक नया सिद्धांत खड़ा किया गया है। इसी प्रकार ज्यादा से ज्यादा दशमलव अंकों तक पाई के मान देने वाले रामानुजन के सूत्र आजकल महासंगणकों (सुपर कम्प्युटरों) की गणना के लिए बड़े उपयोगी सिद्ध हो रहे हैं। रामानुजन अपने सूत्र अपनी नोटबुक में दर्ज़ करते थे। सन 1957ई. में टाटा मौलिक अनुसंधान संस्थान, बम्बई ने इन्हें प्रकाशित किया। इनमें करीब

4000 सूत्र और प्रमेय हैं। आज भी विश्व के प्रमुख शोध संस्थानों में इन सूत्रों और प्रमेयों पर शोधं कार्य चल रहा है।

1.10.2 जगदीशचन्द्र बोस

जगदीशचन्द्र बोस ऐसे पहले भारतीय हैं जिन्होंने भारत को अंतर्राष्ट्रीय ख्याति दिलाई।[84] बोस ने ला फोंट के सेंट जेवियर कॉलेज से सन् 1879 ई. में स्नातक की उपाधि ली थी। सन् 1880 ई. में बोस इंगलैण्ड गये और कैम्ब्रिज से बी.ए., सन् 1884 ई. में लंदन विश्वविद्यालय से बी.एससी. और सन् 1896 ई. में डी.एससी. की उपाधि प्राप्त की। लंदन से वापस आने पर बोस प्रेसिडेंसी कॉलेज में भौतिकी के प्रथम भारतीय प्राध्यापक नियुक्त हुए। मुखर्जी के कॉलेज ऑफ साइंस के प्रथम संकाय बोस ही थे। सन् 1917 ई. में बोस के प्रयासों से रॉयल इंस्टीट्यूट इन लंदन के अनुरुप कलकत्ता में बोस इंस्टीट्यूट नामक एक शोध संस्था स्थापित हुई और बोस उसके निदेशक बने। बोस ने भौतिकी के क्षेत्र में विद्युत चुम्बकीय तरंगों, अर्धचालक पदार्थों, प्रकाशचालकता तथा विद्युतचुम्बकीय संकेतों के प्रक्षेपण पर उत्कृष्ट कार्य किया। बेतार प्रक्षेपण के क्षेत्र में बोस और मार्कोनी का शोध मौलिक और समकालीन है। तुलनात्मक मनोविज्ञान और विशेषकर वनस्पति मनोविज्ञान (Plant Psychology) बोस ने ही विश्व को दिया है। वनस्पति संव्यवहार के सूक्ष्मतम कार्यकलापों को उन्होंने खोज निकाला था।

1.10.3 प्रफुल्लचंद्र रे

भारत के कर्णधार वैज्ञानिकों में रसायनशास्त्र के क्षेत्र में प्रफुल्लचंद्र रे का नाम अग्रगण्य है। वे रसायनशास्त्र के प्राध्यापक थे। 'कोब्रा विष का रसायनशास्त्र' उनका पहला शोध है। तत्वों के आवर्त सारणी (पिरियाडिक चार्ट) और पारा लवण के गुणधर्मो तथा नाइट्राइट यौगिकों की श्रेणियों पर वे और उनके छात्रों ने सैद्धांतिक खोजें की हैं। उन्होंने एक रासायनिक शोध स्कूल स्थापित किया तथा बंगाल में रासायनिक उद्योग स्थापित करने में महत्वपूर्ण योगदान किया। सन् 1901 ई. में उन्होंने अपने कुछ पूर्वछात्रों की मदद से बंगाल केमिकल एण्ड फार्मासिटिकल वर्कस् लि. की स्थापना की जो सन् 1947 ई. तक आते आते भारत का एक विशाल रासायनिक फर्म बन गया। उन्होंने अपने छात्रों की मदद से बंगाल पॉटरी वर्कस्, दी कलकत्ता सोप वर्कस्, दी बंगाल इनेमल वर्कस् तथा दी बंगाल कैनिगं एण्ड कैण्डीमेन्ट वर्कस् की भी स्थापना की। भारतीय विज्ञान के क्षेत्र में रे के योगदानों का विस्तृत विवरण HISTORY OF HINDU CHEMISTRY (1902, Vol. Ist. SJeb 1908, Vol, IInd) में दिया गया है। रे और इनके अनेक छात्रों ने भारत में अनेक सफलतम्

रासायनिक उद्योगों की स्थापना कर भारतीय विज्ञान को प्रगति पथ पर अग्रसारित किया है।

1.10.4 चन्द्रशेखर वेंकट रमण

सन् 1888 ई. में त्रिचनापल्ली में जन्में सी.वी.रमण ने हिन्दू कॉलेज, विशाखापट्टनम से बी.ए. की उपाधि प्राप्त की। प्रेसिडेंसी कॉलेज मद्रास से एम.ए.किया। प्रकाश भौतिकी के क्षेत्र में रमण ने काफी कार्य किया है। उनका सबसे पहला शोध समुद्र के नीले रंग पर था। दृश्य दर्शन (Philosophy of Vision) में उन्होंने सर्वोत्कृष्ट कार्य किया। कॉम्पटन प्रभाव के क्षेत्र में और अधिक शोध विकास कर विस्तीर्णकों (Scatterers) की संरचना में गतिक उच्चावचन (Dynamic Fluctuations) से उठकर दृष्टिगोचर होने वाले प्रकाश (Visible light) में तरंग दैर्ध्य विस्थापन (Wavelength shift) की सर्वप्रथम खोज की जिसे आज विज्ञान की भाषा में ''रमण प्रभाव'' के रुप में जाना जाता है। इस शोध कार्य के लिए सन् 1930 ई. में उन्हें नोबल पुरस्कार भी मिला है।

रमण को संस्थानों और शोध केन्द्रों के महान संस्थाक के रुप में माना जाता है। उन्होंने इंडियन एशोसिएशन फॉर कल्टीवेशन ऑफ साइंस का नवनिर्माण किया और कॉलेज ऑफ साइंस, कलकत्ता विश्वविद्यालय तथा भारतीय विज्ञान संस्थान, बंगलौर में भौतिकी की प्रयोगशाला स्थापित की तथा रमण शोध संस्थान की स्वखर्च से स्थापना की। रमण ने इन संस्थाओं को विश्वख्याति दिलाई है। उन्होंने विज्ञान के विकास में विज्ञान पत्रिकाओं की महत्ता को समझ कर कलकत्ता में इंडियन एशोसिएशन फॉर कल्टीवेशन ऑफ साइंस के अन्तर्गत एक पत्रिका की स्थापना की जो आगे चलकर 'इंडियन जर्नल ऑफ फिजिक्स' के रूप में प्रसिद्ध हुई। बंगलौर में उन्होंने एक और पत्रिका 'प्रोसिडिंग्स ऑफ इंडियन एकेडमी ऑफ साइंस' के नाम से स्थापित की। सन् 1932 ई. में 'करन्ट साइंस' पत्रिका की स्थापना में भी उनकी प्रमुख भूमिका रही है जो आगे चल कर 'नेचर' पत्रिका की शैली में विकसित हुई और अब विज्ञान की एक प्रतिष्ठित पत्रिका है। वे भारत में विज्ञान के क्षेत्र में हुए कार्यो को भारतीय पत्रिकाओं में प्रकाशित कराना चाहते थे और उन्होंने अपने सभी अभिपत्र उपर्युक्त पत्रिकाओं में प्रकाशित किए। विज्ञान की महत्ता को समझ कर और आम आदमी में विज्ञान के प्रति अभिरुचि जागृत करने के उद्देश्य से उन्होंने सन् 1934 ई. में भारतीय विज्ञान अकादमी की स्थापना की।

1.10.5 सत्येन्द्रनाथ बोस

कलकत्ता में सन् 1894 ई. में जन्म। प्रेसिडेंसी कॉलेज कलकत्ता से एम.एससी.। सन् 1916 ई. में यूनिवर्सीटी कॉलेज में प्राध्यापक नियुक्त हुए। सन् 1924 ई. में प्लैंक का नियम तथा प्रकाश क्वांटम परिकल्पना (Plank's law and light quantum hypothesis) शीर्षक पर अपना लेख आइंस्टाइन के पास समालोचना के लिए भेजा। आइंस्टाइन ने उस अभिपत्र का जर्मन भाषा में अनुवाद कर प्रकाशित करवाया और इससे पाश्चात्य देशों में बोस को काफी ख्याति मिली। उनके 26 प्रकाशित अभिपत्रों में सांख्यिकीय यांत्रिकी, आयनमंडलीय विद्युत चुम्बकत्त्व, क्ष-किरण केलास (Crystal) विज्ञान और तापसंदीप्ति के क्षेत्र में मौलिक योगदान है।

1.10.6 मेघनाद शाह

पूर्वी बंगाल में सन् 1894 ई. में जन्म। प्रेसिडेंसी कॉलेज से एम.एससी. और कलकत्ता विश्वविद्यालय से डी.एससी.। इन्होंने सांख्यिकीय यांत्रिकी, परमाणुविक और आणविक वर्णक्रमदर्शी, अणुओं का उच्च तापमान वियोजन तथा प्रवर वायुमंडल भौतिकी, नाभिकीय वर्गीकरण, आयनमण्डल में विद्युत चुम्बकीय तरंगों का संचरण सौर किरीट के क्षेत्र में शोधपूर्ण कार्य किया। 'उच्च तापमान आयनीकरण एवं तारकीय वायुमंडल तथा वर्णक्रमीय वर्गीकरण में इसका उपयोग के क्षेत्र में मेघनाद शाह का सबसे महत्वपूण मौलिक योगदान है। देश की आर्थिक स्थिति सुधारने और उस हेतु नियोजन करने में विज्ञान का उपयोग करने के लिए शाह जी आधुनिक शोध सुविधाओं की स्थापना पर अधिक ध्यान देते थे। उन्होंने सन् 1948 ई. में कलकत्ता विश्वविद्यालय में 'न्यूक्लियर फिजिक्स संस्थान' की स्थापना की जो बाद में उनकी मृत्यु के उपरांत उनके ही नाम पर हो गया। 'इंडियन एशोसिएशन फॉर कल्टीवेशन ऑफ साइंस' की आधुनिक शोध सुविधाओं की स्थापना में इनका महत्वपूर्ण योगदान है। सन् 1935 ई. में इन्होंने SCIENCE AND CULTURE नामक पत्रिका की स्थापन की।

1.10.7 होमी जहाँगीर भाभा

सन् 1909 ई. में बम्बई में जन्म। टाटा औद्योगिक घराने से संबंधित होने के कारण भाभा ने भारत में विज्ञान और प्रौद्योगिकी की प्रगति में सैद्धांतिक और आर्थिक दोनो प्रकार का सहयोग दिया और दिलाया। उन्हें उद्योग और व्यापार की बहुत अच्छी समझ थी। सैद्धांतिक विज्ञान में बी.ए सन् 1935 ई. में कैवेण्डिश प्रयोगशाला, कैम्ब्रिज से 'अंतरिक्ष किरण उत्पन्न इलेक्ट्रॉन वर्षण'(COSMIC RAY PRODUCED

ELECTRON "SHOWER``) पर पीएच.डी. प्राप्त की। शोध कार्यों के साथ - साथ भाभा विश्व के बड़े-बड़े उद्योगों का भी दौरा किया करते थे। प्रथम प्राथमिक इलेक्ट्रॉन के माध्यम से इलेक्ट्रॉन-पॉजीट्रॉन युग्मों के उत्पादन हेतु अनुप्रस्थ काट का समाकलन, अंतरिक्ष किरण प्रदर्शन में प्रेक्षित वेधक कणों को भारी इलेक्ट्रॉन के रूप में आरोपित कर सकने का सर्वप्रथम् सुझाव (यही बाद में मुऑन्स (हाइड्रोजन का एक समस्थानिक) के रुप में प्रतिष्ठित हुआ) तथा सापेक्षता काल अभियोजन के द्वारा मुआन्स के जीवन काल का नियंत्रण करने का पहला सुझाव आदि भाभा के महत्वपूर्ण शोध कार्यों में मौलिक योगदान के रूप में समाहित हैं। भाभा सन् 1942 ई. में भारतीय विज्ञान संस्थान, बंगलौर में अंतरिक्ष किरण भौतिकी के प्राध्यापक नियुक्त हुए। यह संस्थान सन् 1909 ई. में सर जमशेदजी टाटा के सहयोग से स्थापित हुआ था। सर सी.वी.रमण और टाटा परिवार से अपने संबंधों का उपयोग कर भाभा ने भारत हेतु वैज्ञानिक और प्रौद्योगिकीय विकास की अवसंरचना के स्थापन पर महत्वपूर्ण कार्य किया। सन् 1944 ई. में भाभा ने टाटा न्यास को एक ऐसे संस्थान की स्थापना का प्रस्ताव किया जो गणित और भौतिकी (विशेष रुप से अंतरिक्ष किरण भौतिकी) और नाभिकीय भौतिकी में प्रगत शोध और प्रशिक्षण प्रदान कर सके। और इस प्रकार जून सन् 1945 ई. में बंगलौर में टाटा मौलिक अनुसंधान संस्थान (TIFR) की स्थापना हुई जिसके प्रथम निदेशक डॉ. भाभा बने। उसी वर्ष उक्त संस्थान की एक अस्थाई शाखा बम्बई में भी स्थापित की गयी। आज बम्बई का टाटा मौलिक अनुसंधान संस्थान एक महत्पूर्ण शोध केन्द्र है।

भाभा नाभिकीय शक्ति विद्युत प्रणाली के प्रमुख हिमायती थे और सन् 1948 ई. में भारतीय आणविक ऊर्जा आयोग की स्थापना पर उसके अध्यक्ष बनाए गये। भाभा को उसी दौरान ट्राम्बे, बम्बई में बन रहे परमाणु ऊर्जा अनुसंधान केन्द्र का निदेशक नियुक्त किया गया। इस केन्द्र की रूपरेखा भाभा के ही मार्गदर्शन में तैयार की गयी जो बाद में उनके ही नाम पर भाभा परमाणु अनुसंधान केन्द्र (B A R C) के नाम से महत्वपूर्ण शोध केन्द्र है। विज्ञान और प्रौद्योगिकी के विकास में अन्तर्राष्ट्रीय सहयोग के सशक्त प्रवक्ता के रूप में भाभा ने ही भारतीय परमाणु ऊर्जा कार्यक्रम के विकास में सहयोग प्राप्त करने के लिए संयुक्त राष्ट्र (U.K), कनाड़ा, फ्रांस और संयुक्त राज्य अमरीका से करारादि किए। वे सन् 1955 ई. में जिनिवा में परमाणु ऊर्जा के शांतिपूर्ण उपयोग हेतु हुए प्रथम अंतर्राष्ट्रीय सम्मेलन के सर्वसम्मत से अध्यक्ष चुने गये और इस सम्मेलन के परिणामस्वरुप विएना में स्थापित अन्तर्राष्ट्रीय परमाणु ऊर्जा अभिकरण के गर्वनर नियुक्त हुए तथा संयुक्त राष्ट्र महासचिव के वैज्ञानिक सलाहकार समिति के सदस्य भी थे। उन्होंने अंतरिक्ष किरण भौतिकी, नाभिकीय भौतिकी और मेसॉन सिद्धांत पर 60 से भी अधिक शोधपत्र प्रकाशित किए। एक वैज्ञानिक के साथ साथ वे उच्चतम कोटि के विज्ञान प्रबंधक भी थे। भाभा, नेहरु के वैज्ञानिक सलाहकारों की प्रथम पंक्ति में थे।

1.10.8 के.एस.कृष्णन

4 दिसम्बर, 1898 में वात्रप ग्राम मद्रास में जन्म । सी.वी.रमण के मार्गदर्शन में यूनिवर्सिटी कॉलेज ऑफ साइंस, कलकत्ता में भौतिकी का अध्ययन किया । रमण प्रभाव के अध्ययन-अन्वेषण में इनका बहुत अधिक योगदान रहा है। केलाशीय चुम्ब-कत्व और चुम्बक-रसायनशास्त्र के क्षेत्र में इन्होंने काफी काम किया है। होमी जहाँगीर भाभा इनके बारे में लिखते हैं । बी.सी.गुहा, एस.बनर्जी तथा एस.एन.चक्रवर्ती के सहयोग से प्रकाशित इनके अभिपत्र - केलास चुम्बकत्व और चुम्बक रसायनशास्त्र के क्षेत्र हेतु नींव के पत्थर साबित हुए।[85] डॉ.कृष्णन ने N.P.H. में तापायनिक समस्याओं पर एस.सी.जैन के सहयोग से नई प्रणाली का विकास किया जो कि अपने आप में एक नई तकनीकी थी। राष्ट्रीय और अंतर्राष्ट्रीय विज्ञान जगत के अनेकों संस्थाओं / पदों को डॉ.के.एस.कृष्णन ने अपनी प्रतिभा से लाभान्वित और गौरवान्वित किया है।

1.10.9 भटनागर (1884 – 1955)

जन्म 21 फरवरी, 1884 । डी.एससी. लंदन (1921)। प्राध्यापक भटनागर का शोधक्षेत्र मुख्यत: भौतिक-रसायनशास्त्र (Physical chemistry) और विशेष कर के चुम्बकीयरसायनशास्त्र और इमल्सन के क्षेत्र में था। डॉ. भटनागर ने मोम को गंधहीन बनाने, मिट्टी के तेल को शुद्ध करने, पेट्रोलियम उद्योग से निकलने वाले अपशिष्ट पदार्थों के उपयोग एवं रेत से धातुओं को उत्तपन्न करने की दिशा में शोध कार्य किया। विदेश प्रवास के दौरान उन्होंने पायस (इमल्शन) श्लैषों (कोलाइडों) और औद्योगिक रसायनविज्ञान पर उच्चस्तरीय शोध कार्य किया। चुम्बकीय रसायन में भी उनका महत्वपूर्ण योगदान है। विद्युदग्रों द्वारा पायस रूपांतरण के क्षेत्र में भी डॉ. भटनागर का महत्वपूर्ण योगदान है।

एक प्रगतिशील वैज्ञानिक-प्रशासक तथा वैज्ञानिक एवं औद्योगिक अनुसंधान परिषद (सीएसआईआर) के संस्थापक निदेशक के रुप में देश भर में राष्ट्रीय प्रयोग-शालाओं की स्थापना में डॉ. भटनागर की प्रमुख भूमिका रही है। उन्होंने तेल शोधन प्रयोगशालाओं का शुभारंभ करवाया। उनके समय में ही टाइटेनियम और जिर्कोनियम के कारखाने बने एवं परमाणु खनिजों व खनिज तेल पर कार्य शुरू किया गया। उन्होंने न फटने वाले कंटेनर एवं व्यर्थ चीजों से प्लास्टिक भी बनाया। विज्ञान के क्षेत्र में मौलिक अनुसंधान कार्य हेतु वैज्ञानिक एवं औद्योगिक अनुसंधान परिषद द्वारा 'डॉ.शांतिस्वरुप भटनागर' पुरस्कार दिया जाता है। यह एक महत्वपूर्ण एवं सम्मान्य पुरस्कार है ।

1.10.10 कोठारी दौलत सिंह

जन्म 6 जुलाई, 1906 । पीएच.डी. (1933)। प्राध्यापक कोठारी की महत्वपूर्ण शोध उपलब्धियाँ हैं : श्वेत वामन तारा सिद्धांत और विजनित इलेक्ट्रॉन गैस में परिवहन प्रकार, दाब के कारण पदार्थ का आयनीकरण (शीत पिण्ड की त्रिज्या ज्यूपिटर से बड़ी नहीं हो सकती)। अनेकों सांख्यिकीय यांत्रिकियों में विभाजन सिद्धांत का उपयोग , शीत प्रोट्रॉन में ऊर्जा जनन, विजनित तारों में न्यूट्रॉनों का निर्माण, बृहत द्रव्यमानों का तारों में विभंजन आदि । विज्ञान और प्रौद्योगिकी के क्षेत्र में हिन्दी भाषा के प्रयोग पर भी डॉ. कोठारी ने काफी कार्य किया है। वैज्ञानिक और तकनीकी शब्दावली आयोग के पहले अध्यक्ष डॉ. कोठारी ही मनोनीत हुए थे। उन्होंने भारत सरकार की विभिन्न समितियों के माध्यम से हिन्दी में तकनीकी शब्दावली के निर्माण में महत्वपूर्ण योगदान किया है।

1.10.11 प्रा.चन्द्रशेखर शिवरामकृष्णन

जन्म 6 अगस्त, 1930। डी.एससी. नागपुर। प्राध्यापक चन्द्रशेखर ने केलाशीय प्रकाशिकी क्षेत्र में केलाशों के घूर्णन परिक्षेपण जैसे क्वार्टज, सोडियम क्लोरेट इत्यादि हेतु एक नये सूत्र का निमार्ण किया । क्ष-किरण विश्लेषण में विलोपन समस्या के विलोपन त्रुटि शुद्धिकरण हेतु ध्रुवित क्ष-किरण के द्वारा एक नई तकनीकी का विकास किया तथा द्रव केलाशों के क्षेत्र में आणविक केलाशों के द्रवण का सिद्धांत विकसित किया। क्लोस्टरिक द्रव केलाश के प्रकाशीय गुणधर्म का सिद्धांत विकसित किया । उन्होंने सूत्रिल (नेमटिक) स्थिति के आणविक सांख्यिकीय के क्षेत्र में सैद्धांतिक योगदान दिया है। इस प्रकार उन्होंने भौतिकी के क्षेत्र में अपने समकालीनों के समान ही महत्वपूर्ण मौलिक योगदान किया है।

1.10.12 सहानी बीरबल (1891 - 1949)

जन्म 14 अगस्त, 1891 । डी.एससी. लंदन (1919) । डॉ. सहानी ने वनस्पति विज्ञान, पुरावनस्पति विज्ञान और भूविज्ञान के क्षेत्र में मुख्यतः मौलिक योगदान किया है। उन्होंने कुछ जइगोप्टेरिड फर्नो की सजातीयता और संरचना पर महत्वपूर्ण कार्य किया है । प्रा. ए.सी.सेवार्ड के साथ भारतीय गोंदवाना पौधों पर अध्ययन कर के डॉ. सहानी ने बहुत से नये जीवास्म पौधों तथा अनेकों पुरानी प्रजातियों और उनकी भौगोलिक श्रेणियों का वर्णन किया है। उन्हों ने बहुत से पुरावनस्पतिक भारतीय जीवास्म पौधों की संरचना और सजातीयता का अध्ययन कर क्वांटर्नरी संस्तरों की खोज की है। इन नये जीवास्म GUMNOSPERMS THE PENTOXYLAE की स्थापना और जीवास्म पौधों के क्षेत्र में डॉ. सहानी ने महत्वपूर्ण शोध कार्य किया है ।

1.10.13 साराभाई विक्रम अंबालाल (1919 – 1972)

जन्म 12 अगस्त, 1919 । पीएच.डी. कैम्ब्रिज (1947) । डॉ. साराभाई के शोधकार्य मुख्य रुप से अंतरिक्ष किरणों के विचरण से संबंधित हैं। अंतरिक्ष किरणों के दैनिक विचरण में मौसमविज्ञान का पूर्णतः प्रभाव पड़ना तथा अंतरिक्ष किरण काल विचरण में इन प्रभावों का आकलन और प्रयोग किया जा सकना उनका महत्वपूर्ण शोधकार्य है। साराभाई अहमदाबाद में भौतिकी अनुसंधान प्रयोगशाला की स्थापना के लिए उत्तरदायी हैं। भारत में अंतरिक्ष अनुसंधान के क्षेत्र में साराभाई अग्रणी रहे हैं। इनके प्रयासों से थोंबा के निकट अंतरिक्ष विज्ञान और प्रौद्योगिकी केन्द्र तथा प्रायोगिक उपग्रह भू-संचार केन्द्र, अहमदाबाद (ESCES) की स्थापना हुई। साराभाई के कार्यों और प्रयासों ने अंतरिक्ष विज्ञान के क्षेत्र में भारत को काफी प्रतिष्ठा दिलाई है।

इस प्रकार उपर्युक्त विवेचन में हम देखते हैं कि विभिन्न् भारतीय वैज्ञानिकों के शोधकार्य और प्रशासनिक योगदानों ने भारत में अभिनव विज्ञान और प्रौद्योगिकी की आधारशिला कैसे रखी। भारत का कलकत्ता शहर स्वतंत्रता से पूर्व भारत में विज्ञान और प्राद्योगिकी की आधुनिक शिक्षा की बुनियाद रखने वाला प्रमुख केन्द्र बना और अभिनव विज्ञानोन्मुखी समुदाय के उदय का कारण बना। स्वतंत्रता के पश्चात अन्य अनेक वैज्ञानिकों के साथ- साथ भारत के प्रथम प्रधानमंत्री जवाहरलाल नेहरु जो वैज्ञानिक तो नहीं थे किन्तु विज्ञान प्रबंधन की अपनी अद्भुत क्षमता के कारण उन्होंने आधुनिक भारत को विज्ञान के क्षेत्र में बुलंदियों पर पहुंचाया। उनकी नीतियों और प्रयासों से भारत में आधुनिक विज्ञान और प्रौद्योगिकी की वास्तविक आधारशीला प्रतिष्ठित हुई। विज्ञान और प्रौद्योगिकी की शक्तियों को उन्होंने द्वितीय विश्वयुद्ध के पश्चात भलिभाँति पहचान लिया था। उन्हें यह ज्ञात हो चुका था कि भारत की जरुरतों और समस्याओं के समाधान की चाबी विज्ञान के हाथों में हैं। आजादी के बाद इस तथ्य को उन्होंने साकार किया। तत्कालीन वैज्ञानिक समुदाय भी नेहरु से समहम थे, अतः उनका पूरा सहयोग उन्हें मिला ।

द्वितीय विश्व युद्ध के पश्चात सन् 1940 ई. में वैज्ञानिक और औद्योगिक अनुसंधान बोर्ड की स्थापना हुई तथा नेहरु और भटनागर के प्रयासों से सन् 1942 ई. में वैज्ञानिक और औद्योगिक अनुसंधान परिषद की स्थापना हुई । भारत सरकार ने डॉ. भटनागर के नेतृत्व में एक वैज्ञानिक शिष्टमंडल अमरीका, इंग्लैण्ड और कनाडा के वैज्ञानिक संस्थानों के कार्यकलाप देखने और अध्ययन हेतु भेजा तथा साथ ही भारत की वैज्ञानिक स्थिति पर प्रतिवेदन और भविष्य में विकास हेतु संस्तुतियाँ देने के लिए नोबेल पुरस्कार प्राप्त तथा ग्रेट ब्रिटेन की रॉयल सोसायटी के सचिव प्रा. वी.ए.हिल को भारत के दौरे पर बुलाया। आर. के. शनमुखम चेट्टी की अध्यक्षता में औद्योगिक

अनुसंधान नियोजन समिति ने भारत के विश्वविद्यालयों , शोध संस्थाओं, सरकारी विभागों, रक्षा संस्थापनाओं और औद्योगिक इकाइयों में हो रहे वैज्ञानिक कार्यकलापों की समीक्षा की और पाया कि तत्कालीन विश्व के वैज्ञानिक कार्यकलापों के समक्ष और देश की जरुरतों के अनुरुप देश में निम्नतम् से भी बहुत कम काम हो रहा है। समिति ने वैज्ञानिक और औद्योगिक अनुसंधान के नियंत्रण और दिशानिर्देश हेतु राष्ट्रीय अनुसंधान परिषद की स्थापना तथा विभिन्न विषयों में शोधादि हेतु शोध संस्थानों की स्थापना की सिफारिश की। वैज्ञानिक और औद्योगिक अनुसंधान मण्डल ने एक 'विशेषज्ञ समिति' बनाई जो राष्ट्रीय भौतिकीय और रासायनिक प्रयोगशालाओं तथा अन्य शोध संस्थानों की स्थापना हेतु रुपरेखा तैयार करे । यहाँ हम देखते हैं कि भारतीय वैज्ञानिक और औद्योगिक अनुसंधान की रूपरेखा ब्रिटिश संस्थाओं, वैज्ञानिकों और रॉयल सोसायटी से प्रभावित है क्योंकि मूलत: विदेशी अवसंरचनाओं और वित्तीय सहाय्यों से ही भारत में उनकी नींव पड़ी है।

स्वदेश में आधुनिक विज्ञान और प्रौद्योगिकी में प्रशिक्षण और शोधादि की सुविधाओं का सर्वथा अभाव था। सन् 1947 ई. तक देश में लगभग 36 महाविद्यालय और संस्थान, स्नातक स्तर की आधुनिक शिक्षा प्रदान करने में लगे थे।[86] उच्च शिक्षण के लिए विदेशों में जाना एक अनिवार्यता थी। द्वितीय विश्वयुद्ध के पश्चात यह महसूस किया जाने लगा कि स्वदेश में ही विशेषत: विज्ञान और प्रौद्योगिकी के क्षेत्र में उच्चानुशीलन की व्यवस्था आवश्यक है। विश्वयुद्ध के पश्चात सन् 1944 ई के सार्जेन्ट प्रतिवेदन के आधार पर तकनीकी शिक्षा की भूमिका स्पष्ट हो गयी थी अत: प्रशासनिक सेवाओं और औद्योगिक विकास की बढ़ती हुई मांगों को ध्यान में रखते हुए भारत में अमरीका की मसाचुसेट्स प्रौद्योगिकी संस्थान जैसी उच्च स्तरीय तकनीकी संस्थाओं की स्थापना हेतु भारतीय और ब्रिटिश वैज्ञानिकों, शिक्षाविद्, उद्योगपतियों और प्रशासनिक सेवाओं से योग्य व्यक्तियों की सदस्यता और नलिनी रंजन सरकार की अध्यक्षता में जनवरी सन् 1945 ई. में एक उच्चस्तरीय समिति बनाई गयी और युद्धोपरांत समस्याओं , विभाजन के परिणामों और संसाधनों की कमी का ध्यान रखते हुए इस समिति ने अन्य बातों के साथ साथ यह सुझाव दिया कि देश के सभी अंचलों में विश्वस्तर के तकनीकी संस्थान स्थापित किए जाएं, जिससे आधुनिक तकनीकी शिक्षा का विकास किया जा सके। एतदर्थ विज्ञान और प्रौद्योगिकी के विभिन्न विषयों में उच्चानुशीलन और शोधादि हेतु महाविद्यालयों और विश्वविद्यालयों के साथ ही साथ भारतीय प्रौद्योगिकी संस्थानों की स्थापना आरंभ हुई । सीमित संसांधनों के कारण विदेशों से वित्तीय और तकनीकी सहायता भी लेनी पड़ी ।

सर्वप्रथम सन् 1951 ई. में भारतीय प्रौद्योगिकी संस्थान खड़गपुर की स्थापना पश्चिमी जर्मनी, यूनेस्को और अन्य अनेक देशों की तकनीकी सहायता से हुई । दूसरा

भारतीय प्रौद्योगिकी संस्थान बम्बई में यूनेस्को तकनीकी सहायता कार्यक्रम के अन्तर्गत सोवियत रुस के सहयोग से सन् 1958 ई. में स्थापित हुआ। पश्चिमी जर्मनी के सहयोग से सन् 1959 ई. में भारतीय प्रौद्योगिकी संस्थान, मद्रास की स्थापना हुई। अमरीका के सहयोग से सन् 1960 ई. में भारतीय प्रौद्योगिकी संस्थान, कानपुर की स्थापना और संयुक्त राष्ट्र (UK) की सहायता से सन् 1961 ई. में भारतीय प्रौद्योगिकी संस्थान, दिल्ली की स्थापना हुई और अब गुवाहाटी में छठवें भारतीय प्रौद्योगिकी संस्थान का निर्माण कार्य चल रहा है। आज ये भारतीय प्रौद्योगिकी संस्थान भारत में विश्वस्तर के प्रौद्योगिकी और अभियांत्रिकी शिक्षा के केन्द्र हैं। खड़गपुर में भारतीय प्रौद्योगिकी संस्थान का शिलान्यास करते समय जवाहरलाल नेहरु ने कहा था - These are the bases on which new India will be built. अर्थात ये संस्थान ही वे आधार हैं जिनपर नया भारत खड़ा होगा।[87]

जैसा कि उल्लेख किया जा चुका है सन 1939 ई. के द्वितीय विश्व युद्ध के परिणामस्वरूप भारत में सन्1940 ई. में डॉ. एस.एस. भटनागर के निदेशन में वैज्ञानिक और औद्योगिकी अनुसंधान बोर्ड (BSIR) की स्थापना हुई। सरकार ने औद्योगिक विकास को तेज करने की दिशा में पांच वर्ष के लिए 10 लाख रुपये वार्षिक अनुदान वाले एक औद्योगिक अनुसंधान निधि का सृजन किया और वैज्ञानिक और औद्योगिक अनुसंधान परिषद एक पंजीकृत संस्था के रूप में उक्त निधि के उद्देश्यों की पूर्ति हेतु सन् 1942 ई. में स्थापित हुई। अपने आरंभिक वर्षो में यह परिषद युद्ध संबंधी समस्याओं को हल करने में लगी रही, तत्पश्चात विशेषज्ञ समितियों द्वारा राष्ट्रीय भौतिकी और रासायनिक प्रयोगशालाओं तथा धातुकी, ईधन, कांच, सड़क तथा भवन अनुसंधान हेतु संस्थाओं की स्थापना की एक योजना बनाई गयी। वैज्ञानिक और औद्योगिक अनुसंधान बोर्ड की अनेक समितियों द्वारा विश्वविद्यालयों और शैक्षिक संस्थानों के शोध कार्यकलापों की देखरेख आरंभ हुई। सन् 1944 ई. में प्रा. ए.वी.हिल ने योजना और विकास हेतु एक पृथक् विभाग की स्थापना की सिफारिश की जो सर अर्देसीर दलाल (Ardeshir Dalal) की अध्यक्षता में बनाया गया और वैज्ञानिक एवं औद्योगिक अनुसंधान परिषद इसके अधीन कर दिया गया।

सन् 1950 ई. के मध्य तक राष्ट्रीय भौतिकी और राष्ट्रीय रासायनिक प्रयोगशालाओं के अतिरिक्त , विद्युत-रसायनशास्त्र, ईधन, कांच तथा सिरॉमिक (मृदा), उपकरण, इलेक्ट्रॉनिकी अभियांत्रिकी, समुद्री रसायनशास्त्र, खाद्य, औषधि-चिकित्सा, वनस्पतिशास्त्र तथा चर्म प्रौद्योगिकी आदि के क्षेत्र में भी अनेकों केन्द्रीय प्रयोगशालाओं की स्थापना हुई और फिर तो संपूर्ण देश में सरकारी और गैर सरकारी शोध प्रयोगशालाओं और संस्थानों / संस्थाओं और परमाणु ऊर्जा , अंतरिक्ष विज्ञान आदि शोध केन्द्रों की स्थापना का सिलसिला चल पड़ा। स्वतंत्रता प्राप्ति के बाद आधुनिक विज्ञान और प्रौद्योगिकी के स्वदेश में विकास और प्रचार-प्रसार में वैज्ञानिकों के

अतिरिक्त जवाहरलाल नेहरु का बहुत अधिक योगदान रहा है। कह सकते हैं कि देश के वैज्ञानिक और प्रौद्योगिकी विकास की आधारशिला उन्होंने ही रखी है। भारत में आधुनिक विज्ञान इतिहास का अध्ययन करने वाले डॉ. ब्लानपाइड लिखते हैं - *भारत में आधुनिक विज्ञान की आधारशिला रखने वालों में नेहरु अग्रगण्य थे।*[88] नेहरु के प्रयासों के कारण ही आज भारत आधुनिक विज्ञान के क्षेत्र में विश्व में चोटी के देशों में गिना जा रहा है। आज भारत के पास कुल तीन करोड़ के लगभग तकनीकी जनबल है जो संपूर्ण विश्व में इसे तीसरे स्थान पर स्थापित करता है [89]

स्वदेश में हुए विज्ञान की उपलब्धियों का ज्ञान विभिन्न विज्ञान और प्रौद्योगिकी के क्षेत्र में मौलिक और उत्कृष्ट योगदान करने पर शांतिस्वरुप भटनागर (1958 में स्थापित) पुरस्कार और भारतीय राष्ट्रीय विज्ञान अकादमी (1935 में स्थापित) अध्येतावृत्ति (फेलोसीप) प्रतिवर्ष प्रदान किया जाता है। सन् 1958 से 1992 तक कुल 272 भटनागर पुरस्कार दिए जा चुके हैं और सन् 1935 से 1984 तक 892 भारतीयों और 120 विदेशियों को विज्ञान अकादमी फेलोसीप प्रदान की गयी है।[90] इससे उक्त अवधि में देश के भीतर विज्ञान और प्रौद्योगिकी के क्षेत्र में हुए मौलिक अनुसंधान कार्यों का अंदाज लगाया जा सकता है।

इस समय देश में कुल 189 विश्वविद्यालय, 17 राष्ट्रीय स्तर के संस्थान और अनेकों शोध प्रयोगशालाएँ आधुनिक शिक्षा के प्रचार-प्रसार में लगी हैं। विज्ञान और प्रौद्योगिकी के क्षेत्र में इनका उल्लेखनीय योगदान है।

इस प्रकार हम देखते हैं कि पिछली सदी तक यद्यपि आधुनिक विज्ञान की बुनियाद पड़ चुकी थी तथापि उसका खासा प्रभाव नहीं परिलक्षित होता है। स्वतंत्रतापूर्व अवधि में विज्ञान के क्षेत्र में भारत के महान वैज्ञानिकों में हम रामानुजन, जे.सी.बोस, रमण, जैसे वैज्ञानिकों को पाते हैं। सन् 1957 तक कुल 9 भारतीय वैज्ञानिकों को रॉयल सोसायटी ऑफ लंदन की अध्येतावृत्ति मिल चुकी थी। विश्व में वैज्ञानिक उत्कृष्टता के लिए इस सोसायटी की अध्येतावृत्ति परमोच्च महत्व की थी। सन् 1930 में रमण ने भारत के वैज्ञानिक समुदाय हेतु पहला नोबल पुरस्कार अर्जित किया था। यह अध्येतावृत्ति और पुरस्कार तत्कालीन भारत की वैज्ञानिक प्रतिभा को वैश्विक मान्यता दिलाती हैं। उपर्युक्त विवेचन में स्पष्ट है, भारतीय आधुनिक वैज्ञानिक समुदाय के कार्यों को मान्यताएँ और आदर स्वतंत्रता के पश्चात ही मिला है। अपनी स्वतंत्रता के इस छोटे से कालखंड में यद्यपि भारत ने अपेक्षाकृत पर्याप्त विकास किया है फिर भी अभी अनेक मिल के पत्थर पार करने बाकी हैं। जवाहरलाल नेहरु, एस.एस. भटनागर, और एन.जे. भाभा जैसे महान विज्ञान शिल्पियों का अथक प्रयास और योगदान भारत को इस मुकाम तक लाया है। आज इन जैसी और प्रतिभाओं की आवश्यकता है जो भारतीय विज्ञान और प्रौद्योगिकी को नेतृत्व प्रदान कर सकें।

***

संदर्भ ग्रंथ / पत्रिकाएँ एवं अन्य पाठ्य सामग्री

1. भारत का संविधान
2. भारत का संविधान
3. भाषा और प्रौद्योगिकी संगोष्ठी की कार्यवाही, 1986, भा.प्रौ.सं.कानपुर
4. The first half of the 19th century commencing with the downfall of the Maratha power and ending with mutiny, forms another well marked epoch .... It was the period of the Birth of the Hindi language, invented by the English and first used as a vehicle of literary prose composition in 1803 under Gilchrists tution by lallu ji lal, the author of "Prem Sagar``
5. हिन्दी विश्वकोश पृष्ठ 14 , खण्ड 25
6. - वही - पृष्ठ 14, खण्ड 25
7. णौ: न:
8. रशषाणा: स:
9. यस्य ज
10. पैशाची प्रकृति: सौरसेनी
11. हिन्दी विश्वकोश पृष्ठ 14-15 खण्ड 25
12. भारतीय आर्यभाषा और हिन्दी , प्राक्कथन, सुनीतिकुमार चाटुर्ज्या, पृष्ठ 153
13. भारतीय आर्यभाषा और हिन्दी, सुनीतिकुमार चाटुर्ज्या, पृष्ठ 115
14. हिन्दी साहित्य का इतिहास, वर्मा और गुप्त
15. हिन्दी साहित्य का इतिहास, रामचन्द्र शुक्ल पृ. 8
16. हिन्दी साहित्य का इतिहास, वर्मा और गुप्त
17. मानक हिन्दी का ऐतिहासिक व्याकरण, डॉ माताबदल जायसवाल, पृ. 144
18. मानक हिन्दी ऐतिहासिक व्याकरण , डॉ माताबदल जायसवाल, पृ. 153
19. मानक हिन्दी ऐतिहासिक व्याकरण , डॉ माताबदल जायसवाल, पृ. 154
20. मानक हिन्दी ऐतिहासिक व्याकरण , डॉ माताबदल जायसवाल, पृ. 155
21. हिन्दी भाषा की भूमिका, बालमुकुन्द गुप्त
22. भारतीय आर्य भाषा और हिन्दी, डॉ सुनीति कुमार चाटुर्ज्या पृ. 213
23. हिन्दुस्तानी, सन् 1946, भगवानदीन, पृ. 251
24. पुरानी हिन्दी, चन्द्रधर शर्मा गुलेरी
25. आबेहयात, मुहम्मद हुसेन आजाद, पृ. 6
26. हिन्दी भाषा की भूमिका, बालमुकुन्द गुप्त
27. मानक हिन्दी का ऐतिहासिक व्याकरण, डॉ. माताबदल जायसवाल, पृ. 170
28. मानक हिन्दी का ऐतिहासिक व्याकरण, डॉ. माताबदल जायसवाल, पृ. 170
29. मानक हिन्दी का ऐतिहासिक व्याकरण, डॉ. माताबदल जायसवाल, पृ. 170

30. लिंग्विस्टिक सर्वे आव इंडिया, भाग 9
31. भारतीय आर्यभाषा और हिन्दी, डॉ सुनीति कुमार चाटुर्ज्या
32. भारतीय आर्यभाषा और हिन्दी, डॉ सुनीति कुमार चाटुर्ज्या पृ. 177
33. मानक हिन्दी का ऐतिहासिक व्याकरण, डॉ.माताबदल जायसवाल, पृ.178-201
34. मानक हिन्दी का ऐतिहासिक व्याकरण, डॉ.माताबदल जायसवाल, पृ.178-201
35. हिन्दी सदियों से राजकाज में, महेशचन्द्र गुप्त, पृ. IX
36. HINDI ON TRIAL By. S DWEVEDI, In incorporating Article 351 in the constitution the idea precisely was to lift Hindi from its regional character and raise it to the status of an all India language by drawing support from all the VIIIthe schedule languages and the Hindustani for its forms, style and expression and from all the languages for its vocabulary., पृ. 136
37. मानक हिन्दी का स्वरुप, भोलानाथ तिवारी
38. भाषा और प्रौद्योगिकी संगोष्ठी, वर्ष, 1986, भा.प्रौ.सं.कानपुर
39. भाषा और प्रौद्योगिकी संगोष्ठी, वर्ष, 1986, भा.प्रौ.सं.कानपुर
40. वैज्ञानिक शब्दावली : इतिहास और सिद्धांत, डॉ. ओमप्रकाश शर्मा, पृ.133
41. वैज्ञानिक शब्दावली : इतिहास और सिद्धांत, डॉ. ओमप्रकाश शर्मा, पृ.134
42. वैज्ञानिक शब्दावली : इतिहास और सिद्धांत, डॉ. ओमप्रकाश शर्मा, पृ.134
43. वैज्ञानिक शब्दावली : इतिहास और सिद्धांत, डॉ. ओमप्रकाश शर्मा, पृ.140
44. वैज्ञानिक शब्दावली : इतिहास और सिद्धांत, डॉ. ओमप्रकाश शर्मा, पृ.139
45. वैज्ञानिक शब्दावली, बाबू श्यामसुन्दर दास
46. वैज्ञानिक शब्दावली : इतिहास और सिद्धांत, डॉ. ओमप्रकाश शर्मा, पृ.148
47. वैज्ञानिक शब्दावली : इतिहास और सिद्धांत, डॉ. ओमप्रकाश शर्मा, पृ.150
48. ''शब्दायन`` स्मारिका, वै.त.श.आ., पृ. 134 (श्री रमेशदत्त शर्मा का लेख)
49. ''शब्दायन`` स्मारिका, वै.त.श.आ., पृ.105 (रणवीर रांग्रा का लेख)
50. ''शब्दायन`` स्मारिका, वै.त.श.आ., पृ. 2 (पूर्व पीठिका)
51. ''शब्दायन`` स्मारिका, वै.त.श.आ., पृ. (श्री श्यामसुन्दर शर्मा का लेख)
52. भारत की छाप
53. प्राचीन भारत के वैज्ञानिक कर्णधार, स्वामी सत्यप्रकाश
54. शतपथ् ब्राह्मण 6.5.९
55. भारत में शास्त्रों का उद्भव और विकास, डॉ.पंढरीनाथ प्रभु
56. Mathematics in ancient and medieval India, A.K.Beg, 1979

57. प्राचीन भारत के वैज्ञानिक कर्णधार, डॉ सत्यप्रकाश; पृ.545-546, भारत में शास्त्रों का उद्भव और विकास; डॉ.पंढरीनाथ प्रभु; पृ.33; Mathematics in ancient and medieval India, A.K.Beg, 1979, पृ.104
58. प्राचीन भारत के वैज्ञानिक कर्णधार, डॉ.सत्यप्रकाश, पृ. 338
59. History of Hindu Mathematics ; Datta and Singh 1936, पृ. 9 ; Mathematics in ancient and medieval India, A.K.Beg, पृ. 68-69
60. — वही — पृ. 69
61. — वही — पृ. 175-76
62. भारत की छाप
63. आर्यभटीय - गोला, पृ. 48-49
64. Mathematics in ancient and medieval India, A.K.Beg, पाठ- 5
65. भारत में शास्त्रों का उद्भव और विकास, पंढरीनाथ प्रभु, पृ. 57
66. भारतीय ज्योतिष शास्त्र (मराठी) 1931, शंकर बालकृष्ण दीक्षित, पृ. 146-149
67. भारत में शास्त्रों का उद्भव और विकास, पंढरीनाथ प्रभु,
68. चरक संहिता
69. The wonder that was India, Basham, पृ. 499
70. लक्ष्मणशास्त्री जोशी, पृ.. 360
71. "The general notion of human understanding .... which are illustrated by discoveries in atomic physics are not in that nature of thin wholly unfamilier, wholly unheard of a new, even in our culture they have a history and in Budhist and Hindu thought a more considerable and central place. What we shall find is an exemplification, an encouragement and a refinement of old wisdom``, Science and the Common understanding, Ox.University Press, 1954, पृ..8-9.
72. The School of atomism over excellence ; Basham, 1971, पृ. 499
73. "Indian atomic theories were not based on experiment, but on intution and logic``; पृ. 499
74. हिन्दी विश्वकोश, पृ. 227, खण्ड - 19
75. प्राचीन भारत में रसायनशास्त्र का विकास, डॉ.सत्यप्रकाश
76. हिन्दी विश्वकोश, पृ. 2299, खण्ड - 19
77. हिन्दी विश्वकोश, पृ. 230, खण्ड - 19
78. "In India the conviction that a firm basic research infrastructure is a necessary prerequisite to longterm technological progress dates back to the last century``.; W.A.Blanpied; Physics today, May, 1986
79. "As the improvement of the native population is the object of the Government, it (Should) consequently promote a more liberal and

enlighhtened system of instruction, embracing Mathematics, Natural Philosophy, Chemistry, Astronomywith other useful sciences``. The life and letters of Rajaram MohanRai, Sadharan Brahmo Samaj S.D.Collet; Calcutta,

80. "The medical college was the first and for many years the only institution in British India with facilities for many real laboratory sciences``.; Physics Today, May, 1986.
81. M.Sircar, Calcutta Journal of Medical, 2286 (1869)
82. Physics Today, May, 1986
83. संसार के महान गणितज्ञ, गुणाकर मुले, पृ. 340
84. Dictionary of Scientific Biography, खण्ड 2
85. Collected works of K.S.Krishnan published by N.P.L. Biographical memories by H.J.Bhabha, Delhi - 1100125.
86. Pcoceedings of the 56th Session of the Indian Science Congress held in June, 1969, at IIT Bombay.
87. Baldev Singh, Nehru centenary volume, पृ. 35
88. Physics Today, May 1986
89. Speech by S.M.Datta, Chairman, Hindustan lever limited at IIT Bombay.
90. S.S.Bhatnagar Prizes for Science and Technology awards and citration (1958-1992) CSIR, New Delhi publication and Golden Jubilee compendium, INSA publication, 1984.

***

द्वितीय अध्याय

विभिन्‍ विज्ञान जनित प्रौद्योगिकी और जनसामान्य से उसका संबंध

विज्ञान और प्रौद्योगिकी का शाश्वत संबंध है जो मानव की उत्पत्ति से ही उसके कार्यकलापों का प्रधान अंग रहे हैं। प्रकृति के विभिन्‍ रहस्यों की गवेषणा करने की मनुष्य की प्रवृत्ति ने विज्ञान को जन्म दिया है। विज्ञान द्वारा खोजे गये प्रकृति के रहस्यों और सिद्धांतों का मानव के जीवन- स्तर में उत्तरोत्तर उन्नति लाने में विज्ञान द्वारा अर्जित विशेष ज्ञान के व्यवहार को प्रौद्योगिकी कहा जाता है। जहाँ विज्ञान विशिष्ट ज्ञान के रुप में जाना जाता है वहीं, प्रौद्योगिकी को विशिष्ट ज्ञान का व्यावहारिक रुप माना जाता है। विज्ञान और प्रौद्योगिकी समेकित रूप से सामाजिक एवं आर्थिक परिवर्तन के महत्वपूर्ण कारक हैं। औद्योगिक एवं आर्थिक रूप से विकसित देशों ने इनके महत्त्व को और भी संवर्द्धित किया है और गत शताब्दियों की अपेक्षा फिलहाल सभी दर्शनों और अनुशासनों में इनका स्थान सर्वोपरि है।

सामाजिक और आर्थिक परिवर्तनों में विज्ञान और प्रौद्योगिकी एक उपकरण की भाँति अहृम भूमिका निभाते हैं, यही कारण है कि सामाजिक और आर्थिक विकास हेतु नियोजनों में विज्ञान और प्रौद्योगिकी तथा इसके अनुप्रयोगों को प्राथमिकता दी जाती है। इन विकास परियोजनाओं की सफलता तभी पूर्ण हो सकती है जब समाज के प्रत्येक व्यक्ति और स्तर की इसमें भागीदारी हो। अत: विकास प्रक्रियाओं में विज्ञान प्रौद्योगिकी और इसके उपयोग को बढ़ावा देने के लिए समाज में वैज्ञानिक चेतना जागृत करना अनिवार्य है। इसके लिए एक ऐसा वातावरण बनाने की आवश्यकता है जिससे आर्थिक और सामाजिक विकास में विज्ञान एवं प्रौद्योगिकी के समुचित उपयोग और दोहन में आम लोगों को भी शामिल किया जा सके जिन्हें विज्ञान एवं प्रौद्योगिकी के प्रभावों को प्रतिपल झेलना पड़ता है। विज्ञान के मंच पर आम आदमी की उपस्थिति ही विज्ञान और प्रौद्योगिकी के उद्देश्यों को सफलता का जामा पहना सकती है और यह कार्य आम लोगों की भाषा में ही किया जा सकता है। आज के इस आधुनिक विश्व में ``प्रौद्योगिकीय

साक्षरता'' एक अनिवार्य घटक है। प्रौद्योगिकीय साक्षरता का अर्थ विद्यमान और उभरती हुई प्रौद्योगिकी के निहितार्थों और संभावनाओं को समझना है। वर्तमान युग में औद्योगिक देशों की बराबरी का दर्जा हासिल करने के लिए आधुनिक विज्ञान और प्रौद्योगिकी में गहरे पैठ की आवश्यकता है अन्यथा इसके बिना अपनी बात को प्रभावी ढंग से कहने और सुनवाने की भी क्षमता किसी देश में नहीं हो सकती है। उदाहरण के रुप में हम यह उल्लेख कर सकते हैं कि गतवर्षो में कुछेक अवसरों पर भारत को इसका कटु अनुभव हुआ है। प्रसिद्ध गैट समझौतों में अन्य औद्योगिक देशों की अपेक्षा भारत को डंकल ड्राफ्ट में अपना पक्ष रखने की काफी कम स्वतंत्रता मिली थी। ऐसे ही अनेक घटनाओं का उल्लेख किया जा सकता है जब हमें अपनी बात को प्रभावी ढंग से रखने में कोई विशेष स्वतंत्रता और अवसर नहीं मिला। इसका कारण केवल यह है कि आधुनिक विज्ञान और प्रौद्योगिकीय ज्ञान में विकसित औद्योगिक देशों की अपेक्षा हमारी पहुंच बहुत कम है। इसके आलोक में अपने समाज में वैज्ञानिक चेतना से परिपूर्ण वातावरण बनाने की आवश्यकता है। इसके लिए लोकप्रिय विज्ञान- लेखन सहित स्वभाषा माध्यम से शिक्षण-प्रशिक्षण और अन्य प्रचार-प्रसार माध्यमों से जनजागरण करने की आवश्यकता है। विज्ञान और प्रौद्योगिकी से संबंधित महत्वपूर्ण और गंभीर मुद्दों पर विचार-विमर्श और वाद-विवाद में आम आदमी की भागीदारी भी अनिवार्य है। इससे विकास की गति बढ़ सकती है। विज्ञान के आरक्षित परिसर में आम आदमी का प्रवेश उसकी अपनी जनभाषा के प्रवेश द्वार से ही हो सकता है। किन्तु जैसा कि हम देख रहे हैं अब तक यह प्रवेश द्वार बंद है। कुछ अतिविशिष्ट जन ही इसका उपभोग कर रहे हैं। इस प्रवेश द्वार को खोलने पर ही विज्ञान को सार्वभौमिक करार देना उचित होगा अन्यथा यह बात निराधार है कि विज्ञान और प्रौद्योगिकी सार्वभौमिक और सार्वदेशिक हैं, और इन पर प्रत्येक का उतना ही अधिकार है जितना कि उसके आविष्कर्ता का। गैट (GATT-General Agreement on Trade and Tarrief) करारों में यह बात प्रत्यक्ष रुप से सामने आयी है कि किसी भी क्षेत्र में किए गये नवीन शोध/ खोज को पेटेण्ट कराना पड़ेगा और केवल सदस्य राष्ट्र ही उसके प्रभावों का लाभ ले सकेंगे।

यदि हम भारत के अतीत में झांक कर देखें तो हमें पता चलता है कि जब भारत के लोगों को अपनी भाषा अथवा प्रणाली से शिक्षा प्रदान की जाती थी तो उनका ज्ञान आज की अपेक्षा कहीं अधिक उन्नत और विकसित था, किन्तु जब से उन्हें अंग्रेजी भाषा के माध्यम से प्रशिक्षित किया जाने लगा है, कुछेक को छोड़कर ज्ञान का स्तर धीरे-धीरे अवनत होने लगा है । वैज्ञानिक और प्रौद्योगिकीय परनिर्भरता बढ़ने लगी है। साधारण सी बात है, विज्ञान और प्रौद्योगिकीय ज्ञान परनिर्भर नहीं, आत्मनिर्भर बनाने के लिए होते हैं। किन्तु ऐतिहासिक परिप्रेक्ष्य में हम पाते हैं कि प्राचीन भारत तो विज्ञान और प्रौद्योगिकी के क्षेत्र में काफी समुन्नत और आत्मनिर्भर था, किन्तु आधुनिक विज्ञान और प्रौद्योगिकी के क्षेत्र में वह और देशों की अपेक्षा पिछड़ा और परनिर्भर है।

अन्य ऐतिहासिक कारणों के साथ ही भाषा भी इस पिछड़ेपन का एक प्रमुख कारण रही है। आज तक हमारे समाज में वैज्ञानिक चेतना जागृत नहीं हो पाई है, इसका प्रमुख कारण भाषा माध्यम की परनिर्भरता ही है। हमारे विकास कार्यक्रमों का कार्यान्वियन जनभाषा में न हो कर अन्य विदेशी भाषा के माध्यम से होता है और हम अक्सर असफल साबित होते हैं। विज्ञान और प्रौद्योगिकी का संबंध यदि समाज से है तो वह उसकी भाषा भाषा के माध्यम से ही अभिव्यक्त होना चाहिए। उपभोक्ता को अज्ञान के अंधेरे में रख कर हम विज्ञान और प्रौद्योगिकी संबंधी कोई भी सामाजिक विकासात्मक कार्यक्रम सफलता पूर्वक कभी भी पूर्ण नहीं कर सकते। पाश्चात्य देशों में विज्ञान की जो प्रगति हुई है, उसका राज क्या है ? यही न कि विज्ञान और प्रौद्योगिकी का ज्ञान उनकी अपनी भाषा के माध्यम से जन-जन तक सुचारु रुप से बिना अधिक व्यय और जटिल आयोजनों के ही पहुंचाया जाता है। उनकी अपनी भाषा में विशिष्ट ज्ञान का प्रसार होने के कारण वह समाज के हर कोने में सहजता और सफलतापूर्वक पहुँच जाता है। यही कारण है कि उनका समाज विज्ञान और प्रौद्योगिकीय चेतना से ओत-प्रोत है और हमारा समाज उससे असंपृक्त है।

विज्ञान, प्रौद्योगिकी और संपूर्ण समाज का आपस में बहुत घनिष्ट पारस्परिक संबंध है, अतः इस संबंध को समग्रता से समझने के लिए प्रत्येक घटक का स्वतंत्र और विस्तृत विवेचन अपरिहार्य है। मानव द्वारा विज्ञान का उद्भव और विकास होता है। विज्ञान द्वारा प्रौद्योगिकी जनित होती है और विभिन्न् प्रौद्योगिकीय उपलब्धियों का मानव जीवन-यापन और सामाजिक विकास में उपयोग होता है। ये तीनों एक दूसरे पर पूर्णतः निर्भर हैं। इनका स्वतंत्र विवेचन आगे प्रस्तुत किया जा रहा है।

2.1 विज्ञान

प्रश्न उठता है कि विज्ञान वास्तव में क्या चीज है ? विज्ञान की परिभाषा बताने वाले उद्धरणों से अनेकों पृष्ठ भरे जा सकते हैं, परंतु किसी साधारण व्यक्ति के लिए विज्ञान का क्या अर्थ है ? आम आदमी के लिए विज्ञान का तात्पर्य उन व्यक्तियों की गतिविधियाँ हैं जो प्रयोगशालाओं में काम करते हैं और जिनकी खोजों के कारण ही आधुनिक उद्योग और चिकित्सा आदि संभव हो सका है। कुछ लोग युद्ध संबंधी उपलब्धियों - जैसे परमाणु शक्ति, आधुनिक शस्त्रास्त्रों आदि के विकास और उपयोग के संदर्भ में विज्ञान को परिभाषित करते हैं। वास्तव में ``वस्तुओं व तथ्यों के विशिष्ट और त्रुटिरहित ज्ञान को विज्ञान कहते हैं''[1]। प्रायः विज्ञान की उपलब्धियों का स्त्रोत या तो इन्द्रियानुभव होता है अथवा बुद्धि का नियमबद्ध प्रयोग होता है अथवा अन्तःप्रज्ञा होती है। वस्तुतः ज्ञान की उपलब्धि इंद्रिय, बुद्धि और प्रतिभा के समन्वयित प्रयोग से होती है और इस प्रकार जो सुव्यवस्थित विचार तंत्र उपलब्ध होता है, वह सुनिश्चित, दृढ़ और

असंदिग्ध होता है। इसे ही विज्ञान कहते हैं। *विविधम् विरूपम् वा ज्ञानं*[2] अर्थात विशेष और सामान्य इन दोनों पदार्थों का जो अवबोध है, वह ही ज्ञान और विज्ञान कहलाता है। विज्ञान का शाब्दिक अर्थ है ``विशिष्ट ज्ञान'' । यह एक प्रकार का सुव्यवस्थित ज्ञान है जो अनुभवगम्य पदार्थों के हमारे ज्ञान में स्थित त्रुटियों को एक - एक कर निकाल देता है और इस प्रकार एक सुनिश्चित और प्रायः त्रुटिरहित ज्ञान उपलब्ध कराता है।

प्राचीन संस्कृत साहित्य में विज्ञान शब्द का व्यवहार बहुल रूप में देखा जाता है। ऐतिहासिक संदर्भों में प्रत्येक युग में लेखकों ने अनेक अर्थों में इस शब्द का व्यवहार किया है। श्रुति में भी अनेक अर्थों में विज्ञान शब्द का प्रयोग हुआ है। कहीं वह ब्रह्म पदार्थ के नाम से अभिहित हुआ है, जैसे - ''यो विज्ञानं ब्रह्मत्युपास्ते `` (छन्दोग्य); ''विज्ञानपानन्द ब्रह्म`` (तैतिरीय); तो कहीं विशिष्ट ज्ञान के अर्थ में , जैसे ''तद्वि-ज्ञानार्थं स गुरुमेवाभिगच्छते`` (मुण्डुक 1/2/12) । बौद्धों ने आत्मा को ही विज्ञान कहा है। वेदान्त दर्शन में ''निश्चयात्मिका बुद्धि`` के अर्थ में विज्ञान शब्द का व्यवहार दिखाई देता है''।[3]

अंगेजी में जिसे साइंस SCIENCE कहते हैं, संस्कृत में उसी का नाम विज्ञान है और उसी अर्थ में इसका प्रयोग होता है। जैसे पदार्थ विज्ञान, रसायन विज्ञान, चिकित्सा विज्ञान, ज्योतिर्विज्ञान, जीवविज्ञान, उद्भिद् विज्ञान आदि। पाश्चात्य भाषा में जिस श्रेणी के ज्ञान को साइंस (SCIENCE) कहते हैं, उसी श्रेणी के ज्ञान को श्रीमद्भगवद्गीता में विज्ञान कहा गया है।[4] रामानुजाचार्य का मत है कि ``ज्ञान'' शब्द का अर्थ भगवद्विषयक ज्ञान तथा ``विज्ञान'' शब्द का अर्थ निखिल-इंद्रियार्थ विषयक विशिष्ट ज्ञान है।[5] निखिल इंद्रियार्थविषयक विशिष्ट ज्ञान ही आधुनिक विज्ञान का विषय है। कुछ लोग समग्रतः पद्धतिशील सकारात्मक ज्ञान को ही विज्ञान के रुप में परिभाषित करते हैं।[6] येल विश्वविद्यालय के प्रा. जेम्स बी कानेण्ट के अनुसार *विज्ञान परस्पर संबंधित धारणाओं और धारणा पद्धतियों की ऋंखला है जिसका विकास परीक्षणों और प्रेक्षणों के फलस्वरुप हुआ है और जो भावी परीक्षण और प्रेक्षण के लिए लाभप्रद है।*[7] ऑक्सफोर्ड शब्दकोश के अनुसार संगठित ज्ञान अथवा बौद्धिक कार्यकलाप जिसका विभिन्न् ज्ञान शाखाएँ उदाहरण हैं, विज्ञान कहलाता है।[8]

विषयवस्तु के आधार पर विभिन्न विज्ञानों को तीन भागों में विभाजित किया जाता है। ``शुद्ध विज्ञान'' जैसे गणित (ज्यामिति, बीजगणित, अंकगणित और त्रिकोण-मिति), ``प्रकृति विज्ञान'' या पदार्थ विज्ञान जैसे - भौतिकी, प्राणी विज्ञान, रसायनवि-ज्ञान आदि तथा `` समाज विज्ञान'' जैसे मनोविज्ञान, अर्थशास्त्र आदि। विज्ञान के तीनों प्रमुख विभाग अब अनेकानेक वैज्ञानिक विभागों और उपविभागों में विभाजित हैं जिसमें सृष्टि में उपलब्ध सभी प्रकार के ज्ञान का समावेश है। ये जल, थल और नभ,

सर्वत्र व्याप्त हो चुके हैं और प्रतिष्ठित विज्ञान अनुशासन के रुप में स्थापित भी हो चुके हैं।

2.2 प्रौद्योगिकी

अपने विस्तृत संदर्भों में प्रौद्योगिकी का अर्थ *चीजों अथवा कार्यों के बनाने अथवा करने का तरीका है।*[9] यह शब्द मुख्यत: दो संदर्भों में प्रयुक्त होता है। इसका संकुचित अर्थ केवल औद्योगिक प्रक्रियाओं से संबंधित है, जिसने हस्तकला को विस्थापित किया है। इसका दूसरा विस्तृत अर्थ सभी पदार्थों के साथ होने वाली सभी प्रक्रियाओं से सम्बद्ध है। प्रौद्योगिकी का ज्ञान वह व्यावहारिक ज्ञान है जिसे अक्सर सीखना पड़ता है और हस्तचालित कौशल अथवा प्रायोगिक विज्ञान के रुप में महारत हासिल करनी पड़ती है। वैसे प्रौद्योगिकी का सामान्य अर्थ विशिष्ट सैद्धांतिक ज्ञान का व्यावहारिक ज्ञान में रुपान्तरण है।[10] इसे ज्ञान की उस शाखा के रुप में जाना जाता है जिसका सरोकार यांत्रिकीय कला अथवा प्रयोजनमूलक विज्ञान या दोनों के समन्वित रुप से होता है। प्रौद्योगिकी का शाब्दिक अर्थ ``कला'' अथवा ``हस्तकला'' है। समग्रत: प्रौद्योगिकी को उस साधन के रुप में माना जाता है, जिसके माध्यम से मनुष्य अपने परिवेश पर अपना नियंत्रण रखता है।[11] प्रौद्योगिकी ने मनुष्य को जीवन निर्वाह हेतु अपने आस-पास के पर्यावरण पर नियंत्रण रखने की अपरिमित शक्ति प्रदान किया है। इसने मानव को अपने परिवेश और पारिस्थितिकी के प्रति सचेत रहने का भी पाठ पढ़ाया है। प्राय: किसी भी आवर्ती कार्यकलाप पर लागू औद्योगिक प्रक्रियाओं के योजनाबद्ध ज्ञान अथवा कार्य को प्रौद्योगिकी कहते हैं। प्रौद्योगिकी, विज्ञान और अभियांत्रिकी से घनिष्ट रुप से सम्बद्ध होती है। विज्ञान के द्वारा मानव को वास्तविक दुनिया, अंतरिक्ष, पदार्थ, ऊर्जा तथा उनकी अन्यान्य-क्रियाओं को समझने में मदद मिलती है। अभियांत्रिकी का तात्पर्य वस्तुनिष्ठ ज्ञान का उपयोग करना है जिसकी सहायता से आयोजन, अभिकल्पन तथा अपेक्षित वस्तुओं के अभिकल्पन माध्यमों का सृजन किया जाता है। इसी प्रकार प्रौद्योगिकी का संबंध योजनाओं को चलाने के लिए औजारों एवं तकनीकों का संव्यवहार करना है।[12] कुछ लोग तो प्रौद्योगिकी को प्रतिस्पर्धी नेतृत्व का जीवनदायी रक्त मानते हैं जिसका उद्योगों द्वारा सदैव पोषण होता है।[13]

प्रौद्योगिकी का संबंध अब केवल उन्हीं वस्तुओं से नहीं है जैसा कि हम सामान्यत: समझते हैं, बल्कि उन सभी चीजों से है जिससे हम अपने पर्यावरण पर नियंत्रण प्राप्त करते हैं और अपने रोजमर्रा के जीवन में जिनका उपयोग करते हैं। छोटे-मोटे औजारों से लेकर भारी-भरकम जटिल यंत्रों, उपकरणों, संसाधनों और सूक्ष्मतर पदार्थों - जीवों, प्रक्रियाओं आदि सबका समावेश आज प्रौद्योगिकी के विस्तृत क्षेत्र के अन्तर्गत आ गया है। वास्तव में अपने जीवन को सुखमय और परिष्कृत बनाने में जितनी भी चीजों का

हम उपयोग करते हैं, उन सभी को प्रौद्योगिकी के दायरे में मान सकते हैं। विभिन्न वर्ग के लोग विभिन्न संदर्भों में प्रौद्योगिकी का भिन्न् - भिन्न अर्थ लगाते हैं, किसी कारखाने के कर्मचारी के लिए प्रौद्योगिकी का मतलब स्वचालित मशीनें हैं जो काम पर व्यय होने वाली उसकी उर्जा में कमी लाती हैं और उसे अधिक उत्पादन देने के साथ - साथ अधिक गति और आराम भी देती हैं। व्यावसायियों के लिए प्रौद्योगिकी का अर्थ उनके हिसाब को यथाशीघ्र निपटाने वाले यंत्रादि हैं जिसमें अत्यंत त्वरित गति से बिना अधिक लोगों को नियोजित किए ही काम हो जाए और सूचनाओं का तेजी से आदान-प्रदान हो सके और जो उनके विकास और वृद्धि में सहायक हो, जैसे - संगणक, परिकलित्र इत्यादि। सामान्य लोगों के लिए प्रौद्योगिकी का अर्थ घर-घर में सुलभ आरामदायक चीजें, यातायात के साधन, युद्ध सामग्री और शस्त्रास्त्र आदि हैं। उसी प्रकार गृहिणियों के लिए प्रौद्योगिकी का मतलब घर में काम आनेवाले सहायक उपकरणों जैसे - धुलाई मशीन, कभी न टूटने वाले बर्तन, कृत्रिम धागों से बने कपड़े, रेडियो, टीवी, वीडियो, फ्रिज आदि हैं। वैज्ञानिकों के लिए प्रौद्योगिकी का अर्थ उनकी प्रयोगशालाओं के लिए परिष्कृत उपकरणों और यंत्रों के विकास और उपयोग से है। छात्रों के लिए प्रौद्योगिकी का अर्थ प्रगत अभियांत्रिकी में अध्ययन हेतु उपलब्ध अधुनातम सुविधाएँ हैं। इस प्रकार हम देखते हैं कि विभिन्न् स्तर और परिवेश के लोगों के लिए प्रौद्योगिकी का अर्थ भिन्न - भिन्न है।

भौतिक जगत और जीवन निर्वाह में प्रौद्योगिकी मानव की सहायता करती है। रोटी कपड़ा और मकान के लिए मनुष्य को अपने परिवेश को व्यवस्थित करना पड़ता है जिससे कि उसकी आवश्यकताओं की पूर्ति हो सके, इसीलिए वह प्रकृति को व्यवस्थित करने की दिशा में कार्य करता रहता है, किन्तु प्रकृति अपना संतुलन बनाए रखने के लिए सदैव मानवीय व्यवस्थाओं का विनाश करती रहती है , परिणामस्वरूप मानव और प्रकृति का संघर्ष होता रहता है। इस संघर्ष में प्रौद्योगिकी मानव की सहायता करती है। अनादि काल से ही मानवीय कार्यकलापों में प्रत्यक्ष अथवा अप्रत्यक्ष रुप से प्रौद्योगिकीय कार्यकलापों का समावेश रहा है। जब ज्ञान की विशिष्ट शाखाएँ नहीं फूटी थीं तब भी प्रौद्योगिकी मानवीय कार्यव्यवहार का हिस्सा थी जिसे कारीगरी, शिल्पकारी आदि के रुप में जाना जाता था। इस समय प्रौद्योगिकीय कार्यकलाप पहले होते थे और उन्हें विशिष्ट ज्ञान का दर्जा बाद में मिलता था। किन्तु आधुनिक युग में अन्य चीजों के साथ- साथ इन संबंधों में भी परिवर्तन हुआ है। आज विशिष्ट ज्ञान, विभिन्न परीक्षणों और अन्वेषणों के माध्यम से प्रयोगशाला में पहले पैदा होता है और वह जब विपणनीय हो जाता है तब प्रौद्योगिकी की शक्ल अख्तियार करता है। यह 18वीं शती उत्तरार्ध की देन है। शोध और अध्ययन के माध्यम से प्राप्त विशेष ज्ञान अभियांत्रिकी के माध्यम से प्रौद्योगिकी का स्वरुप ग्रहण करते हैं। यह अभियांत्रिकी वास्तव में कारीगरी ही है जिसमें ज्ञान को व्यावहारिक रुप दिया जाता है। प्रौद्योगिकी का इतिहास अपने व्यापक संदर्भ में

मानव की कहानी है। जिसमें उसका और भौतिक जगत से उसके संघर्षों का समावेश है। मानव ने दो प्रकार से इस संघर्ष में विजय पाई है। इनमें से एक है औजारों का उपयोग और दूसरा है पदार्थ और ऊर्जा के गुणधर्मों पर कारणों का उपयोग।[14] प्रौद्योगिकी के क्षेत्र में यह प्रगति मानव के हजारों वर्ष के प्रयत्नों और त्रुटि सुधार (Trial and Error) सिद्धांत के माध्यम से हुई है। 18वीं शती के उत्तरार्ध में प्रौद्योगिकी प्रायोगिक विज्ञान का रुप लेने लगी थी। 19वीं और 20वीं शताब्दी के अपने परिणामों के कारण उसने वर्तमान समाज पर अपना प्रभाव जमा लिया है। आज प्रौद्योगिकी का प्रभाव मानव जीवन के प्रत्येक पक्ष को आन्दोलित कर रहा है। आज मनुष्य का कोई भी रहस्य या कार्य प्रौद्योगिकी के प्रभाव से अनछुआ नहीं रह गया है। इसने आज के मानव को ऐसी शक्ति प्रदान की है कि यदि वह चाहे तो विश्व का स्वरुप ही बदल डाले । विज्ञान की ही भाँति प्रौद्योगिकी भी आज विविध अनुशासनों में नये- नये रुप लेकर उभर रही है। इनमें विभिन्न् विज्ञान जनित प्रौद्योगिकियों के अलावा ग्राम प्रौद्योगिकी, जैव प्रौद्योगिकी, सूचना प्रौद्योगिकी, शिक्षण प्रौद्योगिकी, उपयुक्त प्रौद्योगिकी आदि का समावेश है।

2.3 विभिन्न विज्ञान जनित प्रौद्योगिकी

कुछ महत्वपूर्ण विज्ञान अनुशासनों ने अपना एक स्वतंत्र दायरा बना लिया है तथा उच्चानुशीलन और शोधादि की विशिष्टता प्राप्त कर ली है। आज ये शुद्ध सैद्धांतिक विज्ञान के साथ साथ अभियांत्रिकी के माध्यम से स्वतंत्र प्रौद्योगिकी पैदा कर के समाज पर अपना प्रभाव बनाए हुए हैं।

विभिन्न् विज्ञान जनित प्रौद्योगिकीय ज्ञान अभियांत्रिकी के माध्यम से अपना मूर्त रुप ग्रहण करता है। विज्ञान को प्रौद्योगिकी में परिवर्तित करने में अभियांत्रिकी अपना महत्वपूर्ण भूमिका निभाती है। वस्तुत: ``अभियांत्रिकी एक ऐसा पेशा अथवा व्यवसाय है जिसमें अध्ययन, अनुभव और अभ्यास के माध्यम से प्राप्त गणितीय अथवा पदार्थ विज्ञान का उपयोग विवेकपूर्ण रुप से इस प्रकार किया जाता है कि प्रकृति से उपलब्ध पदार्थों अथवा शक्तियों का मानवता के हितसाधन हेतु मितव्ययितापूर्वक प्रयुक्त किया जा सके।''[15] अभियांत्रिकी की यह समुचित परिभाषा अभियंता व्यावसायिक विकास परिषद (ENGINEER'S COUNCIL FOR PROFESSIONAL DEVELOPMENT) द्वारा दी गयी है। अक्सर अभियांत्रिकीय कार्य सामूहिक रुप से अथवा दल बनाकर किये जाते हैं। इसमें दल का प्रत्येक सदस्य, किसी समस्या के समाधान हेतु अपने विशिष्ट ज्ञान का योगदान करता है। अभियंताओं के कार्यों का वर्गीकरण - अनुसंधान, विकास, अभिकल्पन, परीक्षण, नियोजन , उत्पादन, संचालन, विपणन, सेवा और प्रशासन आदि वर्गों में किया जा सकता है। वैज्ञानिकों की अपेक्षा अभियंताओं का दल किसी विशिष्ट समस्या के व्यावहारिक समाधान को लक्ष्य कर के कार्य करता है, जब कि

वैज्ञानिक `` क्या है? और क्यों हैं?'' की जाँच और खोज करने में अधिक रुचि रखता है। अपनी खोजों के व्यावहारिक पक्ष में उसकी कोई विशेष दिलचस्पी नहीं होती।

अभियांत्रिकी का संबंध प्राय: उसी विषय से होता है जिसमें वह प्रयुक्त होती है। अभियांत्रिकी का संबंध आमतौर पर सिरॉमिक, रासायनिक उद्योग, इलेक्टॉनिकी, हाइड्रोलिक (जल-विज्ञान), वैमानिकी, कृषि, भवन निर्माण, मानविकी, औद्योगिक अभियांत्रिकी, समुद्री अभियांत्रिकी, यांत्रिकी अभियांत्रिकी, धातुकी , नाभिकीय ऊर्जा प्रणाली, अभियांत्रिकी प्रौद्योगिकी, जल आपूर्ति आदि से होता है। आगे कुछ महत्वर्पूण अनुशासनों और तद्जनित प्रौद्योगिकी का विस्तृत विवेचन - विज्ञान, प्रौद्योगिकी और समाज के व्यापक संबंधों को उजागर करने की दृष्टि से प्रस्तुत किया जा रहा है। इससे एक दूसरे पर उनकी निर्भरता, आम आदमी के लिए उनकी अनिवार्यता और जनसामान्य की भाषा में उनके प्रचार-प्रसार की आवश्यकता को बल मिलेगा। ऐसे प्रश्नों के निवारण हेतु अपेक्षित सोच, विचार-विमर्श और वाद-विवाद का भी मार्ग प्रशस्त होगा कि विज्ञान और प्रौद्योगिकी संबंधी ज्ञान के प्रचार-प्रसार हेतु जनसामान्य की भाषा का होना अनिवार्य क्यों है?

2.3.1 रासायनिक प्रौद्योगिकी

यह सर्वविदित है कि सामान्यत: विज्ञान से प्रौद्योगिकी का जनन होता है। रसायन-शास्त्र से रासायनिक प्रौद्योगिकी विकसित हुई है। रासायनिक प्रौद्योगिकी का जीवन के अधिकाधिक क्षेत्रों में प्रयोग होता है। विशिष्ट ज्ञान की पहली सीढ़ी पर कदम रखते ही मानव का धातुकी और रासायनिक प्रौद्योगिकी से साक्षात्कार हुआ। रासायनिक प्रौद्योगिकी में रसायनशास्त्र के अलावा भौतिकी, यांत्रिकी, धातुकी, गणित, अर्थशास्त्र आदि अनेक विषयों का यथोचित समावेश है। इसमें अन्य विषयों के साथ-साथ अनेकानेक रासायनिक अभियांत्रिकीय प्रक्रियाओं, प्रणालियों, संयंत्रों और अनुशासनों का समावेश है जैसे उष्मागतिकी (Thermodynamics), बलगतिकी (Kinetics), यंत्रीकरण (Instrumentation), स्वचालन (Automsation), समरुपण (Simulation), इष्टतमीकरण (Optimization), कार्बनिक और अकार्बनिक प्रक्रियाएँ (Organic and Inorganic Processes), विद्युत रसायन (Electro chemistry), ईंधन प्रौद्योगिकी, सेल्युलोज प्रौद्योगिकी, मृत्तिका (सिरॉमिक) प्रौद्योगिकी, जैव - रसायन, बहुलक (पॉलीमर) प्रौद्योगिकी आदि।

रासायनिक उद्योग, रासायनिक प्रौद्योगिकी के माध्यम से मानव की मूलभूत आवश्यकताओं जैसे - रोटी, कपड़ा और मकान आदि की पूर्ति करते हैं। इन पर निर्भर उद्योगों हेतु आवश्यक कच्चे-पक्के माल की आपूर्ति इसी के माध्यम से की जाती है। मानव

के आर्थिक और सामाजिक विकास में रासायनिक प्रौद्योगिकी सम्पूर्ण प्रौद्योगिकीय विकास में अपना महत्वपूर्ण योगदान करती है। विकासशील अर्थव्यवस्था के लगभग सभी पहलुओं में रासायनिक प्रौद्योगिकी एक महत्वपूर्ण और अनिवार्य घटक का कार्य करती है और आगामी प्रौद्योगिकीय विकास को आधार प्रदान करती है। उदाहरणार्थ रासायनिक प्रौद्योगिकी में समुन्नत देश आज विश्व के विकसित देशों की प्रथम पंक्ति में हैं। जीवन के प्रायः हर क्षेत्र में रासायनिक प्रौद्योगिकी का परोक्ष अथवा अपरोक्ष रूप से उपयोग होता है उदाहरण के लिए :

1. खाद्य सामग्री से संबंधित उत्पादन : रासायनिक उर्वरक, कीटनाशी रसायन, सिंचाई हेतु प्लास्टिक व पेट्रोलियम आदि, शक्कर, वनस्पति घी, खाद्य योगज तथा अतिविशिष्ट पोषक और विटामिन, ईधन आदि ।
2. वस्त्र सामग्री से सम्बद्ध उत्पादन : कृत्रिम रेशे, रंग, चमड़ा, प्लास्टिक के पदार्थ आदि !
3. आवास से संबंधित सामग्री : धातुएँ, सीमेंट, चूना, शीशा, रंगरोगन, आदि ।
4. स्वस्थ्य एवं सफाई से संबंधित : औषधियाँ, कीटनाशी पदार्थ, साबुन, प्रक्षालक आदि ।
5. संवेष्टन या पैकेजिंग से सम्बद्ध : प्लास्टिक, धातुएँ, शीशा, मृत्तिका, कागज, चिपकाने वाले पदार्थ गोंद, रबर आदि ।
6. यातायात से संबंधित : ईधन, स्नेहक, धातु, प्लास्टिक, रबर आदि।
7. रक्षा से संबंधित : विस्फोटक रसायन और यातायात के उपरोक्त घटक, परमाणु एवं अन्य ऊर्जा आदि।
8. ऊर्जा से सम्बद्ध : जीवश्म एवं निर्मित ईधन, कोक, गैस, विद्युत आदि ।
9. साहित्य एवं संस्कृति से संबंधित : कागज, स्याही, फोटो रसायन, रंग, झेरॉक्स, फिल्में तथा इलेक्ट्रानिकी पदार्थ आदि।
10. विविध क्षेत्र से संबंधित : खेल, मनोरंजन, चिकित्सा, विशिष्ट उपभोक्ता वस्तुएँ कार्बन फाइबर, अतिचालकता आदि ।

रासायनिक उद्योग उपलब्ध प्राकृतिक संसाधनों को अपनी विभिन्न प्रक्रियाओं के माध्यम से परिष्कृत कर आम उपभोग हेतु तैयार करते हैं तथा उस पदार्थ को बहुउद्देशीय बनाकर उसकी उपयोगिता बढ़ाते हैं जैसे : साधारण नमक जिसे रासायनिक भाषा में सोडियम क्लोराइड कहा जाता है , विभिन्न रासायनिक प्रक्रियाओं से गुजर कर नये नये रुपों में नई आवश्यकताओं की पूर्ति करता आ रहा है। पहला खनिज जिसे मानव ने अपने उपयोग के लिए प्रयुक्त किया था वह शायद नमक (लवण) ही है। शताब्दियों से नमक एक महत्वपूर्ण औद्योगिक कच्चे माल के रुप में प्रयुक्त होता रहा है। वास्तव में इसको अनेक रसायनों की जननी कहा जा सकता है। रासायनिक उद्योग इसका सबसे बड़ा उपभोक्ता है। वह नमक को विभिन्न् रसायनों में बदल देता है जैसे - कास्टिक सोड़ा, सोड़ा राख आदि। कास्टिक सोड़ा, क्लोरीन आदि दैनिक आवश्यक वस्तुओं (जैसे समाचार पत्र, नहाने के साबुन आदि) के उत्पादन में अह्म भूमिका निभाते हैं। साधारण नमक दैनिक खाद्य का एक प्रधान अंग तो है ही।

कुछ वैज्ञानिकों का मानना है कि आधुनिक रासायनिक प्रौद्योगिकी के जरिए आर्थिक विकास की दृष्टि से प्रथम रासायनिक उद्योग की स्थापना ``सर्वप्रथम सन् 1790 में फ्रांस में हुई जब एक फ्रांसीसी रसायनज्ञ निकोलस लेंबलेंस ने एक ऐसी प्रक्रिया तैयार की जिसमें साधारण नमक को सोड़ा राख में बदला जा सकता था।''[16] यह यौगिक साबुन, काँच और वस्त्रोद्योग के लिए अत्यंत उपयोगी और महत्वपूर्ण था। इससे पहले सोड़ा राख स्पेन के साल्टबार्ट संयंत्र अथवा मिश्र में नेट्रन सरोवर से प्राप्त किया जाता था जो काफी व्ययसाध्य था। लेंबलेंस की प्रक्रिया फ्रांस में काफी अल्प मात्रा में थी। इंगलैण्ड में यह जेम्स मुस्प्रैट द्वारा प्रारंभ की गयी। उसने लीवरपूल के निकट सन् 1823 में एक संयन्त्र स्थापित किया जिसने आगे चलकर रासायनिक उद्योग को एक वटवृक्ष के शक्ल में बदल दिया।[17]

भारत वैसे तो रासायनिक प्रौद्योगिकी के क्षेत्र में प्राचीन युग से ही संलग्न रहा है किन्तु आधुनिक रासायनिक प्रौद्योगिकी का शुभारंभ यहाँ 19वीं शताब्दी के साथ ही हुआ है। *देश का पहला रासायनिक उद्योग - एक साबुन बनाने की फैक्टरी के रुप में लगभग सौ वर्ष पूर्व मेरठ में स्थापित हुआ था।*[18] स्वतंत्रता प्राप्ति के पहले औषध, भेषज, रंग, पेण्ट तथा उर्वरक जैसे प्राथमिक रसायन भी विदेशों से आयात करने पड़ते थे। लेकिन स्वतंत्रता का प्रभात एक नया युग लेकर अवतरित हुआ। आज संपूर्ण भारतीय उद्योंग में रासायनिक उद्योगों का चतुर्थ स्थान है।[19] संपूर्ण प्रौद्योगिकीय विकास में हम रासायनिक प्रौद्योगिकी को केन्द्रीय भूमिका में पाते हैं। इसके माध्यम से प्राकृतिक रुप से उपलब्ध संसाधनों में सुधार और विकास कर के आम उपयोग के लिए उसे सुलभ और सस्ता बनाया जा सकता है। प्राकृतिक रुप से पदार्थो की आवश्यकता पूरी न होने की दशा में उसी गुणवत्ता वाले कृत्रिम पदार्थ भी बना सकते हैं। यह कहना अतिश्योक्ति न होगी कि

विश्व की इस विशाल जनसंख्या के रक्षण और पोषण में रासायनिक प्रौद्योगिकी प्रकृति का हाथ बंटा रही है।

2.3.2 धातुकी प्रौद्योगिकी

मानव के किसी भी कार्यकलाप में चाहे वह औद्योगिक हो, धार्मिक हो अथवा सांस्कृतिक, धातुओं की अनुपस्थिति की कल्पना भी नहीं की जा सकती है। उसके प्रत्येक कृत्य में धातुओं का उपयोग अनिवार्य है। धार्मिक और सांस्कृतिक कृत्यों से लेकर आभूषण-अलंकारों, दैनिक उपयोग की घरेलू वस्तुओं - बर्तन, यंत्र और औजार से लेकर अत्याधुनिक उपकरण, इंजिन आदि सभी छोटी-बड़ी उपयोगी-अनुपयोगी चीजों में धातुओं का उपयोग होता है। यंत्र-औजार-उपकरण-उपस्कर सभी धातुओं से ही बनते हैं। सभी प्रकार के परिवहन - वाहन, जहाज, वायुयान, रेलमार्ग आदि सभी धातु घटकों के सचल प्रमाण हैं। चाहे वह बहुमंजिली इमारत हो, विद्युत वितरण हो या कल-कारखाने - लगभग सभी कुछ धातुओं पर ही निर्भर है। तात्पर्य यह कि धातुओं के उपयोग से संबंधित धातुकीय प्रौद्योगिकी मानव जीवन का एक अभिन्न अंग है।

धातुकी वह विज्ञान है जिसमें प्राकृतिक रुप से उपलब्ध अयस्कों (ore) से धातु-शोधन और आगलन की प्रक्रिया द्वारा विभिन्न् धातुओं को प्राप्त किया जाता है तथा उन्हें उपयोगी बनाया जाता है।[20] इस विज्ञान के अन्तर्गत विभिन्न धातुओं के रासायनिक और भौतिक गुणधर्मों, परमाणुविक और केलाशीय संरचनाओं, ऊष्मा और यांत्रिकीय प्रक्रियाओं द्वारा दो विभिन्न् धातुओं को मिला कर मिश्रधातुओं के निर्माण और उपयोग आदि से संबंधित क्रियाओं और प्रक्रियाओं का अध्ययन किया जाता है। रासायनिक प्रौद्योगिकी की भाँति ही धातुकी भी एक बृहत् शास्त्र है जिसकी स्पष्ट छाप अन्य विज्ञानों और प्रौद्योगिकियों पर भी दृष्टिगोचर होती है। उदाहरण के रुप में - भौतिकी, खनन, यांत्रिकी और रासायनिक अभियांत्रिकी, अर्थशास्त्र और उत्पादन, कृषि, परिवहन, विद्युत आदि का उल्लेख किया जा सकता है।

विज्ञान के रुप में धातुकी का शास्त्र अपेक्षाकृत नया है। पिछली शताब्दी पूर्वार्द्ध से ही धातुकी को विज्ञान के रुप में स्वीकार किया गया है और विभिन्न् धातुओं के गुणधर्मो और आंतरिक संरचनाओं आदि के वैज्ञानिक अध्ययन पर ध्यान दिया जाने लगा है।[21] इससे धातु प्रौद्योगिकी हेतु अनेकानेक नये दरवाजे खुल गये हैं। विद्युत इलेक्ट्रॉनिकी और अधुनातम संचार व्यवस्था इसी का परिणाम है। वैसे धातु प्रौद्योगिकी मानव की विकास यात्रा के आरंभिक दिनों से ही उसके साथ है। यहीं यह तथ्य भी सामने आता है कि धातुकी का मानव जीवन में पदार्पण पहले प्रौद्योगिकी और फिर विज्ञान के रुप में हुआ है।

पाषाण युगीन मानव की आवश्यकताओं में जब वृद्धि हुई होगी और विभिन्न् भौतिक चीजों में उसका ज्ञान भी बढ़ा होगा तो उसे धातुओं के उपयोग की ओर अग्रसर होना पड़ा होगा ! प्रमाण मिलते हैं की पाषाण युग के पश्चात धातु युग का आरंभ - स्वर्ण, रजत और ताम्र जैसी धातुओं के उपयोग से होता है। ये धातुएँ प्रकृति में अपने शुद्ध रुप में मिलती हैं । कालांतर में विभिन्न अयस्कों से विभिन्न् धातुओं का परिशोधन और आगलन किया जाने लगा । इस प्रकार एक विशिष्ट अवधि में किसी एक प्रकार के धातु के अधिकाधिक उपयोग से धातु युग को ताम्र युग, कांस्य युग और लौह युग में वर्गीकृत किया गया है । यद्यपि वर्तमान युग प्लास्टिक का है, फिर भी धातुओं के उपयोग में कोई कमी नहीं आई है । मानव द्वारा धातुओं का उपयोग एक लम्बे अर्से से हो रहा है और होता रहेगा। *धातुओं का वर्तमान उपयोग मानव की अपनी विकास यात्रा के दौरान उनकी अनिवार्यता और उनके दीर्घ कालीन उपयोगिता की पराकाष्ठा और परमोच्च आवश्यकता का परिणाम है।* अपने विविध कार्यों में मानव लगभग 6000 वर्षों से धातुओं का उपयोग कर रहा है।[22] धातुकीय प्रगति और मानव सभ्यता का धनिष्ट संबंध है।[23] ईसा से लगभग 3-4 हजार वर्ष पूर्व से ही तांबे के उपयोग के प्रमाण मिलते हैं । ई.पू.3500 से धातु ढलाई और गढ़ाई की प्रौद्योगिकी के विकास का प्रमाण मिलता है जब तांबे और कांसे को गला कर विभिन्न् वस्तुएं बनाई और गढ़ी जाती थीं । फारस की खाड़ी में सुमेर और मेसोपोटामिया से खुदाई में प्राप्त आभूषण और शस्त्रास्त्र इस बात के प्रमाण है।[24] कांस्य युग में मिश्र वासियों की "LOST WAX PROCESS" मोम से वस्तु बनाकर उसका सांचा बनाने और गरम कर के मोम बाहर निकाल कर सांचे से धातु ढलाई की तकनीक ने धातु प्रौद्योगिकी को और भी विकसित किया । 1400 ई.पू.तक आते - आते धातुकी के क्षेत्र में लोहे का उपयोग होने लगा था । लोहा अपने शुद्ध रुप में प्रकृति में नहीं मिलता है । आगलन विधि द्वारा अयस्क से उसे पृथक करना पड़ता है, किन्तु मानव को उल्का लौह (meteoric iron) जो कि आज दुर्लभ है बहुत पहले से ज्ञात है । इसमें निकल की मात्रा अधिक होती है, अत: यह उत्तम कोटि का लोहा होता है । प्राचीन लौह- वस्तुओं में इसी लोहे का उपयोग होता था। 1200 ई.पू. के आस-पास लोहे को खासा महत्त्व मिल चुका था और यहीं से लौह युग आरंभ होता है। लौह आगलन का पहला उल्लेख लगभग 1300 ई.पू. का मिलता है।[25] खुदाई से मिले प्रमाण बताते हैं कि लोहा बनाने की कला कालासागर के दक्षिण में पर्वतीय देशों से आरंभ होती है । यह क्षेत्र हित्तियों (Hitties) द्वारा शासित था । बाद में यह कला धीरे-धीरे फिलिस्तीनियों (Palestinians) तक फैली । लगभग 1200 ई.पू. की कच्ची भट्टी (Crude furnesh) गेरार (Gerar) मे मिली है । साथ में और लोहे की वस्तुएँ भी मिली हैं। लगभग 1000 ई.पू. में लोहे का ज्ञान यूरोपवासियों को हुआ और धीरे-धीरे पश्चिमी यूरोप की तरफ बढ़ा । 55 ई.पू. में रोम विजय के समय ग्रैट-ब्रिटेन में लोहा बनाने की कला काफी प्रचलित थी। 6वीं शताब्दी के आस- पास ग्रेट ब्रिटेन लौह उद्योग और लोहे के उपयोग का एक विशाल

केन्द्र बन गया। एशिया के लोगों को प्राचीन काल से ही लोहे का ज्ञान था। चीन में 7वीं ई.पू. में इसके ज्ञान का उल्लेख मिलता है।

भारत की धातुकीय परंपरा कम से कम छः हजार वर्ष पुरानी है। इस बात के पुरातात्विक प्रमाण मिलते हैं।[26] सोना, रांगा, चांदी, सीसा और कांस्य का उल्लेख वैदिक साहित्य में मिलता है। सबसे पहले शायद तांबे के आगलन का विकास हुआ। 98% शुद्ध तांबां बनाना ,उसे रांगे के साथ मिलाकर कांस्य बनाना तथा तांबे और कांस्य को ढालने और गढ़ने जैसी क्रियाओं से उस वक्त के कारीगर सुपरिचित थे। लौह आगलन भी यहाँ अति प्राचीन युग से ज्ञात था। लौह आगलन की यह विधि स्थानीय अयस्क, लकड़ी का कोयला, छोटी सी भट्ठी और कारीगर के ज्ञान पर निर्भर थी। विश्व प्रसिद्ध दमिश्क तलवारें, इसी लोहे से बनती थीं। जंग न लगना इसकी विशिष्टता थी। दिल्ली में कुतुबमीनार के पास स्थित लौह स्तंभ ने इसे प्रमाणित कर दिया है। ईसापूर्व काल में सबसे पहले महत्वपूर्ण इस्पात का उत्पादन भारत में ही आरंभ हुआ।[27] इस लोहे को (WOOTZ STEEL) उत्ज इस्पात कहा जाता था।

16वीं शताब्दी के दौरान धातुकी के ज्ञान को लेखबद्ध किया जाने लगा। इस शताब्दी के इटली के वैन्नोसीयो ब्रिंगुसीयो (VANNOCCIO BIRINGUCCIO) तथा जर्मन के जार्जियस अग्रीकोला (GEORGIUS AGRICOLA) की धातुकी से संबंधित पुस्तकें काफी लोकप्रिय हैं। 15वीं सदी से 19वीं सदी के मध्य तक धातुकीय विकास खास कर के विकसित प्रौद्योगिकी और उत्पादन पर आधारित रहा जिसमें लोहा और इस्पात का प्रचुर उपयोग होता था। लकड़ी की समाप्ति के कारण इंग्लैण्ड ने लकड़ी के कोयले का उपयोग कम कर के कोक के उपयोग को बढ़ावा दिया जिसने ग्रेट ब्रिटेन में लौह और इस्पात उद्योग को क्रांति की सीमा तक पहुंचा दिया। धातु प्रौद्योगिकी के क्षेत्र में मिश्र-धातुओं के निर्माण की तकनीकी ने क्रांति ला दी। आज रसायनों और धातुओं के संयोग से अनेकानेक प्रकार की धातुएँ विविध प्रयोजनों से बनाई जा रही हैं। धातुकी के क्षेत्र में अब पदार्थ विज्ञान, चूर्ण धातुकी, विद्युतधातुकी (ELECTRO METALLURGY), जलीयधातुकी (HYDROMETALLURGY) नाभिकीय धातुकी (NUCLEAR METALLURGY) और भौतिकधातुकी (PHYSICAL METALLURGY) जैसी विशिष्ट शाखाएँ भी विकसित हुई हैं जो इसके उज्ज्वल भविष्य को प्रकट करती हैं। आज अर्धचालक और अतिचालक पदार्थ इलेक्ट्रॉनिकी में क्रांति के कारण बने हुए हैं।

सीविल निर्माण, परिवहन, संलेपन, संवेष्टन, फर्नीचर, आभूषण आदि में धातुकी का व्यापक उपयोग हो रहा है। मिश्र धातुओं ने इलेक्ट्रॉनिकी, विद्युत आपूर्ति और संचार तथा चिकित्सा के क्षेत्र में इसके उपयोग को काफी हद तक बढ़ा दिया है।

2.3.3 यांत्रिकी प्रौद्योगिकी

यांत्रिकी प्रौद्योगिकी नाम से ही स्पष्ट है कि इस प्रौद्योगिकी का विस्तार मानवीय श्रम के स्थान पर यंत्रों की शक्ति के उपयोग की सीमा तक है। इस में यंत्र,औजार, उपकरण, उपस्कर आदि के निर्माण और उपयोग के संबंध में अध्ययनादि किया जाता है। आज के युग में मशीनों का इतना व्यापक उपयोग हो रहा है कि इसे कलयुग अथवा यंत्रयुग कहा जा रहा है। औद्योगिकीय विस्तार यहाँ तक हो चुका है कि प्रायः मानव का सभी कार्य मशीनें कर रही हैं। अब तो यंत्र- मानव भी पैदा किए जा चुके हैं जो मानव-श्रम के द्वारा सम्पन्न् होने वाले लगभग सभी कार्य कर रहे हैं। इसको *प्रौद्योगिकी की वह शाखा माना जाता है जिसमें यंत्रों और शक्ति जनन से संबंधित कार्यव्यापार किया जाता है। इसका संबंध बल (FORCE) और गति (MOTION) से है।*[28] इसे वास्तव में अभियांत्रिकी अनुशासन के रुप में विकसित किया गया है जिसमें ऊर्जा और शक्ति की आपूर्ति इस प्रकार से की जाती है जिससे कि उपभोक्ता को सहूलियत हो तथा मशीनों द्वारा अन्य कल- पुर्जे - औजार आदि बनाने हेतु मशीनों का अभिकल्प और उपभोक्ता वस्तुएँ तैयार की जा सकें। इस प्रौद्योगिकी के माध्यम से दोनों औद्योगिक और घरेलू उपयोग हेतु यंत्रों और उपकरणों का अभिकल्पन और निर्माण कार्य किया जाता है।

ऐतिहासिक दृष्टि से इस प्रौद्योगिकी का विकास भी मानव सभ्यता के विकास के साथ ही हुआ। जब मानव ने शिकार, आत्मरक्षा और युद्ध हेतु शस्त्रास्त्रों का उपयोग करना सीखा उसी समय से इसका प्रादुर्भाव मानना चाहिए। वास्तव में देखा जाए तो यांत्रिकी के ज्ञान ने ही मानव को सर्वशक्तिमान और सर्वश्रेष्ठ बनाया है। आधुनिक यांत्रिकी का विकास भी 18वीं सदी की ही देन है। 18वीं सदी के उत्तरार्ध में भाप इंजन की खोज ने न केवल औद्योगिक क्रांति को एक नया मोड़ दिया अपितु सभी प्रकार की मशीनों के विकास को प्रोत्साहित किया। ``यांत्रिकी अभियांत्रिकी का विकास यांत्रिकों (मैकेनिकों) द्वारा एक कला के रुप में कोशिश और भूल-सुधार की प्रक्रिया से हुआ है तथा इसमें अब शोध, अभिकल्पन और उत्पादन के लिए वैज्ञानिक प्रणाली का उपयोग होने लगा है।''[29] आज वस्तुओं के उत्पादन, शक्ति जनन, सैन्य शस्त्रास्त्रों का विकास, जैव यांत्रिकी के माध्यम से कृत्रिम अंगों का उत्पादन एवं विकास, पर्यावरण पर नियंत्रण और रखरखाव हेतु यांत्रिकी प्रौद्योगिकी का उपयोग हो रहा है ।

संक्षेप में, यांत्रिकी प्रौद्योगिकी में भौतिकी, धातुकी और रासायनिक प्रौद्योगिकी का समेकित उपयोग होता है जिससे मानव बल और गति के यांत्रिकीय शक्ति का उपयोग अपने विकास कार्यों के लिए करता है ।

2.3.4 दूरसंचार और विद्युत प्रौद्योगिकी

आधुनिक जीवन शैली को प्रोत्साहित और गति प्रदान करने में जिन महत्वपूर्ण घटकों का समावेश है, उसमें विद्युत विज्ञान और उससे प्रोद्भूत आधुनिक संचार व्यवस्था का केन्द्रीय स्थान है। मानव सभ्यता के महत्वपूर्ण कार्यकलापों के विकास में - दूरसंचार व्यवस्था की महत्वपूर्ण भूमिका है। इसी के कारण आज वाणिज्य, औद्योगिक और आर्थिक गतिविधियों का उत्तरोत्तर विकास हो रहा है। इसने संपूर्ण विश्व को एक वैश्विक ग्राम में परिवर्तित कर दिया है। गत कुछ दशकों में दूरसंचार के क्षेत्र में इतनी अधिक प्रगति हुई है कि वर्तमान युग में वैश्विक स्तर पर सूचनाओं, तथ्यों, आंकड़ो तथा चित्रों आदि का आदान-प्रदान अत्यंत सहज और सरल हो गया है। आप अपनी यात्रा के दौरान ही अपनी कार में बैठे - बैठे घर या दफ्तर से टेलीफोन पर संदेशों का आदान-प्रदान कर सकते हैं। अभी तक यह चलती-फिरती संचार प्रणाली कुछ तकनिकी सीमाओं तथा दिशा सापेक्षता के कारण एक विशिष्ट क्षेत्र और सीमित लोगों को ही सुलभ थी किन्तु अब ब्रिटेन में लंदन के निकट लैदरलैण्ड में स्थित ई आर ए टेक्नॉलॉजी कंपनी ने एक नये प्रकार का ``स्मार्ट'' एण्टीना विकसित किया है जिससे इस चल-संचार प्रणाली की कमियाँ दूर होकर इसकी सीमाएँ काफी विस्तृत हो गयी हैं । अंकीय तंत्र वाले नये ``स्मार्ट'' एण्टीना में कई खूबियाँ हैं । यह दिशा निरपेक्ष है । इससे किसी भी दिशा में बातचीत की जा सकती है । यह व्यवस्था किसी अन्य रेडियो-संचार प्रणाली से प्रभावित नहीं होगा और न उनके कार्य में ही कोई बाधा उत्पन्न करेगा ।

अभी इस एण्टीना को डिजिटल यूरोपियन कॉर्डलेस टेलीफोन (DECT) प्रणाली के लिए 1.88 से 1.9 GHZ बैण्ड में काम करने योग्य बनाया गया है । DECT प्रणाली इस समय चल-संचार के क्षेत्र में काफी लोकप्रियता प्राप्त कर रही है। फिलहाल इस प्रणाली के लिए विकसित ``स्मार्ट'' एण्टीना की कार्यकुशलता को अभी भी परखा जा रहा है । इसका परीक्षण पूर्ण हो जाने पर यह एक ऐसे एण्टीना के रूप में विकसित हो जाएगा जो हर जगह काम कर सके । इसके साथ ही संपूर्ण चल-संचार प्रणाली भी इस प्रकार विकसित की जा रही है जो दुनिया भर में किसी भी देश में अपनाई जा सकेगी । तीसरी पीढ़ी के इस UMTS अर्थात वैश्विक चल दूरसंचार तंत्र (Universal Mobile Telecommunication System) पर इन दिनों ब्रिटेन में तेजी से अनुसंधान कार्य चल रहा है।[30]

दूरसंचार व्यवस्था के विकास में विद्युत विज्ञान और इलेक्ट्रॉनिकी के ज्ञान का उपयोग होता है। यहाँ पुनः भौतिक-रासायनिक और धातु-विज्ञान का समन्वित उपयोग कर दूरसंचार और इलेक्ट्रॉनिकी के रुप में विज्ञान और प्रौद्योगिकी की एक अतिविशिष्ट नई शाखा विकसित की गई है। विद्युत और इलेक्ट्रॉनिकी अभियांत्रिकी में मूलरूप से

विद्युत शक्ति का ही उपयोग होता है। धातुकी के क्षेत्र में अर्धचालक और अतिचालक पदार्थों के योग से इलेक्ट्रॉनिकी का निर्माण हुआ है तथा विद्युत और अर्धचालक, अतिचालक पदार्थों ने दूरसंचार और विद्युत अभियांत्रिकी के क्षेत्र में क्रांति कर दी है।

दूरस्थ दो स्थानों में संपर्क और संचार पहले टेलीग्राफ यंत्र के द्वारा सम्पन्न होता था किन्तु सन् 1876 में अलेक्जैण्डर ग्राहम बेल द्वारा टेलीफोन का अविष्कार किए जाने पर विद्युत तरंगों के माध्यम से मानवीय ध्वनि में संचार संभव हो सका है। टेलीग्राफ और टेलीफोन में दोनो संपर्क विन्दुओं को धातु के तारों से जोड़ा जाता था जिसमें विद्युत तरंगे एक स्थान से दूसरे तक संदेशों का आदान-प्रदान करती थी। इसमें धातु तारों का होना अनिवार्य था, अतः इस व्यवस्था को अतिदूरस्थ क्षेत्रों तक फैलाना आसान नहीं था। इसमें एक और क्रांतिकारी परिवर्तन तब आया जब इस शताब्दी के आरंभ में मार्कोनी ने बेतार संचार का अविष्कार किया। इस अविष्कार ने संचार प्रौद्योगिकी के विस्तार को उन्मुक्त गगन प्रदान कर दिया। अब दो संपर्क विन्दुओं को किसी धातु के तार से जोड़ने की आवश्यकता नहीं रही। विद्युत तरंगों की ही भाँति अब इस कार्य को (जैसा कि सन् 1873 में मैक्सले ने भविष्यवाणी की थी), विद्युत चुम्बकीय तरंगों के माध्यम से सम्पन्न किया जाने लगा है। इस सदी के पूर्वाद्ध में बेतार संचार व्यवस्था ने क्रांतिकारी प्रगति की और बेतार के टेलीग्राफ और टेलीफोन ने राष्ट्रों और उपमाहाद्वीपों को एक दूसरे से संपृक्त कर दिया । टेलीफोन और टेलीग्राफ के अलावा इस प्रौद्योगिकी ने रेडियो संचार, अंकीय समाकलन मशीनों और प्रणालियों के स्वनियंत्रण, नौवहन प्रणाली (रेडार, सोनार, लोनार तथा शरन उपकरणों) , वायुयानों आदि से अपने केन्द्रों से संपर्क और नियंत्रण संभव बनाया है। आज यह संचार व्यवस्था सैन्य संचालन का एक प्रधान अंग बन गयी है। दूरदर्शन ने इसको एक कदम और आगे बढ़ा दिया है। अमरीका-ईराक के विगत युद्ध को दूरदर्शन ने सीधे (Live) प्रक्षेपित किया था। आज टेलेक्स, फैक्स, ई-मेल, तथा संगणकीय LAN तथा दूरस्थ संवेदन प्रौद्योगिकी ने दूरसंचार व्यवस्था को बुलंदियों पर पहुंचा दिया है।

कृत्रिम उपग्रहों के अविष्कार ने वैश्विक संचार व्यवस्था को एक नया आयाम दिया है। सूक्ष्मतरंग संपर्क के माध्यम से ये उपग्रह पृथ्वी पर स्थित विभिन्न् रिले केन्द्रों को एक दूसरे से जोड़ कर एक केन्द्र से प्रक्षेपित होने वाली सूचनाओं को पूरी दुनिया में जीवंत रुप में (Live) पहुंचाने में सक्षम हैं । 36000 किलोमीटर की ऊंचाई पर स्थित भू-स्थिर (Geostationary) उपग्रह इस प्रकार से प्रस्थापित हैं कि पृथ्वी पर स्थित विन्दु के साथ उनका स्थायी संपर्क है और वे संपूर्ण पृथ्वी की गतिविधियों पर नजर रख सकते हैं । इनके माध्यम से पृथ्वी पर स्थित किन्हीं दो रिले केन्द्रों को आसानी से संपृक्त किया जा सकता है । भारत के INSAT-1A, INSET-2A तथा ASLV-DY ऐसे ही उपग्रह हैं जिन्हें भू-तुल्यकाली कक्ष (Geosynchronous orbit) में स्थापित किया जा चुका है। इनके

माध्यम से भारत के विभिन्न् शहरों तथा समुद्र पार के देशों के साथ टेलीफोन-टेलेक्स-फैक्स-ई-मेल आदि की सुविधाएं स्थापित की जा चुकी हैं। आज रेडियो, दूरदर्शन नेटवर्क भी उपग्रह प्रौद्योगिकी पर आधारित हैं। इसे आज की भाषा में अंतरिक्ष युग संचार तकनीकी कहा जाता है।

इसी प्रकार संगणक नेटवर्क जिसे स्थानीय क्षेत्र नेटवर्क (LAN) तथा बृहद् क्षेत्र नेटवर्क (WAN) कहा जाता है, आज संचार व्यवस्था के सशक्त और सिद्ध माध्यम हैं। रेलवे, वायुयान आरक्षण व्यवस्था, बैंकिग कार्य प्रणाली, स्टॉक एक्सचेंज तथा मौसम-विज्ञान संबंधी सूचनाओं, आंकड़ों का आदान-प्रदान, संचार प्रौद्योगिकी की विशिष्टता है। संचार के क्षेत्र में प्रकाश तरंगों के उपयोग ने अतिआधुनिक संचार प्रौद्योगिकी अर्थात प्रकाशीय संचार प्रौद्योगिकी को भी जन्म दे चुकी है। प्रकाशीय तंतु जैसे परमोच्च शुद्धता वाले कांचों के प्रपथ (STRAND) का उपयोग प्रक्षेपकों और अभिग्राहकों को एक दूसरे से जोड़ने के लिए होने लगा है। इसे प्रकाशीय तंतु संचार प्रौद्योगिकी (OPTICAL FIBER COMMUNICATION TECHNOLOGY) कहा जाता है। इसने संचार के इतिह स में एक नया अध्याय जोड़ दिया है। इस प्रौद्योगिकी का भविष्य निश्चित रुप से प्रकाश तरंगों जैसा ही प्रकाशमान और वेगवान है।

2.3.5 संगणक एवं सूचना प्रौद्योगिकी

आज सारा विश्व एक मौलिक परिवर्तन के दौर से गुजर रहा है। खनिज .सायनों (पेट्रोरासायनिक) औद्योगिक क्रांति की आधारशिला वाली अर्थव्यवस्था से आज ...र एक ऐसी अभिनव अर्थव्यवस्था की ओर बढ़ रहा है जिसकी बुनियाद संगणकों, दू. संचार व्यवस्था और जनसंचार माध्यमों पर टीकी हुई है। विद्वान इसे ही सूचना प्रौद्योगिकी के नाम से अभिहित करते हैं। इस प्रौद्योगिकी की आधारशिला मुख्यत: संगणकों पर रखी गयी है। फिलहाल मानवीय कार्यकलापों में सहायक की भूमिका अदा करने के लिए संगणक प्रौद्योगिकी पग-पग पर उसके साथ है। 20 वीं सदी का उत्तरार्द्ध संगणक युग के रूप में स्थापित हो चुका है। संगणक के माध्यम से सूचनाओं का विश्वसनीय आदान-प्रदान अपनी चरम सीमा पर है। बच्चों के खिलौनों से लेकर शब्द संसाधित्रों, जेबी परिकलित्रों, औद्योगिक यंत्रमानवों, घरेलू उपयोगी वस्तुओं आदि सभी में सूक्ष्मसंसाधित्रों का उपयोग होने लगा है। सारांशत: कह सकते हैं कि मानवीय कृत्यों में अब इसने अपना केन्द्रीय स्थान बना लिया है।

संगणक प्रौद्योगिकी का उद्भव गणित के योगदान से हुआ है जिसमें तार्किक गणनाओं के सिद्धांतों और संप्रत्ययों के साथ-साथ विद्युत अभियांत्रिकी, धातुकी अभियांत्रिकी एवं पदार्थ विज्ञान तथा इलेक्ट्रॉनिकी का समुचित उपयोग होता है। समूचा संगणकतंत्र यंत्र

सामग्री (हार्डवेयर) और प्रक्रिया सामग्री (सॉफ्टवेयर) में विभक्त होकर विभिन्न प्रयोजनों के लिए प्रयुक्त होता है। संगणक हार्डवेयर में चिप नामक एक अवयव को संगणक प्रौद्योगिकी का ह्रदय मानते हैं। इसकी उपयोगिता और महत्ता को देखते हुए आज चिप प्रौद्योगिकी भी प्रोद्भूत हो गयी है। यही चिप प्रौद्योगिकी प्रकारांतर से सूचना प्रौद्योगिकी की जननी है। चिप प्रौद्योगिकी के माध्यम से आज सूचना प्रौद्योगिकी ने सार्वभौमिक सूचनातंत्र के क्षेत्र में क्रांतिकारी परिवर्तन उपस्थित किया है। संगणकों का इसमें सर्वाधिक योगदान है।

फिलहाल औपचारिक और अनौपचारिक दोनों ही प्रकार के सूचनाओं के हस्तांतरण में इलेक्ट्रॉनिकी आंकड़ा संचय और संगणक नेटवर्क महत्वपूर्ण परिवर्तन ला रहे हैं। आकलनों के आधार पर यह अनुमान किया जा रहा है कि आज 6000 से भी अधिक आंकड़ा संचय उपलब्ध हैं।[38] इनमें विशालतम् ग्रंथसूचीय और वैज्ञानिक प्रक्रिया सामग्री (सॉफ्टवेयर) आंकड़ा संचयों का भी समावेश है। इनका अभिगम संगणक जालक्रम (Computer Network) के माध्यम से किया जा सकता है। ध्वनिमुद्रित्रों, चक्रिकाओं CD-ROM चक्रिकाओं एवं स्थानीय अनुसंधानों के माध्यम से भी ये उपलब्ध हैं। इलेक्ट्रॉनिकी आंकड़ा संचय प्रकाशित और प्रकाशनाधीन सूचनाओं के बारे में भी जानकारी प्रदान करते हैं। शिक्षा और अनुसंधान के क्षेत्र में तो विविध प्रकार की सूचना सेवाओं का जाल बिछा है जिसमें VSNL, ERNET, WWW, YAHOO, COMNET, BITNET, NSFNET, INTERNET तथा JANET आदि अनेक जालक्रम सेवाओं का समावेश है। इलेक्ट्रॉनिकी चर्चा फोरमों (Electronic discussion forum) से आंकड़ा प्राप्ति, इलेक्ट्रॉनिकी पत्रिकाओं, पुस्तकालय सूचियों एवं आंकड़ा संचयों आदि को भी इसमें समाविष्ट किया जाता है। नेटवर्क सेवाएँ उपभोक्ता को उसके अपने अंतक (टर्मिनल) तक सूचनाएँ पहुंचाने में समर्थ हैं जिससे उपभोक्ता को सूचना प्राप्ति में सहजता, सरलता , गतिशीलता और अनौपचारिकता जैसी सुविधाएँ और सहुलियतें प्राप्त हैं। घर बैठे सारी दुनिया की सूचनाएँ यथावत् रुप में पलक झपकते उसे प्राप्त हो जाती हैं।

संगणक - सूचना प्रौद्योगिकी अपने आप में एक बहुत बड़ी उपलब्धि है जिसमें अब तक उपलब्ध सभी प्रकार के प्रौद्योगिकीय ज्ञान का वैश्विक स्तर पर विविध माध्यमों से तीव्र गति से पारस्परिक आदान-प्रदान संभव हुआ है। इससे ज्ञान का प्रसार अत्यंत व्यापक हो गया है । उल्लेखनीय है, अभियांत्रिकी की वह प्रक्रिया जिसके माध्यम से सूचना प्रणाली की अभिकल्पना, विकास, जाँच-परख और रखरखाव किया जाता है तथा जिसके माध्यम से वैश्विक आदान-प्रदान तीव्रगति से संभव हो सका है, उसे ही सूचना प्रौद्योगिकी कहते हैं। [39] जैसा कि प्रौद्योगिकी की अन्य विधाओं के विषय में हमें ज्ञात है, वर्तमान सूचना प्रणाली का उद्भव और विकास पारंपरिक सूचना प्रणालियों की

बुनियाद पर ही हुआ है। यह प्रौद्योगिकी संविरचित, पुनर्वृत्यात्मक, बहुविषयक और प्रयोजनमूलक है। इसमें सूचना संप्रेषण, ग्रहण, विश्लेषण, प्रतिरुपण, अभिलेखन, अनुरक्षण, प्रणाली परीक्षण आदि के लिए इलेक्ट्रॉनिकी, संगणक उपकरण और यंत्रादि माध्यमों का उपयोग होता है। *सूचनाएँ मनुष्य के ज्ञान का स्रोत होती है*[40] और उनके उपयोग पर संपूर्ण मानवता का हिताहित आधारित होता है। आधुनिक सूचना प्रौद्योगिकी भी विविध प्रकार के आंकड़ों और सूचनाओं पर आधारित है तथा ज्ञानाधारित समस्याओं के समाधान पर कार्य कर रही है। सूचनाओं का मानव के विकास में महत्वपूर्ण योगदान है क्योंकि सूचनाएँ असंख्य मस्तिष्कों का अनुभव और संचित चिंतन होती हैं, अतः ज्ञानकर्मियों की कार्यकुशलता सूचनाओं की वस्तुनिष्ठता, शुद्धता और सामयिक प्रवाह पर निर्भर करती हैं और इस में सूचना प्रौद्योगिकी के योगदान सर्वोत्कृष्ट है। यह सूचनाओं को ज्ञान- सृजन और उपयोगिता के बिन्दु तक पहुचाती है।

सूचना प्रौद्योगिकी का उपयोग पूंजी बाजार, बैंकिंग, पुस्तकालय, शिक्षा एवं शोध, मौसम विज्ञान, अंतरिक्ष विज्ञान तथा विश्व में उपलब्ध विभिन्न् विज्ञान और प्रौद्योगिकी संबंधी अभिनव ज्ञान तथा त्वरित वैश्विक आदान-प्रदान, जन संचार, प्रकाशन तथा मनोरंजन के क्षेत्र में व्यापक रुप से हो रहा है। इससे विभिन्न् सामाजिक - आर्थिक - औद्योगिक - वैज्ञानिक और प्रौद्योगिकीय कार्यकलापों के पारस्परिक सहयोग और आदान-प्रदान में काफी वृद्धि हुई है। आज सूचना प्रौद्योगिकी अपने आप में एक बहुत विशाल उद्योग का रुप धारण कर चुकी है जिसमें करोड़ों लोगों को व्यवसाय और रोजगार भी प्राप्त हुआ है।

एशियाई पड़ोसी देशों (जापान, कोरिया, हांगकांग, चीन, सिंगापुर) की तुलना में भारत अपने विज्ञान एवं प्रौद्योगिकी शोध समुदाय को अन्तर्राष्ट्रीय स्तर का आंकड़ा संचय मुहैया कराने में काफी पीछे है। 1980 के दशक में राष्ट्रीय स्तर पर कुछ आंकड़ा संचय सुविधाओं की स्थापना कर के कुछ प्रगति जरूर हुई थी। यद्यपि इससे अनुसंधायकों को कुछ हद तक आंकड़ा संचय सुविधाएँ भी सुलभ हो गयीं किन्तु वे अपेक्षा से काफी कम थी। हर्ष का विषय है कि गत कुछ वर्षों में इस क्षेत्र में उल्लेखनीय सकारात्मक प्रगति हुई है और आज देश के कम से कम वैज्ञानिक समुदाय को इनका सहज अभिगम प्राप्त है। यह भी उल्लेखनीय है कि फिलहाल अनेकानेक महानगरीय पुस्तकालयों, स्टॉक बाजारों, राष्ट्रीय प्रयोगशालाओं एवं शिक्षा तथा अनुसंधान एवं विकास अभिकरणों को जालक्रम सेवाओं के माध्यम से एक दूसरे से संपृक्त कर दिया गया है।[41] (उदाहरण के तौर पर हम दिल्ली पुस्तकालय नेटवर्क DELNET, कलकत्त पुस्तकालय नेटवर्क CALIBNET), वैज्ञानिक एवं औद्योगिक अनुसंधान परिषद (सीएस-आईआर) की विभिन्न प्रयोगशालाओं और अन्य अनुसंधान एवं विकास अभिकरणों को जोड़ने वाले SIRNET, INSDOC द्वारा निर्मित वैज्ञानिक श्रृंखलाओं हेतु राष्ट्रीय संघीय

अनुसूची अथवा NUCSSI i.e National Union Catlague of Scientific Serials) शिक्षा और अनुसंधान नेटवर्क (ERNET) का उल्लेख कर सकते हैं।[42] इर्नेट वास्तव में एक ऐसी ही परियोजना है जो इलेक्ट्रॉनिकी विभाग (DOE) भारत सरकार और संयुक्त राष्ट्र विकास कार्यक्रम के संयुक्त् धनपोषण से चलाई जाए रही है। इस परियोजना का देश भर में E-Mail नेटवर्क फैलाने में सराहनीय प्रयास और योगदान है जिससे शैक्षिक और वैज्ञानिक समुदाय लाभान्वित हो रहा है। इसका निर्माण बम्बई स्थित राष्ट्रीय सॉफ्टवेयर प्रौद्योगिकी केन्द्र (NCST); इलेक्ट्रॉनिकी विभाग, नई दिल्ली; भारतीय विज्ञान संस्थान, बंगलौर और पाँच भारतीय प्रौद्योगिकी संस्थानों की संगणक प्रणाली को एक साथ जोड़ कर किया गया है। सार्वजनिक टेलीफोन नेटवर्क इसका आंकड़ा हस्तान्तरण माध्यम है । अब इस ERNET से अन्य शिक्षा और शोध संस्थानों को भी जोड़ा जा रहा है जैसे C-DoT, ITI तथा कुछ निजी संस्थान जैसे PSI, Data System इत्यादि। NCST में UNNET नाम का एक अन्तर्राष्ट्रीय संपर्कसूत्र द्वारक (Gateway) है जो अन्य अन्तर्राष्ट्रीय E-Mail सेवाओं से अभिगम की सुविधा प्रदान करता है। हॉल ही में ERNET से संलग्न ण्एऊ द्वारक (गेटवे) को INTERNET से संपृक्त कर दिया गया है जिससे कि संचिका हस्तांतरण और पारस्परिक कार्यकलापों हेतु INTERNET का समुचित उपयोग किया जा सके। फिलहाल यह सुविधा केवल उन्हीं उपभोक्ताओं को प्राप्त हैं जो ERNET से जुड़े हुए हैं। अपने देश के वैज्ञानिक समुदाय को ई-मेल सेवाएँ मुहैया कराने तथा वैज्ञानिक और प्रौद्योगिकीय सूचनाओं के आदान-प्रदान में इर्नेट की महत्त्वपूर्ण भूमिका है। इसी प्रकार वैज्ञानिक एवं औद्योगिक अनुसंधान परिषद की समस्त राष्ट्रीय प्रयोगशालाओं और कतिपय अन्य अनुसंधान एवं शिक्षा संस्थानों को एक दूसरे से नेटवर्किंग के माध्यम से संपृक्त करने के लिए इर्नेट के सहयोग से ही SIRNET (Scientific and Research Network) का निर्माण हुआ है। यह नेटवर्क भारतीय राष्ट्रीय वैज्ञानिक अभिलेखन केन्द्र (INSDOC) नई दिल्ली में स्थापित किया गया है और उन्हीं द्वारा प्रबंधित भी है। इंस्डाक , वैज्ञानिक एवं औद्योगिक अनुसंधान परिषद (CSIR) का एक घटक केन्द्र है। यहाँ स्थापित इस नेटवर्क को ERNET का उप-नेटवर्क माना जा सकता है। यह नेटवर्क पूरे देश में स्थापित CSIR प्रयोगशालाओं को ई-मेल सुविधा प्रदान करता है। इर्नेट और इंटरनेट से जुड़े होने के कारण विभिन्न नेटवर्किंग सुविधाएँ इस नेटवर्क के प्रयोक्ताओं को भी सहज ही में उपलब्ध हैं।

सारांशत: कह सकते हैं कि सूचना प्रौद्योगिकी ने विश्व में बड़ी तेजी से अपना स्थान बनाया है और पूंजी बाजार, शिक्षा और शोध और संचार व्यावस्था में इसके माध्यम से उल्लेखनीय परिवर्तन हुए हैं। ऐसी अपेक्षा की जा सकती है कि विज्ञान और प्रौद्योगिकी के क्षेत्र में विद्यमान भाषा की समस्या को सुलझाने के लिए संगणक एवं सूचना प्रौद्योगिकी अपनी महत्वपूर्ण भूमिका अदा कर सकती है बशर्ते इसका अभीष्ट उद्देश्य के लिए

समुचित उपयोग किया जाए। इस प्रौद्योगिकी में अपरिमित संभावनाएँ हैं, और भारतीय वैज्ञानिक समुदाय अपेक्षित उद्देश्य के लिए यदि सफलतापूर्वक इसका उपयोग करे तो वह दिन दूर नहीं जब भारत की भाषा समस्या बीते दिनों की बात होगी।

2.3.6 सिविल अभियांत्रिकी एंव प्रौद्योगिकी

सिविल अभियांत्रिकी एवं प्रौद्योगिकी मानव के विशिष्ट ज्ञान संबंधी एक विस्तृत शास्त्र है। अभियांत्रिकी की अन्य शाखाओं की तरह सिविल प्रौद्योगिकी भी विज्ञान की एक ऐसी शाखा है जिसमें अध्ययन अनुभव और अभ्यास के माध्यम से प्राप्त ज्ञान (गणितीय, पदार्थ विज्ञान, धातुकी, रासायनिकी आदि) का उपयोग सविवेक मानव के हितसाधन हेतु किया जाता है। यद्यपि सिविल प्रौद्योगिकी का आधुनिक स्वरूप 19वीं सदी की ही देन है तथापि इसका आविर्भाव मानव सभ्यता के साथ ही हुआ है। प्राचीन मानव द्वारा पहाड़ों को काट कर गुफाएँ बनाना और शिल्पकारी करना, मोहनजोदड़ो और हड़प्पा की नागरीय व्यवस्था, मलजल निष्कासन प्रणाली, नौवहन एवं सिंचाई प्रणाली, मिश्र देश के पिरामिडों का निर्माण, चीन की दीवार का निर्माण, भारतीय मध्ययुगीन स्थापत्य और भवन निर्माण कला तथा हिन्दुओं के मंदिरों और ईसाइयों के प्राचीन गिरिजाघरों के निर्माण की कला आदि को इस प्रौद्योगिकी के ज्वलंत उदाहरण के रूप में प्रस्तुत किया जा सकता है।

सिविल अभियंता नियोजन, अभिकल्पन, निर्माण और अनुरक्षण के माध्यम से मानव के आवास, वाणिज्य भवन आदि हेतु विविध प्रकार के निर्माण और अवसंरचनात्मक सुविधाएँ मुहैया कराते हैं। इन निर्माणों में आवासीय कार्यालय, फैक्टरी भवन, सड़क, राजमार्ग, रेलमार्ग, हवाई अड्डा, नहर, पुल, बंदरगाह, बांध, बहुउद्देशीय बंध परियोजनाएँ, परिवहन प्रणाली तथा मलजल और अपशिष्ट निष्कासन प्रणाली आदि का समावेश है। इसकी बहुआयामी उपयोगिता को ध्यान में रखकर ही इसे ``प्रकृति में उपलब्ध प्राकृतिक शक्ति के महान स्त्रोतों को मानव के उपयोग और सुविधा के लिए निर्देशित करने की कला''[31] कहा गया है।

निर्माण की इस प्राचीन कला को ``सिविल'' अभियांत्रिकी नाम देने के पीछे प्रमुख कारण इसे सैन्य अभियांत्रिकी संबंधी कार्यकलापों से अलग अभिव्यक्त करना है। सन् 1750 ई. के आस-पास तक इस कला के लिए ऐसा कोई विशेष शब्द प्रचलित नहीं था। राजगीर अथवा ऐसे ही विभिन्न् कारीगर भवन निर्माण कार्य करते थे। ``जॉन सेमेटॉन नामक जिस पहले व्यक्ति ने सैन्य अभियंताओं से अपनी एक अलग पहचान बनाने के लिए अपने आप को सिविल इंजीनियर नाम से अभिहित किया, वह वस्तुतः एक कारीगर ही था।[32] इंगलैण्ड में पॉलीमाउथ के निकट प्रसिद्ध ऐड्डीस्टोन लाइट हाऊस

(EDDYSTONE LIGHT HOUSE) उसी का बनाया हुआ है। सिविल अभियांत्रिकी का विज्ञान के रूप में सर्वप्रथम विकास वस्तुतः फ्रांस में सन् 1716 में आरंभ हुआ।[33] ब्रिजेस एण्ड हाईवेस कोर्प्स (BRIDGES AND HIGHWAYS CORPS), जिसे बाद में ब्रिजेस एण्ड हाईवेस स्कूल (BRIDGES AND HIGHWAYS SCHOOL) के नाम से अभिहित किया गया, वहीं इस विषय को एक विज्ञान अनुशासन के रुप में मान्यता दी गयी तथा इसमें बाक़ायदा शिक्षण-प्रशिक्षण आदि दिया जाने लगा।

वर्तमान युग में सिविल अभियांत्रिकी आवास सुविधाओं सहित अंतरिक्ष अन्वेषण, उष्मोनाभिकीय ऊर्जा का उपयोग, बैलेस्टिक प्रक्षेपास्त्र सुविधाओं हेतु भवनों के निर्माण, नाभिकीय भवनों का निर्माण, वायु और जल प्रदूषण की रोकथाम के लिए पदार्थों और प्रणालियों का विकास, बुद्धिमान भवनों तथा बहुमंजिली इमारतों के विकास और निर्माण में लगी हुई है। इसकी विशिष्टताओं को ध्यान में रखते हुए अब इसकी अनेकानेक शाखाएँ प्रस्फुटित हो गयीं हैं। आज कल कोई भी निर्माण कार्य तीन चरणों में पूरा होता है। प्रथम चरण है - संभाव्यता अथवा व्यावहारिकता का अध्ययन – इसमें किसी भी निर्माण परियोजना से पूर्व उसकी बहुउद्देशीयता और प्रयोजनीयता, उन्हें प्रभावित करने वाले कारकों, अवसंरचनाओं, आर्थिक और अभियांत्रिकीय तथा प्रशासनिक समस्याओं और योजनाओं आदि का विस्तृत अध्ययन किया जाता है।

द्वितीय चरण में निर्माण स्थान (SITE) का चयन, आयोजन, भूमि भारवहन क्षमता निर्धारण, निर्माण का स्थायित्व, निर्माण पद्धति, ग्राहकों तथा परामर्शदायी अभियंताओं और ठेकेदारों से संपर्क आदि की व्यापक जांच-परख की जाती है। इसके बाद ही निर्माण कार्य आरंभ किया जाता है। इसमें सिविल अभियंताओं के साथ - साथ विद्युत अभियंता, यांत्रिक अभियंता आदि का भी यथोचित योगदान होता है।

तृतीय चरण में निर्माण कार्य सम्पन्न् होने के पश्चात निर्माण के रखरखाव और अनुरक्षण का कार्य आरंभ होता है। समग्रतः कहा जा सकता है कि सिविल प्रौद्योगिकी में भी अन्य प्रौद्योगोकियों का समुचित उपयोग होता है।

2.3.7 ग्राम प्रौद्योगिकी

विज्ञान एवं तकनीकी विकास को तभी सार्थक माना जाता है, जब ये राष्ट्र के अधिकाधिक जन समुदाय को सामाजिक, सांस्कृतिक और आर्थिक रूप में बेहतर जीवन देने में सक्षम हों। यद्यपि किसी भी राष्ट्र की प्रौद्योगिकी वहाँ उपलब्ध कच्चे माल तथा संपत्ति के प्रभावी उपयोग पर निर्भर करती है, परन्तु कच्चे माल या सम्पत्ति की कमी को भी विज्ञान पर आधारित प्रौद्योगिकियों के विकास से पूरा किया जा सकता है। विज्ञान और

प्रौद्योगिकी कोई ऐसे विषय नहीं हैं जिन्हें गोपनीयता की दृष्टि से देखा जाए और जनसाधारण को वैज्ञानिक दृष्टिकोण जागृत करने से वंचित रखा जाए। ''यद्यपि ग्रामों से संबंधित समस्याओं का विश्व की लगभग तीन चौथाई जनसंख्या से सरोकार है फिर भी ऐसा देखा जात है कि उसे अन्तर्राष्ट्रीय विज्ञान और प्रौद्योगिकी की से अलग रखने की मानो एक परंपरा ही बन गयी है।[34] इसी के परिणामस्वरूप ग्रामीण और शहरी क्षेत्रों में विकास का संतुलन बिगड़ा है तथा तकनीकी ज्ञान का सार्वदेशिक स्तर पर प्रचार - प्रसार नहीं हुआ है। उल्लेखनीय है कि तथाकथित उच्च प्रौद्योगिकी जन- जन तक पहुँचने में असमर्थ है। अत: स्थानीय स्तर पर प्रौद्योगिकीय ज्ञान की अनिवार्यता महसूस की गयी और नगरों में स्थित कल-कारखानों और औद्योगिक प्रतिष्ठानों के साथ-साथ दूर-दराज के गावों के समुचित विकास और ग्रामीण जनता में वैज्ञानिक चेतना विकसित करने और राष्ट्र का समुचित विकास करने की दृष्टि से ग्राम प्रौद्योगिकी की अवधारणा विकसित हुई है। हॉलाकि यह कोई नई अवधारणा नहीं है, इस पर अतीत में भी विचार किया गया था, परन्तु आधुनिक संदर्भ में इसे अभी हाल ही में प्रतिष्ठा प्राप्त हुई है। विभिन्न् प्रौद्योगिकीय संस्थान और सरकारों का अब इस ओर ध्यान आकृष्ट हुआ है। वस्तुत: गाँधीजी की स्वदेशी की अवधारणा ही आज की ग्राम-प्रौद्योगिकी है। स्वदेशी तकनीक यानी स्थानीय परिस्थितियों एवं क्षमताओं के अनुकूल तैयार की गयी तकनीक और आस-पास उपलब्ध कच्चे माल के योग से प्रौद्योगिकीय कार्यव्यापार की वृद्धि और आर्थिक तथा सामाजिक, सांस्कृतिक विकास करना ही ग्राम-प्रौद्योगिकी का अभीष्ट है। इसका मुख्य उद्देश्य ही राष्ट्र की मौलिक एवं अभिनव क्षमताओं का दोहन कर उसे प्रोत्साहित करना है। स्थानीय मूलाधार होने के कारण इन तकनीकों को अपनाने तथा इन्हें उच्च स्तर तक पहुंचाने में कठिनाई नहीं होती है। इसके लिए आवश्यक घटक, पदार्थ, पर्यावरणीय परिस्थितियाँ इत्यादि सहज रुप से उपलब्ध होने के साथ-साथ इनका रखरखाव भी आसान तथा आर्थिक दृष्टि से व्यवहारिक होता है। ग्राम-प्रौद्योगिकी के माध्यम से विकसित ग्रामोद्योग भारत जैसे देश की बेरोजगारी की समस्याओं को दूर करने में अपनी उल्लेखनीय भूमिका अदा कर सकते हैं। स्वतंत्र भारत में अन्य संस्थाओं के साथ-साथ खादी ग्रामोद्योग आयोग भी इस दिशा में आगे बढ़ रहा है। भारतीय प्रौद्योगिकी संस्थान जैसी देश की शीर्षस्थ तकनीकी संस्थानों में भी ग्रामीण प्रौद्योगिकी केन्द्र खोल कर शोध और विकास कार्य प्रचुर मात्रा में होने लगे हैं। ये संस्थान अपने क्षेत्र के ग्रामीण इलाकों में उपलब्ध प्राकृतिक संसाधनों की खोज और सर्वेक्षण कर उनके समुचित उपयोग हेतु आवश्यक तकनीकी ज्ञान का हस्तांतरण कर रहे हैं। ग्रामौद्योग केन्द्रों द्वारा आधुनिक विज्ञान और प्रौद्योगिकी संबंधी ज्ञान का प्रचार-प्रसार स्थानीय भाषा और जनभाषा हिन्दी के माध्यम से अत्यंत सहजतापूर्वक तथा अत्यल्प लागत से ही किया जा सकता है। हॉलाकि इसकी प्रक्रिया आरंभ हो गयी है और हम देखते हैं कि विभिन्न प्रचार माध्यमों द्वारा तकनीकी ज्ञान की जानकारी लोगों तक उनकी अपनी जनभाषा हिन्दी के माध्यम से पहुंचाई भी जा रही है और जनसामान्य तक यह

अत्यंत प्रभावी ढ़ग से पहुंच भी रहा है। इस प्रौद्योगिकी के विकास का मुख्य लक्ष्य निम्नांकित है:

1. मौलिक और अभियांत्रिकीय विज्ञान के उपयोग पर आधारित ग्राम स्तर और लघु स्तर पर प्रौद्योगिकी एवं अवसंरचनाओं का विकास एवं कार्यान्वयन।

2. प्रदेश विशेष की आवश्यकताओं तथा संसाधनों के बीच की दूरी को समाप्त कर संबंधित समस्याओं के समाधान के लिए कार्य करना।

3. विकसित प्रौद्योगिकी को निचले स्तर तक पहुंचा कर समाज में वैज्ञानिक चेतना पैदा करना।

4. चुने हुए प्रदेश के संदर्भ में प्रौद्योगिकी के प्रभाव एवं विकास का विश्लेषण करना।

5. प्रौद्योगिकी हस्तान्तरण

6. ग्रामौद्योगिकी और लघु उद्योगों के माध्यम से बेरोजगारी को समाप्त करना तथा आर्थिक एवं सामाजिक - सांस्कृतिक विकास करना।

7. स्वदेशी तकनीकों का विकास और प्रचार - प्रसार करना।

2.3.8 जैव प्रौद्योगिकी

उस तकनीकी को जिसमें जीवित प्राणियों अथवा उनसे प्राप्त पदार्थो का उपयोग हो, जैव-प्रौद्योगिकी की संज्ञा से अभिहित करते हैं।[35] जैव प्रौद्योगिकी शब्द 1970 के उत्तरार्ध में तब गढ़ा गया था[36] जब आणविक और कोशिकीय जीव- विज्ञान के विकास ने नवीन औद्योगिक विकास को उत्प्रेरित किया और उसका उपयोग मानव के हित- साधन के लिए होने लगा। जैव प्रौद्योगिकी एक बहुविषयक शास्त्र है जिसका उद्ग्रव जीव-विज्ञान, रसायन विज्ञान और अभियांत्रिकीय विज्ञान के समुचित संयोजन से हुआ है।

जिस तकनीकी से प्राणियों अथवा प्राणी उत्पादों का प्राणियों अथवा उनके उत्पादों को बनाने, सुधारने तथा उन्नत करने में उपयोग किया जाता है और जिससे वनस्पतियों और प्राणियों में सुधार और विकास अथवा उपयोगी सूक्ष्म जैविकों का विकास और प्रवर्धन किया जाता है, उसे जैव प्रौद्योगिकी कहते हैं।[37]

संबंधित जैविक कारकों के प्रकार के आधार पर जैव-प्रौद्योगिकी को ``सूक्ष्म जैविक जैवप्रौद्योगिकी, वनस्पति जैवप्रौद्योगिकी तथा प्राणी जैवप्रौद्योगिकी'' इन तीन प्रमुख शाखाओं में विभक्त किया गया है। जैव प्रौद्योगिकी एक अतिआधुनिक अनुशासन है जिसका विस्तार विज्ञान के विविध क्षेत्रों में हो रहा है। भारत में इसके विकास और भावी कार्यक्रमों को नीचे चित्र से दर्शाया जा सकता है :

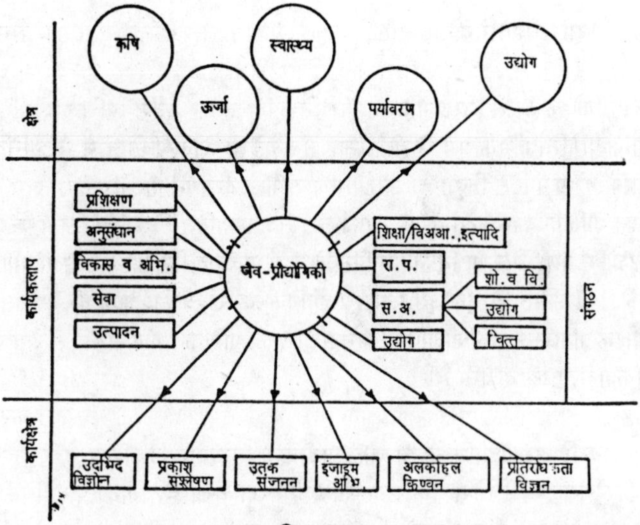

चित्र 2.1

जैव-प्रौद्योगिकी में दीर्घावधि कार्यक्रम

विअआ : विश्वविद्यालय अनुदान आयोग सअ : सरकारी अभिकरण
राप :राष्ट्रीय प्रयोगशालाएँ शोववि : शोध एवं विकास

वास्तव में इस प्रौद्योगिकी का उपयोग सदियों से हो रहा है। उदाहरण के लिए - खमीर उत्पादन, तथा विभिन्न् बैक्टिरिया जनित खाद्य उत्पाद - संदर्भ में जैव-प्रौद्योगिकी का विस्तार बहुत बढ़ गया है और इसका अर्थ अब कोशिका तथा उत्तक संजनन, कोशिका संलयन, आणविक जीव विज्ञान तथा विशेष रुप से DNA पुनर्संयोजन प्रौद्योगिकी हो गया है। इसमें जीवद्रव्यक संयोजन, वर्णसंकर प्रौद्योगिकी, कोशिका और उत्तक संजनन, जनन द्रव्य (Germplasm) का विकास, भ्रूण स्थानांतरण प्रौद्योगिकी, इंजाइम और प्रोटीन अभियांत्रिकी, किण्वन, जैव रुपान्तरण तथा कोशिकाओं और कोशिकीय उत्पादों का स्थिरीकरण आदि का समावेश है। जैव-प्रौद्योगिकी का विकास अब बड़ी तेजी से होने लगा है। कृषि, वानिकी, बागवानी,

चिकित्सा, स्वास्थ्य, रासायनिक उद्योग, खाद्य उद्योग, प्रदूषण नियंत्रण और पर्यावरण के क्षेत्र में इसका उपयोग होता है।

प्रौद्योगिकी का मानव के लिए इष्टतम् उपयोग और अपशिष्टों का पुनर्चक्रण इसकी एक ऐसी विशेषता है जिसने इसके व्यापक विकास और विस्तार का द्वार खोल दिया है।

2.3.9 शिक्षा प्रौद्योगिकी

प्रौद्योगिकी के बढ़ते हुए प्रभाव ने आधुनिक शिक्षा को सबसे अधिक प्रभावित किया है। हॉलाकि प्रागैतिहासिक युग से ही मानव के बढ़ते हुए तकनीकी ज्ञान ने उसके शैक्षिक कार्यकलापों को प्रभावित किया है। औद्योगिक समाज के प्रगत प्रौद्योगिकीय ज्ञान ने मानव के वर्तमान शैक्षिक कार्यकलापों को काफी हद तक प्रभावित किया है। जिस प्रकार अन्य अनेक क्षेत्रों में प्रौद्योगिकीय विकास परिलक्षित हो रहा है, शिक्षा के क्षेत्र में भी ``शिक्षा प्रौद्योगिकी'' विकसित हो चुकी है। शिक्षा प्रौद्योगिकी का उद्देश्य शिक्षण की गुणवत्ता बढ़ाना तथा शैक्षिक प्रशासन और शैक्षणिक अनुसंधान को परिष्कृत कर समेकित रुप से शिक्षा की कार्यकुशलता को बढ़ाना है।[43]

अब तक शिक्षा प्रौद्योगिकी की कोई सर्वमान्य परिभाषा विकसित नहीं हुई है अत: प्रौद्योगिकी के संदर्भ में जैसा कि उल्लेख किया जा चुका है, शिक्षा प्रौद्योगिकी का भी विभिन्न् लोग भिन्न - भिन्न् रुपों में अर्थग्रहण करते हुए अनेकों प्रकार से परिभाषित करने की चेष्टा करते हैं। कुछ लोग वर्तमान शिक्षा के क्षेत्र में प्रयुक्त इलेक्ट्रॉनिकी वस्तुओं (फिल्म प्रक्षेपक, टेप रेकार्डर, टेलीविजन तथा सूक्ष्मसंगणक, परिकलित्र आदि जो शिक्षण उपकरण के रुप में प्रयुक्त होते हैं) को शिक्षा प्रौद्योगिकी की संज्ञा देते हैं तो कुछ अन्य गैर-इलेक्ट्रॉनिकी वस्तुओं जैसे पुस्तक, चित्र, चार्ट आदि का भी उसमें समावेश करते हैं, कुछ और लोग तो शिक्षण में प्रयुक्त वस्तुओं ही नहीं अपितु शैक्षिक प्रशासन में प्रयुक्त उपकरणों जैसे - सूक्ष्म फिल्मों पर छात्रों का रेकार्ड रखना, विभिन्न स्कूलों के बीच रेडियो संचार, संगणक सहाय्यित प्रवेश परीक्षा संचालन इत्यादि अनेक प्रशासनिक कार्यकलापों को भी शिक्षा प्रौद्योगिकी के क्षेत्र में समाहित करते हैं।

परिभाषा में होने वाले उपर्युक्त विषमताओं से बचने का प्रयास करते हुए अमरीका के ``शैक्षणिक संचार एवं प्रौद्योगिकी संघ'' (ASSOCIATION FOR EDUCATIONAL COMMUNICATIONS AND TECHNOLOGY) ने अपने सात वर्ष के कठिन परिश्रम के पश्चात शिक्षा प्रौद्योगिकी हेतु एक सर्वमान्य परिभाषा देने का प्रयास किया है - `` शिक्षा प्रौद्योगिकी एक ऐसी जटिल और समेकित प्रकिया है जिसमें ज्ञान के सभी पक्षों से संबंधित समस्या विश्लेषण, आयोजन, कार्यान्वियन, मूल्यांकन तथा समस्याओं के

समाधान प्रबंधन के लिए अपेक्षित विद्वानों, विभिन्न प्रक्रियाओं, संप्रत्ययों, साधनों एवं संस्थाओं का सम्मिलित योग है।''[44] शिक्षा प्रौद्योगिकी के मुख्य घटक निम्नांकित प्रकार से हैं :

2.3.9.1. शिक्षा में संगणकों का उपयोग

गत सौ वर्षों में यदि वास्तव में कोई प्रौद्योगिकीय क्रांति हुई है तो वह है संगणक क्रांति। इसका आधार सूक्ष्म संगणकों को माना जा रहा है, क्योंकि वर्तमान शताब्दी के उत्तरार्द्ध में मानव जीवन के प्रत्येक पक्ष को इसी ने आंदोलित किया है। शिक्षा के क्षेत्र में सूचनाओं का सर्वाधिक महत्वपूर्ण स्थान है, और सूचना के क्षेत्र में संगणक प्रौद्योगिकी ने ही क्रांति पैदा कर दिया है। विद्यालय आधारित शिक्षा व्यवस्था अब गृह आधारित शिक्षा व्यवस्था में रूपांतरित हो रही है।

प्राथमिक शिक्षा से लेकर सभी अनुशासनों में उच्चस्तरीय शिक्षा तक की सारी व्यवस्था अब संगणकों के माध्यम से की जा सकती है। यह अक्षर पहचान से लेकर पढ़ना, लिखना, बोलना, वर्तनी, वाक्य रचना एवं व्याकरण, शब्द ज्ञानार्जन क्षमता में विकास, सृजनात्मक लेखन, भाषा-विज्ञान, पुस्तकालय एवं अनुसंधान दक्षता, साहित्य, रोमांचक खेल, समरूपण तथा कृत्रिम बुद्धि आदि से संबंधित शैक्षणिक उपादान उपलब्ध कराने में पूर्णत: सक्षम है। यद्यपि संगणकों ने शिक्षा के क्षेत्र में अपना योगदान 1950 के पहले से ही देना शुरु कर दिया था , किन्तु 1970 के दशक में सूक्ष्मसंगणकों के निर्माण ने शिक्षा के क्षेत्र में इसके उपयोग को क्रांतिकारी स्तर तक बढ़ा दिया है। संपूर्ण विश्व की शिक्षा प्रणाली में प्रशिक्षण और प्रशासनिक कार्यों में आज संगणकों का व्यापक उपयोग हो रहा है। शिक्षण, अनुसंधान, प्रशासनिक कार्य, मूल्यांकन तथा शिक्षा से संबंधित लगभग सभी कार्यों में संगणकों का उपयोग काफी बढ़ गया है।

2.3.9.2. शिक्षा में रेडियो और दूरदर्शन का उपयोग

रेडियो और दूरदर्शन दोनो ही 20वीं शती ई. की देन हैं। सन् 1920 के दशक से ही शिक्षा के क्षेत्र में रेडियो का उपयोग तथा 1950 के दशक से दूरदर्शन का उपयोग होने लगा था। एक प्रशिक्षण माध्यम के रुप में स्कूल और पारंपरिक पाठ्यसामग्रियों पर रेडियो और दूरदर्शन माध्यमों ने विविध प्रकार के लाभ पहुंचाएँ हैं। साक्षर और निरक्षर, मूक-बधिर, अंध आदि सभी प्रकार और सभी स्तर के लोग रेडियो-दूरदर्शन प्रसारण माध्यम से प्रशिक्षण का लाभ उठा सकते हैं । यह उनके अपने घर तक आसानी से पहुंच सकता है। टेपरेकार्डर और विडियो ने इसे और सुदृढ़ , सुनम्य तथा उपयोगी बनाया दिया है। इन माध्यमों से पुस्तक की अपेक्षा अधिक अद्यतन जानकारी

प्राप्त हो सकती है। पुस्तकों की अपेक्षा ये सस्ते तथा व्याख्यात्मक भी होते हैं। हॉलाकि इन्हें पूर्णत: दोषमुक्त तो नहीं कहा जा सकता तथापि शिक्षा के प्रसार-प्रचार में आज ये शैक्षणिक प्रौद्योगिकी का एक अभिन्न अंग हैं।

2.3.9.3 शिक्षा में शैक्षणिक मुद्रित सामग्री का उपयोग

शिक्षा प्रणाली में इलेक्ट्रॉनिकी माध्यम के व्यापक प्रचार-प्रसार के बावजूद पुस्तकें और अन्य मुद्रित सामग्री अभी भी प्रशिक्षण और प्रशासन दोनों के लिए अतिमहत्वपूर्ण प्रौद्योगिकीय उपकरण हैं। उल्लेखनीय है कि शिक्षा के क्षेत्र में मुद्रित सामग्री ही वह सशक्त माध्यम है जिसने सदियों से प्रौद्योगिकीय विकास को पारंपरिक रूप में कायम रखते हुए आगे बढ़ाया है।[45] पुस्तकें अन्य शैक्षणिक प्रौद्योगिकी माध्यमों की अपेक्षा काफी लोकप्रिय, सुवाह्य, ज्ञानसंचयिका और बिना किसी विशेष उपकरण के उपयोग में आने वाली तथा शिक्षा प्रणाली को सशक्त बनाने वाली सर्वोत्तम प्रौद्योगिकीय सामग्री हैं। इलेक्ट्रॉनिकी पुस्तकों का भले ही व्यापक प्रचार-प्रसार हो रहा है, तथापि मुद्रित पुस्तकों की अपनी अलग महत्ता है और कालांतर में भी बनी रहेगी।

2.3.9.4 शिक्षा के क्षेत्र में प्रचालन प्रणाली का उपयोग

शिक्षा प्रौद्योगिकी के सभी प्रमुख घटकों में प्रचालन प्रणाली सबसे प्राचीन तथा सबसे अधिक महत्वपूर्ण घटक है। यहाँ प्रणाली का अर्थ एक प्रस्थापित प्रविधि अथवा शैक्षणिक लक्ष्यप्राप्ति हेतु सोपान श्रृंखला है। इस प्रणाली को दो भागों में विभक्त किया जा सकता है। पहला भाग - प्रशिक्षण प्रविधि को माना जाता है, जिसका अर्थ सूचना, अभिवृत्ति एवं दक्षता प्रशिक्षण हेतु प्रयुक्त तरिका है।[46] तथा दूसरा भाग - शैक्षणिक प्रशासन को माना जाता है, जिसका अर्थ - व्यक्तियों, सुविधाओं, संप्रत्ययों तथा किसी समाज में स्थित औपचारिक और अनौपचारिक शैक्षिक कार्य करने वाले अभिकरणों को संगठित करना है।[47] ये दोनो ही साधन प्रागैतिहासिक काल से ही विद्यमान हैं और वर्तमान प्रणाली की अपेक्षा काफी सरल हैं। अपनी सरलता के कारण ही इनकी प्रासंगिकता अभी भी बनी हुई है।

प्रशिक्षण पद्धति का संबंध मात्र उन्हीं प्रविधियों से नहीं है जिनका अभिकल्पन शिक्षाविदों द्वारा कक्षा में उपयोग के लिए किया गया है अपितु बच्चों की शिक्षा मूलत: घर के पारिवारिक वातावरण से ही आरंभ हो जाती है। प्राचीन काल से ही यह प्रथा चली आ रही है। औपचारिक शिक्षा के विपरीत हमें इसे अनौपचारिक शिक्षा नाम से अभिहित कर सकते हैं। इसमें विवरणात्मक व्याख्यानों, प्रदर्शनों, दृष्टांतों, धमकियों अथवा चेतावनियों, पुरस्कार और सजा जैसे अनेकानेक उपायों का समावेश किया जा सकता है।

शिक्षा संबंधी प्रशासनिक कार्यों में विभिन्न प्रकार के कार्यकलापों जैसे - शैक्षणिक देखभाल, पर्यवेक्षण, समर्थन / आधारभूत सेवाएँ, अवसंरचनात्मक सुविधाएँ, वित्त-पोषण, आय-व्ययन, लेखा-कार्य , कार्मिक चयन एवं प्रशिक्षण, प्रणाली मॉनीटरन तथा मूल्यांकन सुविधाओं का अर्जन एवं प्रबंधन, उपकरण, संरक्षण, अनुसंधान इत्यादि अनेक कार्यव्यापारों का समावेश किया जा सकता है। वर्तमान विश्वविद्यालयी : पद्धति अथवा संस्थान पद्धति आदि को भी शिक्षा प्रौद्योगिकी के अन्तर्गत ही रखा जाता है।

2.3.10 उपयुक्त प्रौद्योगिकी

``उपयुक्त प्रौद्योगिकी'' शब्द एक ऐसा शब्द है जो समाज और प्रौद्योगिकी के संबंधों का एक विशिष्ट चित्र प्रस्तुत करता है। ``उपयुक्त'' प्रौद्योगिकी लगभग साठ के दशक में प्रादुर्भूत एक ऐसी प्रौद्योगिकीय विचारधारा है जो आधुनिक प्रौद्योगिकी और पारंपरिक प्रौद्योगिकी के पारस्परिक अंतर को स्पष्ट करता है। वस्तुतः यह अवधारणा काफी हद तक ग्राम प्रौद्योगिकी की अवधारणा के सदृश ही है। इस के अनुसार किसी देश विशेष द्वारा आर्थिक-वैज्ञानिक-प्रौद्योगिकीय विकास हेतु ऐसी प्रौद्योगिकी का वरण किया जाना चाहिए जो वहाँ के वातावरण और परिस्थितियों में अपने को आत्मसात कर ले।

उल्लेखनीय है कि साठ के दशक के लगभग कुछ व्यक्ति और लोगों ने वैयक्तिक अथवा सामूहिक रूप से आधुनिक प्रौद्योगिकी की समीक्षा करते हुए उसमें अपेक्षित परिवर्तन लाने की जोरदार सिफारिश की और अपनी-अपनी रुचि और मान्यताओं के आधार पर अपनी समीक्षित प्रौद्योगिकी के लिए अनेकानेक नाम सुझाए जिनमें ``उपयुक्त प्रौद्योगिकी'', ``माध्यमिक प्रौद्योगिकी'', ``वैकल्पिक प्रौद्योगिकी'', ``मौलिक प्रौद्योगिकी'', ``प्रजातांत्रिक प्रौद्योगिक'', ``जन प्रौद्योगिकी'', ``प्रगतिशील प्रौद्योगिकी'', ``अल्पलागत प्रौद्योगिकी'', ``स्वायत्त् प्रौद्योगिकी'', ``मृदु प्रौद्योगिकी'', ``आदर्श प्रौद्योगिकी'', ``स्वाधीन प्रौद्योगिकी'', ``अहिंसात्मक प्रौद्योगिकी'', ``सामाजिक प्रौद्योगिकी'' आदि नामों का उल्लेख मिलता है। इन सारी विचारधाराओं के परिणामस्वरूप फिलहाल भिन्न दृष्टिकोण वाले दो वर्ग उभर कर सामने आए हैं। पहला वर्ग ऐसे लोगों का है जिनका संबंध विकासशील देशों से है और दूसरा वर्ग उन लोगों का है जिनका ``जीवन - स्तर'' (Quality of Life) और विकसित देशों के पर्यावरण और संसाधन की समस्याओं से संबंध है। साठ के दशक में ``माध्यमिक प्रौद्योगिकी'' शब्द इसके लिए काफी प्रचलित हुआ था। मार्च सन् 1964 में भारतीय योजना आयोग के सौजन्य से हैदराबाद में ``ग्रामीण क्षेत्रों में लघु उद्योगों हेतु प्रौद्योगिकी'' (Technologies for small Industries in Rural Areas) विषय पर आयोजित एक संगोष्ठी में डॉ. ई. एफ. शूमेकर द्वारा इसके लिए सर्वप्रथम ``माध्यमिक प्रौद्योगिकी'' शब्द बनाया गया जो

स्वीकृत होकर अत्यंत लोकप्रिय और प्रचलित हुआ और बाद में SMALL IS BEAUTIFUL के नाम से प्रकाशित भी हुआ।[48]

शूमेकर द्वारा गढ़े गये ``माध्यमिक प्रौद्योगिकी'' शब्द का तात्पर्य प्राचीन प्रौद्योगिकी को वर्तमान प्रौद्योगिकी से महत्वपूर्ण और बेहतर साबित करना था जो वर्तमान की अपेक्षा अधिक सहज-सरल, सस्ती और उपयुक्त थी। इसका मुख्य आधार वर्तमान पाश्चात्य प्रौद्योगिकी की अपेक्षा स्वदेशी प्रौद्योगिकी पर बल देना और अपेक्षाकृत कम निवेश पर अधिक रोजगार पैदा करके विकसित देशों की अपेक्षा विकासशील देशों में मजदूरों की उत्पादकता को बढ़ाना था। किन्तु कालांतर में सही प्रौद्योगिकी का चयन करने की प्रक्रिया में ``उपयुक्त'' शब्द इसके लिए अधिक प्रचलित हुआ और अंततः इसे ``उपयुक्त प्रौद्योगिकी'' शब्द से अभिहित किया जाने लगा।

``उपयुक्त प्रौद्योगिकी'' एक ऐसा शब्द है जो समाज और प्रौद्योगिकी का विशिष्ट चित्र प्रस्तुत करता है। इसके अनुसार प्रौद्योगिकी न तो उदासीन और निष्पक्ष होती है और न ही किसी एक पथ अथवा प्रक्रिया से प्रादुर्भूत हुई है। अपने पर्यावरण के उपयुक्त विभिन्न सांस्कृतिक और भौगोलिक समूहों के पास भिन्न - भिन्न् प्रौद्योगिकी का होना ही इसका अभीष्ट है। सांस्कृतिक अस्मिता एवं राजनैतिक स्वाधीनता के लिए प्रौद्योगिकीय आत्मनिर्भरता अनिवार्य है। इसकी मान्यता है कि वे ही प्रौद्योगिकियाँ अच्छी हैं जो अपने जैविक पर्यावरण में अपने को आत्मसात कर लेती हैं। एक सुखद और सृजनात्मक प्रक्रिया के माध्यम से आवश्यकता द्वारा निर्धारित और अपेक्षित उत्पादन करना ही आर्थिक उत्पादक कार्यकलापों का उद्देश्य होता है न कि असीमित लालच के अधीन उबाऊ, बीमार और पुनर्वृत्यात्मक उत्पादन प्रक्रियाओं द्वारा अत्यधिक उत्पादन करना। इसका सबसे अधिक जोर इस बात पर होता है कि प्रत्येक समाज के पास उनकी अपनी पारंपरिक प्रौद्योगिकी हो और नई प्रौद्योगिकियों का उद्भव और विकास भी उन्हीं के माध्यम से हो। इसका यह भी मानना है कि वही विकास सच्चे अर्थों में विकास है जिसके द्वारा जनसामान्य की कार्यकुशलता विकसित हो। लोगों द्वारा लोगों के लिए लोगों का समुचित विकास ही उपयुक्त प्रौद्योगिकी का अभीष्ट है।[49]

उपयुक्त प्रौद्योगिकी पद्धति किसी समुदाय की क्षमता को समझकर उसे स्वाभाविक रूप से धीरे-धीरे विकास की ओर प्रवृत्त करती है। यह विकास स्थानीय संसाधनों पर आधारित होता है और संबंधित समुदाय की कार्यकुशलता के विकास का साधक होता है। यह अनिवार्य रुप से ग्रामाधारित प्रौद्योगिकी है। उपयुक्त प्रौद्योगिकी केवल लघु उद्योगों से ही संबंधित नहीं, अपितु सामुदायिक विकास के सभी पहलुओं से संबद्ध होती है।[50] यह अपने आप में एक संपूर्ण प्रौद्योगिकीय विचारधारा है जिसमें विकास स्वग्राही और उत्तरोत्तर संवर्द्धित होता रहता है। जैसे - जैसे लोगों की आर्थिक दशा सुधरती जाती है,

लोग और अधिक समुन्नत प्रौद्योगिकी प्रापत कर अपनी दक्षता, क्षमता और उत्पादकता बढ़ाते जाते हैं।[51]

2.4 प्रौद्योगिकी का इतिहास

यदि प्रौद्योगिकी को ``वस्तु बनाने अथवा निर्माण तकनीक का व्यवस्थित अध्ययन''[52] के रुप में परिभाषित किया जाता है तो , प्रौद्योगिकी का इतिहास एक प्रकार से मानव के उत्तरोत्तर विकास का ही इतिहास है। बेंजामिन फ्रैंकलीन ने मानव को औजार बनाने वाला प्राणी[53] कहा है। उनका मानना है कि मनुष्य, सिर्फ इसीलिए मनुष्य है, क्यों कि वह औजार बनाता है।[54] अतः औजार बनाने की अपनी प्रकृति के कारण मानव को उसकी उद्भावना से ही उद्यमी कहा गया है। इस प्रकार प्रौद्योगिकी के इतिहास में मानव के उद्भव और विकास की संपूर्ण कहानी समाहित है।

जैसी कि मान्यता है, आवश्यकता आविष्कार की जननी है, मानव के सामुदायिक रहन-सहन ने उसकी आवश्यकताओं को बढ़ाया और अपना खाद्य चुन कर खाने वाला (FOOD GATHERER) यायावर मानव जब एक स्थान पर सामाजिक जीवन जीने लगा तब विभिन्न आवश्यकताओं - (रोटी- कपड़ा - मकान) ने उसकी प्रवृत्ति को उपलब्ध संसाधनों के इष्टतम् उपयोग की ओर प्रेरित किया। प्रकृति से उपलब्ध उपयोगी वस्तुओं का दोहन, संसाधनों का निर्माण और विकास, अपने विविध प्रयोजनों हेतु उनका इष्टतम् उपयोग और अपनी भावी पीढ़ी के लिए उनका संरक्षण करने की सहज प्रवृत्ति के कारण अनजाने में ही मानव ने प्रौद्योगिकी को जन्म दिया जो तबसे उसके कार्यकलापों का एक अभिन्न अंग बनकर विकसित होती रही है।

प्राचीन सभ्यताओं के इतिहास, संबंधित सभ्यता के लोगों द्वारा उपयोग में लाई जाने वाली वस्तुओं, कलात्मक कृतियों, उपलब्ध पुरातात्विक अवशेष तथा तत्कालीन समाज और सामाजिक परिस्थितियों की समीक्षा, शक्ति जनन और उपयोग तथा वास्तु और शिल्पावशेष, परिवहन एवं संचार तथा सैनिक गतिविधियों के इतिहास और आधुनिक विज्ञान और प्रौद्योगिकी के उद्भव और विकास आदि मानव और उसके प्रौद्योगिकीय ज्ञान के इतिहास को जानने के महत्वपूर्ण स्रोत हैं। इनके अध्ययन से हम प्रौद्योगिकी के इतिहास से भली-भाँति परिचित हो सकते हैं।

लगभग 10,000 वर्ष पूर्व मानव घुमन्तू समुदाय में रहता था और अपना खाद्य इकट्ठा करता था या शिकार कर के प्राप्त करता था। आत्मरक्षा और शिकार हेतु उसने पत्थरों के शस्त्रास्त्र बना रखे थे जो खासकर मध्य अफ्रीका के खुदाई अभियानों में प्राप्त हुए हैं। इस काल में कोई विशिष्ट प्रौद्योगिकी का विकास नहीं हुआ था। इस युग को पुरापाषाण युग के रुप में जाना जाता है।

पाषाण युग में मानव संख्या में वृद्धि, समुदायों के आकार में वृद्धि तथा नागरीय जीवन का विकास हुआ और इसी युग से मानव ने पत्थरों का विविध प्रयोजनों के लिए प्रयोग करना आरंभ किया। मानव का तकनीकी और प्रौद्योगिकीय ज्ञान इस युग में अपेक्षाकृत तेजी से बढ़ा और सामाजिक, राजनैतिक संगठनों का रूप लेते हुए जटिल परिवर्तनों के दौर से गुजरने लगा। प्रथम नागरीय सभयता का विकास लगभग 3000 ई.पू. से माना जाता है।[55] मानव ने आग जलाने की तकनीकी इसी युग में प्राप्त की और सदियों बाद धातु युग में प्रवेश किया।

ई.पू. 3000 से ई.पू. 500 तक के काल में नागरीय क्रांति हुई। अब तक का प्रौद्योगिकीय विकास बहुत ही धीमा था और एक लम्बे कालावधि तक फैला हुआ था। मानव की अपेक्षाएँ भी मात्र मूलभूत आवश्कताओं (रोटी, कपड़ा और मकान) तक ही सीमित थी। अब से लगभग 5000 वर्ष पूर्व कहीं कहीं पर भौगोलिक परिस्थितियों के कारण कुछ विस्मयकारी सांस्कृतिक परिवर्तन परिलक्षित होने लगे थे। मानव ने नयी आवश्यकताओं और संसाधनों को उत्पन्न किया। साथ ही प्रौद्योगिकीय अन्वेषण भी बढ़ने लगे। यही शहरों के विकास का कालारंभ था।[56] संचित कृषिकर्म ज्ञान और नवपाषाण युग ने जनसंख्या वृद्धि की संभावनाओं को प्रोत्साहित किया और बढ़ती हुई जनसंख्या ने विविध वस्तुओं के विशिष्ट उत्पादों की मांग को बढ़ाया। इससे कारीगरों का एक वर्ग उदित हुआ। इन कारीगरों में धातु कर्मियों की संख्या सर्वाधिक थी। हमारी प्राचीन प्रौद्योगिकी इन्हीं के प्रयासों के कारण फूली-फली। पहले तो प्रकृति में अपने शुद्ध रुप में प्राप्य धातुओं (जैसे स्वर्ण, रौप्य, और ताम्र जैसी धातुओं) का उपयोग और विकास बढ़ा फिर धीरे-धीरे खनिज अथवा अयस्क रूप में प्राप्त धातुओं को विभिन्न् प्रक्रियाओं से परिशोधित और आगलन कर उपयोग में लाया जाने लगा। इससे ताम्र युग, कांस्य युग और लौह युग की सीढ़ियाँ चढ़ती हुई प्रौद्योगिकी अपने नव नव रुपों में पुरस्सार होने लगी।

मध्ययुगीन प्रौद्योगिकी का इतिहास, पूर्व की उपलब्धियों के संरक्षण, पुनःप्राप्ति और उनमें सुधारादि का इतिहास है। इस दौर में लगभग संपूर्ण विश्व में आक्रमणकारियों और देशान्तरण करनेवाले लोगों के द्वारा सांस्कृतिक और प्रौद्योगिकीय हलचल और समागम होते रहे। मुख्य रुप में यह युग युद्ध और राजनीतिक हलचल का युग रहा। अतः इस युग में विशेष रुप से सैनिक प्रौद्योगिकियों का ही अधिक विकास परिलक्षित होता है। इस युग में एशियाई देश जैसे भारत, चीन आदि देशों में प्रौद्योगिकीय विकास काफी प्रगति पर था क्यों कि यहाँ का प्राचीन विज्ञान सर्वोत्तम कोटि का था। 1000 ई. के आस पास इन देशों में वस्त्रोद्योग, गनपावडर, लौह ढलाई, कागज निर्माण, पवन चक्की तथा चिकित्सा आदि का मुख्य रूप से उल्लेख मिलता है। इस युग में पाश्चात्य देशों को बिना किसी बाहरी मदद के अपनी समस्याएँ खुद सुलझाने की राजनैतिक

परिस्थितियाँ पैदा हो गयी थी जिसने उनकी कृषि और जीविकोपार्जन पर आधारित/अर्थव्यवस्था और समाज को बदल कर एक गतिशील समाज में परिवर्तित कर दिया जो अब बढ़ते हुए व्यापार, उद्योग तथा नागरीय जीवन और तेजी से सीधे विकास करने वाले मापदण्ड पर आधारित हो गया है। पाश्चात्य देशों द्वारा यही प्राथमिक प्रौद्योगिकीय उपलब्धियाँ थी जो आगे चल कर काफी विकासित हुई और संपूर्ण विश्व को प्रभावित करने लगीं। इसी युग ने सुदृढ़ सैन्य प्रौद्योगिकी, परिवहन और संचार प्रौद्योगिकी को जन्म दिया। अनेक वैज्ञानिक आविष्कारों ने विशेष कर के इंग्लैण्ड के रॉबर्ट बॉयल के वायुमण्डलीय दबाव, जर्मनी के ओट्टो वॉन गुवेरिक के निर्वात (VACUUM) तथा फ्रान्सीसी एच.डी.पॉपीन के दाब पात्र (PRESSURE VESSEL) सहित भाप शक्ति के सैद्धांतिक आधार आदिने व्यावहारिक प्रौद्योगिकी को विकसित करने में काफी मदद की। थॉमस न्यूकोमॅन ने सन् 1712 में सर्वप्रथम भाप का इंजिन बनाया जिसमें जेम्सवाट ने और सुधार कर नई प्रौद्योगिकी को विकास की एड़ लगाई। सन् 1500 से 1750 के दौरान पाश्चत्य प्रौद्योगिकी का उद्भव और विकास हुआ। इसी बुनियाद पर विकसित तथाकथित पाश्चात्य (आधुनिक) प्रौद्योगिकी ने फिलहाल सर्वोत्कृष्ट प्रौद्योगिकी के रुप में संपूर्ण विश्व पर अपना आधिपत्य जमा लिया।[57]

सन् 1750 से 1900 के बीच इंग्लैण्ड में औद्योगिक क्रांति हुई। इससे पूर्व ऐसी क्रांति मानव जीवन के सुदीर्घ प्रौद्योगिकीय इतिहास में शायद कभी नहीं हुई थी। यह युग स्वचालित यंत्र-युग के रूप में स्थापित हुआ और यांत्रिकीय गति और बल के प्रयोग ने प्रौद्योगिकी को मानव की मूलभूत आवश्यकताओं से भी अधिक उसके ज्ञान की तृप्ति के लिए साधन जुटाने शुरु किए। 20वीं सदी के आरंभ में प्रौद्योगिकी ने और उपलब्धियाँ हासिल की। द्वितीय विश्व युद्ध के पश्चात तो विज्ञान और प्रौद्योगिकी की उपयोगिता तथा उस पर निर्भरता और बढ़ी जिसके फलस्वरूप प्रौद्योगिकी ने भी सैन्य और नागरिक दोनो ही क्षेत्रों में तीव्र विकास किया। आज प्रौद्योगिकीय विकास संभवतः अपनी चरम सीमा पर है। निश्चय ही इस दीर्घ अवधि में प्रौद्योगिकी ने मानव हेतु काफी उपलब्धियाँ अर्जित की हैं। पर्यावरणीय दृष्टि से यद्यपि इसके कुछ दुष्परिणाम भी जरूर हुए हैं तथापि मानव के भौतिक जीवन को उत्तरोत्तर विकसित करने में प्रौद्योगिकीय ज्ञान का सर्वाधिक योगदान रहा है।

2.5 विज्ञान, प्रौद्योगिकी और समाज : एक अर्न्तसंबंध

मानव के अतीत और वर्तमान सामाजिक-आर्थिक ढांचे को देखते हुए एक प्रश्न उठता है कि वह ऐसा कौन सा घटक है जिसने उसके सामाजिक और आर्थिक ढांचे में गत दो सौ वर्षों की छोटी सी अवधि में ही एक ऐसे क्रांतिकारी परिवर्तन से साक्षात्कार करवाया है, जितना कि मानव के उद्भव और विकास की सुदीर्घ अवधि में संभवतः कभी

नहीं हुआ था ! इसका उत्तर हमें विज्ञान और प्रौद्योगिकी के क्षेत्र में हो रही उत्तरोत्तर प्रगति में परिलक्षित होता है। गत दो सौ वर्षों में विज्ञान और प्रौद्योगिकी तथा सामाजिक अवधारणाओं में मूलभूत परिवर्तन होता दिखाई दे रहा है हम देखते हैं कि मानव सदैव आदिम प्रौद्योगिकीय व्यवस्था को पुनर्व्यवस्थित करने का प्रयास करता नज़र आता है। मनुष्य के मुख्य कार्यकलापों जैसे - कृषि, कारीगरी ,अभियांत्रिकी और चिकित्सा आदि क्षेत्रों में 19वीं और 20वीं सदी के विज्ञान और प्रौद्योगिकी के प्रभाव ने एक क्रांतिकारी परिवर्तन प्रस्तुत किया है जिससे मानव के सामाजिक स्वरुप और जीवन स्तर में आमूलचूल परिवर्तन हुआ है।

प्रौद्योगिकी वैसे तो सहजात रुप में ही मानवीय कार्यकलापों का प्रधान अंग रही है, किन्तु विज्ञान शायद बहुत बाद में उसके बीच आया। लगभग 17 वीं शताब्दी तक प्रौद्योगिकीय कार्यकलापों का विज्ञान से कोई विशेष सरोकार नहीं था।[58] समाज में भी वैज्ञानिक अथवा प्रौद्योगिकीय चेतना के कोई स्पष्ट लक्षण नहीं दिखलाई पडते थे। एक प्रकार से संपूर्ण समाज अपने जीवन- यापन के लिए प्रकृति प्रदत्त खाद्य और प्राकृतिक संसाधनों के उपभोग और उपयोग पर निर्भर था। वह बल और गति के प्राकृतिक संसाधनों का ही उपयोग करना जानता था। उसका दैनिक और पारस्परिक कार्यव्यापार भी दूरी और स्थान की सीमाओं में मार्यादित था। उसके लिए आदर्श उत्पादक कार्यकलाप प्रौद्योगिकी नहीं कृषि थी। इस काल में विज्ञान, प्रौद्योगिकी और समाज के संबंध धार्मिक दर्शनों और संगठनों से प्रभावित थे। विज्ञान और प्रौद्योगिकीय ज्ञान की अपेक्षा राजनीतिक कार्यव्यापार ही सर्वोपरि थे। तत्कालीन कला में विज्ञान भी समाहित था। प्लेटो की ``अपने राज्य से कलाकारों को निष्कासित कर देना चाहिए'' जैसी मान्यता तथा दूरबीन की खोज कर चन्द्रमा का प्रत्यक्ष दर्शन कराने वाले गैलिलियों को ईसाई धर्मावलंबियों द्वारा प्रताड़ित करने की घटना जैसे अनेक दृष्टांत यह प्रमाणित करते हैं कि तत्कालीन युग में विज्ञान,प्रौद्योगिकी और समाज का आपसी संबंध इतना प्रगाढ़ नहीं था जैसा कि आज है। कार्ल मिटकैम ने अपने एक लेख में तत्कालीन विज्ञान, प्रौद्योगिकी और समाज के संबंधों की व्याख्या करते हुए लिखा है कि उस काल के विज्ञान और प्रौद्योगिकी दोनों एक दूसरे से सर्वथा भिन्न और सरकार तथा समाज द्वारा शासित थे।[59] विज्ञान, एक आदर्श ज्ञान और सिद्धांत के रूप में विद्यमान था। उसे उत्पादन प्रक्रिया में प्रयुक्त नहीं किया जाता था। प्राचीन वैज्ञानिकों (जैसे अरस्तू आदि जो विश्व के बहुत ही शुद्ध प्रेक्षक थे) के ज्ञान और उपदेशों को दार्शनिक मानकर उनका कभी व्यावहारिक उपयोग नहीं किया गया । अपितु उन्होंने अपने ज्ञान का जब भी कोई व्यावहारिक पक्ष प्रस्तुत किया तो मात्र प्रतिरुप बनाने के लिए।[60]

किन्तु 19वीं सदी के यांत्रिकीय बल और गति का उपयोग करने वाले ज्ञान ने संपूर्ण विश्व का चित्र ही बदल दिया। मानवीय और पशु श्रम पर आधारित आर्थिक और

प्रौद्योगिकीय व्यवस्था को परिवर्तन की एड़ लगी। समाज में वैज्ञानिक चेतना का प्रसार काफी तेजी से होने लगा। इस काल के सामाजिक और आर्थिक परिवर्तनों ने समाज, विज्ञान और प्रौद्योगिकी के संबंधों की एक नई व्याख्या प्रस्तुत की।

बीसवीं सदी में विज्ञान और प्रौद्योगिकी दोनों को संपृक्त कर दिया गया और दोनों के परस्पर प्रभावों को बढ़ावा मिलने लगा। विज्ञान और प्रौद्योगिकी को धार्मिक और राजनैतिक नियंत्रण से मुक्त कर के स्वायत्तता प्रदान की गयी।[61] अब प्रौद्योगिकी को आर्थिक और सामाजिक विकास के लिए आवश्यक मानकर उसके प्रवर्द्धन हेतु प्रयास किए जाने लगे। फ्रांन्सीसी बेकन के कथनानुसार राजनीति को विज्ञान और प्रौद्योगिकी के प्रवर्द्धन हेतु सहायक के रुप में कार्य करना चाहिए। गैलिलियो के प्रसिद्ध दूरबीन की खोज ने खगोल सहित नौवहन और सैनिक कार्यकलापों में प्रौद्योगिकीय उपयोग को बढ़ावा दिया। अब विज्ञान के क्षेत्र में नई खोजों और अवधारणाओं का प्रौद्योगिकीय उपयोग होने लगा है। प्रस्तुत रेखा-चित्र के माध्यम से प्राचीन युग से लेकर वर्तमान और भावी विज्ञान, प्रौद्योगिकी और समाज के पारस्परिक संबंधों को प्रदर्शित करने का प्रयास किया गया है।

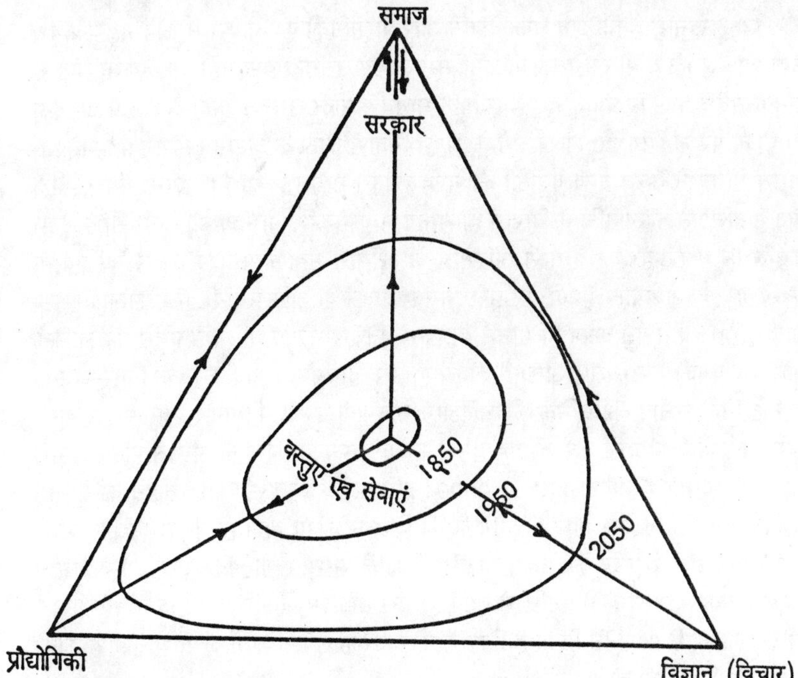

चित्र 2.2
समाज, विज्ञान और प्रौद्योगिकी का आपसी संबंध

उपर्युक्त चित्र में ऐतिहासिक दृष्टिकोण अपनाते हुए आमतौर पर विज्ञान, प्रौद्योगिकी और समाज के आपसी संबंधों को रेखांकित किया गया है। इसमें विज्ञान और प्रौद्योगिकी प्रदत्त वस्तुओं और सेवाओं को त्रिकोण के आंतरिक भाग में लिया गया है तथा विज्ञान , प्रौद्योगिकी और समाज को अलग - अलग कोणों पर रखा गया है। तीर के माध्यम से उनके आनुषंगिक संबंधों को दिखाया गया है। 1850 के पूर्व विज्ञान, प्रौद्योगिकी और समाज का संबंध बहुत ही क्षीण अथवा लगभग नहीं के बराबर था। 1850 से 1950 के दौरान इसमें पर्याप्त वृद्धि हुई है। यद्यपि विज्ञान और प्रौद्योगिकी के क्षेत्र में उल्लेखनीय प्रगति हुई है और समाज का प्रत्येक वर्ग इससे प्रभावित हुआ है , तथापि अभी भी समाज में इसका व्यापक प्रचार-प्रसार नहीं हो सका है। अब भी समाज के अधिकांश भागों में वैज्ञानिक चेतना जागृत नहीं हो पाई है। हालांकि कुछ पाश्चात्य देशों में इसका प्रतिशत अन्य विकासशील अथवा अविकसित देशों की तुलना में अधिक है। उपर्युक्त रेखाचित्र में यह स्पष्ट रूप से देखा जा सकता है कि अति प्राचीन काल में विज्ञान लगभग नहीं था, प्रौद्योगिकी की जड़ें भी कहीं और थी, फिर भी मनुष्य के साथ उनका एक अन्त:संबंध जरूर था जो कालांतर में उत्तरोत्तर प्रगाढ़ होता गया।

उल्लेखनीय है कि जब तक विज्ञान और प्रौद्योगिकी का आपस में कोई गहरा संबंध नहीं था, उनके द्वारा जनित प्रभाव भी समाज पर उतना गहरा नहीं था, किन्तु जब से उनके संबंध परस्पर प्रगाढ़ हुए हैं, संपूर्ण मानव समाज उनके प्रभावों के घेरे में आ गया है। पृथ्वी पर लगभग 20 लाख वर्षों के अपने निवास काल के दौरान लगभग 94 प्रतिशत समय मानव ने अन्य वन्य पशुओं की तरह जीवन मापन किया है।[62] अतः स्पष्ट है कि शेष 6 प्रतिशत कालावधि के दौरान ही मानव ने कृषिकर्म, ग्रामीण और नागरीय जीवन पद्धति की शुरुआत की। हमारी अस्मिता के वर्तमान महाकाव्य कुछ हजार वर्ष पूर्व ही लिखे गये हैं। यशपाल पृथ्वी पर इसे मानव जीवन के अस्तित्व के कुल कालावधि का मात्र 0.001 प्रतिशत काल ही मानते हैं। उनके विचारानुसार यदि हम वर्तमान वैज्ञानिक और प्रौद्योगिकीय सभ्यता, आद्योगिकीकरण, गुरुत्वाकर्षण अथवा चुम्बकत्व के सिद्धांत, इलेक्ट्रॉनिकी संचार, आधुनिक जीवनविज्ञान, परमाणु ऊर्जा, विमानन, अंतरिक्ष विज्ञान, संगणक आदि की बातें करें तो यह हमारे पृथ्वी- निवास- काल के अत्यंत सूक्ष्म अवधि का ही परिचायक है जो संभवतः 0.00001 प्रतिशत के बराबर होगा।[63] कहने का तात्पर्य यह कि वर्तमान विज्ञान और प्रौद्योगिकी का विस्तार अभी हाल ही की देन है। विज्ञान, प्रौद्योगिकी और समाज का संबंध जुड़ने में काफी समय लगा, किन्तु जुड़ने के पश्चात उसका विकास अत्यंत तीव्र गति से हुआ है। इस तीव्रतम विकास ने मानव के सामाजिक जीवन को काफी प्रभावित किया है जिसके फलस्वरूप उपलब्धियों के साथ - साथ काफी विसंगतियाँ भी पैदा हो गयी हैं।

आधुनिक विज्ञान और प्रौद्योगिकी के क्षेत्र में आज जो विकास परिलक्षित हो रहा है, वह लगभग गत 50 वर्षों में हुई वैज्ञानिक और प्रौद्योगिकीय क्रांति का ही परिणाम है। द्वितीय विश्वयुद्ध-काल अर्थात सन् 1945 के पश्चात प्रौद्योगिकी और विज्ञान के क्षेत्र में क्रांतिकारी परिवर्तन और विकास हुए हैं, यद्यपि विज्ञान की मौलिक अवधारणाओं का विकास काफी पहले ही हो चुका था। इसका अंदाज हम 19 वीं और 20वीं सदी की वैज्ञानिक उपलब्धियों का एक विहंगावलोकन कर के लगा सकते हैं।

उन्नीसवीं सदी में हम विज्ञान के सभी क्षेत्रों में विकास होता देखते हैं। भौतिकी में विद्युत और चुम्बक विज्ञान, उष्मा विज्ञान, गैसों की गति संबंधी (काइनेटिक) गति सिद्धांत, विद्युत चुम्बकीय तरंगों का सिद्धांत आदि महत्वपूर्ण उपलब्धियाँ हैं। रसायन विज्ञान में अणुओं का सिद्धांत , शरीर विज्ञान में पाचन क्रिया, श्वसन, नाडियों व इन्द्रियों का अध्ययन, जीव विज्ञान में ``माइक्रोस्कोपी'' सूक्ष्मदर्शी के अन्तर्गत जीवाणुओं की खोज तथा विकास के सिद्धांत की स्थापना आदि इस चरण की अन्य उपलब्धियाँ हैं। इस काल में समाज विज्ञान के आधारभूत नियमों की स्थापना हुई तथा मनोविज्ञान में भी मापन आदि के प्रयास किए गये और यह एक स्वतंत्र अनुशासन के रुप में विकसित हुआ। विज्ञान की पद्धति को इस काल में न्यूटनीय विचारों के अनुसार अंतिम रुप दिया गया जिसमें परिवर्तन की आवश्यकता तभी महसूस हुई जब न्यूटनीय तंत्र ही अपर्याप्त महसूस होने लगा। अतः विज्ञान का यह चरण वस्तुतः सभी क्षेत्रों में न्यूटनीय प्रकृति विज्ञान तंत्र के प्रभाव के रुप में देखा जा सकता है क्यों-कि ज्ञान के प्रायः सभी क्षेत्रों में इसकी विश्लेषणात्मक व प्रायोगिक पद्धति का अनुकरण किया गया। इस काल में गणित के क्षेत्र में तीव्र व अभूतपूर्व विकास हुआ।[64]

बीसवीं सदी का विज्ञान, ज्ञान के विविध क्षेत्रों में हुई वैचारिक क्रांतियों का परिणाम है। इन क्रांतियों में प्रमुख भौतिकी के क्षेत्र में हुई गति विज्ञान की क्रांति है जिसका नेतृत्व प्रथमतः आंइस्टाइन, फिर प्लैंक, बॉहर, हाइजेनबर्ग, मैक्सबर्न तथा श्रोंडिगर आदि ने किया है। जीव विज्ञान के क्षेत्र में गुणसूत्रों (क्रोमोजोम) की खोज , स्नायुओं का सिद्धांत, उनमें विद्युतीय संचार की खोज एवं तंत्रिका सिद्धांत के जन्म को क्रांतियों की संज्ञा दी जा सकती है। मनो-विज्ञान के क्षेत्र में पावलोव और फ्रायड के योगदान से मानवीय विचार-धारा में क्रांतिकारी परिवर्तन हुआ है। इसी तरह समाज विज्ञान में मार्क्स तथा दुर्खहाइम ने विचारों में क्रांति की। फेगे, रसेल, बूअर, आदि विचारकों ने गणित की आधारभूत अवधारणाओं का पुनर्मूल्यांकन किया तथा रीमेन आदि ने ज्यामिति में क्रांतिकारी विचार रखे।[65] इन सारी मौलिक अवधारणाओं का व्यावहारिक रुप में रुपांतरण होता रहा जिनके परिणामस्वरुप गत दो सौ वर्षों में हम विज्ञान और प्रौद्योगिकी के क्षेत्र में व्यापक पैमाने पर विकास होता देखते हैं।

वर्तमान प्रौद्योगिकीय विकास ने सामाजिक ढांचे में भी क्रांतिकारी परिवर्तन प्रस्तुत किया। अब समाज कृषि पर आधारित ग्रामीण और नागरीय, औद्योगिकी और गैर-औद्योगिकी, उपभोक्ता और उत्पादक जैसे अनेक खण्डों में विभक्त हो चुका है। औद्योगिकीकरण के फलस्वरुप एक बहुत बड़ा उपभोक्ता वर्ग तैयार हो चुका है जो विज्ञान और प्रौद्योगिकी द्वारा उत्पन्न वस्तुओं और सेवाओं का अपने दैनिक जीवन में उपभोग और उपयोग करने के लिए बाध्य है। संपूर्ण विश्व जो आज से लगभग 50 वर्ष पूर्व तक अपने स्थानीय उत्पादों और सेवाओं पर आश्रित था, आज वैश्विकरण और विश्वव्यापार के तहत उद्योगों में एक बड़ी संख्या में उत्पन्न वस्तुओं और सेवाओं का मात्र उपभोक्ता बन कर रह गया है। अब यह आवश्यक नहीं रहा है कि उन वस्तुओं और सेवाओं के उत्पादन में उसकी भी भागीदारी हो! श्रम विभाजन और विशिष्टीकरण तथा बड़ी मात्रा में उत्पादन की आवश्यकता और प्रवृत्ति ने सहज ही में उसकी ज्ञान वृद्धि का अधिकार उससे छीन लिया है।

1960 के दशक में अमरीका में एक ऐसे वर्ग का उदय हुआ जिसने विज्ञान, प्रौद्योगिकी और समाज के अंत:संबंधों की एक नई व्याख्या प्रस्तुत किया। इस वर्ग का मानना है कि - *कुछ विकसित देशों में होने वाले प्रौद्योगिकीय विकास का दुष्परिणाम विकासशील और अविकसित देशों को व्यापक स्तर पर भुगतना पड़ रहा है।* जबकि उसके लाभ से विकसित और विकासशील देशों का एक अत्यंत सीमित वर्ग ही लाभान्वित हो रहा है। जब विज्ञान और प्रौद्योगिकी को सार्वभौमिक माना जाता है तो प्रश्न उठता है कि इसके लाभ एक सीमित वर्ग तक ही क्यों रहें? इसका स्पष्ट उत्तर यह है कि इस प्रौद्योगिकी के उपयोग की जानकारी ही अत्यंत सीमित समुदाय को ज्ञात है। आम-उपभोक्ता इससे सर्वथा वंचित है। अतः यदि हम यह समझते हैं कि प्रौद्योगिकी द्वारा जनित वस्तुओं और सेवाओं का आम-उपभोक्ता उपयोग करे तो हमें उपभोक्ता साक्षरता की बड़ी आवश्यकता है। ज्ञातव्य है कि उपभोक्ता साक्षरता हेतु विश्व में आज काफी कुछ हो रहा है। भारत में भी इस दिशा में कदम उठाए जा चुके हैं। किन्तु यहाँ इस बात का उल्लेख करना अनिवार्य है कि उपभोक्ता साक्षरता हेतु भाषा माध्यम का बहुत महत्व है। वस्तुतः यह उपभोक्ता साक्षरता एक प्रकार से जनजागरण ही है। अतः जनजागरण अथवा उपभोक्ता साक्षरता के इस अभियान को जनभाषा के माध्यम से ही चलाना अनिवार्य है। हमारे देश की जनभाषा होने के नाते यह दायित्व हिन्दी भाषा का है। अतः हिन्दी भाषा मे प्रौद्योगिकीय उपलब्धियों और वस्तुओं तथा सेवाओं के संबंध में जानकारी उपलब्ध कराना अनिवार्य है ताकि यह जनमानस तक आसानी से पहुंच सके। यहाँ यह भी उल्लेखनीय है कि आधुनिकता के पक्षधर बुद्धिजीवी और राजनेता वर्ग ने इसके लिए अलग-अलग अपनी तरह के उत्तर सुझाए हैं। यह आश्चर्य और विषाद की ही बात है कि इस संबंध में जो चर्चा या वाद-विवाद होता रहता है, गोष्ठियाँ और प्रचार होते हैं और योजनाएँ बनती तथा क्रियान्वित होती हैं - उनमें कभी भी जन साधारण की

सम्मति नहीं ली जाती, उनकी प्रतिक्रियाओं का जायजा नहीं लिया जाता और उन्हें सहभागी भी नहीं बनाया जाता। शायद इस लिए कि उपर्युक्त सारा कार्यव्यापार विदेशी भाषा के माध्यम से एक सीमित वर्ग द्वारा किया जाता है। हमेशा यह माना जाता है कि जनता और जनचेतना सिर्फ गढ़ने की वस्तु है, मिट्टी का एक पिण्ड है जिसे कुशल कलाकार अपनी कल्पना के अनुसार रूप दे सकता है। कतिपय वैयक्तिक अथवा सामूहिक हितों के लिए इस प्रकार हम देखते हैं कि भाषा की समस्या वास्वत में जनसाधारण की विवेक-बुद्धि को विनष्ट करने का एक सुनियोजित और कलुषित प्रयास के परिणामस्वरूप खड़ी की गयी है।

जैसा कि भारतीय स्वतंत्रता संग्राम के दौरान इस बात को परखा जा चुका है कि जन-जागरण अथवा जन चेतना निर्माण करने में जनभाषा का अत्यंत महत्वपूर्ण योगदान होता है। हमारे देश में हिन्दी भाषा ही इसके लिए उपयुक्त, सहज-सरल और सस्ता माध्यम बन कर अपना योगदान दे रही है किन्तु खेद है इसका समुचित उपयोग नहीं हो रहा है। एक ओर जहाँ मानव की सामाजिक अवधारणा को परिभाषित करने में उसकी भाषिक क्षमता, तकनीकी ज्ञान, रंग-रूप, ध्वनि तथा सामाजिक संगठन की उसकी क्षमता को आधार माना जाता है।[66] वहीं दूसरी ओर हम देखते हैं कि राष्ट्र निर्माण में इन्हें अपेक्षित महत्व ही नहीं दिया जाता। इनके प्रति विज्ञान जगत की उदासीनता चिंतनीय है। समय रहते हमें इन्हें अपनी अस्मिता और सामाजिक अवधारणाओं के अनुरूप परिभाषित करना पड़ेगा। इसके लिए हमें अपनी भाषा और प्रौद्योगिकी का ही प्रयोग करना होगा, किसी विदेशी भाषा और प्रौद्योगिकी का नहीं। विज्ञान और प्रौद्योगिकी के माध्यम से अपने सामाजिक और आर्थिक विकास करने के प्रयास में हमें यह कदापि नहीं भूलना चाहिए कि किसी भी समाज के अस्तित्व और अस्मिता के महत्वपूर्ण कारकों में भाषा का भी एक महत्वपूर्ण स्थान है। हमारे यहाँ अनेक भाषाएँ हैं जिनका नेतृत्व कभी संस्कृत करती थी और आज हिन्दी कर रही है। अतः मजदूर, कृषक, व्यवसायी, और उपभोक्ता सभी को समान रुप से यदि प्रौद्योगिकीय विकास से लाभान्वित करना है, (और करना अपरिहार्य है) तो निम्नस्तर से लेकर उच्चस्तर तक लगभग सभी लोगों के पास आसानी से पहुंचने में सक्षम जन- भाषा हिन्दी का आश्रय लेना अत्यानिवार्य है, अन्यथा जैसा कि गत 50 वर्षों में हमने देखा, अपने प्रयासों और लक्ष्य प्राप्ति में हमें अपेक्षित सफलता नहीं मिलेगी। विज्ञान, प्रौद्योगिकी एवं समाज का आपसी सबंध एक दूसरे के विकास और प्रगति के लिए अनिवार्य है। इस दिशा में समुचित दृष्टिकोण अपनाना अत्यानिवार्य है।

2.6 स्वदेशी और विदेशी प्रौद्योगिकी

यद्यपि इस बात को दृढ़तापूर्वक और स्पष्ट रूप से कहा जा सकता है कि वैश्विकरण और आर्थिक उदारीकरण की मौजूदा परिस्थितियों में स्वदेशी और विदेशी प्रौद्योगिकी का विवाद त्याग कर हमें अपने विकास हेतु उपयुक्त प्रौद्योगिकी का वरण करना चाहिए क्यों-कि ज्ञान तो सार्वभौमिक होता है चाहे वह दार्शनिक हो अथवा विज्ञान और प्रौद्योगिकी से संबंधित ! किन्तु जैसा कि अभी हाल ही में सम्पन्न हुए ''व्यापार और सीमाशुल्क पर सामान्य करार'' (General Agreement on Trade and Tariff (GATT)) समझौतों में यह बात स्पष्ट रुप से परिलक्षित हुई है कि स्वदेशी और विदेशी प्रौद्योगिकी में पर्याप्त अंतर है। स्वदेशी प्रौद्योगिकी का उपयोग हम अपनी सुविधानुसार अपने पर्यावरण और संसाधनों के आधार पर कर सकते हैं किन्तु विदेशी प्रौद्योगिकी के समुचित उपयोग हेतु हमें विदेशी (KNOW HOW) तकनीकी ज्ञान और प्रचालन की तकनीक प्राप्त करने हेतु मुंह जोहना पड़ेगा। भारत के संदर्भ में यहाँ कतिपय घटनाओं का उल्लेख करना अन्यथा न होगा ।

निकट अतीत में घटी कुछ अन्तर्राष्ट्रीय घटनाओं में हमने देखा कि प्रौद्योगिकीय परनिर्भरता हेतु भारत को एक से अधिक अवसरों पर कटु अनुभवों का सामना करना पड़ा है। गैट समझौतों में भारत को औद्योगिक रूप से विकसित देशों की अपेक्षा डंकल ड्राफ्ट पर अपनी बात रखने तक का बहुत कम अवसर और स्वतंत्रता मिली। गैट में सक्रिय रुप से संलग्न भारतीय सरकारी अधिकारियों का मानना है कि भारत के पास इसके सिवा कोई चारा ही नहीं था कि वह ड्राफ्ट पर अपने हस्ताक्षर कर दे जैसा कि पाश्चात्य देशों और जापान द्वारा तय किया गया था।[67] दूसरी घटना यह है कि अमरीकी सरकार के दबाव में आकर रुस ने भारत को क्रायोजनिक रॉकेट इंजिन टेक्नॉलॉजी देने से स्पष्ट इन्कार कर दिया जब कि सारी औपचारिकताएँ और करार पहले से ही तय किए जा चुक थे। (हॉलाकि उसे जब पता चला कि भारत भी अब उसी प्रकार का इंजिन बनाने की पहल कर रहा है अतः कतिपय आर्थिक् परिस्थितयों के अन्तर्गत उसने वह इंजिन बाद में भारत को देना स्वीकार कर लिया)। एक घटना और है जब अमरीका ने भारत को सुपर कंप्यूटर देने से इन्कार कर दिया था और अंततः भारत को सुपर कंप्यूटर बनाना पड़ा जिसकी आज विश्व के अन्य अनेक देशों में मांग भी बढ़ी है। तात्पर्य यह कि विदेशी प्रौद्योगिकी के सहारे हम अपेक्षित विकास नहीं कर सकते, किन्तु स्वदेशी प्रौद्योगिकी का विकास करने पर हममें आत्मनिर्भरता, आत्मसम्मान और आत्मशक्ति जागृत होती है और स्वदेशी होने के कारण हम उसे आसानी से अपने लोगों तक पहुंचा सकते हैं जिससे अपने समाज का आर्थिक और सांस्कृतिक हितसाधन हो सके।

2.7 भारत में विज्ञान और प्रौद्योगिकी

अरस्तू और प्लेटो के युग में भारतीय विज्ञान और प्रौद्योगिकी संबंधी ज्ञान गणित, खगोलशास्त्र, रसायनशास्त्र, वस्त्रोद्योग, धातुकी तथा सिविल अभियांत्रिकी के कारण अपने विकास की पराकाष्ठा पर था। प्राचीन भारतीय दर्शन, मिथक तथा जीवन पद्धति आदि से सम्बद्ध व्यवस्थित ज्ञान की जड़ें समाज में काफी गहराई तक फैली हुई थी जो कालांतर में राजनैतिक और आर्थिक कारणों से अतीत की गहराइयों में दब गयी। किन्तु आज जब कि भौतिक विकास अपनी चरम सीमा पर है, उसके द्वारा जनित जीवन की विसंगतियों के समाधान हेतु पुनः उस प्राचीन भारतीय जीवन दर्शन की आवश्यकता महसूस की जा रही है। प्रकृति के रहस्यों को भेदने में सक्षम अत्यंत शक्तिशाली औजारों द्वारा आज पुनः उनका अनुसंधान और अन्वेषण किया जा रहा है, क्योंकि उनका स्वरूप शाश्वत और कालातीत है। यद्यपि फिलहाल वे इतिहास के काले पन्नों में कहीं खोए हुए हैं, तथापि यदि हम लगन से उनका अन्वेषण करें तो अपेक्षित परिणाम अवश्य निकलेंगे तथा उनसे हमारे विकास कार्यक्रमों को निचले स्तर तक शीघ्रतापूर्वक पहुँचाने में मदद मिलेगी। सर अर्थर क्लार्क जैसे अनेक महान विज्ञान लेखकों ने प्राचीन भारतीय शिल्प और विज्ञान की प्रशंसा की है। तथापि गत 5-6 शताब्दियों से भारतीय विज्ञान और प्रौद्योगिकीय ज्ञान की काफी क्षति हुई है और हमारा देश आधुनिक विज्ञान की स्पर्धा में बाकी दुनिया से अपेक्षाकृत पिछड़ा हुआ है। इस तथ्य का विश्लेषण करने पर इसके अनेकों कारण मिलते हैं । प्रमुख ऐतिहासिक कारण यह है कि जब पाश्चात्य देशों में औद्योगिक क्रांति हो रही थी, भारत औपनिवेशिकता की जंजीरों में जकड़ा हुआ था। और जब औद्योगिकीय और प्रौद्योगिकीय विकास पाश्चात्य देशों में अपने पूरे वेग पर था, भारत को औपनिवेशिक परतंत्रता से मुक्ति मिली। यह भी उल्लेखनीय तथ्य है कि जहाँ 20 वीं सदी के उत्तरार्ध में पूरी दुनिया में विज्ञान और प्रौद्योगिकी के क्षेत्र में काफी तेजी से वृद्धि हो रही थी, वहीं जब भारत स्वतंत्र हुआ तो विज्ञान के नाम पर इसके पास मात्र कुछ पुराने जर्जर वस्त्र और चीनी की मिलें थीं जिनका उत्पादन देश की आवश्यकता की तुलना में नगण्य था। तकनीकी जनबल लगभग समाप्त हो चुका था और इसकी राजनैतिक शक्ति भाषा, प्रांत, जाति और कुत्सित राजनीति के दलदल में फंसी हुई थी। बेरोजगारी, कुपोषण और बीमारी ही विरासत के रुप में मिली थी। कृषि-प्रधान देश की कृषि व्यवस्था भी लगभग सदियों से थमी हुई थी। ऐसी विकट सामाजिक, राजनीतिक और आर्थिक परिस्थिति में भारत ने विकास के पथपर अपना पहला कदम रखा।

जब तक भारत को ब्रिटिश औपनिवेशिक परतंत्रता से मुक्ति मिली तब तक पाश्चात्य विज्ञान और प्रौद्योगिकी ज्ञान तथा औद्योगिक और आर्थिक विकास सारी दुनिया के लिए एक ''मॉडल`` नमूना अथवा आदर्श बन चुका था। अतः तीव्रगति से विकास

करने तथा बाकी दुनिया के साथ कदम से कदम मिलाकर चलने के उद्देश्य से भारत ने भी उन्हीं प्रतिरूपों पर अपने विज्ञान और प्रौद्योगिकी की नई आधारशीला रखी। ऐसा करने में एक भारी भूल यह हुई कि स्वंय भारत ने अपने अतीत से कोई सबक नहीं लिया, जहाँ स्वदेशी भाषा और ज्ञान के कारण यह देश विज्ञान और प्रौद्योगिकी संबंधी ज्ञान के क्षेत्र में अपनी चरम सीमा पर था। और जैसा कि गत अध्याय में उल्लेख किया गया है, स्वतंत्र भारत में आधुनिक विज्ञान और प्रौद्योगिकी का महल पाश्चात्य शिल्पकारों के हाथों बनवाया गया जो भारतीय जीवन पद्धति के सर्वथा विपरीत था और जिसने भारत जैसे विशाल देश को अनेकानेक नयी समस्याओं के दुष्चक्र में उलझा कर रख दिया है। किन्तु फिर भी अपनी सारी कमियों के बावजूद भारत इस समय विश्व का एक महत्वपूर्ण विकासशील देश है और आधुनिक विज्ञान और प्रौद्योगिकीय प्रगति की स्पर्धा में तेजी से दौड़ रहा है। एक बारगी देखने अथवा विहंगावलोकन करने पर हम पाते है कि इस देश के पास आधुनिक विज्ञान और प्रौद्योगिकी हेतु अपेक्षित लगभग संपूर्ण अवसंरचना उपलब्ध है। केन्द्रीय स्तर पर प्रयोगशालाओं तथा शोध विकास कार्यक्रमों का प्राचुर्य है जिसे रेखाचित्र 2.3 के माध्यम से दर्शाया गया है।

स्वतंत्रता प्राप्ति के गत 50 वर्षों में देश ने विज्ञान-प्रौद्योगिकी और औद्योगिक विकास में काफी तेजी.से प्रगति किया है। सभी क्षेत्रों में शिक्षा का स्तर बढ़ा है, विश्वविद्यालयों और महाविद्यालयों की संख्या कई गुना बढ़ी है। अनुसंधान और विकास कार्यों पर खर्चों में काफी वृद्धि हुई है जिनमें लगभग 85% खर्च केन्द्र सरकार द्वारा ही वहन किया जाता रहा है। रक्षा, कृषि, परमाणु ऊर्जा और अंतरिक्ष ये चारों ही आधुनिक भारत में शोध और विकास के महत्वपूर्ण क्षेत्र रहे हैं।

यह एक सार्वभौमिक मान्यता है कि वैज्ञानिक अवसंरचनाएँ जैसे - शोध केन्द्र, प्रशिक्षण संस्थान, प्रयोगशालाएँ आदि किसी भी देश की वैज्ञानिक प्रगति के लिए आवश्यक तत्व हैं और किसी भी देश में जब ये अवसंरचनाएँ उपलब्ध हो जाती है तब शोध एवं विकास की प्रक्रिया तेज होती है और विज्ञान के आनुषंगिक परिणाम के फलस्वरुप प्रौद्योगिकी अपने आप विकसित होती चली जाती है। पौर्वात्य और पाश्चात्य विश्व के अनेक देशों में यह अवधारणा सिद्ध भी हुई है किन्तु हम कह सकते हैं कि भारत में यह अवधारणा भी लगभग विफल रही है क्योंकि भारत में आधुनिक विज्ञान एवं प्रौद्योगिकी के लिए सृजित विशालतम् अवसंरचनाओं के वाबजूद हमें इसका अपेक्षित परिणाम नहीं मिला है जितना कि मिलना चाहिए था। यद्यपि भारत के पास उपर्युक्त अवसंरचना पर्याप्त है और वर्तमान आवश्यकताओं के अनुरुप है। किन्तु जैसा कि हम जानते हैं सामाजिक और आर्थिक विकास की चाबी विज्ञान और प्रौद्योगिकी के हाथों में है और आज जब कि हम मुक्त आर्थिक व्यवस्था के पथ पर बढ़ चुके हैं, एक सार्थक आत्मविश्लेषण करने पर अनेकानेक प्रश्न हमारे सामने उठ खड़े होते हैं - क्या हमारे

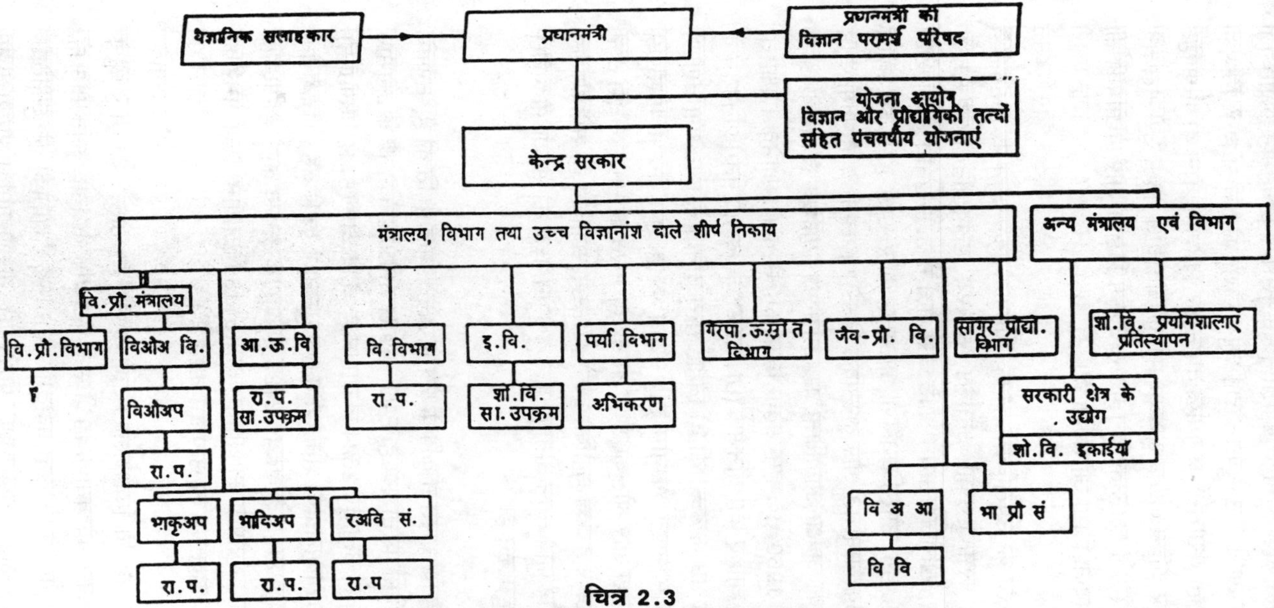

चित्र 2.3

केन्द्र सरकार के अधीन विज्ञान और प्रौद्योगिकी संस्थापन का स्वरूप

विऔअवि: विज्ञान और औद्योगिक अनुसंधान विभाग
राप : राष्ट्रीय प्रयोगशालाएँ
भाप्रौसं : भारतीय प्रौद्योगिकी संस्थान
भाकृअप : भारतीय कृषि अनुसंधान परिषद
विऔअप: वैज्ञानिक एवं औद्योगिक
इवि : इलेक्ट्रॉनिक विभाग
विअआ : विश्वविद्यालय अनुसंधान आयोग
विवि : विश्वविद्यालय
पऊवि : परमाणु ऊर्जा विभाग
रअविसं : रक्षा अनुसंधान एवं विकास संगठन

पास आज की बहुचर्चित वैश्विक अर्थव्यवस्था के लिए विज्ञान और प्रौद्योगिकी हेतु अपेक्षित निम्नतम् क्षमता भी है ? भारत में वैज्ञानिक अनुसंधान की वर्तमान स्थिति क्या है ? क्या हमारे पास आज ''उपयुक्त प्रौद्योगिकी`` जैसी कोई चीज है ? जिसका उपयोग कर हम अपने ही संसाधनों का पर्याप्त दोहन कर स्वदेशी विकास को प्रोत्साहित कर सकें अथवा बाजार वाहित वैश्विक अर्थव्यवस्था की चकाचौंध में हम उसे भूल चुके हैं? ये कुछ ऐसे प्रश्न हैं जिनका उत्तर देने पर स्वदेश में विज्ञान और प्रौद्योगिकी की वर्तमान स्थिति का जायजा लिया जा सकता है ।

गत 50 वर्षों में भारत की उपलब्धियों का एक विहंगावलोकन करने पर हम पाते हैं कि यद्यपि हमने कृषि, परमाणु ऊर्जा, अंतरिक्ष, स्वास्थ्य, इलेक्ट्रॉनिकी एवं संचार, तेल एवं प्राकृतिक गैस, खनिज रसायन आदि जैसे क्षेत्रों में उल्लेखनीय उपलब्धियाँ अर्जित की हैं तथापि इन उपलब्धियों से आत्मतुष्ट और खुश होने की अपेक्षा प्रकारान्तर से हमें इनका समुचित और वास्तविक विश्लेषण करना चाहिए। भारत में अभी भी दूसरे देशों की अपेक्षा अशिक्षितों की जनसंख्या सर्वाधिक है जबकि अपने संविधान के अनुसार 1960 तक हमें सबके लिए कम से कम प्राथमिक शिक्षा तो सुनिश्चित कर ही लेनी चाहिए थी। यूनिसेफ (UNICEF) के एक नवीनतम् प्रतिवेदन के अनुसार 5 वर्ष से कम उम्र के बच्चों की दो तिहाई मृत्यु दुनिया के जिन दस देशों में होती है, उनकी सूची में भारत का नाम शीर्ष स्थान पर है। इस क्षेत्र में भारत का प्रदर्शन नेपाल, बंगलादेश और श्रीलंका से भी बदतर है। भारत का नाम उन दस देशों की सूची में भी सबसे ऊपर है जहाँ कुपोषित बच्चों की संख्या सर्वाधिक है। समेकित रूप से चीन, बंगलादेश और पाकिस्तान तीनों के कुल कुपोषित बच्चों की संख्या भी अकेले भारत की तुलना में बहुत कम है।

यद्यपि यह सत्य है कि भारत ने कृषि के क्षेत्र में उल्लेखनीय प्रगति की है, तथापि धीरे-धीरे इसकी गति धीमी पड़ती गयी है। FAO के खाद्य समीक्षा प्रतिवेदन[68] के अनुसार हमारा प्रति हेक्टेयर चावल उत्पादन 2624 किलोग्राम है जो कि चीन (5712 किलोग्राम) तथा इंडोनेशिया (4301 किलोग्राम) प्रति हेक्टेयर की तुलना में काफी कम है। जहाँ तक गेहूं उत्पादन का संबंध है हम प्रतिहेक्टेयर 2125 किलोग्राम उत्पन्न करते हैं जब कि चीन (3194 किलोग्राम), यूरोपीय आर्थिक समुदाय(5118 किलोग्राम) तथा अमरीका (2656 किलोग्राम) प्रति हेक्टेयर का उत्पादन करते हैं ।

इसमें कोई आशंका नहीं कि विकासशील देशों के लिए यह अत्यंत कठिन है कि वे विकसित देशों से स्पर्धा कर सकें क्योंकि 19 वीं सदी के प्रथम औद्योगिक क्रांति से अभी वे कदम भी नहीं मिला पाए थे कि उन्हें नवोद्भूत रासायनिक प्रौद्योगिकी की चुनौतियाँ स्वीकार करनी पड़ी, और अब ''माइक्रोचीप`` प्रौद्योगिकी, जैव प्रौद्योगिकी और तेजी से

विकसित हो रही अतिचालक प्रौद्योगिकी की चुनौतियाँ सामने खड़ी हैं। आज के संदर्भ में यह कार्य और भी कठिन हो गया है क्यों-कि अब किसी भी विचार अथवा नये ज्ञान के विकास और उसके औद्योगिक उपयोग के बीच का समय काफी कम हो गया है।

गत कुछ वर्षों में हुई इलेक्ट्रॉनिकी तथा संगणक क्रांति के परिणामस्वरूप अन्तर्राष्ट्रीय स्तर पर उपभोक्ता बाजार काफी तेजी से बढ़ा है। भारतीय मध्यवर्ग भी संगणक क्रांति से काफी प्रभावित है। उल्लेखनीय है कि संगणकों की उपयोगिताएँ अपरिमित हैं। संगणक के घटते हुए आकार और बढ़ते हुए बाजार ने वर्तमान कार्यव्यापार के विविध क्षेत्रों में इसकी उपयोगिता को संवर्धित किया है। इसी का परिणाम है कि आज हम सूचना क्रांति को तेजी से अपनी ओर बढ़ते और नये सूचना समाज को उभरते हुए देख रहे हैं। सूचना और संचार प्रौद्योगिकी ने मानव की बौद्धिक क्षमता को अपेक्षाकृत बहुत अधिक बढ़ा दिया है। शायद ही अतीत की किसी अन्य क्रांति ने कभी ऐसा किया हो। आगामी भविष्य में प्रक्रिया सामग्री (Software) शायद एक और जटिल समस्या के रुप में उभरे! प्रक्रिया सामग्री का प्रभाव परिलक्षित होने लगा है। यह एक अमूर्त पदार्थ है जिसने प्रक्रिया समाग्री प्रौद्योगिकी को जन्म दिया है। इस युग में प्रक्रियासामग्री प्रौद्योगिकी अत्यंत महत्वपूर्ण होगी अतः इसे सावधानीपूर्वक और गंभीरता से लेना होगा। अब तक यह कहावत प्रचलित थी कि ''पदार्थों पर प्रभुत्व रखने वाले ही प्रौद्योगिकी पर भी एकाधिकार रखते हैं`` किन्तु अब यह पुरानी पड़ चुकी है और हमें विवश हो कर कहना पड़ रहा है कि -''प्रक्रिया सामग्री पर प्रभुत्व रखने वालों का ही अब पूरी दुनिया पर वर्चस्व होगा।``[69] यह हमारा सौभाग्य ही है कि भारत में इस क्षेत्र में आगे बढ़ने की व्यापक संभावनाएँ विद्यमान हैं।

इस वास्तविकता से विमुख नहीं हुआ जा सकता है कि इस युग के विज्ञान और अन्वेषी प्रौद्योगिकी में हमारा योगदान अन्तर्राष्ट्रीय मानक के अनुसार अत्यंत निम्नकोटि का है। यह मत भारत के जनसामान्य का ही नहीं, अपितु अनेक वैज्ञानिकों और प्रौद्योगिकीविदों तथा विदेश में बसे भारतीय वैज्ञानिकों - प्रौद्योगिकीविदों सहित विदेशी विशेषज्ञों द्वारा व्यक्त किए गये हैं[70] विज्ञान और प्रौद्योगिकी के इस विशाल खोजी विश्व में इक्के-दुक्कों को छोड़कर न ही हमारे तमाम विश्वविद्यालय और न ही अनेकों राष्ट्रीय प्रयोगशालाएँ ही यह दावा पेश कर सकती हैं कि आधुनिक विज्ञान और प्रौद्योगिकी के क्षेत्र में हमारा यह योगदान है। जब कि उपलब्ध विशाल अवसंरचनात्मक तंत्र का एक आकस्मिक निरीक्षण अथवा विहंगावलोकन करने पर बड़ी सहजता से यह विश्वास किया जा सकता है कि भारत अन्तर्राष्ट्रीय विज्ञान मंच पर अवस्थित हो चुका है। किन्तु ईमानदारी और सच्चाई से किया गया एक समीक्षात्मक और विश्लेषणात्मक निरीक्षण हमारे इस भ्रम को तोड़ देगा। बल्कि यह कहना ज्यादा उचित होगा कि विज्ञान और प्रौद्योगिकी के क्षेत्र में हमारे भारी पूंजी निवेश ने काफी हद तक इन विशाल संस्थापनाओं

का निर्माण किया है। एक विशाल संस्थापना अपने आप में वैज्ञानिक प्रगति की कोई गारंटी नहीं दे सकती है। वास्तव में भारत में वैज्ञानिक प्रगति काफी हद तक अवरुद्ध रही है और कभी भी तीव्र विकास का अनुभव नहीं किया है। किसी भी देश के विकास के लिए स्वदेशी प्रौद्योगिकी का विकास बहुत जरुरी है और बहुत से क्षेत्रों में जैसा कि पहले ही उल्लेख किया जा चुका है तमाम विभागों ने सराहनीय कार्य किए हैं। यद्यपि यह किसी हद तक सत्य है कि देश के वैज्ञानिक विफल नहीं हुए हैं और जहां तक तकनीकी जनबल का सवाल है विश्व में भारत का तीसरा स्थान है। किन्तु आत्मविश्लेषण करने पर पुनः वही प्रश्न उठता है कि अन्तर्राष्ट्रीय स्तर पर हमारा प्रदर्शन उच्चस्तर का क्यों नहीं है ? क्यों नहीं नोबल पुरस्कार और अन्य मान्यताएँ हमें भी मिल रही हैं। हम तकनीकी.जनबल की संख्या गिनाकर और संस्थापन दिखाकर देश को संतुष्ट नहीं कर सकते ! जब इतना कुछ हमारे पास है जैसा कि सरकारी प्रतिवेदनों में प्रस्तुत किया जाता है अथवा राजनैतिक मंचों से घोषित किया जाता है, तो अब तक देश में वैज्ञानिक तेवर क्यों नहीं बन पाया है ? क्या हमने स्वतंत्र भारत में विज्ञान के लक्ष्य को गलत स्थान पर रख दिया है? या वास्तव में हमारे विश्लेषण में कहीं गलती हो रही है? कारण कुछ भी हो पर आज यह प्रश्न उठाए जा रहे हैं और इनका उठना स्वाभाविक और उचित भी है।

हमारे देश को विशेष रुप से क्या चाहिए ऐसे लक्ष्य निर्देशित कार्यकलापों की जगह, पाश्चात्य देशों में क्या हो रहा है वह करने की हममें अधिक उत्सुकता है। पाश्चात्य देशों की अपेक्षा हमें अपने पड़ोसी देश चीन से सबक लेना चाहिए जो सबसे बड़ी जनसंख्या होने के बावजूद विज्ञान के क्षेत्र में तेजी से प्रगति कर रहा है। जापान से सबक लेनी चाहिए कि यह देश अपनी मातृभाषा के माध्यम से विज्ञान में कितनी तेजी से विकास कर रहा है। मातृभाषा अथवा राष्ट्रभाषा के माध्यम से होने वाला विज्ञान का विकास निचले स्तर तक प्रसरित होगा और विकास अपने आप परिलक्षित होने लगेगा और उसकी धीमी गति भी तेज होगी। हमें अपनी कार्यप्रणाली को स्वदेशी बनाने की जरुरत है, पाश्चात्य मॉडल पर हम अधिक दिन नहीं टिके रह सकते हैं। इसमें अधिक विलंब करना मुनासिब नहीं है क्योंकि विश्व काफी तेजी से आगे बढ़ रहा है और निर्णय लेने में यदि हमने तनिक भी देर की तो दौड़ में हम सबसे पीछे नजर आएंगे।

यदि वित्तीय सहायता की ओर देखा जाए तो वर्तमान परिस्थितियों में ही भारत विज्ञान और प्रौद्योगिकी के क्षेत्र में स्वावलम्बी हो सकता है। भारत में स्वदेशी क्रायोजनिक रॉकेट इंजिन कार्यक्रम ने कुछ प्रगति कर लिया है तथा एक दो वर्षों में ही भारतीय वैज्ञानिक इसे बना लेगें। यही बात सुपर कम्प्यूटरों के बारे में भी सत्य है। बंगलौर के राष्ट्रीय वैमानिकी प्रयोगशाला में किए गये कार्य की प्रशंसा होनी चाहिए। भारतीय विज्ञान संस्थान बंगलौर हेतु क्रायो सुपर कम्प्यूटर खरीदने में हमें किन कठिनाईयों का सामना

करना पड़ा है वह भली-भाँति ज्ञात है। 30 करोड़ रुपयों की लागत से सन् 1989 में स्थापित प्रगत संगणन विकास केन्द्र (Centre for Development of Advance Computing C-DAC) ने आज विशेषज्ञ संभावनाओं सहित नई प्रौद्योगिकी का द्वार खोल दिया है। यह सौभाग्यपूर्ण ही रहा है कि वही तीस करोड़ मात्र एक क्रायो कम्प्यूटर खरीदने में व्यय नही किया गया। इसका परिणाम हमारे सामने है। अत: यह स्पष्ट है कि उचित निर्देश और सुविधाएँ प्रदान करने पर भारतीय वैज्ञानिक अपने देश की जरुरतों को पूरा कर सकते हैं ।

हममे यह एक बहुत बड़ी कमी रही है कि हमने कभी भी अपनी उपलब्धियों और अवसंरचनाओं की कार्यप्रणाली और कार्यनिष्पादन का समीक्षात्मक और निष्पक्ष मूल्यांकन नहीं किया है। चाहे वे राष्ट्रीय प्रयोगशालाएँ हो, परमाणु ऊर्जा, अंतरिक्ष अनुसंधान हों या कि शिक्षण संस्थान अथवा विश्वविद्यालय ही हों! हमने एक गलती यह भी की है कि स्वदेशी वैज्ञानिकों और प्रौद्योगिकीविदों की समीक्षाओं और सिफारिशों की ओर कोई ध्यान न देकर अपने देश के वैज्ञानिक विकास का मूल्यांकन भारतीय माहौल से पूर्णत: अनभिज्ञ विदेशी वैज्ञानिकों अथवा भारतीय मूल के विदेशियों से करवाया है । इसका परिणाम यह हुआ है कि हमने ऊपरी चकाचौंध को अपनी प्रगति मान लिया है और खोखले दंभ भरने लगे हैं।

एक और कटु सत्य यह है कि वैज्ञानिक प्रयोगशालाओं, सरकारी अभिकरणों और प्रशासनों की यह एक दूषित प्रवृत्ति बन चुकी है कि वे अपने वार्षिक प्रतिवेदनों में मात्र अपनी उपलब्धियों या मिथ्या उपलब्धियों का एक गुलाबी चित्र प्रस्तुत करते हैं और अपनी विफलताओं को या तो नजरअंदाज कर जाते हैं या छिपाए रखते हैं। तथ्यपूर्ण समीक्षा के लिए इन वार्षिक प्रतिवेदनों में सफलताओं और विफलताओं दोनो क यथातथ्य वर्णन होना चाहिए। सरकारी स्तर पर इस ओर कदम उठाने की अनिवार्य आवश्यकता है। नियमों, अधिनियमों, बोझिल कार्यविधि और लालफिताशाही आदि को लेकर हमारी प्रणाली में अनेकों कठिनाईयाँ हैं, आज उन्हें दूर करने की जरुरत है। तथापि यह भी उतना ही दुर्भाग्यपूर्ण है कि इन कमियों पर या तो कोई ध्यान नहीं दिया जाता है अथवा जानबूझकर निहित स्वार्थों के लिए नजरअंदाज कर दिया जाता है! हालांकि गत कुछ वर्षों के दौरान इन कार्यविधियों में कुछ परिवर्तन जरूर किया गया है किन्तु प्रक्रिया काफी धीमी है, शायद इस लिए कि विज्ञान और प्रौद्योगिकी प्रशासक एवं व्यवस्थापक अपने हाथों से सत्ता सरक जाने के डर से स्वयं ही ऐसा करने में कोताही बरत रहे हैं। बार- बार और कदाचित ठीक ही ऐसे संकेत मिलते हैं कि हमारे पास जनबल और संस्थान दोनों ही रुपों में प्रतिभाओं और प्रतिभाकेन्द्रों की कमी है। केवल वित्तपोषण और अवसंरचनात्मक सुविधओं के कारण यह कमी है ऐसा नहीं है, अपितु कुछ हद तक वैज्ञानिक स्वयं इसके लिए जिम्मेदार हैं ! उन्होंने अपने आस- पास स्वंय

ही एक ऐसा वातावरण पैदा कर लिया है जो उन्हें उचित कदम उठाने में हतोत्साहित करता रहता है। हम सामान्यता से बड़ी आसानी से समझौता कर लेते हैं! प्रतिभाओं के विकास की प्रथम जिम्मेदारी तो स्वंय वैज्ञानिक समुदाय की अपनी है। इसके विपरीत अक्सर यह देखने में आता है कि सत्तासीन और प्रभावशाली व्यक्तित्व अपनी ताकत और प्रभाव का नाजायज उपयोग करते हुए अभिनव प्रतिभाओं के विकास को सामान्यत: अवरूद्ध किए रहते हैं। भारतीय ज्ञान-विज्ञान में इसके अनेकानेक प्रत्यक्ष प्रमाण हैं। जब के होना तो यह चाहिए कि वे स्वयं ही प्रतिभाओं की पहचान कर पूरे सामुदायिक सहयोग से उन्हें ऊपर प्रकाश में लाएँ और उनके विकास में अपना योगदान दें, न कि वैयक्तिक अथवा सामूहिक निहित स्वर्थों अथवा ईर्ष्या के कारण अपने प्रभावों का दुरूपयोग कर वेकासशील प्रतिभाओं के पथ में रोड़े अटकाने का दुष्कृत्य करें।

यदि हम राजनैतिक क्षेत्रों में देखें तो हम पाते हैं कि हमारे प्रथम प्रधानमंत्री जवाहरलाल नेहरु को विज्ञान की अच्छी समझ थी। सन् 1938 में विज्ञान अकादमी को संबोधित करते हुए उन्होंने बहुत पहले कहा था कि - *ऐसा कौन है जो विज्ञान को नजरअंदाज कर सकता है। प्रत्येक मोड़ पर हमें इसके सहारे की जरुरत है और इस समय विश्व का समूचा तानाबाना ही इसके द्वारा बुना जा रहा है। मानव के 10,000 वर्षों की सभ्यता के दौरान विज्ञान अपने पूरे आवेग में गत डेढ़-दो सौ वर्ष पूर्व ही आया है और इस डेढ़ सौ वर्षों के दौरान ही अपने पूर्व के किसी भी चीज से यह काफी क्रांतिकारी और विस्फोटक साबित हुआ है। यद्यपि आज हम विज्ञान के एक ऐसे युग और ऐसी पर्यावरणीय परिस्थिाति में रह रहे हैं जो विज्ञान- पूर्व युग से बिल्कुल ही भिन्न है , किन्तु बहुत कम लोग इसे इसकी पूर्णता में अनुभव करते हैं और बीते हुए कल के संदर्भ में आज की समस्याओं को समझते हैं।*[71] भारत के विशेष संदर्भ में अपनी अनुभूतियों को उन्होंने बड़ी सुंन्दरता से प्रस्तुत किया है - *यदि पुनर्जात भारत की वर्तमान लहरें उन रेखाओं के साथ जाएंगी जो विज्ञान की ओर नहीं जाती, तो वे भी एक अंधी गली की ओर चली जाएंगी और अज्ञान के अंधकार का हिस्सा बन जाएंगी। अतः यह अनिवार्य है कि वे आधुनिक विज्ञान और प्रौद्योगिकी की ओर प्रवृत्त प्रगतिशील रेखाओं के समानांतर आगे बढ़े।*[72] एतदर्थ वर्तमान वैज्ञानिक विश्व के साथ कंधे से कंधा मिलाकर आगे बढ़ने की आकांक्षा को ध्यान में रखकर ही स्वतंत्र भारत में नेहरु ने विज्ञान और प्रौद्योगिकी से संबंधित अनेकों संस्थाओं का शिलान्यास किया जिनसे यह अपेक्षा थी कि कालांतर में वे भारत को एक न्यायसंगत और समृद्ध समाज में तब्दील कर देंगी।

इन सब में शायद सबसे महत्वपूर्ण था वैज्ञानिक और प्रौद्योगिकीय अवसंरचनाओं का निर्माण जिनका अनुपात आज काफी बढ़ गया है। इन संरचनाओं के निर्माण के पीछे उनका उद्देश्य भारतीय शिक्षा व्यवस्था और विश्वविद्यालयों से घनिष्ट संपर्क स्थापित कर शोध और विकास कार्यों के माध्यम से विज्ञान की उपलब्धियों को समाज के निचले स्तर

तक पहुंचाना था। किन्तु दुर्भाग्य है कि अपेक्षित ढंग से उसका कार्यान्वयन नहीं हो सका। उल्लेखनीय तथ्य है कि जब हमारे देश में भविष्य की योजनाएँ बन रही थी, विज्ञान को बहुत कम भूमिका दी गयी और संपूर्ण योजनाएँ प्रौद्योगिकी से प्रभावित रहीं। जब शांतिस्वरुप भटनागर जैसे लोग पाश्चात्य नमूनों के आधार पर विश्वविद्यालयों से पूरी तरह मुक्त राष्ट्रीय प्रयोगशालाओं की स्थापना करने का कार्य कर रहे थे उस समय संभवत: विज्ञान और प्रौद्योगिकी पर नेहरु का व्यापक दृष्टिकोण उपेक्षित रह गया। भारतीय विज्ञान की बुनियाद रखते समय यद्यपि उसका लक्ष्य स्वदेशी तथापि प्रतिभा निर्माण करना था उसे प्राप्त करने के लिए अपेक्षित कदम नहीं उठाए गये। फलस्वरूप भारत में स्वतंत्रता के साथ - साथ आधुनिक विज्ञान और प्रौद्योगिकी का नया दौर तो जरूर प्रारंभ हुआ किन्तु स्वदेशी विज्ञान की उपेक्षा और विदेशी भाषा में आयातीत ज्ञान-विज्ञान तथा प्रौद्योगिकी पर अधिक जोर देने के कारण विज्ञान और प्रौद्योगिकी के क्षेत्र में अपेक्षित आत्मनिर्भरता न प्राप्त हो सकी। इसके विपरीत संबंधित क्षेत्रों में हमारी परनिर्भरता और बढ़ी तथा परवर्ती भारत विज्ञान और प्रौद्योगिकी संबंधी तकनीकी ज्ञान और सेवाओं का विदेशों से आयात करते रहने के लिए बाध्य रहा। इस परनिर्भरता के कारण आधुनिक भारत सामाजिक और आर्थिक तथा तकनीकी क्षेत्रों में पिछड़ेपन और भाषागत तथा राजनैतिक और सामाजिक समस्याओं के चक्रव्यूह में उलझता चला गया। हालांकि स्वदेशी ज्ञान-विज्ञान से विमुख और विकसित प्रौद्योगिकी की ओर प्रवृत्त होने से कतिपय क्षेत्रों में भारत को अपेक्षाकृत कम समाज में बहुत अधिक उपलब्धि हुई तथा प्राचीन परमाणु उपकरणों के विस्फोट से एक प्रकार का मनोवैज्ञानिक दबाव बन गया था, वह आधुनिक वस्तुओं की उपलब्धता में तब्दील हो गया। तथापि इसका एक बहुत ही दुर्भाग्यपूर्ण परिणाम भी हुआ।

बहुत से उत्कृष्ट वैज्ञानिक जैसे सी.वी.रमण, एस.एन.बोस, एम.एन.सहा जैसे प्रतिभावान वैज्ञानिक राष्ट्रीय विकास कार्यक्रमों एवं प्रयासों की मुख्यधारा से पूर्णत: अलग-थलग पड़ गये। वे मानने लगे कि भारत सरकार और विशेषत: उसके अगुआ जवाहर-लाल नेहरु मूलरुप से पाश्चात्य प्रौद्योगिकी को बढ़ावा देना चाहते हैं और स्वदेशी ज्ञान-विज्ञान के प्रति अपनी सद्भावना और संवेदना रखने के बावजूद भी वे प्रौद्योगिकीय प्रभावों से अनछूए नहीं हैं। जैसा कि उल्लेख किया जा चुका है , स्वतत्रंता प्राप्ति के तुरंत बाद नेहरु के प्रौद्योगिकीय सलाहकार इंग्लैण्ड और अमरिका गये। उनके लिए मॅनहटन परियोजना से असंपृक्त रहना असंभव हो गया। भारत भी उसकी चकाचौंध में आ गया। उन्होंने वहाँ बहुत से ऐसे प्रतिष्ठान और सरकारी शोध एवं विकास संगठन देखे जिनका निर्माण युद्ध के दौरान किया गया था और जिनमें विश्वविद्यालयों की उत्कृष्ट वैज्ञानिक प्रतिभाओं को नियोजित किया गया था। युद्ध के दौरान वैज्ञानिकों की प्रतिभा कसौटी पर खरी उतरी थी।

उन दिनों प्रतिष्ठित वैज्ञानिकों को शोध एवं विकास परियोजनाओं के प्रबंधन संबंधी अधिकार और शक्ति प्रदान की गयी थी। आधुनिक इतिहास का यही वह समय था जब वैज्ञानिकों ने पहली बार सत्ता की शक्ति का अनुभव किया था और उनमें से कुछ उसके आदी हो गये थे। भारत में भी इन्हीं परियोजनाओं के प्रतिरुप पर सरकार नियंत्रित प्रयोगशालाएँ स्थापित की गयी जो विश्वविद्यालयों से सर्वथा मुक्त थी। पाश्चात्य प्रयोगशालाओं के आधार पर इनका नामकरण भी किया गया। इन प्रयोगशालाओं की स्थापना पी. एम. एस. ब्लैकेट्ट जैसे प्रसिद्ध विदेशी वैज्ञानिकों की सलाह पर ही किया गया है। ब्लैकेट्ट उस समय युद्ध कार्यकलापों में एक प्रसिद्ध और प्रभावशाली हस्ताक्षर थे तथा इंग्लैण्ड के एक विशाल प्रौद्योगिकीय साम्राज्य के अध्यक्ष थे। पाश्चात्य देशों में विशाल सरकारी प्रयोगशालाओं का उद्भव युद्ध के कारण हुआ था और उनमें कार्यरत वैज्ञानिक अपना कार्य समाप्त कर युद्धोपरांत पुनः अपने विश्वविद्यालयों में लौट गये। किन्तु भारत में उसके विपरित हुआ। यहाँ प्रयोगशालाओं की स्थापना युद्ध के डर से नहीं अपितु आधुनिक जरुरतों के लिए हुई, विश्वविद्यालयों से उत्कृष्ट प्रतिभाएँ इन प्रयोगशालाओं की ओर आकर्षित कर ली गयीं जिससे विश्वविद्यालयों के प्रतिभा के स्त्रोत सूखने लगे और धीरे-धीरे अब उनका अस्तित्व भी समाप्त हो चला है। आज स्थिति यह है कि विभिन्न विश्वविद्यालयों द्वारा उत्पन्न स्नातकों तथा अन्य छात्रों को राष्ट्रीय महत्व के संस्थानों एवं प्रयोगशालाओं के छात्रों की अपेक्षा कम महत्व दिया जाता है।

इस प्रकार विश्वविद्यालयों और राष्ट्रीय प्रयोगशालाओं के साहचर्य और सहयोग से शोध एवं विकास में संतुलित वृद्धि की नेहरु की मौलिक विचारधारा धरी की धरी रह गयी और जिस उद्देश्य के लिए प्रयोगशालाओं की स्थापना हुई उसका कार्यान्वयन भी ठीक से नहीं हुआ। इन प्रयोगशालाओं में विश्वविद्यालयों की अपेक्षा अधिक वेतनमान दिया गया, जिसके कारण विश्वविद्यालयों के बहुत से अच्छे वैज्ञानिक इन प्रयोगशालाओं की ओर आकर्षित और स्थानांतरित हो गये। इस समस्या का निदान सन् 1960 के दशक में ही हो गया था और यह भी अनुभव कर लिया गया था कि यह नीति राष्ट्रीय आवश्यकताओं के प्रतिकूल साबित हो रही है क्योंकि इससे तो शैक्षणिक उच्च प्रतिभा के विकास का स्त्रोत ही सूखने लगा था। राष्ट्रीय प्रयोगशालाएं अपना जीवन चलाने के लिए उन्हें अपनी ओर अनपेक्षित ढंग से खींचने लगी थीं। अब यह अनुभव किया जाने लगा था कि बिना शोध छात्रों के किया जा रहा शोध कार्य एक स्थान पर जा कर समाप्त हो जाएगा तथा उसकी परंपरा ही नहीं बन पाएगी। यह कमी अभी भी दूर नहीं की गयी है। परिणामस्वरुप एक ओर तो अच्छे स्टॉफ और अच्छी सुविधाओं वाले विज्ञान और प्रौद्योगिकीय संस्थान फल-फूल रहे हैं और दूसरी ओर विश्वविद्यालयों में विज्ञान और वैज्ञानिक चिंतन धीरे-धीरे घट रहा है। यद्यपि गत 50 वर्षों में विश्वविद्यालयों की संख्या द्विगुणित - त्रिगुणित हो गयी है किन्तु आज ये महज एक स्नातक उपाधिदाता केन्द्र बन कर रह गये हैं। विशेषरुप से जब यह नियम बन गया कि पदोन्नति के लिए पीएच.डी. होना जरुरी है, सैकड़ों की संख्या में प्रतिवर्ष पीएच.डी. उपधियाँ दी जा रही हैं। सर्वोच्च

वैज्ञानिक संस्थान बनाने के पश्चात यह कभी नहीं सोचा गया कि प्रतिभाशाली युवा वैज्ञानिक कहा से आएंगे ? विज्ञान के नाम पर सुन्दर कंगूरा बनाने की आपाधापी में हम मजबूत बुनियाद बनाना ही भूल ही गये हैं। आज स्थिति यह है कि विश्वविद्यालय प्रणाली आवश्यक सहयोग और नेतृत्व के अभाव में बिखरने लगी है और विश्वविद्यालय स्वंय अपनी इस विचारधारा के कारण अवनित के पथ पर अग्रसर हो चले हैं कि गुणवत्ता की अपेक्षा संख्या बढ़ाना और विज्ञान की अपेक्षा प्रशासन बेहतर है। अत: उसके अनुरूप ही शिक्षा की रूपरेखा भी बनती रही है, जो अभी भी संभवत: विदेशी प्रतिरूपों और मानदण्डों पर आधारित है। सुधार के नाम पर नई बोतल में पुरानी ही शराब भरी जा रही है। और भारत प्रतिवर्ष सैकड़ों एम.एससी. और पीएच.डी. पैदा करके यह दावा करता है कि दुनिया में उसके पास सर्वाधिक वैज्ञानिक जनबल है। दूसरी ओर वस्तुस्थिति यह है कि आज भी यह कहा जा रहा है कि अपनी स्वदेशी भाषा में विज्ञान और प्रौद्योगिकी के शिक्षण की व्यवस्था नहीं की जा सकती है। स्पष्ट है, उक्त क्षेत्रों में मौलिक चिंतन तथा स्वदेशीपन लाने की अनिवार्य आवश्यकता है। देश को बौद्धिक विकलांगता की ओर अग्रसर होने से रोकना है।

***

संदर्भ ग्रंथ / पत्रिकाएँ और अन्य पाठ्य सामग्री

1. विज्ञान और विज्ञान दर्शन ; विरेन्द्र शेखावत, 1985
2. हिन्दी विश्वकोश तथा Various kinds of knowledge (Oxford Dictionary)
3. हिन्दी विश्वकोश, संपादक : नगेन्द्रनाथ वसु, पृष्ठ 331-335, खण्ड- 21
4. श्रीमद्भागवत् गीता , अध्याय - 7
5. हिन्दी विश्वकोश, संपादक : नगेन्द्रनाथ वसु, पृष्ठ331-335, खण्ड- 21
6. "Sciencec is defined as systematized positive knowledge `` (Encyclopedia Americana) पृष्ठ 385, खण्ड 24
7. विज्ञान और व्यावहारिक ज्ञान, पृष्ठ 21, जेम्स बी.कानेन्ट
8. "The kind of organised knowledge or intellectual activity of which the various branches of learning are examples`` (The New Sherter Oxford English Dictionary)
9. "Technology refers to the ways of making or doing things`` (Encyclopedia Aemricana) पृष्ठ357, खण्ड 26
10. "Technology in its broader sense is defined as application of knowledge``
11. "It is the means by which man extends his power over his surroundings``, Technology, Man and Environment by David hamilton
12. MacGraw Hill Encyclopedia of Science and Technology, पृष्ठ 151 खण्ड 18

13. "Technology is the lifeblood of competitive leadership and successfull companies guard it jealously`` (Information Technology by H.L.Poppel and B.Goldstein) पृष्ठ 184
14. "Man has been able to do this as no other creature has, by tow means, first the use of tools; and second the application of reason to the properties of matter and energy ``(Encyclopedia Britannica) पृष्ठ 750 खण्ड 21, 1968.
15. "Engineering is the profession in which a knowledge of the mathametical and natural sciences gained by study, experience and practice is applied with judgement to develop ways to utilize economically the materials and forces of nature for the benefit of the mankind`` (Encyclopedia Americana), पृष्ठ 351, खण्ड 10, 1829
16. Encyclopedia Americana, पृष्ठ369-374 , खण्ड 6
17. Encyclopedia Americana, पृष्ठ369-374, खण्ड़-6 तथा Technology in Society पत्रिका
18. Kotharies Year Book, 1990
19. Kotharies Year Book, Business and Industry - 1990 पृष्ठ A-65
20. Encyclopedia Britannica पृष्ठ. 1061 , खण्ड - 11
21. Encyclopedia Britannica, पृष्ठ. 1061 , खण्ड - 11
22. "The present day use of metals is the culmination of a long path of development extending over approximately 6000 years `` (Encyclopedia Britannica) पृष्ठ 1061, खण्ड - 11
23. Encyclopedia Americana पृष्ठ-764 - 771, खण्ड- 18 ; तथा Encyclopedia Britannica पृष्ठ - 1061-1078, खण्ड - 11
24 Encyclopedia Britannica पृष्ठ- 1061-1078, खण्ड - 11
25. Encyclopedia Britannica पृष्ठ- 1061-1078, खण्ड - 11
26. स्मारिका, स्वदेशी विज्ञान कार्यशाला 1-3 अक्तूबर, 1993, गाधी विद्या संस्थान, राजघाट, वाराणसी, पृष्ठ - 17
27. "In the pre christian portion of the period, the first steel production was started in India`` (Encyclopedia Britannica) पृष्ठ 1062, खण्ड - 11
28. Encyclopedia Britannica पृष्ठ - 755, खण्ड - 11
29. Encyclopedia Britannica पृष्ठ - 755, खण्ड - 11
30. ब्रिटिश समीक्षा , वर्ष 9, अंक 5, मार्च 1994
31. Encyclopedia Britannica पृष्ठ 654, खण्ड 4
32. Encyclopedia Britannica पृष्ठ - 654, खण्ड - 4
33. Encyclopedia Britannica पृष्ठ- 654, खण्ड - 4 ; तथा Encyclopedia Americana पृष्ठ - 762, खण्ड - 6
34. Rural Technology by Reddy AKN (Introduction)
35. "Bio-Technology is the use of living organisms or of substances obtained from living organisms to make products of value to man (Manorama Year Book - 1990) पृष्ठ 145

36. Manorama Year Book - 1991 पृष्ठ 145
37. ``Generally any technique that is used to make or modify the products of living organisms in order to improve plants or animals or to develop useful microorganisms is Bio-Technology (MacGra Hill Encyclopedia of Science and Technology) पृष्ठ 647, खण्ड 7
38. Electronic database, Network and Information support for Scientific Research by T.B.Rajashekhar and A.Sreenivasa Ravi, Current Science, खण्ड 66, संख्या 3, 10 फरवरीख् 1994, पृष्ठ 199.
39. MacGraw Hill Encyclopedia of Science and Technology, पृष्ठ 151 खण्ड 9
40. "Information is the Source of Knowledge``, MacGraw Hill Encyclopedia of Science and Technology , पृष्ठ 151, खण्ड 9
41. Current Science, खण्ड 66, संख्या 3, 10 फरवरी, 1994, पृष्ठ 210
42. National Union Catalague of Scientific Serials of India (NUCSSI) by INSDOC
43. The purpose of Educational Technology is to promote efficiency of Education by improving the quality of teaching, of Educational administration and of Educational research" (Preface, of the Book entitled Educational Technology - Its Creation, Development and Cross cultural transfer, Edtd. by R.M.Thomal and Victor N.Kobayshi) खण्ड 4. पृष्ठ vii, 1987
44. ``Educational Technology is a complex, integrated process involving people, procedures, ideas, devices and organization for analysing problems and devising, implementing, evaluating and managing solutions to these problems, involved in all aspects of learning.........." (Educational Technology - its Creation, Develop ment and Cross cultural transfer, Edtd. by R.M.Thomal and V.N.Kobayshi), खण्ड 4, पृष्ठ 1
45. ``It is obvious that the printed world has been a powerful force in furthering technological progress over the centuries" (Educational Technology - its Creation, Development and Cross cultural transfer, Edtd. by R.M.Thomal and V.N.Kobayshi), खण्ड 4, पृष्ठ 7-8
46. ``The first is that of instractional methodology, which refer to the ways people try to teach information, attitude and skill (Educational Technology - its Creation, Development and Cross cultural transfer, Edtd. by R.M.Thomal and V.N.Kobayshi), खण्ड 4, पृष्ठ 9

47. "The second is the educational administration and management, which refers to ways of organising the people, fafilities, ideas and agencies that make up the formal and non-formal educational functions of a society`` (Educational Technology - its Creation, Development and Cross cultural transfer, Edtd. by R.M.Thomal and V.N.Kobayshi), पृष्ठ 9
48. Appropriate Technology by P.D.Dunn, पृष्ठ 3, 1978]
49. "Appropriate Technology is a term that represents a particular view of society and technology, It suggests that technology is neither netura nor does it evolve along a single path. It recognises that different cultural and geographical groups will have different technologies that are appropriate to their circumstances; that technological self-determination is essential to cultural identity e4(and political independence). It suspects that the only wise technologies are those which to accommodate themselves to the biological environment within which they are used. It assumes that the purpose of economically productive activity is to produce what is determined by need, in an enjoyable, creative processes; not what is determined by endless greed, in an alienating, repetitive production process. It stresses that every society has a technological tradition and that new technologies must grow out of development that makes sense is development of the people and their skill, by the people and for the people.`` (Technology in Society), पृष्ठ 213-229, खण्ड-4, 1982
50. Appropriate Technology is concerned with all aspects of community development leading to a total or integrated development and hance to an improved quality of life for the individual members", Appropriate Technology by P.D.Dunn पृष्ठ 41.
51. ``It is a complete systems approach to development and self-adaptive and dynamic, in that as people become wealther and more skilled they can both afford and also use more expensive equipment" (Technology in society) पृष्ठ 4, खण्ड - 4, 1982
52. Encyclopedia Britannica, पृष्ठ 24, खण्ड 18
53. ``A tool making animal"
54 ``Man is man precisely because he makes tools" (Encyclopedia Britannica) पृष्ठ 21, खण्ड 18
55. Encyclopedia Britannica, पृष्ठ 27, खण्ड 18
56. Encyclopedia Britannica, पृष्ठ 27, खण्ड 18
57. Emergence of Western Technology, (Encyclopedia Britannica), पृष्ठ 57 , खण्ड - 18
58. Technology in Society by Carl Mitcham, पृष्ठ 411, खण्ड 11, 1989
59. In search of New Relations; Science in Society, पृष्ठ 411, खण्ड 11, 1989

60. In search of New Relations; Science in Society, पृष्ठ 411, खण्ड 11, 1989
61. Technology in Society, Carl Mitcham पृष्ठ 411ए खण्ड 11, 1989
62. ``Out of 2 million years, human beings have spent something like 94% of their life on this planet living in caves, wondering about the world looking for food, not settled in villages, not even knowing agriculture". (Science in Society) by Yashpal, पृष्ठ 3, 1994.
63. Science in Society by Yashpal, पृष्ठ 3, 1994.
64. विज्ञान और विज्ञान दर्शन; विरेन्द्र शेखावत, पृष्ठ 205, 1985
65. विज्ञान और विज्ञान दर्शन; विरेन्द्र शेखावत, पृष्ठ 205, 1985
66. Technology and Society : An Indian view by B.D.Nagchoudhary
67. ``Technology development : The role of State ; by R.Narsimhan; Current Science, खण्ड 66, अंक 4, 25 फरवरी, 1994
68. Polar Satellite Launching Vehicle (PSLV)
69. Food Outlook Report FAO - 1991
70. Those who dominate materials dominate the Technology will trans form in to "Those who dominate software will dominate the world``
71. Current Science, पृष्ठ- 907-916, अंक- 12, खण्ड- 66, 25-6-1994
72. Current Science, पृष्ठ -907-916, अंक- 12, खण्ड - 66, 25-6-1994

***

तृतीय अध्याय

हिन्दी विज्ञान और प्रौद्योगिकी शब्दावली: परंपरा और नवसृजन

जैसा कि पिछले अध्यायों में स्पष्ट किया गया है कि मानव के उद्भव और विकास के साथ ही विज्ञान और प्रौद्योगिकी संबंधी कार्यव्यापार भी अपने विविध स्वरुपों में शनैः शनैः विकसित होते रहे। उसके विकास काल से ही मानव को विज्ञान और प्रौद्योगिकी संबंधी विचारधाराओं अथवा संप्रत्ययों की अभिव्यक्ति हेतु ऐसे शब्दों की आवश्यकता पड़ती रही है, जिनमें भाव प्रकाशन की पूर्ण क्षमता और सूक्ष्म अभिव्यक्ति की सामर्थ्य हो। वैज्ञानिक ज्ञान को भाषा के माध्यम से स्पष्ट रुप से प्रकट करने के लिए पारिभाषिक शब्दावली का होना अत्यानिवार्य है। यही कारण है कि किसी भी शास्त्रीय विषय की समुचित अभिव्यक्ति और उत्तरोत्तर विकास के लिए विषयानुकूल पारिभाषिक शब्दावली होती है। इसका सायास निर्माण करना पड़ता है, क्योंकि दिन-प्रतिदिन वैज्ञानिकों को ऐसे उपयुक्त शब्दों की जरूरत पड़ती रहती है जिनके द्वारा वे भिन्न-भिन्न प्रक्रियाओं, दशाओं, गुणधर्मों, संबंधों, पदार्थों, पौधों, जीव-जन्तुओं, और यंत्र-औजारों इत्यादि से संबंधित ज्ञान-विज्ञान को सही अर्थों में अभिव्यक्त कर सकें। साथ ही उनको विभिन्न पदार्थों और वस्तुओं की समुचित परिभाषा करने वाले उपयुक्त विशेषण और क्रियाओं की भी आवश्यकता पड़ती है। इन सबके लिए समय-समय पर वैज्ञानिकों को आवश्यकतानुसार नये शब्द गढ़ने पड़ते हैं, क्योंकि विज्ञान और प्रौद्योगिकी के उत्तरोत्तर विकास के साथ ही साथ नये पारिभाषिक शब्दों की अनिवार्य रुप से आवश्यकता बढ़ती जाती है। इस संबंध में प्रो. हाइजनबर्ग का कथन उल्लेखनीय है - *वैज्ञानिक ज्ञान के प्रसार के साथ - साथ भाषा भी विस्तृत होती जाती* है। इसमें नये- नये शब्दों का प्रवेश होता जाता है तथा पुराने शब्द और अधिक व्यापक क्षेत्र में प्रयुक्त होने लगते हैं। वैज्ञानिक गोष्ठियों में परस्पर विचारों के आदान-प्रदान में, वैज्ञानिकों को अपने विचारों और संकल्पनाओं को प्रकट करने के लिए निश्चित अर्थ देने वाले और तर्कसंगत शब्दों की आवश्यकता होती है। सामान्यतः यह कहा जा सकता है कि रोजमर्रा की आम बोलचाल की भाषा से इसके लिए शब्दावली

का चयन किया जा सकता है। इसके लिए विशेष रूप से शब्द निर्माण की क्या आवश्यकता है ? किन्तु जिस प्रकार साधारण बोलचाल की भाषा में शास्त्रीय एवं साहित्यिक विचारों को व्यक्त करने की क्षमता नहीं होती, ठीक उसी प्रकार सामान्य भाषा में वैज्ञानिक सिद्धांतों, विचारों और मान्यताओं को प्रकट करने की भी क्षमता नहीं होती, अतः अलग से वैज्ञानिक शब्दावली निर्माण करने की आवश्यकता पड़ती ही है। सामान्यतः इस प्रकार से निर्मित शब्दों को पारिभाषिक शब्द कहते हैं। आइए देखते हैं, पारिभाषिक शब्द का तात्पर्य क्या है?

3.1 पारिभाषिक शब्दावली

डॉ.रघुवीर का मानना है कि - *पारिभाषिक शब्द उसे कहते हैं, जिसकी परिभाषा की गयी हो, जिसकी सीमाएँ बांध दी गयी हों।*[1] हिन्दी विश्वकोश भी इसी बात का समर्थन करता है - *'परिभाषा द्वारा अर्थबोधक पद अथवा जिन शब्दों का ज्ञान परि-भाषा द्वारा हो उन्हें पारिभाषिक शब्द कहते हैं'।*[2] शक्तिवाद में गदाधर ने लिखा है कि - *आधुनिक संकेत का नाम परिभाषा है। इस परिभाषा द्वारा अर्थबोधक पद पारिभाषिक शब्द कहलाता है।*[3] इस प्रकार व्यापक परिप्रेक्ष्य में हम देखते हैं कि परिभाषा द्वारा जिन शब्दों के अर्थ की सीमा निर्धारित कर दी जाती है उन्हें पारिभाषिक शब्द कहते हैं। विज्ञान की भाषा मुख्यतः इसी प्रकार की शब्दावली से बनती है। जिन शब्दों के अर्थ की सीमा नहीं बांधी जाती उन्हें साधारण शब्द कहते हैं। बोलचाल और साहित्य की भाषा इसी कोटि में आती है। पारिभाषिक शब्द की यह विशेषता होती है कि वह एक समय में केवल एक ही भाव अथवा अर्थ व्यक्त करता। वह द्विआर्थी, अनेकार्थी अथवा संदिग्धार्थी नही होता है। वह किसी भी भाव, विचार अथवा संकल्पना को स्पष्ट रुप से व्यक्त करता है।

नई नई अवधारणाओं और संप्रत्ययों के लिए पारिभाषिक शब्दावली निर्माण का कार्य भाषा के आधुनिकीकरण की एक सहज प्रक्रिया है। यह एक अविरल प्रक्रिया भी है क्योंकि ज्ञान-विज्ञान और उनके अभिव्यक्ति हेतु शब्दावली निर्माण का काम आम-तौर पर साथ-साथ चलता रहता है। ज्ञान की कोई भी नई खोज स्वभावतः भाषा से नई शब्दावली, अभिव्यक्ति या शैली की अपेक्षा रखती है। सामान्यतः जो भी व्यक्ति किसी भी नये विचार या वस्तु की खोज करता है, वही अपनी भाषा में उसे शब्द भी देता है। किन्तु विज्ञान की हमारी कोई भी भाषा क्यों न हो, उसे कुछ मूलभूत शर्तें पूरी करनी होती हैं। जैसे भाषा की वैज्ञानिकता, संपेषण-क्षमता, अभिव्यंजकता, अर्थसंगत शब्द रचना की वैज्ञानिक परंपरा, विस्तृत सामाजिक आधार और राष्ट्रीय संवेदना। इस प्रकार शब्दावली निर्माण में प्राकृतिक प्रक्रिया सहज रुप में कार्य करती है और नवनिर्मित कोई भी पारिभाषिक शब्द मानकता प्राप्त करने से पूर्व कुछ समय प्रयोग की

प्रक्रिया से गुजर कर प्रयोग सिद्ध होने पर सामाजिक स्वीकृति प्राप्त कर लेता है। ऐसे पारिभाषिक शब्दों में प्रयोग की कोई समस्या कभी नहीं पैदा होती। किन्तु जब कोई भाषा-समाज स्वंय ज्ञान-विज्ञान विकसित करने के बजाय किसी दूसरे भाषा समाज से तकनीकी ज्ञान ग्रहण करता है तो उसे जाने- अनजाने उस भाषा-समाज की शब्दावली भी ग्रहण करनी पड़ती है। इस शब्दावली के आधार पर वह अपनी भाषा में पर्यायों का निर्माण करता है। इस प्रकार प्रायः पर्याय निर्माण की संकल्पना में प्रत्यक्ष अथवा अप्रत्यक्ष रूप में अनुवाद की प्रक्रिया से गुजरना होता है। स्पष्ट है कि मौलिक ज्ञान और अनुदित पर्याय के बीच स्त्रोत भाषा एक मध्यस्थ की भूमिका अदा करती है। मध्यस्थता के कारण स्त्रोतभाषा की शब्दावली एवं रचना शैली से लक्ष्य भाषा की शब्दावली एवं रचनाशैली प्रत्यक्ष अथवा परोक्ष रूप से प्रभावित होती है। इससे नवनिर्मित शब्दावली सामान्यतः असहज हो जाती है। जैसे आज भारत के संदर्भ में अंग्रेजी शब्दावली मध्यस्थ शब्दावली की भूमिका निभा रही है और उसके आधार पर निर्मित हिन्दी शब्दावली अप्राकृतिक और असहज लगती है।

उल्लेखनीय है ऐसी स्थिति में जो भी भाषा-समाज मध्यस्थ शब्दावली के आधार पर अपने लिए तकनीकी शब्दावली विकसित करना चाहता है उसे शब्दावली विकास की सहज प्रक्रिया के विपरीत एक भिन्न प्रक्रिया का अनुसरण करना पड़ता है। उसे सबसे पहले नई शब्दावली के लिए अपनी भाषा में पर्याय का निर्धारण करना होता है और फिर उसके व्यवहार में आने और प्रयोगसिद्ध होने से पूर्व ही उसे मानक या प्रतिमान के रुप में प्रयोक्ताओं के समक्ष प्रस्तुत करना पड़ता है। ऐसा करते समय शब्दावली विकास और निर्माण की प्रक्रिया को नियोजित कर सही दिशा देना आवश्यक होता है, अन्यथा शब्दावली के क्षेत्र में अराजकता की स्थिति पैदा हो सकती है और उनके प्रचलन तथा प्रयोग की समस्या उठ खड़ी होती है। ऐसी परिस्थिति में भाषा प्रयोक्ताओं की सामाजिक और भाषिक यथार्थताओं और शब्दावली निर्माण के भी व्याकरणिक नियमों के बीच संतुलन बनाए रखना और प्रयोक्ताओं की प्रक्रियाओं के प्रति सजग रहना आवश्यक है।

जिस भाषा समाज में शब्दावली का विकास स्वाभाविक प्रयोग प्रक्रिया से आरंभ न हो कर पर्याय निर्माण की प्रक्रिया से आरंभ होता है, वहाँ कई प्रकार की सामाजिक और भाषागत समस्याएँ उत्पन्न हो जाती हैं। उदाहरणार्थ - भारत में 1951-60 के दशक में शब्दावली संबंधी तीन परस्पर विरोधी विचारधाराएँ उभर कर समाने आई जिन्होंने भारत में विज्ञान संबंधी हिन्दी- भाषा शब्दावली निर्माण के प्रयासों को तीन विभिन्न दिशाओं की ओर ले जाने का प्रयास किया। शब्दावली की शुद्धतावादी धारा के समर्थक हर अंग्रेजी शब्द के लिए हिन्दी या संस्कृत के ही शब्द चाहते थे, अंग्रेजी का एक भी शब्द उन्हें स्वीकार्य नहीं था। दूसरी धारा जो संस्कृत शब्दों की विरोधी थी,

हिन्दुस्तानी या बोलचाल के भाषा रुप का ही प्रयोग करने के पक्ष में थी। तीसरी धारा अंग्रेजी तकनीकी शब्दों का बिना अनुवाद किए उसी रुप में भारतीय भाषाओं में ग्रहण करने के पक्ष में थी। और इस प्रकार अनेक उत्साही विद्वानों या संस्थाओं ने समरुपता या समन्वय की परवाह किए बिना शंब्द निर्माण की अपनी -अपनी टकसालें खोल दी जिसके फलस्वरुप भिन्न-भिन्न राज्यों या क्षेत्रों में अक्सर एक ही पारिभाषिक शब्द के कई पर्याय विकसित हो गये जिनके कारण उनके प्रयोग और मानकीकरण की प्रक्रिया में आज भी अनेकों बाधाएँ आ रही हैं।

भारत में अब तक हुए शब्दावली निर्माण और प्रयोग संबंधी समस्याओं के विवेचन और विश्लेषण से पूर्व यह समझ लेना श्रेयस्कर होगा कि पारिभाषिक अथवा तकनीकी शब्दावली निर्माण की समुचित प्रक्रिया क्या है? और हिन्दी के अलावा दूसरी अन्य भाषाओं में उसे कैसे प्राप्त किया गया है। सभी भाषाओं में वैज्ञानिक शब्दावली के पारिभाषिक शब्द निम्नलिखित तीन प्रकार से प्राप्त किए जाते हैं :

1. अपनी ही साहित्यिक अथवा बोलचाल की भाषा से लिए गये ऋण-शब्द
2. नवनिर्मित शब्द
3. अन्य भाषाओं से अनुदित अथवा लिप्यंतरित शब्द

3.1.1 अपनी ही साहित्यिक अथवा बोलचाल की भाषा से लिए गये ऋण-शब्द

अपनी ही भाषा से ऐसे साहित्यिक अथवा बोलचाल के शब्द जिन्हें एक निश्चित वैज्ञानिक अर्थ दे दिए जाते हैं, उन्हें ऋणशब्द अथवा उधार लिए गये शब्द कहते हैं। यद्यपि वैज्ञानिक साधारण भाषा से ऋण लेकर ऐसे शब्दों की परिभाषा निश्चित कर वैज्ञानिक शब्द अथवा पारिभाषिक शब्द बना देते हैं, तथापि ये शब्द फिर भी उस कसौटी पर खरे नहीं उतरते हैं जो वैज्ञानिक शब्दों के लिए अनिवार्य होती है। अंग्रेजी भाषा के FORCE`, WORK, POWER, ENERGY, CHARGE`, SALT, WEIGHT इत्यादि तथा हिन्दी में इनके पर्याय बल, कार्य, शक्ति, ऊर्जा, आवेश, लवण, भार इत्यादि इसी प्रकार के शब्द हैं। यद्यपि वैज्ञानिकों ने सामान्य भाषा से ऋण लेकर इन्हें वैज्ञानिक शब्द बना दिए हैं, किन्तु फिर भी आम आदमी उनकी व्याख्या उस प्रकार से ही करता है जिन अर्थों में वह इन्हें इस्तेमाल करते आया है।

यांत्रिकी में FORCE (बल) का अर्थ साधारण भाषा के अर्थ से सर्वथा भिन्न होता हैं, वहाँ FORCE (बल) का अर्थ एक ऐसा धक्का या खींचाव होता है जो किसी वस्तु के द्रव्यमान और त्वरण के गुणनफल के बराबर होता है। भौतिकी का शब्द WORK

(कार्य) तभी सम्पन्न होता है जब बल लगाने पर किसी वस्तु में गति पैदा हो। बिना गति उत्पन्न हुए चाहे कुछ भी हो कार्य नहीं हो सकता। इसी प्रकार साधारण भाषा का WEIGHT (भार) विज्ञान की भाषा में किसी धातु का वजन नहीं अपितु एक ऐसा बल है जिससे पृथ्वी किसी पदार्थ को अपनी ओर आकर्षित करती है। वैज्ञानिक शब्द SALT(लवण) ऐसे संयुक्त पदार्थ के लिए प्रयुक्त होता है जो किसी धातु या धातुमूलक के किसी अम्ल से संयोग करने पर उसमें उपस्थित हाइड्रोजन तत्व को स्थानांतरित कर के बनता है। अतः स्पष्ट है कि मामूली खाद्य लवण (नमक) और वैज्ञानिक लवण में पर्याप्त अन्तर है।

उपर्युक्त उदाहरणस्वरुप दिए गये शब्द अपने आप में किसी न किसी सिद्धांत को व्यक्त करते हैं जो साधारण बोलचाल की भाषा से सर्वथा भिन्न होते हैं। किन्तु बोलचाल में प्रयुक्त होने पर ये ही शब्द आमतौर पर अस्पष्ट भावनाओं से संबंधित होते हैं और अपना यथार्थ अर्थ बहुत कम प्रकट कर पाते हैं। वैज्ञानिक शब्दावली में इस प्रकार के शब्द अधिक नहीं हैं।

3.1.2 नवनिर्मित शब्द

विज्ञान की शब्दावली में ऋण-शब्दों अथवा लिप्यंतरित शब्दों का अनुपात बहुत ही कम है। इसका कारण यह नहीं है कि वैज्ञानिक शब्दों को उधार लेने अथवा लिप्यंतरित करने से कतराते हैं, अपितु इसका कारण वैज्ञानिक ज्ञान का तीव्रगति से विकसित होना है। नये विचारों, अनुभवों और आविष्कारों तथा नई संकल्पनाओं की अभिव्यक्ति हेतु नित-नूतन भाषा की आवश्यकता पड़ती है। वर्तमान भाषाएँ यदि प्रकृति और भौतिक जगत के रहस्यों को अभिव्यंजित करने में असमर्थ होती हैं तो वैज्ञानिकों को नये शब्द स्वयं गढ़ने पड़ते हैं। ये शब्द विशेषरुप से वैज्ञानिक प्रयोजन के लिए बनाए जाते हैं और संकल्पनाओं अथवा विचारों को पारिभाषिक अर्थ प्रदान करते हैं। इन्हें हम नवनिर्मित शब्द कहते हैं।

आधुनिक विज्ञान के शब्दों को बनाने के लिए आमतौर पर क्लासिकी भाषाओं की धातुओं, प्रत्ययों और उपसर्गों का प्रयोग किया जाता है। अंग्रेजी की वैज्ञानिक शब्दावली इसी प्रकार समृद्ध हुई है। पश्चिमी देशों के वैज्ञानिकों ने आधुनिक अंग्रेजी वैज्ञानिक शब्दावली का निर्माण यूरोप की प्राचीन और शास्त्रीय भाषाओं लैटिन और ग्रीक की मूल धातुओं में प्रत्यय और उपसर्ग लगाकर किया है। यह प्रक्रिया आज भी जारी है। आधुनिक भारत की हिन्दी वैज्ञानिक शब्दावली का निर्माण यद्यपि अंग्रेजी से अनुवाद कर के किया गया है फिर भी इसका अधिकांश भाग प्राचीन भारत की संस्कृत भाषा के मूल धातुओं में उपसर्ग और प्रत्यय लगाकर ही बनाया गया है।

यद्यपि विश्व की सभी आधुनिक भाषाओं के लिए क्लासिकी लैटिन, ग्रीक और संस्कृत की मूल धातुओं में उपसर्ग और प्रत्यय लगा कर एक ही मूल के अनेकों वैज्ञानिक शब्दों का निर्माण किया जा रहा है जो अत्यंत जटिल संकल्पनाओं को भी व्यक्त करते हैं। किन्तु आधुनिक विज्ञान और प्रौद्योगिकी का विकास पश्चिम में होने के कारण आधुनिक वैज्ञानिक शब्दावली में लैटिन और ग्रीक का ही सर्वाधिक उपयोग हुआ है और हो रहा है। इसी प्रकार भारत में शब्दावली निर्माण में संस्कृत भाषा का उपयोग भी किया जाता है किन्तु लैटिन और ग्रीक की अपेक्षा इसकी सहायता से निर्मित शब्दों का अभी अधिक प्रचलन नही हो सका है। इसके ऐतिहासिक कारण हैं।

जैसा कि उल्लेख किया जा चुका है कि किसी भी वैज्ञानिक शब्द को उसकी संकल्पना और विचारधारा के अनुसार परिभाषित करना ही पड़ता है, अतः वैज्ञानिक अपने नये विचारों की अपेक्षानुसार नया शब्द गढ़ लेता है जो उसके संबंधित विचार अथवा संकल्पना को समुचति अर्थ प्रदान कर सके तथा तार्किक दृष्टि से भी उपयुक्त हो। उदाहरणस्वरुप सन् 1815 ई. से पूर्व जीवित जीवों के वैज्ञानिक अध्ययन से संबंधित कोई शब्द नहीं था। उस समय लेमार्क ने इसे के लिए Biologie शब्द का निर्माण किया। अंग्रेजी में यही शब्द लिप्यंतरित हो कर Biology बन गया। और हिन्दी में इसका अनुवाद कर के जीवविज्ञान शब्द बना लिया गया है। मेन्डलीफ ने सर्वप्रथम रासायनिक तत्वों का वैज्ञानिक वर्गीकरण किया और उसका नाम पीरयोडिक टेबल (आवर्त सारणी) रखा। बाद में इसी सारणी के आधार पर सोढ़ी ने यह बताया कि इसमें एक ही स्थान को धारण करते हुए भी दो पदार्थ हो सकते हैं। इसी को उसने आइसोटोप (समस्थानिक) नाम से अभिहित किया। सन् 1830 ई. में जर्मन रसायनज्ञ रिकेन बैक ने पेराफिन शब्द बनाया, क्यों कि वह जिन हाइड्रोकार्बनों की खोज कर रहा था वे आश्चर्यजनक रुप से निष्क्रिय थे और आपस में बहुत कम बंधुता प्रदर्शित कर रहे थे अतः उसने उन्हें पेराफिन नाम दिया (parum बहुत कम + Affins बंधुता)। इसी प्रकार वैज्ञानिक भाषा में अनेकों पारिभाषिक शब्द जैसे - बोसोन, रमण प्रभाव, फर्मियोन, आदि सब इसी कोटि में आते हैं जिनका किसी न किसी विशेष कारण से निर्माण हुआ है। सामान्यतः वैज्ञानिक नया शब्द गढ़ते समय तार्किक दृष्टिकोण अपना कर उसकी अर्थाभिव्यक्ति, विश्लेषणात्मकता तथा सहज-बोधकता इत्यादि का उचित ध्यान भी रखते हैं। वास्तव में यह एक सर्वमान्य सिद्धांत भी है कि वैज्ञानिक शब्दावली का निर्माण करते समय तीन बुनियादी बातों का ध्यान रखना चाहिए - उपयोगिता, सरलता और लोचकता। अक्सर यह देखने में आया है कि वैज्ञानिक शब्दावली निर्माण में इन आवश्कताओं का यथासंभव ध्यान रखा ही जाता है।

3.1.3 अन्य भाषाओं से अनुदित अथवा लिप्यंतरित शब्द

ऐसे शब्द जिन्हें अन्य भाषओं से लेकर अपनी भाषा में अनुदित कर लिया जाता है अथवा अपनी भाषा की प्रकृति के अनुरुप लिप्यंतरित कर लिया जाता है उन्हें अनुदित अथवा लिप्यंतरित शब्द कहते हैं। स्त्रोत भाषा में निहित ज्ञान को लक्ष्य भाषा में लाने के लिए अनुवाद का सहारा लिया जाता है। अनुवाद के लिए आमतौर पर स्त्रोत भाषा में निहित ज्ञान की अभिव्यक्ति के लिए लक्ष्य भाषा के प्रचलित शब्दों अथवा नवनिर्मित शब्दों का उपयोग किया जाता है। उपर्युक्त परिच्छेदों में इसका उल्लेख भी किया गया है। स्त्रोत भाषा के जिन भावों को अभिव्यक्त करने के लिए लक्ष्य भाषा में शब्द उपलब्ध नहीं होता है और न ही नया शब्द बनाया जा सकता है तो ऐसी स्थिति में उक्त भाव के लिए स्त्रोत भाषा के शब्द को ही लक्ष्य भाषा में लिप्यंतरित कर लिया जाता है। लिप्यंतरित शब्दों में अर्थ वही का वही रहता है जो स्त्रोत भाषा में होता है। बहुत कम शब्दों में ही अर्थ की दृष्टि से आंशिक परिवर्तन होता है। दूसरी भाषओं से लिए गये लिप्यंतरित शब्दावली के उदाहरण सभी भाषाओं में मिलते हैं। अंग्रेजी वैज्ञानिक शब्दावली में ग्रीक और लैटिन से लिप्यंतरित शब्दों की भरमार है। कुछ उदाहरण इस प्रकार से प्रस्तुत किए जा सकते हैं :

Latin : Atlas, Axiz, Bacillus, Genus, Hilum, Humus,Nucleus, Ovum, Pollen, Pupa, Radius, Saliva, Cerebrum, Larva, Latex, Focus, Fulcrum, Semen, Species etc.

Greek :Cotyledon, Nector, Pyrites, Soma, Thorax etc.

इसी प्रकार अंग्रेजी तथा अन्य विदेशी भाषाओं से हिन्दी में लिप्यंतरित वैज्ञानिक शब्दों का भी आधिक्य है। कुछ उदाहरण इस प्रकार से हैं:

अंग्रेजी तकनीक, एटलस, ऑक्सीजन, हाइड्रोजन, नाइट्रोजन, कार्बन, ट्रॉजिस्टर, अकादमी, विटामिन, रेडार, पेट्रोल, इत्यादि ।

शब्द निर्माण की लिप्यंतरण प्रक्रिया को आज काफी महत्व प्राप्त है क्योंकि अक्सर स्त्रोत भाषा की संपूर्ण सामग्री का अनुवाद करने के लिए लक्ष्यभाषा के पास पर्याप्त शब्द संपदा नहीं रहती है। यह स्वाभाविक भी है। लिप्यंतरण का मुख्य आधार ध्वनियाँ होती हैं। लक्ष्यभाषा की प्रकृति के अनुरूप ध्वनि सादृश्य के कारण लिप्यंतरित शब्द लक्ष्य भाषा में रच-बस जाते हैं और उसी भाषा के शब्द लगने लगते हैं, किन्तु दोनो भाषाओं में ध्वनि की असमानता की स्थिति में लिप्यंतरण आमतौर पर एक समस्या बन जाता है जो लक्ष्यभाषा की प्रकृति को प्रभावित तो करता ही है, प्रयोग की

भी समस्या पैदा कर देता है। भारतीय भाषाओं की वैज्ञानिक शब्दावली के लिए अंग्रेजी भाषा से लिप्यंतरित अधिकांश शब्द हिन्दी भाषा की स्वाभाविक प्रकृति और प्रयोग के लिए मूलरूप से समस्या जनक है।

जैसा कि उल्लेख किया गया है, आमतौर पर आविष्कृत किसी नई वस्तु अथवा संकल्पना के नामकरण का अधिकार उसके स्त्रष्टा अथवा अन्वेषक का होता है और वह उसे सार्थक नाम देकर उसका बोधगम्य व्याख्या भी करता है। विषय के जानकार उसके दिए हुए नाम को सामान्यत: स्वीकार भी कर लेते हैं, किन्तु किसी एक भाषा की तर्ज पर अनुवाद अथवा लिप्यंतरण के माध्यम से निर्मित शब्द सामान्यत: प्रचलन की कसौटी पर असफल हो कर समेकित रुप में किसी भी भाषा समुदाय के लिए एक भाषिक और सामाजिक समस्या का कारण बन जाते हैं। यह स्थिति तब और भी विकट रुप धारण कर लेती है जब किसी राष्ट्र को एक समूचे विदेशी वांग्मय को अपनी भाषा में रुपांतरित करने की आवश्यकता पड़ जाती है।

दुर्भाग्यवश या संयोगवश ऐसा ही हमारे देश में हुआ है। पाश्चात्य विज्ञान को भारतीय भाषाओं के माध्यम से जनसाधारण तथा छात्रों तक पहुंचाने के अभियान में स्वभाषा में विज्ञान की पारिभाषिक शब्दावली के अभाव को एक भारी कमी समझ कर उसकी पूर्ति के ध्येय से विज्ञान तथा प्रौद्योगिकी से संबंधित अंग्रेजी पारिभाषिक शब्दावली के पर्याय थोक से गढ़े गये। इस प्रक्रिया में वैयक्तिक प्रयासों, गैरसरकारी अभिकरणों, स्वैच्छिक संस्थाओं और सरकारी अभिकरणों / संस्थाओं के प्रयत्न और योगदान से हिन्दी में पारिभाषिक शब्दावली निर्माण का अधिकांश कार्य किया जा चुका है और इसमें विज्ञान और प्रौद्योगिकी संबंधी किसी भी विषय के अभिव्यक्ति की पर्याप्त क्षमता आ गयी है किन्तु फिर भी अनेकानेक ज्ञात-अज्ञात कारणों से इस शब्दावली का व्यापक प्रसार और प्रचलन नहीं हो सका है। राष्ट्रीय स्तर पर इतना काम होने के बावजूद भी विज्ञान और प्रौद्योगिकी संबंधी हिन्दी की शब्दावली अब भी शब्दकोशों की ही शोभा बढ़ा रही है और भण्डार- घरों में पड़ी धूल चाट रही है।

ज्ञातव्य है कि ज्ञान-विज्ञान की सृजनात्मक प्रक्रिया मानव जीवन की एक निरंतर प्रक्रिया है, एतदर्थ इसकी अभिव्यक्ति हेतु शब्दावली निर्माण कार्य भी एक निरंतर कर्म है जो संभवत: कभी नहीं रुकेगा। और हम कदापि यह दावा नहीं कर सकते कि शब्दावली निर्माण का कार्य किसी बिन्दु पर जा कर रुक जाता है। हालांकि भारतीय भाषाओं, मुख्यत: हिन्दी में वर्तमान ज्ञान-विज्ञान की अभिव्यक्ति हेतु अपेक्षित पर्याप्त शब्दावली निर्मित की जा चुकी है। किन्तु वर्तमान भारतीय वैज्ञानिक जगत में इसकी वैधता-अवैधता, अभिव्यक्ति - अनाभिव्यक्ति क्षमता, सहजता, सरलता, जटिलता, प्रचलन - अप्रचलन, उपयुक्तता - अनुपयुक्तता, समरुपता - असमरुपता, सटिकता

- असटिकता, सुग्राह्यता - असुग्राह्यता आदि विविध पक्षों पर अभी भी वाद-विवाद जारी है और प्रयोग करने की सर्वसम्मति अभी भी कायम नहीं हुई है। शब्दावली के अभाव और निर्माण की समस्या के साथ- साथ शब्दावली के प्रचलन और प्रयोग की समस्या भी जटिल रुप में उठ खड़ी हुई है।

भारतीय वैज्ञानिक शब्दावली के क्षेत्र में बुनियादि काम करने वाली नागरी प्रचारिणी सभा को हिन्दी में वैज्ञानिक शब्दावली बनाने की आवश्यकता क्यों पड़ी इसकी पृष्ठभूमि बताते हुए बाबू श्यामसुन्दर दास का कथन यहाँ उल्लेखनीय है - वे लिखते हैं - *'जब कभी किसी व्यक्ति से किसी वैज्ञानिक विषय की पुस्तक लिखने या अनुवाद करने के लिए कहा जाता है तो वह इसके लिए तभी तैयार होता है, यदि सभा उन वैज्ञानिक शब्दों के लिए पर्यायवाची शब्द हिन्दी में बनाकर दे दे जिनकी उस पुस्तक या लेख को लिखने में जरुरत पड़ेगी '*।[4] किन्तु आज स्थिति अपेक्षाकृत और बदतर हो गयी है। अभी कुछ ही दिन पूर्व तक जो लोग हिन्दी में विज्ञान साहित्य सृजन हेतु शब्दावली की मांग कर रहे थे, वे शब्दावली मिलने पर उसे दूरूह, जटिल और प्रादेशिक प्रभाव से ग्रस्त तथा अव्यावहारिक मानकर स्वीकार करने से कतरा रहे हैं।

खेद का विषय है कि जिनके लिए शब्दावली निर्माण का यह कठिन महायज्ञ सम्पन्न किया गया, यह उनके पल्ले ही नहीं पड़ रही है। विज्ञान और प्रौद्योगिकी से संबंधित उच्च शिक्षा के क्षेत्र के लोग (शिक्षक, छात्र और अनुसंधायक इत्यादि) इस से पूर्णतः अनभिज्ञ पूर्ववत् अंग्रेजी भाषा माध्यम से अपने अध्ययन - अध्यापन में लगे हुए हैं और अन्यान्य कारण दे कर इस शब्दावली के प्रयोग को नकार रहे हैं। कारण कुछ भी हो, वस्तुस्थिति यह है कि एक सुदीर्घ परंपरा और कालावधि में निर्मित विज्ञान और प्रौद्योगिकी संबंधी हिन्दी की शब्दावली अभी भी विज्ञान के किसी भी क्षेत्र में प्रयुक्त नहीं हो रही है और जो कुछ हो भी रहा है वह भी अनुवाद की जटिल प्रक्रिया के कारण अनुपयोगी पड़ा हुआ है। यह निर्विवाद है कि इसके प्रयोग की समस्या अत्यंत जटिल रुप में साकार हुई है। मांग के आधार पर शब्दावली निर्माण का जो कार्य थोक से किया गया वही मुख्यरूप से इस परिस्थित के लिए जिम्मेदार है। उल्लेखनीय है, ऐसी ही परिस्थित से बचने के लिए वैयाकरणों को सावधान करते हुए पतंजलि ने अपने महाभाष्य में कहा है कि - *'जैसे घड़े की जरुरत होने पर लोग कुम्हार के पास जाते हैं और कहते हैं कि घड़ा बना दे वैसे ही शब्द का काम पड़ने पर कोई वैयाकरण के यहाँ नहीं जाता कि भाई हमें शब्द की जरुरत है शब्द बना दो।'* [5] और यदि वैयाकरण मांग के आधार पर थोक से शब्द बना कर देने लगे तो प्रयोग और प्रचलन की समस्या का उठना स्वाभाविक है। हमारे देश में बहुत कुछ इसी प्रकार हुआ है।

ऊपर से छोटी और मामूली सी प्रतीत होने वाली विज्ञान और प्रौद्योगिकी संबंधी हिन्दी पारिभाषिक शब्दावली की समस्या वास्तव में एक अत्यंत जटिल और राष्ट्रीय समस्या है। पारिभाषिक शब्दावली अपने आप में सहज या कठिन नहीं होती है क्योंकि प्रत्येक प्रत्येक पारिभाषिक शब्द एक निश्चित अर्थ व्यक्त करता है तथा उसका प्रयोग भी एक निश्चित संदर्भ में किया जाता है। किन्तु फिर भी अपनी भाषा की प्रकृति को देखते हुए यह कहना अप्रासंगिक नहीं होगा कि किसी विदेशी भाषा की तर्ज पर निर्मित शब्दावली निश्चय ही सहज और सरल नहीं हो सकती है। किसी विदेशी भाषा की तर्ज पर निर्मित पारिभाषिक शब्दावली भाषा विकास की सहज प्रक्रिया द्वारा प्रोद्भूत नहीं, अपितु अनुवाद और लिप्यंतरण की जटिल प्रक्रिया द्वारा सायास निर्मित होते हैं। यद्यपि प्रथमदृष्ट्या हमें ऐसा लगता है कि आधुनिक हिन्दी में निर्मित विज्ञान और प्रौद्योगिकी की पारिभाषिक शब्दावली अंग्रेजी में उपलबध पारिभाषिक शब्दावली का मात्र अनुवाद है। इसकी अपनी होई परंपरा नहीं है। किन्तु हम इसे समुचित विचार-धारा अथवा दृष्टिकोण नहीं मान सकते। यह सत्य है कि अंग्रेजी पारिभाषिक शब्दावली के आधार पर निर्मित / अनुदित / लिप्यंतरित विज्ञान एवं प्रौद्योगिकी संबंधी हिन्दी पारिभाषिक शब्दावली का वर्तमान संदर्भो में अपेक्षित उपयोग नहीं हो रहा है। इसके अनेकानेक कारण हैं, किन्तु यह कहना कि भारत में पारिभाषिक शब्दावली की कोई समुचित परंपरा नहीं है, अपने आप में अनुचित कथन है। वास्तव में भाषा अध्ययन के क्षेत्र में अग्रणी भारत देश में पारिभाषिक शब्दावली निर्माण की एक अत्यंत समृद्ध परंपरा उपलब्ध है। उल्लेखनीय है कि कतिपय ऐतिहासिक और राजनैतिक कारणों से भारतीय विज्ञान और प्रौद्योगिकी की परंपरा अक्षुण्ण न रह सकी, किन्तु इतिहास के ध्वंसावशेषों में आज भी हम उस परंपरा का स्पष्ट दर्शन कर सकते हैं।

भारत की राजनैतिक पराधीनता और तद्युग में पाश्चात्य देशों में आधुनिक विज्ञान और प्रौद्योगिकी संबंधी विकास, ऐसे दो महत्वपूर्ण कारण हैं जो भारतीय भाषाओं में आधुनिक विज्ञान और प्रौद्योगिकी ज्ञान के विकास को बाधित करते हैं। यह भी उल्लेखनीय है कि पराधीनता काल में भारत में व्यापक सामाजिक एवं सांस्कृतिक परिवर्तन हुए। इसकी शिक्षा पद्धति में आमूल-चूल परिवर्तन हुआ और इस प्रकार भारतीय परंपरा अपने मूल से विच्छिन्न होकर एक भिन्न सांचे में ढल गयी। स्वातंत्र्य काल में जहाँ एक ओर हम अपनी परंपरा का मूलान्वेषण करते रहे वहीं आधुनिक परिस्थितियों के प्रभाव में दिग्भ्रमित हो बहते भी रहे। संभवत: यही कारण है कि हमने हिन्दी भाषा में आधुनिक विज्ञान और प्रौद्योगिकी संबंधी पारिभाषिक शब्दावली तो गढ़ ली किन्तु उन्हें समुचित परंपरा से न जोड़ पाने के कारण उनका व्यापक स्तर पर प्रयोग एवं प्रचार-प्रसार सुनिश्चित नहीं कर सके। एतदर्थ आज हमें वे जटिल, दूरूह, अव्यावहारिक आदि ... आदि ... लगते हैं।

इस संदर्भ में यह कहना अत्योक्ति न होगा कि हमारी शिक्षा पद्धति इसके लिए पूर्णतः जिम्मेदार है। इस समस्या के मूल में पहुंच कर ही हम इसकी गंभीरता और व्यापकता का उचित मूल्यांकन कर सकते हैं और उपयुक्त समाधान प्रस्तुत कर सकते हैं। एतदर्थ हिन्दी अथवा अन्य भारतीय भाषाओं में पारिभाषिक शब्दावली निर्माण की भारतीय परंपरा का हमें पुनरीक्षण करना ही पड़ेगा। अतः संपूर्ण परंपरा को हम दो कालखण्डों में विभक्त करना उचित समझते हैं क्योंकि इससे स्थिति और स्पष्ट हो जाएगी कि पारिभाषिक शब्दावली भारत के लिए किसी नई विचारधारा का परिणाम नहीं जो पाश्चात्य प्रभावों के फलस्वरुप मिली है, अपितु हमारी अपनी संस्कृति की देन है जो परंपरिक रूप से विकासमान रही है।

3.2 प्राचीन और मध्ययुगीन शब्दावली निर्माण की भारतीय परंपरा

भारत में पारिभाषिक शब्दावली की परंपरा बहुत प्राचीन है। वास्तव में उसका मानव की भाषा के जन्म और जनसमूह के सांस्कृतिक और वैचारिक विकास से सीधा संबंध है। भारत भूमि पर शास्त्रों का उद्भव और विकास इसका प्रत्यक्ष प्रमाण है। ज्ञातव्य है कि भारत में विभिन्न् शास्त्रों का उद्भव वैदिक-कालीन है। वैदिक काल के ऋषिगण अनन्य जिज्ञासु और मर्मज्ञ थे। उनकी उपलब्ध कृतियों में भाषा के लगभग सभी पक्षों की विवेचना, विश्लेषण और परंपरा के प्रमाण प्राप्त होते हैं। अकेले ऋग्वेद में ही डेढ़ सौ से अधिक ऋषियों के नाम भाषा चिंतक के रुप में पाए जाते हैं।[6] ध्वनि अध्ययन की परंपरा प्रथम महत्वपूर्ण ध्वनिशास्त्री औपमन्य से आरंभ हो कर ऋक्प्रातिशाख्य-कार शौनक, शुक्लायजुर्वेद प्रातिशाख्यकार कात्यायन तथा पतंजलि जैसे अनेक शिक्षाकारों तथा प्रातिशाख्यकारों के माध्यम से आगे बढ़ी है। व्याकरण की परंपरा तो और भी प्राचीन और समृद्ध थी जिसके प्रमुख स्तंभ थे - शाकल्य, शाकटायन, गार्ग्य, पाणिनी, व्याडि, वार्तिककार, कात्यायन, पतंजलि, वामन, जयादित्य, जिनेन्द्र-बुद्धि, हरदत्त् मिश्र, भट्टोजि दीक्षित, भतृहरि और हेमचन्द्र। अर्थविचार की दिशा में प्रारंभिक रूप व्युत्पत्ति चिंतन में मिलता है। ऋग्वेद में ही लगभग सात सौ शब्दों की व्युत्पत्ति के संकेत मिलते हैं। निरुक्तशास्त्री शाकटायन, निघण्टुशास्त्री शाकपूणि और निरुक्तकार यास्क के माध्यम से अर्थ चिंतन की परंपरा ऋग्वेद से आरंभ हो कर औदुम्बरायण, व्याडि, वार्तिककार, कात्यायन, पतंजलि, भतृहरि, कौंडभट्ट और नागेश भट्ट्ट के माध्यम से समृद्ध हुई। अर्थविचार का जो कार्य वैदिक शब्दों के निर्वचन के साथ शुरु हुआ था, वह ब्राह्मण काल में उन्नत अवस्था तक पहुंच गया था। इसकी पराकाष्ठा यास्क के निरुक्त में द्रष्टव्य है।

अर्थ चिंतन के क्षेत्र में दूसरा कार्य शब्दकोश के निर्माण का था। आज शब्दकोश जिस रुप में उपलब्ध हैं, प्राचीन शब्दकोश संकल्पना इससे भिन्न थी। गत अध्यायों

में इससे संबंधित चर्चा प्रस्तुत की गयी है। संस्कृत वांग्मय में प्रथम कोशग्रंथ का नाम निघण्टु है। इसमें वैदिक शब्द और धातु संकलित हैं। यास्क ने प्राय: निघण्टु में संकलित शब्दों का निर्वचन किया है। इस निघण्टु में पांच अध्याय हैं जो तीन काण्डों (नैघण्टुक, नैगम या एकपदिक और दैवत) में विभक्त हैं। नैघण्टुक के अन्तर्गत प्रथम तीन अध्याय हैं, जिनमें प्राय: पर्यायवाची शब्दों को संकलित किया गया है। पहले अध्याय में इस लोक और अन्य लोकों में स्थान और समय से संबंधित पदार्थ हैं। दूसरे अध्याय में मनुष्य, उसके शरीर और कार्य आदि से संबंधित पदार्थ हैं और तीसरे अध्याय में पहले दोनो अध्यायों में दिए गये पदार्थों के ह्रस्व, महत् आदि गुणवाचक शब्द संकलित हैं। दूसरे काण्ड के अन्तर्गत चौथे अध्याय में प्राय: दूरूह और अनेकार्थक वैदिक पद संग्रहीत हैं। तीसरे काण्ड के अन्तर्गत पांचवें अध्याय में वैदिक देवताओं के नाम आदि संकलित हैं।

कालांतर में ज्ञान-विज्ञान के विविध क्षेत्रों में निघण्टु की पद्धति पर अनेक कोश-ग्रंथ लिखे गये जो निघण्टु या शब्दकोश के नाम से प्रसिद्ध हुए। निघण्टु शब्द का प्रयोग वास्तव में इन कोशों में संकलित पदों के लिए होता था। चूंकि कठिन शब्दों को चुनकर उन्हें प्रकाश डालने के लिए अलग कर लिया जाता था, इसीलिए 'नि-गमन' के कारण इन्हें निघण्टु कहा जाता था। 'शब्दकल्पद्रुम' में इस प्रकार के उनतीस शब्दकोशों के नामों का उल्लेख मिलता है।[7]

लौकिक संस्कृति का सबसे प्रसिद्ध कोश 'नामलिंगानुशासन' है जो अमरकोश के नाम से विख्यात है। यह कोश भी तीन काण्डों में विभक्त है अत: इसे त्रिकाण्ड भी कहते हैं। इसमें भी निघण्टु वाली प्राचीन पद्धति को अपनाते हुए शब्दों को आधुनिक कोशों की तरह वर्णक्रमानुसार व्यवस्थित करने की अपेक्षा परस्पर सम्बद्ध क्षेत्रों में विभक्त किया गया है जिन्हें वर्ग की संज्ञा दी गयी है। ये वर्ग भी एक सुनियोजित क्रम में रखे गये हैं। प्रथमाध्याय में इससे संबंधित चर्चा प्रस्तुत की गयी है। पश्चिम में इस प्रकार का पहला कोश रोज़ेट कृत थिसारस है जो केवल सौ वर्ष पुराना है। थिसारस की जिस पद्धति को अब पश्चिम में व्यापक स्वीकृति मिल रही है वह भारत की हजारों वर्ष पुरानी निघण्टु पद्धति का ही रुपांतर है यद्यपि यहाँ यह दावा नहीं किया जा रहा है कि आधुनिक थिसारस भारतीय निघण्टु से ही प्रभावित है।

उपर्युक्त विवेचन से यह स्पष्ट है कि यदि हम वेदों तथा वेदोत्तर साहित्य का गंभीरता से अध्ययन करें तो स्पष्ट हो जाता है कि वैदिक युग में ही पारिभाषिक शब्दों के संकलन तथा शब्द के अर्थ को परिभाषित करने का कार्य आरंभ हो गया था। सामान्यत: सभी विषय-वर्गों अर्थात वैयाकरणों, मीमांसकों, नैयायिकों आदि ने अपनी-अपनी दृष्टियों से पारिभाषिक शब्दावली के क्षेत्र में उल्लेखनीय कार्य किया है जिसका प्रतिबिंब हमें तत्कालीन साहित्य में मिलता है। वेदों, पुराणों , ब्राह्मण ग्रंथों,

शब्दकोशों के अतिरिक्त तत्कालीन समाजशास्त्रों जैसे मनुस्मृति, अर्थशास्त्र इत्यादि अनेक ग्रंथों में भी पारिभाषिक शब्द भरे पड़े हैं। ये शब्द संस्कृतजन्य हैं। इनके अतिरिक्त प्राकृत भाषाओं के पारिभाषिक शब्दों का भी अपना महत्व है।

पारिभाषिक शब्द की विशिष्टता के संबंध में भी प्राचीन ग्रंथों में विशुद्ध विवेचन उपलब्ध होता है। स्पष्ट संकेत मिलते हैं कि पारिभाषिक शब्द व्याख्या या परिभाषा और प्रायः टीका की अपेक्षा रखता है। पारिभाषिक शब्दों के विषय में स्पष्ट रूप से निर्देश है कि उनमें शास्त्र विषय प्रसंगानुसार एकार्थता होनी चाहिए और भाषा व्यवहार वर्ग में उसी अर्थ में स्थिर संप्रेषणीयता भी होनी चाहिए जिन भाषाओं द्वारा वह शब्द या पद बना है, वह उन भाषाप्रयोक्ताओं द्वारा स्वीकार्य भी होना चाहिए।

विविध विज्ञानों और शास्त्रों जैसे - गणित, आयुर्वेद, शिल्प, संगीत, व्याकरण, भू-शास्त्र, धातुकी, मूर्ति तथा भवन निर्माण कला, भौतिकी, रसायनशास्त्र, अर्थ-शास्त्र, अश्त्रशास्त्र, ज्योतिष, दर्शन आदि का अध्ययन तथा उनके लिए एक अखिल भारतीय पारिभाषिक शब्दावली की संकल्पना भारत के लिए कोई नई बात नहीं है। प्राचीन काल में अनेकानेक शास्त्रों एवं कलाओं के क्षेत्र में भारत अग्रणी था और देश-विदेश के विद्वान तथा विद्यार्थी यहाँ आकर अपनी रुचि के विषय का अध्ययन किया करते थे। शास्त्रों का विकास चूँकि भारत भूमि पर हुआ है, इस लिए स्पष्ट ही उनकी अपनी पारिभाषिक शब्दावली भी विकसित हुई थी। अपने आरंभिक काल में यह शब्दावली संस्कृत भाषा की थी और अखिल भारतीय स्तर पर उसका प्रयोग होता था। मध्यकाल में धीरे-धीरे ग्रीस, अरब, चीन आदि देशों के साथ भारत के वैचा-रिक, राजनैतिक तथा व्यापारिक संबंध होने के कारण ज्ञान-विज्ञान के आदान-प्रदान के परिणामस्वरुप कुछ विदेशी शब्द भी भारतीय शब्दावली में आने लगे। परंतु संस्कृत के अत्यधिक वैज्ञानिक एवं विकसित होने के कारण भारतीय शब्दावली में उन शब्दों की संख्या अत्यंत सीमित रही। विविध विज्ञानों का उद्भव और विकास जैसे-जैसे हमारे देश में बढ़ता गया वैस-वैसे उनकी पारिभाषिक शब्दावली का भी विकास होता गया।

पारिभाषिक शब्दावली की विकास यात्रा वास्तव में बड़ी मनोरंजक है। जैसा कि उल्लेख किया गया है कि आमतौर पर किसी नई आविष्कृत वस्तु, संकल्पना अथवा विचारधारा का नामकरण और बोधगम्य व्याख्या उसका स्त्रष्टा या आविष्कारक ही करता है, प्राचीन भारत के ऋषियों और विज्ञानवेत्ताओं ने भी यही किया है। भारत में वैज्ञानिक साहित्य और शब्दावली के क्रमिक विकास का इतिहास शब्दावली अध्ययन की दृष्टि से बहुत महत्वपूर्ण है। चूँकि पिछले अध्यायों में भारत में विभिन्न शास्त्रों के उद्भव और विकास पर प्रकाश डाला गया है, अतः उसी परिप्रेक्ष्य में यहाँ शब्दावली पर भी चर्चा करना वांछनीय होगा।

आधुनिक युग में वैसे तो विज्ञान और प्रौद्योगिकी से संबंधित 600 से भी अधिक विभिन्न अनुशासनों का विकास हो चुका है, तथापि प्राचीन युग में विज्ञान और प्रौद्योगिकी की इतनी स्पष्ट धाराएँ नहीं थी। चूँकि प्राचीन भारत ज्ञान-विज्ञान और शिक्षा का महत्वपूर्ण केन्द्र था। यहाँ मौलिक और व्यावहारिक विज्ञान - गणित, भौतिकी, रसायनशास्त्र, धातुकी तथा आयुर्विज्ञान जैसे कुछ महत्वपूर्ण विज्ञान विषयों की स्पष्ट धाराएँ विकसित हो गयीं थीं। अतः प्राचीन भारत के संदर्भ में उनसे संबंधित साहित्य और शब्दावली पर ही यहाँ चर्चा की जाएगी।

3.2.1 प्राचीन और मध्ययुगीन भारतीय गणित साहित्य और शब्दावली

आधुनिक विज्ञान की आधारशिला गणित ही है। भारत में प्राचीनकाल से ही गणित का स्थान बहुत ऊंचा रहा है और भारतीय वांग्मय में सभी विज्ञानों और कलाओं में इसे सर्वोपरि माना गया है। वेदांग ज्योतिष में इसके संबंध में कहा गया है

यथा शिखा मयुराणांम, नागानां मण्यो यथा ।
तद्वत वेद्रांगे शास्त्राणांम, गणित मूर्धनि स्थितम्।।

..... याजुष - वेदांग ज्योतिष

अर्थात जिस प्रकार मयुरों की शिखाएँ और नागों की मणियाँ सर्वोच्च स्थानों पर रहती हैं उसी प्रकार वेदांग शास्त्रों में गणित का स्थान सर्वोपरि है।

प्राचीन काल से ही हमारे देश में गणित की शब्दावली बहुत उन्नत रही है। भारतीय भाषाओं में गणित की लगभग वही शब्दावली आज भी प्रयुक्त हो रही है। 1 से 9 तक की संख्याओं को लिखने का ढंग अतिप्राचीन है किन्तु दस, बीस आदि लिखने के लिए पहले 1, 2 आदि के साथ शून्य न लगा कर दहाइयों के निर्दिष्ट चिह्न ही लिखे जाते थे।[8] जैसे 19 = 10+9 । आरंभ में अंकों में 'एक', 'द्वि' जैसे शब्दों की रचना हुई, फिर गणना करने का कार्य अंगुलियों से शुरु हुआ। बाद में उसे दूसरों को समझाने के लिए अंगुलियों के स्थान पर एक, दो आदि के चिह्न बनाए गये और इनको अंको का नाम दिया गया। 'अंक' शब्द संस्कृत की 'अकि' (चिह्न करना) धातु से बना है। अंक की गणना करने के कारण ही इसका नाम अंकगणित पड़ा। धीरे-धीरे यह विकसित हो कर मानसिक हिसाब में परिवर्तित हो गया। इसके बाद लकड़ी की पट्टी पर लिखकर हिसाब लगाने के कारण अंकगणित को पाटीगणित भी कहा गया। देश के कुछ भागों में बालू या मिट्टी ही बिछा कर अंकगणित करने की प्रथा थी, अतः इसे धूलिकर्म भी कहा गया है।

वैदिक साहित्य में अंकगणित के लिए प्रयुक्त पर्याप्त शब्दावली मिलती है। ऋग्वेद में प्रयुक्त कुछ संख्यावाचक शब्द हैं - एक, एकः, एकादश, एकअशत, द्वि, द्वादश, त्रि, त्रिशत, त्रिशतअशत, चतुस्त्र, चतुः, चत्तुअंत्रिशत, चतुःसहस्त्र, पंच, पंचअदशं, पंचाशत, पंचाशतः, षट, षटदिंत्रंश, षष्टि, सप्त, सप्तति, सप्ति, अष्ट, नवः, अनवः, नवति, दश, शत, सहस्त्र, अयुत इत्यादि।

यजुर्वेद में एक मंत्र है[9] जिससे गिनती को बहुत आगे तक ले जाया जा सकता है। इस मंत्र के अनुसार खरबों तक की संख्या लिखी जा सकती है जैसे - एक, दश, शत, सहस्त्र, अयुत,(10^4) नियुत (10^5), प्रयुत (10^6), अर्बुद (10^8), न्युर्बुद (10^{11}) और परार्ध (10^{12})।

प्रयुत और परार्ध अंग्रेजी या जर्मन मिलियन और बिलियन हैं। यह गिनती हमारी वर्तमान गिनती से भिन्न है, जिसमें इनके लिए लाख, दशलाख, करोड़, दस करोड़ आदि शब्दों का प्रयोग होता है। अंग्रेजी पद्धति से प्राचीन भारतीय शब्दावली का समन्वय अधिक है, साथ ही अयुत, नियुत, प्रयुत, अर्बुद, न्युर्बुद और परार्ध शब्द छोटे और सुगम हैं।

मैत्रायिणी संहिता में 1/6 के लिए 'कला', 1/12 के लिए 'कष्ठ', 1/8 के लिए 'शफ' और 1/4 के लिए 'पाद' शब्दों का व्यवहार हुआ है।[10]

पाणिनी के सूत्रों में ब्याज संबंधी उल्लेख हुआ है। इसमें ऋण देने वाले को उतमर्ण और ऋण लेने वाले को अधमर्ण कहा गया है।[11] गौतमसूत्र [12] में भी इसका विधान है।

'संकलन' शब्द प्राचीन है, और आज भी इसका प्रयोग होता है। संकलन, 'कल' (संख्या) धातु में 'स' उपसर्ग लगाने से बना है। इसका अर्थ है अच्छी तरह संख्याओं को इकट्ठा करना या गिनती करना। इसके अन्य पर्याय - मिश्रण, सम्मेलन, प्रक्षेपण, संयोजन, एकीकरण, युक्ति, योग आदि हैं। गुणन क्रिया के लिए 'गुणन' शब्द का प्रयोग वैदिक काल से ही होता आया है। 'भाग' और 'भागहार' ये शब्द इस देश में कम से कम चौथी शताब्दी से चले आ रहे हैं।[13] इसके अन्य पर्याय भाजन, हरण, छेदन आदि हैं। भाग करने लायक जो हो उसे 'भाज्य' और भाग करने वाले को 'भाजक' कहते हैं। भज (सेवायां) धातु से कर्म में घञ् प्रत्यय लगाने से भज्यते इति भागः बनता है।[14] भाग को जो हरे, यानी ले उसे 'भागहार' कहते हैं।

यद्यपि संकलन ऋण, गुणन, और भाग शब्दों का वैदिक साहित्य में उपयोग हुआ है किन्तु उस युग के संस्कृत अंकगणित ग्रंथों में जोड़ने, घटाने, गुणने और भाग के कोई चिह्न नहीं मिलते। पोथियों में उसके नाम के आगे उस संख्या को लिख देते थे जैसे - वियोज्य 1230, वियोजक 430, गुण्य 135, गुणक 12, भाज्य 1620, भाजक 12 इत्यादि।[15]

वर्ग को संस्कृत में कृति भी कहते हैं। वह आकृति जिसकी चारों भुजाएँ बराबर हों और दोनो कर्ण बराबर हों, उसे भी वर्ग कहते हैं। दो बराबर संख्याओं के गुणनफल को भी वर्ग कहते हैं। वर्गमूल या मूल शब्द बहुत पुराना है। इसका प्रयोग अनुयोग द्वारसूत्र (110 ई.पू.) में और गणित के अन्य ग्रंथों में हुआ है।[15] संस्कृत में जड़ को मूल कहते हैं। यह शब्द संस्कृत के मूल (प्रतिष्ठायां या रोहणे) धातु में 'क' प्रत्यय लगाने से बना है। मूल शब्द अरब में जड़ बना और लैटिन पर्याय Root भी मूल का ही अनुवाद है। वर्गमूल के लिए शुल्बग्रंथों और प्राकृत साहित्य में करणी का प्रयोग किया गया है। रेखागणित में इस शब्द का अभिप्राय भुजा से है, किन्तु बाद में करणी के लिए रुढ़ हो गया है। यह ऐसा वर्गमूल है जो पूर्णतया निकाला तो नहीं जा सकता किन्तु रेखा द्वारा ($\sqrt{}$) व्यक्त किया जा सकता है। वर्गमूल निकालने की भारतीय विधियाँ आठवीं शती में भारत से अरब पहुंची तथा वहाँ से यूरोप के लेखकों ने इसे 15वीं शती में अपनाया।[16] ईसा से 300 वर्ष पूर्व समीकरण धातु के हिसाब से वर्गीकृत होते थे। इन्हें यावत्-तावत, वर्गघन और वर्ग-वर्ग भी कहा जाता था।

वैदिक काल में रेखागणित काफी उन्नत हो गया था क्योंकि यज्ञ में वेदियाँ और कुण्ड बनाने के लिए इसकी सदा आवश्यकता पड़ती थी। वैदिक साहित्य में प्रयुक्त 'ज्या', 'कोज्या', 'चतुर्भुज', 'कर्ण', 'क्षेत्रफल', 'वर्ग', घन', 'वृत्त', आदि शब्द आज भी भारतीय रेखागणित में प्रयुक्त होते हैं। ऋगवेद में 'ज्या' शब्द[17] का उपयोग हुआ है। इसको आजकल त्रिकोणमिति में साइन (Sin) कहते हैं। 'ज्या' शब्द (धनुष या वक्र), 'अर्द्धज्या' या 'अर्द्धजीवा' (आधा कोर्ड या धनुष डोरी) से बना है। अरबी में अनुवाद करते समय इसे जिवा और फिर ज़ैब (वक्र या Bay) के रुप में लिप्यंतरित कर लिया गया। मध्यकाल में लैटिन में अरबी साहित्य के अनुवाद के समय इसका रुप साइनस (वक्र) हुआ जो आज साइन (Sin) है।

तैत्तिरीय संहिता, ब्राह्मण ग्रंथ, बोधायन, आपस्तम्ब शुल्बसूत्र आदि गंथों में 'वर्ग', 'आयत', 'क्षेत्रफल', 'वृत्त', 'चतुर्भुज', 'कर्ण', 'त्रिभुज' आदि की शब्दावली और इनके बनाने की प्रविधि दी गयी है। आपस्तम्ब शुल्बसूत्र में 1/15 के लिए पंचदश``, कात्यायन शुल्बसूत्र में 1/7 के लिए 'सप्त भाग', 1/5 के लिए

'पंचम भाग', 1/6 के लिए 'षष्ठ', 3/8 के लिए 'त्रिअष्टम्', 2/7 के लिए 'द्विसप्तम्' आदि शब्दों का प्रयोग हुआ है।

3.2.1.1 बौद्ध साहित्य में गणित और उसकी शब्दावली

बौद्धों ने गणना और संख्यान को अत्यधिक महत्व और प्रधानता दी थी। ईसा से 100 वर्ष पूर्व के एक बौद्ध ग्रंथ ललीत विस्तर में दो गणितज्ञों - अर्जुन और बोधिसत्व के बीच में संवाद का प्रसंग दिया हुआ है। इसमें शतगुणोत्तर पद्धति पर कोटि के बाद की गणना 10140 तक दी हुई है।[18] बौद्ध साहित्य में तीन प्रकार के गणित का उल्लेख है :

1. मुद्रा (अंगुलियों पर गिनना)
2. गणन (मन के भीतर हिसाब लगाना) और
3. संख्यान (उच्च प्रकार के हिसाब लगाना)

दीर्घनिकाय, विनयपिटक, दिव्यावदान और मिलिंदपादों में उपरोक्त तीनों प्रकार के गणित का उल्लेख आता है। क्षेत्र गणित या ज्यामिति का विवरण कल्पसूत्र और शुल्बसूत्रों में मिलता है। इस काल के गणित में निम्नलिखित विषय बहुधा सम्मिलित किए जाते थे[19] - परिकर्म (Fundamental Operation), व्यवहार(Determination), रज्जु (Geometry), राशि (Rule of three), कलासवर्ण (Operation with Functions), यावत्-तावत् (Simple Equations), वर्ग समीकरण (Square Equations), घन (Cube and Cubical equations), वर्ग-वर्ग (Biquadratic equations) और विकल्प (Permutations and combinations).

3.2.1.2 जैन साहित्य में गणित शब्दावली

जैन संप्रदाय ने भी गणित को विशेष महत्व दिया है। भगवती सूत्र[20], पंचभाग और उत्तराध्ययन सूत्र[21] में लिखा है कि जिनमुनि के लिए संख्यान (अंकगणित) और ज्योतिष का ज्ञान आवश्यक है। जैन साहित्य में सूर्यप्रज्ञप्ति और चन्द्रप्रज्ञप्ति ये दो प्राचीन गणित ग्रंथ हैं जिनकी गणना 12 उपांगों में होती है।[22] ज्योतिषकाण्डक भी एक अत्यंत प्राचीन जैन गंथ है। वाराहमिहिर ने अपने ज्योतिष ग्रंथ में सिद्धसेन नामक एक जैन ज्योतिषि का भी उल्लेख किया है। उस्मावति (सन् 50 ई. के लगभग) द्वारा क्षेत्र 'समास' में जम्बूदीप समास प्रकरण और जिन भद्रमणि के 'बृहत् क्षेत्र समास' में भी कहीं- कहीं ज्योतिष और गणित की चर्चा है।

3.2.1.3 बख्शाली हस्तलिपि में गणित

गुप्तकाल और इससे पहले की गणित संबंधी सूचनाएँ बख्शाली हस्तलिपि से प्राप्त होती हैं। यह तीसरी या चौथी शती में 70 भोजपत्रों पर शारदा लिपि में लिखी गयी है। सन् 1881 ई. में डॉ.हानैल ने इसको उत्तर-पूर्वी भारत से प्राप्त किया था। सन् 1902 ई. में इन्हों ने इसे ऑक्सफोर्ड के बोडलियन पुस्तकालय को भेंट कर दिया था।[23]

इस हस्तलिपि में ही सर्वप्रथम ऋण (-) मात्रा को एक संकेत द्वारा व्यक्त किया गया है। यह संकेत वर्तमान (+) धन संकेत जैसा ही है किन्तु ऋणमात्रा दिखाने के लिए यह उसके दाहिनी ओर लिखा गया है। इसी हस्तलिपि में सबसे पहले शून्य का संकेत एक बिन्दी के रुप में मिलता है। शून्य का आविष्कार और इसकी सहायता से दश, शत, सहस्त्र, आदि को व्यक्त करना, तत्कालीन युग की एक महत् उपलब्धि है। संभवत: विक्रमी संवत् के आरंभ में ही इसका आविष्कार हो गया था और संख्याओं की श्रेणी में इसे स्थान मिल गया था।[24] शून्य की व्युत्पत्ति संस्कृत साहित्य में इस प्रकार बताई गयी है : शून्य यानी खाली आकाश के जैसी सूरत शून्य (0) बनाई गयी। क्योंकि संस्कृत के जितने आकाशवाची शब्द हैं, सबसे शून्य का अर्थ निकलता है।[25] व्याकरण में 'शुनः संप्रसारणं वा च दीर्घत्वमिति यत्' इससे शून्य और शुन्य दोनों बनते हैं। अमरं कोश में लिखा है - 'शून्य तु वारीकं तुच्छरिक्तके' अर्थात शून्य खाली के अर्थ में है। इसीलिए अरब वालों ने संस्कृत से अनुवाद करते समय शून्य को अरबी में सिफर किया जो बाद में मध्यकालीन लैटिन में अनुदित हो कर जैफाइरम (Zephiram) और बाद में जीरो (Zero) हो गया।

बख्शाली हस्तलिपि में भिन्नों को भी व्यक्त करने के लिए शब्दों का इस्तेमाल किया गया है। हमारे देश में भिन्नों को व्यक्त करने की परंपरा लगभग 5000 वर्ष पुरानी है।[26] बख्शाली हस्तलिपि में ही गुणा के लिए 'कृतम', जिस संख्या से गुणा किया जाए उसे 'गुणक' या 'गुणाकार' और गुणा करने पर जो आवे उसे 'गुणन-फल' या 'प्रत्युत्पन्न' कहा गया है। त्रैराशिक शब्द का भी प्रयोग हुआ है। किन्तु इसकी व्याख्या नहीं की गयी है।

3.2.1.4 मध्यकाल में गणित साहित्य और शब्दावली

मध्यकालीन भारत में गणित और ज्योतिष का प्रचार-प्रसार उल्लेखनीय रुप में हुआ है। गणित और ज्योतिष के इस युग के महान प्रणेताओं में आर्यभट्ट, आर्यभट्ट द्वितीय, वाराहमिहिर, ब्रह्मगुप्त, भास्कराचार्य, भास्कर द्वितीय, नारायण पण्डित,

गणेश दैवज्ञ, मुनीश्वर, कृष्णदैवज्ञ, कमलाकर, भानुदीक्षित, प्रभृति विद्वानों और उनकी कृतियों का उल्लेख किया जाता है। उपर्युक्त विद्वानों के कृतित्व के परिप्रेक्ष्य में मध्यकालीन गणित शब्दावली का विवेचन निम्नप्रकार से प्रस्तुत है:

आर्यभट्ट : ज्योतिष और गणित शास्त्र के आचार्यों में सर्वप्रमुख प्रथम आर्यभट्ट थे। इनकी कृति 'आर्यभटीय' भारतीय गणित की अनुपम निधि है। आर्यभटीय में कुल 121 श्लोक हैं जो चार खण्डों (गीतिकापाद, गणितपाद काल-क्रियापाद और भूगोलपाद) में विभक्त किए गये हैं। गीतिकापाद खण्ड सबसे छोटा, केवल 11 श्लोकों का है, परंतु इसमें इतनी सामग्री है, जितनी सूर्य सिद्धांत के पूरे माध्यमाधिकार और कुछ स्पष्टाधिकार में आई है। इसके लिए इन्होंने अक्षरों द्वारा संक्षेप में संख्या लिखने की एक अनोखी रीति का उपयोग किया है।

गणितपाद खण्ड में आर्यभट्ट ने अंकगणित, बीजगणित और रेखागणित के बहुत कठिन प्रश्नों को 30 श्लोकों में दिया है। एक श्लोक में श्रेढ़ी गणित के पांच नियम आ गये हैं। एक अन्य श्लोक में संख्या लिखने की दशमलव पद्धति की इकाइयों के नाम हैं। आगे के श्लोकों में वर्ग, वर्गक्षेत्र, घन, घनफल, वर्गमूल, त्रिभुज का क्षेत्रफल, गोला का घनफल, विषम चतुर्भुज आदि की दूरी और क्षेत्रफल तथा सब प्रकार के क्षेत्रों की मध्यम लम्बाई-चौड़ाई जानकर क्षेत्रफल ज्ञात करने के साधारण नियम दिए हैं। एक श्लोक में यह बताया गया है कि वृत्त का व्यास 20000 हो तो उसकी परिधि 62832 होती है। अर्थात पाई (π) का मूल्य 3.1416 है। आगे के दो श्लोकों में ज्याखण्डों को जानने की विधि बताई गयी है जिससे सिद्ध होता है कि ज्याओं की सारणी आर्यभट्ट ने कैसे बनाई थी।[27] इसके आगे आर्यभट्ट ने वृत्त, त्रिभुज, चतुर्भुज खींचने की रीती, समतल धरातल के परखने की रीति, लम्बक सहित (साहूल प्रयोग करने की रीति) किसी दीपक की ऊंचाई और दो शंकुओं के संबंध में प्रश्न की गणना करने की रीति, समकोण त्रिभुज के भुजाओं और कर्ण के वर्ग का संबंध (पाइथागोरस सिद्धांत), वृत्त की जीवा और शरों का संबंध, दो काटते हुए वृत्तों के सामान्य खण्ड और शरों का संबंध। और इसी प्रकार अन्य दो श्लोकों में श्रेढ़ी गणित के कई नियम, एक श्लोक में एक - एक बढ़ती हुई संख्याओं के वर्गों और घनों का योगफल जानने का नियम, दो राशियों का गुणनफल और अन्तर जानकर राशियों को अलग-अलग करने की रीति, ब्याज की दर, त्रैराशिक का नियम, भिन्न के हरों को सामान्य हर में बदलने की रीति, भिन्नों को गुणाकरने और भाग देने की रीति, बीजगणित के कुछ कठिन समीकरणों को सिद्ध करने के नियम आदि बताए गये हैं।

कालक्रियापाद में ज्योतिष संबंधी बातें हैं। पहले दो श्लोकों में काल और कोण की इकाइयों का संबंध बताया गया है।

आर्यभट्ट में ही बीजगणित का क्रमबद्ध विकसित रुप मिलता है, अतः इन्हे बीजगणित का संस्थापक माना जाता है। आर्यभट्ट ने ही गणित की इस विद्या को बीजगणित नाम दिया है और इसके अन्तर्गत कुट्टक शब्द का प्रयोग प्रथम घात के अनिर्णित समीकरणों के लिए किया है। कुट्टक के विश्लेषण की विधियाँ भी आर्यभट्ट ने ही बताई हैं। कुट्टक शब्द (कूटना या पीसना) से बना है। यह वस्तुतः गणक या गुणाकार है। यदि किसी दी हुई संख्या को किसी ऐसी अज्ञात संख्या से गुणा करें और फिर इसमें कोई क्षेपक घटाएँ या जोड़ें और फिर किसी दिए गये भागहार से भाग दें कि अंत में शेष कुछ न बचे तो उस गुणक को कुट्टक कहेंगे।

आर्यभटीय में त्रैराशिक शब्द की व्याख्या की गयी है तथा तीन राशियों के नाम - 'प्रमाण' 'फल' और 'इच्छा' दिए गये हैं। इसमें ब्याज के हिसाब निकालने की एक विधि भी दी गयी है। इसमें घन की परिभाषा इस प्रकार दी गयी है - तीन समान संख्याओं को गुणा कर के भी घन मिलता है और जिस पिण्ड में 12 बराबर भुजाएँ हों, उसे भी घन कहते हैं। घनमूल निकालने का भी प्रथमोल्लेख इसी में है। इसे घनपद कहते हैं।

वाराहमिहिर: आर्यभट्ट के बाद के आचार्यों में वाराहमिहिर ने सर्वाधिक प्रतिष्ठा प्राप्त की । इन्होंने ज्योतिष की प्रत्येक शाखा पर ग्रंथ लिखा है। पंचसिद्धांतिका`` इनका प्रसिद्ध सिद्धांत ग्रंथ है। इसमें जोड़ और घटाने में शून्य के प्रयोग का उल्लेख है तथा बताया गया है कि शून्य से कैसे घटाया या जोड़ा जा सकता है।

ब्रह्मगुप्त : ज्योतिष के आचार्यों में ब्रह्मगुप्त का स्थान बहुत ऊंचा है। इन्होंने 'ब्रह्मस्फुट सिद्धांत' की रचना की है जो प्राचीन भारत की गणित की अत्यंत प्रसिद्ध रचना है। इसमें 24 अध्याय हैं जिनमें कुल 1008 आर्या छन्द हैं। इस ग्रंथ में पाटीगणित के अन्तर्गत 20 विषय और व्यवहार सम्मिलित किए गये हैं। 20 विषय इस प्रकार है :

1. संकलन (जोड़)
2. व्यवकलित या व्युत्कलित (बाकी/घटाना)
3. गुणन
4. भागहार
5. वर्ग
6. वर्गमूल
7. घन
8. घनमूल

9-13. मच जाति (अर्थात बटों के पांच नियम)
14. त्रैराशिक
15. व्यस्त त्रैराशिक
16. पंचराशिक
17. सप्तराशिक
18. नवराशिक
19. एकादशराशिक और
20. माण्ड-प्रतिमाण्ड

गणित की दृष्टि से इनमें से गणिताध्याय और कुट्टकाध्याय बड़े महत्व के हैं। 'ब्रह्मस्फुट सिद्धांत' न केवल ज्योतिष का अपितु बीजगणित, अंकगणित और क्षेत्रमिति का भी उच्चकोटि का ग्रंथ है। इसमें चक्रिय (Cyclic) चतुर्भुजों के कर्णों और उनके क्षेत्रफलों से संबंधित सिद्धांतों, उनका क्षेत्रफल निकालने की विधि, चतुर्भुज की भुजाओं और कर्ण के बीच का संबंध व्यक्त करने वाले समीकरणों को हल करने के सिद्धांत का विशद विवेचन प्रस्तुत किया गया है। वर्गमूल के लिए ब्रह्मगुप्त ने कृतिपाद शब्द का प्रयोग किया है। (कृतिृवर्ग + पदृ मूल) इन्होंने यावत्-तावत् को और आगे वर्गीकृत किया और विभिन्न प्रकार के समीकरणों को क्रमशः एक वर्ण समीकरण, अनेक वर्ण समीकरण और भावित समीकरण कहा है।

आर्यभट्ट द्वितीय : सन् 950 ई. के आसपास आर्यभट्ट द्वितीय हुए जिन्होंने महासिद्धांत`` ग्रंथ लिखा। यह ज्योतिष और गणित दोनों के लिए विख्यात है। लगभग इन्हीं के काल में सन् 991 के आस-पास श्रीधर भट्ट हुए जिन्हों ने पाटी, बीज वर्ण पद्धति और त्रिशतिका (पाटीसार) आदि ग्रंथ लिखे। गणित के क्षेत्र में इनका काफी महत्व है।

भास्कराचार्य: सिद्धांत शिरोमणि`` ग्रंथ इनकी प्रसिद्ध रचना है। इस ग्रंथ के दो भाग हैं - गणिताध्याय और गोलाध्याय। दोनों में गणित विषयक उत्कृष्ट सामग्री प्रस्तुत की गयी है। इनके अन्य प्रसिद्ध ग्रंथ हैं - 'लीलावती', 'बीजगणित' और 'करण कुतुहल।' लीलावती में पाटीगणित, क्षेत्रमिति आदि से संबंधित प्रश्न रोचक ढंग से प्रस्तुत किए गये हैं। भास्कर की लीलावती के अनुसार दो बराबर संख्याओं का गुणनफल वर्ग और तीन बराबर संख्याओं का गुणनफल घन कहलाता है। 'वर्ग' का क्षेत्रफल उसके एक भुज के वर्ग के बराबर और 'घन' का क्षेत्रफल उसके एक भुज के घन के बराबर होता है।

भास्कर ने करणी की परिभाषा इस प्रकार की है : 'यश्य राशे मूले पेक्षिते निरग्रं मूलं न संभवति स करणी' अर्थात जिस राशि कां निरग्र यानी पूरा मूल न मिले उसे करणी कहते हैं।

भास्कर ने अपने बीजगणित में करणी संबंधी संकलन, व्यकलन, गुणन, भागहार, वर्ग और वर्गमूल निकालने से संबंध रखनेवाली सभी प्रक्रियाएँ दी हैं। उसने दो करणियों के योग का नाम 'महति संज्ञा' और उनके घात (गुणन) को दुगुना करें तो इसका नाम 'लघु संज्ञा' दिया है। गुणाकार आदि के लिए फल और अज्ञात संख्या के लिए राशि शब्द का प्रयोग किया है।

लीलावती में बहुत से गणितीय पारिभाषिक शब्द मिलते हैं जैसे - समचतुर्भुज (रोम्बस), समानलम्ब चतुर्भुज (ट्रेपिजियम), अवधा (सेगमेन्ट), धनुष (आर्क), अपवर्तनांक (कॉमन फैक्टर), जात्य त्रिभुज (समकोण/राइट एंगल्ड ट्रैंगल), आसन्न मान (एप्रोक्सीमेट वैल्यू), सूक्ष्म भिन्न (प्रापर फ्रैक्शन) तथा स्थूल भिन्न (इंप्रापर फ्रैक्शन) आदि। इनके अतिरिक्त अपेक्षाकृत कुछ अधिक महत्वपूर्ण गणितीय शब्द भी प्रयुक्त हुए हैं। उदाहरण के लिए - मूलप्रद अंक ऐसे अंकों के लिए प्रयुक्त हुआ है जिनसे पूर्णांकों में मूल निकल सके। 'अग' तथा 'शिर' शब्दों का प्रयोग किसी रेखा के सबसे ऊंचे विन्दु के लिए एवं 'मूल' शब्द का उपयोग किसी रेखा के सबसे निचले विन्दु के लिए व्यवहार हुआ है।

बीजगणित में एल्गोरिथ्म, जीरो, अव्यक्त संख्याओं, अकर्णीय संख्याओं, कुट्टक प्रथम व द्वितीय घात के समीकरण आदि का विवरण है। भास्कर ने वर्तमान जैसे ही इसमें यावत्-तावत् आदि के लिए संकेताक्षरों का प्रयोग किया है। इसमें भाग, शेषम्, यावत्-तावत्, कल्क (काला), रुपा वर्ग आदि के लिए क्रमशः भा, शे, या, का, रु, और व संकेताक्षर प्रयुक्त किए हैं।[28] बीजगणित में ऋण संख्या दिखाने के लिए भास्कर ने लिखा है कि उसके शिर के ऊपर एक विन्दु रख दो जैसे $-2=2^0$ । और मूल के लिए करणी का 'क' लिखा है जैसे 3 का मूल क3 । वर्तमान में इस $\sqrt{3}$ से व्यक्त किया जाता है। बीजगणित में 'वर्ण' शब्द का प्रयोग अंकगणितीय संख्याओं के लिए, 'रूप' शब्द का प्रयोग बीजीय संख्याओं के लिए तथा 'मूलानयन' शब्द का प्रयोग मूल निकालने के अर्थ में हुआ है।

भारत सरकार द्वारा निर्मित आधुनिक गणित शब्दावली में 'संकलन शब्द Addition के लिए, 'सेढ़ी' शब्द Progration के लिए, 'परिधि' शब्द Circumfrance के लिए, 'करणी' शब्द Surd के लिए, 'समीकरण' शब्द Equation के लिए लीलावती तथा बीजगणितम् नामक ग्रंथ से ज्यों के त्यों ले लिए गये हैं। 'करणकुतुहल' में ग्रहों की गणना की सरल विधियाँ बताई गयी हैं।

नारायण पण्डितः सन् 1356 ई. में नारायण पण्डित ने 'गणितकौमुदी' नामक ग्रंथ लिखा। इसके 11वें अध्याय में भागादान व्यवहार में दृढ़ संख्या की चर्चा है। इसमें उन्होंने अनेक संख्याओं का दृढ़ संख्याओं के गुण्य, गुणक रुप में खण्ड किया है। गणितकौमुदी में एक स्थान पर दिए विवरण से लगता है कि इन्होंने बीजगणित नाम की पुस्तक भी लिखी थी।[29]

नारायण ने अपने पाटीगणित में शून्य के कुछ गुणधर्मों की चर्चा करते हुए लिखा है कि यदि शून्य को किसी संख्या में जोड़ा या घटाया जाए तो मान ज्यों का त्यों बना रहता है।[30] वर्तमान में भी यही नियम कायम है। किन्तु आज इतना और ज्ञात हो चुका है कि शून्य से यदि किसी संख्या में गुणा किया जाए तो मान शून्य हो जाता है और शून्य से किसी संख्या में भाग नहीं दिया जा सकता। सामान्यतः इसकी आवश्यकता ही नहीं पड़ती है।

इसी परंपरा में गणेश देवज्ञ, मुनीश्वर, कृष्णदैवज्ञ, कमलाकर, भानुदीक्षित प्रभृति महान गणितज्ञ सोलहवीं - सत्रहवीं शताब्दी में भारत में हुए जिनकी गणित संबंधी पुस्तकें और प्राचीन ग्रंथों की टीकाएँ काफी प्रसिद्ध हुई हैं। 19वीं शती के गणितज्ञों में रामानुजन का नाम काफी प्रसिद्ध है। संख्या सिद्धांत पर इनके द्वारा किए गये कार्यों पर आज भी विश्व के विभिन्न विश्वविद्यालयों में शोधकार्य हो रहा है।

समग्रतः भारतीय अंकगणित के अन्तर्गत आठ मूलकृतियाँ (Fundamental Operations) उपलब्ध होती हैं :

1. संकलित (योग या जोड़/ Addition)
2. व्यवकलित या व्युत्कलित (बाकी या घटाना / Substraction)
3. गुणन (गुण / Multiplication)
4. भागहार (भाग / Division)
5. वर्ग (वर्ग / Square)
6. वर्गमूल (वर्गमूल / Square root)
7. घन (घन / Cube) और
8. घनमूल (घनमूल / Cube root)

आर्यभट्ट प्रथम (ई.सन् 476 के आस-पास), महावीर (ई.सन् 850), श्रीधर प्रथम (ई.सन् 900), आर्यभट्ट द्वितीय (ई.सन् 950), भास्कर द्वितीय (ई.सन् 1114-1200 के आस-पास), नारायण (ई.सन् 1603), कृष्णदैवज्ञ (जहाँगीर के काल में), कमलाकर (ई.सन् 1650 के आस-पास), आदि गणितज्ञों के नाम भारतीय गणित के क्षेत्र में अत्यंत मौलिक कार्य करने के लिए उल्लेखनीय है।[31]

उपर्युक्त विवेचन में भारतीय गणित विद्या और उसकी शब्दावली के विकास की एक सुदीर्घ परंपरा स्पष्ट रुप से दिखाई देती है। यही गणित परवर्ती काल में आधुनिक गणित का आधार बना है। किन्तु कतिपय ऐतिहासिक कारणों से उक्त पंरपरा से हमारा वियोग हो गया और इसकी अभिव्यक्ति में पाश्चात्य देशों की भाषाओं ने स्थान ले लिया। फिर भी भले ही इसकी शब्दावली से हमारा वियोग हो, उसकी समृद्ध परंपरा के भग्नावशेष अब भी हमारे पास है, इसके आधार पर हम पुनः उसे जीवित कर सकते हैं और जन-जन तक पहुंचा सकते हैं, बशर्ते हम ईमानदारी से इस काम में लग जाएँ।

3.2.2 प्राचीन और मध्ययुगीन भारतीय रसायनशास्त्र और धातुकी : साहित्य और शब्दावली

प्राचीन भारत में रसायनशास्त्र और धातुकी की ऊंची परंपरा विद्यमान थी। वैदिक काल से ही इससे संबंधित साहित्य, शब्दावली और प्रक्रिया का ज्ञान प्रचुर मात्रा में प्राप्त होता है जो आज भी आधुनिक रसायनशास्त्र और धातुकी के क्षेत्र में किसी न किसी रुप में प्रयुक्त होती है। आधुनिक भारतीय रासायनिक शब्दावली पर इसकी स्पष्ट छाप दिखाई देती है। भारत में रसायनशास्त्र की परंपरा का आरंभ सदियों पूर्व संभवतः निम्नांकित तीन प्रकार से हुआ है:

1. आयुर्वेद के सहारे,
2. उद्योग धधों के सहारे और
3. दार्शनिक सिद्धांतों के आश्रय पर

परवर्ती काल में आधुनिक रसायनशास्त्र अथवा कीमिया का विकास हीन धातुओं से उच्च धातुओं के निर्माण की प्रक्रिया में संपूर्ण विश्व में हुआ है जिसे निम्नलिखित विवेचन के माध्यम से प्रस्तुत करने का प्रयास किया गया है। इस विवेचन के माध्यम से प्राचीन भारत में रसायनशास्त्र और धातुकी में प्रयुक्त शब्दावली भी प्रस्तुत करने का यथोचित प्रयास किया गया है।

ऐतिहासिक परिप्रेक्ष्य में भारतीय उद्योग-धंधों में रसायन के उपयोग का लिखित विवरण बहुत कम मिलता है और यह जानना कठिन है कि भारतीय संस्कृति के विभिन्न युगों में खनिजों और अयस्कों से मनुष्य ने किस प्रकार धातुएँ प्राप्त की और फिर उनसे मिश्र धातुएँ बनाई। कपड़े रंगने की कला का उन्होंने किस प्रकार विकास किया, मकान बनाने के लिए किस प्रकार पक्के मसाले बनाए और विभिन्न युगों में स्वर्णकारों ने सोना और चाँदी के शोधन के लिए अम्लों का प्रयोग करना कब सीखा तथा उन्होंने यह अम्ल किस प्रकार तैयार किया ? किन्तु फिर भी मोहनजोदड़ो और

हड़प्पा सभ्यता के अवशेष चिन्हों में ऐसे अनेक प्रमाण मिले हैं जिनके आधार पर कहा जा सकता है कि लगभग 5000 वर्ष पूर्व भी भारतवासियों को उपरोक्त में से अनेक बातों का पता था। भारतीय कांसे और पीतल का काम हड़प्पा युग तक चला जाता है, क्योंकि खुदाई के दौरान प्राप्त इस युग की अनेक वस्तुएँ जो आज संग्रहालयों में सुरक्षित हैं, उनसे तत्कालीन युग की रासायनिक परंपरा का पता चलता है। सोना, चाँदी, तांबा, सीसा, अमेजन मणि, स्फटिक, मृदु अभ्रक, सेलखड़ी, शिलाजीत, हाथी दांत, शंख, कोंचीय मिट्टी और अवलेप (ग्लेज), सूइयाँ, आभूषण आदि इस युग की रासायनिक और धातुकीय उत्कृष्टता और परंपरा के जीवित प्रमाण हैं। इस युग में भट्ठियाँ और ईट बनाने के लिए भट्ठों का प्रयोग होता था।

प्राचीन भारतीय दर्शन ग्रंथों में रसायन के सैद्धांतिक पक्ष का कुछ पूर्वाभास मिलता है। इनमें दर्शनशास्त्र की पद्धति पर ऋषियों ने प्रकृति और प्राकृतिक पदार्थों के रुप को जानने का प्रयत्न किया है। परमाणु सिद्धांत के बारे में सांख्य और वैशेषिक दर्शनों और इनके अनेक भाष्यों में उल्लेख और विवेचन मिलता है। बौद्ध तथा जैन दर्शनिकों ने भी अपने - अपने ढंग से इसे प्रस्तुत किया है। वैदिक मानव ने रोग और पीड़ा से मुक्त होने की प्रक्रिया में आयुर्विज्ञान का विकास किया। आयुर्वेद और रसायन का भारत में चोली-दामन का संबंध रहा है। भारत में रसायनशास्त्र का उद्भव यहीं से माना जाता है। अतः रसायनशास्त्र तथा रासायनिक शब्दावली के विकासक्रम को हम आज उपलब्ध वैदिककालीन आयुर्वेद साहित्य के अक्श में ही देखते हैं।

3.2.2.1 वैदिक कालीन धातु और खनिज

यजुर्वेद में पत्थर (अश्मन), मिट्टी (मृत्तिका) और बालू (सिकता) के अतिरिक्त सोना (हिरण्य), लोहा अथवा कांसा (अयस), तांबा (श्याम), लोहा (लोह), सीसा और रांगा, वंग या टिन (त्रपु) का उल्लेख है।[32] तैत्तिरीय संहिता में भी इसी प्रकार का उल्लेख है।[33] सायण ने श्याम का अर्थ कृष्णायस या काला लोहा किया है। लोह शब्द से अभिप्रायः कांस्य, ताम्र आदि सब लोहों से है। ऋगवेद में अनेक स्थलों पर अयस शब्द का प्रयोग हुआ है।[34] कई स्थलों पर यह प्रयोग हिरण्य के साथ है। लोह शब्द ऋगवेद अथवा अथर्ववेद में इस अर्थ में नहीं है। यजुर्वेद के एक मंत्र में अयस्ताप (Iron smelter) का उल्लेख है जो लोहे के खनिज को लकड़ी कोयला आदि के साथ तपाकर धातु तैयार करता है।[35] तपाकर धातु तैयार करने की विधि की ओर एक संकेत अथर्ववेद में भी है।[36] इसके एक मंत्र में हरित, रजत, और अयस ये तीन शब्द प्रयुक्त हुए हैं जो क्रमशः सोना, चाँदी और लोहा के पर्याय हैं। सफेद सुन्दर रूप के कारण चांदी को अर्जुन भी कहा गया है। हरित, अर्जुन और अयस ये तीन प्रसिद्ध धातुएँ हैं।[37] अथर्ववेद में भी एक स्थल पर श्याम (तांबे), लोहित (लोहे) और हरित (सोने) के साथ त्रपु (रांगा) शब्द का प्रयोग हुआ है - *'इसका मांस ताम्र वर्ण (श्याम) का है,*

रुधिर लोह वर्ण का, इसकी भस्म त्रपुवर्ण की और इसका रंग हरित या सोने का सा है।'[38] सीसा धातु का उल्लेख ऋगवेद में तो नहीं है किन्तु अथर्ववेद में एक पूरा सूक्त 'टधत्यम् सीसम्' है। वरूण, अग्नि और इन्द्र इन तीनों की कृपा या आशीर्वाद से सीसा धातु प्राप्त हुई है। यह शत्रुओं को दूर भगाने वाली है - *हम तुम्हें सीस से वेधते हैं जिससे तुम हमारे प्रियजनों को न मार सको, जो हमारे गौ, अश्व या पुरुषों को मारे, उसे तुम सीसे से बेधो।*[39] यजुर्वेद के आठवें अध्याय में अनेक व्यवसायों का उल्लेख आया है। इनमें मणिकार (जौहरी), अयस्तापी (लोहा गलाने वाला), हिरण्य-कार (सुनार), कर्मार (लोहार), सुराकार, रजयित्रि (रंगरेज), चर्मन (चमड़ा पकाने वाला) आदि नामों का उल्लेख मिलता है जो किसी न किसी प्रकार से रासायनिक एवं धातुकीय कार्यकलाप से सम्बद्ध हैं।

ऋगवेद में 'आसोता' और अथर्ववेद में 'आसुनोता'[40] शब्दों का प्रयोग हुआ है। इसी से वर्तमान 'आसवन' (Distilation) शब्द का निर्माण हुआ है। उस समय इसका अर्थ संभवतः निचोड़ना था जो बाद में भभके में उड़ाना (Distill) हो गया। शतपथ ब्राह्मण में एक स्थल पर प्रयुक्त आसुनोति 'सुत्याये'[41] शब्द आसव बनाने की भभके वाली क्रिया की ओर संकेत करता है। सुरा बनाने का विवरण कात्यायन ने यजुर्वेद में केया है।[42]

3.2.2.2 आयुर्वेद काल में रसायन शब्दावली

वेद के नैसर्गिक ज्ञान को व्यवहार में लाने के लिए उपवेद की कल्पना हुई - धनुर्वेद, अथर्ववेद, गंधर्ववेद और आयुर्वेद ये चार उपवेद हैं। आयुर्वेद काल में भारतीय रसायन का उल्लेखनीय विकास हुआ। इसमें भारतीय रसायन की शब्दावली परिपक्व हुई और अनेक रासायनिक प्रक्रियाओं का उद्‌घाटन हुआ। तक्षशिला, नालंदा और काशी के विद्यापीठों ने आयुर्वेद के अध्ययन-अध्यापन को विशेष प्रोत्साहन दिया। आयुर्वेद के उद्भव और विकास संबंधी विवेचन गत अध्याय में किया गया है। यहाँ हम उसमें प्रयुक्त रासायनिक शब्दावली पर प्रकाश डालेंगे। चरक संहिता और सुश्रुत संहिता दोनों आयुर्वेद की महत्वपूर्ण रचनाएँ हैं अतः उन्हीं के संदर्भ में निम्नलिखित विवेचन प्रस्तुत किया जा रहा है :

चरककार ने अनेक रासायनिक प्रक्रियाओं का नामकरण संस्कार किया है। इनमें 'प्रकृति', 'अभिसंस्कार', 'संस्कार', 'संयोग', 'पूर्णयोग' आदि मुख्य हैं। पदार्थों का अपना जो आभ्यंतरिक स्वभाव है उसे 'प्रकृति' कहते हैं जैसे पदार्थ में गुरुत्व (भारीपन) का होना आदि। द्रव्यों के स्वाभाविक गुण के परिवर्तन (modification) को 'अभिसंस्कार' कहते हैं। अपने गुण से भिन्न दूसरे गुण का आ जाना अर्थात गुणान्तर का आ जाना ही 'संस्कार' है। इस प्रक्रिया को गुणान्ताराधान (Chemical Change)

कहते हैं। दो या दो से अधिक द्रव्यों के संहतिभाव का नाम 'संयोग' (Chemical combination) है। रासायनिक संयोग की यह परिभाषा रसायन के क्षेत्र में आज भी सच्ची है।

आहार द्रव्यों, पार्थिव द्रव्यों, विभिन्न प्रकार के क्षारों, लवणों, धातुओं, धातु से बने पदार्थों आदि का विशद विवेचन चरक संहिता में हुआ है जिसमें तत्कालीन रासायनिक शब्दावली का स्पष्ट रुप देखने को मिलता है। इस संबंध में डॉ. सत्यप्रकाश रचित 'प्राचीन भारत में रसायन का विकास' पुस्तक का सदर्भ उल्लेखनीय है।[43]

चरक के बाद आयुर्वेद के क्षेत्र में सुश्रुत का नाम प्रसिद्ध है। सुश्रुत संहिता में भी चरक जैसी रासायनिक शब्दावली का प्राचुर्य है। शल्य चिकित्सा का ग्रंथ होने के कारण विभिन्न औजारों और उपकरणों के नामों सहित इसमें औषधियों और उनके निर्माण की विधि संबंधी विशद जानकारी प्रस्तुत की गयी है। इसमें चार प्रकार की औषधियों का उल्लेख है - जंगम, स्थावर, पार्थिव और कालकृत। जंगम में सभी छोटे-बड़े जीव-जन्तुओं के नामों सहित उनसे जनित औषधियों का उल्लेख है। स्थावर में वनस्पतियों और वृक्षों तथा तद्जनित खाद्योत्पादों और औषधियों का वर्णन है। पार्थिव में धातु जनित औषधियों और भस्मों सहित उनकी प्राप्ति, शुद्धि आदि की विधियाँ प्रदान की गयी हैं। इसमें स्वर्ण, रजत, मणि, मुक्ता, मन:शिला, मृत्कपाल (मिट्टी का ठिकरा), आदि की प्राप्ति और उपयोग संबंधी विवेचन है तो कालकृत नामक औषधि खण्ड में विभिन्न प्राकृतिक उपादानों जैसे - धूप, छाया, ज्योत्सना, अंधकार, शीत, उष्ण, अहोरात्र, पक्ष, मास, ऋतु, अयन, आदि संवत्सर के प्रभावों का समावेश है। उपर्युक्त औषधियों के विवेचन में रासायनिक शब्दावली का यथेष्ट उपयोग हुआ है।

सुश्रुत ने क्षार निर्माण, क्षारोदक तथा द्रव्यों, लवणादि खनिजों और उनके शोधन तथा निर्माण आदि की विधियों सहित उनके माध्यम से निर्मित विभिन्न रसायनों के विवेचन में पारिभाषिक शब्दावली का सम्यक उपयोग किया है। उन्होंने दो प्रकार के क्षारों का उल्लेख किया है जिसमें पहला प्रतिसारणीय और दूसरा पानीय क्षार है। पानीय क्षार पान के योग्य (खाने योग्य) होता है और प्रतिसारणीय क्षार बाह्य औषधि के रुप में प्रयुक्त किया जाता है। प्रतिसारणीय क्षार, दाहक क्षार (कास्टिक एलकली) बनाने की सबसे पुरानी विधि है। सुश्रुत ने गुड़ से बने पदार्थों की भी शब्दावली दी है। गुड़ से मत्स्यंडिका (दानेदार राब), खण्ड (खांड), शर्करा (शक्कर), शहद से मधु शर्करा तथा अनेक प्रकार के क्षारों के नाम जैसे यवक्षार (जवाखार / जौखार), स्वर्जिकाक्षार (सज्जीखार), ऊष क्षार (ऊसर भूमिवाला), पाकिम क्षार (पाक क्रिया द्वारा बनाया गया) और टंकण क्षार (सुहागा), कासीस द्वय अर्थात पीले और हरे कासीस (Green Vitriol / Ferrous Sulphate), तुत्थक (मयुर तुत्थ या

नीला थोथा /' Blue vitriol), सक्षार (कांच लवण), शंख और उदधिमल (समुद्र फेन), तुत्थ, गैरिक (गेरु), हरिताल, अंजन (स्त्रोतांजन, सौविरांजन और रसान्जन), शिलाजीत, वंशरोचन, (वशलोचन) और तवक्षीरी (तुकक्षीरी) जैसे तत्कालीन रासायनिक वस्तुओं की नामावली प्रस्तुत की है।

सुश्रुत के पश्चात चक्रपाणिदत्त रचित 'चक्रदत्त' ग्रंथ मिलता है। इसमें चौंसठ अध्याय चिकित्सा पर और एक अध्याय रसायन पर है। इस ग्रंथ में रसायनशास्त्र की परिभाषा इस प्रकार दी गयी है - जिस औषधि के उपयोग से वृद्धावस्थारूपी रोग तथा अन्य व्याधियाँ दूर हों उसी का नाम रसायन है।[44] इस अध्याय में पिप्पली रसायन, किंशुकक्षार, भावित रसायन, त्रिफला रसायन, सारस्वत घृत आदि का उल्लेख कर के अमृतसार लोह-रसायन का विवरण दिया गया है।

आयुर्वेद परंपरा में चरक, सुश्रुत आदि के पश्चात वाग्भट्ट, वृन्द, चक्रपाणिदत्त, शारंगधर आदि रसायनज्ञों ने आयुर्वेदीय रसायन की परंपरा को काफी विकसित किया और बुलंदियों तक पहुंचाया जिसमें परवर्तीकाल में पारादि धातुओं का उल्लेखनीय योगदान रहा है। यह परंपरा वर्तमान कीमिया से पृथक चिकित्सा के क्षेत्र में पल्लवित हुई और भारतीय चिकित्सा पद्धति के संवर्धन में सहायक हुई।

3.2.2.3 ब्राह्मण ग्रंथों में रासायनिक शब्दावली

वेदों के पश्चात ब्राह्मण ग्रंथों में भी रसायन विज्ञान की अनेक प्रक्रियाओं और सिद्धांतों का विवरण मिलता है। शतपथ में तांबा, लोहा, चांदी, सीसा, और सोना इन पांच धातुओं का उल्लेख पाया जाता है। तांबे के लिए ब्राह्मण साहित्य में 'लोह' शब्द का प्रयोग हुआ है, क्योंकि तांबा लाल रंग का होता है। (लोहित या रोहित शब्द का अर्थ लाल है)। इसमें हिरण्य, अश्म (पत्थर), सिकता, शर्करा, अयस आदि शब्द प्रयुक्त हुए हैं। सोने को सुवर्ण हिरण्य, सोने के टुकणों को हिरण्यशकल, पीले सोने के लिए हरित हिरण्य और चाँदी के लिए रजत हिरण्य का प्रयोग हुआ है।[45]

गत अध्याय में जैसा कि उल्लेख किया गया है - वैदिक यज्ञशाला ही रासायनिक प्रयोगशाला भी थी। यज्ञशाला में प्रयुक्त उपकरणों और प्रक्रियाओं के लिए विशिष्ट शब्दावली का प्रयोग होता था। ब्राह्मण ग्रंथों में भी उनका यथेष्ट उल्लेख है। स्थाली, कुम्भी, उलूखल, इध्म, स्त्रुक, चमस, ग्रावन, द्रोणकलश, आधवनीय, गृहसद, अवमृथ, ग्रह, पवित्रा, पवित्रपूता, दशापवित्र आदि ऐसे सैकड़ों शब्द जो रसायन तथा धातु संबंधी ज्ञान की अभिव्यक्ति के लिए आवश्यक हैं, तत्कालीन साहित्य में मिलते हैं। यज्ञकर्म के साथ-साथ अनेक प्रक्रमों का होना ब्राह्मण युग में स्वाभाविक था। इनके लिए जिस शब्दावली का प्रयोग हुआ है उसका आज भी रासायनिक भाषा में

प्रयोग किया जा सकता है। आधुनिक हिन्दी के लिए बनाए गये शब्द कोशों में रसायन संबंधी ये शब्द आज भी देखने को मिलते हैं। ब्राह्मण साहित्य में प्रयुक्त विभिन्न रासायनिक शब्दों , प्रक्रियाओं और प्रक्रमों का विस्तृत विवेचन डॉ. सत्यप्रकाश ने अपने 'प्राचीन भारत में रसायन का विकास' ग्रंथ में किया है।[46]

3.2.2.4 भारतीय रसायन का तंत्र युग

जैसा कि विदित है वैदिक काल में ही भारतीय रसायन की नींव पड़ चुकी थी और चिकित्सा तथा उद्योग आदि के साथ-साथ रसायन के कुछ मूल तत्वों की कल्पना भी आरंभ हो गयी थी। फिर भी रसायन के क्षेत्र में उल्लेखनीय विकास परिलक्षित नहीं होता था। पारद और गंधक के साथ- साथ महारसों, उपरसों और अन्य साधारण रसों एवं धातुओं के योग से भारतीय रसायन ने तंत्र युग में प्रवेश किया और इस प्रकार इसमें एक और नया अध्याय जुड़ गया। इस युग में तंत्र रसायन (कीमिया/Alchamy) का काफी विकास हुआ।

इस युग में रसायनशास्त्र के नवीन प्रयोगों के क्षेत्र में अनेक आचार्यों और सिद्धों ने महत्वपूर्ण शोध कार्य किये जिसने भारतीय रसायन विज्ञान को तद्युग में चरमोत्कर्ष पर पहुंचा दिया। मध्य भारत में नालंदा, उदण्डुपुर और विक्रमशिला विश्वविद्यालयों में तांत्रिक रसायन का विशेष विकास हुआ। रस विद्या के विकास में तेरहवीं शती से लेकर सोलहवीं शती का काल भारतीय रसायन का स्वर्णयुग माना जाता है।

मध्यभारत के नागार्जुन, भिक्षु गोविन्द, तीसट, गोविन्दाचार्य, यशोधर प्रभृति रसायनज्ञों और उनकी कृतियों - रसरत्नाकर, रसेन्द्रमंगल, कक्षपुटतंत्र, आरोग्य मंजरी, रस हृदय, रससार, रसरत्नसमुच्चय, चिकित्साकलिका, रसार्णव, रसरत्नाकर, रससार, रसराजलक्ष्मी, रसप्रकाशसुधाकर आदि सैकड़ों तंत्ररसायन ग्रंथों में वर्णित रसायन संबंधी ज्ञान और रासायनिक पारिभाषिक शब्दावली भारत में रासायनिक परंपरा की प्रामाणिक निधियाँ हैं। इस युग में विभिन्न रासायनिक विधियों और उनके लिए विभिन्न यंत्रों तथा सिद्धांतों का प्रतिपादन हुआ। धातु शोधन, धातुओं के गुणपरिवर्तन संबंधी मौलिक रासायनिक प्रक्रियाओं का विकास हुआ।

नागार्जुन को तंत्र रसायन का प्रवर्तक माना जाता है। उनके रसरत्नाकर में रसायनशास्त्र संबंधी शब्दावली इस प्रकार प्रयुक्त हुई है - वक्रनाल (Mouth blow pipe), धमन (धौंकनी/Blower), रसक (Calamine), दरद (Cinnabar), ताम्रमाक्षिक (Copper Pyrites), सत्वपातन (Essence preparation), पातन यंत्र (Sublimation or Distillation appratus), नवसार (Salammoniac), रजनी

(हल्दी), रम्भा (कदली), टंकण (सुहागा), कटुत्रय (सौंठ/मिर्च/पीपल), लघुपुट (हल्की आंच), पारे को भस्म करने के लिए गर्भयंत्र, गले या घुले हुए अंशों के लिए द्रुति और कार्बनिक अम्ल (Organic Acid) के लिए वानस्पतिक अम्ल आदि।

जिस युग में रसरत्नाकर लिखा गया, लगभग उसी युग में अग्निपुराण, विष्णु-पुराण और कल्कि पुराण आदि भी लिखे गये।[47] ये पुराण आयुर्वेद की परंपरा पर आधारित थे और इनमें भारतीय रसायन के बारे में अनेक उल्लेख मिलते हैं।

अग्निपुराण (800-900 ई.), ज्ञान कोश का एक बृहत् ग्रंथ है । इसमें सुगन्धि प्राप्त करने के लिए विभिन्न विधियों का उल्लेख किया गया है। शौच, आचमन, विरेचन, भावन, पाक, बोधन, धूपन, और वासन आदि आठ प्रसिद्ध विधियाँ इसमें दी गयी हैं। विष्णु पुराण में भी इसी प्रकार गंधयुक्ति संबंधी आठ कर्म बताए गये हैं। कल्कि पुराण के 73वें अध्याय में भी इस का उल्लेख है। इसमें देवपूजा के निमित्त पांच प्रकार की सुगंधि का उल्लेख है - घूर्णीकृत, घृष्ट, दाहाकर्षित, सम्मर्दज और प्राण्यंगोद्भव।[48]

इस प्रकार रसायन के क्षेत्र में नागार्जुन द्वारा प्रवर्तित रसधारा और आयुर्वेद द्वारा स्थापित परंपराएँ साथ - साथ आगे बढ़ीं। दोनों ही धाराओं ने लोकप्रियता प्राप्त की। दोनों में आदान-प्रदान हुआ तथा धातुओं से बनी हुई औषधियों और धातु भस्मों का प्रयोग वानस्पतिक औषधियों के साथ - साथ बढ़ने लगा। संभवतः इसी युग में भारतीय रसायन के क्षेत्र में पारे का पदार्पण हुआ। पारे के प्रभाव के कारण ही इस युग में भारतीय रसायन की दो स्पष्ट धाराएँ परिलक्षित होती हैं। पहली धारा है। 'देह सिद्धि' यानी चिकित्सा और दूसरी धारा है 'लोह सिद्धि' यानी कीमिया। देह सिद्धि का अर्थ है - रसायन का वह सफल प्रयोग जिससे शरीर अजर-अमर हो जाए तथा लोह सिद्धि का अर्थ है - रसायन का वह सफल प्रयोग जिससे हल्की धातुएँ उच्चकोटि की धातुएँ बन जाएँ जैसे सोना, चांदी आदि। परवर्ती काल में भारतीय रसायन पारे के आस-पास ही धूमता रहा और उसके माध्यम से उपर्युक्त दोनो सिद्धियों को प्राप्त करने का प्रयत्न होता रहा। भारत वासियों ने पारे को कभी धातु नहीं माना, वे उसे रस कहते थे और इसी रस के अध्ययन-विश्लेषण के कारण भारत में यह विद्या रस विद्या अथवा रसायन कहलाई। किन्तु इसके विपरीत पाश्चात्य कीमियागर इसे सब धातुओं का प्रारंभिक रुप मानते थे। (कहीं- कहीं तो उल्लेख मिलता है कि उन्होंने इसे कच्ची चाँदी समझा है)। इसी सिद्धांत अथवा मान्यता के आधार पर उन्होंने उसका रुप परिवर्तन करने की चेष्टा की और कीमिया (Alchamy) की नींव वहाँ जम गयी। यही कीमिया विद्या आधुनिक रसायनशास्त्र की आधारशिला है।

इस युग में पारे में जनता की निष्ठा इतनी बढ़ी कि पारे का रसायन स्वंय एक शास्त्र बन गया। पारे को अग्नि स्थाई बनाने के लिए तत्कालीन रससिद्धों ने अनगिनत प्रयोग किए। विविध खनिजों और वनस्पतियों के साथ पारे का रासायनिक संयोग और पातन करवाया। इसी प्रक्रिया में अध:पातन, उर्ध्वपातन, और तिर्यकपातन की विधियाँ विकसित और पल्लवित हुई। इसी युग में अनेक रासायनिक यंत्रों जैसे - अध:पातन यंत्र, ढेकीयंत्र, विद्याधर यंत्र, दोला यंत्र, स्वेदनी यंत्र, पातन यंत्र, कच्छप यंत्र, दीपिका यंत्र, बालुका यंत्र, लवण यंत्र, गर्भ यंत्र, हंसपाक यंत्र, नालिका यंत्र, कोष्ठी यंत्र, आदि सैकड़ों यंत्रों का विकास हुआ। आग को नियंत्रित करने के लिए वाराह पुट, कपोतपुट, माण्डपुट, आदि तथा पारे के अष्टांग संस्कार - स्वेदन, मर्दन, मूर्च्छन, उत्थापन, पातन, संचरण, जारण, सारण, संक्रामण, आदि आरंभ हुए। रसबन्धन (पारे को ठोस करना) की पच्चीस शास्त्रीय विधियाँ पल्लवित हुई। रसकर्पूर, चन्द्रोदय, मकरध्वज, और वसन्त तिलक के समान रसों की खोज हुई। उल्लेख मिलता है कि नागार्जुन जैसा तत्कालीन रसायनज्ञ कहता है कि यदि पारा सिद्ध हो जाये तो मैं संसार को दारिद्रय और रोग से मुक्त कर दूंगा।[49]

पारे और पारदवाद को विस्तृत रूप से प्रकट करने वाला सर्वप्रथम ग्रंथ 'रसार्णव' है। 'रसार्णव' में दोलायंत्र, जारणयंत्र, हंसपाक यंत्र, विभिन्न प्रकार की मूषाओं, ज्वालाओं में धातुओं के रंगो, तीन प्रकार के क्षारों, आठ् महारसों, ताम्र-माक्षिक से तांबा निकालने, रसक (जिंक सल्फाइड) और तांबे के योग से सोना बनाने, रसक से जस्ता निकालने, सौराष्ट्री अर्थात फिटकरी का पातन और विभिन्न प्रकार की धातुओं तथा उनकी क्षय क्षमता क्रम से धातु मारण, पारे का शोधन, स्वर्ण का जारण, पारे और गंधक से सिंदूर आदि बनाने का विस्तृत विवेचन प्रस्तुत किया गया है। 'रसार्णव' में प्रयुक्त शब्दावली इस प्रकार है -

यंत्र (Appratus) बीजकला (Transmutation) द्वन्द्वंमेलायन (Amalgam of compounds and Minerals) पारद जारण (Calcination of Mercury) क्रामण (Colouring and Dyeing) रसशाला (Laboratory) रस (Mercury) लोह यंत्र (धातु से बने यंत्र) पाषाणमूर्दन (शिलबट्टा) सार (Resin) पट्टसमदंश (कपड़ा काटने की कैंची) प्रतिमान (Weight) छेदन(छैनी) बंशनाली (बांस की नली) लोहनाली (लोहे की नली) सस्यक (तूतिया) शिला (Realgar) कसीस (Green vitriol) गैरिक (Red ochre) इत्यादि।

यशोधर कृत 'रसप्रकाश सुधाकर' ग्रंथ भी रसायनशास्त्र का एक उत्कृष्ट ग्रंथ है। रासायनिक प्रक्रियाओं तथा पारिभाषिक शब्दों का इसमें प्रयोग इस प्रकार हुआ है - पारा अभ्रक का भक्षण जिस विधि से करता है उसे 'अभ्रक ग्रासमान' कहा गया है। अभ्रक आदि का पारे के भीतर अन्तर्भाव होना 'चारण' कहा गया है। किसी धातु को

अग्नि द्वारा पिघलाकर पारे में मिलाने को 'गर्भद्रुति' कहते हैं। द्रुत हुए (पिघले) स्वर्ण आदि का पारे के साथ पाक करने को 'जारण' तथा धातुओं के विशेष गुणों का उद्भावन करने को 'सारण' कहते हैं। जिन प्रक्रियाओं को करने से पारे की चंचलता दूर होती है उसे 'रसबंध' कहते हैं। Cinnabar या मरक्यूरिक सल्फाइड को 'दरद', Calomel को 'रसकर्पूर', Red Sulphide को 'रक्तरस' और लोहा को 'अश्मसार' कहा गया है। इसमें सौराष्ट्र (कांसा), रीति (पीतल) और वर्त (भरत) ये तीन मिश्र लोह बताए गये हैं। इसमें कृत्रिम मोती बनाने की भी विधि दी गयी है।

वाग्भट्ट रचित 'रससमुच्चय' ग्रंथ भी भारतीय रसायनशास्त्र का महत्वपूर्ण ग्रंथ है। आचार्य प्रफुल्लचन्द्र रे ने अपने HISTORY OF HINDI CHEMISTRY गंथ का पहला भाग अधिकांशतः इसी ग्रंथ के आधार पर लिखा है। इसमें प्रयुक्त रसायन-शास्त्र विषयक पारिभाषिक शब्दावली इस प्रकार है - रसशाला (प्रयोगशाला) वज्र (हीरा) कांतपाषाण (चुम्बक) टंकण (सुहागा), विमला (रूपामाखी) ताप्य (सोनामाखी) रंजक(रंग) स्नेह (चिकनाई) सत्वपातन (निष्कर्षण/Extraction) सुरा (आसवन/Distillation) कुंडी (Bowl) कंडली (ओखली) कुंडली (Coil) खल्व (Mortar) शलाका (Rod) चालनी (Sieve) गालन (Filteration) कुप्पिका (बोतल) चषक (प्याले) स्त्रूप (सूप) मूषक (Crucible) उर्ध्वपातन (Sublimation) अध:पातन (Downward Sublimation) तिर्यकपातन (Oblique sublimation) द्रुति (Melting) द्रुतत्व (Flow) तेजसत्वा (चमकना) माणिक्य (Ruby) मौक्तिक (Pearl) प्रवाल (Coral) ताक्षरय (Emerald) पुष्पराज (Topaz) वज्र (Diamond) नीलमणि (Sappline) मुण्डलोह (wrought iron) मृदुलोह (Soft Iron) कुण्ठ लोह (Hard Iron) कण्डकारक लोह (Brittle Iron) और कांतलोह (Magnetic Iron) इत्यादि।

उपर्युक्त ग्रंथों के अलावा मध्यभारत की रसकल्प, रसराज लक्ष्मी, रसनक्षत्रमालिका, रसरत्नाकर, रसेन्द्रचिन्तामणि, रसेन्द्रसारसंग्रह, रससार, रसेन्द्रकल्पद्रुम, रसप्रदीप, रसकौमुदी, भावप्रकाश, धातुक्रिया या धातुमंजरी, सुवर्ण-तंत्र, गंधसार, गंधवाद, आदि प्रसिद्ध तंत्ररसायन (कीमिया/Alchemy) के ग्रंथों का उल्लेख मिलता है जिसमें रसायनशास्त्र से संबंधित तत्वों, प्रक्रियाओं आदि का व्यापक परिचय प्रदान किया गया है। इनके अलावा राजनैतिक और समाजशास्त्रीय ग्रंथों में भी रासायनिक पारिभाषिक शब्दावली का उल्लेख मिलता है। कौटिल्य के अर्थशास्त्र में प्रयुक्त विभिन्न आभूषणों, बर्तनों, व्यवसायों और स्थानों की नामावली में इसका उल्लेख मिलता है। पोतवाध्यक्ष, सुराध्यक्ष, रसशाला, सुरा बनाने की विधियाँ, हीरे के भौतिक गुणों जैसे - स्थूल, गुरु, प्रहारसह, समकोटिक, भाजन लेखित, कुभ्रामि, भ्राजिष्णु, लवणाध्यक्ष, आकराध्यक्ष, अक्षशाला, सुवर्णाध्यक्ष, आदि शब्दों को उदाहरण के रुप में लिया जा सकता है।

आइन-ए-अकबरी (1500 ई.) में भी भारतीय रसायन का उल्लेख है। इसमें विभिन्न पदार्थों के घनत्व निकालने संबंधी बातों का वर्णन है। साथ ही इसमें रासायनिक तुला की भी बात कही गयी है। इसमें लिखा है कि अकबर ने अपने को सोने, पारे, कच्चे रेशम, कृत्रिम सुगंधियों, कस्तूरी, रूहतूतिया आदि से तुलवाया था। इसमें इत्र उपयोग तथा निर्माण संबंधी विवेचन भी किया गया है। सन्तोक (जिसमें चोआ,चमेली,गुलाबजल आदि होता था) अगरजा, रूह अफ़ज़ा, उबटन, अबीर, मया, बेखुर अबीर, अकसीर आदि बनाने का उल्लेख है। इनके तैयार करने की विधियों में गुलाबजल का बराबर उपयोग किया जाता था। अबुलफजल ने प्राकृतिक सुगन्धों का भी उल्लेख किया है जैसे अम्बर, लोबान, कपूर, कस्तूरी आदि। चोआ बनाने के संबंध में इस ग्रंथ में एक अध:पातन यंत्र का भी उल्लेख है। इसमें बरार के पर्वतीय प्रदेशों में प्राप्य उन चीजों का भी उल्लेख है जिनका उपयोग कांच और साबुन बनाने के लिए किया जाता था। शोरे के धंधे का भी इसमें उल्लेख है। 'Commercial Products of India' नामक अपने प्रसिद्ध ग्रंथ में वाट ने यह उल्लेख किया है कि भारत के धोबी और रंगरेज बड़े पुराने समय से ही साबुन और रंग का उपयोग करते रहे हैं।[50]

शिवाजी महाराज की आज्ञा से रघुनाथ पंत ने जो राजव्यवहार कोश बनाया था उसमें भी आहार विज्ञान और भवन निर्माण संबंधी अनेक पारिभाषिक शब्द मिलते हैं। अन्य अनेक मध्यकालीन कवियों और संतो (कबीर आदि) की रचनाओं में भी आग्नेयास्त्रों जैसे बंदूक, तोप, तोपखाना, गोलाबारूद, आतशबाजी, अग्नि क्रीड़ा आदि का उल्लेख मिलना इस बात की पुष्टि करते हैं कि तद्युग में रसायन का काफी प्रयोग और प्रचार-प्रसार था जिनका जनसामान्य को यथेष्ट ज्ञान था। इस युग ने भारतीय रसायन को कुछ मूलभूत रासायनिक पारिभाषिक शब्द दिए हैं जिनका आज भी उन्हीं अर्थों में सम्यक उपयोग होता है जैसे - मूलतत्व, तत्व, सूत्र, संयोग, अणु, परमाणु, धातु, अधातु, घनत्व, ताप, उर्ध्वपातन, तिर्यकपातन, अध:पातन इत्यादि।[51]

सोलहवीं शती के पश्चात हमारे देश में रसायनशास्त्र की परंपरा धीरे - धीरे क्षीण होती गयी। इसके अनेक राजनैतिक और सामाजिक कारण हैं किन्तु सामान्यत: यही कहा जा सकता है कि पारे से स्वर्णादि उच्च धातुएँ बनाने का कार्य विश्व में लगभग अधिकांश देशों - चीन, भारत, मिश्र, ईरान, अरब, तुर्कीस्तान, और मध्य यूरोप के सारे देशों में 18वीं और 19वीं शती तक होता रहा। संभवत: इस प्रक्रिया में ये लोग कीमिया में तो सफल न हो पाये, किन्तु एक दीर्घावधि में जो प्रयोग इस दिशा में हुए उन्हीं के आधार पर पश्चिम में आधुनिक रसायनशास्त्र का विकास हुआ और भारत को रसचिकित्सा की उपलब्धि हुई। भारत वासियों ने पारे के उपयोग से अनेक धातु भस्मों - लोह भस्म, बंग-भस्म, अभ्रक-भस्म, ताम्र-भस्म, स्वर्ण-भस्म आदि का निर्माण और

उपयोग करने का ज्ञान अर्जित कर उसका सम्यक उपयोग काय चिकित्सा और शल्य चिकित्सा में करने लगे किन्तु उन भस्मों का उपयोग कीमिया (Chemistry) में न कर सके। अपेक्षानुसार जब धातु भस्मों से चिकित्सा में सहायता मिलने लगी, तो भारत में रस वैद्यों की परंपरा चल पड़ी। और इस प्रकार भारतीय रसायन का उपयोग चिकित्सा के क्षेत्र में तो बढ़ता गया किन्तु इसका भौतिक ज्ञान संबंधी रूप गौण होता चला गया। इसके विलोप का एक कारण यह भी है कि रसतंत्र और रसागम के जितने भी ग्रंथ हैं, वे प्रायः रहस्यमयी भाषा में हैं । उनमें शब्द संकेत बहुत हैं। इन रसायनशास्त्रियों की यह परंपरा रही है कि वे इस विद्या को अत्यंत गूढ़ रखते थे और रहस्य केवल गुरुमुख से ही प्राप्त होता था। इसको भारी माहात्म्य प्राप्त था। इसके संबंध में कहा भी गया हैः-

रसविद्या परा विद्या त्रैलोक्ये पिच दुर्लभ : ।
भुक्ति मुक्तिकरी यस्मात्तस्मात् ज्ञया गुणान्वितै ॥

उपर्युक्त विवेचन में इस प्रकार यह स्पष्ट रूप से देखा जा सकता है कि गोपनीयता के कारण उक्त ज्ञान का लिखित साहित्य में समुचित प्रचार- प्रसार न हो सका और जो कुछ भी लिखित साहित्य प्राप्त हुआ वह गुप्त भाषा और मानकता के अभाव के कारण भी परवर्ती वैज्ञानिकों के लिए पर्याप्त रूप से उपयोगी नहीं साबित हुआ। दूसरी ओर पाश्चात्य देशों की भाषा से संपर्क और राजनैतिक कारणों से उक्त परंपरा को पुनर्जिवित करने के प्रयास के अभाव में भी उक्त परंपरा का अपेक्षित विकास बाधित ही रहा।

3.2.3 प्राचीन और मध्ययुगीन भारतीय भौतिकी : साहित्य और शब्दावली

भौतिक जगत को समझने की चेष्टा प्राचीन भारत में आरंभ से ही की गयी है। यहाँ विश्व की आंतरिक रचना और व्यवस्था का तात्विक चिंतन (Metaphysics), भौतिक (Physics) ज्ञान से पृथक नहीं था। विश्व और उसके पदार्थों सहित सभी जड़-चेतन सृष्टि के रहस्यों का उदघाटन करने का प्रयास यहाँ आरंभ से ही होता आ रहा है। आदिग्रंथ ऋगवेद के विश्वकर्मा सूक्त में ही इस प्रकार के कई प्रश्न उठाए गये हैं जैसे - सृष्टि क्या है ? इसका आरंभ कैसे हुआ ? किस पदार्थ से यह जगत बना ? इसका रचयिता कौन है ? आदि। इन मूलभूत प्रश्नों का समाधान चिंतन के माध्यम से खोजने का प्रयास अनादि काल से ही भारत और विश्व के अन्य देशों में होता रहा है किन्तु अभी आधुनिक विज्ञान को भी इनकी उपयुक्त गवेषणा करनी बाकी है। भारत में इस क्षेत्र में जो प्रयत्न किए गये हैं वे प्रत्येक पदार्थ वस्तु के बाह्य स्तर पर नहीं किए

गये अपितु अन्तःप्रज्ञा और आध्यात्मिक स्तर पर किए गये। प्रयोगशालाओं में प्रयोगादि करने की अपेक्षा मनन, चिन्तन, ध्यान सहित निरीक्षण आदि सृष्टि संबंधी शोधान्वेषण के भारतीय उपकरण रहे हैं। तर्क प्रज्ञा और अन्तःप्रज्ञा के आधार पर व्यक्त विचारों को परखने के लिए यद्यपि कोई ठोस प्रयोग नहीं किए गये हैं, पर फिर भी वैयक्तिक अनुभव, चिंतन, मनन और निरीक्षण के आधार पर विषयवस्तु का प्रतिपादन हुआ है। प्राचीन भारतीय साहित्य में सृष्टि के व्यवहार विषयक विभिन्न उपादानों को व्यक्त करने के लिए कल्पित पौराणिक कथाओं, रुपकों, दृष्टांतों, अन्योक्तियों, लाक्षणिक अभिव्यंजनाओं आदि का सम्यक उपयोग किया गया है। इस प्रकार के वर्णन में तर्कशास्त्रीय नियमों पर कोई विशेष ध्यान नहीं दिया गया प्रतीत होता है। प्रथमदृष्टया उनमें परस्पर विरोधी दिखाई देने वाली अवास्तविक और अलौकिक घटनाओं की अभिव्यक्ति हुई है जो वैज्ञानिक कसौटी पर सर्वथा अयथार्थ लगती हैं। अन्तःप्रज्ञा का विषय होने के कारण वे प्रायः रहस्यमयी और दृष्टांतमय भाषा में व्यक्त हुई हैं। किन्तु इसके साथ ही उनमें सम्यक, गूढ़, विशाल ध्वनित और सांकेतिक अर्थ भी अन्तर्निहित हैं।

पाश्चात्य देशों के आधुनिक युग के महान भौतकीविद् - नील्स बॉर, हायजनबर्ग, एर्विन श्रोंडिगर, जे. रॉबर्ट ऑपेनहायर, अल्बर्ट आइंस्टाइन प्रभृति तथा विज्ञान इतिहासकार - बॉशम, कॉप्रा प्रभृति विद्वान प्राचीन भारतीय भौतिकी ज्ञान से काफी प्रभावित रहे हैं और अपनी कृतियों में प्रायः इसका यथेष्ट उल्लेख भी किए हैं।

3.2.3.1 वैदिक युग में भौतिकी

वेदों में दो प्रकार की विद्या का उल्लेख मिलता है। एक 'अपरा' और दूसरी 'परा'। इसमें अपरा विद्या के अन्तर्गत पृथ्वी और तृण से लेकर प्रकृति के सभी पदार्थों के संबंध में ज्ञानार्जन का विधान है।[52] ऋगवेद में ऐसे अनेक पारिभाषिक शब्द देखने को मिलते हैं जो आज भी प्रायः भौतिकी में प्रयुक्त किए जाते हैं - 'अग्नि', 'वायु', 'इध्म', 'तपुस', 'चक्र', 'द्युत', 'तेज' इत्यादि शब्दों को उदाहरण के रूप में लिया जा सकता है। वैदिक साहित्य में कुछ शब्दों की परिभाषाएँ भी प्रस्तुत की गयी हैं। जैसे अग्नि की परिभाषा इस प्रकार की गयी है - 'सबसे पहले उत्पन्न हुआ, अतः इसे 'अग्नि' कहा गया।' इसके तीन रूप बताए गये हैं- 'शोचिस' (आग), 'अर्चिस' (ज्वाला) और 'हरसू' (गरमी) । किसी चीज के जलने की चार अवस्थाएँ मानी गयी हैं- धूम, अर्चि, अंगार और स्फूर्लिंग (धुआं, ज्वाला, अंगारा और चिनगारी)। मानव के इतिहास में अग्नि संबंधी भौतिकीय खोज अपने आप में अत्यन्त महत्वपूर्ण घटना है।

वैदिक युग में 'अग्नि', 'अंतरिक्ष', 'वायु' आदि शब्द ईश्वरवाचक अर्थ में प्रयुक्त हुए हैं। उपनिषद काल में 'आपस्तेज', 'वायु', और 'अंतरिक्ष' तथा इन्हीं के साथ 'विद्युत', 'मेघ', 'आकाश' आदि शब्द भी प्रचलित हुए और बाद में धीरे-धीरे 'पृथ्वी', 'अप', 'तेज', 'वायु', और 'आकाश' उपयोगी पंचक बन गये। इन्हें ही पंचतत्व (क्षिति, जल, पावक, गगन, और समीर) भी कहते हैं।

3.2.3.2 भारतीय दर्शनों में भौतिकी

प्राचीन भारत के लगभग सभी दर्शनों में पदार्थ (Matter) और ऊर्जा (Energy) तथा अणु-परमाणु के संबंध में विचार व्यक्त किए गये हैं। परमाणुओं के स्वरुप, उनके संघटन और विघटन का विशद् विवेचन वैशेषिक, सांख्य और जैन दर्शनों में मिलता है।

सांख्य दर्शन में तत्व गुणों के आधार पर विषयों की गणना करके सबकी संख्या नियत की गयी है, इसलिए इसे सांख्य कहते हैं। सांख्य का अर्थ है 'सम्यक ज्ञान' अतः किसी विषय के गुणों की छानबिन कर के उसके संबंध में विवेक सम्मत ज्ञानार्जन ही सांख्य की विषयवस्तु है। सांख्य सिद्धांत का दर्जा तत्वज्ञान की दृष्टि से बहुत उच्च कोटि का है। इसमें समस्त विश्व को 25 तत्वों का खेल माना गया है। इनके दो प्रमुख विभाग हैं - पहला 'पुरूष' और दूसरा 'प्रकृति'। इसमें 'पुरूष' चैतन्य स्वरूप है जो न तो किसी तत्व से बनता है और न ही कुछ बनाता है। किन्तु 'प्रकृति' में निर्माण और विनाश दोनों का समावेश है। इसके आठ विभाग माने गये हैं - मूल प्रकृति, महत्तत्व (बुद्धि), अहंकार, शब्द, स्पर्श, रूप, रस, और गंध। सामान्यतः प्रकृति में उपलब्ध सभी पदार्थों और जीवों में उपर्युक्त गुण होते ही हैं। यह प्रकृति के सूक्ष्म निरीक्षण का द्योतन करता है।

सांख्य में 'प्रकृति' उसको कहते हैं जिससे आगे चलकर कोई अन्य तत्व उत्पन्न हो। प्रकृति के उपर्युक्त आठ विभागों से 16 विकृतियाँ उत्पन्न होती हैं - आकाश, वायु, अग्नि, जल, पृथ्वी (पंचमहाभूत), श्रोत, त्वचा, नेत्र, रसना, घ्राण (पंचेन्द्रियाँ), वाणी, हाथ, पैर, उपस्थ, गुदा, और मन (कर्मेन्द्रियाँ)[53]

सांख्य दर्शन में अणुवाद का पर्याप्त वर्णन आया है। इसमें अणु को भी विभाजनीय माना गया है। अपने नवीन शोध के आधार पर वर्तमान अणुवाद भी इस तथ्य की पुष्टि करता है। सांख्य के अनुसार प्रकृति के तीन गुण हैं - सत्व, रज और तम। ये कभी साम्यावस्था में रहते हैं और कभी विषम अवस्था में। इन्हें शुक्ल, लोहित और कृष्ण के रुप में भी व्यक्त किया गया है। प्रकृति को माया और अजा भी कहा गया है। प्राचीन भारतीय माया संबंधी अवधारणा की पुष्टि भी वर्तमान प्रत्यावर्तन सिद्धांत के

द्वारा होती है। उल्लेखनीय है - वर्तमान भौतकी विज्ञान इस बात को सिद्ध कर चुका है कि प्रकृति में उपल्बध कोई भी वस्तु ठीक वैसे ही नहीं दिखाई देती है जैसे कि वह अपने मूल रुप में होती है। ऑख के भीतर उसका विपरीत प्रतिबिंब बनता है और समान्यतः वह वस्तु अपने मूल रुप के विपरीत ही हमें दिखाई देती है। माया की अवधारणा भी इसी प्रकार की है जो भौतिक जगत को मिथ्या मानती है। पृथ्वी, अप, तेज, अनिल, और आकाश जैसे पंचतत्वों की अभिव्यक्ति सांख्य दर्शन में ही पहली बार हुई है। 'परमाणु' और 'क्षण' जैसे शब्दों की परिभाषा भी इसमें दी गयी है। द्रव्य की अंतिम ईकाई को 'परमाणु'' और परमाणु द्वारा एक स्थान से दूसरे स्थान तक स्थानांतरण (चलने) में लगने वाले समय को 'क्षण' कहा गया है।

वैशेषिक दर्शन में 'अणु' शब्द का प्रयोग कई स्थलों पर हुआ है- 'यह अणु महत् का विरोधी है।' अणु का अर्थ अति सूक्ष्म और महत् का अर्थ बृहदाकार है। ये दोनों शब्द वैशेषिक में अधिकतर एक साथ प्रयुक्त हुए हैं। दो परमाणुओं से बनने वाले कण को वैशेषिक में 'व्यूहाणु'(Molecule) कहा गया है। इसमें यह भी बताया गया है कि किसी अंधेरे कमरे में सूर्य की किरणें जब प्रविष्ट होती हैं तो उनके मार्ग में धूल के जो सूक्ष्म कण दिखाई देते हैं उन्हें ही 'त्रसरेणु' या गौतम के न्यायसूत्र के शब्दों में 'त्रुटि' कहा जाता है। ऑख से दिखाई देने के कारण त्रसरेणु में परिमाण होने की भी बात कही गयी है। आज हम इन्हें अणुभार, परमाणुभार आदि संज्ञाओं से अभिहित करते हैं।

वैशेषिक दर्शन के अनुसार 'जल', 'तेज', और 'वायु' सभी दो-दो प्रकार के होते हैं - 'नित्य' अर्थात अणुरुप और 'अनित्य' अर्थात कार्यरुप। इनके परमाणु ही द्वयणुक और त्रसरेणु में संघटित हो कर रासायनिक संयोग में भाग लेते हैं। आधुनिक विज्ञान के अनुसार विभिन्न पदार्थ परमाणु रुप में कभी भी रासायनिक संयोग नहीं करते। रासायनिक संयोग में पदार्थों के व्युहाणु ही भाग लेते हैं। कहा जा सकता है कि वैशेषिक दर्शन का उपरोक्त विचार आधुनिक विज्ञान का पूर्वाभास ही है। वैशेषिक परमाणु को नित्य और अक्षय (अविनाशी) मानता है। इलेक्ट्रॉन, प्रोटान, और न्यूट्रान के आधुनिक आविष्कार से पूर्व यह बात प्रायः ज्यों कि त्यों मानी जाती थी। वैशेषिक सूत्र (1/1/6) में रुप, रस, गंध, स्पर्श, संख्या, परिमाण, आदि गुणों का उल्लेख मिलता है।

चिकित्साशास्त्र से संबंधित चरक संहिता आदि ग्रंथों में भी देश, काल, आयु, मान (परिमाण) आदि भौतिकी से संबंधित गुणों का अपने ढंग से उल्लेख किया गया है। इनमें पारिभाषिक शब्दों की व्याख्या भी की गयी है। जैसे गणन के काम में जो आए वह 'संख्या' है। विभिन्न पदार्थों के साथ मिल जाने का नाम 'संयोग' और पृथक् हो

जाने का नाम 'विभाग' है। पुनर्मान यानी फिर से नापे जाने का नाम 'परिमाण' है। करण का नाम 'संस्कार' है। बार-बार किसी चीज का होना 'अभ्यास' है तो किसी क्रिया का बराबर होते रहना 'शीलन' है। आज भी संख्या, संयोग, संस्कार, अभ्यास, द्रव्य आदि शब्द भौतिकी अथवा विज्ञान के अन्य विषयों में प्राय: उन्हीं अर्थों में प्रयुक्त होते हैं।

जैन दार्शनिक[54] उमास्वाति का कहना था - विषम गुण (Positive Negative) पुद्गलों (अणुओं) के संयोग से ही संघात बन सकते हैं। यह विचार धन और ऋण विद्युत कणों के संपर्क के आधुनिक सिद्धांत से बहुत मेल खाता है। ताप और प्रकाश के संबंध में भी प्राचीन भारतीय साहित्य में यथेष्ट उल्लेख मिलता है। डॉ. हजारी प्रसाद द्विवेदी ने भी इसी तथ्य का उद्घाटन करते हुए लिखा है *कि यह विचार हमारे दर्शनों में सुपरिचित है कि - ताप और प्रकाश एक ही तेजोद्रव्य के दो रुप हैं और सभी पार्थिव ताप या अग्नियों का जनक सूर्य का ताप है'*।[55] प्रकाश में परावर्तन शब्द का विकास संभवत: ऋगवेद के 'परावत्' शब्द से हुआ है।[56] यास्क ने निरुक्त में परावत् की व्युत्पत्ति परा + गम् (अलग होना या पीछे हटाया जाना) से की है। आयतन कोण (Incidence angle) और परावर्तन कोण (Reflection angle) की तुल्यता, विरल से सघन और सघन से विरल माध्यम से गुजरते समय किरणों के वर्तन या तिर्यग्गमन (Refraction), भाँति-भाँति के तालों और दर्पणों के स्वरुप तथा उनमें से गुजरने वाली किरणों की नाभि (Focus) पर केन्द्रीभूत होने का विवेचन भारतीय दर्शन ग्रंथों में आया है।[57]

भारतीय संगीत और संगीत वाद्यों के संदर्भ में भी ध्वनि तथा शब्द संबंधी भौतिकी शब्दावली का विकास परिलक्षित होता है। कंपन द्वारा ध्वनि उत्पत्ति, ध्वनि तरंगों की गति, (तिर्यग्गति/परंस्पंद), तरंग विस्तार, प्रतिध्वनि, शब्दों का वर्गीकरण, तार, मंद्र आदि श्रुतियों (Pitch) के भेद, तीव्र, मंद, आदि घनता के भेद, सप्तस्वर, श्रुति, तंत्री आदि पारिभाषिक शब्दों का यथेष्ट उपयोग देखने को मिलता है जिनका भौतिकी के क्षेत्र में आज भी पर्याप्त उपयोग होता है।

चुम्बकीय शक्ति का भी आरंभिक ज्ञान भारतीय साहित्य में मिलता है। राजाभोज ने अपने 'युक्ति कल्पतरू' में समुद्रगामी नावों के तलों को लोहे की कीलों से जोड़ने का निषेध किया है। क्योंकि समुद्र में चुम्बकीय क्षेत्र में पहुंचने पर उनके खींच जाने का खतरा रहता था।[58] समुद्र पार करने वाले भारतीय नाविक दिशा देखने के लिए मत्स्य यंत्र (कुतुबनुमा) का प्रयोग बहुत प्राचीन काल से जानते थे।

उपर्युक्त विवेचन से यह स्पष्ट है कि भारत में प्राचीन काल से ही ज्ञान-विज्ञान के विविध क्षेत्रों में पारिभाषिक शब्दावली का समुचित विकास हो गया था और साहित्य सृजन में उनका उपयोग भी होता था। विज्ञान ही नहीं दर्शन के क्षेत्र में भी पारिभाषिक शब्दावली का भण्डार भरा पड़ा है। भारत भूमि पर विभिन्न शास्त्रों का उद्भव और तत्संबंधी उपलब्ध लेखन के पारंपरिक, क्रमिक और ऐतिहासिक विवेचन से यह स्पष्ट परिलक्षित होता है कि प्राचीन भारत में शब्द निर्माण और उनका व्युत्पत्ति विषयक अध्ययन शिक्षित समाज का एक लोकप्रिय विषय था। भाषा विषयक भारतीय ज्ञान की उत्कृष्टता का उल्लेख ब्लूमफिल्ड की 'भाषा' नामक पुस्तक में विस्तार से हुआ है। रुप-साधन, शब्द-साधन, समास रचना और वाक्य रचनात्मक प्रयोग संबंधी छोटी से छोटी बातों का प्राचीन भारतीय साहित्य में दिग्दर्शन होना आपने आप में इसका प्रमाण है।[59]

व्युत्पत्ति के आधार पर शब्दों के वर्गीकरण का प्रथम वैज्ञानिक प्रयास भरत मुनि के 'नाट्यशास्त्र' में मिलता है। उनके अनुसार शब्द तीन प्रकार के होते हैं- समान, विर्भिष्ट और देशीमत। इन्हीं को परवर्ती काल में तत्सम, तद्भव और देशज कहा गया है।

भरत के पश्चात व्याकरण और भाषा विज्ञान के क्षेत्र में यास्क का नाम सबसे प्रसिद्ध है। इनके अनुसार शब्द चार प्रकार के होते हैं - नाम, आख्यात्, उपसर्ग और निपात। आज भी यह वर्गीकरण अनेक दृष्टियों से सर्वाधिक वैज्ञानिक है। यास्क का निरुक्त शब्दावली संबंधी प्रसिद्ध गंथ है। इसे छः वेदांगों में से एक माना गया है। शब्दों की रचना किन मूल धातुओं से हुई है? किन नियमों के अनुसार शब्द बनते और उनके रुप विकसित होते हैं? उनके अर्थ विचार, धातु, प्रत्यय और उपसर्ग आदि का सम्यक विवेचन निरुक्त में उपलब्ध होता है। शब्दों के अर्थ विचार हेतु उनका विभिन्न रूपों - धातु, प्रत्यय और उपसर्ग में विश्लेषित करने की परंपरा का आरंभ यास्क से ही माना जाता है।

यास्क के पश्चात भाषा-विज्ञान के क्षेत्र में पाणिनी, पतंजलि और भर्तृहरि का प्रादुर्भाव हुआ है। 350 ई.पूर्व से 250 ई.पूर्व के मध्य रचित पाणिनी व्याकरण को मानव बुद्धिमत्ता की प्रमुखतम कृतियों में से एक माना गया है।[60] आज भी पाणिनी को संसार का सबसे बड़ा व्याकरणाचार्य माना जाता है।

जिस प्रकार पाश्चात्य वैज्ञानिक प्राचीन युग से ही ग्रीक और लैटिन जैसी क्लासिकी भाषाओं की सहाराता से शब्द निर्माण करते थे, उसी प्रकार भारतीय वैज्ञानिक अथवा मनीषी भी किसी भी विषय से संबंधित अपने विचाराभिव्यक्ति के लिए अपेक्षित

शब्दावलीं का निर्माण संस्कृत भाषा की सहायता से कर लेते थे। यह प्रक्रिया भारत में आज भी जारी है। पाश्चात्यों की अपेक्षा भारत को भरत, यास्क, पाणिनी, पतंजलि प्रभृति व्याकरणाचार्यों की परंपरा और शब्दावली निर्माण के व्यवस्थित सिद्धांतों का समृद्धतम् साहित्य भी उपलब्ध है जिससे पर्याप्त सहायता मिलती है। भारत में विदेशी मुख्यत: अंग्रेजी भाषा के आने के पूर्व से ही यह परंपरा चली आ रही है। यही कारण है कि अंग्रेजी अथवा अन्य विदेशी भाषाओं के आगमन से पूर्व की भारतीय पारिभाषिक शब्दावली अत्यंत समृद्ध और सूक्ष्माभिव्यक्ति सामर्थ्य से परिपूर्ण थी जिसके माध्यम से जटिलतम् दार्शनिक विचारों की भी सहज अभिव्यक्ति हुई है। संस्कृत भाषा से निर्मित होने के कारण संपूर्ण भारत में एक ही प्रकार की पारिभाषिक शब्दावली का प्रचलन था। प्राचीन भारतीय साहित्य में इसका पर्याप्त दिग्दर्शन हुआ है। गणित, भौतिकी, चिकित्सा, आदि के क्षेत्र में आर्यभट्ट, ब्रम्हगुप्त, श्रीधर, भास्कर, महावीर, चरक, सुश्रुत, नागार्जुन, आदि प्राचीन भारतीय वैज्ञानिकों द्वारा प्रयुक्त और निर्मित शब्दावली इसका प्रत्यक्ष प्रमाण है।

रसायनशास्त्र में शब्दावली की दो प्रवृत्तियाँ पाई जाती हैं। सुश्रुत, चरक आदि की शब्दावली पारंपरिक व्याकरणाचार्यो द्वारा निर्मित नियमों के अनुरुप ही है किन्तु भारतीय रसायन की तंत्र युगीन शब्दावली परंपरानुसार निर्मित नहीं है। तांत्रिक लोग (तत्कालीन रसायनज्ञ) हीन धातुओं से उच्च धातुओं को बनाने के प्रयास में अपनी सभी प्रक्रियाओं को जनसाधारण से गुप्त रखना चाहते थे। यही कारण है कि प्रत्येक तांत्रिक अपने लिए नये - नये सांकेतिक शब्द बनाया करता था। कदाचित इसीलिए भारतीय रसायन के क्षेत्र में समान शब्दावली और समान प्रवृत्तियों का अभाव परिलक्षित होता है और इस अभाव के कारण ही आधुनिक युग के आगमन से पूर्व ही भारतीय रसायन की उच्चस्तरीय परंपरा शनैः शनैः विलुप्त हो गयी।

3.3 आधुनिक भारतीय भाषाओं में वैज्ञानिक शब्दावली

संस्कृत और प्राकृत भाषाओं के पश्चात भारत में संस्कृत भाषा के मौलिक और देशज तथा विदेशज भाषाओं और बोलियों के सम्यक योगदान से आधुनिक भारतीय भाषाओं का उद्भव और विकास हुआ। इन सभी भाषाओं में मिलने वाली शब्दावली तत्सम, तद्भव, देशज तथा विदेशज है। अपने उद्भव काल से ही इन आधुनिक भाषाओं में साहित्य और सामाजिक विज्ञानों सहित विज्ञान और प्रौद्योगिकी संबंधी साहित्य का सृजन होता आ रहा है। सामान्यतः इन सभी भाषाओं में स्थान भेद के साथ विभिन्न विषयों की सूक्ष्माभिव्यक्ति हेतु पारिभाषिक शब्दावली का भी साथ-ही-साथ निर्माण होता रहा है। मराठी, बंगला, गुजराती, पंजाबी, तमिल, तेलुगु, कन्नड, हिन्दी आदि विभिन्न भाषाओं में अलग - अलग स्थानों में विभिन्न व्यक्तियों

और संस्थाओं तथा अभिकरणों द्वारा पारिभाषिक शब्दावली निर्माण का कार्य होता रहा है जिसका उल्लेख यत्र-तत्र मिलता है।

आधुनिक भारतीय भाषाओं में जैसा कि पहले भी उल्लेख किया गया है, पारिभाषिक शब्दावली गढ़ने में सबसे पहले सन् 1676 ई. में महाराज शिवाजी ने पहल की थी। उनके आदेश पर श्री रघुनाथ पंत ने 1500 शब्दों का 'राजव्यवहार-कोष' नामक एक शब्द संग्रह तैयार किया था जिसमें प्रशासन, प्रतिरक्षा, खाद्य पदार्थ, कला, शिल्प, भवन निर्माण तथा विभिन्न व्यवसायों से संबंधित शब्द संकलित किए गये थे।[61] सन् 1833 ई. से ही मराठी भाषा में वैज्ञानिक साहित्य प्रकाशित होना आरंभ हो गया था। सन् 1917 ई. तक तो विज्ञान संबंधी सैकड़ों पुस्तकें मराठी भाषा में लिखी और प्रकाशित भी की जा चुकी थी तथा मराठी विश्वकोश भी लगभग इसी समय से प्रकाशित होना आरंभ हो गया था। आज मराठी भाषा में भी हिन्दी की ही भाँति विज्ञान और तकनीकी साहित्य यद्यपि प्रचुर मात्रा में उपलब्ध है किन्तु शिक्षा पद्धति की खामियों के कारण स्कूली शिक्षा स्तर से आगे की उच्च शिक्षा के लिए उसका यथेष्ट उपयोग नहीं हो रहा है।

जैसा कि गत अध्यायों में उल्लेख किया जा चुका है, सन् 1823 ई. में राजाराम मोहन राय ने पाश्चात्य ज्ञान तथा विज्ञान संबंधी शिक्षा भारतीयों को दिलाने के लिए एक जोरदार अभियान चलाया था। उसी के तारतम्य में बंगला भाषा में विज्ञान से संबंधित पारिभाषिक शब्दावली बनाने का पहला सुनियोजित प्रयास श्री राजेन्द्रलाल मित्रा द्वारा सन् 1877 ई. में आरंभ हुआ। तत्पश्चात आचार्य पी.सी.रे, गुरुदेव रवीन्द्रनाथ टैगोर आदि महानुभावों का इस क्षेत्र में किया गया प्रयास उल्लेखनीय है। सन् 1908 ई. में बंगीय साहित्य सम्मेलन में एक प्रस्ताव द्वारा वैज्ञानिक शब्दावली के लिए विशेषज्ञों की एक समिति बनाने का निश्चय किया गया और इसके अध्यक्ष आचार्य प्रफुल्लचन्द्र रे नियुक्त हुए। इनके मार्गदर्शन में श्री प्रबोधचन्द्र चट्टोपाध्याय ने संस्कृत भाषा के उपयोग से विज्ञान के विभिन्न विषयों, विशेषरूप से रसायनशास्त्र की शब्दावली संकलित करने का काम किया। बंकिमचन्द्र चट्टोपाध्याय ने भी आधुनिक बंगला वैज्ञानिक साहित्य में प्रयुक्त पारिभाषिक शब्दावली के संकलन का कार्य किया। रामेन्द्र त्रिवेदी और योगशचन्द्र ने बंगला भाषा में रसायनशास्त्र की शब्दावली अलग से तैयार की थी।

गुरूदेव रवीन्द्रनाथ टैगोर ने पारिभाषिक शब्दावली की आवश्यकता और महत्ता को भांप कर लोकप्रिय विज्ञान से संबंधित 'विश्व परिचय' नामक एक पुस्तक लिखी थी जो काफी प्रसिद्ध हुई। इन्होंने प्रचलित शब्दों का उपयोग करने के साथ - साथ स्वंय भी अनेकानेक पारिभाषिक शब्दों का निर्माण किया। 'गैलेक्सी' के लिए उनके द्वारा

निर्मित 'निहारिका' शब्द आज भी भारत सरकार की शब्दावली में ज्यों का त्यों प्रयुक्त किया गया है।

यद्यपि नानाभाई रूस्तमजी ने अंग्रेजी - गुजराती शब्दकोश मुद्रित करने के लिए सन् 1857 में यूनियन प्रेस (आज भी यह प्रेस हार्निमैन सर्कल, मुंबई में स्थित है) स्थापित किया तथापि, सन् 1888 ई. में बड़ौदा महाराज सयाजी राव गायकवाड़ की प्रेरणा से गुजराती में पारिभाषिक शब्दावली निर्माण का सुनियोजित प्रयास प्रा. टी.के.गज्जर द्वारा आरंभ किया गया। प्रा. गज्जर ने सन् 1890 ई. के आस-पास वैज्ञानिक शब्द संकलन के साथ-साथ अनेक वैज्ञानिक पुस्तकें भी लिखीं। सन् 1888 ई. में ही 80 खण्डों में एक बहुभाषी शब्द कोश बनाने की उनकी योजना थी और उसको साकार करने के लिए उन्होंने कार्य भी किए। किन्तु खेद है कि इस विशाल शब्दकोश की पाण्डुलिपि अभी तक बड़ौदा विश्वविद्यालय के पुस्तकालय में बिना किसी उपयोग के पड़ी हुई है।[62] सन् 1891 ई. में 'शब्दार्थ भेद' नामक गुजराती शब्दकोश अहमदाबाद से प्रकाशित हुआ था। सन् 1900 ई. में बम्बई एजुकेशन सोसायटी ने भी एक गुजराती शब्दकोश तैयार किया था। सन् 1912 ई. में निजामुद्दीन हुसैन सईद ने एक उर्दू-गुजराती शब्दकोश तैयार किया था। महात्मा गांधी द्वारा स्थापित गुजरात विद्यापीठ ने भी सन् 1920 ई. में गणित, रसायन, भौतिकी, अर्थशास्त्र, प्राणिशास्त्र आदि विषयों के पारिभाषिक शब्दकोश अपने शिक्षकों की सहायता से प्रकाशित कराये थे। इन कोशों को आज भी गुजरात में पर्याप्त मान्यता प्राप्त है।

इसी प्रकार का प्रयास पंजाबी भाषा में भी किया गया था। सन् 1885 ई. मे प्रा.जे.सी.ओम्रन के साथ मिलकर प्रा. रुचिराम साहनी ने लाहौर में पंजाब साइंस इस्टीटयूट की स्थापना की थी। वे लगभग सारे पंजाब प्रांत में घूम कर पंजाबी और अंग्रेजी में विज्ञान पर लोकप्रिय व्याख्यान देते थे। उनके व्याख्यानों में पंजाबी तकनीकी पारिभाषिक शब्दावली का ही प्रयोग होता था जो उनकी अपनी आत्मकथा में स्पष्ट रूप से विनिर्दिष्ट है।[63]

देश के दक्षिणी भागों में भी जहाँ द्रविड़ परिवार की तमिल, तेलुगु, कन्नड़ और मलयालम चार प्रमुख भाषाएँ बोली जाती हैं, देशी भाषा में एक लम्बे अर्से से विज्ञान और प्रौद्योगिकी साहित्य का सृजन होता रहा है। इनमें तमिल साहित्य सबसे पुराना है। इसका साहित्य मौलिकता और विविधता से भरा हुआ है। मद्रास सरकार द्वारा आधुनिक वैज्ञानिक शब्दावली निर्माण के अलावा श्री लंका में भी वैज्ञानिक विषयों की तकनीकी और पारिभाषिक शब्दावली के निमार्ण का कार्य तमिल भाषा में होता रहा है। वहाँ रसायनशास्त्र, भौतिकी, और गणित की शब्दावली सूचियाँ सन् 1955-56 ई. में ही प्रकाशित की जा चुकी थी।[64] इसी प्रकार पिछले काफी समय से कन्नड़ भाषा में भी

विज्ञान और गणित की अनेक पाठ्यपुस्तकें लिखी जा रही हैं। कन्नड़ भाषा में निर्मित पारिभाषिक शब्दावली की विविधता को देखते हुए उनमें एकरुपता लाने के लिए सन् 1959 में मैसूर राज्य ने एक समिति नियुक्त की थी जिसने विभिन्न वैज्ञानिक विषयों की पारिभाषिक शब्दावलियाँ संकलित और निर्मित कर के 1959 में प्रकाशित भी कराया।

विज्ञान तथा प्रौद्योगिकी से संबंधित पारिभाषिक शब्दावली के क्षेत्र में उपर्युक्त आधुनिक भारतीय भाषाओं में सर्वाधिक उल्लेखनीय और स्तुत्य कार्य हिन्दी भाषा में हुआ है। जैसा कि पहले अध्याय में ही उल्लेख किया जा चुका है, हिन्दी पारिभाषिक शब्दावली निर्माण में आरंभ में वैयक्तिक और संस्थागत प्रयास ही हुए थे। किन्तु स्वतंत्रता के पश्चात भारत की राजभाषा स्वीकृत होने पर इसमें एकरूपता और अखिल भारतीय स्वरूप निर्धारित करने की ओर प्रशासनिक स्तर पर अत्यंत महत्वपूर्ण और उल्लेखनीय कार्य हुए हैं।

यद्यपि तकनीकी हिन्दी अथवा हिन्दी में विज्ञान तथा प्रौद्योगिकी से संबंधित पारिभाषिक शब्दावली निर्माण का कार्य 19वीं शती के आरंभ से ही किया जाने लगा था, फिर भी इस कार्य को सुनियोजित ढंग से इस शती के आरंभ अर्थात सन्. 1901 ई. से ही किया गया है। गत 100 वर्षों में हिन्दी भाषा और उसकी शब्दावली को अखिल भारतीय स्वरुप देने का भरसक प्रयास हुआ है। अपने अध्ययन में हम देखते हैं कि इस शती के पूर्वार्द्ध में मुख्यत: वैयक्तिक तथा संस्थागत प्रयासों से हिन्दी में विज्ञान तथा प्रौद्योगिकीय शब्दावली को बुनियादी आधार प्रदान किया गया और उत्तरार्द्ध में पहले हुए कार्यों के समन्वयन तथा संयोजन के साथ-साथ शब्दावली के नवनिर्माण में शासकीय स्तर पर महत्वपूर्ण और उल्लेखनीय कार्य के फलस्वरूप तकनिकी हिन्दी भाषा का मानक स्वरूप स्थिर होने के साथ-साथ उसकी अभिव्यक्ति सामर्थ्य का पर्याप्त संवर्धन हुआ है। इसी दृष्टिकोण को और अधिक स्पष्ट रूप से अभिव्यक्त करने के लिए 100 वर्षों के उपर्युक्त कालखण्ड को 'स्वातंत्र्यपूर्व काल' और 'स्वातंत्र्योत्तर काल' इन दो भागों में विभक्त कर के विवेचन करना अधिक समीचीन होगा।

3.4 हिन्दी में विज्ञान तथा प्रौद्योगिकी संबंधी पारिभाषिक शब्दावली निर्माण के स्वातंत्र्यपूर्व प्रयास

जैसा कि उल्लेख किया गया है, स्वतंत्रता से पूर्व लगभग सन् 1801 ई. से ही इस दिशा में प्रयास किए जा रहे थे। फोर्ट विलियम कॉलेज के लल्लू लाल प्रभृति के आरंभिक प्रयास अत्यंत महत्वपूर्ण और उल्लेखनीय हैं किन्तु फिर भी इस संपूर्ण

शताब्दी में कुंछेक वैयक्तिक और संस्थागत जैसे - पण्डित लक्ष्मीशंकर मिश्र, महामहोपाध्याय पण्डित सुधाकर द्विवेदी, आगरा स्कूल बुक सोसायटी, अलीगढ़ साइंटिफिक सोसायटी, वाद-विवाद क्लब बनारस आदि के प्राथमिक प्रयासों के अलावा व्यापक स्तर पर कोई उल्लेखनीय कार्य नहीं हुआ था। स्वतंत्रतापूर्व इस क्षेत्र में व्यापक और बुनियादी कार्य इस शताब्दी के आरंभ से ही नागरी प्रचारिणी सभा, गुरुकुल कांगड़ी, हिन्दी साहित्य सम्मेलन, विज्ञान परिषद्, बंगीय साहित्य परिषद, बम्बई प्रेसिडेंसी आदि संस्थाओं तथा बाबू श्यामसुन्दर दास, पण्डित सुधाकर द्विवेदी, महावीर प्रसाद द्विवेदी, भगवानदास, पण्डित माधवराव सप्रे, ठाकूर प्रसाद, सुखसम्पत्तिराय भण्डारी, श्री कृष्णवल्लभ द्विवेदी, डॉ. सत्यप्रकाश, निहालकरण सेठी, फूलदेव सहाय वर्मा तथा डॉ.रघुवीर जैसे वैज्ञानिकों और कोशकारों का उल्लेखनीय योगदान रहा है। इन्ही संस्थाओं और महानुभावों के कार्यों ने तकनीकी हिन्दी के विकास को बुनियादी आधार प्रदान किया है।

स्वतंत्रतापूर्व संस्थागत प्रयासों में नागरी प्रचारिणी सभा और वैयक्तिक प्रयासों में डॉ. रघुवीर का कार्य सर्वाधिक महत्वपूर्ण रहा है। नागरी प्रचारिणी सभा ने जहाँ एक ओर देश भर की विभिन्न भाषाओं में हुए पारिभाषिक शब्दों के संकलन, संयोजन, समन्वय और नवनिर्माण के द्वारा हिन्दी के अखिल भारतीय स्वरुप को कायम करने का बुनियादी कार्य किया, वहीं एक निश्चित सिद्धांतं के अन्तर्गत डॉ. रघुवीर के निर्देशन में विज्ञान और प्रौद्योगिकी से संबंधित लाखों शब्दों का हिन्दी में नवनिर्माण हुआ। उनके शब्दों की योजना इतनी पूर्ण है कि प्रायः सभी प्रकार के वैज्ञानिक साहित्य का अंग्रेजी से हिन्दी में अनुवाद और मौलिक तथा स्वतंत्र लेखन किया जा सकता है। इस शब्दावली का निर्माण भारत की क्लासिकी भाषा संस्कृत की धातुओं, प्रत्ययों और उपसर्गों के उपयोग से किया गया है। शब्दावली के निर्माण में डॉ.रघुवीर ने संस्कृत भाषा की 520 धातुओं, 80 प्रत्ययों और 20 उपसर्गों का उपयोग किया है।

डॉ. रघुवीर 'उधार लेने वाली' भाषाओं में विश्वास नहीं रखते थे और वे अपनी भारतीय भाषाओं को इस योग्य बनाना चाहते थे कि वे शब्द निर्माण करने वाली भाषाएँ बन सकें। यही कारण है कि भाषा अध्ययन की भारतीय परंपरा को ध्यान में रखते हुए पूरे देश के लिए एक सर्वमान्य वैज्ञानिक शब्दावली के निर्माण हेतु उन्होंने संस्कृत को आधार बनाया और पूरे देश में अपनी संस्कृत निष्ठता का घोर विरोध झेलते हुए भी लगभग संपूर्ण वैज्ञानिक शब्दावली बनाकर हिन्दी भाषा का भण्डार भर दिया। डॉ. रघुवीर द्वारा गढ़े गये शब्दों का उपयोग कर जटिलतम् वैज्ञानिक तथ्यों और सिद्धांतो को हिन्दी भाषा में समुचित रूप से अभिव्यक्त किया जा सकता है। संस्कृत भाषा का उचित अभिज्ञान न होने के कारण अज्ञानवश यद्यपि आज हम उनकी शब्दावली को कुछ अंशों में क्लिष्ट और अव्यवहारिक मानते हैं किन्तु फिर भी उसमें अपेक्षित सुधार और विकास कर के उसका सम्यक उपयोग किया जाए तो यह

दावे के साथ कहा जा सकता है कि शब्दावली के मामले में हिन्दी को किसी विदेशी भाषा का मुंह ताकने से उबारा जा सकता है और इस देश की व्यापक और समृद्ध भाषिक परंपरा का उचित उपयोग हो सकता है।

3.5 स्वातंत्र्योत्तर प्रयास

स्वतंत्रता के पश्चात ही हिन्दी भाषा में विज्ञान संबंधी शब्दावली के प्रणयन में उल्लेखनीय प्रगति हुई है और गत 50 वर्षों के सतत प्रयास के फलस्वरुप आज शब्दावली निर्माण का कार्य लगभग पूर्ण हो चुका है। तकनीकी हिन्दी के विकास के संदर्भ में जैसा कि उल्लेख किया जा चुका है, भारत की सभी आधुनिक भाषाओं में समान वैज्ञानिक शब्दावली विकसित करने की दिशा में शासकीय स्तर पर सर्वप्रथम बम्बई सरकार का ध्यान गया जिसने इस संबंध में एक टिप्पणी केन्द्रीय शिक्षा परामर्श मण्डल को प्रस्तुत की। मण्डल के प्रयासों से सन् 1940 ई. में हैदराबाद राज्य की एक्जीक्यूटिव कौंसिल के सभापति सर अकबर हैदरी की अध्यक्षता में एक वैज्ञानिक शब्दावली समिति नियुक्त की गयी और उसे भारतीय भाषाओं में वैज्ञानिक शब्दावली जैसे महत्वपूर्ण प्रश्न पर अपनी रिपोर्ट देने के लिए कहा गया। समिति ने यह सिफारिश की कि *भारत तथा दूसरे देशों में होनेवाले विकास में आवश्यक संपर्क बनाए रखने के लिए एक ऐसी वैज्ञानिक शब्दावली अपनाई जाए जो अन्तर्राष्ट्रीय क्षेत्र में आमतौर पर स्वीकृत शब्दों को यथासंभव आत्मसात कर ले*[65] इस सिफारिश पर प्रांतीय सरकारों, विश्वविद्यालयों आदि की राय जानने के बाद केन्द्रीय शिक्षा परामर्श मण्डल ने सन् 1942 ई. में डॉ.सर फजलुर रहमान की अध्यक्षता में पुन: एक समिति का गठन किया, जिसे सभी भारतीय भाषाओं को उपयुक्त समूहों में बांटने और शब्दावली संबंधी विभिन्न प्रश्नों पर विचार करने के लिए कहा गया।

केन्द्रीय शिक्षा परामर्श मण्डल ने यह अनुभव किया कि यदि शब्दावली के निर्माण के लिए तत्काल ही केन्द्रीय स्तर पर व्यवस्थित रूप से कार्य आरंभ न किया गया तो विद्वानों और विशेषज्ञों द्वारा निजी तौर पर किए जानेवाले प्रयासों में अराजकता की स्थिति उत्पन्न हो जाएगी और सभी भारतीय भाषाओं के लिए समान एवं समन्वित शब्दावली के विकास का काम कठिन हो जाएगा। इसलिए यह आवश्यक समझा गया कि अखिल भारतीय स्तर पर एक ऐसे मण्डल की तत्काल नियुक्ति की जाए जो पूरे देश के लिए वैज्ञानिक शब्दावली के निर्माण के प्रश्न पर विचार करे और विशेषकर वैज्ञानिक विषयों में पाठ्यपुस्तकें तैयार करवाये। तद्नुसार सन 1950 ई. में एक 'वैज्ञानिक तथा तकनीकी शब्दावली मण्डल' की नियुक्ति की गयी जिसने अपने प्रयत्नों के फलस्वरूप शब्दावली निमार्ण संबंधी कुछ सिद्धांत निर्धारित किए जिनके आधार पर वैज्ञानिक एवं तकनीकी शब्दावली का निर्माण करने के लिए शिक्षा मंत्रालय

ने सन् 1952 ई. में एक हिन्दी अनुभाग की स्थापना की। इसी बीच बी.जी.खेर की अध्यक्षता में नियुक्त राजभाषा आयोग ने सन् 1956 ई. में राष्ट्रपति को अपना प्रतिवेदन प्रस्तुत किया जिसकी जाँच एक संसदीय समिति द्वारा की गयी और उसकी सिफारिश पर 27 अप्रैल, 1960 को जारी राष्ट्रपति के आदेश के अन्तर्गत अक्तूबर, 1961 में 'वैज्ञानिक एवं तकनीकी शब्दावली आयोग' की स्थापना की गयी। अपने स्थापना काल से ही शब्दावली आयोग और केन्द्रीय हिन्दी निदेशालय दोनों हिन्दी में विज्ञान और प्रौद्योगिकी संबंधी शब्दावली के निर्माण और प्रकाशन के क्षेत्र में उल्लेखनीय कार्य कर रहे हैं। विधि से संबंधित हिन्दी विधि शब्दावली का निर्माण विधि मंत्रालय के अधीन स्वतंत्र रुप से स्थापित विधायी आयोग द्वारा किया जाता है। यह आयोग विधि शब्दावली तथा विधि साहित्य के प्रकाशन का कार्य अलग से करता है। शब्दावली आयोग से इसका कोई औपचारिक संबंध नहीं है।

3.6 वैज्ञानिक एवं तकनीकी शब्दावली आयोग के कार्य

स्वतंत्रता के पश्चात राष्ट्रीय स्तर पर स्थापित वैज्ञानिक एंव तकनीकी शब्दावली आयोग को निम्नलिखित महत्वपूर्ण कार्य सौपें गये हैं :

1. राष्ट्रपति के आदेश में निहित सिद्धांतों को ध्यान में रखते हुए वैज्ञानिक तथा तकनीकी के क्षेत्र में किए गये कार्यों का पुनरीक्षण और समन्वय तथा ज्ञान-विज्ञान की विशिष्ट शाखाओं से संबंधित नई शब्दावली निर्माण का कार्य।

2. हिन्दी और अन्य भारतीय भाषाओं में वैज्ञानिक तथा तकनीकी शब्दावली के विकास और समन्वय से संबंधित सिद्धांतों का निरुपण और कार्यान्वयन।

3. राज्यों में विभिन्न संकायों द्वारा वैज्ञानिक तथा तकनीकी शब्दावली के क्षेत्र में किए गये कार्य का संबंधित राज्य सरकारों की सहमति से या उनके अनुरोध पर समन्वय और संबंधित संस्थाओं द्वारा प्रस्तुत की गयी शब्दावलियों का अनुमोदन।

4. आयोग द्वारा निर्मित या स्वीकृत नई शब्दावली का प्रयोग करते हुए विभिन्न विषयों की मानक पुस्तकों और वैज्ञानिक तथा तकनीकी शब्दकोशों का निर्माण और प्रकाशन तथा विदेशी भाषाओं की वैज्ञानिक पुस्तकों का भारतीय भाषाओं में अनुवाद।

अपनी संस्थापना के पश्चात उपर्युक्त उद्देश्यों की पूर्ति हेतु आयोग ने अब तक हुए विभिन्न कार्यो और सिद्धांतों के आलोक में अखिल भारतीय शब्दावली निर्माण हेतु

सर्वप्रथम कुछ महत्वपूर्ण सिद्धांतों का निरुपण किया जिनके आधार पर शब्दावली निर्माण का कार्य नये सिरे से आरंभ हुआ।

3.7 आयोग द्वारा निर्धारित शब्दावली निर्माण के सिद्धांत

1. अन्तर्राष्ट्रीय शब्दावली को यथासंभव उनके प्रचलित अंग्रेजी रूपों में ही अपनाना चाहिए और हिन्दी व अन्य भारतीय भाषाओं की प्रकृति के अनुसार ही उनका लिप्यंतरण करना चाहिए। अन्तर्राष्ट्रीय शब्दावली के अन्तर्गत निम्नलिखित उदाहरण दिए जा सकते हैं :

   क. तत्वों और यौगिकों के नाम - जैसे हॉइड्रोजन, कार्बन, कार्बनडॉयऑक्साइड आदि

   ख. तौल व माप की इकाइयाँ और भौतिक परिमाण की इकाइयाँ जैसे डाइन, कैलोरी, एम्पीयर आदि

   ग. ऐसे शब्द जो व्यक्तियों के नाम पर बनाए गये हैं जैसे - फारेनहाइट तापक्रम, वोल्टामीटर, एम्पीयर आदि ।

   घ. वनस्पतिविज्ञान, प्राणिविज्ञान, भू-विज्ञान आदि की द्विपदी शब्दावली

   ड. स्थिरांक जैसे पाई (π); जी (g) आदि

   च. ऐसे अन्य शब्द जिनका आमतौर पर सारे संसार में व्यवहार हो रहा है जैसे - रेडियो, रेडार, पेट्रोल, इलेक्ट्रॉन, प्रोटॉन, न्यूट्रॉन आदि ।

   छ. गणित और विज्ञान की अन्य शाखाओं के प्रतीक, चिह्न, और सूत्र जैसे साइन(Sin), कोसाइन(Cos), टैन्जेन्ट (tan), लॉग(Log) आदि गणितीय संक्रियाओं में प्रयुक्त अक्षर रोमन या ग्रीक वर्णमाला में होने चाहिए।

2. प्रतीक, रोमन लिपि में अन्तर्राष्ट्रीय रूप में ही रखे जाएंगे। परंतु संक्षिप्त रुप नागरी और मानक रूपों में भी विशेषत: साधारण तौल और माप में लिखे जा सकते हैं, जैसे सेन्टीमीटर का प्रतीक cm हिन्दी में भी ऐसे ही प्रयुक्त होगा परंतु इसका नागरी संक्षिप्त रूप से.मी. हो सकता है। यह सिद्धांत बाल साहित्य

और लोकप्रिय पुस्तकों में अपनाया जाएगा। परंतु विज्ञान और शिल्प विज्ञान की मानक पुस्तकों में केवल अन्तर्राष्ट्रीय प्रतीक जैसे cm ही प्रयुक्त होना चाहिए।

3. ज्यामितीय आकृतियों में भारतीय लिपियों के अक्षर प्रयुक्त किए जा सकते हैं जैसे -

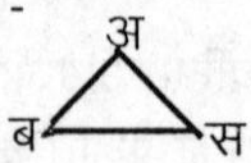

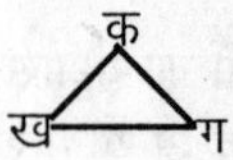

परंतु त्रिकोणमितीय संबंधों में केवल रोमन अथवा ग्रीक अक्षर ही प्रयुक्त करने चाहिए, जैसे साइन A, कॉस B आदि।

4. संकल्पनाओं को व्यक्त करने वाले शब्दों का सामान्यतः अनुवाद किया जाना चाहिए।

5. हिन्दी पर्यायों का चुनाव करते समय अर्थ की परिशुद्धता और सुबोधता का विशेष ध्यान रखना चाहिए। सुधार विरोधी और शुद्धतावादी प्रवृत्तियों से बचना चाहिए।

6. सभी भारतीय भाषाओं के शब्दों में यथासंभव अधिकाधिक एकरुपता लाना ही इसका उद्देश्य होना चाहिए और इसके लिए ऐसे शब्द अपनाने चाहिए जो -

क. अधिक से अधिक प्रादेशिक भाषाओं में प्रयुक्त होते हों ।
ख. संस्कृत धातुओं पर आधारित हों ।

7. ऐसे देशी शब्द जो सामान्य प्रयोग के वैज्ञानिक शब्दों के स्थान पर हमारी भाषाओं में प्रचलित हो गये हैं । जैसे - Telegraph, Telegram, के लिए 'तार', Continent के लिए 'महाद्वीप', Atom के लिए 'परमाणु' आदि। ये सब इसी रूप में व्यवहृत किए जाने चाहिए।

8. अंग्रेजी, पूर्तगाली, फ्रासीसी आदि भाषाओं के ऐसे शब्द जो भारतीय भाषाओं में प्रचलित हो गये हैं जैसे - इंजन, मशीन, लावा, मीटर,लीटर, प्रिज्म, टॉर्च आदि इसी रूप में अपनाए जाने चाहिए ।

9. अन्तर्राष्ट्रीय शब्दों का देवनागरी लिपि में लिप्यंतरण :
अंग्रेजी शब्दों का लिप्यंतरण इतना जटिल नहीं होना चाहिए कि उसके कारण वर्तमान देवनागरी वर्णों में नये चिह्न व प्रतीक शामिल करने की आवश्यकता पड़े।

अंग्रेजी शब्दों का देवनागरीकरण करते समय लक्ष्य यह होना चाहिए कि वह मानक अंग्रेजी उच्चारण के अधिकाधिक अनुरुप हो और उनमें ऐसे परिवर्तन किए जाए जो भारत के शिक्षित वर्ग में प्रचलित हों।

10. लिंग - हिन्दी में अपनाए गये अन्तर्राष्ट्रीय शब्दों को, अन्यथा कारण न होने पर, पुल्लिग रूप में ही प्रयुक्त करना चाहिए।

11. संकर शब्द - वैज्ञानिक शब्दावली में संकर शब्द जैसे, ionization के लिए आयनीकरण, Voltage के लिए वोल्टता, Ring stand के लिए वलय स्टैण्ड, Saponifier के लिए साबुनीकारक आदि के रुप सामान्य और प्राकृतिक भाषाशास्त्रीय क्रिया के अनुसार बनाए गये हैं और ऐसे शब्दरूपों को वैज्ञानिक शब्दावली की आवश्यकताओं यथा - सुबोधता, उपयोगिता और संक्षिप्तता का ध्यान रखते हुए व्यवहार में लाना चाहिए।

12. वैज्ञानिक शब्दों में संधि और समास- कठिन संधियों का यथासंभव कम से कम प्रयोग करना चाहिए और संयुक्त शब्दों के लिए दो शब्दों के बीच संयोजक चिह्न (-) (हाइफन) लगा देना चाहिए। इससे नई शब्द-रचनाओं को सरलता और शीघ्रता से समझने में सहायता मिलेगी। जहाँ तक संस्कृत पर आधारित आदिवृद्धि का सम्बन्ध है, 'व्यावहारिक', 'लाक्षणिक', आदि प्रचलित संस्कृत तत्सम शब्दों में आदिवृद्धि का प्रयोग ही अपेक्षित है परंतु नव-निर्मित शब्दों में इससे बचा जा सकता है।

13. हलन्त - नए अपनाए हुए शब्दों में आवश्यकतानुसार हलन्त का प्रयोग करके उन्हें सही रूप में लिखना चाहिए।

14. पंचम वर्ण का प्रयोग - पंचम वर्ण के स्थान पर अनुस्वार का प्रयोग करना चाहिए, परन्तु lens, patent आदि शब्दों का लिप्यंतरण लेंस, पेटेण्ट न कर के लेन्स, पेटेन्ट ही करना चाहिए।

उपर्युक्त सिद्धांतों के आधार पर अपने कार्यों को अंजाम देने के लिए शब्दावली आयोग ने शब्दावली के निर्माण, पुनरीक्षण तथा समन्वय के लिए विभिन्न विशेषज्ञ सलाहकार समितियाँ नियुक्त किया जिनमें सभी भाषाई क्षेत्रों के अधिकारी विद्वान, विशेषज्ञ, अध्यापक और भाषा विज्ञानी शामिल किए गये। अन्तर्राष्ट्रीय शब्दावली को ज्यों का त्यों रखकर उसका केवल लिप्यंतरण किया गया। अखिल भारतीय पर्याय संस्कृत धातुओं के आधार पर निर्मित किए गये, कुछ प्रसंगों में संस्कृत पर्यायों की

अपेक्षा स्थानीय हिन्दी शब्दों तथा हिन्दी में आत्मसात अन्य भाषाओं के शब्दों को भी स्वीकारा गया क्यों कि वे जनसामान्य में प्रयुक्त होते हैं।

इस प्रकार गणित, भौतिकी, रसायन, वनस्पति और प्राणिविज्ञान, इतिहास, पुरातत्व, वास्तुकला, राजनीतिविज्ञान, दर्शन, मानोविज्ञान, शिक्षा, समाजविज्ञान, भाषाविज्ञान, कृषि, आयुर्विज्ञान और भेषजी तथा अभियांत्रिकी आदि से संबंधित पांच लाख से भी अधिक पारिभाषिक शब्दों का निर्माण किया गया जो विभिन्न कोशों के रूप में प्रकाशित किए जा चुके हैं। इनमें पूर्वस्नातक और स्नातकोत्तर स्तर के साहित्य सृजन के लिए पर्याप्त शब्दावली संग्रहित है।

जैसा कि प्राचीन भारतीय विज्ञान तथा प्रौद्योगिकी संबंधी शब्दावली की चर्चा गणित, रसायनशास्त्र, धातुकी और भौतिकी के संदर्भ में की गयी है। उसी प्रकार नवनिर्मित हिन्दी पारिभाषिक शब्दावली की संक्षिप्त चर्चा भी गणित, रसायनशास्त्र धातुकी और भौतिकी के संदर्भ में ही करना उचित होगा। इससे एक तुलनात्मक दृष्टिकोण मुखरित होकर भाषा प्रयोग संबंधी समस्या और समाधान को वस्तुनिष्ठ ढंग से प्रस्तुत करने में सहायक होगा।

3.8 आधुनिक हिन्दी भाषा में गणित विषयक शब्दावली

जैसा कि उल्लेख किया जा चुका है कि गणित ही आधुनिक विज्ञान की आधारशिला है और सभी विज्ञानों में सर्वोपरि है। इसी के कारण आज आधुनिक विज्ञान के क्षेत्र में संगणक क्रांति आई हुई है। प्राचीन युग की अपेक्षा आज गणित अत्यंत जटिल और अनेकानेक विशिष्ट शाखाओं में विस्तृत और विभक्त हो गया है, जिसमें निम्नलिखित प्रमुख शाखाओं का उल्लेख किया जा सकता है[66]

1. अंकगणित / Arithmetic
2. बीजगणित / Algebra
3. भूमिति/रेखागणित / Geometry
4. कलन गणित / Algorithm
5. तर्क एवं फलन / Logic and Function
6. समुच्चय, सामान्य टोपोलॉजी एवं वर्ग / Set, General Topology and Catagories
7. वर्ग सिद्धांत / Group Theory
8. बीजगणितीय भूमिति / Algebraic Geometry
9. टोपोलॉजी / Topology
10. विश्लेषण / Analysis

11. युक्लिडीय एवं प्राक्कलनीय भूमिति / Euclidean Projective Geometry
12. संमिश्र विश्लेषण / Complex Analysis
13. फलनिक विश्लेषण / Functional Analysis
14. अवकल, समाकल, तथा फलनिक समीकरण/ Differential, Integral Functional Equation
15. विशिष्ट फलन/Special Functions
16. सांख्यिकीय विश्लेषण/ Numerical Analysis
17. संगणक विज्ञान एवं संचय विन्यासिकी/ Computer Science Combinatorics
18. संभाव्यता सिद्धांत/ Probability Theory
19. सांख्यिकी/ Statistics
20. गणितीय समादेशन एवं प्रचालन अनुसंधान/Mathematical Programming and Operational Research
21. यांत्रिकीय एवं सैद्धांतिक भौतिकी/Mechanical and Tehoretical Physics
22. प्रायोगिक गणित/ Applied Mathematics
23. संख्या सिद्धांत/Number theory
24. गणित का इतिहास/ History of Mathematics

यद्यपि वर्तमान युग में विशिष्टता और विशालता के कारण गणित की अनेकानेक शाखाएँ प्रस्फुटित हो गयी हैं फिर भी गणित ही एक ऐसा विषय है जो सदियों से अपने मूल स्वरूप को कायम रखे हुए है। इसके लाक्षणिक विशेषताओं में अधिक परिवर्तन नहीं हुआ है क्योंकि इसका मूलाधार अत्यंत सुदृढ़ है। मोटे तौर पर इसे हम तीन शाखाओं में भी रख सकते हैं[67]:

1. **बीजगणित** - सामान्यतः बीजगणित में अंकगणित के नियमों (जोड़, घटाना, गुणा, भाग) का ही प्रयोग होता है। जो केवल अंकों तक ही सीमित न हो कर संख्याओं को अभिव्यक्त करने वाले अक्षरों पर भी लागू होता है।

2. **भूमिति** - भूमिति में समान्यतः विन्दुओं, रेखाओं और कोणों का व्यवहार होता है।

3. **विश्लेषण** - विश्लेषण में सामान्यतः फलनिकों, लिमिट्स तथा लिमिट अवधारणाओं पर आधारित विकास का व्यवहार होता है।

ज्ञातव्य है कि भारत में गणित की प्राचीन और समृद्ध परंपरा है। और ऐसा विश्वास किया जाता है कि प्राचीन भारतीय गणित ही आधुनिक गणित में व्यवस्थित

कर के संजोया गया है , फिर भी उसकी तकनीकों और पद्धतियों को हम भारत की आधुनिक भाषाओं से जोड़ पाने में असमर्थ रहे और उसकी अभिव्यक्त का मुख्य स्त्रोत पाश्चात्य भाषाएँ बन गयीं हैं। आधुनिक विज्ञान तथा गणित से संबंधित शोध और अध्ययन भी व्यापक पैमाने पर मौलिक रूप से पाश्चात्य देशों में ही हो रहा है। भारत आज ऐसी स्थिति में है कि संबंधित विषयों के अभिनव और तकनीकी ज्ञान के साथ- साथ विदेशी भाषा भी आयात कर रहा है। किन्तु भारत की व्यापक अपेक्षाओं को ध्यान में रखते हुए अंग्रेजी भाषा के आधार पर भारत में हिन्दी पारिभाषिक पर्याय भी निर्मित किए गये हैं। भारत सरकार द्वारा निर्मित विज्ञान संबंधी पारिभाषिक शब्दकोश में गणित विषयक शब्दावली के कुछ उदाहरण यहाँ पस्तुत किए जा रहे हैं

Digit	अंक
Arithmetic	अंकगणित
Intution	अंत:प्रज्ञा
Numerator	अंश
Degree	अंश, डिग्रि
Academy	अकादमी, एकाडेमी
Axis	अक्ष, धुरी
Indeterminate equation	अनिर्धार्य समीकरण
Hyperbola	अतिपरवलय
Hyperboloid	अतिपरवलयज
Highly composite	अतिभाज्य
Infinitesimal	अत्यणु, परमाल्प
Scalar	अदिश
Maximum	अधिकतम, उच्चतम, महत्तम
Infinity	अनंत, अनंतता
Infinite Series	अनंत श्रेणी
Infinite set	अनंत समुच्चय
Ratio	अनुपात
Proportion	अनुपात, समानुपात
Inference conjecture	अनुमान
Irrational	अपरिमेय
Divergence	अपसरण
Incompleteness theorem	अपूर्णता प्रमेय
Non algebraic number,(or) Transcendental number	अबीजीय संख्या
Prime	अभाज्य, रूढ़
Axiom, postulate	अभिगृहीत
Convergence	अभिसरण
Convengence test	अभिसरण परीक्षण
Abstract	अमूर्त
Abstract spaces	अमूर्त समष्टियॉ
Precession of equinoxes	अयन चलन
Non-Euclidean Geometry	अयूक्लिडीय ज्यामिति
Half- chord	अर्धज्या, अर्ध-जीवा
Algorithm	अलगोरिथम, कलनविधि
Differential	अवकल
Differentiation, Differential	

Calculus	अवकल गणित
Derivative	अवकलज
Differential coefficient	अवकलांक
Ideal Theory	आइडियल सिद्धांत
Induction	आगमन
Fundamental Theorem	आधार प्रमेय
Abelian Function	आबेलीय फलन
Postulate	अभिगृहीत, गृहीत
Relativity	आपेक्षिकता, सापेक्षता
Rectangle	आयत
Volume	आयतन, घनफल
Diagram	आरेख
Graph	आलेख
Period	आवर्तकाल
Periodic Function	आवर्त फलन
Matrix	आव्यूह
Unit	इकाई
Sieve of Eratosthenes	इराटोस्थनीज की छलनी
Maxima and Minima	उच्चिष्ठ व अल्पिष्ठ
Eccentricity	उत्केन्द्रता
Lever	उत्तोलक, लीवर
Proof	उपपत्ति
Proof Theory	उपपत्ति सिद्धांत
Subset	उपसमुच्चय
Vertical	ऊर्ध्वाधर
Minus	ऋण
Negative	ऋणात्मक
Negative Power	ऋणात्मक घात
Equation of First Degree, linear equation	एकघात समीकरण
Unit fraction	एकांश भिन्न
one-to-one correspondance	एकैकी संगति , एकैकी संबंध
computer	कम्प्यूटर, संगणक, अभिकलित्र
Orbit	कक्षा
Radical, surd	करणी
Hypotenus	कर्ण
Calculus	कलन, कलन गणित
Imaginary	कल्पित, अधिकल्पित
Koch curve	कॉख वक्र
Cuneoform tablets	कीलाक्षार फलक
Pulveriser	कुट्टक
Indeterminate analysis	कुट्टक गणित, कुट्टाकार
Ordinate	कोटि
Cosine	कोटिज्या
Factorial	क्रमगुणित
Permutation	क्रमचय
Permutations and combanitions	क्रमचय और संचय
Commutative	क्रमविनिमेय
Operation	क्रिया, परिकर्म, संक्रिया
Quantum Mechanics	क्वांटम यांत्रिकी
Field	क्षेत्र
Area	क्षेत्रफल
Segment	खण्ड
Astrophysics	खगोल भौतिकी
Celestial Mechanics	खगोल यांत्रिकी

Astronomy,	खगोल विज्ञान
Game Theory	खेल सिद्धांत
Cardinal number	गणनात्मक संख्या
Denumerable infinity	गणनीय अनंत
Mathematical Physics	गणितीय भौतिकी
Dynamics	गतिविज्ञान, गतिकी
Abacus	गिनतारा
Factor	गुणक
Properties	गुणधर्म
Multiplication	गुणन
Geometrical Progression	गुणोत्तर श्रेढ़ी
Gravitation	गुरूत्वाकर्षण
Sphere	गोला, गोलक
Group(s)	ग्रुप/ समूह
Cube	घन
Cube root	घनमूल
Power series	घात श्रेणी
Exponent, Index	घातांक
Rotation	घूर्णन
Cycloid	चक्रज
Cyclic method	चक्रवाल विधि
Cyclic quadrilateral	चक्रिय चतुर्भुज
Quartic	चतुर्घाती
Quaternion	चतुष्टय
Parchment	चर्मपट
Arc	चाप
Chinese Remainder Theorem	चीनी शेष प्रमेय
Prosody	छंदशास्त्र
Lattice	जालक
Zeta Function	जीटा फलन
Chord	जीवा, ज्या
Sine	ज्या
Geometry	ज्यामिति, रेखागणित, क्षेत्रमिति
Wave theory	तरंग सिद्धांत
Surface	तल, पृष्ठ
Cubic equation	तृतीय घात (घन) समीकरण
Trigonometry	त्रिकोणमिति
Radius	त्रिज्या, अर्धव्यास
Tringular number	त्रिभुजीय संख्या
Rule of Three	त्रैराशिक
Decimal	दशमलव, दाशमिक
Ellipse	दीर्घवृत्त
Ellipsoid	दीर्घवृत्तज
Elliptic Functions	दीर्घवृत्तीय फलन
Telescope	दूरबीन
Hydrodynamic	द्रवगतिकी
Mass	द्रव्यमान
Binary	द्विआधारी, द्वयी
Binomial	द्विपद
Binomial theorem	द्विपद प्रमेय
Concept	धारणा, संकल्पना
Pole	ध्रुव
Polar	ध्रुवी, ध्रुवीय
Principle, Law	नियम, सिद्धांत
Coordinates	निर्देशांक
Invariant	निश्चर
Invariant theory	निश्चर सिद्धांत
Napier's rods of bones	नेपियर के दंड
Statement	न्यास

Minimum	न्यूनतम, निम्नतम, लघुत्तम
Topology	टॉपोलॉजी
Solid Geometry	ठोस ज्यामिति
Calender	पंचाग, कैलेण्डर
Term	पद
Parabola	परवलय
Parabolid	परवलयज
Finite	परिमित, सांत
Rational	परिमेय
Circumference	परिधि
Rational number	परिमेय संख्या
Hypothesis	परिकल्पना
Magnitude	परिमाण
Paradox	पहेली, विरोधाभास
Integer	पूर्णांक
Projective Geometry	प्रक्षेपीय ज्यामिति
Inverse	प्रतिलोम, व्यस्त, व्युत्क्रम
Symbole	प्रतीक, चिह्न
Symbolic Logic	प्रतीकात्मक तर्कशास्त्र
Elesticity	प्रत्यास्थता
Tensor	प्रदिश, टेन्सर
Theorem	प्रमेय
Lemma	प्रमेयिका
Natural numbers	प्राकृतिक संख्याएँ
Probability	प्रायिकता, संभाव्यता
Theory of Probability	प्रायिकता सिद्धांत
Face	फलक
Function	फलन
Theory of Functions	फलन सिद्धांत
Astrology	फलित ज्योतिष
Fuchsian functions	फुक्सीय फलन
Fourier series	फूरिए श्रेणी
Polynomial	बहुपद
Polyhedron	बहुफलक
Polygon	बहुभुज
locus	बिंदुपथ
Algebra	बीजगणित
Algebraic number	बीजीय संख्याएँ
Actuary	बीमाविज्ञ
Actuarial	बीमा गणित
Boolean Algebra	बूलीय बीजगणित
Division	भाग, विभाजन
Divisior	भाजक
Fraction	भिन्न
Abscissa	भुज
Side	भुजा, पक्ष
Geodesy, Geometry	भूमिति
Quantity	मात्रा, राशि
Average	माध्य, औसत,
Magic square	माया वर्ग
Root	मूल
Mersenne number	मेरसेन संख्या
Meridean	याम्योत्तर
Simultaneous equation	युगपत् समीकरण
Construction	रचना
Quantity	राशि, रूढ़ संख्या
Prime number	अभाज्य संख्या
Perpendicular	लंब
Logarithm	लघुगणक
Logarithmic spiral	लघुगणकीय सर्पिल
Lebegue	

Integration लेबेग अवकलन
Curve वक्र
Class वर्ग
Square वर्ग
Square root वर्गमूल
Quadratic वर्ग, द्विघात
Quadratic
Equation वर्ग समीकरण
Ring वलय
Real number वास्तविक संख्या
Hypotenus विकर्ण
Calculus of
Variations विचरण कलन
Continued
fraction वितन भिन्न
Dimention विमा
Composite विभाज्य
Dimention विमिति, आयाम
Paradox विरोधाभास
Pure
Mathematics विशुद्ध गणित
Analysis विश्लेषण
Calculus of
Extension विस्तार कलन
Odd number विषम संख्या
Circle वृत्त
Velocity वेग
Observatory वेधशाला
Analytic वैश्लेषिक
Analytic function वैश्लेषिक फलन
Expression व्यंजक
Substraction व्यवकलन
Diameter व्यास
Reciprocal व्युत्क्रम
Word-number शब्दांक
Cone शंकु

Conic sections शांकव, शांकव
गणित
Vertex शीर्ष
Zero शून्य
Progression श्रेढ़ी
Series श्रेणी
Sexagesimal
System षाष्टिक पद्धति
Summation संकलन
Number संख्या
Numeral संख्यांक
Number signs संख्या संकेत
Theory of
Numbers संख्या सिद्धांत
Consistency संगति
Correspondence संगति
Theory सिद्धांत
Approximate सन्निकट
Integral समाकल
Continued सतत
Vector analysis सदिश विश्लेषण
Parallel
postulate समांतर अभिगृहीत
Arithmetical
progression समांतर श्रेणी
Theory of
Proportion समानुपात सिद्धांत
Equation समीकरण
Right angle समकोण
Symmetry सममिति
Space समष्टि
Parallel समांतर
Parallelogram समांतर चतुर्भुज
Intergal
Calculus समाकलन गणित,
चलराशि कलन

Set	समुच्चय	Table	सारणी
Complex	संम्मिश्र	General	सार्विक
Complex number	सम्मिश्र संख्या	Association	साहचर्य
Identity	सर्वसमिका	Law of	
Statistics	सांख्यिकी	Association	साहचर्य नियम
Continuity	सातत्य, सांतत्य	Cylinder	बेलन, सिलिंडर
Continuum		Limit	सीमा
Hypothesis	सांतत्यक अनुमान	Formula	सूत्र
Continuum	सातत्यक, सांत-	Column	स्तंभ
त्यक		Place value	स्थानमान
Determinant	सारणिक	Tangent	स्पर्शज्या
		Denominator	हर, छेद
Progression	हरात्मक श्रेढ़ी	Harmonic	
Hyperbolic function	हाइपरबोलिक फलन, अतिपरवलयिक फलन		
Constant	स्थिरांक, अचर		

आधुनिक गणित सिद्धांतों और अवधारणाओं की अभिव्यक्ति अधिकांशतः सांकेतिक भाषाओं में ही हुई है। संकेत अथवा प्रतीकों में लैटिन, ग्रीक तथा अंग्रेजी के वर्णों और शब्दों का प्रयोग हुआ है। ये संकेत अथवा प्रतीक चूँकि अब मानक रूप धारण कर चुके हैं, अतः वैश्विक समरूपता और मानकता को ध्यान में रखते हुए उन्ही प्रतीकों और संकेतों का उपयोग अपनी भाषाओं में भी करना अनिवार्य हो गया है। ज्ञातव्य है कि इससे भाषा समस्या का उठना स्वाभाविक है। इस समस्या का हल यही है कि संबंधित मानक प्रतीकों को यथातथ्य रूप में अपनी भाषा में भी अभिगृहित कर लेना चाहिए। गणित में प्रयुक्त संकेतों और प्रतीकों को परिशिष्ट - I में दिया गया है।

जैसे प्राचीन गणित में भारतीय गणितज्ञों का सर्वाधिक और पाश्चात्य विश्व के लोगों (युक्लिड, आर्किमीडिज आदि) का अल्पाधिक योगदान था उसी प्रकार आधुनिक गणित में रैन दकार्त, पियर द-फार्मा, ब्लाइज पास्कल, लाइब्निट्ज, आइजेक न्यूटन, लियोन्हार्ड आयलर, लांग्राज और लाप्लास, कोशी, हेमिल्टन, केली, सिल्वेस्टर, बेनहार्ड रीमान, हेनरी प्वांकारे, हाइपेशिया, मारिया जाएताना आन्याजी, सोफी जेरमी, एम्मी नोएथेर, कार्ल फ्रेड्रिक गॉस, विल्हेल्म वेबर, लापलास, लेजंद्र, आरगो, फूरिए, सोफी जेरमी, पांसले, बोलजामों, आबेल, लोबाचवस्की, चार्ल्स बैवेज, याकोबी, प्वांसों, मेरी सोमेरविले, बोल्याई, इवारिस गाल्वा, स्टाइनेर, कार्ल वायर-स्ट्रॉस, जार्ज बूल, ग्यार्ग कांतोर, सोफिया कोवालेवस्काया, व्हाइटहेड, रसेल,

हाउसफोर्ड, आइंस्टाइन, हार्डी, गोडेल, जोहानफोन, न्यूमान, शान्नोन बीवर, तथा चुदनोवस्की बंधु आदि पाश्चात्य गणितज्ञों और पंण्डित सुधाकर द्विवेदी, रामानुजन, सुब्रम्हण्यम चन्द्रशेखर आदि भारतीय गणितज्ञों का उल्लेखनीय योगदान है।[68]

3.9 आधुनिक हिन्दी में रसायन विषयक शब्दावली

हीन धातुओं से स्वर्णादि उच्च धातुएँ बनाने की मध्ययुगीन कीमियाविद्या से आधुनिक रसायनशास्त्र का विकास हुआ है। यद्यपि प्रकृति और पदार्थ तथा उनके रुपांतरण के इस शास्त्र का अध्ययन मानव हजारों वर्षों से करता आ रहा है, फिर भी आधुनिक रूप में इसकी प्रतिष्ठा अभी हाल ही में हुई है। अभिनव किन्तु अपनी मूलभूत अवधारणाओं सहित आधुनिक रसायनशास्त्र का उद्‌भव 18वीं शती उत्तरार्ध में लेवोजियर(Lavoisier) से माना जाता है।[69] आधुनिक रसायनशास्त्र का मौलिक विकास पाश्चात्य देशों में ही हुआ है, अतः इसकी शब्दावली में अत्यधिक मात्रा में ग्रीक, लैटिन आदि क्लासिकी और अंग्रेजी, जर्मन और फ्रेंच आदि आधुनिक भाषाओं की ही शब्दावली प्रयुक्त हुई है। गणित की ही भाँति इस शास्त्र की भाषिक अभिव्यक्ति भी अधिकांशतः सूत्रात्मक और सांकेतिक है। फिर भी अवधारणाओं और संकल्पनाओं की अभिव्यक्ति वर्णनात्मक भाषा में ही होती है। अपने जन्मकाल से ही आधुनिक रसायनशास्त्र ने बड़ी तेजी से विकास किया है और संपूर्ण विज्ञान और प्रौद्योगिकीय जगत में अपना महत्वपूर्ण स्थान बना लिया है। आज इसकी निम्नलिखित प्रमुख शाखाएँ प्रस्फुटित हो कर इसे जीवन के प्रत्येक क्षेत्र में ले गयी हैं। एतदर्थ निम्नांकित शाखाओं को आधुनिक रसायनशास्त्र में प्रधानता प्राप्त है:

3.9.1 विश्लेषणात्मक रसायनशास्त्र (Analytical Chemistry)

रासायनिक पदार्थों को पहचान कर उनका गुणात्मक तथा मात्रात्मक विश्लेषण और मिश्रण में उपलब्ध रासायनिक पदार्थों का संसूचन , पृथक्करण तथा वजन, आणविक अनुपात का निर्धारण आदि विश्लेषणात्मक रसायनशास्त्र का विषयवस्तु है। रासायनिक तुला का इसमें विशिष्ट स्थान है। सन्‌ 1950 ई. के पश्चात इसमें पर्याप्त परिवर्तन हुआ है तथा इस कार्य के लिए अब अनेकानेक परिष्कृत यंत्र , द्रव्यमान वर्णक्रममापी, उच्चविभेदन वर्णलेखी तथा विद्युतरसायन-शास्त्र की विभिन्न प्रणालियों और यंत्रों का उपयोग और आविष्कार किया जा रहा है। इनमें सर्वाधिक उन्नत पद्धति है - क्रमवीक्षण इलेक्ट्रॉन सूक्ष्मदर्शी (SEM - Scanning Electron Microscope) तथा संचरण इलेक्ट्रॉन सूक्ष्मदर्शी (TEM - Transmission Electron Microscope)। इसी क्षेत्र का एक और अतिआधुनिक यंत्र है क्रमवीक्षण संचरण इलेक्ट्रॉन सूक्ष्मदर्शी (STEM - Scanning Transmission Electron Microscope)। अब उपलब्ध इन अतिआधुनिक यंत्रों की सहायता से पर्यावरणीय प्रदूषक यौगिकों और तत्वों का

अन्वेषण पीकोग्राम (10^{-12}) से लेकर आटोग्राम(10^{-18}) तक करना संभव हो गया है।

3.9.2 भौतिक रसायनशास्त्र (Physical Chemistry)

रसायनशास्त्र के इस खण्ड में रासायनिक घटनाक्रिया विज्ञान, रासायनिक पदार्थों और उनके भौतिक गुणधर्मों तथा अणु-परमाणुओं की संरचनाओं के उन्नत संघातिक अवधारणाओं का अध्ययन किया जाता है। उष्मागतिकी (Thermodynamics), गतिज सिद्धांत (Kinetic Principles) आदि में रासायनिक अभिक्रियाओं का अध्ययन किया जाता है। आणविक रूप में पदार्थों की भौतिक स्थिति का अध्ययन इस शाखा का सबसे पुराना विषय है। इस शास्त्र के अभिनव विषयों में प्रायोगिक और सैद्धांतिक विश्लेषण जैसे - समरुपता (Equlibria), विलयन गुणधर्म (Solution behaviour), विद्युत अपघटन (Electrolysis) तथा पृष्ठघटनाक्रिया विज्ञान (Surface phenomenon) और क्वांटम रसायनशास्त्र (Qunatum Chemistry) का सर्वाधिक महत्वपूर्ण योगदान है। भौतिक रसायनशास्त्र की प्रणालियों और यंत्रों में - वर्णक्रममापी (Spectrometer), चुम्बकीय संन्नाद (Magnetic resonence) तथा प्रत्यावर्तन यंत्र (Differection Instruments) का समावेश है।

3.9.3 कार्बनिक रसायन (Organic Chemistry)

रसायनशास्त्र के इस खण्ड में कार्बनिक यौगिकों का हाइड्रोजन और अन्य अधातुओं के साथ संयोग संबंधी अध्ययन किया जाता है। आमतौर पर सजीवों में पाए जाने वाले यौगिकों का ही इसमें समावेश होता था किन्तु अब खनिज और कृत्रिम यौगिकों का भी समावेश किया जा रहा है। अभिनव पद्धतियों और यंत्रों में - नाभिकीय चुम्बकीय संन्नाद, वर्णक्रममापी तथा क्ष-किरण आदि इसके अभिन्न अंग बन गये हैं। संरचनाओं में जटिल आणविक संरचना, संभावित औषधियाँ तथा कृषि संबंधी रसायनों के निर्माण हेतु एक बड़ी संख्या में यौगिकों का वीक्षण, प्लास्टिक, कृत्रिम रेशे तथा अन्य उच्च बहुलक पदार्थ कार्बनिक रसायन के क्षेत्र में आते हैं।

3..9.4 अकार्बनिक रसायन (Inorganic Chemistry)

कार्बनिक रसायनशास्त्र के क्षेत्र में आनेवाले तत्वों और यौगिकों को छोड़कर सभी तत्वों और यौगिकों का अध्ययन, विश्लेषण, रसायनशास्त्र के इस खण्ड में किया जाता है। इसमें धातुओं, रेडियोधर्मी तत्वों तथा वाणिज्यिक अम्लों, क्षारों और लवणादि का समावेश है जो रासायनिक उद्योग के बृहदांश हैं। अकार्बनिक रसायनशास्त्र के क्षेत्र में विभिन्न प्रकार के यौगिकों की संरचनाओं, संश्लेषण और बंधनों का अध्ययन होता है। इसमें तत्वों के उत्प्रेरण व्यवहार, जैवरासायनिक प्रक्रियाओं,

संक्रमण धातु उत्प्रेरण, रक्त में ऑक्सीजन परिवहन, प्रकाश संश्लेषण, जैविक नाइट्रोजन यौगिकीकरण, सिरॉमिक, उच्च कार्यक्षम संमिश्र धातुओं और उच्च ताप अतिचालकों से संबंधिक अध्ययनादि होता है।

3.9.5 जैव-रसायनशास्त्र (Bio-chemistry)

इसमें संपूर्ण सजीव प्रणाली के रासायनिक दृष्टिकोण से अध्ययन का समावेश है। इस प्रकार इसका संबंध ऐसे यौगिकों और प्रक्रियाओं से है जो वनस्पतियों और जीव कोशिकाओं से प्राप्त होते हैं। जीवित उतकों से मिलने वाले अधिकांश पदार्थों में कार्बोहाइड्रेट्स, लिपिड, प्रोटीन, केन्द्रीक अम्ल तथा हार्मोन आदि कार्बनिक पदार्थों का अध्ययन किया जाता है। इन पदार्थों और यौगिकों का उपापचयी तथा विनिमयन प्रक्रियाओं, इनके जैविक कार्य, एंजाइम लक्षणवर्णन, एंजाइम उत्प्रेरण, तथा इनके सहघटक, आयन एवं अणुओं का कोशिका झिल्ली से परिवहन, तंत्रिकापेशीय संचरण तथा अन्य नियंत्रक अणुओं, अन्तःस्राव विज्ञान , उद्भिद विज्ञान, प्रतिरोधकविज्ञान, तथा वाइरस विज्ञान (विषाणु विज्ञान) आदि जैव रासायनिकी के विशिष्ट क्षेत्र हैं तथा इनमें इसका महत्वपूर्ण योगदान भी है।

3.9.6 रासायनिक अभियांत्रिकी (Chemical Engineering)

रासायनिक अभियांत्रिकी, अभियांत्रिकी की वह शाखा है जिसमें बृहद् रासायनिक संयंत्रों, पेट्रोलियम रिफाइनरियों तथा इसी प्रकार के अन्य रासायनिक पदार्थों के उत्पादन और प्रक्रियाओं का प्रचालन और अभिकल्पन किया जाता है। ऐसे उद्योगों में रासायनिक अभियंता मुख्यरूप से उत्पादन, अनुसंधान, अभिकल्पन प्रक्रिया और उत्पाद विकास, विपणन अध्ययन, आंकड़ा संसाधन, क्रय-विक्रय तथा विविध प्रकार के उच्चस्तरीय प्रबंधन आदि से संबंधित कार्य करते हैं। विद्युत, सिविल और यांत्रिकी अभियांत्रिकी के पश्चात रासायनिक अभियांत्रिकी का ही स्थान है।

अमरीकी रासायनिक अभियंता संस्थान (AIChE) ने रासायनिक अभियांत्रिकी के 10 महत्वपूर्ण उपलब्धियों को सूचीबद्ध किया है उसमें - विखण्डनीय समस्थानिक, कृत्रिम अमोनिया, खनिज रसायन, रासायनिक उर्वरक, प्रतिजैविकों का वाणिज्यिक उत्पादन, प्लास्टिक उद्योग स्थापन, कृत्रिम रबर और कृत्रिम रेशा उद्योग स्थापन, उच्च अष्टक गैसोलीन का विकास तथा अल्युमिनियम का विद्युत अपघटनी उत्पादन शामिल है।[70] नाभिकीय ऊर्जा, औषधि, पदार्थ विज्ञान, खाद्य उत्पादन, अंतरिक्ष, समुद्र के भीतर अन्वेषण तथा ऊर्जा उत्पादन और ऊर्जा के नये स्रोतों की खोज आदि के क्षेत्र में रासायनिक अभियांत्रिकी का पूरा पूरा हस्तक्षेप और योगदान है।

उपर्युक्त विवेचन में यह स्पष्ट परिलक्षित होता है कि आधुनिक रसायनशास्त्र एक अत्यंत विशाल और बहुआयामी रूप ले चुका है। इसमें प्रयुक्त पारिभाषिक शब्दावली का अपनी भाषा में होना किसी भी समाज के विकास के लिए अत्यंत महत्वपूर्ण बात होगी। गणित की ही भाँति इसमें भी अधिकाधिक प्रतीक भाषा का ही उपयोग होता है। अवधारणाओं और संकल्पनाओं की अभिव्यक्ति हेतु तो जहाँ तक संभव हो सका है आधुनिक रसायन विज्ञान हेतु अंग्रेजी भाषा से हिन्दी में पर्याय निर्मित किए गये हैं फिर भी इस विशिष्ट विषय हेतु भारतीय भाषाओं में अपेक्षित पारिभाषिक शब्दावली का नितांत अभाव है। सांकेतिक भाषा को लिखने के लिए अभी भी कोई सर्वमान्य शब्दावली नहीं विकसित हो पाई है । भारत सरकार द्वारा निर्मित पर्यायों के कुछ उदाहरण नीचे प्रस्तुत किए जा रहे हैं :

Fire Proof	अग्नि रोधक
Nuclear reactor	अणु भट्टी
Half life period	अर्ध जीवन काल
Uncontrolled	अनियंत्रित
Titration	अनुमापन
Tracer	अनुरेखन
Annealing	अनुशीतन
Decomposition	अपघटन
Detergent	अपमार्जक/ प्रक्षालक
Spentlye	अपयुक्त सार, भुक्त शेष लाइ
Functional Group	अभिलाक्षणिक
Precipitate	अवक्षेप
Precipitation reaction	अवक्षेपण अभिक्रिया
Octet	अष्टक
Law of Octave	अष्टक नियम
Bone ash	अस्थि राख
Unsaturated	असंपृक्त
Acid	अम्ल
Molarity	अणुता
Molar Isolution	अणु विलयन
Ion	आयन
Ionization	आयनीकरण
Period	आवर्त

Periodic Law	आवर्ती नियम
Periodic Table	आवर्ती सारणी
Periodic function	आवर्त फलन
Fuel Value	ईंधन मूल्य
Excited state	उत्तेजित अवस्था
Products	उत्पाद
Catalyst	उत्प्रेरक
Irradication	उद्दीपन
Neutralization	उदासीनीकरण
Endothermic	उष्मा विमोची
Exothermic	उष्मा उन्मोची
Thermal decomposition	उष्मीय अपघटन
Anion	एनायन / धनायन
Pitering and setting	एकत्रीकरण
Aromatic	एरोमेटिक/वायवीय
Esterification	एस्टरीकरण
Monoclinic	एकनत
Medicated	औषधियुक्त
Marking ink	अंकन स्याही
End point	अंत बिन्दु
Inner Transition elements	आंतर संक्रामक तत्व
Fractional	

distillation	आंशिक आसवन
Toughened glass	कठोर काँच
Collidal	कलिलीय (कोलाइडी)
Glass bricks	काँच की ईटें
Glass fibre	काँच के धागे
Organic Chemistry	कार्बनिक रसायन
Organic Compounds	कार्बनिक यौगिक
Bronze	काँसा
Fermentation	किण्वन
Ray	किरण
Insecticides	कीटाणु नाशक
Pesticides	कीट नाशक
Artificial radio activity	कृत्रिम रेडियो सक्रियता
Cation	केटायन/ ऋणायन
Batch process	खेप प्रक्रिया
Open Chain	खुली श्रृंखला
Mobility	गमनशीलता
Gram molecule or Mole	ग्राम भार / मोल
Molarity	ग्राम भारता
Qualitative analysis	गुणात्मक विश्लेषण
Water sulphur Emulsion	गंधक पानी पायस
Factor	घटक
Fat	वसा / चर्बी
Aqueous solution	जलीय विलयन
Parent Element	जनक तत्व
Hydrolytic Decomposition	जल अपघटन
Water Glass	जल काँच
Flame test	ज्वाला परीक्षण
Biological degradation	जैविक अपचयन
Disinfectant	जंतु नाशक
Diatomaceous earth	डायटमी मृत्तिका
Casting	ढालना
Dilution	तनुकरण
Thermostalically Controlled	तापस्थायी नियंत्रण
Elecrolytic freining of copper	तांबे का विद्युत द्वारा शुद्धिकरण
Fibre glass	तंतु काँच
Marshy land	दलदली भूभाग
Duplots	द्विक
Illexminant	दीप्तिदायी
Long Period	दीर्घ आवर्तन
Longform Periodic Table	दीर्घ श्रेणी आवर्त सारणी
Disinfectant	दुर्गंध
Molten glass	द्रव काँच
Metallurgy	धातुकी / धातु निष्कर्षण
Metalic character	धात्विक गुणधर्म
Slag	धातु मल / आपंक
Ingot	धातुशिला
Metalloid	धातु सदृश
Laundry soap	धुलाई का साबुन
Nitration	नाइट्रीकरण
Nuclear Energy	नाभिकीय ऊर्जा
Nuclear fision	नाभिकीय विखण्डन
Nuclear fusion	नाभिकीय संलयन
Cleanser	निर्मलक
Cleaning action	निर्मलन अभिक्रिया
Controlled	नियंत्रित
Extraction	निष्कर्षण

Inert	निष्क्रिय
Natural radioactivity	नैसर्गिक रेडियो सक्रियता
Environment	पर्यावरण
Kettle	पतीली
Emulsion	पायस
Emulsification	पायसीकरण
Transparent	पारदर्शक
Photosynthesis	प्रकाश संश्लेषण
Optical appliance	प्रकाशीय उपकरण
Igniting agent	प्रज्वलन कारक पदार्थ
Antibiotics	प्रतिजैविक
Substitution	प्रतिस्थापन
Pruffer	प्रतिरोधक
Standard	प्रमाणित / मानक
Pilot reading	आरंभिक पाठ्यांक
Induced	प्रेरित
Normal	प्रसामान्य
Normality	प्रसामान्यता
Normal Solution	प्रसामान्य विलयन
Daughter element	पुत्री तत्व
Family	परिवार
Kettle Soap	पतीली-साबुन
Reading	पाठ्यांक
Representative element	प्रतिनिधि तत्व
Surface Compound	पृष्ठीय यौगिक
Blister Copper	फफोलेदार तांबा
Fruit odour Test	फल गंध परीक्षण
Frash Process	फ्राश पद्धति
Forth Flotation	फेन प्लावन
Fungicide	फफूंदी नाशक
Polymerisation	बहुलकीकरण
Macromolecule	बृहत् अणु
Micromolecule	सूक्ष्म अणु
Bond	बंध
Slacked lime	बूझा चूना
Binder	योजक
Base	भस्म / क्षार
Filler	भरण द्रव्य
Heavy water	भारी जल
Heavy element	भारी तत्व
Destructive distillation	भंजक आसवन
Retardant	मंदक
Brain Tumour	मस्तिष्क गांठ
Crown shape	मुकुटाकार
Type Metal	मुद्रण धातु
Weak	मंद
Scurm	मलफेन
Double decomposition	युग्म विच्छेदन
Transuranium	यूरेनियमोत्तर
Addition	योग / संकलन
Radio activity	रेडियो सक्रियता/ रेडियो एक्टिवता
Radio active substance	रेडियो सक्रिय पदार्थ
Radio active series	रेडियो सक्रिय श्रेणी
Application of Radio active isotopes	रेडियो सक्रिय समस्थानिक उपयोजन
Silver Mirror	रजत दर्पण
Noble metal	राज धातु
Noble gas	राज गैस

Chemical decomposition	रासायनिक अपघटन
Chemical double decomposition	रासायनिक युग्म-अपघटन
Chemical warfare	रासायनिक युद्ध
Chemical desplacement	रासायनिक विस्थापन
Chemical combination	रासायनिक संयोग
Resin	रेजीन
Anti ceptic	रोगाणु नाशक
Varnish	रोगन
Pigment	रंजक
Paint	रंगलेप
Sort Period	लघु आवर्तन
Salting out	लवण क्षेपण
Characteristic	लाक्षणिक
Callet	कॉच के टूटे-फूटे टुकड़े
Ring structure	वलयाकृति रचना
Cyclic	वलयाकार / चक्रिय
Ring	वलय
Aereted water	वायु मिश्रित जल
Volatile	वाष्पशील
Solution	
Diffused	विसरित
Radiation	विकिरण
Fission	विखंडन
Fission Product	विखंडन उत्पाद
Dissociation	वियोजन
Degree of dissociation	वियोजनांश
Disintegration	विखंडन
Smelting	विगलन
Electrolysis	विद्युत विश्लेषण
Electrolyte	विद्युत विश्लेष्य
Bad conductor of Electoicity	विद्युत कुचालक
Desilverization	विरजतीकरण
Typical element	विशिष्ट तत्त्व
Heterogeneous	विषमांग
Viscosity	श्यानता
Toxic	विषारी, विषाक्त
Dry cleaning	शुष्क धुलाई
Dry ice	शुष्क बर्फ
Zero Group	शून्य समूह
Chains	श्रृंखलाएं
Chain reaction	श्रृंखला अभिक्रिया
Catenation	श्रृंखलन
Group	समूह
Group displacement law	समूह विस्थापन नियम
Accumulator	संचायक
Strong	सांद्र
Indicator	सूचक
Coinage metal	सिक्का धातु
Red lead	सिंदूर
Rhombic	समचतुर्भुजाकार
Equillibrium	संतुलन
Equivalent weight	समतुल्य भार
Addition reaction	संकलन अभिक्रिया
Homogeneous	समांगी
Isotopes	समस्थानिक
Laminated glass	त्रित काँच / पटलित काँच
Crystal lattice	स्फटिक जल
Self accelerated	स्वयं त्वरित
Neat soap	स्वच्छ साबुन
Self reduction	स्वयं क्षेपण

Goagulation	स्कंदन	Contact process	संपर्क विधि
Saponification	साबुनीकरण	Fussion	संगलन
Normal element	सामान्य तत्व	Structure	संरचना
Synthetic	कृत्रिम	Preservative	संरक्षक पदार्थ
Safty matches	सुरक्षा दियासलाई	Toilet soap	नहाने का साबुन
Safty glass	सुरक्षा काँच	Hydrogenation	हाइड्रोजनीकरण
Phosphorescence	स्फूर दीप्ति	Decay process	क्षय विधि
Transition element	सक्रांमक तत्व	Alkaline earth metal	क्षारीय धातु
Shrunken glass	संकोचित कॉच	Triod	त्रिक
Saturated	संतृप्त		

इसी प्रकार रासायनिक प्रक्रियाओं को लिखने के लिए रासायनिक तत्वों के सांकेतिक नामों का प्रयोग होता है जो अंग्रेजी के बड़े और छोटे अक्षरों तथा ग्रीक वर्णों के द्वारा प्रदर्शित किए जाते हैं। उनकी सूची परिशिष्ट- II में देखें। आधुनिक रासाय-निक प्रतीकवाद का विकास 19वीं शती पूर्वाद्ध में ही हुआ। सर्वप्रथम डाल्टन ने विभिन्न प्रकार के वृत्तों का उपयोग कर तत्वों और उनके यौगिकों का प्रतीक नाम देंना आरंभ किया। (हाइड्रोजन⊙ , ऑक्सीजन○ , कार्बन ● , नाइट्रोजन ⌽)[71] चूँकि ये प्रतीक लिखने में आसान नहीं थे अत: सन् 1814 ई. में ब्राजीलियस ने सुझाव दिया कि तत्वों के प्रतीक नाम उनके प्रथम अक्षर और जहाँ प्रथम अक्षर समान हों वहाँ उनमें से एक के लिए प्रथम अक्षर और दूसरे के लिए प्रथम और द्वितीय दोनों अक्षर मिला कर उनके प्रतीक नाम सुनिश्चित किए जाएँ। इस प्रकार हाइड्रोजन के लिए H , ऑक्सीजन के लिए O, गंधक के लिए S , तांबा के लिए Cu और लोहा के लिए Fe तथा कार्बन के लिए C आदि प्रतीक नामों की उद्भावना हुई जो आज भी पूरी दुनिया में मान्य है। ब्राजीलियस ने यह भी सुझाव दिया कि यौगिकों के लिए प्रतीक रूप में सूत्र दिए जा सकते हैं। जैसे कार्बनडायऑक्साइड के लिए C+2O लिखा जा सकता है। अंतत: यह प्रक्रिया अणु एवं परमाणु संख्याओं को पादांक में लिखने के रूप में विकसित हो गयी। इसके लिए शर्त यह है कि अणु या परमाणु की संख्या एक से अधिक हो। जैसे CO_2, मूलकों जैसे - Ethyl Alcohol, Ethyl ether, Ethyl Ester, Benzoldehyde आदि को कार्बनिक श्रृंखला अथवा प्रतीक रुप में लिखा जाता है। हिन्दी में इन्हें लिप्यंतरित कर लिया गया है।

कार्बनिक और अकार्बनिक तत्वों को कार्बन, हाइड्रोजन और अन्य अधातुओं के रैखिक और चक्रिय श्रृंखला के माध्यम से प्रदर्शित किया जाता है। तथा रासायनिक प्रक्रियाओं को रासायनिक समीकरणों में लिखा जाता है। अपने देश में हिन्दी भाषा में ऐसे समीकरणों और प्रतीक नामों को लिखने के लिए आरंभिक स्तर पर प्रयास हुए हैं

जो कुछेक पुस्तकों में देखने को मिलते हैं किन्तु अपनी जटिलता और लिपि की समस्या के कारण वे असफल ही रहे हैं। पदार्थों की आवर्त सारणी को यद्यपि डॉ. रघुवीर ने अनुदित कर पूर्णतः हिन्दी भाषा में बना दिया है किन्तु फिर भी अन्तर्राष्ट्रीयता और एकरुपता के नाम पर भारत सरकार द्वारा निर्मित शब्दावली में उसे स्वीकार नहीं किया गया है। यदि उसे सही संदर्भों में समझकर और अपेक्षित सुधारादि कर के उसका उपयोग हो तो संभव है रासायनिकी के क्षेत्र में हिन्दी भाषा की समस्या हल हो सकती है। किन्तु वर्तमान परिस्थितियों के अन्तर्गत यह संभव नहीं जान पड़ता है।

3.10 आधुनिक हिन्दी में भौतिकी विषयक शब्दावली

भौतिकी, प्राकृतिक परिवर्तन का विज्ञान है। इसमें प्रकृति के मूलभूत और आरंभिक सिद्धांतों तथा नियमों को जानने का प्रयत्न किया जाता है। प्राचीन युग में यह प्राकृतिक दर्शन के रुप में जाना जाता था। किन्तु जैसे- जैसे इसका विकास होता गया, समय- समय पर इसमें विभिन्न शाखाएँ प्रस्फुटित होती गयीं और विशिष्ट तथा स्वतंत्र विषयों का नवीन विकास होता गया। इन विशिष्ट विज्ञान शाखाओं ने भौतिकीय ज्ञान का उपयोग कर समग्र रूप से भौतिकी का विकास और संवर्धन किया। इनमें प्रमुख हैं: ज्योतिषशास्त्र (Astronomy), भू-भौतिकी (Geophysics), भौतिक रसायनशास्त्र (Physical Chemistry), जैव-भौतिकी (Bio-physics), वायुगतिकी (Aerodynamics), जल गतिकी (Hydrodynamics), जीवद्रव्य भौतिकी (Plasma Physics) तथा ठोसावस्था भौतिकी (Solid-state physics)। यद्यपि आधुनिक युग में अन्य विज्ञान अनुशासनों की भाँति ही भौतिकी भी विभिन्न विशिष्ट शाखाओं में विभक्त हो चुकी है, तथापि अब भी इसने अपनी मौलिक प्रकृति को अक्षुण बनाए रखा है और भौतिक जगत से संबंधित अपने अध्ययन में लगी हुई है। वर्तमान भौतिकी की निम्नलिखित प्रमुख शाखाएँ हैं :

1. यांत्रिकी और क्षेत्र सिद्धांत (Mechanics and Field theory)
2. प्रकाशिकी (Optics)
3. विद्युत (Electricity)
4. चुम्बकत्व (Magnetism)
5. ध्वनि (Acoustics)
6. उष्मा (Heat)
7. परमाणु भौतिकी (Atomic Physics)
8. कण भौतिकी (Particle Physics)
9. नाभिकीय भौतिकी (Nuclear Physics)
10. अणु भौतिकी (Molecular Physics)

ये शाखाएँ व्यापक रूप से ऊर्जा, द्रव्यमान, बल, त्वरण, आवेश आदि अवधारणाओं से संबंधित हैं। भौतिकी की संपूर्ण अवधारणा इसके दो महत्वपूर्ण अवयवों - यांत्रिकी और क्षेत्र सिद्धांत तथा गतिकी (कार्य अथवा प्रदत्त बल के अन्तर्गत कणों अथवा वस्तुओं की गति) पर अवस्थित है। गुरूत्वाकर्षण, विद्युत, चुम्बकत्व, नाभिकीय और अन्य बल क्षेत्रों का संबंध क्षेत्र सिद्धांत से है। यदि दोनों को मिलाकर देखा जाए तो यांत्रिकी और क्षेत्र सिद्धांत - प्राकृतिक घटनाक्रियाविज्ञान को समझने और समझाने के अत्यंत मौलिक और उत्कृष्ट स्त्रोत हैं। यही विज्ञान का प्रथम महत्वपूर्ण उद्देश्य और अभीष्ट है।

कण भौतिकी अथवा उच्च ऊर्जा भौतिकी (High Energy Physics), भौतिकी की अधुनातम शाखा है। इसमें प्रारंभिक कणों (Elementary Particles) तथा विशिष्ट रुप से भारी कणों (Heavy particles) जैसे मेसॉन (Mesons), बरिऑन (Baryons) तथा करोड़ो इलेक्ट्रॉनवोल्ट ऊर्जाओं के संघर्ष के फलस्वरुप पैदा होने वाले उनके प्रतिकणों का समावेश है।

नाभिकीय भौतिकी का संबंध न्यूट्रॉन, प्रोटान तथा उनसे निर्मित परमाणु केन्द्रक (Nuclei) तथा उनकी संरचना, गुणधर्म, ऊर्जास्थिति, केन्द्रकों के बीच प्रतिक्रिया, विकिर्णन, रेडियोधर्मिता तथा इसी प्रकार के अन्य घटनाक्रियाविज्ञान से है।

परमाणु भौतिकी का संबंध नाभिक (Nucleus) के बाह्यस्थित इलेक्ट्रॉनों, उनकी गत्यात्कम स्थिति, ऊर्जा स्तर, कोणीय संवेग, चुम्बकीय संवेग, अणुओं द्वारा विकिर्णित उत्सर्जन तथा अवशोषण आदि द्वारा निर्धारित परमाणु की संरचना और उसके गुणधर्म से है।

अणु भौतकी का संबंध अणु के भीतर परमाणु तंत्र, अन्तरआणविक बल की प्रकृति, रासायनिक बंधन, अणुओं का कंपन तथा घूर्णन वर्णक्रम (स्पेक्ट्रा) इत्यादि से है।

ठोसावस्था भौतिकी, तरल भौतिकी, गैस भौतिकी, जीवद्रव्य भौतिकी आदि का संबंध अत्यंत आयनीकृत परमाणुओं से है जो केवल केन्द्रक तथा इलेक्ट्रॉन का निर्माण करते हैं जिन्हें आयन जीवद्रव्य (Ionplasms) कहते हैं। इसी वर्गीकरण में जैवभौतिकी का भी समावेश किया जा सकता है जिसका व्यवहार क्षेत्र जैविक प्रणाली और संरचना में भौतिकीय पद्धतियों का उपयोजन है।

एक अन्य महत्वपूर्ण और विशिष्ट वर्गीकरण यंत्रों अथवा तकनीकों के आधार पर भी किया जा सकता है। जैसे क्ष-किरण प्रत्यावर्तन, न्यूट्रॉन प्रत्यावर्तन, द्रव्यमान स्पेक्ट्रममिति (Mass spectrometry), अवरक्त वर्णक्रमदर्शी, (Infrared spectroscopy) तथा भू-कंपन विज्ञान (Seismology)। एक और अत्याधुनिक और महत्वपूर्ण क्षेत्र है निम्नताप भौतिकी जिसमें निम्नताप मापन और उत्पादन हेतु यंत्रादि आविष्कृत और निर्मित किए जाते हैं। इसमें हीलियम और अतिचालकता तथा अतितरलता आदि का अध्ययन किया जाता है जो अत्यंत निम्नताप पर ही संभव है।

गणित भौतिकी में भौतिकीय घटनाक्रियाविज्ञान का अध्ययन गणित के माध्यम से किया जाता है। भौतिकी के सभी खण्डों में प्रयुक्त गणितांशों सहित सांख्यिकीय यांत्रिकी, क्वांटम यांत्रिकी, सापेक्षता तथा क्षेत्र सिद्धांत आदि को इसमें शामिल किया जा सकता है। अक्सर गणित भौतिकी और सैद्धांतिक भौतिकी में अन्तर किया जाता है किन्तु यदि प्रायोगिक भौतिकी की दृष्टि से देखें तो दोनों में कोई उल्लेखनीय अन्तर नहीं है। वास्तव में इन्हें एक दूसरे से अलग नहीं किया जा सकता है।

उपर्युक्त विवेचन के माध्यम से संक्षेप में यह बताने का प्रयास किया गया है कि वर्तमान भौतकी का दायरा कितना विस्तृत है। यद्यपि भारत में भौतिकी की ऊंची परंपरा विद्यमान है और आधुनिक युग के भौतिकी के महान वैज्ञानिकों - सी.वी.रमण, सत्येन्द्रनाथ बोस, चन्द्रशेखर प्रभृति का आधुनिक भौतिकी में भी उल्लेखनीय योगदान है किन्तु फिर भी पाश्चात्य शिक्षा प्रणाली के कारण आधुनिक भौतिकी विज्ञान की शब्दावली का मुख्य स्त्रोत भी पाश्चात्य भाषाएँ ही रही हैं। यहाँ भी हमें अनुवाद प्रक्रिया का सहारा लेकर ही अपने लिए अपेक्षित शब्दावली का निर्माण करना पड़ा है। नवनिर्मित पारिभाषिक शब्दावली के कुछ उदाहरण प्रस्तुत हैं :

Amplifier	प्रवर्धक / ऐम्प्लिफायर	Accuracy	यथार्थता
Automatic bias compensation	स्वचालित बायस प्रतिपूर्ति	Absolute altimeter	भूसापेक्ष तुंगतामापी
		Altitude	तुंगता
Coulomb	कूलम	Angular	कोणीय
Aberration	विपथन	Momentum	संवेग
Farad	फैरड	Boiling Point	क्वथनांक
Abration	पूर्वपात / विफलन	Holometric	तेजमापीय
Power pack	शक्ति पिटक / शक्ति संकुल	Luminosity	दीप्ति
		Capacity	धारिता
Absence	लोप	Coefficient	गुणांक
Reflection	परावर्तन	Colour index	वर्णांक
Absolute	निरपेक्ष / परम / पूर्ण/ अचर / परिशुद्ध	Configuration	विन्यास
		Convergence	अभिसरण
Acceleration	त्वरण	Coordinates	निर्देशांक

Coordinate system	निर्देश तंत्र
Density	घनत्व
Derivative	व्युत्पन्न
Deviation	विचलन
Electrometer	विद्युतमापी
e.m.u (Electromagnetic unit)	विद्युत चुम्बकीय मात्रक
Error	त्रुटि
s.e.u. (stable electric unit)	स्थिर विद्युत मात्रक
Frequency	आवृत्ति
Historigarm	कालिक चित्र
Humidity	आर्दता
Incidence	आयतन
Instability	अस्थायित्व
Absolute index of refraction	निरपेक्ष अपवर्तनांक
Isohypse	समोच्चता दाब रेखा
Hysteresis	शैथिल्य
Luminance	ज्योतिर्मयता
Luminosity curve	ज्योति वक्र
Closed	संवृत्त
Measure	माप
Refrigerator	प्रशीतित्र
Absorption	अवशोषण / अवचूषण
Photometry	प्रकाशमिति
Spectrum	स्पेक्ट्रम / वर्णक्रम
Circuit	परिपथ
Column	स्तंभ
Continua	सांतत्यक
Constant	स्थिरांक

Cross section	परिक्षेत्र
Current	धारा
Curve	वक्र
Flame	ज्वाला
Modulation	माडुलन
Moisture	नमी
Ratio	अनुपात
Volt	वोल्ट
Accelerograph	ऐक्सिलरोग्राफ / त्वरणलेखी
Accelerometer	एक्सिलरोमीटर / त्वरणमापी
Acceutuator	प्राक्प्रबलक
Acceptable character	मान्य वर्ण
Accesptor	ग्राही / स्वीकारी
Access	अभिगम / प्रतीक्षा
Acceptor molecule	आदाता अणु
Accustomisation	अभ्यसन
Gain	लाभ / लब्धि / प्रवर्धन
Achromatic	आवर्णक
Analyser	विश्लेषक
Achromatic antenna	आवृत्ति निरपेक्ष ऐन्टेना
Achromatic lens	आवृत्ति निरपेक्ष ताल/ अवर्णक ताल
Valve	वाल्व
Acoustic	ध्वनिक
Acouphony	एकूफोनी
Factor	घटक
Action radius	प्रभाव क्षेत्र
Active area	विकिरण खतरा क्षेत्र
Active Mass	सक्रिय संहति
Active fractio	सक्रिय प्रभाज
Acuity meter	सुतीक्ष्णतामापी

Acute exposure	क्षिप्र उच्छादन, क्षिप्र अपावरण
Additional half plane	अतिरिक्त् अर्धतल
Tone	स्वर
Tensors	प्रदिश
Vector	सदिश
Additron	एडीट्रॉन
Scalar	अदिश
Add-substract time	संकलन - व्यवकलन काल
Adiactinic	प्रकाश रसोक्रिय/ विकिरण रोधी
Adion	ऐडायन/अधिशोषित आयन
Admittance	प्रवेश्यता
Aerospace	वायुआकाश
Aerosphere	वातमण्डल/ गैसमण्डल

इसी प्रकार संपूर्ण भौतिकीय विज्ञान से संबंधित शब्दावली हिन्दी में निर्मित की जा चुकी है। आधुनिक भौतिकी में भी सांकेतिक और प्रतीक भाषा का अत्यधिक प्रयोग होता है। जो परिशिष्ट - I और II में दिया गया है।

3.11 अन्तर्राष्ट्रीय शब्दावली और प्रतीकों का हिन्दी में उपयोग

हिन्दी में विज्ञान साहित्य को समृद्ध बनाने का हर संभव प्रयास किया गया है। इसमें एकरुपता और सार्वभौमिकता लाने के प्रयास में विश्व की समृद्धतम तीन भाषाओं में प्रयुक्त होने वाले समान शब्द को अन्तर्राष्ट्रीय मान लिया गया है और उसको सीधे बिना किसी परिवर्तन के अपनी भाषा में मिला लेने का स्पष्ट निर्देश है। शब्दावली निर्माण के सिद्धांत बनाते समय शब्दावली आयोग ने सर्वप्रथम इसी तथ्य की ओर ध्यान दिया है और अपने पहले सिद्धांत में ही इस का उल्लेख किया है - अन्तर्राष्ट्रीय शब्दावली को' यथासंभव उनके प्रचलित अंग्रेजी रूप में ही अपनाना चाहिए और हिन्दी व अन्य भारतीय भाषाओं की प्रकृति के अनुसार ही उनका लिप्यंतरण करना चाहिए।[72] अन्तर्राष्ट्रीय शब्दावली के अन्तर्गत निम्नलिखित उदाहरण लिए जा सकते हैं :

तत्वों और यौगिकों के नाम, माप-तौल की इकाइयाँ, व्यक्तियों के नाम पर बनाए गये शब्द, वनस्पति विज्ञान, प्राणिविज्ञान, भू-विज्ञान आदि की द्विपदी नामावली, स्थिरांक तथा ऐसे शब्द जिनका आमतौर पर सारे संसार में व्यवहार हो रहा हो और गणित तथा विज्ञान की शाखाओं के संख्यांक, प्रतीक, चिह्न और सूत्र आदि।

हिन्दी में अन्तर्राष्ट्रीय शब्दावली की समस्या का अपना ही स्वरुप है। कुछ लोग

विज्ञान संबंधी अंग्रेजी पुस्तकों में प्रयुक्त सभी शब्दों को अन्तर्राष्ट्रीय मानते हैं और उन्हें यथारूप हिन्दी में ले लेने का आग्रह करते हैं। किन्तु कुछ लोगों की विचारधारा इससे भिन्न है। उनका मानना है कि संकल्पनाबोधक शब्दों का अनुवाद होना ही चाहिए। तथा प्रतीक, चिह्न, रेखाचित्र और सूत्र आदि यथारूप अपना लिए जाने चाहिए। अतः ऐसे सभी शब्द जिनका सामान्यतः विश्व की अन्य सभी भाषाओं में जिस रुप में प्रयोग होता है उसी रूप में हिन्दी में भी ले लिए गये हैं। जैस - रेडार, पेट्रोल, इंजन, मशीन, रेडियो, टेलीविजन, ट्रांजिस्टर, कम्प्यूटर, रॉकेट, टेलीप्रिं-टर, इंजेक्शन इत्यादि। संकल्पनाबोधक तत्वों के सटीक पर्याय बनाए गये हैं। जैसे Kinetic Energy तथा Potential Energy के लिए क्रमशः गतिज ऊर्जा और स्थितिज ऊर्जा पर्याय बनाए गये हैं। पारिभाषिक रूप में ये अपने भावार्थ को ठीक - ठीक प्रकट करते हैं। कुछ ऐसे भी शब्द होते हैं जिनके लिए निर्मित एक ही पर्याय से विषयानुकूल भावार्थ प्रकट नहीं होता। अतः उनके लिए विभिन्न संदर्भों में भिन्न अर्थ देनेवाले शब्द बनाने ही पड़ते हैं। इससे किसी शब्द द्वारा संकल्पनार्थ को अभिव्यक्त करने में संदिग्धता नहीं रह जाती है।

उदाहरण के लिए अंग्रेजी शब्द Unit को लिया जा सकता है। विभिन्न संदर्भों में भिन्न अर्थ देने के लिए इस एक शब्द के अनेक हिन्दी पर्याय बनाने पड़े हैं, जो निम्नांकित हैं :

UNIT	(of measurement)	मात्रक
"	(in numration)	इकाई
"	(as electrical energy)	यूनिट
"	(as in unit velocity)	एकांक
"	(as in amplifying unit)	एकक
"	(single)	एकल
"	(unitary)	ऐकिक

इसी प्रकार अंग्रेजी के अन्य अनेक संकल्नाबोधक शब्दों का भी एकाधिक रूप बनाना पड़ा है जिससे विषयानुकूल अर्थाभिव्यक्ति में संदिग्धता न रहे।

3.11.1 प्रतीक और चिह्न

वैज्ञानिक साहित्य का दूसरा पक्ष उसमें प्रयुक्त प्रतीकों, चिह्नों, सूत्रों आदि से संबंधित है। वैज्ञानिक तथा तकनीकी शब्दावली आयोग ने अन्तर्राष्ट्रीय स्तर पर इन प्रतीकों, चिह्नों आदि के प्रयोग हेतु निम्नलिखित संस्तुतियाँ प्रस्तुत की हैं:

1. वैज्ञानिक और तकनीकी साहित्य में भारतीय अंकों के अन्तर्राष्ट्रीय स्वरूप अर्थात 1, 2, 3, 4, 5, 6, 7, 8, 9, 0, को ही प्रयुक्त करना चाहिए।[73]

2. गणित में प्रयुक्त प्रतीकों और चिह्नों को उसी रुप में लिखना चाहिए जैसे अंग्रेजी में लिखे जाते हैं। इसका तात्पर्य है कि हिन्दी की पुस्तकों में भी रोमन और ग्रीक अक्षरों का प्रयोग होना चाहिए जैसे - Sin α या Cos β को इसी प्रकार लिखना और साइन अल्फा तथा कॉस बीटा ही बोलना चाहिए। इसी प्रकार अवकल गणित और समाकल गणित (Differential and Integral calculas) में प्रयुक्त प्रतीकों को उसी रूप में अपनाकर वैसे ही बोलना चाहिए। गणितीय नियतांक (π) पाई, तथा आधारभूत भौतिक नियतांकों जैसे प्रकाश की गति C ,. प्लैंक का नियतांक h , इलेक्ट्रॉन पर आवेश e; आदि पर भी यही नियम लागू होता है।

3. तत्वों के नाम भी प्रचलित अंग्रेजी नाम के रूप में स्वीकृत किए गये हैं। इन्हें देवनागरी में लिप्यंतरित कर के उसी रूप में लिखा गया है। तथा इन तत्वों से बने यौगिकों को भी उसी रूप में स्वीकृत किया गया है। तत्वों और यौगिकों के प्रतीक रोमन अक्षरों में अंग्रेजी की ही भाँति लिखे जाने चाहिए (परिशिष्ट - II देखें)। तत्वों के नामों का क्रिया रूप लिखते समय हिन्दी व्याकरण के अनुसार लिप्यंतरित किया जा सकता है। जैसे :

Carbonization	कार्बनीकरण
Oxidation	ऑक्सीकरण
Oxidised	ऑक्सीकृत
Carbonized	कार्बनीकृत

3.11.2 माप का एस.आई . मात्रक (SI System International d' Units)

प्रतीकों और चिह्नों के माप-विज्ञान से विज्ञान का कोई भी क्षेत्र अछूता नहीं है। अन्तर्राष्ट्रीय स्तर पर यह सहमति है कि प्रत्येक भौतिक राशि की नाप-तौल, विशेषकर विज्ञान और प्रौद्योगिकी के क्षेत्र में एस.आई. मात्रकों में ही की जाएगी। एस.आई. मात्रक System International d' Units का संक्षिप्त रूप है और प्रत्येक भाषा में इसी प्रकार लिखा जाता है। इन प्रतीकों और चिह्नों को विशेषरूप से लिखा जाता है तथा अन्तर्राष्ट्रीय स्तर पर इसके रूप और आकार में किसी भी बदलाव या परिवर्तन की अनुमति नहीं है। अतः विज्ञान का साहित्य दुनिया की चाहे जिस किसी भी भाषा में क्यों न लिखा जाए, ये प्रतीक वैसे ही लिखे जाएंगे जैसे उनका स्वरूप निश्चित किया गया है। इनमें से अधिकांश प्रतीकों को रोमन अक्षरों में ही लिखा जाता है। देवनागरी

लिपि में लिखे वैज्ञानिक साहित्य में भी इन्हीं प्रतीकों को अपनाना अनिवार्य है ताकि यह भी अन्तर्राष्ट्रीय प्रचलन पद्धति के अनुरूप हो। भौतिकी, रासायनिकी (रसायनशास्त्र एवं रासायनिक अभियांत्रिकी), जीव-विज्ञान तथा अभियांत्रिकी इत्यादि में प्रत्येक राशि की नाप-तौल एस.आई.मात्रकों में ही की जाती है। एस.आई. मात्रक प्रणाली में सात मौलिक और दो पूरक मात्रकों को अपनाया गया है। इन सात मात्रकों और उनके प्रतीकों को निम्नांकित सारणी में प्रस्तुत किया जा रहा है।

राशि	मात्रक	प्रतीक
लम्बाई	मीटर	**m**
द्रव्यमान	किलोग्राम	**kg**
समय	सेकण्ड	**s**
विद्युत धारा	एम्पियर	**A**
ताप	केलविन	**K**
पदार्थ की मात्रा	मोल	**Mol**
प्रकाश की तीव्रता	कैन्डेला	**cd**
समतल कोण	रेडियन	**rad**
ठोस कोण	स्टेरेडियन	**sr**

इन प्रतीकों को लिखते समय कुछ नियमों को अपनाया जाता है। इन नियमों का बिना किसी परिवर्तन के हिन्दी में भी अनुपालन करना अनिवार्य है। नियम इस प्रकार हैं :

1. प्रतीकों के साथ पूर्ण विराम का चिह्न नहीं लगाया जाता। जैसे - मीटर का प्रतीक छोटा रोमन अक्षर m है। m के बाद बिन्दु नहीं लगाया जाता। m के स्थान पर लिप्यंतरण कर के **एम** लिखना भी गलत है।

2. इन प्रतीकों को रोमन अक्षरों में लिखा जाता है। कुछ को बड़े रोमन अक्षर में और कुछ को छोटे रोमन अक्षर में ।

3. इन प्रतीकों के बहुबचन रूप नहीं होते। जैसे 6 मीटर लम्बाई और 5 एम्पियर विद्युत धारा को क्रमशः 6 m और 5 A ही लिखा जाएगा। 6ms और 5As लिखना गलत होगा।

3.11.3 मात्रकों के भाग/गुणक उपसर्गों के प्रतीक (Sumbols for Multiples and submultiples and derived units)

मात्रकों के भाग/गुणक को मात्रकों के साथ एक-एक उपसर्ग लगा कर प्रदर्शित करते हैं। इन मात्रकों के भाग/गुणक उपसर्गों को अंक 10 के घात के रूप में प्रदर्शित करते हैं तथा इन्हें विशेष नाम और प्रतीक दिए गये हैं। विज्ञान में सर्वसाधारण बहुगुणितों जैसे मिलियन, बिलियन, ट्रिलियन आदि का प्रयोग नहीं किया जाता है। भाग/गुणक मात्रकों की सूची इस प्रकार है:

गुणक /Multiple	उपसर्ग /Prefix	प्रतीक /Symble
10^{18}	इक्टा	**E**
10^{15}	पेटा	**P**
10^{12}	टेरा	**T**
10^{9}	गिगा	**G**
10^{6}	मेगा	**M**
10^{3}	किलो	**k**
10^{2}	हेक्टो	**h**
10^{1}	डेका	**da**
10^{-1}	डेसी	**d**
10^{-2}	सेन्टी	**c**
10^{-3}	मिली	**m**
10^{-6}	माइक्रो	μ
10^{-9}	नेनो	**n**
10^{-12}	पिको	**p**
10^{-15}	फेक्टो	**f**
10^{-18}	आटो	**q**

3.11.4 व्युत्पन्न मात्रक

व्युत्पन्न मात्रकों को अलग से विशेष नाम दिया गया है। ये मात्रक सामान्यत: अपनी अवधारणा के आविष्कारक के नाम पर रखे गये हैं। जैसे **बल** के मात्रक को सुप्रसिद्ध वैज्ञानिक सर आइजक न्यूटन के नाम पर **न्यूटन** कहते हैं तथा इसका प्रतीक नाम N है। ऐसे मात्रकों की सूची निम्नप्रकार से है:

राशि	एस.आई मात्रक व प्रतीक		अन्य मात्रकों के रूप में व्यंजक
आवृत्ति	हर्ट्ज	Hz	-
बल	न्यूटन	N	-
दाब, प्रतिबल	पैसकल	Pa	N/M2
ऊर्जा, कार्य	जूल	J	Nm
उष्मा की मात्रा	वाट	W	J/s
विद्युत की मात्रा	कूलम	C	-
विद्युत विभव, विभवान्तर, विद्युत वाहक बल	वोल्ट	V	W/A
धारिता	फेराड	F	C/V
विद्युत प्रतिरोध	ओह्म	Ω	V/A
चालकत्व	सीमेन्स	S	A/V
चुम्बकीय फ्लक्स	वीबर	Wb	Vs
चुम्बकीय फ्लक्स घनत्व	टेस्ला	T	Wb/M2
प्रेरकत्व	हेनरी	H	Wb/A
रेडियोनापिकों की सक्रियता	वेकरल	B	q/
शोषित डोज	ग्रे	Gy	
प्रकाश फ्लक्स	ल्यूमेन	lm	lm
प्रदीप्ति	लक्स	lx	lx

इसी प्रकार (degree celsius) को हिन्दी में °C ही लिखना चाहिए तथा डिग्री सी या डिग्री सेल्सियस ही बोलना चाहिए। लीटर का प्रतीक बड़ा रोमन अक्षर L है। अतः हिन्दी में भी लीटर के प्रतीक के लिए L ही लिखना चाहिए तथा किलोलीटर के लिए kL ही लिखना चाहिए।

उपर्युक्त विवेचन में जैसा कि स्पष्ट है, वर्तमान हिन्दी भाषा के स्थिर हो रहे स्वरूप का चित्रण करने का प्रयास किया गया है। आधुनिक विज्ञान और प्रौद्योगिकी संबंधी सूक्ष्मातिसूक्ष्म तथा जटिलतम् तथ्यों और सिद्धांतों को अभिव्यंजित करने तथा उनकी अभिव्यक्ति हेतु नये शब्द निर्माण करने की क्षमता अब हिन्दी में भी आ गयी है। या यों कहें कि सुनियोजित रूप से उसे इसी लिए तैयार भी किया गया है। फिर भी व्यावहारिक रूप में उक्त क्षेत्र में इसका उपयोग नगण्य है। वर्तमान समय में यद्यपि कुछेक संगठन इसका उपयोग करने का प्रयास कर रहे हैं किन्तु शिक्षा व्यवस्था की

कमियों और कथित अन्तर्राष्ट्रीयता के मकड़ जाल में उलझी वर्तमान उच्च शिक्षा के क्षेत्र में तकनीकी हिन्दी का उपयोग अपेक्षापुसार नहीं हो रहा है। अब भी हिन्दी माध्यम से उच्चस्तरीय विज्ञान, प्रौद्योगिकी तथा अभियांत्रिकी के न अध्येता हैं और न अध्यापक, जब कि गत लगभग दो शताब्दियों से विभिन्न स्तरों पर सतत इसके लिए प्रयास किया जा रहा है। यह एक गंभीर समस्या है। उपर्युक्त विवेचन के आधार पर समग्र रूप से हम देखते हैं कि स्वतंत्रता के पश्चात शासकीय स्तर पर तकनीकी शब्दावली आयोग ने हिन्दी में पारिभाषिक शब्दावली के क्षेत्र में किए गये लगभग सभी कार्यों का संयोजन और समन्वयन, तथा नवनिर्माण का व्यापक और महत् कार्य किया है। तथा अखिल भारतीय सम्मेलनों, संगोष्ठियों के माध्यम से विभिन्न भाषा-भाषी विद्वानों, विषय विशेषज्ञों और प्रौद्योगिकीविदों के परामर्श और सम्मति से निर्मित शब्दावली में यथावश्यक एकरुपता, उत्कृष्टता, सटिकता, उपयुक्तता आदि लाने का भी प्रयास करता रहा है। सामान्यतः अपने कार्यक्रमों और प्रयासों से शब्दावली आयोग ने हिन्दी भाषा में विज्ञान एवं तकनीकी शब्दावली का अखिल भारतीय स्वरूप विकसित करने का कार्य भी पूर्ण कर लिया है और इनका संकलन कर शब्दकोशों और संदर्भग्रंथों के रूप में प्रकाशित भी किया है किन्तु आज भी ये शब्द समाज के बीच अपनी उपयोगिता की कसौटी पर कसे जाने बाकी हैं। प्रयोग की एक अत्यंत जटिल समस्या उनके सामने है। अगले अध्यायों में प्रयोग की समस्यों से संबंधित विविध पक्षों पर चर्चा प्रस्तुत की गयी है।

***

संदर्भ ग्रंथ/पुस्तकें/ पत्रिकाएँ एवं अन्य पाद्यसामग्री

1. पारिभाषिक शब्दावली की विकास यात्रा, संपा. गार्गी गुप्त, पृ.19
   डॉ. रघुवीर की ग्रेट इंडियन इंगलिस डिक्शनरी
2. हिन्दी विश्वकोश, संपा. नगेन्द्रनाथ बसु, खण्ड13, पृ. 360
3. हिन्दी विश्वकोश, संपा. नगेन्द्रनाथ बसु, खण्ड13, पृ. 360
4. वैज्ञानिक शब्दावली की भूमिका, बाबू श्यामसुन्दर दास
5. महाभाष्य, पतंजलि
6. शब्दायन स्मारिका, वै.त.श.आ., आलेख : डॉ.रणवीर रांग्रा, पृ. 105
7. शब्दायन स्मारिका, वै.त.श.आ., आलेख : डॉ.रणवीर रांग्रा, पृ. 106
8. वैज्ञानिक शब्दावली : इतिहास और सिद्धांत, डॉ.ओमप्रकाश शर्मा, पृ. 111
9. यजुर्वेद 17/2
   इमा मे अग्न इष्टका धेनवः सन्त्वेका च दश च दश शतं च शतं च सहस्त्रं चसहस्त्र चायुतं च नियुतं च नियुतं च प्रयुतंचाबुदं च न्युर्बुद च समुद्रश्च मध्यचान्तश्च परार्द्धश्चैता मे अग्नेइष्टका धेनवः सन्त्वमुत्रामुष्मिल्लोके ।
10. मैत्रायिणी संहिता 37/7
11. 5/1/22, 47, 49.7
12. 12/23
13. ज्ञानिक शब्दावली : इतिहास और सिद्धांत, डॉ.ओमप्रकाश शर्मा, पृ. 114
14. वैज्ञानिक शब्दावली : इतिहास और सिद्धांत, डॉ.ओमप्रकाश शर्मा, पृ. 114
15. वैज्ञानिक शब्दावली : इतिहास और सिद्धांत, डॉ.ओमप्रकाश शर्मा, पृ. 115
16. वैज्ञानिक शब्दावली : इतिहास और सिद्धांत, डॉ.ओमप्रकाश शर्मा, पृ. 115
17. 4,75,3
18. वैज्ञानिक शब्दावली : इतिहास और सिद्धांत, डॉ.ओमप्रकाश शर्मा, पृ. 117
19. वैज्ञानिक शब्दावली : इतिहास और सिद्धांत, डॉ.ओमप्रकाश शर्मा, पृ. 117
20. सूत्र 90
21. 23/5/7/8,38
22. वैज्ञानिक शब्दावली : इतिहास और सिद्धांत, डॉ.ओमप्रकाश शर्मा, पृ. 118
23. वैज्ञानिक शब्दावली : इतिहास और सिद्धांत, डॉ.ओमप्रकाश शर्मा, पृ. 119
24. वैज्ञानिक शब्दावली : इतिहास और सिद्धांत, डॉ.ओमप्रकाश शर्मा, पृ. 119
25. हिन्दी विश्वकोश, संपा. नगेन्द्रनाथ बसु, खण्ड 23, पृ. 137
26. वैज्ञानिक शब्दावली : इतिहास और सिद्धांत, डॉ.ओमप्रकाश शर्मा, पृ. 120
27. वैज्ञानिक शब्दावली : इतिहास और सिद्धांत, डॉ.ओमप्रकाश शर्मा, पृ.121
28. वैज्ञानिक शब्दावली : इतिहास और सिद्धांत, डॉ.ओमप्रकाश शर्मा, पृ. 126
29. वैज्ञानिक शब्दावली : इतिहास और सिद्धांत, डॉ.ओमप्रकाश शर्मा, पृ. 129

30. वैज्ञानिक शब्दावली : इतिहास और सिद्धांत, डॉ.ओमप्रकाश शर्मा, पृ. 129
31. भारत में शास्त्रों का उद्भव और विकास, पंढरीनाथ प्रभु, पृ. 56
32. अश्मा च मे मृत्तिका च मे गिरयश्च मे पर्वताश्च मे सिकताश्च मे वनस्पतयश्च मे हिरण्यं च मेःश्यश्च मे श्यामं च में लोहं च मे सीसं च मे त्रपु च मे यज्ञेन कल्पन्ताम् (यजु. 18/13)
33. अश्मा च मे मृत्तिका च मे गिरयश्च मे पर्वताश्च मे सिकताश्च मे वनस्पतयश्च मे हिरण्यंच मेःयश्च मे सीसंच मे त्रपुश्च मे श्यामंच मे लोहंच मे अग्निश्च मे आपश्च मे वीरूधश्च मेःओषधयश्च मे कृष्टपच्याश्च। (तै. 4/7/5/1)
34. ऋ.1/56/3;
हिरण्यचक्रानयोदंष्ट्रान (1/88/5)
हिरण्यश्रृंगोःयो अस्य पादां (1/163/9)
अयस्मयः (5/30/15); हिरण्यनिर्णिगयो अस्य स्थूणा (5/62/7) , 6/62/8
मी अयसो न धाराम् (6/3/5), धियमयास्ते न धाराम (6/47/10);
अयोमुखम् (6/75/15)
35. मनव्ये अयस्तापम् (यजु. 30/14)
36. नव प्राणान नवभिः संमियीते दीर्घायुत्वाय शतशारदाय।
हरिते त्रीणी रजते त्रीण्यसि त्रीणी तपसाविष्ठितानी ॥ अथर्व. 5/28/1
37. भूमिष्टवा पातु हिरतेन विश्वभृदग्निः पिपत्र्वयसा सजोषा।
पीरूद्विष्ट अर्जुनं संविदानं दक्षं दधातु सुमनस्यमानम् ॥ अथर्व. 5//28/5
38. श्याममयोःस्य मांसानि, लोहितमस्य लोहितम्।
त्रपु भस्म हरित वर्णः पुष्करमस्य गंधः ॥ अथर्व. 11/3/7-8
39. सीसाध्यायः वरुणः सीसायाग्निरूपावति।
सीसंम इन्द्रः प्रायच्छत् गदंग यातुचातनम ॥
इदं विष्कन्ध सहत इदं बाधते अतत्रिणः।
अनेने विश्वा ससहे यां जातानि विशाच्याः ॥
यदि नो गां हँसि यद्यश्यं यदि पुरुषम्।
तं त्वा सीसेन विध्यामो यथा नोःसो अवीरहाः ॥
.... अथर्व. 1/16/2-4
40. ऋ.9/10/8/7 तथा अथर्व. 20/127/7
41. शत. 12/7/3/6
42. यजु. 1911
43. प्राचीन भारत में रसायन का विकास, डॉ. सत्य प्रकाश, पृ. 100 - 162
44. ``यज्जराव्याधि विध्वंसि भेषजं तद्रसायनम्'', चक्रदत्त 65/1, चक्रपाणिदत्त
45. शत. 3/8/2/26 तथा 12/4/4/6
46. प्राचीन भारत में रसायन का विकास, डॉ. सत्यप्रकाश, पृ. 74-77

47. पारिभाषिक शब्दावली :इतिहास और सिद्धांत,डॉ. ओमप्रकाश शर्मा ,पृ. 99
48. पारिभाषिक शब्दावली :इतिहास और सिद्धांत,डॉ. ओमप्रकाश शर्मा ,पृ. 99
49. सिद्धे रसे करिष्ये निर्दारिद्रिय गदं जगत, रसरत्नसमुच्चय, नागार्जुन
50. पारिभाषिक शब्दावली:इतिहास और सिद्धांत,डॉ. ओमप्रकाश शर्मा, पृ.109
51. कीमिया, आचार्य चतुर्सेन, पृ. 52
52. वेदंषु द्वे विद्ये वर्तते अपरा परा चेति ।
तत्र तया पृथिवीतृणमारम्भ प्रकृतिपर्यन्तानां
पदार्थानां ज्ञानेन यथावदुपकारग्रहणं क्रियते सा अपरोच्यते ॥
53. सांख्य दर्शन, महर्षि कपिल
54. पारिभाषिक शब्दावली :इतिहास और सिद्धांत,डॉ. ओमप्रकाश शर्मा, पृ.81
55. पारिभाषिक शब्दावली :इतिहास और सिद्धांत,डॉ.ओमप्रकाश शर्मा, पृ.81-82
56. ऋग्वेद. 4.30.11
57. पारिभाषिक शब्दावली :इतिहास और सिद्धांत,डॉ.ओमप्रकाश शर्मा,पृ.82
58. पारिभाषिक शब्दावली :इतिहास और सिद्धांत,डॉ. ओमप्रकाश शर्मा, पृ.82
59. Language, Blumefield pp. 10-11
60. Language, Blumefield pp. 10-11
61. पारिभाषिक शब्दावली:इतिहास और सिद्धांत,डॉ. ओमप्रकाश शर्मा,पृ.109
62. पारिभाषिक शब्दावली:इतिहास और सिद्धांत,डॉ. ओमप्रकाश शर्मा ,पृ.138
63. संपादक, ``जिज्ञासा'' के नाम लिखा पत्र जो ``जिज्ञासा'' अंक 6, 1992
में प्रकाशित हुआ है। भा.प्रौ.सं. दिल्ली, पृ. iv
64. पारिभाषिक शब्दावली: इतिहास और सिद्धांत,डॉ. ओमप्रकाश शर्मा, पृ.317
65. ``शब्दायन'' स्मारिका, पूर्वपीठिका, वै.त.श.आ. पृ.1.
66. Encyclopedic Dictionary of Mathematics, Japan, Vol. I II
67. Encyclopedia Americana, Vol. 18, pp. 487.
68. History of Modern Mathematics. edtd. by David E.Rowe and
John Mccleary, American Press.
69. Encyclopedia Americana. vol. 6
70. McGraw Hill Encyclopedia of Science Technology,
Vol. 3, pp. 509
71. Encyclopedia Americana, Vol. 6
72. शब्दावली निर्माण के सिद्धांत, वै.त.श.आ.
73. अनुच्छेद 343 , भारत का

चतुर्थ अध्याय

हिन्दी भाषा के प्रयोग की समस्या

विकासक्रम में जैसे-जैसे संसार के विभिन्न क्षेत्रों और भूखण्डों के बीच आवागमन और संचार बढ़ता गया, विभिन्न् मानवीय भाषाएँ भी राष्ट्र और देश की सीमाओं का अतिक्रमण करते हुए आपस में घुलने-मिलने लगीं और अपनी अभिव्यक्ति क्षमता, सहजता-सरलता, अन्य भाषाओं से शब्दावली के अभिग्रहण, अनुकूलन तथा शब्दावली की सम्पन्नता के आधार पर एक राष्ट्र से दूसरे राष्ट्र तक अपना दायरा विस्तार करती रहीं और अपनी उपयोगिता के आधार पर समाज में अपना स्थान ग्रहण करती चली गयीं। कुछ भाषाओं को राज्याश्रय प्राप्त होने के कारण राजकाज में उनका प्रयोग बढ़ता गया और कालांतर में उन्हें ज्ञान-विज्ञान की भाषा होने का गौरव मिला तो कुछ भाषाओं को जनाश्रय प्राप्त हुआ और कालांतर में उनमें विविधता आती रही। ऐसी कुछ भाषाओं को भी राजकाज और जनांदोलनों सहित साहित्य और सामाजिक कार्यव्यवहार की भाषा होने का गौरव प्राप्त हुआ है। ऐसी भाषाओं में जनभाषा हिन्दी और अंग्रेजी का उल्लेख करना अप्रासंगिक न होगा। भाषाओं के इस प्रसरण में क्लासिकी भाषाओं को छोड़ कर आधुनिक भाषाओं में सबसे अधिक विस्तार इंग्लैण्ड की अंग्रेजी भाषा का हुआ। इस विस्तार का कारण अंग्रेजी भाषा की अभिव्यक्ति क्षमता, अभिग्रहण, सहमेलन और अनुकूलन द्वारा अन्य भाषा के शब्दों को अपने में आत्मसात कर लेने की क्षमता तथा प्रवृत्ति सहित अंग्रेजों की साम्राज्यवादी नीति रही है। उनकी इसी नीति के कारण अंग्रेजी का सार्वभौमिक प्रसार और प्रचलन हुआ है। अंग्रेजी भाषा के इस विस्तार ने विश्व की अन्य सभी भाषाओं को पूरी तरह से प्रभावित किया है। अनेक देशों और राष्ट्रों के सामाजिक और आर्थिक उत्थान-पतन में इस भाषा का सम्यक योगदान रहा है। इससे गैर- अंग्रेजी भाषी राज्यों / राष्ट्रों को लाभ-हानि दोनो हुए हैं। लाभ तो यह हुआ है कि अंग्रेजी भाष में प्रकाशित होने वाले संसार के लगभग दो- तिहाई वैज्ञानिक लेख और शोध-पत्रों के माध्यम से तकनीकी ज्ञान अन्य देशों को सहज ही उपलब्ध होते रहे हैं और गैर-अंग्रेजी भाषी देश अपने यहाँ वैज्ञानिक और प्रौद्योगिकीय ढांचागत सुविधाओं के निर्माण और विकास में उनका समुचित उपयोग करते रहे हैं। इस प्रकार अंग्रेजी भाषा और उसमें उपलब्ध ज्ञान का उपयोग कर गैर-अंग्रेजी भाषी देश भी क्रमशः विश्वमंच पर अपनी उपस्थिति का

एहसास करते रहे हैं। किन्तु इससे हानि यह हुई है कि अंग्रेजी के बढ़ते प्रचलन के कारण गैर-अंग्रेजी भाषी देशों में भाषिक और सांस्कृतिक समस्याएँ पैदा हो गयी हैं जो राष्ट्रीय एकता, अखण्डता, सम्यक आर्थिक विकास तथा राष्ट्रीय अस्मिता पर प्रश्न-चिह्न बन कर उठ खड़ी हुई हैं। इसके कारण विभिन्न देशों के समांगिक समाजों में विभिन्न वर्गों का अभ्युदय हुआ है और सामाजिक विघटन जैसी जटिलतम् समस्याएँ उठ खड़ी हुई हैं।

हमारे देश की स्थिति भी कुछ इसी प्रकार की है। यद्यपि अंग्रेजी भाषा के ज्ञान और उपयोग के कारण हमारे देश में भी आधुनिक विज्ञान और प्रौद्योगिकी संबंधी साहित्य प्रचुर मात्रा में उपलब्ध है और इस क्षेत्र में अपेक्षाकृत विकास हुआ भी है तथापि, वर्तमान परिस्थितियों के अन्तर्गत इसे सम्यक विकास की संज्ञा नहीं दी जा सकती है। उल्लेखनीय है कि अंग्रेजी भाषा के उपयोग से हमारे देश में भी वैज्ञानिक साहित्य से पुस्तकालय भरे पड़े हैं और वैज्ञानिक साहित्य सहज ही सुलभ हैं, किन्तु इसके बढ़ते प्रचलन और भाषाई तौर पर देश के संगठित न होने के कारण भारतीय राष्ट्रीय भाषाओं के विकास में अवरोध आता रहा है और इसका परिणाम यह है कि अनेक उत्कृष्ट भाषाओं के बावजूद देश का कोई मजबूत भाषिक आधार नहीं है। यद्यपि स्वतंत्रता प्राप्ति के तुरंत बाद एक राजनैतिक घोषणा की गयी थी कि भारत अंग्रेजी भाषा के प्रभाव से एक पीढ़ी के अन्दर ही मुक्त हो जाएगा[1] किन्तु कतिपय कारणों से वस्तुस्थिति कुछ और ही है।

जैसा कि पिछले अध्याय में स्पष्ट किया गया है, आधुनिक विज्ञान, प्रौद्योगिकी और अभियांत्रिकी संबंधी ज्ञान की अभिव्यक्ति में हिन्दी भाषा पूर्णतः सक्षम हो गयी है, फिर भी पूरे देश में उसका समुचित उपयोग नहीं हो रहा है। मोटे तौर पर यदि देखा जाए तो यह स्पष्ट रूप से कहा जा सकता है कि भारत की लगभग 80 प्रतिशत आबादी हिन्दी भाषा से अवगत है और लगभग 40 से 50 प्रतिशत आबादी द्वारा तो जीवन के विविध क्षेत्रों में उसका पूर्णतः उपयोग होता है।[2] देश तथा विदेश के अनेक विश्वविद्यालयों में हिन्दी साहित्य, मानविकी और भाषा का अध्ययन होता है। फिर भी वर्तमान परिस्थितियों को देखते हुए एक प्रश्न बरबस ही उपस्थित होता है कि विज्ञान-अभियांत्रिकी - प्रौद्योगिकी संबंधी साहित्य सृजन और ज्ञान संपेषण में इसका समुचित उपयोग क्यों नहीं हो रहा है? प्राथमिक और माध्यमिक स्तर पर जब विज्ञान की बुनियादी शिक्षा मातृभाषा अथवा हिन्दी के माध्यम से दी जा सकती है तो उच्चस्तर पर क्यों नहीं दी जा सकती ? क्या भारतीय जनसामान्य तक विज्ञान तथा प्रौद्योगिकी संबंधी ज्ञान पहुचाने के लिए अंग्रेजी भाषा ही आवश्यक है ? इन प्रश्नों का उत्तर भावनात्मक अथवा एकपक्षीय दृष्टिकोण का उपयोग करते हुए नहीं दिया जा सकता। ये अत्यंत जटिल और कठिन प्रश्न हैं अतः इन पर सम्यक, व्यावहारिक तथा बहुपक्षीय दृष्टिकोण से विचार करना होगा।

यह भी दलील दी जाती है कि भारत में आधुनिक विज्ञान अंग्रेजी के माध्यम से आया है और अंग्रेजी छोड़ देने से देश विज्ञान और तकनीकी के क्षेत्र में पिछड़ जाएगा। मेरी दृष्टि में इस भय अथवा दलील में वैज्ञानिक चिंतन का पूर्णतः अभाव है। यद्यपि किसी भी देश अथवा भाषिक प्रदेश के लिए विज्ञान का महत्व कम नहीं है किन्तु वह विज्ञान ही क्या जो अपनी भाषाओं के माध्यम से समझा और समझाया न जा सके! जो व्यक्ति के चिंतन का द्वार ही न खोल सके ! यदि उसके लिए कोई विदेशी भाषा ही अनिवार्य है तो वह न विज्ञान है और न ज्ञान, मात्र तोता रटन्त है।[3]

भारत के लिए अंग्रेजी भाषा की अनिवार्यता और उपयोगिता के संबंध में एक लम्बे समय से वाद-विवाद की स्थिति चल ही रही है। इसके लिए समाज में स्पष्ट रूप से दो वर्गों और विचार-धाराओं का अभ्युदय हुआ है जिसमें एक वर्ग अंग्रेजी का पक्षधर है और दूसरा अंग्रेजी का विरोधी। एक तीसरा वर्ग भी है जो दोनो भाषओं की उपयोगिता को देखते हुए दोनों के सम्यक और संतुलित उपयोग का हामी है। विज्ञान और प्रौद्योगिकी के क्षेत्र में अंग्रेजी भाषा की अनिवार्यता महसूस करने वाला वर्ग अपने समर्थन में यह दलील प्रस्तुत करता है कि पूरे संसार में लगभग दो-तिहाई वैज्ञानिक पुस्तकें, शोध-पत्र और लेखादि मात्र अंग्रेजी में ही प्रस्तुत और प्रकाशित होते हैं। शासकीय, गैर- शासकीय तथा व्यापारिक क्षेत्र में भी लगभग 70 से 80 प्रतिशत पत्राचार केवल अंग्रेजी भाषा के माध्यम से ही किया जाता है और उच्च वैज्ञानिक शिक्षा तथा शोध की माध्यम भाषा भी अंग्रेजी ही है।[4] जनसंख्या की दृष्टि से भी यदि देखा जाए तो भारत में लगभग 6 से 7 करोड़ भारतीय अंग्रेजी भाषा जानते और इसका उपयोग करते हैं (यह जनसंख्या इंग्लैण्ड की आबादी से भी अधिक है, वहाँ की कुल आबादी 560 लाख ही है)।[5] ऐसी स्थिति में इस वास्तविकता से कैसे इन्कार किया जा सकता है कि भारत के लिए अंग्रेजी भाषा आवश्यक नहीं है। किन्तु दूसरा वर्ग इस सत्य को तथ्यतः स्वीकार करते हुए भी इससे पूरी तरह सहमत नहीं है। उसका मानना है कि उक्त दृष्टिकोण एकपक्षीय, पूर्वाग्रहपूर्ण और पक्षपातपूर्ण है क्योंकि यदि हम संपूर्ण भारतीय जनमानस को ध्यान में रखकर विचार करें तो हम स्पष्ट रूप से कह सकते हैं कि कुछ विशेष वर्गों के लिए भले ही अंग्रेजी भाषा भारत के लिए आवश्यक है, तथापि अनिवार्य कतई नहीं है। अंग्रेजी जानने वाले लगभग 7 करोड़ भारतीयों के लिए शेष 83 करोड़ भारतीयों के हित को नजरअंदाज नहीं किया जा सकता है।[6] भारत के सामाजिक और आर्थिक विकास में इनका साथ नहीं छोड़ा जा सकता है।[7] राष्ट्रीय विकास के अपने कार्यक्रमों में इनको उचित महत्व न देना अस्वस्थ मानसिकता का ही परिणाम है।

उच्च शिक्षा के क्षेत्र में भाषा माध्यम के रूप में हिन्दी की अभिव्यक्ति क्षमता की दृष्टि से विचार किया जाए तो हम पाते हैं कि यद्यपि बीसवीं शती के आरंभिक वर्षों में हिन्दी में वैज्ञानिक साहित्य सृजन के मार्ग में अनेक प्रकार की बाधाएँ थी। किन्तु फिर

भी स्तुत्य कार्य किया गया। और अब जब कि हिन्दी में अनेक प्रकार के शब्दकोश, संदर्भ-ग्रंथ और देशी तथा विदेशी पुस्तकें उपलब्ध हैं, फिर भी यह अनुभव किया जा रहा है कि प्रगति का मार्ग कुंठित है। स्नातक तथा स्नातकोत्तर स्तर की पाठ्यपुस्तकों की उपलब्धता के पश्चात यह स्वाभाविक है कि शिक्षण तथा अनुसंधान कार्य, पुस्तक प्रकाशन, शोध-पत्र लेखन एवं प्रकाशन तथा विज्ञान और प्रौद्योगिकी के प्रत्येक विषय से संबंधित उच्चस्तरीय पत्रिकाओं का प्रकाशन आदि सभी हिन्दी में किया जाए जैसा कि अंग्रेजी में हो रहा है। किन्तु खेद है कि ऐसा नहीं हो रहा है। शोध-पत्र या तो हिन्दी में लिखे ही नहीं जा रहे हैं, और यदा-कदा यदि एकाध कहीं लिखे भी जा रहे हैं तो वे मुख्यतः पुनरीक्षण पत्र ही अधिक होते हैं।[8] हिन्दी में शोध लेखों को प्रकाशित करने की बहुत कम सुविधाएँ हैं। शोध-स्तर की केवल गिनी-चुनी पत्रिकाएँ ही हैं, और विभिन्न कारणों से उनका प्रकाशन भी नियमितरूप से नहीं हो पाता है।

हिन्दी में विज्ञान संबंधी साहित्य के मौलिक लेखन का अभी भी अभाव है। इसके अनेक कारण हैं जिसमें से प्रमुख यह है कि विषय विशेषज्ञों का भाषा पर अधिकार नहीं है और भाषिक विषेशज्ञता प्राप्त व्यक्तियों का तकनीकी विषयों पर अधिकार नहीं है। देश में सह-लेखन की प्रवृत्ति का भी समुचित विकास और व्यवस्था नहीं है। ऐसी स्थिति में तकनीकी भाषा के विकास से सरोकार रखने वाले विभिन्न अभिकरण अंग्रेजी में उपलब्ध तकनीकी साहित्य के अनुवाद पर निर्भर होने के लिए बाध्य हैं। यह उल्लेखनीय है कि कोई भी भाषा अनुदित साहित्य अथवा पाठ्यपुस्तकों के बल पर प्रथम श्रेणी का स्थान नहीं पा सकती। इसके लिए यह आवश्यक है कि देश में हो रहे किसी भी अनुसंधान कार्य अथवा शोध के परिणाम को हिन्दी में प्रकाशित किया जाए। यदि उच्चतम् स्तर के शोध - साहित्य हिन्दी में भी प्रकाशित हों तो अन्य भाषाओं के वैज्ञानिक और शोधकर्ता उसका लाभ पाने के लिए हिन्दी सीखने के लिए बाध्य हो जाएंगे। इस प्रकार तकनीकी हिन्दी शब्दावली का प्रयोग स्वतः ही बढ़ेगा और भाषा भी संवर्द्धित होती रहेगी क्योंकि भाषा प्रयोग से बनती है, प्रयोगशाला में नहीं। इससे भारतीय जनमानस की वैज्ञानिक प्रतिभा और मौलिकता भी बढ़ेगी। मस्तिष्क के किसी कोने में उठे हुए विचार को अपनी भाषा का समर्थन मिलेगा तो उसकी अभिव्यक्ति से भारतीय चिंतनधारा की स्त्रोतस्विनी एक बार पुनः इतिहास को दोहराने के लिए कटिबद्ध हो जाएगी। इससे संपूर्ण भारतीय जनमानस नवजीवन पाएगा और उसकी बौद्धिक मलिनता धुल कर स्वच्छता होगी और गतिशीलता को प्राप्त करेगी। फिर अरविन्द घोष जैसे किसी भारतीय दार्शनिक को इस प्रकार अफसोस नहीं जाहिर करना पड़ेगा कि - *यदि उपनिषदकाल, बुद्ध के युग अथवा किसी अन्य पुराने युग के भारतीय को आधुनिक भारत में अवतरित किया जाए तो, वह देखेगा कि उसकी जाति भूतकाल के बाह्याचारों, आडम्बरों और चिल्लपों से चिपकी हुई है और उनके वास्तविक आशय लगभग विस्मृत कर चुकी है। वह चरम सीमा तक पहुंची हुई*

मानसिक दरिद्रता, निश्चलता, घोखे हुए को दोहराते चलने की प्रवृत्ति, विज्ञान के ठहराव, कला की दीर्घकालीन वन्ध्यता और सर्जनशील सहज ज्ञान की अपेक्षा दुर्बलता को देखकर चकित हो जाएगा।[9]

विचारों के उद्भव और संप्रेषण का संपूर्ण कार्य भाषा माध्यम से ही होता है। फिर भी कदाचित अत्यधिक परिचय के कारण लोग अपनी भाषा के विकास पर समुचित ध्यान नहीं देते और अक्सर उससे संबंधित प्रश्नों को गंभीरता से नहीं लेते हैं। हमारे देश में भाषा से संबंधित समस्याओं की स्थिति अपेक्षाकृत और भी खराब है। वर्तमान भारतीय समाज आज इस समस्या से विमुख और सरोकारहीन होता नजर आ रहा है। विशेषरूप से यहाँ का वैज्ञानिक समुदाय तो इस ओर कोई ध्यान ही नहीं दे रहा है और देश की भाषा समस्या से विरक्त् विदेशी भाषा के अपने कामचलाऊ ज्ञान से ही संतुष्ट है। वह समझता है कि विज्ञान, प्रौद्योगिकी तथा अभियांत्रिकी ज्ञान की अभि-व्यक्ति के लिए भाषा इतनी महत्वपूर्ण चीज नहीं है।[10] यही कारण है कि विज्ञान और प्रौद्योगिकी से संबंधित उच्चानुशीलन और शोधादि कार्यों में किसी भी स्वदेशी भाषा का उपयोग नहीं हो रहा है बल्कि विभिन्न भाषाओं को आपसी राजनीति का मोहरा बना लिया गया है। राजभाषा हिन्दी तो कुत्सित राजनीति का केन्द्र बिन्दु ही बन गयी है। विभिन्न वैज्ञानिक विषयों की अभिव्यक्ति हेतु सक्षम हिन्दी भाषा का पर्याप्त विकास होने तथा नागरी लिपि की वैज्ञानिकता की पुष्टि होने के बावजूद आज का भारतीय वैज्ञानिक समाज यह मानकर बैठा है कि अंग्रेजी के बिना उसका काम नहीं चल सकता।[9] यह पराजित मानिसिकता का प्रतिबिंब है अन्यथा कोई कारण नहीं है कि अंग्रेजी भाषा के अभाव में हमारा विकास अवरुद्ध हो जाए। इतिहास से भी हमें अवश्य कुछ सीखना चाहिए। इसी दृष्टिकोण से तृतीय अध्याय में भारतीय तकनीकी भाषा के ऐतिहासिक विवरण और विकासक्रम को प्रस्तुत किया गया है। उल्लेखनीय है जिस देश में वैज्ञानिकता से परिपूर्ण भाषाओं की परंपरा हो और जिसके पूर्वजों ने विश्व को भाषा-दृष्टि दी हो[12] उसी की संतान यदि यह मान ले कि किसी पराई भाषा के बिना उसका काम नहीं चल सकता तो अरविन्द घोष जैसे मनिषी द्वारा आलोचना और अफसोस करना उचित ही है।

भाषा सम्पन्न हमारे राष्ट्रीय जीवन की आज यह विडंबना ही है कि भारतीय भाषाओं, विशेष कर हिन्दी भाषा में पारिभाषिक शब्दावली है तो विज्ञान और प्रौद्योगिकी पर लिखने वाले लेखक नहीं हैं, लेखक हैं तो उनकी लिखी पुस्तकों का कोई स्तर नहीं है। स्तरीय पुस्तकें हैं तो उनका इस्तेमाल नहीं है और मान लीजिए इस्तेमाल भी करें तो व्यावहारिक जीवन में उनका कोई उपयोग और सामाजिक प्रतिष्ठा नहीं है और जो कुछ थोड़ा-बहुत उपयोग हो भी रहा है तो वह राष्ट्रीय और अन्तर्राष्ट्रीय स्तर पर नहीं है! यह एक विचित्र दुष्चक्र है। विभिन्न वर्गों में बंटा भारतीय

वैज्ञानिक समुदाय इसी बात का फायदा उठा कर इस समस्या से विरक्त है और अंग्रेजी भाषा में यथावत अपना कार्य कर रहा है। संभवतः वह समझता है कि भाषा समस्या का समाधान निकालना उसका नहीं संबंधित भाषा समाज अथवा भाषा-वैज्ञानिकों का कार्य है। इसी तथ्य की ओर संकेत करते हुए डॉ.नामवर सिंह ने उचित ही कहा है कि *वह बात तो करता है आत्मनिर्भरता की, किन्तु राह चलता है परनिर्भरता की। अंग्रेजी की पुस्तकें सहज सुलभ हैं तो हिन्दी या किसी अन्य भारतीय भाषा की पुस्तकें क्यों लिखें या पढ़े! कामधेनु तजि छेरी कौन दुहावे!*[13]

भाषा समस्या के परिप्रेक्ष्य में यदि हम देखें तो हमे होता है कि, भारत में आधुनिक विज्ञान और प्रौद्योगिकी के क्षेत्र में भाषा से पहले बुनियादी समस्या विज्ञान के क्षेत्र में देशी और मौलिक चिंतन की है। यह सही है कि विज्ञान में राष्ट्र की दीवारें नहीं होती और विज्ञान का हर आविष्कार मानव जाति के लिए होता है, किन्तु हाल ही में हुए गैट समझौतों[14] ने इस सच्चाई पर भी प्रश्न चिह्न लगा दिया है। कभी-कभी यह भी कहा जाता है कि विज्ञान की अपनी भाषा होती है - सांकेतिक भाषा अथवा प्रतीक भाषा ! ये सारी बातें अपनी जगह सही हैं, किन्तु उतना ही सच यह भी है कि चिंतन का अपना एक बुनियादी भाषिक आधार होता है। वह है मातृभाषा का आधार जिसमें मनुष्य को संस्कार और बुनियादी शिक्षा प्राप्त होती है। ज्ञातव्य है, मनुष्य की पहली पाठशाला उसका अपना घर होता है जिसके परिवेश में उसका व्यक्तित्व निर्मित होता है। मां के दूध के साथ-साथ उसे मातृभाषा का भी सहज एवं प्राकृतिक सानिध्य मिलता है, और उसके मस्तिष्क में चिंतन-मनन का बुनियादी स्वरूप निर्मित होता है। इस आधार के पुष्ट होने के बाद मानव चाहे कितने भी अन्य परिवेशों में क्यों न चला जाए, उसका बुनियादी आधार नहीं बदलता है। व्यक्तित्व में परिलक्षित होने वाले बाह्यारोपण की बात अलग है। जैसे-जैसे हमारे व्यक्तित्व का निर्माण करने वाली भाषा का स्तर बृहत्तर होता जाता है, वह सार्वजनिक संव्यवहार और सामाजिक जीवन को भी प्रभावित करने लगती है। यहीं पर भाषिक आधार हमारे व्यक्तित्व, सामाजिक स्तर, शैक्षिक स्तर, पेशा, अस्मिता तथा सामाजिक अस्तित्व इत्यादि का मूल्यांकन प्रस्तुत करता है। कोई भी भाषिक समाज इससे अछूता नहीं है।[15] हम यह भी स्पष्ट रूप से देखते हैं कि शिक्षा व्यवस्था की संस्तुति करने वाले शिक्षाविदों के विभिन्न आलेखों में मातृभाषा से शिक्षा प्रदान करने पर अक्सर बल दिया जाता है। इसका कारण मातृभाषा में बनने वाला बुनियादी भाषिक आधार ही है। अतः उपयुक्त परिप्रेक्ष्य में यह दृढ़तापूर्वक कहा जा सकता है कि मौलिक चिंतन अपनी भाषा में ही हो सकता है और अपनी भाषा में वैज्ञानिक चिंतन का विकास हो जाने पर पारिभाषिक शब्दावली की समस्या अपने आप हल हो जाती है। प्रौद्योगिकी का विकास भी विज्ञान के इसी देशी चिंतन से जुड़ा हुआ है।

हमारे देश की वर्तमान परिस्थितियों का अनुशीलन करने पर यह स्पष्ट रूप से परिलक्षित होता है कि विज्ञान और प्रौद्योगिकी से संबंधित हमारी चिंतनधारा दिग्भ्रमित है, अन्यथा कोई कारण नहीं है कि अंग्रेजी भाषा सहित विशाल वैज्ञानिक ढांचागत सुविधाओं की पर्याप्त उपलब्धता और विश्व में तृतीय सर्वाधिक प्रशिक्षित जनबल होने के बावजूद अन्तर्राष्ट्रीय स्तर पर हमारा प्रतिनिधित्व नगण्य होता और प्रतिभा पलायन आम बात होती ![16]

भाषा सहित विज्ञान और प्रौद्योगिकी से संबंधित सारी समस्याओं को व्यवस्थित करने के लिए यह आवश्यक है कि भारतीय वैज्ञानिक चिंतनधारा को सही दिशा प्रदान किया जाए। चिंतन का दिशा-निर्धारण उपयुक्त शिक्षा प्रणाली और संस्कारों द्वारा किया जाता है। अतः स्वभाषा माध्यम से उच्चानुशीलन और शोधादि हेतु उपयुक्त शिक्षा व्यवस्था भारतीय समय की अनिवार्य आवश्यकता है। अन्यथा भूमण्डलीकरण के कारण तेजी से सिकुड़ती हुई इस दुनिया में भारतीय नागरिक अपनी मिट्टी से कट जाएगा और जननी तथा जन्मभूमि के सामाजिक और आर्थिक समस्याओं और सरोकारों से विमुख विशाल समुद्र में उड़ते हुए उस पक्षी की भाँति हो जाएगा जिसको थक जाने पर भी विश्राम के लिए कोई ठौर नहीं मिलता और अंततः जलसमाधि ही लेनी पड़ती है। अतः जब पुनः उड़ि उसी जहाज पर आना है तो मृगमरिचिका की ओर दिग्भ्रमित हो कर जाने की क्या आवश्यकता है ? अपनी भाषा और संस्कृति से कैसा दुराव ?

दृढ़तापूर्वक इस सत्य का उद्‌घाटन किया जा सकता है कि जब तक एक विदेशी भाषा में अध्ययन-अध्यापन होता रहेगा, तब तक इस देश में पारिभाषिक शब्दावली की समस्या रहेगी तथा अनुवाद प्रक्रिया के कारण और भी जटिलतर होती जाएगी। भाषा समस्या के कारण तकनीकी ज्ञान का प्रसार और विकास भी बाधित होता रहेगा, जिसकी ओट लेकर आधुनिक प्रौद्योगिकी का विदेशों से आयात निरंतर जारी रहेगा, जो शनैः शनैः हमारे मौलिक चिंतन को पूर्णतः समाप्त कर देगा। काबिले-गौर है कि बौद्धिक विकलांगता हमारी नियति बनती जा रही है। मेरी राय में इससे बचने का उपाय भारत का भाषिक आधार मजबूत करना ही है ! देश की भाषागत संवेदना और खुदी को बुलंद करना है।

ज्ञातव्य है - पारिभाषिक अथवा तकनीकी शब्द किसी भी व्यक्ति के लिए अनजान होते हैं, जब तक कि वे उसके अनुभव और अध्ययन के क्रम में न उपजे हों। शब्द बनाना कठिन नहीं है, मांजना और उसे प्रचलित करना अपेक्षाकृत ज्यादे कठिन है। शब्द का मार्जन और प्रचलन उसका प्रयोग करने से ही होता है। उदाहणार्थ हम कह सकते हैं कि जिस प्रकार पोटैशियम सायनाइड का स्वाद चखे बिना नहीं बताया जा

सका था उसी प्रकार भारत सरकार द्वारा निर्मित विज्ञान संबंधी हिन्दी पारिभाषिक शब्दावली का प्रयोग किए बगैर उसकी सार्थकता-निरर्थकता का न तो मूल्यांकन किया जा सकता है और न ही उस पर अन्यथा टिप्पणी की जा सकती है। व्यापक स्तर पर यदि उसका प्रयोग हो तो उसकी कमियाँ और खुबियाँ स्वतः ही स्पष्ट हो जाएंगी। किन्तु उनका प्रयोग किए बगैर ही उन्हें अस्वीकार करना अथवा उन पर टीका-टिप्पणी करना पूर्वाग्रह का परिचय देना है। इसी परिप्रेक्ष्य में विज्ञान और प्रौद्योगिकी के क्षेत्र में नवनिर्मित हिन्दी पारिभाषिक शब्दावली का वैज्ञानिक साहित्य सृजन और शिक्षा के क्षेत्र में प्रयोग न होने की वर्तमान समस्या को निम्नलिखित प्रमुख वर्गों में विभक्त किया जा सकता है :

1. सामाजिक और आर्थिक समस्या
2. मनोवैज्ञानिक समस्या
3. राजनैतिक समस्या और
4. अन्य विविध व्यावहारिक समस्याएँ जो उपरोक्त तीनों वर्गों में समाविष्ट नहीं हैं।

4.1 सामाजिक और आर्थिक समस्या

मानवीय सभ्यता के विकास का सीधा संबंध उसके सामुदायिक जीवन और भरण-पोषण तथा विकास हेतु अर्थोपार्जन के लिए सामाजिक और आर्थिक कठिनाइयों से जुझने और यथा संभव उन्हें व्यवस्थित करने से रहा है। मानव जीवन को जब हम विश्लेषित कर के देखते हैं तो वह अनेक आयामों में बंटा दिखता है। उसके जीवन का प्रत्येक आयाम परंपराओं के रेशों से बना हुआ है। उसकी आस्था, विश्वास, धार्मिकता, नैतिकता आदि मानवीय मूल्यों को प्रदर्शित करने वाला पक्ष, उसका सांस्कृतिक अथवा पारंपरिक जीवन कहलता है। समाज अथवा समुदाय से जुड़े रीति-रिवाजों, परंपराओं, आदतों और व्यवहारों से संबंधित पक्ष, उसका सामाजिक जीवन होता है। अपना तथा अपने आश्रितों के भरण-पोषण हेतु अर्थोपार्जन एवं आर्थिक क्रियाकलापों (उद्योग, व्यापार, नौकरी, मजदूरी आदि) से संबंधित मानव का जीवन उसके आर्थिक पक्ष की अभिव्यक्ति करता है। इसी प्रकार अपने जीवन को सुरक्षित बनाए रखने के लिए मनुष्य कुछ अधिकारों, कर्तव्यों और उपर्युक्त तीनों जीवनायामों को सुचारू ढंग से चलाने के लिए आचार संहिता (कानून व्यवस्था) में अपने जीवन को व्यवस्थित करता है। यह उसके जीवन का राजनैतिक पक्ष है। सामाजिक और आर्थिक परिस्थितियों को प्रभावित करने वाले महत्वपूर्ण कार्यकलाप के रूप में शिक्षा की महत्ता सर्वमान्य है तथा विज्ञान और प्रौद्योगिकी के क्षेत्र में हिन्दी भाषा के प्रयोग की समस्या घनिष्ट रूप से उच्चस्तर पर तकनीकी शिक्षण से ही जुड़ी हुई है। एतदर्थ व्यापक रूप में शिक्षा की पृष्ठभूमि सहित आर्थिक एवं रोजगार व्यवस्था

आदि मनुष्य के महत्वपूर्ण सामाजिक और आर्थिक पक्षों का विवेचन प्रस्तुत करते हुए निम्नांकित परिच्छेदों में विवेच्य समस्या का अनुशीलन करने का प्रयास किया जा रहा है।

उपर्युक्त चारों जीवनायामों की समग्रता हेतु मनुष्य को विविध कार्यकलापों में अपनी दिनचर्या को बांटना पड़ता है। जीवन निर्वाह और भरण-पोषण की आवश्यकता ने ही आदिमानव को आखेट करने की कला, प्रयुक्त औजारों व अस्त्रों का निर्माण व सुरक्षा, शिकार किए गये पशु का अपनी आवश्यकता के अनुसार उपयोग आदि से संबंधित ज्ञान व कौशल को एक पीढ़ी से दूसरी पीढ़ी तक हस्तांतरित करने को बाध्य किया। इसी प्रकार मानव जीवन की जटिलता और क्लिष्टता ने जीवनयापन संबंधी व्यावहारिक ज्ञान को एक पीढ़ी से दूसरी पीढ़ी तक संप्रेषित करने की आवश्यकता अनुभूत कराई। अनुभवों को संजोकर रख सकने और उसका नई परिस्थितियों में समुचित उपयोग करने की बौद्धिक क्षमता ने मानव जीवन में शिक्षा की अनिवार्यता और आवश्यकता को प्रतिपादित किया। व्यक्ति की अपनी आर्थिक एवं सामाजिक स्थित को उत्तरोत्तर ऊपर उठाने और संवारने में शिक्षा कारण व परिणाम दोनो सिद्ध हुई। मानवीय उद्दश्यों की पूर्ति के लिए शिक्षा एक शक्तिशाली उपकरण बनकर उभरी क्योंकि आर्थिक शब्दावली में शिक्षा को भी एक संसाधन माना जाता है। शिक्षा के प्रसार में भाषा का महत्वपूर्ण योगदान रहा है। भाषा ही वह महत्वपूर्ण माध्यम है जिससे होकर ज्ञान-विज्ञान एक पीढ़ी से दूसरी पीढ़ी तक संप्रेषित होता रहा है और आगे भी होता रहेगा।

सामाजिक परिवर्तन और आर्थिक उन्नति में शिक्षा की भूमिका सर्वोपरि है। मानवीय शक्ति के निर्माण तथा प्राकृतिक संसाधनों के समुचित एवं वैज्ञानिक उपयोग की क्षमता के विकास में शिक्षा की अनिवार्य भूमिका ने समयानुसार इसकी रूपरेखा को भी विस्तृत किया है। प्रजातांत्रिक समाजों में सामाजिक न्याय, समानता और स्वतंत्रता के मूल्यों सहित आर्थिक और सांस्कृतिक विकास की समुचित व्यवस्था होना एक अनिवार्य और आवश्यक शर्त है। किन्तु वर्तमान परिस्थितियों में भाषा समस्या के कारण उक्त सभी मूल्यों का ह्रास हो रहा है। इस संबंध में भारत की स्थिति अपेक्षाकृत और भी खराब है। सामाजिक समानता और आर्थिक उत्थान के जिस बुनियादी आधार को लेकर स्वतंत्र भारत की कल्पना की गयी थी, आज उसमें भाषागत समस्याओं को लेकर व्यापक असमानता, अराजकता और कुव्यवस्था फैली है। अंग्रेजी भाषा उच्चस्तर पर वैज्ञानिक शिक्षा का प्रमुख माध्यम है, और हिन्दी सहित अन्य राष्ट्रभाषाएँ अपनी गरिमा, परंपरा और सशक्त अभिव्यक्ति क्षमता के बावजूद उपेक्षित हैं। इनके माध्यम से आज भी केवल साहित्य और कहीं-कहीं मानविकी संबंधी विषयों का ही अध्ययन - अध्यापन हो रहा है। उच्चस्तरीय विज्ञान, प्रौद्योगिकी और अभियांत्रिकी से संबंधित विषयों के अध्ययन - अध्यापन में इनका उपयोग नगण्य मात्र ही है।

भारत की विशालता, विविधता और बहुभाषिकता की ओट लेकर इस देश के शिक्षा व्यवस्थापकों ने शिक्षा माध्यम जैसे संवेदनशील और गंभीर प्रश्न को उपेक्षित कर के संपूर्ण भारतीय समाज को बौद्धिक विकलांगता के दलदल में फंसा दिया है। वर्तमान शिक्षा पद्धति ने शिक्षित वर्ग और जनता में विभेद उत्पन्न कर दिया है। लोगों में राष्ट्रीय उत्तरदायित्व के प्रति उदासीनता उत्पन्न कर दी है और मस्तिष्क को विकसित होने से वंचित रखा है। गौर से देखा जाए तो हम पाते हैं कि प्राकृतिक संसाधनों से सम्पन्न इस देश को भौतिक पिछड़ेपन की गर्त में ढकेल दिया गया है। इस तथाकथित अन्तर्राष्ट्रीय शिक्षा पद्धति तथा राजनैतिक प्रणाली का जो सम्मिलित कुप्रभाव भारत पर पड़ा है, उसके फलस्वरूप भारतवासी अपने को हीन समझकर पश्चिम की चकाचौंध का अनुकरण करने लगे हैं और पश्चिमाभिमुखी हो गये हैं।[17] हमारी पाठचर्या का कार्यक्षेत्र अत्यंत संकुचित बना दिया गया है। यह पद्धति हमारे छात्रों को अपने देश या जाति की संस्कृति तक का सम्यक ज्ञान देने में असमर्थ रही है। इसके विरपरीत प्रत्यक्ष तथा परोक्ष रूप से इसका प्रयोजन केवल छोटी-मोटी नौकरी प्राप्त करने की योग्यता प्रदान करना ही रह गया है। बौद्धिक चेतना को जगाने तथा सामाजिक उत्तरदायित्व के भाव और नैतिक संवेदनशीलता के भाव जगाने पर उसकी दृष्टि ही नहीं है। विदेशी भाषा और संस्कृति के मंगनी के विचारों और बौद्धिक साधनों पर अब तक आश्रित रहने के कारण राष्ट्रीय आत्मसम्मान काफी आहत हुआ है। स्पष्ट है कि उक्त शिक्षा प्रणाली ने न तो व्यष्टियों के व्यक्तित्व को ही विकसित किया है और न समुदाय या जाति की ही कोई सेवा की है।[18]

हिन्दी भाषा के प्रयोग की अनिवार्यता और उपर्युक्त शिक्षा प्रणाली के खोखलेपन की परख भारतीय स्थिति को अच्छी तरह समझ कर ही किया जा सकता है। उसकी विशिष्ट कठिनाइयों, जटिलताओं और बहुविधरूपों का ध्यान रखते हुए उसकी सांस्कृतिक परंपरा और अनेक शताब्दियों में स्थिर उसके स्वरूप को संवारने में बाहरी प्रभावों का विश्लेषण करना चाहिए और इस तथ्य पर गंभीर चिंतन और चर्चा होनी चाहिए कि बाहरी संस्कृतियों के संयोग से नई-नई बातों को ग्रहण करने के बावजूद अपने राजनैतिक गुलामी के दिनों में भी भारत ने अपनी मौलिक सांस्कृतिक और सामाजिक संरचना सहित विचारों, मूल्यों और प्रथाओं को कैसे बचाए और बनाए रखा। और उसी परिप्रेक्ष्य में इसका भी मूल्यांकना करना चाहिए कि स्वातंत्र्य काल में क्यों अपने ही हाथों से हम सुनियोजित ढंग से इस धरोहर को नष्ट करने पर तुले हैं। क्या हमारी मनीषा का स्त्रोत अब चुक गया है ? अथवा हमारे मौलिक चिंतन का पतन हो गया है? इतिहास इस बात का साक्षी है कि संसार की कोई ऐसी संस्कृति नहीं है जो बाहरी प्रभावों से अछूती या अमिश्रित रही हो। विभिन्न संस्कृतियों का आदान-प्रदान कभी तो आप से आप और कभी विवशता की दशा में सभी देशों में होता रहा है। और सांस्कृतिक संमिश्रण की यह परंपरा सदियों से चली आ रही है किन्तु इसका

तात्पर्य यह नहीं कि हम अपनी अस्मिता ही इसमें खो दें। ध्यान रखना चाहिए कि भाषा और सांस्कृतिक परंपरा ही किसी भी समुदाय की सजीवता के प्रमाण है।

भारतीय जीवन दर्शन और संस्कृति पर पाश्चात्य संपर्क का जो प्रभाव पड़ा, विवेच्य समस्या की दृष्टि से अत्यंत महत्वपूर्ण है। भारत में आगत अन्य संस्कृतियों की अपेक्षा इसका व्याप्तिकाल बहुत कम रहा है, किन्तु ऐतिहासिक दृष्टि से यह अत्यंत महत्वपूर्ण है क्योंकि इसने संपूर्ण भारतीय जीवन को एक उत्प्रेरक की भाँति प्रभावित किया है। इसका परिणाम यह है कि वर्तमान भारत भले ही राजनैतिक दृष्टि से अंग्रेजों की दासता से मुक्त हो गया है, बौद्धिक दृष्टि से अब भी अंग्रेजी और अंग्रेजीयत का वफादार गुलाम है तथा अपने सामाजिक और आर्थिक हितों को आज भी पश्चिम में ही तलाशता है। जैसा कि गत अध्याय में स्पष्ट किया गया है, विज्ञान और प्रौद्योगिकी में अभिव्यक्ति हेतु हिन्दी की विज्ञान संबंधी पारिभाषिक शब्दावली निर्मित की जा चुकी है। किन्तु फिर भी उसका सम्यक उपयोग नहीं हो रहा है। सामाजिक और आर्थिक समस्या के परिप्रेक्ष्य में इसका अनुशीलन करने पर इसके मूल भारत की समाजिक और आर्थिक व्यवस्था का निर्माण करने वाले निम्नांकित तत्वों में दिखाई देते हैं जो कि सामाजिक और आर्थिक उत्थान-पतन के महत्वपूर्ण कारक हैं :

1. शिक्षा व्यवस्था
2. आर्थिक एवं रोजगार व्यवस्था
3. विविधता और बहुभाषिकता

अतः उपर्युक्त तीनों व्यवस्थाओं का सम्यक विवेचन प्रस्तुत करते हुए हिन्दी भाषा प्रयोग की समस्या का अनुशीलन करना उचित होगा।

4.1.1 शिक्षा व्यवस्था : (हिन्दी माध्यम से विज्ञान एवं प्रौद्योगिकी शिक्षण – समस्या एवं समाधान)

व्यक्तिगत, सामाजिक एवं राष्ट्रीय जीवन में शिक्षा के कार्यों का अध्ययन करने पर स्पष्ट होता है कि शिक्षा एक चेतन, अर्थपूर्ण और सोदेश्य प्रक्रिया है। सामाजिक परिवर्तन के एक महत्वपूर्ण कारक के रूप में भी शिक्षा की अपनी भूमिका है। समाज़ का भावी स्वरूप क्या हो, उसके सदस्यों में किन कौशल व योग्यताओं का होना आवश्यक है ? राजनीति, आर्थिक दशा, सामाजिक व्यवस्था, तकनीकी तथा औद्योगिकीकरण की उपलब्धि आदि का निर्धारण उपयुक्त शिक्षा व्यवस्था के द्वारा ही किया जाता है।[19] इस प्रकार हम देखते हैं कि शिक्षा वस्तुतः मनुष्य के भावी जीवन की तैयारी है। समाज़ के लक्ष्यों, आकांक्षाओं, आदर्शों व मान्यताओं के आधार पर शिक्षा के उद्देश्यों का निर्धारण होता है।

भारत में उच्चस्तर पर विज्ञान और प्रौद्योगिकी शिक्षण में हिन्दी भाषा के प्रयोग न होने अथवा अन्य सामाजिक - आर्थिक - राजनैतिक प्रशासनिक क्षेत्रों में हिन्दी भाषा के प्रयोग न होने की समस्या बहुत घनिष्ट रूप से भारतीय शिक्षा व्यवस्था से जुडी हुई है। इस समस्या के समाधान हेतु शिक्षा व्यवस्था से जुड़े इसके विविध पक्षों का सम्यक अध्ययन और विश्लेषण आवश्यक है। इसी प्रयोजन से हम यहां शिक्षा के कुछ मूलभूत तत्व विवेचन प्रस्तुत कर रहे हैं:

4.1.1.1 शिक्षा की रूपरेखा

भारतीय परंपरा में हम देखते हैं कि वैदिक युग में जीवन के उद्देश्यों के अनुरूप शिक्षा के उद्देश्यों को भी निर्धारित किया गया था जो धर्माचरण तथा अंतिम सत्यता और तद्नुसार जीवन को उसके अनुरूप ढालने के लिए था। ग्रीक सभ्यता में व्यक्ति की अन्तर्निहित श्रेष्ठता को अभिव्यक्त करने के साथ राज्य के उद्देश्यों को पूर्ण करने का घटक स्वीकार करते हुए शिक्षा की विचारधारा विकसित हुई।[20] इसी प्रकार बौद्धिक जागरण और औद्योगिक क्रांति ने यूरोप में नई मान्यताओं और विचारधाराओं को जन्म दिया। राष्ट्रवादी और मानवतावादी दृष्टिकोणों ने व्यक्ति और राज्य की भूमि-काओं तथा अस्तित्व को नये परिप्रेक्ष्य में देखने का क्रम आरंभ किया। तद्नुसार शिक्षा की भूमिका और रूपरेखा भी विकसित हुई। समानता, स्वतंत्रता और न्याय के मूल्यों ने न केवल वैयक्तिकता के महत्व का प्रतिपादन किया अपितु सामाजिक परिपेक्ष्य में शिक्षा के अपने दायित्वों का भी निर्धारण किया।

समाजशास्त्रीय और अर्थशास्त्रीय मान्यताओं ने शिक्षा को सामाजिक व आर्थिक परिवर्तन की संवृद्धि के आवश्यक घटक के रूप में स्थापित करते हुए सामाजिक परिवर्तन को आधुनिकीकरण से जोड़ दिया है। एतदर्थ नवीन विचारधारा, नवीन ज्ञान-विज्ञान, उसकी उपलब्धियाँ और तकनीकी ज्ञान के प्रयोग द्वारा सामान्य जीवन की भौतिक परिस्थितियों में जो परिवर्तन आ रहा है, उसके परिणामस्वरूप समस्त समाज का जीवन परिवर्तित हो रहा है। सुख-समृद्धि की संभावनाएँ अधिक मुखर हो रहीं हैं। मानव की कार्यकुशलता, ज्ञान और गतिशीलता में अन्तर आ रहा है। ये सभी परिवर्तन संपूर्ण समाज के आर्थिक और समाजिक ढांचे को प्रभावित करते हैं और समाज एक स्थिति से दूसरी स्थिति की ओर बढ़ता है। गत दो-डेढ़ सौ वर्षों के सामाजिक परिवर्तन का अध्ययन करने पर हम देखते हैं कि भारत में उपर्युक्त परिवर्तन काफी तेजी से हुए हैं। इस परिवर्तन का मूल कारण शिक्षा है जिसकी उपलब्धि समाज के प्रत्येक वर्ग को सहज में सुलभ रही है।

परिवर्तन चूँकि एक सतत प्रक्रिया है, और उपर्युक्त परिच्छेद में हमने देखा कि भारत में गत डेढ़-दो सौ वर्षों से शिक्षा के कारण सतत सामाजिक और आर्थिक परिवर्तन हो रहा है। ऐसी स्थिति में इस प्रश्न का उठना स्वाभाविक है कि शिक्षा के कारण होने वाला उक्त परिवर्तन कैसा है? वह विकासात्मक है अथवा नहीं? विकासात्मक इस लिए क्योंकि शिक्षा का मुख्य उद्देश्य व्यक्ति के माध्यम से अंततः किसी समाजकाही उत्थान करना है। किन्तु उक्त अवधि के ऐतिहासिक और वर्तमान परिस्थितियों को देखते हुए यह स्पष्ट रूप से कहा जा सकता है कि उपर्युक्त परिवर्तन विकासात्मक न हो कर संवर्द्धनात्मक रहा है क्योंकि जहाँ एक ओर उपर्युक्त् काल में भौतिक वस्तुओं और सेवाओं में अपार संवृद्धि होती रही है वहीं आनुषंगिक रूप में मनुष्य की दक्षता और उत्पादन क्षमता का ह्रास भी होता रहा है और उसकी परनिर्भरता उत्तरोत्तर बढ़ी है। वर्तमान स्थिति यह है कि अधिसंख्य मनुष्य परजीवी हो गये हैं। भारतीय परिप्रेक्ष्य में इस परनिर्भरता की गंभीरता का अंदाज तो इस बात से ही लगाया जा सकता है कि अपनी भाषाओं के माध्यम से किसी युग में तकनीकी ज्ञान के शिखर पर अवस्थित भारत का वर्तमान वैज्ञानिक समुदाय यह मानता है कि अंग्रेजी भाषा के बिना उसके वैज्ञानिक ज्ञान का विकास और प्रसार ही नहीं हो सकता है। यहाँ की सरकार और शिक्षाशास्त्री आज भी दुविधा की स्थिति में हैं कि राष्ट्रभाषा हिन्दी के माध्यम से विज्ञान की उच्चशिक्षा प्रदान करना देश के लिए उचित है या नहीं? अपने विकास के लिए आज भी हम विदेशी भाषा और आयात किए गये तकनीकी ज्ञान पर निर्भर कर रहे हैं। इसका कारण भी स्पष्ट है - वर्तमान विश्व, संचार माध्यमों की प्रगति के फलस्वरूप बड़ी तेजी से सिकुड़ता जा रहा है और अन्तर्राष्ट्रीय स्तर पर आर्थिक प्रगति की होड़ लगी हुई है। जैसा कि पहले ही उल्लेख किया जा चुका है, वर्तमान युग में आर्थिक और सामाजिक प्रगति का आधार विज्ञान और प्रौद्योगिकीय विकास है। किसी भी देश में इनका प्रचार-प्रसार उच्च शिक्षा के द्वारा ही किया जा सकता है किन्तु विभिन्न राजनैतिक कारणों से हमारे देश में स्वभाषा में उच्चतर तकनीकी शिक्षा की समुचित व्यवस्था नहीं हो पाई है। विदेशी भाषा में उपलब्ध तकनीकी ज्ञान और विदेशी मॉडलों पर निर्मित तकनीकी शिक्षा संस्थानों द्वारा हम राष्ट्र निर्माण के लिए तकनीकी जनबल तैयार करने में लगे हैं, राष्ट्र स्तर पर भाषा का प्रश्न आज भी अनिर्णित है। एतदर्थ भारतीय शिक्षा के व्यवस्थापक सर्वमान्य समुचित निर्णय लेने में आज भी असमर्थ हैं और उक्त परनिर्भरता की स्थिति बनी हुई है।

4.1.1.2 शिक्षा का उद्देश्य

समाजशास्त्रीय दृष्टिकोण से यह माना जाता है कि शिक्षा का प्रधानकार्य सांस्कृतिक धरोहर तथा मानव अस्तित्व को कायम रखने के लिए ज्ञान - विज्ञानादि का हस्तांतरण करना है।[21] मानव के भावी जीवन की तैयारी की प्रक्रिया शिक्षा की

प्रक्रिया है। प्रत्येक समाज शिक्षा की व्यवस्था इसलिए करता है कि नवसंतति को अतीत की संततियों से जोड़ सके।[22] समाज के सांस्कृतिक मूल्यों को सुरक्षित रखने की प्रक्रिया में उसके इतिहास, साहित्य, ज्ञान-विज्ञान, सामाजिक, आर्थिक, धार्मिक व राजनैतिक संस्थाओं के संबंध मे जानना आवश्यक होता है। उसके मूल्यों के संरक्षण और प्रासंगिकता को बनाए रखने के लिए अभिनव परिस्थितियों में उसका पुनरीक्षण और संवर्धन करना भी आवश्यक है। इसके लिए उक्त समाज की शिक्षा व्यवस्था और भाषा मुख्य भूमिका का निर्वाह करती है।

किसी समाज के अन्य समाजों के संपर्क में आने से ज्ञान और विज्ञान के प्रसार के परिणामस्वरूप जीवन की परिस्थितियों में परिवर्तन होता है। इसके कारण नवीन प्रभावधाराएँ समाज में प्रविष्ट होती हैं। इन प्रभावधाराओं का पुरातन मूल्यों व मान्यताओं से संघर्ष होता है। प्राय: ही पुरातन मान्यताएँ व मूल्य नवीन मान्यताओं व मूल्यों के प्रवाह में बह जाते हैं। अपने ही समाज में इसका प्रमाण उपलब्ध है। अनेक पुरातन मान्यताओं को हमने छोड़ दिया है और उनके स्थान पर नवीन मूल्यों को अपना लिया है। हमारी संस्कृति आज पाश्चात्य संस्कृति से बुरी तरह प्रभावित है। हमेशा ही यह भय बना रहता है कि अधुनिकीकरण के फेर में कहीं हम अपने मूलभूत शाश्वत मूल्यों को ही न खो बैठें! ऐसे संघर्ष के समय शिक्षा व शैक्षिक संस्थाओं का विशेष उत्तरदायित्व होता है। नवीन धाराओं, प्रवृत्तियों और मूल्यों का मूल्यांकन, समन्वयन और भावी पीढ़ी तक उचित रूप में संप्रेषण की सामाजिक जिम्मेदारी शिक्षा व्यवस्था और शिक्षा कर्मियों की ही होती है।

4.1.1.3 भारतीय शिक्षा : इतिहास और स्वरूप

भारत में उच्चशिक्षा की एक सुदीर्घ परंपरा रही है। इतिहासकार प्राचीन भारत में विश्वविद्यालयीन शिक्षा की पुष्टि करते हैं। प्राचीन भारत के बिहार राज्य में स्थित नालंदा, तक्षशिला और उदण्डूपुर विश्वविद्यालयों का इस संबंध में उदाहरण दिया जा सकता है। उल्लेख मिलता है कि नालंदा विश्वविद्यालय में एक साथ लगभग 10,000 छात्र तत्वमीमांसा, खगोलशास्त्र, गणित और चिकित्सा विज्ञान जैसे विषयों का अध्ययन करते थे।[23] भारत के शैक्षिक इतिहास का आधुनिक काल लगभग 1765 ई. से आरंभ होता है।[24] भारत की आधुनिक शिक्षा पद्धति का निर्माण न केवल भारत के सामाजिक, राजनैतिक और सांविधिक स्थितियों ने किया है, अपितु समसामयिक इंग्लैण्ड की सामाजिक, राजनैतिक और शैक्षिक गतिविधियों ने भी किया है। कई भारतीय संस्थाओं की योजनाएँ इंग्लैण्ड की सदृश संस्थाओं के आधार पर बनाई गयी हैं। सामान्यत: इंगलैण्ड की शिक्षा प्रणाली का अनुकरण करते हुए नवीन भारतीय शिक्षा प्रणाली की संरचना हुई है।[25]

अठारहवीं शताब्दी का यह एक ऐतिहासिक सत्य है कि जब संपूर्ण विश्व की पुरातन व्यवस्थाएँ छिन्न-भिन्न हो रहीं थीं और सर्वत्र परिवर्तन की प्रवृत्ति मुखरित हो रही थी, ऐसे जटिल और संधिकाल में पूर्व और पश्चिम का संपर्क हुआ। दोनों की सांस्कृतिक परंपराओं और ज्ञान-विज्ञान ने एक दूसरे को प्रभावित किया। दुर्भाग्यवश इन्हीं दिनों विभिन्न कारणों से भारत तथा अन्य पूर्वी देशों की प्रगति अवरूद्ध थी। इनकी उद्योग विद्या का या तो ह्रास हो गया था या वह विकास की नई स्थितियों के अनुरूप अपने को नहीं बना सके थे। उस समय पश्चिम तथा पूर्व का संबंध प्रायः नहीं के बराबर था। यही वह समय था, जब भारत अपना वास्तविक स्वरूप खो बैठा। यह अवस्था अनेक दशकों तक बराबर चलती रही और भारत के गौरवशाली परंपरा के पतन का कारण बनी। इस अवस्था की चर्चा करते हुए रवीन्द्रनाथ ठाकूर ने कहा है - *भारत अंधकार के संकुचित गर्त में जा पड़ा, एकान्तता और मिथ्याभिमान को पकड़ बैठा, दिमाग से दिवालिया हो गया, भौचक्का हो कर सिर्फ भूत की दुहाई देने लगा और इस प्रकार अपना सारा तेज गंवा बैठा तथा उसके पास भावी पीढ़ी को देने के लिए कोई संदेश न रह गया।*[26] *ठीक इसी समय पश्चिम तकनीकी और राजनैतिक साहसिकता के नये युग में प्रविष्ट हुआ और वह भौतिक सम्पत्ति तथा अधिकार प्राप्त कर के पूर्व से कहीं आगे निकल गया। इस प्रकार भौतिक और औद्योगिक क्षेत्र में महान सफलता का सेहरा बांध कर पश्चिम ने भारत में प्रवेश किया। पश्चिम के संर्पक के फलस्वरूप हमारा संबंध अंग्रेजी भाषा से हुआ जो आधुनिक ज्ञान - विज्ञान को नये और सशक्त रूप में यहाँ लाई और उसने यहाँ नई शिक्षा प्रणाली को जन्म दिया।*[27] *इस नई शिक्षा प्रणाली का मुख्य उद्देश्य अंग्रेजी शासन हेतु योग्य कर्मचारियों का निर्माण करना था जिसका अभीष्ट सफल हुआ और आज भी हो रहा है।*

आधुनिक भारतीय शिक्षा पद्धति के इतिहास का अनुशीलन करने पर ज्ञात होता है कि तत्कालीन सरकार की आवश्यकताओं, ईसाई मिशनरियों के आग्रह और दबाव तथा राजाराम मोहन राय जैसे कुछ प्रबुद्ध और प्रतिष्ठित भारतीयों द्वारा विशेष और दृढ़ आग्रह के कारण भारत में अंग्रेजी शिक्षा आरंभ हुई। आधुनिक शिक्षा को राजाराम मोहन राय की देन का उल्लेख करते हुए जे.पी.नायक और सैयद नुरूल्ला ने अपनी पुस्तक *भारतीय शिक्षा का इतिहास* में लिखा है कि उन्होंने अंग्रेजी भाषा और उसके माध्यम से पाश्चात्य विज्ञान एवं साहित्य के अध्ययन को लोकप्रिय बनाया। यद्यपि वे स्वयं संस्कृत के प्रकाण्ड विद्वान थे, तथापि उन्होंने संस्कृत एवं अरबी के माध्यम से भारतीयों को शिक्षा देने के तमाम राजकीय प्रयासों की निंदा की। उन्होंने सरकार से याचना की कि वह अपनी प्राच्य शिक्षा संबंधी परियोजना का परित्याग कर दे और उसके स्थान पर पाश्चात्य विज्ञान एवं साहित्य की शिक्षा दे।[28] इसी प्रकार सन् 1834 ई. में मैकाले के भारत आने से पूर्व के इतिहास से ज्ञात होता है कि तत्कालीन भारतीय अंग्रेजी शिक्षा के प्रति विशेषरूप से आकर्षित थे और कंपनी से न पा सकने

के कारण अपनी पिपासा को मिशनरी विद्यालयों में जा कर शांत करते थे।[29] यह भी उल्लेख मिलता है कि ब्रिटिश भारत में गैर-भारतीय मूल के लोगों का प्रयत्न था कि ब्रिटिश शिक्षा पद्धति का अनुकरण करते हुए भारत में एक नई शिक्षा पद्धति लाई जाए। इसमें उन भारतीयों का भी पूरा-पूरा सहयोग था जो अपनी विशिष्ट आवश्यकताओं की पूर्ति और समस्याओं के समाधान हेतु एक नई शिक्षा पद्धति का सर्जन करना चाहते थे। इस प्रकार मिशनरियों, सरकारी कर्मचारियों तथा ऐसे भारतीय जो इसका लाभ लेना चाहते थे, तीनों वर्ग के लोगों के सम्मिलित प्रयास से भारत में नई अंग्रेजी शिक्षा पद्धति की नींव पड़ी।[30] वही शिक्षा पद्धति स्वतंत्रत भारत में भी आवश्यक संशोधन कर के अब भी चलाई जा रही है। जब यह शिक्षा पद्धति आरंभ हुई थी तब भी इसका उद्देश्य प्रशिक्षित जनबल तैयार करना था जिससे सरकारी कार्य चलाया जा सके और आज भी यह शिक्षा पद्धति नौकरी प्राप्ति का ही एक साधन बन कर चल रही है। वर्तमान शिक्षा पद्धति ने तो शिक्षित वर्ग और जनता में विभेद उत्पन्न कर दिया है। राष्ट्रीय उत्तरदायित्व के प्रति लोगों में उदासीनता उत्पन्न कर दी है और समीकृत राष्ट्रीय मस्तिष्क को विकसित नहीं होने दिया है।[31]

समझा जा सकता है कि ब्रिटिश भारत में पाश्चात्य सभ्यता के साथ प्रथम बार संपर्क में आने के कारण तत्कालीन भारतवासी उनकी जीवन शैली से प्रभावित और चकित थे और उनकी नकल करने में गौरव का अनुभव करते थे । साथ ही अंग्रेजी शिक्षा पद्धति से शिक्षित लोगों को निर्बाध गति से सरकारी नौकरी मिल जाने के कारण उसे खासी लोकप्रियता प्राप्त थी, अत: तत्कालीन भारतीयों ने अंग्रेजी शिक्षा का आग्रह और समर्थन किया। अनेक भारतीय मनीषियों ने उक्त काल में जहाँ एक ओर बाहरी प्रभावों को ग्रहण करने के लिए प्रेरित किया था, वहीं उन्होंने ऐसे खतरों से भी लोगों को आगाह किया था, जैसे कि आज का भारत झेल रहा है। उदाहरण के लिए रवीन्द्रनाथ ठाकूर की यह चेतावनी काबिले गौर है। वे लिखते हैं - *यदि भारत यूरोप के साथ ऑखे बंद कर के बढ़ता जाएगा तो वह अपने को यूरोप तो नहीं बना पाएगा, अपितु अपना स्वरूप ही बिगाड़ लेगा।*[32] ब्रिटिश भारत ने इस चेतावनी की ओर ध्यान नहीं दिया यह तो फिर भी समझ में आता है किन्तु स्वतंत्र भारत में इससे सबक क्यों नहीं लिया गया यह विचारणीय प्रश्न है। भारत की नई राष्ट्रीय शिक्षा नीति में यद्यपि इस ओर पर्याप्त संकेत किए गये हैं तथापि उनके समुचित कार्यान्वयन का कोई कार्यक्रम नहीं बनाया गया है। यह विचारधारा आज भी उपेक्षित और गौण है।

4.1.1.4 राष्ट्रीय शिक्षा नीति का प्रारंभ

स्वतंत्रता प्राप्ति के बाद से 1968 तक भारत में अधिकारिक रूप से राष्ट्रीय शिक्षा नीति की घोषणा नहीं की गयी थी। स्वतंत्रता प्राप्ति के बाद भी हमारे यहाँ वही विदेशी शिक्षा की परिपाटी कायम रही।[33] सन् 1951 ई. में आचार्य विनोबा भावे ने *हरिजन* में

प्रकाशित अपने लेख में शिक्षा पद्धति पर अपने विचार व्यक्त करते हुए स्पष्ट रूप से कहा था कि - *यदि पुरानी शिक्षा पद्धति अब भी आरंभ रहती है तो इसका अर्थ यह होगा कि कुछ भी परिवर्तित नहीं हुआ है, मात्र यह कि विदेशी शासन को हमने हटा दिया है।*[34] तात्पर्य यह कि भारतीय शिक्षा अंग्रेजों द्वारा स्थापित प्रणाली के अनुरूप ही विकसित हो रही थी। जब कि 1947-48 का समय इस बात के लिए पूर्णतः उपयुक्त था कि भारत में शिक्षा की पुनर्रचना हेतु ठोस कदम उठाए जाते। इसी दृष्टिकोण का समर्थन करते हुए जे.पी.नायक ने उचित ही लिखा है - The ideal time for attempting educational transformation was 1947-48 or very soon thereafter. At that time a certain exhileration was in the air because we had won our freedom....... The Congress was powerful and at the zenith of its authority and had the reins of Government in the Centre and in all the States. Funds were available more plentifully and our stock of good teachers was proportionally larger. Moreover the overall size of the educational system was then small so that the energy and cost reqired to transform it were also comperatively limited. This was an ideal time to attempt a radical reconstrunction and to creat a national system of education [35]

राष्ट्रीय शिक्षा नीति के रूप में, यद्यपि शिक्षा की रूपरेखा विकसित नहीं हुई पर शिक्षा के विभिन्न स्तरों पर आये दोषों को दूर करने के लिए समय-समय पर शिक्षा आयोगों की स्थापना अवश्य होती रही है। 1949 में डॉ. राधाकृष्णन आयोग, 1953 में माध्यमिक शिक्षा आयोग आदि की स्थापना के रूप में महत्वपूर्ण कदम उठाए गये जिनके सुझावों ने शिक्षा में आई कमियों को दूर करने का प्रयास किया। सर्वप्रथम 1964-66 में डॉ. डी.एस.कोठारी की अध्यक्षता में शिक्षा आयोग का गठन किया गया, जिसे यह कार्यभार सौंपा गया कि वह शिक्षा के सभी स्तरों पर और सभी पार्श्वों पर शिक्षा प्रणाली को देश की आवश्यकता व आकांक्षा के अनुरूप ढाल सकने का सुझाव दे। आयोग ने भारतीय शिक्षा की वस्तुस्थिति का चित्रण और भारत में प्रजातांत्रिक समाज के अनुरूप शिक्षा की आवश्यकता को प्रतिपादित करते हुए व्यक्त किया कि *यदि शिक्षा को लोकतांत्रिक और समाजवादी समाज को आधुनिक बनाने के प्रयोजनों की पूर्ति करना है तो हमें उस वर्तमान शिक्षा प्रणाली, जो सामंती और परंपरागत समाज की सीमाओं में आबद्ध साम्राज्यवादी शासन की आवश्यकताओं की पूर्ति के लिए गठित की गयी थी, उसमें लक्ष्यों, विषयवस्तु, शिक्षा के तरिकों, कार्यक्रमों, विद्यार्थी वर्ग की संख्या और रचना, शिक्षकों के चुनाव और उसकी व्यावसायिक तैयारी तथा शिक्षा के संगठन की दृष्टि से क्रांतिकारी परिवर्तन करने होंगे। वास्तव में शिक्षा में एक क्रांति की आवश्यकता है जिसके परिणामस्वरूप हमारे द्वारा अत्यंत वांछित सामाजिक, आर्थिक व सांस्कृतिक क्रांति होगी।*[36]

आयोग ने यह आवश्यकता प्रतिपादित की कि भारत की आर्थिक, सामाजिक व राजनैतिक पुनर्रचना के लिए शिक्षा में तीन आधारों पर सुधार आवश्यक होंगें। प्रथम, आंतरिक रूपांतरण ताकि शिक्षा का संबंध राष्ट्र के जीवन, उसकी आवश्यकताओं व आकांक्षाओं से जुड़ जाए। दूसरा, शिक्षा में गुणात्मक सुधार जिससे अन्तर्राष्ट्रीय दृष्टि से हम समतुल्य हो सकें और तीसरे, शिक्षा संबंधी सुविधाओं का विस्तार जिसका आधार मोटे तौर पर जनशक्ति संबंधी आवश्यकताएँ हों तथा शिक्षा संबंधी अवसरों को समान बनाने पर जोर देना हो।

इसके साथ ही आयोग ने राष्ट्रीय विकास की प्रमुख समस्याओं को स्पष्ट करते हुए शिक्षा के लक्ष्यों को स्थापित किया। राष्ट्रीय समस्याओं को चार आधारों या दृष्टिकोणों से देखा गया - खाद्यान्न में आत्मनिर्भरता, आर्थिक विकास और बेरोजगारी उन्मूलन, सामाजिक व राष्ट्रीय समीकरण और राजनैतिक विकास। चार महत्त्वपूर्ण मुद्दे थे जिनपर आयोग ने विशेष रूप से ध्यान दिया था। भारतीय शिक्षा को पुनर्गठित करने और राष्ट्रीय आवश्यकताओं को ध्यान में रखते हुए आयोग ने शिक्षा में सुधार हेतु अनेक सुझाव दिए। राष्ट्रीय विकास की आवश्यकताओं के अनुरूप शिक्षा के उद्देश्यों और तदनुसार राष्ट्रीय लक्ष्यों का निर्धारण किया गया। इस बात पर भी जोर दिया गया कि शिक्षा सामाजिक परिवर्तन का मुख्य साधन व कारक बने इस प्रकार हम देखते हैं कि कोठारी आयोग में व्यापक स्तर पर शैक्षिक क्रांति की बात कही गयी। जनसाधारण के जीवन , आवश्यकताओं और आकांक्षाओं के परिप्रेक्ष्य में मानवीय संसाधनों को विकासित करने में शिक्षा की भूमिका को स्पष्ट किया गया।

राष्ट्रीय शिक्षा नीति में भाषा के प्रश्न को भी गंभीरता से लिया गया है। शिक्षा और संस्कृति के लिए भारतीय भाषाओं का विकास अत्यंत आवश्यक माना गया है। उसमें भारतीय भाषाओं और साहित्य के उत्साहपूर्वक विकास का स्पष्ट निर्देश दिया गया है।[37] इस प्रश्न की गंभीरता का उल्लेख करते हुए इसमें कहा गया है कि जब तक यह नहीं होगा तब तक लोगों की रचनात्मक शक्ति को बढ़ाया नही जा सकता, शिक्षा के स्तर को उठाया नहीं जा सकता, जनसाधारण तक ज्ञान नहीं पहुंचाया जा सकता और सामान्य व्यक्ति तथा बुद्धिजीवियों के मध्य की दूरी को कम नहीं किया जा सकता। प्राथमिक और माध्यमिक स्तर पर क्षेत्रीय भाषाओं के रूप में भारतीय भाषाएँ प्रयुक्त हो रहीं हैं किन्तु विश्वविद्यालय स्तर पर भी इन भाषाओं को शिक्षा का माध्यम बनाये जाने के लिए आवश्यक कदम उठाए जाने चाहिए।[38] इसमें इस बात का स्पष्ट निर्देश है कि विश्वविद्यालय स्तर पर हिन्दी और अंग्रेजी में उपयुक्त पाठ्यक्रम बनाया जाए जिससे कि छात्रों को विश्वविद्यालय स्तर तक की भाषायी निपुणता विकसित हो सके।[39] हिन्दी के विकास के लिए प्रत्येक प्रयास को प्रोत्साहित किया जाए। हिन्दी को संपर्क भाषा के रूप में विकसित करने में आवश्यक सावधानी बरती जाए। भारतीय

संविधान की धारा 351 की ध्वनि को जो यह अभिव्यक्त करती है कि भारत की सामासिक संस्कृति के सभी तत्वों की अभिव्यक्ति का माध्यम हिन्दी होगी, चरितार्थ करने का प्रयास किया जाना चाहिए।[40]

जैसा कि उपर्युक्त विवेचन में स्पष्ट है स्वतंत्रता प्राप्ति के पश्चात भारतीय शिक्षा पद्धति का संशोधन किया गया किन्तु फिर भी उच्च शिक्षा का माध्यम अंग्रेजी भाषा को ही रखा गया। वर्तमान परिस्थितियों में भारतीय शिक्षा तीन चरणों में विभाजित है:

1. प्राथमिक एवं माध्यमिक शिक्षा
2. उच्चतर माध्यमिक शिक्षा
3. विश्वविद्यालयीन शिक्षा

सामान्यतः इसे (10+2+3) की संज्ञा दी जाती है। इसके अलावा विज्ञान शिक्षा के लिए अन्य व्यावसायिक पाठ्यक्रम भी प्रदान किए जाते हैं। अन्य देशों की तरह यहाँ भी शिक्षा संपूर्ण देश के विकास का एक अभिन्न अंग है। अतः इसे उच्च प्राथमिकता प्राप्त है। स्वतंत्रता प्राप्ति के पश्चात गत 45 वर्षों में शिक्षा संस्थानों और विश्वविद्यालयों की संख्या में उल्लेखनीय वृद्धि हुई है। वर्ष 1976 से पूर्व शिक्षा का पूर्ण दायित्व राज्य सरकारों का था और केन्द्र सरकार केवल उच्चतर तकनीकी संस्थानों और शिक्षा व्यवस्था हेतु संयोजन तथा मानक निर्धारक की भूमिका अदा करती थी किन्तु वर्ष 1976 से एक संवैधानिक संशोधन द्वारा शिक्षा को केन्द्र और राज्य सरकार दोनों का संयुक्त दायित्व बना दिया गया है।[41]

भारतीय शिक्षा पद्धति में त्रिभाषासूत्र को अपनाया गया है। इसकी बुनियादी अपेक्षाएँ प्राथमिक और माध्यमिक स्तर पर मातृभाषा और संघ की राजभाषा हिन्दी के माध्यम से शिक्षा प्रदान करना है तथा उच्चतर स्तर पर हिन्दी तथा अंग्रेजी में शिक्षा प्रदान करना है। चूँकि बुनियादी शिक्षा का दायित्व राज्य सरकारों का है, उन्होंने भरसक त्रिभाषा सूत्र लागू करने का प्रयास किया है। किन्तु केन्द्रीय स्तर पर उच्च तकनीकी शिक्षा के क्षेत्र में केन्द्र सरकार हिन्दी भाषा के माध्यम से शिक्षा देने में सर्वथा असफल रही है जब कि संविधान की धारा 351 के अनुसार हिन्दी के विकास, संवर्द्धन और उसे देश की सामासिक संस्कृति के समस्त तत्वों की अभिव्यक्ति के योग्य बनाने की संवैधानिक जिम्मेदारी उसकी अपनी है।

संप्रति, वस्तुस्थिति यह है कि संपूर्ण भारत में उच्च शिक्षा प्रदान करने के लिए देश में 221 विश्वविद्यालय हैं जिसमें 34 समविश्वविद्यालयों का भी समावेश है। लगभग 15 राष्ट्रीय महत्व के संस्थान हैं। इनके अलावा विज्ञान और प्रौद्योगिकी में शोध कार्य

करने के लिए सैकड़ों प्रयोगशालाएँ तथा शोध एवं विकास इकाइयाँ हैं।[42] समग्रत: उच्च शिक्षा से संबंधित उपाधि और उपाधिपत्र प्रदान करने के लिए देश में तीन प्रकार के उच्च शिक्षा संस्थान हैं।

1. संसद अथवा राज्य विधानमण्डल के अन्तर्गत स्थापित विश्वविद्यालय
2. संसद के अधिनियम द्वारा घोषित राष्ट्रीय महत्व के संस्थान
3. समविश्वविद्यालय संस्थान

राष्ट्रीय महत्व के संस्थानों में छ: भारतीय प्रौद्योगिकी संस्थान, प्रौद्योगिकी तथा अभियांत्रिकी की उच्चतर शिक्षा प्रदान करते हैं, एक संस्थान सांख्यिकीय तकनीकी में उच्च शिक्षा प्रदान करता है तथा तीन संस्थान आयुर्विज्ञान की उच्च शिक्षा देते हैं। इसी प्रकार एक संस्थान हिन्दी भाषा की उच्चतर शिक्षा देने के लिए है और चार संस्थान प्रबंधन से संबंधित उच्च शिक्षा प्रदान करते हैं।

4.1.1.5 भारत में तकनीकी शिक्षा की व्यवस्था

राष्ट्रीय अर्थव्यवस्था के उर्द्धगामी विकास और जीवन स्तर को सुधारने के लिए अपेक्षित उत्पादों और सेवाओं के सृजन तथा राष्ट्रीय प्रगति के लिए मानव संसाधन विकास में तकनीकी शिक्षा की भूमिका को ध्यान में रखते हुए भारत सरकार ने अपने क्रमिक पंचवर्षीय कार्यक्रमों में तकनीकी शिक्षा के विकास पर बहुत बल दिया है। और समग्र देश में उच्चस्तरीय तकनीकी शिक्षा की व्यापक व्यवस्था करने का प्रयास किया गया है। विश्वविद्यालय पद्धति के अलावा तकनीकी शिक्षा की सुविधा उपलब्ध कराने के लिए राष्ट्रीय महत्व के संस्थान, प्रादेशिक अभियांत्रिकी महाविद्यालय तथा पॉलिटेक्निक आदि का देश भर में जाल फैला हुआ है। राष्ट्रीय महत्व के संस्थानों में मूल विज्ञानों, अभियांत्रिकी तथा प्रौद्योगिकी संबंधी उच्चस्तरीय शिक्षा तथा प्रायोजित अनुसंधान आदि की समुचित व्यवस्था है। इसी प्रकार प्रादेशिक अभियांत्रिकी महाविद्यालय और पॉलिटेक्निक सामान्य डिप्लोमा से लेकर स्नातक तथा स्नातकोत्तर डिप्लोमा और उपाधियाँ प्रदान करते हैं। इन पाठ्यक्रमों में प्रयुक्त विज्ञान, गणित, संगणक, जैव-प्रौद्योगिकी एवं जैव-रासायनिक अभियांत्रिकी आदि की समुचित शिक्षा दी जाती है। अभी हाल ही में इन संस्थानों में प्रबंधन पाठ्यक्रमों की भी पेशकश की गयी है।

प्रबंधन भी उच्च शिक्षा का एक उभरता हुआ और महत्वपूर्ण क्षेत्र है। इस क्षेत्र में भी उच्च शिक्षा की हमारे देश में समुचित व्यवस्था है। प्रबंधन में स्नातकोत्तर कार्यक्रम, अध्येतावृत्ति कार्यक्रम, प्रबंधन विकास तथा संगठन आदि पर आधारित पाठ्यक्रम तथा शोध और परामर्श कार्य प्रबंधन संस्थानों के कार्यकलापों का अनिवार्य अंग बनते

जा रहे हैं। राष्ट्रीय शिक्षा नीति के अनुसरण में इन संस्थानों में अनुसंधान केन्द्रों की भी स्थापना की गयी है जो कृषि, ग्रामीण विकास, लोकपद्धति प्रबंधन, ऊर्जा, स्वास्थ्य शिक्षा, आवास आदि जैसे निगमित और अवर प्रबंधन क्षेत्र की अपेक्षाओं को पूर्ण कर रहे हैं।

इसी प्रकार राष्ट्रीय औद्योगिक अभियांत्रिकी व प्रशिक्षण संस्थान हैं जहाँ अभियांत्रिकी के क्षेत्र में शिक्षा प्रशिक्षण, अनुसंधान और परामर्श सेवाएँ उपलब्ध हैं। पॉलिटेक्निक शिक्षकों के प्रशिक्षण हेतु भी देश में उपयुक्त व्यवस्था है। यहाँ तकनीकी जनबल, पाठ्यचर्या विकास, शैक्षिक अनुसंधान, छात्र मूल्यांकन प्रबंध विकास, उद्योगों से तालमेल तथा सामुदायिक बहुशिल्प प्रणाली के माध्यम से ग्रामीण विकास हेतु प्रौद्योगिकी हस्तांतरण तथा विस्तार सेवाओं के क्षेत्र में अपनी भूमिका निभाने के लिए शिक्षकों को प्रशिक्षित किया जाता है। विज्ञान एवं प्रौद्योगिकी के उभरते क्षेत्रों में संयुक्त अनुसंधान एवं जनबल के विकास हेतु भारत ने तकनीकी शिक्षा के क्षेत्र में अन्तर्राष्ट्रीय सहयोग को भी बढ़ावा दिया है।

उपर्युक्त विवेचन एक विहंगम दृष्टि से प्रस्तुत किया गया है, जिसके माध्यम से यह बताने का प्रयास किया गया है कि स्वतंत्रता प्राप्ति के पश्चात हमारे देश में भी तकनीकी शिक्षा की समुचित व्यवस्था करने का प्रयास किया गया है और पिछले चार दशकों के दौरान देश में तकनीकी सुविधाओं का चमत्कारिक विकास भी हुआ है। किन्तु इसके बढ़ते हुए कार्यक्षेत्र, संगठित तथा असंगठित और ग्रामीण क्षेत्र की आवश्यकताओं के अनुरूप इसकी सुलभता, उत्पादकता, प्रासंगिकता, को ध्यान में रखते हुए इस क्षेत्र में अब भी बहुत कुछ करने की आवश्यकता है तथा वर्तमान सामाजिक - आर्थिक - औद्योगिकी तथा शिल्पवैज्ञानिक क्षेत्रों में हो रहे परिवर्तनों के परिप्रेक्ष्य में इसे और अधिक प्रासंगिक तथा कारगर बनाने की अनिवार्य आवश्यकता है।

4.1.1.6 भारत में तकनीकी शिक्षा के माध्यम की समस्या

भारतीय शिक्षा के क्षेत्र में आज सबसे ज्वलंत प्रश्न शिक्षा-माध्यम का है। आज ही नहीं, यदि सम्यक दृष्टि से देखा जाए तो यह सवाल सदियों से भारतीय शिक्षा के सामने रहा है। विविधता भरे इस देश में मातृभाषा के माध्यम से शिक्षा की मांग वर्षों से होती रही है। जनभाषा के रूप में उभरने, तथा संपूर्ण देश की संपर्क भाषा के रूप में उसकी भूमिका को देखते हुए, *हिन्दी भाषा* माध्यम से उच्च शिक्षा की मांग गत कई दशकों में काफी बढ़ी है। किन्तु अंग्रेजों की विभाजन नीति का शिकार भारतीय जनमानस और पाश्चात्य विकास की चकाचौंध से प्रभावित भारतीय राजनीति के

कर्णधारों के आपसी मतभेदों का फायदा उठाकर अंग्रेजी आरंभ से ही भारतीय शिक्षा और शासन की माध्यम भाषा के रूप में प्रयुक्त होती रही है।

हमारे देश के कर्णधारों के समक्ष आज भी यह प्रश्न ज्यों का त्यों खड़ा है और निर्णय नहीं हो पा रहा है कि उच्चतर विज्ञान, अभियांत्रिकी, प्रौद्योगिकी तथा मानविकी की शिक्षा का माध्यम क्या हो ? अंग्रेजी चलती ही रहे या भारतीय भाषाओं और हिन्दी का सम्मिलित प्रयोग हो? काबिले गौर है कि जिस देश की शिक्षा प्रणाली का यह मूलभूत प्रश्न ही न सुलझाया गया हो, वहाँ देश और काल की जरूरतों के अनुसार शिक्षा की क्या रूपरेखा हो सकती है? भारत में तकनीकी शिक्षा में माध्यम की समस्या के क्षेत्र में दो प्रमुख प्रश्न विचारणीय रहे हैं :

1. क्या प्रमुख भारतीय भाषाओं को तकनीकी शिक्षा के माध्यम के रूप में इस्तेमाल किया जा सकता है ?
2. यदि यह मान लें कि उक्त क्षेत्र में भारतीय भाषाओं का प्रयोग किया जा सकता है तो क्या इनका प्रयोग इस उद्देश्य के लिए किया जाना चाहिए ?

सम्यक और निष्पक्ष दृष्टि से विचार करें तो दोनों प्रश्नों के उत्तर स्पष्ट और निर्विवाद हैं। भाषा विज्ञान में आज यह सामान्य विचार है कि आंतरिक रूप से सभी भाषाएँ अपने प्रयोक्ताओं की संप्रेषण आवश्यकताओं को पूरा करने में सक्षम हैं। अपनी प्रकृति के कारण कोई भी भाषा इस दृष्टि से अपंग नहीं है जिसकी शब्दावली ऐसी हो और जिसका विस्तार न किया जा सकता हो अथवा जिसकी व्याकरणिक संरचनाएँ हमेशा के लिए स्थिर हो गयी हों या जिसकी शैलीगत प्रक्रिया और संवाद की पद्धतियाँ ऐसी हों जो हमेशा के लिए रूढ़ हो गयी हों।[43] इसलिए इस कथन में कोई सार नहीं है कि कुछ भाषाएँ संचार स्थितियों में प्रयुक्ति के लिए अक्षम हो सकती हैं।

तकनीकी शिक्षा में भारतीय भाषाओं को माध्यम के रूप में इस्तेमाल करने के विरूद्ध एक स्थापित तर्क यह है कि ये भाषाएँ ठीक इसी समय प्रयोग में लाने के लिए पर्याप्त विकसित नहीं हैं, पहले उनका आधुनिक होना आवश्यक है।[44] जब कि इसके विपरीत प्रमुख भारतीय भाषाएँ आज व्याकरण, शैली तथा अभिव्यक्ति में इतनी अधिक अक्षम भी नहीं हैं कि विचाराधीन उद्देश्य के लिए उनका आधुनिकीकरण की प्रक्रिया से गुजरना आवश्यक है। संतुलित और अपेक्षित शब्दावली तथा साहित्य उपलब्ध होने के बावजूद भी इनका उपयोग न करना, भाषा प्रयोग को स्थगित रखने का दुराग्रह है। मिश्रित शब्दावली का भी प्रयोग किया जा सकता है। इस तर्क के आधार पर भाषा प्रयोग को रोक रखना कि अभी वे विकसित नहीं हुई हैं, इस स्थिति में वे कभी विकसित हो ही नहीं सकतीं।

दूसरा प्रश्न तकनीकी क्षेत्र में भारतीय भाषा के प्रयोग के औचित्य को लेकर है। किन्तु स्पष्ट रूप से कहा जा सकता है कि विद्यार्थी को उसकी भाषा में शिक्षा देने के सवाल का औचित्य स्पष्ट करने की कोई आवश्यकता नहीं है। सवाल एक विदेशी भाषा में शिक्षा देने के औचित्य को सिद्ध करने का है। शिक्षा संबंधी प्रश्नों के उत्तर अलग से न उठाए जाकर शैक्षणिक संदर्भों में ही उठाए जाने चाहिए और किसी विदेशी भाषा में प्रौद्योगिकीय शिक्षा के औचित्य को सिद्ध करना चाहिए। इसी संदर्भ में कुछ और महत्वपूर्ण प्रश्न उठाए जा सकते हैं जैसे - प्रौद्योगिकी के मामले में हमारे राष्ट्रीय लक्ष्य क्या हैं? हमारे देश में किस प्रकार के प्रौद्योगिकी संस्थान हैं? तकनीकी शिक्षा के माध्यम के रूप में भारतीय भाषा हिन्दी को लाने का कितना प्रयास किया गया है अथवा फिलहाल किया जा रहा है? इसी संदर्भ में यह भी विचारणीय प्रश्न है कि सामाजिक विज्ञानों में शिक्षा माध्यम के रूप में अंग्रेजी के स्थान पर भारतीय भाषाओं को लाने का प्रयास कितना सफल रहा है ?

प्रौद्योगिकी के संबंध में हमारा मुख्य राष्ट्रीय लक्ष्य, जिसकी प्रायः चर्चा की जाती है, वह भारत को प्रौद्योगिकी के मामले में आत्मनिर्भर बनाने की है। यह वांछनीय भी है क्योंकि इसका आयात कभी बिना शर्तों और प्रतिबंधों के नहीं होता। उदाहरण के रूप में गत वर्षों के दौरान हुए GATT समझौतों और आयुध संबंधी कुछ एक सौदों की घटना को लिया जा सकता है। ज्ञातव्य है, विश्व के अन्य विकसित और विकासशील राष्ट्रों की तेजी से बदलती परिस्थितियों से सामंजस्य सहित उनसे आगे नहीं तो कम से कम उनकी बराबरी में बने रहने की हमारी राष्ट्रीय आकांक्षा के प्रति भारतीय भाषा माध्यम से प्रौद्योगिकी शिक्षा प्रदान करने की मांग को अवरोध माना जाता है। यदि शिक्षा माध्यम इस दौड़ में हमें प्रभावित करता है तो निश्चय ही इस पर गौर करने की जरुरत है। और गौर करने पर हम पाते हैं कि वस्तुस्थिति का उचित मूल्यांकन किए बगैर हमारे देश में पिछले कुछ दशकों में यह एक स्थाई मान्यता सी हो गयी है कि हमारी मानसिक संवेदना का विकास अंग्रेजी भाषा के माध्यम से आयात किए गये केवल पाश्चात्य देशों के तकनीकी ज्ञान पर ही निर्भर है और उसको स्थगित करना औचित्यपूर्ण नहीं है।

किन्तु वस्तुस्थिति से साक्षात्कार करने पर ऐसा प्रतीत होता है कि विज्ञान और प्रौद्योगिकी के रूप में प्राप्त विदेशी तकनीकी ज्ञान हमारे लिए उस फिशटैंक के समान है जिसमें पानी का स्त्रोत कहीं बाहर से दिया दिया गया है। फिशटैंक की मछलियों की भाँति हम निरंतर एक सीमित दायरे में संवेदनहीन तैर रहे हैं। यह हमारी मानसिक संवेदना का विकास नहीं अपितु हमारी मानसिक कुंठा का उत्कर्ष है। इस बात का अभिज्ञान भी हमें है। अतः यह हम पर निर्भर करता है कि हम सज्ञान उसमें

संवेदनहीन तैरते रहें या विज्ञान और प्रौद्योगिकी के क्षेत्र में स्वतंत्र चेतना का विकास करें। यह जानने का प्रयास करें कि फिशटैंक में जो पानी रूपी ज्ञान बाहरी स्त्रोतों से आ रहा है यदि उसे बंद कर दिया गया तो हम क्या करेंगे? तब हमारी स्थिति कैसी होगी? जाहिर है हमें नये स्त्रोतों की तलाश करनी पड़ेगी! किन्तु जैसे ही हम नये स्त्रोतों की तलाश आरंभ करेंगे, हम संकटाकुल स्थिति के शिकार हो जाएंगे। स्त्रोत का पता चलने पर हम अपने अस्तित्व के लिए उसे देशी बनाने का प्रयास करेंगे। इसके लिए कई प्रकार की शर्तें आयद हो जाएंगी। सबसे पहली शर्त तो यही होगी कि हम विदेशी प्रौद्योगिकी के बावजूद अपनी परिस्थितियों, अपने पर्यावरण और अपनी आवश्यकताओं के अनुसार विज्ञान और प्रौद्योगिकी विकसित करें। जहाँ यह प्रश्न उठा, जैसा कि पहले ही कहा गया है, भाषा का प्रश्न सबसे पहले उठेगा ! इस प्रश्न का समाधान संबंधित तंत्र से जुड़े अन्यान्य बातों पर भी निर्भर करेगा, जो सामान्यतः उतने सहज नहीं हैं जैसा कि आमतौर पर सोचा जाता है!

संभवतः यही कारण है कि इससे जुड़ी उलझनों से दूर रह कर यथास्थिति बरकरार रखने में ही हमें सुविधा महसूस होती है। ज्ञातव्य है कि हमारे देश में सामान्यतः यह एक अवधारणा सी बन गयी है कि यथास्थिति हमें कई प्रकार के खतरों से बचाती है। किन्तु उल्लेखनीय है कि भाषा के प्रश्न को सुलझाए बिना हमें अपनी मानसिक कुंठा से छुटकारा नहीं मिलने वाला है और न ही अपेक्षित विज्ञान और प्रौद्योगिकीय ज्ञान का विकास किया जा सकता है क्योंकि इनका भाषा के साथ एक विचित्र संबंध है। इस बात को हमें स्वीकार करना ही चाहिए। यह कहना कि विज्ञान की कोई भाषा नहीं होती, अपने आप से छल करना है। इस बात को हम आज नहीं समझते, किन्तु उसे समझे बिना देश की वैज्ञानिक संवेदना का विकास करना संभव नहीं है।

जहाँ तक अन्तर्राष्ट्रीय प्रगति की प्रतिस्पर्धा का सवाल है, उसमें भाषा माध्यम तब आड़े जरूर आएगा जब हम आयात किए गये तकनीकी ज्ञान के अनुवाद पर निर्भर करेंगे अथवा देश की चन्द प्रतिभाओं के सहारे रहेंगे जिन्हें अंग्रेजी का ज्ञान है और जिनकी संख्या अत्यंत सीमित है। हमें उस विशाल जनसमुदाय को भी साथ लेकर चलना होगा जो पिछड़ा हुआ है और जो अन्तर्राष्ट्रीय परिदृश्य में हमारे देश के विकास का मानदण्ड है। प्रगति की अन्तर्राष्ट्रीय प्रतिस्पर्धा में प्रमुख प्रतिभागी हमारी जनसंख्या के वे घटक हैं जिन्हें अंग्रेजी का ज्ञान नहीं है किन्तु जिन्होंने सदियों से इसकी सामाजिक, आर्थिक, वैज्ञानिक, प्रौद्योगिक और सांस्कृतिक परंपरा को कायम रखा है। हमारी जनसंख्या के वे घटक जो हमारी प्रगति के मानदण्ड और हमारे अस्तित्व के मेरूदण्ड हैं तथाकथित अग्रेजी जाननेवाले वर्ग से कही अधिक महत्वपूर्ण है।

एतदर्थ स्पष्ट है कि भारतीय भाषा माध्यम से ज्ञान-विज्ञान और प्रौद्योगिकी का विकास हमारी प्रगति में बाधक नहीं साधक है। यदि इसके लिए उदाहरण की आवश्यकता है तो प्राचीन भारत अथवा वर्तमान एशिया खण्ड के अन्य देशों चीन, जापान तथा वर्तमान यूरोपीय देशों आदि का उल्लेख करना पर्याप्त होगा।

अब इस बात पर विचार करें कि भारतीय भाषाओं के प्रयोग की समस्या के प्रति प्रौद्योगिकीविदों की क्या राय है। अनुशीलन करने पर पता चलता है कि उनके लिए यह कोई गंभीर मसला नहीं है। साथ ही यह भी सच नहीं है कि इस प्रश्न पर उनकी अपनी कोई राय ही नहीं है, किन्तु यह सच है कि एक समुदाय के रुप में यह उनकी चिंता का भी विषय नहीं है। तकनीकी शिक्षा माध्यम के रूप में हिन्दी भाषा के प्रयोग का जहाँ तक सवाल है तो वस्तुस्थिति का विश्लेषण करने पर हम पाते हैं कि तकनीकी शिक्षा के योजनाकार, प्रौद्योगिकी के शिक्षक और विद्यार्थी और प्रौद्योगिकीविद् सहित इस क्षेत्र से जुड़े अन्य सभी लोगों ने प्रौद्योगिकी शिक्षा माध्यम को लेकर कभी भी चिंता प्रकट नहीं की है, वही यथास्थिति वाली बात कायम है। हाँ कभी- कभार तकनीकी और मानविकी शिक्षा की उपयोगिता और प्रासंगिकता आदि की ओर उनका ध्यान अवश्य जाता है और इस संबंध में संस्तुतियाँ और सिफारिशें प्रस्तुत की जाती हैं। किन्तु शिक्षा माध्यम को लेकर कभी कोई चर्चा मुख्यतः उक्त वर्ग के समक्ष कभी नहीं रही है।

देश की नई आर्थिक नीति के कारण, यह स्पष्ट रूप से देखा जा सकता है कि इस समय संपूर्ण देश में तकनीकी शिक्षा तथा शोध और वित्त पोषण जैसी समस्याएँ खूब चर्चा में हैं। भारतीय प्रौद्योगिकी संस्थान और अन्य शीर्षस्थ तकनीकी संस्थान अपने पाठ्यक्रमों की समय-समय पर समीक्षा करते रहते हैं। इस समय भी कर रहे हैं तथा उसे उद्योगों के अनुरूप व्यावहारिक बनाने का प्रयत्न भी कर रहे हैं। किन्तु भाषा माध्यम को लेकर इस समय भी यहाँ कोई चिंता अथवा सरोकार परिलक्षित नहीं हो रहा है। भाषा का प्रश्न यथावत उपेक्षित पड़ा है।

यद्यपि मानविकी के क्षेत्र में उच्चस्तरीय शिक्षण में भारतीय भाषाओं के माध्यम को आंशिक सफलता मिली है, तथापि तकनीकी के क्षेत्र में यह प्रयोग असफल ही साबित हो रहा है। इसके अपने कारण और निवारण हैं। देश के उच्चस्थ प्रौद्योगिकी और अभियांत्रिकी संस्थानों में प्रवेश परीक्षा में भारतीय भाषा माध्यम की सहूलियत दिये जाने के बावजूद इसका प्रतिसाद बहुत ही कम मिल रहा है।[45] इसका क्या कारण है? उल्लेख मिलता है कि सर्वप्रथम रूड़की विश्वविद्यालय में अभियांत्रिकी शिक्षा माध्यम की भाषा के रूप मे हिन्दी को अपनाया गया था।[46] कुछ वर्षों तक यह प्रयोग चलता भी

रहा, किन्तु देश की अन्य शिक्षा संस्थानों से उपयुक्त सहयोग न मिलने के कारण पद्धतिगत समन्वय तथा सामंजस्य के अभाव और अन्य कारणों से यह प्रयोग असफल रहा। संघ लोक सेवा आयोग द्वारा हिन्दी भाषा को परीक्षा माध्यम का विकल्प दिए जाने के बावजूद भी उक्त परीक्षाओं में हिन्दी भाषा को अपनाने वाले छात्रों का प्रतिशत अत्यंत सीमित है।[47] अतः यह प्रयोग भी निराशाजनक ही कहा जाएगा।

ऐसी ही कुछ स्थिति भारतीय प्रौद्योगिकी संस्थानों में संयुक्त प्रवेश परीक्षा को लेकर भी है। भारतीय प्रौद्योगिकी संस्थानों में सन् 1990 ई. सत्र से संयुक्त प्रवेश परीक्षा में भारतीय भाषाओं में उत्तर देने का विकल्प प्रदान किया गया। इसके लिए शर्त यह थी कि प्रश्नपत्रों के उत्तर अंग्रेजी अथवा उस भाषा में लिखा जा सकता है, जिसमें योग्यता परीक्षा उत्तीर्ण की गयी हो अथवा लिखी गयी हो। प्रश्नपत्र केवल अंग्रेजी और हिन्दी भाषा में ही होते हैं। तालिका 4.1 में गत 6 वर्षों में भारतीय प्रौद्योगिकी संस्थानों में विभिन्न भारतीय और अंग्रेजी भाषा में प्रवेश परीक्षा उत्तीर्ण कर उक्त संस्थानों में प्रवेश प्राप्त प्रत्याशियों का विवरण दिया गया है -

उपर्युक्त तालिका से स्पष्ट है कि भारतीय भाषाओं के माध्यम से संयुक्त प्रवेश परीक्षा में बैठने और योग्यता प्राप्त करने वाले प्रत्याशियों की संख्या अंग्रेजी की तुलना में नगण्य है। इससे यह अंदाज तो लगाया ही जा सकता है कि यह स्थिति संतोषजनक नहीं है। जाहिर है, इसके अनेक कारण भी हैं जैसे -

1. जब से हिन्दी अथवा अन्य भाषाओं के माध्यम से प्रवेश परीक्षा में उत्तर लिखने का विकल्प दिया गया है तब से ही स्क्रीनिंग प्रश्नपत्र के रूप में एक अतिरिक्त प्रश्नपत्र भी आरंभ कर दिया गया है जिसमें गणित, रसायनशास्त्र और भौतिकी से संबंधित वस्तुनिष्ठ प्रकार (ऑब्जेक्टिव टाइप) के प्रश्न पूछे जाते हैं। अधिकांश छात्रों की यहीं छंटाई हो जाती है।

2. अंग्रेजी माध्यम से प्रश्नपत्रों के उत्तर लिखने वाले प्रत्याशियों की संख्या 98% से भी अधिक है जब कि भारतीय भाषाओं से उत्तर का विकल्प चुनने वालों का संख्या कुल मिलाकर भी 2 प्रतिशत के आसपास ही है।[48] संयुक्त प्रवेश परीक्षा प्रतिवेदन के अनुसार इसका कारण योग्यता परीक्षा के रूप में 10+2 कार्यक्रमों का अपेक्षाकृत अनुपलब्धता और पठन-पाठन सामग्रियों सहित पाठ्यपुस्तकों आदि का नितांत अभाव है।[49]

3. शिक्षा प्रणाली को इसके लिए पूर्णतः दोषी ठहराया जा सकता है क्योंकि भाषा माध्यम की समस्या सहित भारतीय भाषाओं के माध्यम से चलाए

संयुक्त प्रवेश परीक्षा में विभिन्न भाषाओं के माध्यम से प्रश्नपत्रों के उत्तर देने वाले पंजीकृत और योग्यताप्राप्त प्रत्याशियों की सारांश सूची (1990 - 1995)

उत्तर लिखने की भाषा	प्रत्याशियों की संख्या											
	1995		1994		1993		1992		1991		1990	
	*पंजी	*योप्रा	पंजी	योप्रा	पंजी	योप्रा	पंजी	योप्रा	पंजी	योप्रा	पंजी	योप्रा
असमी	36	0	28	0	37	0	83	0	65	0	97	0
बंगला	1022	4	865	5	869	4	1353	11	1610	4	1304	5
अंग्रेजी	82399	2609	79293	2429	76440	2396	75148	2415	70304	2402	61725	2274
गुजराती	632	0	512	0	367	1	457	1	617	1	729	1
हिन्दी	8341	59	9381	23	10442	36	15748	40	15478	51	14501	40
मराठी	5	0	2	0	2	0	0	0	5	0	3	0
उड़िया	0	0	1	0	0	0	0	0	0	0	0	0
सिंधी	0	0	1	0	1	0	0	0	1	0	1	0
तमिल	265	0	288	0	467	0	531	0	558	0	496	1
तेलुगु	192	0	259	0	357	0	469	0	634	1	723	1
उर्दू	1	0	0	0	9	0	4	0	9	9	0	0
कुल	92893	2672	90630	2457	88991	2437	93793	2467	89281	2459	66510	2321

स्रोत : संयुक्त प्रवेश परीक्षा प्रतिवेदन वर्ष - 1995 (संयुक्त प्रवेश परीक्षा कार्यालय, भारतीय प्रौद्योगिकी संस्थान, बम्बई)

*पंजी–पंजीकृत *योप्रा – योग्यताप्राप्त

तालिका 4.1

जाने वाले विद्यालय-महाविद्यालय आदि सामान्यत: कुपोषण और कुव्यवस्था के शिकार हैं। जब कि अंग्रेजी माध्यम से चलाए जाने वाले विद्यालय-महाविद्यालयों में अच्छी व्यवस्था और शिक्षा का उच्चस्तर कायम है। इनमें पढ़ने वाले छात्रों को शिक्षा के अच्छे अवसर और सुविधाएँ हैं जब कि भारतीय भाषा माध्यम से पढ़ने वाले छात्रों हेतु सुविधाओं का सर्वथा अभाव है। इस प्रकार व्यापक असमानता है और प्रवेश परीक्षा में व्यावहारिक रूप में समान प्रतिस्पर्धा नहीं हो पाती है। यही कारण है कि अंग्रेजी माध्यम से चलाए जा रहे अच्छे विद्यालयों - महाविद्यालयों के बच्चों को प्रवेश परीक्षाओं में योग्यता प्राप्त करने में कोई कठिनाई नहीं होती और अन्य भारतीय भाषाओं के छात्रों को विफलता हाथ लगती है।

4. भारतीय भाषाओं के माध्यम से प्रवेश परीक्षाओं में बैठने के लिए प्रोत्साहन का अपेक्षा दबाव- जनक परिस्थितियाँ ही अधिक हैं। और शहरी क्षेत्रों को छोड़ कर ग्रामीण क्षेत्रों तथा भारतीय माध्यम से चलाए जा रहे विद्यालयों-महाविद्यालयों में भारतीय प्रौद्योगिकी संस्थानों तथा उनकी प्रवेश परीक्षाओं के विषय में छात्रों के बीच सूचनाओं का सर्वथा अभाव देखने को मिलता है। व्यापक स्तर पर जागरूकता और जानकारी का भी अभाव है। जिस प्रकार अंग्रेजी में संयुक्त प्रवेश परीक्षाओं की तैयारी के लिए विभिन्न कोचिंग क्लासेस हैं उसी प्रकार हिन्दी अथवा अन्य भाषाओं में नहीं हैं। ऐसे ही अनेक कारण हैं जो अंग्रेजी इतर भाषा के छात्रों की विफलता का कारण बनते हैं।

5. प्रवेश परीक्षा में भाषा माध्यम का विकल्प देने के बावजूद भी योग्यता परीक्षाओं के स्तर पर वास्तविक शिक्षण और अध्ययन के लिए समुचित कार्यक्रम नहीं बनाए गये हैं जिससे कि अंग्रेजी इतर छात्रों को प्रवेश परीक्षा में उत्कृष्ट प्रदर्शन के लिए तैयार किया जा सके। ऐसा लगता है जैसे किसी दबाव में यह निर्णय ले लिया गया है किन्तु राष्ट्रीय सोच के अधीन इसके कार्यान्वयन का कोई व्यापक कार्यक्रम नहीं बनाया गया है और न ही पाठ्य सामग्री तैयार करने की ओर कोई ध्यान दिया गया है। भारतीय भाषाओंसे प्रवेश परीक्षा का विकल्प देने के बावजूद भारतीय प्रौद्योगिकी संस्थानो में वास्तविक पढ़ाई अंग्रेजी माध्यम से ही होती है। माध्यम परिवर्तन पर यहाँ कोई ध्यान नहीं दिया गया है। इससे जो भी छात्र किसी प्रकार योग्यता परीक्षा पास कर प्रवेश पा जाते हैं, वास्तविक पढ़ाई के समय उन्हें भी काफी कठिनाइयों का सामना करना पडता है। इसके परिणामस्वरूप अक्सर वे स्वाभाविक रूप से पिछड़ जाते हैं जिससे मनोवैज्ञानिक समस्याएँ भी पैदा

हो जाती हैं। इससे परवर्ती छात्रों के लिए भी कोई परंपरा अथवा आदर्श नहीं बन पाता है।

6. इस बात का फायदा उठाकर अब भारतीय भाषाओं को अयोग्य कहने का सबूत भी जुटा लिया गया है और संयुक्त प्रवेश परीक्षाओं में सभी भारतीय भाषाओं को शामिल करने के निर्णय पर पुनः विचार करने की आवश्यकता भी महसूस की जा रही है। इस प्रकार का वातावरण निश्चय ही भारतीय भाषाओं के विरूद्ध कार्य करता है और छात्रों पर विपरीत प्रभाव डालता है और उनके प्रदर्शन को भी प्रभावित करता है।

इसी संदर्भ में यह भी उल्लेखनीय है कि सन् 1986 के दौरान सरकारी निर्देशों के तहत भारतीय प्रौद्योगिकी संस्थानों ने शिक्षण माध्यम परिवर्तन पर विचार-विमर्श कर प्रतिवेदन भी प्रस्तुत किए हैं। किन्तु संबंधित प्रतिवेदन में शिक्षकों की उपलब्धता, छात्रों की रूचि, साहित्य सामग्री का अभाव, विश्व स्तर पर आदान-प्रदान की समस्या, पूर्व शिक्षा का आधार, प्रशिक्षण स्तर से समझौता आदि अनेक समस्याओं के परिप्रेक्ष्य में माध्यम परिवर्तन को हानिकारक बताया गया है और यथास्थिति को कायम रखने की संस्तुति की गयी है।[50]

कहने का तात्पर्य यह कि कतिपय सांविधिक प्रावधानों तथा राजनैतिक दबावों के अन्तर्गत लोक सेवा आयोग, संयुक्त प्रवेश परीक्षा तथा इसी प्रकार के अन्य अनेक कार्यों के लिए भारतीय भाषा माध्यम का विकल्प तो दे दिया गया है किन्तु इस विकल्प का समुचित उपयोग हो सके इसके लिए किसी भी प्रकार की कोई व्यवस्था नहीं की गयी है। काबिले गौर है कि स्वदेश में ही जब अंग्रेजी माध्यम से उपयुक्त शिक्षा की व्यवस्था हो सकती है तो भारतीय भाषाओं में क्यों नहीं हो सकती? जब कि शिक्षा व्यवस्था का सारा दायित्व शासन का है। जाहिर है जब अंग्रेजी माध्यम से विभिन्न विषयों की शिक्षा देने के लिए हम विदेशी नागरिकों का आयात नहीं कर रहे और न ही प्रत्येक भारतीय शिक्षक की अंग्रेजी में शिक्षा प्रदान करने की योग्यता प्राप्त करने के लिए विदेश जाने की आवश्यकता है क्योंकि शिक्षक प्रशिक्षण की समुचित व्यवस्था हमारे अपने देश में ही है। और जब हम अंग्रेजी में शिक्षक प्रशिक्षण की व्यवस्था कर सकते हैं तो भारतीय भाषाओं में क्यों नहीं कर सकते? निश्चय ही यह हमारी अपनी कमजोरी है और इसका जिक्र भी बारंबार किया जाता रहा है।

सरकारी विद्यालयों में छात्रों की दुर्व्यवस्था का कारण सिर्फ शिक्षकों और साधनों की कमी ही नहीं है, असल में जो शिक्षक विद्यालयों में मौजूद भी हैं, उन्हें पढ़ाने में कोई दिलचस्पी नहीं है। उनकी एक स्वयत्त और निरपेक्ष नौकरी है। छात्रों का परीक्षा

परिणाम यदि गिरता है तो इससे उनकी नौकरी में विकास के अवसर प्रभावित नहीं होते, इसलिए उनकी निष्क्रियता कभी नहीं टूटती। बिहार के कुछ स्कूलों के बारे में यह खबर आई थी कि वहाँ हजारों ऐसे शिक्षक हैं जो महीने में एक दो दिन ही छात्रों को ज्ञान लाभ का मौका देते हैं। उनमें से अधिकांश धनार्जन के लिए कोई अन्य व्यवसाय कर रहे हैं। अकेले बिहार के ही नहीं भारत के अन्य प्रदेशों में भी भारतीय माध्यम से चलाए जा रहे अधिकांश विद्यालयों - महाविद्यालयों की यही स्थिंत है। फिर हम कैसे अपेक्षा करें कि परिणाम में सुधार होगा?[51] जाहिर है इस प्रकार की परिस्थितियों के लिए हमारा संपूर्ण तंत्र जिम्मेदार है, हम स्वयं जिम्मेदार हैं। अतः सुधार और यथास्थिति निवारण का उपाय भी हमें ही करना है। कोई बाहरी आकर हमारी व्यवस्था नहीं सुधारेगा।

शिक्षा व्यवस्था की बिगड़ती स्थिति और उसमें सुधार की अपेक्षाओं को ध्यान में रखते हुए शिक्षा तंत्र के विभिन्न अंगों का अनुशीलन और उसके परिप्रेक्ष्य में विवेच्य समस्या का समधान खोजने का प्रयास किया जा सकता है। शिक्षा तंत्र के चार प्रमुख अंग होते हैं:

1. आधारभूत ज्ञान
2. प्रसारण की साधन सामग्री
3. शिक्षक और
4. शिक्षा का अधिकारी - छात्र वर्ग

इनके अतिरिक्त समाज का भी इस तंत्र से गहरा संबंध है, क्योंकि अन्ततः समाज का हित ही तो शिक्षा का लक्ष्य है। शिक्षा- तंत्र की सफलता इन सभी अंगों के उचित सामंजस्य में निहित है। इनमें से ज्ञान तो आत्मा या अंतश्चेतना की क्रिया अथवा प्रवृत्ति का नाम है, जो अमूर्त है और धारणाओं के संघात से जिसका निर्माण होता है। अतः यह माना जाता है कि ज्ञान का किसी जाति, देश या भाषा के साथ सहज संबंध नहीं होता। यह ठीक है कि विकसित जाति या भाषा अधिक सम्पन्न होती है, परंतु यह संबंध मौलिक न हो कर, नैमित्तिक ही होता है। आधुनिक विज्ञान के विकास में अनेक राष्ट्र योगदान कर रहे हैं, उसको किसी जाति या भाषा तक सीमित रखकर देखना मानव आत्मा का अपमान करना है।[52]

प्रसारण की साधन सामग्री का सामान्य अर्थ है, वांगमय या ग्रंथसमूह ! जिसका संबंध माध्यम भाषा के साथ है। स्वभावतः जिन सम्पन्न देशों में ज्ञान-विज्ञान का प्रसार होता रहा है, और हो रहा है, अथवा जिनके पास अनुवाद आदि के लिए अधिक भौतिक साधन हैं, उनकी भाषाओं में यह सामग्री अधिक मात्रा में उपलब्ध रहती है तथा व्यवहार और प्रयोग से उनकी शक्तियाँ इस प्रकार के ज्ञान का वहन और

भाषा भी प्रायः वही बन जाती है जो उसके अर्जन की भाषा होती है। जहाँ इस भाषा और समाज की भाषा में या समाज के उस विशिष्ट अंग की भाषा में, जो विद्यार्जन करता है, ऐक्य है, वहाँ तो लाभ ही लाभ है। परंतु जहाँ दोनों में भिन्नता है वहाँ समस्या पैदा होती है। और शिक्षा तंत्र के विभिन्न अंगों का समभंग हो जाता है।[53] हमारे देश में ऐतिहासिक कारणों से आज ठीक यही समस्या है। भाषा के कारण यहाँ का शिक्षा-तंत्र खण्डित और विश्रृंखल है।

द्वितीय विश्व युद्ध से पूर्व यूरोप की तीन भाषाएँ - अंग्रेजी, जमन और फ्रेंच, ज्ञान-विज्ञान की सबसे समृद्ध माध्यम भाषाएँ थी। दूसरे विश्व युद्ध के पश्चात जर्मन और फ्रेंच पिछड़ गयीं और अमरीकी प्रभाव के कारण अंग्रेजी का विस्तार और विकास होता रहा।[54] यही कारण है कि विज्ञान और प्रौद्योगिकी ज्ञान का भण्डार आज प्रायः इसी भाषा में भरा हुआ है। गत लगभग डेढ़ सौ वर्षों से हमारे देश में भी उच्चतर शिक्षा का माध्यम अंग्रेजी भाषा रही है, किन्तु हमारी उपलब्धि और पाश्चात्य देशों की उपलब्धि में जमीन-आसमान का अंतर है। इस अंतर का कुछ तो कारण होगा ही! मेरी राय में वह प्रमुख कारण भाषा माध्यम है जिसका उचित समाधान न हो सकने के कारण संपूर्ण शिक्षा तंत्र ही अपंग बना हुआ है और देश के विकास में अपेक्षित योगदान करने में असमर्थ है।

यह आश्चर्य ही है कि संपूर्ण परिस्थितियों और उपलब्धियों को देखते हुए भी हमारे देश के कुछ शिक्षाविदों की यह धारणा रही है कि जिस अंग्रेजी का आरोप भारतीय समाज पर अंग्रेजों ने अपने स्वार्थ के लिए किया था, उसका सदुपयोग आज भारतीय अपने स्वार्थ के लिए क्यों न करें?[55] अन्य बातों के होते हुए भी यदि यह मान लिया जाए कि यह तर्क व्यावहारिक परिस्थितियों से उद्भूत हुआ है और इसे मानसिक दासता या कुछ और कह कर तिरस्कृत करना समीचीन नहीं होगा, परंतु इसमें भी अनेक दोष हैं जिनकी उपेक्षा नहीं की जा सकती है। सबसे बड़ा दोष तो यही है कि इसमें शिक्षातंत्र के सर्वाधिक महत्वपूर्ण अंग भारतीय छात्रवर्ग और भारतीय समाज की ही उपेक्षा हुई है। जिसके संस्कारों में कहीं भी अंग्रेजी अथवा पाश्चात्य सभ्यता का नामोनिशां तक नहीं है उन्हें विश्वव्यापी आदान-प्रदान और पाश्चात्य प्रगति की चमक-दमक दिखा कर अंग्रेजी में जबरदस्ती प्रशिक्षित करने का सुनियोजित प्रयास किया गया है और आज भी किया जा रहा है। इसके दुष्परिणामों का मूल्य आज देश और उसकी संस्कृति को चुकाना पड़ रहा है। देश की प्रतिभा का सदुपयोग स्वदेशी विकास के लिए न हो कर व्यर्थ जा रहा है। इसका दूसरा पक्ष यह सोचने के लिए मजबूर करता है कि अंग्रेजी शिक्षा का लाभ और उपयोग कितने प्रतिशत भारतीयों के लिए हो रहा है तथा उसका दुष्परिणाम कितने प्रतिशत भारतीयों को भोगना पड़ रहा है तथा

आगे भोगना पड़ेगा? निश्चय ही यह विचारणीय प्रश्न है। समग्रता के परिप्रेक्ष्य में संतुलित दृष्टि से सोचने वाला वर्ग इस प्रश्न की उपेक्षा कदापि नहीं कर सकता।

गहराई से जांचा और परखा जाए तो हम पाते हैं कि अंग्रेजी से संपर्क परतंत्र भारत में भी इतना गहरा कभी नहीं रहा और स्वतंत्र भारत में तो संभवतः और भी क्षीण हुआ है यदि कुछेक महानगरों की बात छोड़ दी जाए तो। समाज के लगभग सभी वर्गों में अपनी मातृभाषा के प्रति सम्मान और लगाव की भावना बढ़ती प्रतीत हो रही है। किन्तु यह विकास नकारात्मक और समस्यामूलक रूप में हो रहा है। क्षेत्रवाद और वर्तमान प्रादेशिक भाषाओं की समस्या इसका प्रत्यक्ष प्रमाण है जो प्रत्यक्ष अथवा अप्रत्यक्ष रूप से राष्ट्र स्तर पर हिन्दी भाषा के विकास पथ का ही रोड़ा बन गया है। अतः जिस समाज के लिए उच्चतर शिक्षा की व्यवस्था की जा रही है, उसकी भाषा तो अंग्रेजी है ही नहीं और न ही अंग्रेजी का उसकी भाषा से कोई दूर का ही रिश्ता है। एक तथ्य यह भी है कि अधिकांश भारतीय छात्रवर्ग की माध्यमिक शिक्षा का माध्यम प्रायः उसकी प्रादेशिक भाषाएँ हैं अतः उच्चस्तरीय शिक्षा के लिए अंग्रेजी माध्यम से ज्ञानार्जन और अभिव्यक्ति उसके लिए एक समस्या हो जाती है। इसी बात को ध्यान में रखते हुए भारतीय प्रौद्योगिकी संस्थान, जैसी राष्ट्रीय महत्व की अभियात्रिकी और प्रौद्योगिकी शिक्षण संस्थानों में मानविकी विभाग खोले गये हैं जो विदेशी अंग्रेजी पुस्तकों की समझ पैदा करने के लिए छात्रों को अंग्रेजी भाषा का प्रशिक्षण देने का कार्य करते हैं।[56] अतः यदि कुछ प्रतिशत भारतीयों का प्रश्न छोड़ दिया जाए तो हम पाते हैं कि प्रत्यक्ष अथवा अप्रत्यक्ष रूप में राष्ट्रीय स्तर पर एक अत्यंत जटिल समस्या का पोषण और परिरक्षण किया जा रहा है जिसका सूत्रपात दुर्भावना और भारतीय ज्ञान-विज्ञान की प्रतिभा के विरूद्ध एक षडयंत्र के रूप में किया गया था।

आज भारतीय उच्च शिक्षा के क्षेत्र में अध्ययन- अध्यापन के लिए दो भाषाएँ संघर्षरत हैं। एक तो पूर्वप्रतिष्ठित अंग्रेजी है और दूसरी संपूर्ण भारतीय भाषाओं का प्रतिनिधित्व करने वाली जनभाषा हिन्दी है। अंग्रेजी चूँकि पूर्वप्रतिष्ठित है ही और ज्ञान-विज्ञान से उसका भण्डार भी भरा हुआ है तथा नित्यप्रति भरा भी जा रहा है, अतः व्यावहारिक दृष्टिकोण और अपनी अन्तर्राष्ट्रीय छवि के कारण उसका पलड़ा भारी है। उसे अपदस्थ करने की बहुविध कोशिशों के बावजूद भी उसका आकर्षण बना हुआ है। मातृभाषा में शिक्षा देने की पूरजोर कोशिशों और स्वीकार्य दलीलों के बावजूद भी आर्थिक दबावों के कारण उसे पदस्थ कर पाना असंभव हो गया है और वह अपनी जगह पर पूर्ववत् बनी हुई है। दूसरी ओर, शब्द भण्डार, साहित्य और अंग्रेजी की अपेक्षा जन-जऩ तक अपनी पहुंच के बावजूद भी हिन्दी भाषा का उच्च शिक्षा के क्षेत्र में उपयोग उतना नहीं हो रहा है जितना की अपेक्षित है। इस समस्या का अनुशीलन करने पर निम्नांकित तथ्य परिलक्षित होते हैं जो विवेच्य समस्या के संदर्भ में

उल्लेखनीय हैं और जिनपर सम्यक विवेचन आगे प्रस्तुत किया जा रहा है।

1. उद्देश्यरहित उच्च शिक्षा
2. हिन्दी भाषा माध्यम से शिक्षण करने वाले प्राध्यापकों की अनुपलब्धता
3. छात्रों द्वारा अस्वीकृति
4. हिन्दी में वैज्ञानिक और तकनीकी साहित्य का अभाव तथा उपलब्ध साहित्य के मानकीकरण की समस्या
5. अन्तर्राष्ट्रीय स्तर पर जनबल और जानकारी के आदान-प्रदान की समस्या
6. छात्रों और शिक्षकों द्वारा तकनीकी हिन्दी सीखने में अतिरिक्त श्रम करने से बचने का भाव
7. औद्योगिक क्षेत्रों अथवा सेवा क्षेत्रों में मांग का न होना
8. हिन्दी माध्यम से शोधादि करने के लिए प्रायोजित परियोजनाओं का अभाव और प्रोत्साहनहीनता
9. समस्या के संदर्भ में व्यापक स्तर पर उदासीनता
10. तकनीकी शिक्षा पर होने वाला वित्तीय व्यय (तकनीकी हिन्दी के संदर्भ में)

4.1.1.7 उद्देश्यरहित उच्च शिक्षा

उल्लेखनीय है कि तकनीकी हिन्दी विकास के संबंध में स्वतंत्रतापूर्व और स्वातंत्र्योत्तर काल की एक सुदीर्घ कालावधि में अन्य अनेक अभिकरणों सहित काशी नागरी प्रचारिणी सभा तथा दक्षिण भारतीय हिन्दी प्रचार सभा एवं डॉ. रघुवीर से लेकर वैज्ञानिक तथा तकनीकी शब्दावली आयोग, केन्द्रीय हिन्दी निदेशालय, केन्द्रीय सचिवालय हिन्दी परिषद, हिन्दी अनुवाद ब्यूरो, विभिन्न् हिन्दी ग्रंथ अकादमियों एवं हिन्दी संस्थानों तक अनेक सरकारी, अर्द्धसरकारी तथा स्वयं सेवी संस्थाओं ने इसके विकास के लिए सतत प्रयास किए हैं। किन्तु इन सारे प्रयासों के बावजूद आज भी तकनीकी हिन्दी के क्षेत्र में अपेक्षित उपलब्धि नगण्य है। इस संबंध में H.V.T.I. कानपुर में सिविल अभियांत्रिकी के प्राध्यापक ज्ञानेन्द्र वशिष्ठ के विचार उल्लेखनीय हैं। वे अपने निबंध *प्रौद्योगिकी की नई दिशाएँ एवं हिन्दी में प्रौद्योगिकी - शिक्षा एवं शोध की संभावनाएँ* में लिखते हैं - *हिन्दी के विकास की गति अपेक्षाकृत धीमी होती परंतु यदि ऐसा लगता कि विकास हो रहा है, उसकी दिशा आगे की ओर है तो भी निराश होने की बात न होती और धैर्य से काम लेते हुए प्रतीक्षा की जा सकती थी। परंतु वर्तमान स्थिति इसके विपरीत है और हमारी नई पीढ़ी की जो मानसिकता उभर कर सामने आ रही है, उसको देखकर ऐसा नहीं लगता कि हम सचमुच निकट भविष्य में शिक्षा, विशेषकर प्रौद्योगिकी शिक्षा एवं शोध का कार्य व्यापक रूप से हिन्दी में करने लगेंगे।*[57] इसका तात्पर्य यह हुआ कि तकनीकी हिन्दी के विकास और प्रयोग का हमारा

लक्ष्य उद्देश्यपूर्ण नहीं है अन्यथा लगभग सौ-दो सौ वर्षों के सतत प्रयासों के बावजूद भी तकनीकी हिन्दी का अपेक्षित विकास क्यों नहीं हुआ होता! भारतीय उच्च शिक्षा में तकनीकी हिन्दी के प्रयोग का संभवतः कोई लक्ष्य या उद्देश्य ही निर्धारित नहीं है। इसका कारण त्रुटिपूर्ण शिक्षा व्यवस्था ही है। या यों कहें कि भारतीयों को मिलने वाली तकनीकी शिक्षा ही उद्देश्य रहित है और देश की आकांक्षाओं, जरूरतों और आवश्यकताओं पर आधारित न होकर विदेशी नमूनों और मानदण्डों पर आधारित है। इसके उद्देश्यहीन होने का एक तर्क यह भी दिया जा सकता है कि लगभग गत 50 वर्षों के सरकारी और गैर-सरकारी प्रयासों के बावजूद शिक्षा माध्यम की भाषा समस्या अनिर्णित है और संवैधानिक संकल्प के बावजूद भारत शिक्षा के क्षेत्र में सर्वाधिक पिछड़ा देश है।

एक सामान्य सी बात है कि चाहे जिस भी माध्यम से शिक्षा दी जाए, प्राथमिक से लेकर उच्चस्तर तक, संपूर्ण शिक्षा माध्यम की भाषा में एकात्मता यथेष्ट परिणाम दे सकती है। सन् 1967 में भारत सरकार ने राष्ट्रीय शिक्षा नीति पर प्रस्ताव जारी करते हुए कहा है कि, *देश के सभी भागों में मोटे तौर पर एक समान शैक्षिक ढांचा होना लाभादाथक रहेगा।*[58] किन्तु विभिन्न राजनैतिक और सामाजिक कारणों से इस संबंध में भारतीय निर्णय सदैव प्रभावित रहा है। भारतीय शिक्षा आयोग और भारत सरकार द्वारा शिक्षा के क्षेत्र में स्वीकृत त्रिभाषा सूत्र की विवेचना प्रस्तुत करने वाली *CHALLANGES OF EDUCATION* के अनुच्छेद 4:44 (पृ.81) की निम्नांकित पक्तियाँ इस संबंध में उल्लेखनीय हैं : In respect of the teaching of languages too, Central Government is unable to ensure the faithful implementation of the three language formula. It is necessary that languages does not become a barrier to mobility of India of tommorow'[59]

उपर्युक्त परिच्छेदों में हम देखते हैं कि अन्य चीजों के होते हुए भी भारत सरकार अथवा भारतीय शिक्षा व्यवस्था में नीति निर्धारण का कार्य समय- समय पर होता रहा है किन्तु उनके समुचित कार्यान्वयन का कोई ल्क्ष्याभिमुखी कार्यक्रम और उद्देश्य नहीं रहा है। प्राथमिक से उच्चस्तरीय शिक्षा की रूपरेखा में एकरूपता होनी चाहिए, किन्तु एकरूपता का तात्पर्य उसकी बाह्य संरचना से लगाया गया है। पाठ्यक्रम के स्तर, भाषा माध्यम की एकरूपता, देश-काल की जरूरतों के आधार पर पाठ्यक्रमों का निर्धारण आदि जैसे शिक्षा से संबंधित महत्वपूर्ण प्रश्न गौण ही रहे हैं। भाषा समस्या का बीजारोपण प्राथमिक और माध्यमिक स्तर की शिक्षा में ही कर दिया गया है जो उच्चस्तर पर जाकर एक जटिल समस्या में रूपांतरित हो गयी है।

जहाँ तक हिन्दी अथवा मातृभाषा माध्यम से शिक्षण का सवाल है तो हम देखते हैं कि इसमें अधिकांशतः सरकारी अथवा नगरपालिका विद्यालयों का ही योगदान है।

वर्तमान भारत की यह सच्चाई है कि गैर-हिन्दी भाषी और हिन्दी भाषी सभी क्षेत्रों में सर्वत्र अंग्रेजी माध्यम वाले विद्यालयों की बाढ़ सी आ रही है।[60] छोटे - छोटे कस्बों में, यहाँ तक कि ग्रामीण अंचलों में भी तथाकथित पब्लिक स्कूलों तथा इंग्लिश मिडियम स्कूल के नाम से अनेक छोटे-मोटे विद्यालय खुलते ही जा रहे हैं। जाहिर है इनके अस्तित्व से समाज में ऐसी स्थितियाँ पैदा हो जाएंगी कि तकनीकी हिन्दी ही क्या किसी भी हिन्दी के विकास को शिक्षा माध्यम के रूप में विकसित होने देने में ये बाधक तत्वों की भूमिका निभाएंगे और जैसी कि प्रवृत्तियाँ परिलक्षित हो रही हैं शनैः शनैः हिन्दी माध्यम की मांग करने वाला वर्ग भी इनके सामने घुटने टेक देगा।

मानव संसाधन विकास मंत्रालय द्वारा प्रकाशित CHALLANGES OF EDUCATION में इस समस्या की ओर भी ध्यानाकर्षण किया गया है तथा देश के जागरूक नागरिकों से इस संबंध में विचार-विमर्श और हस्तक्षेप का आह्वान किया गया है जिससे कि वस्तुस्थिति को सुधार कर अनुकूल बनाया जा सके। उसमें स्पष्ट रूप से लिखा गया है कि, Education has a wholistic character, therefore every one capable of contributing to it has a duty and responsibility to do so. If the new generation entering the twentyfirst century finds itself ill equipped, it will hold the present generation responsible for its inadequacies.[61]

प्रश्न उठता है कि इस निरूद्देश्य शिक्षा को कैसे सुधारा और उद्देश्यपूर्ण बनाया जाए ? क्या उक्त प्रकार के अंग्रेजी और निजी स्कूलों पर कानूनी रोक लगाकर! देश की वर्तमान स्थिति तथा प्रजातांत्रिक व्यवस्था को देखते हुए यह कदम उठाना व्यावहारिक न होगा क्योंकि शिक्षा के क्षेत्र में LET THE THOUSAND FLOWERS BLOOM का सिद्धांत अनुकरणीय है।[62] इस सिद्धांत का पूर्णतः अनुकरण करते हुए कोई न कोई ऐसा मार्ग निकालना ही पड़ेगा जिससे इन सहस्त्रों पुष्पों को अपनी भूमि पर अपने वातावरण और अपने पोषक तत्वों के बल पर खिलाया जा सके। निःसंदेह वह पोषक तत्व अपनी भाषा है जिसके द्वारा ज्ञान का पोषण और संवर्धन तथा भावी संतति के लिए पीढ़ी दर पीढ़ी हस्तांतरित किया जा सके। इसी में उक्त समस्या का समाधान भी निहित है। शुद्ध व्यावसायिक दृष्टिकोण से चलाई जाने वाली शिक्षण संस्थाओं में अधकचरी अंग्रेजी जानने वाले प्राध्यापकों द्वारा दी जाने वाली शिक्षा प्रणाली को बदले बिना तकनीकी हिन्दी के विकास के अंतिम लक्ष्य पर पहुंचना संभव नहीं हो सकता।[63]

इस समस्या को थोड़े और गहराई से समझने के लिए हिन्दी माध्यम के विद्यालयों का जायजा भी लेना होगा, जिनका अधिकांश सरकारी अथवा अर्द्धसरकारी क्षेत्रों में है। CHALLANGES OF EDUCATION में प्रकाशित सरकारी

आंकड़े इस संबंध में उल्लेखनीय हैं : .... Where school exists 40 % have no pucca buildings, 39 .78 % have no black boards and 59.50 % have no drinking water; 35 % schools have a single teacher to teach 3 or 4 different classes[64]

उपर्युक्त उद्धरण से स्पष्ट है कि यदि स्कूलों में आवश्यक प्राथमिक सुविधाएँ ही नहीं होंगी और अत्यल्प शिक्षकों के द्वारा विद्यालय चलाया जाएगा तो स्वाभाविक है कि उनका स्तर बुरी तरह प्रभावित होगा। इससे छात्रों का भविष्य खतरे में नजर आता है अत: अभिभावक अच्छे स्कूलों की तलाश करते हैं और वे व्यवस्थित रूप से चलाए जा रहे अंग्रेजी स्कूलों की ओर प्रवृत्त हो जाते हैं। इंग्लिश मिडियम स्कूल कहे जाने वाले इन विद्यालयों का उदय और प्रसार होने का कारण सरकारी तथा अर्द्धसरकारी स्कूलों की दयनीय हालत है।[65] निजी क्षेत्रों में हिन्दी माध्यम के स्कूलों का अत्यंत अभाव है और चूँकि आजकल शिक्षा का व्यावसायिकरण हो गया है, अत: लोग हिन्दी माध्यम से चलने वाले विद्यालय अपेक्षाकृत कम ही खोलते हैं। सरकारी तौर पर भी इस तथ्य को स्वीकार किया गया है: - While most of the children go to schools established, supported or recognized by Government, there is an increasing incidence of establishment of the so called ENGLISH MEDIUM SCHOOL which attrect gullible parents mainly because the municipal or Government schools are so unattrective.[66]

इसी प्रकार केन्द्रीय माध्यमिक शिक्षा बोर्ड के परिणामों का हवाला देते हुए राष्ट्रीय स्तर पर शिक्षा स्तर में गिरावट पर चिंता प्रकट की गई है। तथा वस्तुस्थिति का जायजा प्रस्तुत करते हुए इस रांबंध में दैनिक पत्रों के भी कुछ प्रतिवेदन उल्लेखनीय हैं। पिछले दिनों बम्बई से प्रकाशित होने वाले *नवभारत टाइम्स* की संपादकीय के कुछ अंश इसी उद्देश्य से उद्धृत किए जाते हैं : - *पिछले कुछ वर्षों में सरकारी स्तर पर प्राथमिक और माध्यमिक शिक्षा की जितनी अवहेलना की गयी है, उसका निराशाजनक परिणाम आना ही था। पढ़ाई में सुव्यवस्था लाने की बात तो की गयी है। राजधानी दिल्ली में ही वर्षों से शिक्षकों और प्राचार्यों के सैकड़ो पद रिक्त हैं, लेकिन प्रशासन की अन्यमनस्कता के कारण कोई बहाली नहीं हो रही। केन्द्रीय विद्यालय तथा अन्य सरकारी स्कूलों में शिक्षकों के पद वर्षों खाली पड़े रहते हैं। पिछले साल हुए एक सर्वेक्षण के अनुसार देश के सरकारी स्कूलों में शिक्षकों की रिक्तियाँ हजारों में थी। जाहिर है जब सम्बद्ध विषय के शिक्षक ही नहीं होंगे तो छात्र क्या पढ़ेंगे? स्वभावत: इसका दुष्परिणाम होगा ही ! शिक्षा के औसत स्तर पर निरन्तर गिरावट का एक बहुत बड़ा कारण हमारी दोहरी शिक्षा व्यवस्थ भी है। प्राथमिक और माध्यमिक स्तर पर राष्ट्रीय शिक्षा क्षेत्र पब्लिक स्कूल और सरकारी स्कूल, इन दो हिस्सों में बंटा है। पब्लिक स्कूलों, में शिक्षा का माध्यम अंग्रेजी है और पठन-पाठन की सारी सुविधाएँ हैं,*

पूरी संख्या में शिक्षक हैं। इन स्कूलों की फीस भी तगड़ी है। दूसरी ओर सरकारी स्कूल हर स्तर पर पिछड़े हैं।[67]

ऐसी स्थिति में लोग अंग्रेजी माध्यम के स्कूलों की ओर जाते हैं तथा उनका पोषण भी करना चाहते हैं। यदि आरंभिक शिक्षा के क्षेत्र में हिन्दी अथवा अन्य भारतीय भाषाओं की ऐसी दुर्दशा है तो आगे उच्चस्तर पर और वह भी विज्ञान और प्रौद्योगिकी के क्षेत्र में उन्हें माध्यम भाषा के रूप में प्रयुक्त करना और उनका कार्यान्वयन कराना निश्चय ही अत्यंत कठिन है। वर्तमान परिस्थितियाँ इसका प्रत्यक्ष प्रमाण हैं।

इस प्रकार उपर्युक्त विवेचन में तीन बातें स्पष्ट रूप से उभरती हैं जिनके आधार पर यह निष्कर्ष निकलता है कि उच्चस्तरीय तकनीकी शिक्षण में हिन्दी भाषा का उपयोग क्यों नहीं हो रहा है :

1. देश में लोकप्रिय हिन्दी स्कूलों का अभाव है, अतः अभिभावक अच्छी शिक्षा पाने के लिए अपने बच्चों को निजी अंग्रेजी माध्यम के स्कूलों में भेजने के लिए बाध्य हैं। वे हिन्दी माध्यम से चलाए जा रहे स्कूलों द्वारा मिलने वाली शिक्षा से संतुष्ट नहीं हैं, अतः अपने बच्चों को ऐसे स्कूलों में भेजना चाहते हैं जहाँ जाकर वे कुछ सीखें। ऐसी धारणा है कि अंग्रेजी माध्यम वाले स्कूल अपेक्षित शिक्षा प्रदान करते हैं अतः शिक्षा पर होने वाला व्यय अपेक्षाकृत अधिक होने के बावजूद भी अभिभावक अपने खर्च की अन्य मदों में कमी कर के अपने बच्चों को ऐसे स्कूलों में ही पढ़ाना उचित समझते हैं। आखिर अपने बच्चों के भविष्य की चिंता सबको होती है। अतः हिन्दी भाषा के विकास और विस्तार तथा तकनीकी शिक्षा में हिन्दी भाषा की प्रयुक्ति हेतु सर्वप्रथम हिन्दी माध्यम से चलाए जा रहे स्कूलों को अपनी साख सुधारने की अनिवार्य आवश्यकता है जिससे की लोग इसकी ओर प्रवृत्त और आकर्षित हों ।

2. नगरपालिकाओं तथा सरकारी स्कूलों की जो साख गिर रही है, उसके कारण शिक्षा जगत में एक शून्य बनता जा रहा है। निजी स्कूलों के उद्भव और विकास का इस प्रकार अनुकूल वातावरण बनता जा रहा है, और उनकी मांग बढ़ रही है। अतः अधिक धन कमाने की दृष्टि से नित्यप्रति अंग्रेजी माध्यम के स्कूल ही अधिक खुल रहे हैं। जहाँ एक ओर सामाजिक परिवर्तन और नौकरी - व्यवसाय आदि की दृष्टि से कैरियर संबंधी सुनहले स्वप्न दिखाकर अंग्रेजी माध्यम की सुनहली चादर में लिपटी निजी शिक्षण संस्थाएँ लोगों को सहज ही आकर्षित कर लेती हैं वहीं दूसरी ओर अंग्रेजी भाषा और संस्कृति के पोषक भारतीय आभिजात्य वर्ग की जीवन शैली के प्रति आकर्षित मध्यवर्ग तथा निम्नवर्ग, उसी

प्रकार की जीवन शैली पाने के लिए अंग्रेजी शिक्षा को अंधाधुंध तरिके से अपनाता जा रहा है। उसके मन की गहराई में यह भाव छिपा नजर आता है कि अंग्रेजी माध्यम से शिक्षा ग्रहण कर के वह अपने जीवन को अपेक्षाकृत सुखमय बना सकता है तथा सामाजिक प्रतिष्ठा भी प्राप्त कर सकता है । यह वर्तमान भारत के सामाजिक जीवन की एक कड़वी सच्चाई है।

3. तीसरी बात यह कि जब बुनियादी शिक्षा स्तर पर ही भाषा माध्यम की समस्या उलझी हुई है और अधिकांशतः शिक्षा अंग्रेजी माध्यम से ही दी जा रही है तो उच्च स्तर पर शिक्षा का माध्यम बदलना अत्यंत कठिन है। यह भी एक तथ्य है कि हिन्दी माध्यम से शिक्षा पाने और देने के लिए आम जनता सहित शिक्षा व्यवस्थापकों में गहरी उदासीनता छाई हुई है। कुत्सित राजनीति और यांत्रिक जीवन शैली के विकास के कारण भाषा का यह प्रश्न अब लोगों को आंदोलित नहीं करता है । इसका एक कारण यह भी है कि जो थोड़े से लोग इस समस्या से जूझ रहे हैं आज समाज में उनकी कोई प्रतिष्ठा नहीं है और न ही कोई उत्कृष्ट सामाजिक आदर्श। एतदर्थ लोग हिन्दी भाषा के शैक्षिक उपयोग संबंधी आंदोलनों को गंभीरता से नहीं लेते।

इस प्रकार समग्रतः कहा जा सकता है कि मातृभाषा और राष्ट्रभाषा हिन्दी से चलाई जा रही संपूर्ण शिक्षा व्यवस्था गुमराह और उद्देश्यहीन है। वर्तमान भारत की परिस्थितियों को देखते हुए यह भी कहा जा सकता है कि व्यवस्था की खामियों के कारण सामान्य रूप से जनमानस इस समस्या के प्रति उदासीन है और जो लोग इससे जुड़े हुए हैं उनका भी कोई गहरा सरोकार नहीं रह गया है। अतः यदि इसे अपेक्षित रूप में प्रयोग करना है तो संपूर्ण शिक्षा व्यवस्था को उद्देश्यपूर्ण बनाने की अनिवार्य आवश्यकता है।

4.1.1.8 हिन्दी भाषा माध्यम से शिक्षण करने वाले प्राध्यापकों की अनुपलब्धता

स्नातक, स्नातकोत्तर तथा शोध स्तर पर हिन्दी माध्यम से तकनीकी शिक्षण में दूसरी सबसे बड़ी बाधा शिक्षकों की उपलब्धता की है। ज्ञातव्य है कि हिन्दी माध्यम से तकनीकी शिक्षण करने वाले अध्यापकों का नितांत अभाव है, जब कि उक्त क्षेत्र में हिन्दी माध्यम को लोकप्रिय बनाने का सबसे बड़ा उत्तरदायित्व प्राध्यापकों का ही है। अध्यापकों की अनुपलब्धता की समस्या का अनुशीलन करने पर ज्ञात होता है कि इस अभाव का मुख्य कारण शिक्षा तंत्र की खामियों सहित निम्नांकित तथ्य भी हैं:[68]

1. वर्तमान पीढ़ी के प्राध्यापकों की शिक्षा अंग्रेजी माध्यम से ही हुई है, अतः उनके लिए हिन्दी भाषा माध्यम से व्याख्यान देना और अपेक्षित पुस्तकों / पाद्य सामग्रियों के अभाव में व्याख्यान की तैयारी करना दोनो ही अत्यंत दुष्कर है। एतदर्थ अपनी सुविधा को देखते हुए वे अंग्रेजी माध्यम के स्थायित्व के हिमायती और हिन्दी के विरोधी हैं। अतः हिन्दी माध्यम से अध्यापन को कठिन बताते हुए वर्तमान शिक्षाव्यवस्था में माध्यम परिवर्तन का समर्थन नहीं करते हैं ।

2. यदि कुछ अध्यापक ऐसा करना भी चाहते हैं तो उनके लिए अनुकूल परिस्थितियाँ नहीं हैं। वर्तमान व्यवस्था में स्वयं शिक्षक कोई सुधार करने में असमर्थ है, उसे शिक्षा प्रणाली के साथ सामंजस्य स्थापित कर के ही कार्य करना पड़ता है। शिक्षकों पर हिन्दी माध्यम से अपने विषय पर व्याख्यान देने का न ही कोई दबाव है और न ही कोई प्रोत्साहन। विश्वविद्यालयों और तकनीकी संस्थानों में इस कार्य के लिए कोई उपयुक्त माहौल भी नहीं है। ऐसे में हिन्दी माध्यम से शिक्षण की ओर कदम बढ़ाने वाले शिक्षक भी प्रतिष्ठा का प्रश्न मान कर आगे बढ़ने से हिचकते हैं।[69]

3. प्राध्यापकों हेतु हिन्दी में संदर्भ ग्रंथों, शोध पत्रिकाओं आदि का नितांत अभाव है और देश में ऐसी कोई उल्लेखनीय सुविधा इस समय नहीं है जो इस संबंध में उत्कृष्ट अनुवाद आदि के माध्यम से अल्पसूचना और कम व्यय में पाद्यसामग्री यथाशीघ्र सुलभ करा सके। उच्चस्तरीय प्राध्यापकों में हिन्दी में मौलिक लेखन की भी कोई रूचि नहीं हैं जिससे कि अपेक्षित साहित्य और पाद्यपुस्तकें/ पाद्यसामग्री आसानी से उपलब्ध हो सके। यदि कुछ प्राध्यापक पुस्तकें लिखना और प्रकाशित कराना चाहते भी हैं तो या तो प्रकाशक ही बहुत कम मिलते हैं और मिलते भी हैं तो रॉयल्टी भी बहुत कम देते हैं। यदि कोई सरकारी अभिकरण पुस्तकें प्रकाशित कराने का कार्य करता है तो ऐसी स्थिति में रॉयल्टी मिलने और पुस्तक बिक्री की एक बड़ी समस्या है, अतः स्वेच्छा से प्राध्यापक वर्ग इस ओर ध्यान नहीं देते हैं। इस संदर्भ में प्रा.बी.बी.त्रिपाठी, प्राध्यापक, भौतिकी विभाग, भारतीय प्रौद्योगिकी संस्थान, दिल्ली का अग्रांकित अनुभव उल्लेखनीय है। वे लिखते हैं, *केन्द्रीय हिन्दी निदेशालय या अन्य संस्थाएँ, लेखकों से पुस्तक लिखने का आग्रह करती हैं (हिन्दी) में मैन्युस्क्रिप्ट (प्रतियाँ) प्राप्त होने पर उनका मूल्यांकन करवाया जाता है। मूल्यांकित हो जाने पर स्वीकृत प्रतियों के पारिश्रमिक का एक निश्चित प्रतिशत (शायद 80 %) लेखक को दे दिया जाता है तथा शेष पारिश्रमिक पुस्तक के प्रकाशित होने के पश्चात भुगतान करने का वचन दिया जाता है। मेरी सूचना के अनुसार पांच - पांच साल से प्रतियाँ प्रकाशित होने के लिए पड़ी हैं। लेखक को अपना पूरा पैसा नहीं मिला तथा खर्च किए गये का कोई*

उपयोग नहीं हुआ। पुस्तकों के प्रकाशन में विलंब के कारण उसकी पाठ्यसामग्री भी कालबाह्य हो जाती है। इस प्रकार यह देश के सीमित आर्थिक संसाधनों का अपव्यय ही हुआ।[70]

उपर्युक्त बातों का स्पष्टीकरण देते हुए केन्द्रीय हिन्दी सलाहकार समिति के सदस्य डॉ.जे.एन.कपूर का मानना है कि उक्त विलंब का कारण हिन्दी पुस्तकों का न बिकना और गोदामों में बेकार पड़े रहना है। इसके लिए उन्होंने व्यवस्थापकों द्वारा बिक्री का उचित प्रबंध न करना माना है।[71]

4. **अध्यापकों में अतिरिक्त मेहनत करने की अभिरूचि का अभाव** : हिन्दी में शिक्षण कार्य करने के लिए शिक्षकों पर कोई दबाव अथवा प्रोत्साहन न होने के कारण, अपने विषय में अतिरिक्त मेहनत कर के विषय की तैयारी करने में अध्यापकों को कोई रूचि नहीं है। प्रणाली की भी यह मांग नहीं है, अतः हिन्दी के लिए अतिरिक्त मेहनत करना वे समय और ऊर्जा दोनों का अपव्यय मानते हैं और न ही माहौल परिवर्तन की ओर कोई ध्यान देते हैं। क्योंकि शिक्षा तंत्र ने शायद उन्हें यह उत्तरदायित्व सौंपा ही नहीं है।

5. **अध्यापकों के प्रशिक्षण की व्यवस्था न होना** : हिन्दी में उच्चस्तरीय तकनीकी विषयों का अध्यापन करने के लिए शिक्षकों के प्रशिक्षण की भी कोई उचित व्यवस्था नहीं है। जब कि विभिन्न संस्थानों में बढ़ते हुए विज्ञान और प्रौद्योगिकीय अपेक्षाओं और जटिलताओं से शिक्षकों, कार्यरत अभियंताओं, वैज्ञानिकों और प्रौद्योगिकीविदों आदि के लिए सतत शिक्षा कार्यक्रम चलाए जाते हैं। इन कार्यक्रमों के माध्यम से प्रगत प्रौद्योगिकी संबंधी तकनीकी ज्ञान को अद्यतन बनाने के लिए प्रशिक्षित किया जाता है। सन् 1970 से मानव संसाधन विकास मंत्रालय के सौजन्य से गुणवत्ता विकास कार्यक्रम चलाया जा रहा है जिसका उद्देश्य देश भर के तकनीकी महाविद्यालयों में कार्यरत अध्यापकों की शिक्षण क्षमता, ज्ञान के स्तर और विशेषज्ञता को संवर्धित करना है। खेद है हिन्दी माध्यम से तकनीकी शिक्षण हेतु प्रशिक्षण देने के लिए इस प्रकार का कोई कार्यक्रम फिलहाल उपलब्ध नहीं है।

शब्दावली निर्माण के अपने कार्यों में कमी आने के कारण वैज्ञानिक एवं तकनीकी शब्दावली आयोग इस प्रकार के प्रशिक्षण कार्यक्रम की ओर प्रवृत्त हुआ है और प्रशिक्षण शिविरों, संगोष्ठियों तथा सम्मेलनों आदि के माध्यम से इस दिशा में कुछ प्रयास अवश्य कर रहा है किन्तु इसमें मुख्य रूप से शिक्षकों की अपेक्षा तकनीकी कर्मियों को नवनिर्मित पारिभाषिक शब्दावली से परिचित कराया जाता है।[72]

यद्यपि उनके कार्य की प्रकृति के अनुसार विश्वविद्यालय स्तरीय तकनीकी शिक्षा में हिन्दी माध्यम को लोकप्रिय तथा सफल बनाने का सबसे महत् दायित्व प्राध्यापकों का है, क्योंकि विद्यार्थियों को विज्ञान की शिक्षा देना उन्हीं का काम है। किन्तु अब तक के अनुभव और साहित्य सर्वेक्षण तथा प्राध्यापकों से वैयक्तिक साक्षात्कार के आधार पर यह दृढ़तापूर्वक कहा जा सकता है कि प्राध्यापकों की ओर से इस समस्या के समाधान हेतु अपेक्षित सहयोग पर्याप्त मात्रा में नहीं मिला है। संभवतः इसका एक बड़ा कारण यह है कि वर्तमान पीढ़ी के प्राध्यापकों ने अंग्रेजी माध्यम से ही शिक्षा ग्रहण की है और उसी माध्यम से पढ़ाना उनके लिए सुविधाजनक है। अंग्रेजी भाषा की क्षमता और अन्य भाषाओं की क्षमता को लेकर उनमें रूढ़िवादिता भी अपेक्षाकृत अधिक है। कथित सुविधा और रूढ़िगत प्रवृत्ति के कारण ही प्राध्यापक वर्ग अंग्रेजी माध्यम का समर्थन और हिन्दी माध्यम का विरोध करते हुए वर्तमान स्थिति को बनाए रखने का पक्षधर है। इस विषय से संबंधित विभिन्न संगोष्ठियों में भी इसी प्रकार के मत व्यक्त किए गये हैं।[73]

4.1.1.9 छात्रों द्वारा अस्वीकृति

विश्वविद्यालयों में हिन्दी माध्यम को लागू कराने में छात्रों का बड़ा महत्वपूर्ण योगदान रहा है। स्वतंत्रता प्राप्ति के पश्चात हिन्दी भाषी क्षेत्रों में मैट्रिक तथा उच्चतर माध्यमिक (इंटर) के छात्रों तथा उनके अभिभावकों के आग्रह से ही हिन्दी माध्यम लागू किया गया क्योंकि इन परीक्षाओं में अंग्रेजी के कारण अनुत्तीर्ण होने वाले छात्रों की संख्या अन्य विषयों की तुलना में अधिक थी।[74] उसी समय डॉ.राममनोहर लोहिया आदि समाजवादी नेताओं ने अंग्रेजी हटाओ का आंदोलन बड़ी प्रबलता से चलाया था। अतः बारहवीं कक्षा तक मातृभाषा (हिन्दी) में शिक्षा की व्यवस्था हो गयी। विश्वविद्यालय स्तर पर हिन्दी माध्यम से शिक्षा प्रदान करने पर भी जोर देना स्वाभाविक था। यद्यपि विभिन्न स्तरों पर उक्त मांग को लेकर अभियान चलाए गये और कहीं- कहीं आंशिक सफलता भी मिली, तथापि तकनीकी शिक्षण के क्षेत्र में उल्लेखनीय सफलता नहीं मिली है।[75]

तकनीकी संस्थान के स्नातक और स्नातकोत्तर छात्रों से इस विषय में हुई प्रत्यक्षवार्ता/चर्चा के आधार पर यह निष्कर्ष निकलता है कि संपूर्ण छात्र वर्ग यद्यपि इस समस्या के प्रति उदासीन नही है फिर भी भाषा माध्यम को लेकर तकनीकी छात्रों के मध्य कोई गंभीर चर्चा भी नहीं है। छात्रों से इस संबंध में विचार-विमर्श और इसमें उनकी भूमिका का अनुशीलन करने पर निम्नलिखित तथ्य प्रकट हुआ है

1. भाषा समस्या के अपेक्षित समाधान और निवारण संबंधी पूरे प्रकरण में यद्यपि छात्रों की हिस्सेदारी और दायित्व सर्वाधिक है, तथापि वह इस समस्या के प्रति अपने को जिम्मेदार नहीं समझता। उसका मानना है कि इसकी सारी जिम्मेदारी शिक्षा व्यवस्थापकों की है, क्योंकि आरंभ से उसे जिस भी माध्यम से शिक्षा दी जा रही है उसके निर्धारण में उसका नहीं अपितु शिक्षा व्यवस्था और अभिभावकों सहित पूरे समाज की भूमिका है।

2. छात्रों में भी दो वर्ग हैं। एक का झुकाव तकनीकी शिक्षा की ओर है और दूसरे का तकनीकी इतर विषयों की ओर। यद्यपि भाषा का प्रश्न तकनीकी इतर विषयों के छात्रों के समक्ष भी है किन्तु किसी हद तक उनकी समस्या का समाधान भी किया गया है। तकनीकी छात्र आज शिक्षा व्यवस्था के कारण वैसे भी भाषा अध्ययन की ओर कोई विशेष ध्यान नहीं देते और विषय की विशिष्टता के कारण उनसे इसकी मांग भी नहीं की जाती है क्योंकि गणित सहित विज्ञान और प्रौद्योगिकी की भाषा एक विशिष्ट प्रकार की होती है।[76] फिर भी वह भाषा समस्या का उचित समाधान चाहता है। अपने भावी कार्यक्षेत्र में तकनीकी ज्ञान के साथ - साथ भाषा ज्ञान को भी वह अपने कैरियर के लिए महत्वपूर्ण मानता है। किन्तु शैक्षणिक प्रतियोगिताजन्य दबाव और कैरियर के सवाल के सामने भाषा समस्या का हल चाहते हुए भी वह उसमें अपना योगदान देने में असमर्थ है। अतः व्यवस्था से मिलने वाली शिक्षा ग्रहण कर वह अपने भविष्य की चिंता में लग जाता है। विभिन्न अपरिहार्य परिस्थितियों के कारण भाषा का महाप्रश्न अब उसे आंदोलित नहीं कर पा रहा है।

3. उच्चस्तरीय और शोध छात्रों का हिन्दी माध्यम के विरोध का एक महत्वपूर्ण कारण अपेक्षित अध्ययन सामग्री की अनुपलब्धता भी है। उच्चस्तरीय अथवा शोध छात्रों का अपने स्तर के अनुसार केवल एक - दो पाठ्यपुस्तकों से ही काम नहीं चलता। उन्हें अपने विषय से संबंधित अनेकों संदर्भग्रंथ, पुस्तकों, पाठ्यपुस्तकों और उच्चस्तरीय शोध पत्रिकाओं की आवश्यकता भी होती है। हिन्दी में इनका सर्वथा अभाव है। अतः अंग्रेजी में उपलब्ध साहित्य का सहारा लेना ही पड़ता है। यदि कुछेक स्तरीय पुस्तकें हैं भी तो उनका प्रचलन और प्रचार-प्रसार अत्यंत सीमित है और पाठ्यपुस्तकों में उनका संदर्भ भी नहीं मिलता है । पुस्तकालयों में ऐसी पुस्तकों का सर्वथा अभाव है। भारतीय प्रौद्योगिकी संस्थान जैसे राष्ट्रीय महत्व वाले संस्थानों के पुस्तकालयों में भी उपलब्ध शतप्रतिशत पुस्तकें, पत्रिकाएँ और संदर्भ- ग्रंथ आदि सभी अंग्रेजी भाषा और सामान्यतः विदेशी लेखकों द्वारा लिखित हैं।

छात्रों का यह भी मानना है कि विज्ञान और प्रौद्योगिकी का क्षेत्र एक तेजी से बढ़ता हुआ और समयानुसार अद्यतन होते रहने वाला क्षेत्र है, अतः विषय की व्यापकता, संबंधित विषय में गहरी समझ और आवश्यकता को देखते हुए उसी अनुपात में पुस्तकों का प्रकाशन और उपलब्धता भी होनी चाहिए, किन्तु खेद है कि हिन्दी में यह प्राथमिक सुविधा ही व्यावहारिक रूप में उपलब्ध नहीं है। छात्रों के इस मत का समर्थन भारतीय प्रौद्योगिकी संस्थान कानपुर में गणित के प्राध्यापक डॉ.जे.एन.कपूर की अग्रांकित समीक्षा से भी होता है। वे लिखते हैं - *एक अन्य कमी हिन्दी में उच्चस्तरीय पाठ्यपुस्तकों का न होना है। पिछले वर्षों (80-86) के दौरान पांच हिन्दी अकादमिय ने गणित में विश्वविद्यालय स्तर की लगभग 80 पुस्तकें प्रकाशित की, इसमें से 30 अनुवाद हैं और 50 मौलिक हैं। इसी अवधि में अंग्रेजी में भारत में प्रकाशित होने वाली पुस्तकों की संख्या 800 हो सकती है और संपूर्ण विश्व में यह संख्या 80,000 से भी अधिक हो सकती है। यह आंकड़े उन प्रयत्नों की विशालता का अनुमान कराने के लिए काफी हैं जो विश्वविद्यालय स्तर पर हिन्दी में किए जाने हैं।*[77] इस प्रकार स्पष्ट है कि पुस्तकों के अभाव में तकनीकी छात्र वर्ग शिक्षा माध्यम में परिवर्तन का समर्थन नहीं करता है।

4. यदि अपने वैयक्तिक प्रयासों से कुछ छात्र हिन्दी भाषा में विभिन्न वैज्ञानिक विषयों पर अपने शोधग्रंथ / शोध निबंध / परियोजना प्रतिवेदन आदि प्रस्तुत भी करना चाहते हैं तो उनके रास्ते में अनेक बाधाएँ और रूकावटें आती हैं। इस संबंध में भारतीय प्रौद्योगिकी संस्थान, दिल्ली के श्यामरूद्र पाठक, श्री मुनेश कुमार जैन; जवाहरलाल नेहरू विश्वविद्यालय के वेद प्रताप वैदिक; भारतीय प्रौद्योगिकी संस्थान, बम्बई के हरिशंकर साह आदि शोधछात्रों / स्नातकोत्तर छात्रों का दृष्टांत दिया जा सकता है जिन्हें हिन्दी भाषा में अपना शोध ग्रंथ / शोध निबंध प्रस्तुत करने और स्वीकृत कराने में अनेकों समस्याओं और बाधाओं का सामना करना पड़ा है।[78] यह भी सत्य है कि यदि काफी प्रयत्नों के बावजूद हिन्दी में शोध ग्रंथ प्रस्तुत करने की अनुमति मिलती भी है तो उन्हें द्विभाषिक रूप में प्रस्तुत करने को कहा जाता है। इससे छात्रों के अधिकांश समय / मेहनत और धन का शोधग्रंथ को द्विभाषिक रूप में प्रस्तुत करने की जटिल प्रकिया में ही अपव्यय हो जाता है । अतः इस अत्यंत जटिल प्रक्रिया के कारण होने वाले त्रास और प्रोत्साहन की कमी के कारण भी छात्र हिन्दी में अपने शोधग्रंथ प्रस्तुत करने के कतराते हैं। इक्का-दुक्का जो छात्र इस ओर प्रयास करते भी हैं तो आमतौर पर वह राजनीति प्रेरित ही अधिक होता है। इस समस्या के प्रति शिक्षा व्यवस्था-पकों का अपना ही स्पष्टीकरण है। उनका मानना हैं कि हिन्दी भाषा में शोध ग्रंथों के मूल्यांकन की व्यावहारिक कठिनाइया हैं। संबंधित विषय विशेषज्ञ का हिन्दी भाषा ज्ञान के अभाव, विदेशों से भी शोधग्रंथों का मूल्यांकन करवना आदि

व्यावहारिक प्रक्रियाओं का समावेश है जिसके कारण पैदा होने वाली समस्याओं को नजरअंदाज नहीं किया जा सकता है।

5. विदेशों में उच्चतर अध्ययन अथवा नौकरी आदि पाने की दृष्टि से विदेशगमन का आकर्षण भी विज्ञान और प्रौद्योगिकी के छात्रों के बीच हिन्दी भाषा के प्रयोग को बाधित करता है। प्रतिभा पलायन संबंधी पुस्तकों में इसका पर्याप्त विवरण मिलता है।[79]

6. अधिकांश छात्र तो तकनीकी विषय से इतर अंग्रेजी भाषा और साहित्य अध्ययन में भी कोई रूचि नहीं रखते। भाषा अध्ययन को वे अपने समय का अपव्यय मानते हैं। सामान्यतः किसी भी भाषा और साहित्य की ओर उनकी रूचि नहीं होती है। हाँ मैट्रिक और उच्चतर माध्यमिक स्तर पर परीक्षा की दृष्टि से भाषा की अनिवार्यता के कारण पाठ्यक्रम से संबंधित भाषा की पुस्तक अवश्य पढ़ लेते हैं। स्नातक तथा स्नातकोत्तर और शोध स्तर पर भाषा की अनिवार्यता न होने के कारण वे इसे छोड़ ही देते हैं। अतः हिन्दी भाषा सीखने और उसका उपयोग करने में लगने वाले अतिरिक्त समय और मेहनत से बचकर वे अपना समय अपने विषय में ही अधिक लगाते हैं। इस संबंध में भारतीय प्रौद्योगिकी संस्थानों में मानविकी विभागों द्वारा अंग्रेजी पाठ्यक्रम प्रदान करने और पढ़ने की आवश्यकता, औचित्य और बढ़ती अलोकप्रियता का उदाहरण लिया जा सकता है। डॉ. बी.एन.पटनाईक, मानविकी एवं समाज विज्ञान विभाग, भारतीय प्रौद्योगिकी संस्थान, कानपुर की अग्रांकित समीक्षा यहाँ उल्लेखनीय है। वे लिखते हैं - It must be appreciated that a student of Engineering does not use English exclusively for tasks connected with his specialized Engineering Education, and later as a professional Engineer also, he does not employ the language solely for professional purposes, like his counterparts in the Science and humanities streems. He needs English to read Newspapers, Magazines Novels and stories (at last occasionaly) etc., Watch T.V.Programmes in English, write notes and personal and official letters, prepare assignments and research proposals and participate in discussion on a variety of topics, both professional and general and the like. He would continue to need English for these and similar other purposes even later. To prepare him for the above, the English classes can be of invaluable help; here he can learn for example, to read between the line to evaluate a fact or an argument presented, say in an editorial, in an article on the centre page etc. to enjoy a story, to talk about his response to a work of art in a sophisticated manner, and the like. Here he may acquire the skill

to vary his reading speed as he deals with various kindls of reading materials, and learn to make effective use of reference materials such as dictionaries, thesaurues, encyclopedia etc. He would learn how to express himself in writing in a precise and elegant manner, he may also be trained to speak cannected sentences distinctly and intelligibly and understand speach of different styles.

Helping the learners acquire these abilities must be the goal of English Language curriculum for students of Engineering in India. In such a conception, there is no place for any special purpose variety of English. There is just no case for it.[80]

उपर्युक्त विवेचन में स्पष्ट है कि अभियांत्रिकी छात्रों को भाषा की आवश्यकता क्यों पड़ती हैं। और यदि भाषा उक्त उद्देश्यों के लिए ही है तो वह संपूर्ण कार्य तो अपनी भाषा में भी हो सकता है, इसके लिए किसी विदेशी भाषा पर अधिक जोर देने की आवश्यकता नहीं है जैसा कि आज भारतीय परिस्थितयों में विज्ञान और प्रौद्योगिकी के क्षेत्र में माना जा रहा है। इसका तात्पर्य यह भी है कि विज्ञान, अभियांत्रिकी तथा प्रौद्योगिकी के छात्रों के समक्ष भाषा की महत्ता का कोई संदर्भ और आदर्श नहीं है और न ही शोधस्तर पर भाषा की कोई अनिवार्यता है। प्रायोजक अभिकरण सामान्यत: अपने द्वारा प्रायोजित परियोजनाओं के प्रतिवेदन अंग्रेजी भाषा में ही मांगते हैं। कोई भी प्रायोजक अंग्रेजी इतर भारतीय भाषा में परियोजना प्रतिवेदन की मांग नहीं करता है। अत: शोध की भाषा अंग्रेजी को ही मान लिया गया है और परियोजना प्रतिवेदन अंग्रेजी भाषा में ही बनते और प्रकाशित होते हैं। इस प्रकार शोधकर्ता / छात्र / अध्यापक / वैज्ञानिक आदि अपने शोधग्रंथ / परियोजना प्रतिवेदन इत्यादि हिन्दी में प्रस्तुत करने की आवश्यकता ही नहीं महसूस करते हैं और हिन्दी में स्वेच्छा से रिपोर्ट बनाने की तात्कालिक अड़चनों को देखते हुए उसकी व्यवस्था भी नहीं करते हैं। अत: स्पष्ट है कि हिन्दी भाषा का प्रयोग उसकी अभिव्यक्ति सामर्थ्य के कारण नहीं अपितु उसमें उपलब्ध साहित्य सामग्री और संबंधित क्षेत्रों में उसके मांग की कमी के कारण नहीं हो रहा है।

4.1.1.10 हिन्दी में वैज्ञानिक और तकनीकी साहित्य का अभाव तथा उपलब्ध साहित्य के मानकीकरण की समस्या

उच्चतर तकनीकी शिक्षण तथा शोध स्तर पर हिन्दी भाषा का प्रयोग न होने की समस्या धनिष्ट रूप से हिन्दी में वैज्ञानिक तथा तकनीकी साहित्य के अभाव से जुड़ी हुई है। यद्यपि विभिन्न सरकारी अभिकरणों द्वारा राष्ट्रीय स्तर पर तकनीकी साहित्य

उपलब्ध कराने और हिन्दी में तकनीकी शब्दावली के निर्माण का कार्य पर्याप्त मात्रा में किया जा चुका है, फिर भी साहित्य सामग्री का अभाव ज्यों का त्यों बना हुआ है। इस समस्या का अनुशीलन करने पर निम्नांकित तथ्य प्राप्त होते हैं :

हिन्दी में मौलिक विज्ञान लेखन का पूर्णतः अभाव है और संबंधित विषय के लेखकों का तकनीकी हिन्दी लेखन में कोई उल्लेखनीय योगदान नहीं है। इस संबंध में भारतीय प्रौद्योगिकी संस्थान, कानपुर में गणित के प्राध्यापक डॉ.जे.एन.कपूर की आलोचना उल्लेखनीय है। वे लिखते हैं, *विज्ञान और गणित की संपूर्ण शिक्षा हिन्दी माध्यम से दी जानी चाहिए , परंतु हिन्दी में पादयपुस्तकें और पत्रिकाएँ प्रकाशित कराने के लिए व्यापक कार्यक्रम चलाना होगा। यह दुर्भाग्यपूर्ण है कि आज भी हिन्दी में गणित की कोई उल्लेखनीय पत्रिका नहीं हैं। हिन्दी में ``साइंस टूडे'' के मुकाबले की भी कोई विज्ञान पत्रिका नहीं है। हिन्दी में उच्चस्तरीय पुस्तकें न के बराबर हैं।*[81] इसी में वे आगे गणित की पुस्तकों का विशेष उल्लेख करते हुए स्पष्ट रूप से प्रतिपादित करते हैं कि अंग्रेजी भाषा की तुलना में हिन्दी में गणित की पुस्तकें नगण्य मात्रा में उपलब्ध हैं।[82] इसी मत का समर्थन महाराज नारायण मेहरोत्रा, बनारस हिन्दु विश्व विद्यालय, वाराणसी के अग्रांकित शब्दों में भी हुआ है। वे लिखते हैं, *यद्यपि पिछले चार दशकों में वैज्ञानिक एवं तकनीकी विषयों पर सैकड़ों पुस्तकें एवं ग्रंथ प्रकाशित हुए हैं। भौतिकी विषय पर ही स्नातक तथा स्नातकोत्तर स्तर की एक सौ से भी अधिक पुस्तकें प्रकाशित हो चुकी हैं। विदेशी भाषाओं में रचित महत्वपूर्ण ग्रंथों के अनुवाद भी किए गये हैं। तथापि इस दिशा में अभी बहुत कुछ करना शेष है।*[83]

उल्लेखनीय है पादय पुस्तकों के निर्माण का कार्य वस्तुतः वैज्ञानिकों के विज्ञान लेखन पर ही आधारित है। मौजूदा अंग्रेजी पुस्तकों का अनुवाद अनावश्यक न होते हुए भी हमारी जरूरतों को पूरा नहीं कर सकता। वास्तव में इसे और प्रोत्साहित किया जाना चाहिए किन्तु जब तक भारतीय भाषाओं में मौलिक लेखन नहीं होंगे, हमारी पादयसामग्री की आवश्यकता कभी पूरी नहीं होगी। शिक्षण सामग्री के अभाव की समस्या तकनीकी शब्दों के कोश तथा वर्तमान उपलब्ध अंग्रेजी पुस्तकों के अनुवाद की पहुंच की सीमा से कहीं बहुत आगे है।

कृषि विषय से संबंधित पुस्तकों के अभाव और तत्संबंधी किए जा रहे प्रयासों की व्याख्या करते हुए डॉ शिवसागर सिंह भी उपर्युक्त मत का ही समर्थन करते हैं। उनका मानना है कि *प्रायः ऐसे लेखकों का अभाव है जो विश्वविद्यालय स्तरीय पादयक्रमों को दृष्टि में रखकर हिन्दी में मूल रूप से पाण्डुलिपियाँ तैयार कर दें।*[84]

उपर्युक्त विवेचन से यह स्पष्ट रूप से परिलक्षित होता हैं कि हिन्दी में अपेक्षित तकनीकी साहित्य का पर्याप्त अभाव है किन्तु नकली सिंह त्यागी, केन्द्रीय भवन अनुसंधान केन्द्र, रूड़की; जैसे महानुभाव प्रायः इस तथ्य का स्पष्ट शब्दों में खण्डन करते हैं और इस बात का पूरजोर समर्थन करते हैं कि हिन्दी भाषा में वैज्ञानिक एवं तकनीकी विषयों के साहित्य तो पर्याप्त मात्रा में उपलब्ध हैं किन्तु इसकी जानकारी बहुत कम लोगों को है। उनका मत है कि बिना पूरी जानकारी के जो ऐसे वक्तव्य जारी होते रहे हैं कि हिन्दी में पर्याप्त तकनीकी पाद्य सामग्री अथवा साहित्य उपलब्ध नहीं है, अथवा हिन्दी इस क्षेत्र के लिए अभी सक्षम नहीं है, अब तक हिन्दी की हानि करते आए हैं। कठोर शब्दों में इसकी भर्तस्ना करते हुए वे लिखते हैं कि जो हिन्दी का क ख ग नहीं जानता, उस व्यक्ति द्वारा ऐसा बयान देना उचित नहीं है, क्योंकि हमारे देश की सर्वाधिक जनसंख्या देश के महत्वपूर्ण व्यक्तियों के कथनानुसार अपनी राय कायम कर लेती है और बिना तथ्यों की परख किए इस प्रकार की गलतफहमी का शिकार हो जाती है।[85]

इसी संदर्भ में यह भी उल्लेख किया जाता है कि सन् 1960 में वैज्ञानिक एवं तकनीकी शब्दावली आयोग के गठन के पश्चात हिन्दी में तकनीकी शब्दावली सहित तकनीकी साहित्य का प्रणयन भी यथेष्ट प्रमाण में हुआ है। वैज्ञानिक एवं औद्योगिकी अनुसंधान परिषद (CSIR) के प्रकाशन एवं सूचना निदेशालय द्वारा इस सिलसिले में वर्ष 1966 से 1980 तक के 15 वर्षों के प्रकाशनों की जानकारी हेतु किए गये एक सर्वेक्षण से ज्ञात होता है कि देश में कुल 3344 वैज्ञानिक और तकनीकी पुस्तकों का प्रकाशन हिन्दी में हुआ है जिसमें से अधिकांश मौलिक पुस्तकें हैं तथा विभिन्न वैज्ञानिक विषयों में कुल 321 पत्रिकाएँ हिन्दी में प्रकाशित हो रही हैं।[86]

वस्तुस्थिति को देखते हुए बहुमाध्यमों और संचार माध्यमों के इस युग में नकली सिंह त्यागी की उक्त चेतावनी वास्तव में मायने रखती है। क्योंकि हिन्दी अथवा तकनीकी हिन्दी के संदर्भ में अक्सर राजनीति प्रेरित दुष्प्रचार ही अत्यधिक होते रहे हैं, वस्तुस्थिति का मूल्यांकन करने की कभी कोशिश नहीं की गयी है। जैसा कि गत अध्यायों में दर्शाया गया है तकनीकी हिन्दी के क्षेत्र में अपेक्षाकृत कार्य हुआ है किन्तु शिक्षा तंत्र द्वारा उसका समुचित उपयोग न किए जाने के कारण वह भण्डार घरों में पड़ा व्यर्थ हो रहा है। इतिहास इस बात का साक्षी है कि विगत वर्षों में हिन्दी को कभी गंभीर रूप से नहीं लिया गया है जिससे कि उसके स्वाभाविक विकास को और अधिक गति प्रदान की जा सके। इसके विपरीत उसे राजनीति का मुद्दा बना कर गलत ढंग से और अधिक जटिल बना दिया गया है। यह सत्य है कि यथास्थिति कायम रखने में जितनी ऊर्जा का अपव्यय किया गया है यदि उसका अंशमात्र भी विवेच्य समस्या का उचित समाधान निकालने में किया गया होता तो आज स्थिति कुछ और ही होती।

यद्यपि उपर्युक्त तथ्य प्रामाणिक हैं और परवर्ती काल में इस प्रकार के प्रकाशनों की संख्या संभवत: और भी बढ़ी है, तथापि उक्त उपलब्ध साहित्य की प्रामाणिकता और वर्तमान उपयोगिता प्रश्नातीत नहीं है। क्योंकि विषय विशेषज्ञों के अनुसार अधिकांश भारतीय पाठ्यपुस्तकें तथ्यों का नीरस सार हैं। सिद्धांतों की न ठीक से पहचान की गयी है, न ठीक से उनका विवेचन किया गया है। उदाहरण और समस्याएँ तक भारतीय परिवेश से संबंधित नहीं हैं। उनमें से बहुत सी केवल पाठ्यक्रम परीक्षा और विदेशी पुस्तकों पर आधारित हैं। अभी एक ऐसी भाषा जो गंभीर हो पर रोचक हो, तर्कपूर्ण हो मगर नीरस न हो, कुशाग्र हो मगर बोधगम्य हो, भारतीय पाठ्यपुस्तकों के लिए विकसित होनी है।[87] इसी प्रकार प्राय: इस तथ्य को भी वैज्ञानिक जगत में स्वीकार किया जाता है कि उच्च शिक्षा के क्षेत्र में भी काम चलाऊ पुस्तकें ही उपलब्ध हैं।[88] एक संगोष्ठी में हिन्दी में उपलब्ध गणित संबंधी साहित्य की चर्चा करते हुए प्रा.जे.एन.कपूर की अग्रांकित टिप्पणी इस संदर्भ में उल्लेखनीय है। वे लिखते हैं - *अंग्रेजी से हिन्दी में अनुदित पाठ्यपुस्तकें आज से सैंतीस - चालीस वर्ष पूर्व प्रचलित थी किन्तु आज कालबाह्य हो गयी हैं और जो मौलिक हैं उनका स्तर सामान्य है। बहुत से मामलों में लेखकों ने अपनी क्षमताओं का पूरा उपयोग नहीं किया जान पड़ता हैं क्योंकि वे आश्वस्त नहीं थे कि इन पुस्तकों का प्रयोग होगा भी। इन पुस्तकों में स्नातकपूर्व स्तर की 75% सामग्री और स्नातकोत्तर स्तर की केवल 10%सामग्री उपलब्ध है। इस स्थिति में कोई भी विश्वविद्यालय हिन्दी माध्यम से स्नातकोत्तर कक्षाओं में गणित की शिक्षा नहीं दे सकता और स्नातकपूर्व स्तर पर भी वे ही विद्यालय हिन्दी में पढ़ा सकते हैं जो परंपरागत पाठ्यक्रम चलाते आ रहे हैं।*[89] यह भी एक तर्क दिया जाता है कि यदि स्नातकपूर्व और स्नातकोत्तर स्तर पर तकनीकी शिक्षा हिन्दी माध्यम से देने का निर्णय ले लिया जाए तो एक वर्ष में ही बाजार हिन्दी पुस्तकों से पट जाएगा।[90]

उपर्युक्त विवेचन के आधार पर यह स्पष्ट रूप से कहा जा सकता है कि वर्तमान समय में हिन्दी माध्यम से तकनीकी शिक्षा सुलभ कराने के लिए अपेक्षित पाठ्य सामग्री का व्यावहारिक रूप में पर्याप्त अभाव है। किन्तु इस अभाव का कारण भी स्पष्ट है। वह है तकनीकी विषय विशेषज्ञों द्वारा हिन्दी में तकनीकी लेखन न करने की समस्या। अन्यथा यदि निष्पक्ष दृष्टि से देखा जाए तो जैसा कि शब्दावली आयोग का दावा है- *वर्ष भर में बाजार हिन्दी पुस्तकों से पट जाएगा* पूर्ण हो सकता है, क्योंकि उक्त कार्य हेतु अपेक्षित शब्दावली पर्याप्त है और संभवत: अब लेखकों का एक नया वर्ग भी उभर रहा है जो उक्त क्षेत्र में प्रयासरत है। किन्तु इसकी पहली और अंतिम शर्त तकनीकी शिक्षा का माध्यम हिन्दी को बनाना अनिवार्य है। अन्यथा यदि वर्तमान की तरह वह वैकल्पिक रहा तो अंग्रेजी पुस्तकों का ही प्रयोग होता रहेगा और हिन्दी में पुस्तकें कभी नहीं लिखी जाएंगी और लेखकों का जो नया वर्ग उभर रहा है वह भी

हतोत्साहित होगा। पाठ्यसामग्री, पाठ्यपुस्तकों और संदर्भ ग्रंथों के अभाव समाप्ति का यह एक कारगर उपाय साबित हो सकता है।

जहाँ तक शोध-अभिपत्रों का प्रश्न है, वैज्ञानिक एवं तकनीकी विषयों पर हिन्दी में लिखे शोधपत्रों का प्रकाशन कई पत्रिकाएँ कर कर रही हैं। उदाहरणार्थ वैज्ञानिक एवं औद्योगिकी अनुसंधान परिषद की पत्रिका 'विज्ञान प्रगति', दि इन्स्टीट्यूट ऑफ इंजीनियर्स (आई) का हिन्दी जर्नल, नेशनल रिसर्च एण्ड डेवलपमेंट कार्पोरेशन की पत्रिका 'आविष्कार', भाभा परमाणु अनुसंधान केन्द्र की पत्रिका 'वैज्ञानिक', भारतीय विज्ञान संस्थान, बंगलौर की पत्रिका 'विज्ञान परिचय', भारतीय प्रौद्योगिकी संस्थान, दिल्ली की पत्रिका 'जिज्ञासा', भारतीय प्रौद्योगिकी संस्थान, बम्बई की 'क्षितिज', गैरपारंपरिक ऊर्जा स्त्रोत विभाग की 'ऊर्जा भारती', केन्द्रीय सचिवालय हिन्दी परिषद की पत्रिका 'विज्ञान गंगा', वैज्ञानिक एवं तकनीकी शब्दावली आयोग की पत्रिका 'विज्ञान गरिमा सिंधु', प्रयाग से प्रकाशित पत्रिका 'अनुसंधान' लखनऊ से प्रकाशित 'गणित सुधा' इत्यादि विज्ञान पत्रिकाओं के अलावा अन्य पत्र-पत्रिकाएँ भी विज्ञान और प्रौद्योगिकी संबंधी लोकप्रिय लेखादि प्रकाशित करती रही हैं। फिर भी जहाँ तक वर्तमान विज्ञान एवं अभियांत्रिकी पत्रिकाओं का संबंध है, अंग्रेजी की तुलना में हिन्दी में अभी बहुत कुछ करना बाकी है। उक्त पत्रिकाओं में हिन्दी में प्रकाशित अधिकांश लेख समाज में विज्ञान चेतना जगाने में तो अत्यधिक मदद कर सकते हैं किन्तु शोधादि कार्यों में उनमें से अधिकांश का उपयोग नगण्य ही है। उच्चस्तरीय तथा शोध छात्रों के लिए लोकप्रिय विज्ञान पत्रिकाओं की नहीं अपितु विशिष्ट विज्ञान विषयों से संबंधित जर्नलों की आवश्कता होती है जिसे हिन्दी को अभी पूरा करना है।

उपरोल्लिखित पत्रिकाओं में सामान्य विज्ञान और लोकप्रिय विज्ञान पर आधारित लेख ही अधिक होते हैं जो आम पाठक के लिए तो उपयोगी और ज्ञानवर्धक हो सकते हैं किन्तु शोधछात्र और वैज्ञानिकों के लिए अपेक्षाकृत कम उपयोगी होते हैं। अनेकों ऐसे अभियांत्रिकी और प्रौद्योगिकी के विशिष्ट क्षेत्र हैं जिनमें हिन्दी पत्रिकाएँ हैं ही नहीं। उदाहरण के लिए पर्यावरण विज्ञान पर सामान्य ज्ञान और चेतना पैदा करने वाली दर्जनों पत्रिकाएँ मिल जाएंगी किन्तु पर्यावरण की विशिष्ट शाखाओं जैसे पर्यावरण अभियांत्रिकी आदि पर अभी तक हिन्दी में एक भी उल्लेखनीय पत्रिका नहीं है। यही स्थिति संगणक विज्ञान, गणित, विद्युत अभियांत्रिकी, स्वचालन अभियांत्रिकी जैसे अनेक विज्ञान और अभियांत्रिकी क्षेत्रों की है। कहने का तात्पर्य यह कि उच्चस्तरीय शिक्षण और शोध कार्यों में प्रयुक्त होने के लिए तथा विज्ञान जगत की लोकप्रिय भाषा बनने के लिए हिन्दी में विज्ञान के विशिष्ट विषयों से संबंधित विशिष्ट जर्नलों (पत्रिकाओं) की नितांत आवश्यकता है।

उपर्युक्त विवेचन में स्पष्ट है कि यद्यपि हिन्दी में उच्चस्तरीय शिक्षण और शोधकार्य के लिए अपेक्षित साहित्य का अभाव है, तथापि यदि किसी निश्चित सत्र से यदि यह घोषणा कर दी जाए कि तकनीकी शिक्षा का माध्यम हिन्दी भाषा को बनाया जा रहा है तो निश्चय ही अल्पावधि में ही अभियांत्रिकी , प्रौद्योगिकी तथा विज्ञान के सभी विषयों पर उच्चस्तरीय और अच्छी पाद्य सामग्री तथा पाद्यपुस्तकें, संदर्भग्रंथ आदि सुलभ कराए जा सकते हैं क्योंकि इन्ही विषयों माध्यमिक एवं उपाधि स्तर पर अध्ययन साम्रग्री हिन्दी भाषा में उपलब्ध है। सरकार तथा शिक्षा तंत्र को एक योजनाबद्ध कार्यक्रम बनाकर शिक्षा तंत्र से जुड़े लोगों से इस अभाव को पूरा करवाना होगा। सुविधा को देखते हुए विज्ञान, प्रौद्योगिकी और अभियांत्रिकी शिक्षण में अन्तर्राष्ट्रीय शब्दावली को हिन्दी में आत्मसात करते हुए आंशिक रूप में द्विभाषिकता का उपयोग किया जा सकता है। इससे हिन्दी का अन्तर्राष्ट्रीय स्वरूप भी मुखरित होगा।

4.1.1.11 अन्तर्राष्ट्रीय स्तर पर जनबल और जानकारी के आदान-प्रदान की समस्या (प्रतिभा पलायन की समस्या)

हिन्दी माध्यम से उच्चस्तरीय तकनीकी शिक्षा और शोध के विरूद्ध एक और दलील दी जाती है कि हिन्दी को तकनीकी शिक्षा और शोध का माध्यम बनाने पर भारत का विश्व के अन्य देशों के साथ होने वाला पारस्परिक आदान-प्रदान बाधित होगा और हमारे देश के छात्र उच्चस्तरीय शिक्षा और शोध के लिए विदेशों में नहीं जा सकेंगे और इस प्रकार तकनीकी ज्ञान के स्तर पर जनबल और जानकारी के आदान-प्रदान की समस्या उठ खड़ी होगी।

प्रथमदृष्टया उक्त दलील में अभिव्यक्त भय की भावना कुछ हद तक सही प्रतीत होती है क्योंकि यदि वस्तुनिष्ठ एवं व्यावहारिक दृष्टि से देखा जाए तो आज अंग्रेजी भाषा ने विश्व संपर्क भाषा का स्वरूप ग्रहण कर लिया है और विकसित तथा विकासशील सभी देशों में अपनी - अपनी भाषाएँ होने के बावजूद अंग्रेजी भाषा का सम्यक उपयोग हो रहा है। उदाहरणार्थ - रूस, जापान, चीन, जर्मनी, फ्रांस, इटली आदि सभी देश विज्ञान - प्रौद्योगिकी और अभियांत्रिकी के क्षेत्र में अपनी भाषाओं का उपयोग करते हुए भी अंग्रेजी में प्रयुक्त अन्तर्राष्ट्रीय शब्दों को ज्यों का त्यों प्रयुक्त कर रहे हैं। अन्तर्राष्ट्रीय तकनीकी शब्दों में गणितीय और रासायनिक सूत्रों और तत्वों के नाम, माप-तौल की इकाइयों और ऐसे ही विज्ञान-प्रौद्योगिकी-अभियांत्रिकी के क्षेत्र में प्रयुक्त अनेकानेक मानक शब्दों और संकेतों का समावेश है जैसा कि गत अध्याय में विस्तारपूर्वक स्पष्ट किया गया है। यदि हिन्दी में भी इन्हें ज्यों का त्यों नहीं अपनाया गया तो निश्चय ही अन्तर्राष्ट्रीय आदान-प्रदान और संपर्क की समस्या खड़ी हो सकती है जो कि वर्तमान परिस्थितियों में अपेक्षित नहीं है।

किन्तु ऐसी स्थिति में यह दलील अनुपयुक्त, अप्रासंगिक और अर्थहीन लगती है, जब कि हमारे देश की शिक्षा प्रणाली में त्रिभाषा सूत्र को अपनाया गया है और वैज्ञानिक एवं तकनीकी शब्दावली आयोग सहित तकनीकी हिन्दी के हिमायती अन्य अनेक अभिकरणों और निजी संस्थाओं ने विज्ञान और प्रौद्योगिकी तथा अभियांत्रिकी के क्षेत्र में प्रयुक्त अन्तर्राष्ट्रीय शब्दावली को यथारूप अपना लिया है और अपने साहित्य सृजन में इसका भरसक उपयोग भी करते हैं। भारतीय शिक्षा आयोग ने अन्य भाषाओं के साथ-साथ अंग्रेजी और रूसी को भारतीय पुस्तकालय भाषा के रूप में मान्यता दे रखा है।[91] अतः विज्ञान और प्रौद्योगिकी के क्षेत्र में हिन्दी भाषा प्रयोग का अर्थ यह नहीं लगाना चाहिए कि विश्व की अन्य भाषा सीखना और प्रयोग करना वर्जित है। इसके विपरीत अंग्रेजी भाषा की उपयोगिता और महत्ता को देखते हुए इसे सीखने के लिए भारतीय शिक्षा प्रणाली में इसकी उचित व्यवस्था भी है।

उपर्युक्त दलील का उत्तर इस प्रकार भी दिया जा सकता है कि भारतीय जनसमुदाय में से कुल कितने प्रतिशत लोग उच्च शिक्षा के लिए विदेशों में जाते हैं? कुल जनसंख्या की तुलना में निश्चय ही अत्यल्प! साथ ही विदेशों में जाने वाले भारतीय छात्र अल्पावधि में ही जिस प्रकार विश्व की अन्य भाषाएँ जैसे - जापानी, चीनी, रूसी, जर्मन, फ्रैंच, इटैलियन आदि सीख लेते हैं, कहीं उससे अधिक सहजता से अपने देश में ही पाठ्यक्रमों के माध्यम से अंग्रेजी सीख सकते हैं। हिन्दी माध्यम से शिक्षा का अर्थ अंग्रेजी का विमूलन नहीं समझा जाना चाहिए। अंग्रेजी हमारे लिए विश्व ज्ञान का झरोखा है।[92] देश में ज्ञान के विकास के लिए उसका सम्यक और यथेष्ट उपयोग होना ही चाहिए। किन्तु जिस प्रकार अपनी आवश्यकता का दुर्लक्ष कर सिर्फ अंग्रेजी माध्यम से ही हमारे देश में उच्च शिक्षा प्रदान की जाती रही है उसके दूरगामी दुष्परिणाम हुए हैं और वर्तमान भारत को उसका मूल्य चुकाना पड़ रहा है।

अन्य अनेक सामाजिक - आर्थिक कारणों सहित अंग्रेजी माध्यम और यूरोपीय शिक्षा के नमूनों पर आधारित शिक्षा व्यवस्था के कारण वर्तमान भारत प्रतिभा पलायन जैसी विकट समस्या का शिकार हुआ है। इस देश की प्रतिभाएँ विदेशों में जाकर अपनी सेवाएँ अर्पित कर रही हैं और अपना देश वहीं से आधुनिकतम् प्रौद्योगिकी और तकनीकी ज्ञान-विज्ञान और प्रौद्योगिकी आयात करने को विवश है।

प्रतिभा पलायन से तात्पर्य - *किसी एक देश में पर्याप्त धनराशि खर्च कर के प्रशिक्षित उच्चस्तरीय अर्हता प्राप्त और प्रतिभा सम्पन्न जनबल का तकनीकी अथवा अन्य वित्तीय और आर्थिक ज्ञान के क्षेत्र में दक्षता प्राप्त करने के पश्चात अपने देश से किसी अन्य देश में जाकर स्थायी रूप से बस जाना और अपने अर्जित ज्ञान का लाभ*

पहुँचाना है। वर्तमान संदर्भों में सामान्यतः इसका अर्थ - आर्थिक रूप से गरीब किसी देश के राष्ट्रीय हित और विकास में अपना महत्वपूर्ण योगदान देने में सक्षम मानव संसाधन का स्वदेश छोड़कर किसी अन्य धनाड्य, साधन सम्पन्न तथा विकसित देश में स्थाई रूप से स्थानांतरित हो जाना है।[93]

स्वतंत्रता प्राप्ति के बाद भारत में भी स्थानांतरण की घटनाओं में उल्लेखनीय वृद्धि हुई है। विशेषरूप से पूर्णतः सरकारी अनुदान से स्थापित राष्ट्रीय महत्व के उच्चस्तरीय तकनीकी शिक्षण और शोध संस्थान जैसे भारतीय प्रौद्योगिकी संस्थान, भारतीय प्रबंधन संस्थान, अखिल भारतीय आयुर्विज्ञान संस्थान आदि से प्रतिवर्ष उच्च शिक्षा प्राप्त अधिकांश छात्र यूरोपीय और अन्य सम्पन्न देशों को स्थानांतरित हो जाते हैं और स्वदेश में अर्जित अपने ज्ञान और प्रशिक्षण से उन्हें लाभान्वित कराते हैं जो आधुनिक ज्ञान-विज्ञान में अपेक्षाकृत हमसे कहीं अधिक समुन्नत हैं। वैसे तो यह स्थानांतरण अनवरत गति से हो रहा है और स्वदेशी संसाधनों से निर्मित मानव संसाधन सैकड़ों की संख्या में प्रतिवर्ष विदेशों में पलायना कर रहे हैं, तथापि भारत की ऐसी दो महत्वपूर्ण प्रतिभाएँ जो स्थानांतरण के कारण भारतीय न रह सकीं, आधुनिक विज्ञान के क्षेत्र में उनका उल्लेखनीय योगदान है। डॉ.हरगोविन्द खुराना और डॉ.जे.चन्द्रशेखर दोनों ही अप्रवासी भारतीय विज्ञान के क्षेत्र में अपने मौलिक योगदान के लिए नोबल पुरस्कार से सम्मानित हो चुके हैं। विज्ञान के क्षेत्र में सर सी.वी. रमण के पश्चात इन दोनों अप्रवासी भारतीयों का सर्वोत्कृष्ट स्थान है, जिनके ज्ञान से आज अमरीका जैसा देश लाभान्वित हो रहा है जिसके पास पहले से ही वैज्ञानिक प्रतिभा तथा अवसंरचना की कमी नहीं है।

अनेक विद्वानों ने इस प्रकार की प्रतिभा पलायन पर गंभीर चिंता व्यक्त करते हुए इसके कारणों पर भी प्रकाश डाला है। डॉ.एस. के. चौपड़ा का मानना है कि, *भारतीय छात्र उच्च शिक्षा की दृष्टि से अमरीका जैसे देशों में जाते हैं, और अपनी शिक्षा पूरी करने पर बहुत ही कम छात्र स्वदेश लौटते हैं। वे वहीं पर स्थाई रूप से बस जाते हैं। इसके अनेक कारण हो सकते हैं जैसे - आर्थिक उपलब्धि, बेहतर रोजगार के अवसर, अर्जित तकनीकी ज्ञान के सदुपयोग का माहौल और सुअवसर तथा उज्जवल भविष्य आदि।*[94]

इसी प्रकार प्रतिभा पलायन की विस्तृत चर्चा प्रस्तुत करते हुए डॉ.सुखात्मे लिखते हैं कि - *द्वितीय विश्वयुद्ध के पश्चात भारत से अधिकांश प्रतिभाओं का पलायन संयुक्त राज्य अमरीका को सर्वाधिक हुआ है। इसके अनेक कारण हैं- अमरीका आर्थिक रूप से सम्पन्न देश है जो उच्चतर जीवन स्तर मुहैया कराता है तथा विज्ञान और प्रौद्योगिकी में शोध और विकास कार्यक्रमों में भारी पूंजी निवेश करता है। साथ ही*

अमरीका प्रतिभा सम्पन्न जनबल को अपने में पूरी तरह समाविष्ट और उपयोग करने की भरपूर क्षमता रखता है और समय-समय पर अपने आप्रवास नियमों मे सुधार करते हुए विश्व के अन्य देशों की उच्चस्तरीय प्रतिभाओं को आकर्षित भी करता है और प्रतिभा पलायन को बढ़ावा भी देता है।[95] भारत से होने वाले प्रतिभा पलायन की ओर संकेत करते हुए वे आगे कहते हैं, *भारत में प्रतिभा पलायन की समस्या को सर्वप्रथम सन् 1960 के दशक में महसूस किया गया। आरंभ में भारत से चिकित्सकों और विधि क्षेत्र की प्रतिभाओं का पलायन यूनाइटेड किंग्डम (U.K) की ओर था किन्तु धीरे-धीरे यह अमरीका की ओर बढ़ता गया जिसमें चिकित्सकों, विधि विशेषज्ञों के अलावा प्रतिभा सम्पन्न व्यावसायियों, अभियंताओं, प्रौद्योगिकीविद्, प्राकृतिक वैज्ञानिक, समाजशास्त्री, अर्थशास्त्री, व्यवसाय प्रबंधक, आदि की संख्या बढ़ती गयी। आज तकनीकी और प्रौद्योगिकी के क्षेत्र में देश में प्रशिक्षत अधिकांश जनबल आर्थिक और अन्य करणों से विदेशों में जाकर अपनी सेवाएँ अर्पित कर रहे हैं और उनका अपना देश उनके ज्ञान का उपयोग करने से वंचित है। ये प्रतिभाएँ भारत के विभिन्न विश्वविद्यालयों, उच्चनुशीलन केन्द्रों और संस्थानों आदि से MD, MS., B.Tech., M.Tech., M.Sc., Ph.D., M.B.A. तथा इसी प्रकार की अन्य विशिष्ट उपाधियाँ लेकर विदेश गमन कर जाती हैं।*[96]

प्रा.सुखात्मे भी डॉ.चौपड़ा के मत का समर्थन करते हुए मानते हैं कि उपर्युक्त प्रतिभाएँ आरंभ में उच्च शिक्षा ग्रहण करने के उद्देश्य से विदेशों में जाती हैं और वहीं पर स्थाई रूप से बस जाती हैं। निश्चय ही यह गंभीर चिंता और वाद विवाद का विषय है। मेरी राय में उक्त समस्या का अन्यथा कारण होते हुए भी वर्तमान भारतीय शिक्षा व्यवस्था इसका एक प्रमुख कारण है जिसकी रूपरेखा और पाठ्यक्रम स्वदेशी आवश्यकताओं के अनुरूप नहीं है और स्वदेशी भाषा में शिक्षण की उचित व्यवस्था का न होना है। निश्चय ही स्वदेश में छात्रों अथवा उच्चस्तरीय शोध और विकास में लगे वैज्ञानिकों द्वारा हिन्दी भाषा में शिक्षा को न अपनाने का यह एक महत्त्वपूर्ण कारण परिलक्षित होता है। सामान्यत: उच्च शिक्षा के क्षेत्र में लगे लोगों की अपेक्षाएँ हैं कि अंग्रेजी माध्यम से उच्च शिक्षा ग्रहण कर विदेश में जा बसें और वहाँ सहज- सुलभ भौतिक सुख सुविधाओं का उपभोग करें। भारत से अमरीका जैसे देशों को प्रतिवर्ष होने वाली प्रतिभा पलायन की मात्रा इस तथ्य की पुष्टि करती है। निम्नांकित तालिका में गत 20 वर्षों में (सन् 1960 से 1979 तक) हुए प्रतिभा पलायन संबंधी आंकड़ा प्रस्तुत किया जा रहा है:

भारत से अमरीका को होने वाला प्रतिभा पलायन
(सन् 1960 से 1979 तक)

पंचवर्षीय कालखण्ड	कुल प्रतिभा पलायन	वार्षिक औसत
1960-64	3164	633
1965-69	18327	3665
19970-74	67283	13457
1975-79	96982	19369

स्रोत :एस.टी.बर्की तथा एस.स्वामी द्वारा South Asian Migration to United States में प्रदत्त आंकड़ों तथा एस.पी.सुखात्में द्वारा लिखित Real Brain Drian पुस्तक में प्रदत्त आंकड़ों से अभिगृहित। Economic Political Weekly Vol. XXII No.12, pp. 513 (19987) पर भी ये आंकड़े दिए गये हैं।

उपरोक्त आंकड़ों में प्रत्येक पंचवर्षीय कालखण्ड में भारत से अमरीका में जाकर बसने वाले प्रशिक्षित व्यावसायियों, तकनिशियनों, कुशल मजदूरों, अभियंताओं, डॉक्टरों, वैज्ञानिकों, प्रबंधकों तथा इसी प्रकार के अन्य मानव संसाधनों का समावेश है जो भारत में शिक्षित एवं प्रशिक्षित किए गये हैं तथा जिनपर भारतीय संसाधनों का उल्लेखनीय व्यय हुआ है।

इसी प्रकार भारत के तकनीकी शिक्षा के उच्चनुशीलन केन्द्र भारतीय प्रौद्योगिकी संस्थानों से प्रतिवर्ष होने वाला प्रतिभा पलायन भी गंभीर चिंता और वाद विवाद का विषय है। भारतीय प्रौद्योगिकी संस्थान, बम्बई से सामान्यतः प्रतिवर्ष होने वाला प्रतिभापलायन निम्नांकित तालिका में दर्शाया गया है:

उपाधियाँ	सामान्यतः वार्षिक निर्गम	प्रतिभा पलायन का आकलित मान (प्रतिशत में)	आमतौर पर विदेशों में स्थाई रूप से बस जाने वालों की संख्या
बी.टेक.	250	30.8	77
एम.एससी	80	25.0	20
एम.टेक.	250	13.5	34
पीएच.डी.	60	9.8	6
कुल	640	21.4	137

स्रोत : पुस्तक ''द रियल ब्रेन ड्रेन`` लेखक : डॉ.एस.पी.सुखात्मे, पृ. 23, ओरिएण्ट लाँगमैन प्रकाशन, 1994

उपर्युक्त तालिका में देश में स्थापित तकनीकी शिक्षा के मात्र एक उच्चानुशीलन केन्द्र (भा.प्रौ.सं.बम्बई) से प्रतिवर्ष होने वाले प्रतिभापलायन की औसत स्थिति को दर्शाया गया है। उक्त संस्थान से प्रतिवर्ष उत्तीर्ण होने वाले लगभग 640 छात्रों में से लगभग 137 (21.4 %) छात्र विदेशों में जाकर बस जाते हैं। यह आकलन देश में स्थापित इसी प्रकार के अन्य उच्चानुशीलन संस्थानों के लिए एक महत्वपूर्ण वास्त-विक निर्देशांक का काम कर सकता है। यदि उपर्युक्त 21.4 प्रतिशत पलायन प्रतिवर्ष के आंकड़े को मानदण्ड मान लिया जाए तो निष्कर्षत: कहा जा सकता है कि देश के केवल पांच भारतीय प्रौद्योगिकी संस्थानों से ही प्रतिवर्ष औसत रूप में लगभग 700 छात्र विदेश गमन कर जाते हैं जब कि प्रतिवर्ष संयुक्त प्रवेश परीक्षाओं के माध्यम से लगभग 2500 छात्र ही सभी भारतीय प्रौद्योगिकी संस्थानों तथा बनारस हिन्दू विश्वविद्यालय के लिए समेकित रूप से प्रवेश के लिए चुने जाते हैं।[97] इसी प्रकार अन्य राष्ट्रीय महत्व के संस्थानों जैसे चिकित्सा, वाणिज्य, प्रबंधन आदि में भी प्रतिभापलायन की स्थितियों पर अध्ययन कर के इस गंभीर समस्या के कारण और निवारण की ओर पर्याप्त संकेत किया गया है।

प्रतिभा पलायन की समस्या की ओर ध्यान आकर्षित करने पर हमारे देश के कर्णधारों के भी अपने - अपने रोचक मत हैं- संयुक्त राज्य अमरीका में भारत के पूर्व राजदूत डॉ. आबिद हुसैन का कहना है कि - I have always said that, Brain drain is better any day, than the brain in the drain[98] इसका तात्पर्य यह है कि नाली में पड़े सड़ते रहने की अपेक्षा प्रतिभाओं का पलायन कहीं बेहतर है। काबिलेगौर है कि जिस देश में शिक्षा प्राप्त कर के उक्त प्रतिभाएँ विकसित हुई हैं, हमारे देश क कर्णधार उसी की आर्थिक और सामाजिक परिस्थितियों के संबंध में ऐसी विचारधारा रखते हैं। इस तरह की विचाधारा रखने वाले डॉ. आबिद हुसैन पहले व्यक्ति नहीं हैं, अंग्रेजी के हिमायती ऐसे बहुत मिल जाएंगे। इसके विपरीत हमारे पूर्व प्रधानमंत्री स्व. राजीव गांधीने अपनी अमरीका यात्रा के दौरान इस विषय में पूछे जाने पर अपना मत इस प्रकार व्यक्त किया था - *These brains abroad are becoming like ``Brain Bank" and they would be useful to India at the appropriate time when needed*[99] तात्पर्य यह कि हम अपने वर्तमान संसाधनों और विकास कार्यक्रमों के मूल्य पर राष्ट्रीय सम्पत्ति का व्यय कर के जिन प्रतिभाओं का आज की जरूरतों के लिए विकास करने का प्रयासकर रहे हैं, उन्हें हमारे नेता किसी उपयुक्त समय के लिए विदेशी बैंकों में सम्भाल कर रखने के पक्ष में हैं। यदि आर्थिक शब्दावली में कहा जाएत तो भविष्य के लिए निवेश कर रहे हैं। तब तक हमारी संचित पूंजी का कोई और देश अपने विकास कार्यक्रमों के लिए प्रयुक्त करे और गैट समझौतों के अन्तर्गत हमसे ही प्रातिभ सम्पत्ति अधिकार (Intellectual Property right) के नाम पर मुआवजा मांगे[100], कोई हर्ज नहीं। क्या यह विचित्र स्थिति नहीं है? इसी विचारधारा के बल पर हम अपने देश को इक्कीसवीं सदी में ले जाने की बात करते हैं!

दूसरी तरफ संयुक्त प्रवेश परीक्षा (JEE), अखिल भारतीय चिकित्सा प्रवेश परीक्षा; अभियांत्रिकी में स्नातक अभिवृत्ति परीक्षा (GATE) एम.बी.ए. प्रवेश परीक्षा आदि के माध्यम से राष्ट्रीय महत्त्व के संस्थानों में प्रवेश पाने वाले छात्र सामान्यत: उच्चतर मध्यवर्गीय परिवारों के होते हैं। लोगों का मानना है कि इन संस्थानों में समुचित सांस्कृतिक मूल्यों, राष्ट्रीय भावनाओं अथवा राष्ट्रीय हिताहित की शिक्षा के अभाव में संबंधित छात्र अपने निहित स्वार्थों की खातिर विदेश गमन कर जाते हैं। इन संस्थानों की अन्तर्राष्ट्रीय छवि भी इस प्रकार का माहौल प्रदान करती है। कहने का तात्पर्य यह कि उपयुक्त स्वदेशी शिक्षा पद्धति और स्वभाषा में तकनीकी शिक्षा की व्यवस्था कुछ इन्हीं प्रकार के कारणों से भी नहीं हो पा रही है और भाषा समस्या का समाधान नहीं हो रहा है।

प्रतिभा पलायन जैसे विषय पर उपर्युक्त चर्चा का मुख्य कारण यह दर्शाना है कि यदि भारतीय प्रबुद्ध वर्ग इस प्रकार के आदान-प्रदान की वकालत करता है जो इस देश के संसाधनों का उपयोग कर ज्ञान अर्जित करने के पश्चात वैयक्तिक लाभ के लिए विदेशों में जा बसते हैं तो अंग्रेजी शिक्षा का भारत में निश्चय ही विरोध और निषेध होना चाहिए क्योंकि अप्रत्यक्ष रूप से हम अपने संसाधनों का उपयोग कर विदेशों के लिए जनबल तैयार कर रहे हैं। इस प्रकार का पलायन यदि जारी रहा तो निश्चय ही यह दृढ़तापूर्वक कहा जा सकता है कि स्वदेश में तकनीकी उच्चानुशीलन केन्द्र स्थापन के उद्देश्यों के विपरीत यह देश तकनीकी ज्ञान में कभी आत्मनिर्भर नहीं हो सकेगा।[101] उच्च स्तर पर तकनीकी शिक्षा का माध्यम अंग्रेजी होने के कारण प्रतिवर्ष अनेकों छात्र जो भारतीय भाषा माध्यम अथवा हिन्दी माध्यम से शिक्षा प्राप्त करते हैं, उच्च तकनीकी शिक्षा पाने से वंचित रह जाते हैं। और अंग्रेजी भाषा में उपयुक्त शिक्षा ग्रहण कर तथाकथित अंग्रेजीदां अवसर का लाभ उठाने विदेशों में जा बसते हैं।

अत: अन्तर्राष्ट्रीय स्तर पर तकनीकी जनबल और जानकारी के आदान-प्रदान की आड़ लेकर मात्र अंग्रेजी शिक्षा को बरकरार रखना बुद्धिमानी नहीं है। क्योंकि देश में आदान तो विदेशी अंग्रेजी में प्रकाशित तकनीकी साहित्य और तैयार वस्तुओं और सेवाओं का ही होता है किन्तु प्रदान हम अपने लिए उपयोगी जनबल का ही कर पाते हैं क्योंकि प्रकारांतर से हम विदेशों से KNOW HOW और साहित्य खरीद (आदान) कर अपने मानव संसाधन का विकास करते हैं और अनुपयुक्त व्यवस्था के कारण हम प्रतिभा पलायन के माध्यम से व्यर्थ ही उन्हें खो देते हैं। साथ ही अपने स्वदेशी मानव संसाधन को तकनीकी ज्ञान पाने से वंचित भी रखते हैं जो संभवत: इस देश के सामाजिक और आर्थिक विकास में अपना महत्वपूर्ण योगदान दे सकता है। इस तरह दोनो ही प्रकार से हमारी राष्ट्रीय हानि होती है। अत: इस प्रकार का आदान-प्रदान कम से कम भारत जैसे देश के लिए अवांछित और अनपेक्षित है।

4.1.1.12 छात्रों और शिक्षकों द्वारा तकनीकी हिन्दी सीखने में अतिरिक्त श्रम करने से बचने का भाव

उच्चस्तरीय तकनीकी शिक्षा के क्षेत्र में हिन्दी भाषा के प्रयोग न होने की समस्या का अनुशीलन करने पर एक तथ्य यह भी ज्ञात होता है कि उच्चस्तरीय छात्र, शोधछात्र और अध्यापकों में तकनीकी हिन्दी भाषा सीखने में अपेक्षित अतिरिक्त श्रम से बचने का भाव होता है। वे अपनी शिक्षा के अतिम छोर पर पहुंच कर अपने विषय से विचलित हो कर अन्य भाषा और विषय सीखने में कम ही रूचि लेते हैं। सामान्यतः ऐसा देखा गया है कि विज्ञान-अभियांत्रिकी और प्रौद्योगिकी शिक्षा से जुड़े अधिकांश छात्र, शोधछात्र और अध्यापक कोई भी अन्य भाषा सीखने में अपेक्षाकृत कम ही रूचि दर्शाते हैं, जब तक कि वह शिक्षा माध्यम की भाषा अथवा अनिवार्य विषय न हो। उच्चस्तर पर अपने विषय का विशिष्टीकरण कर लेने के पश्चात् तो वे अक्सर भाषा अध्ययन की ओर ध्यान ही नहीं देते हैं। उच्चस्तर पर दुर्भाग्यवश हिन्दी चूँकि शिक्षा का माध्यम नहीं है, अतः वे इसे अपना अतिरिक्त समय देकर सीखना भी नहीं चाहते हैं। इस संबंध में छात्रों और शिक्षकों से किए गये साक्षात्कार के रोचक परिणाम सामने आए है। उनका विश्लेषण कर के सारभूत रूप में उन्हें निम्नप्रकार से प्रस्तुत किया जा रहा है:

4.1.1.12.1 विवेच्य समस्या के प्रति अध्यापकों की सारभूत विचारधारा

तकनीकी विषयों के अध्ययन-अध्यापन में किसी भाषा पर महारत हासिल करना विज्ञान और अभियांत्रिकी तथा प्रौद्योगिकी के अध्यापकों के लिए अपेक्षित नहीं है। अपने विषय में उत्कृष्टता ही पहली आवश्यकता है क्योंकि तकनीकी विषयों की अपनी एक अलग और विशिष्ट भाषा मानी जाती है। आधुनिक विज्ञान और अभियांत्रिकी में प्रयुक्त संकेत, सूत्र, प्रतीक इत्यादि यूरोपीय भाषाओं में ही हैं और वर्षों से तकनीकी शिक्षण का माध्यम अंग्रेजी भाषा होने के कारण अंग्रेजी माध्यम से शिक्षा प्राप्त अध्यापक के लिए अपने विषय का अध्यापन करना अपेक्षाकृत आसान होता है। अंग्रेजी चूँकि आज अन्तर्राष्ट्रीय भाषा का रूप धारण कर चुकी है, अतः तकनीकी इतर विषयों और सामाजिक संपर्क आदि अंग्रेजी में सहज संभव होने के कारण भी तकनीकी इतर प्रयोजनों के लिए किसी अन्य भाषा को सीखने की अनिवार्यता नहीं है।

अतः ऐसी स्थिति में जब कि तकनीकी हिन्दी को सीखने की कोई अनिवार्यता नहीं है, शिक्षा के क्षेत्र में उसका उपयोग नहीं है। ज्ञातव्य है, तकनीकी हिन्दी माध्यम से प्रशिक्षित जनबल को रोजगार आदि अनेक समस्याओं से जूझना पड़ता है, क्योंकि इसमें अन्तर्राष्ट्रीय सचलता नहीं है। अतः शिक्षक वर्ग को अपना अतिरिक्त्

समय लगाकर इसे सीखना और सीखाना व्यर्थ लगता है। उनका मानना है कि वर्तमान समय में जब कि विज्ञान और प्रौद्योगिकी के क्षेत्र में तेजी से परिवर्तन हो रहे हैं, विषय की विविधता, जटिलता और दबावों के कारण अध्यापन हेतु उसे तैयार करने में पर्याप्त समय देना पड़ता है। चूँकि तकनीकी हिन्दी भाषा सीखने तथा शिक्षण माध्यम परिवर्तन पर और अधिक मेहनत करने की आवश्यकता है हालांकि यह इतना सहज और समसामायिक परिस्थितियों में व्यावहारिक नहीं है, क्योंकि आपाधापी और पारिवारिक रूप से व्यवस्थित जीवन का एक ढांचागत स्वरूप बन जाने और उपर्युक्त व्यस्तताओं से बचे समय में अपने विषय से संबंधित शोधादि कार्यों में भी कुछ समय देने की अनिवार्यता है। यही कारण है जिससे अध्यापकों को व्यावहारिक रूप से हिन्दी भाषा सीखने के लिए पर्याप्त समय नहीं मिल पाता है। अतः तकनीकी हिन्दी सीखने में व्यावहारिक कठिनाइयाँ हैं। इसके विपरीत हिन्दी भाषा सीखने और उसके उपयोग की कोई कारगर और समुचित व्यवस्था भी नहीं है और न ही कोई प्रोत्साहन है। ऐसे भी उदाहरण हैं कि जो अध्यापक रूचिपूर्वक समय निकाल कर तकनीकी हिन्दी सीख भी लेते हैं तो शिक्षा पद्धति की खामियों के कारण वे उसका उपयोग भी नहीं कर पाते हैं। अतः शिक्षकों का मानना है कि व्यर्थ में इस कार्य के लिए समय गंवाना औचित्यपूर्ण नहीं है।

4.1.1.12.2 छात्रों की सारभूत विचारधारा

विषय की व्यापकता और दबाव तथा अंग्रेजी माध्यम में शिक्षण की व्यवस्था होने के कारण छात्रों को भी तकनीकी हिन्दी भाषा सीखने में बाधा आती है। सामान्यतः पाठ्यक्रमबाह्य चीजों की ओर विज्ञान के छात्रों का ध्यान ही नहीं होता है औरं विशिष्टता के कारण उन्हें अपने विषय पर ही अधिक ध्यान देना पड़ता है। छात्रों का मानना है कि स्वदेश में उच्चस्तर पर विज्ञान और अभियांत्रिकी विषयों का माध्यम अंग्रेजी भाषा तथा अपेक्षित साहित्य सामग्री / पाठ्य- सामग्री आदि केवल अंग्रेजी में ही उपलब्ध होने के कारण हमें उस पर ही ध्यान केन्द्रित करना पड़ता है। पूर्ववर्गों में भी विज्ञान की शिक्षा सामान्यतः अंग्रेजी माध्यम से ही प्रदान की जाती है और तकनीकी हिन्दी का स्वरूप साहित्यिक हिन्दी से भिन्न होने के कारण तथा उसमे प्राथमिक स्तर पर प्रशिक्षण के अभाव में उच्चस्तर पर उसे सीखने में काफी व्यावहारिक अड़चने हैं और शिक्षा के अंतिम छोर पर आकर माध्यम परिवर्तन करना निश्चय ही व्यावहारिक रूप से कठिन है। आज चूँकि प्रतियोगिता का युग है, अतः अपने विषय से इतर यदि हम तकनीकी हिन्दी सीखने में अपना समय लगाए तो उचित नहीं है क्योंकि हिन्दी माध्यम से प्रशिक्षित जनबल की सचलता और स्वीकार्यता तथा उद्योगों में उसकी मांग नहीं है।

कुछ छात्रों का मानना है कि तकनीकी हिन्दी सीखने की व्यावहारिक कठिनाई, उपयुक्त शिक्षण की व्यवस्था का न होना, अपेक्षित तकनीकी साहित्य का नितांत अभाव और राष्ट्रीय स्तर पर अनिवार्यता का न होना है। अतः कुछेक अत्यंत उत्साही छात्रों को छोड़ कर कोई स्वेच्छा से हिन्दी में अध्ययन नहीं करना चाहता है। समग्रतः कहा जा सकता है कि शिक्षा तंत्र, परीक्षा का दबाव, प्रतियोगिता और माहौल की कमी के कारण उच्चस्तरीय विज्ञान और अभियांत्रिकी- प्रौद्योगिकी छात्र और शोधछात्र हिन्दी सीखने के प्रति उदासीन हैं।

विज्ञान विषयों की ओर रूचि और झुकाव होने के कारण विज्ञान के छात्र सामान्यतः निम्नस्तरीय कक्षाओं में भी भाषा और साहित्य की ओर पर्याप्त ध्यान नहीं देते हैं और विज्ञान की विशिष्ट भाषा होने के कारण साहित्यिक भाषा पर पर्याप्त पकड़ अर्जित किए बगैर ही उनका कार्य चल जाता है। मजबूत भाषिक आधार की अनिवार्यता न होने के कारण भी छात्र इस ओर से उदासीन ही रहते हैं। ऐसी स्थिति में हम देखते हैं कि अधिकांश छात्र निम्नस्तर पर ही हिन्दी भाषा और साहित्य में रूचि नहीं लेते हैं और परीक्षा उद्देश्य की पूर्ति से अधिक भाषा शिक्षण की ओर ध्यान भी नहीं देते हैं। उच्चस्तर पर तकनीकी हिन्दी में उचित मार्गदर्शन और समयाभाव तथा अनिवार्यता न होने के कारण अधिकांश छात्र उच्चस्तर पर तकनीकी हिन्दी भाषा सीखने के लिए अपेक्षित अतिरिक्त श्रम से बचने का प्रयास करते हैं।

4.1.1.13 औद्योगिक क्षेत्रों अथवा सेवा क्षेत्रों में मांग का न होना

मांग और पूर्ति की अर्थशास्त्रीय और व्यावहारिक विचारधारा जिस प्रकार जीवन के विभिन्न क्षेत्रों में लागू होती है ठीक उसी प्रकार शिक्षा के क्षेत्र में भी लागू होती है। वैज्ञानिक और प्रौद्योगिकी के वर्तमान दौर में तेजी से हो रहे औद्योगिक विकास ने शिक्षातंत्र को सबसे अधिक प्रभावित किया है। धर्माधार और मानवीय आदर्शों पर आधारित पूरे विश्व की पारंपरिक शिक्षा व्यवस्था गत दो सौ वर्षों के औद्योगिक विकास के साथ-साथ अपना स्वरूप भी बदलती रही है और गत 50 वर्षों में तो इसका स्वरूप लगभग पूरी तरह से बदल गया है। जिस प्रकार उपभोक्तावाद तथा वस्तुओं और सेवाओं की बढ़ती हुई मांग ने औद्योगिकीकरण को जन्म दिया है, उसी प्रकार आधुनिक औद्योगिक विकास ने नई शिक्षा प्रणाली को जन्म दिया है। जैसा कि उल्लेख किया गया है, वर्तमान युग में आर्थिक और सामाजिक विकास का महत्वपूर्ण कारक विज्ञान और प्रौद्योगिकी को माना जा रहा है, एतदर्थ औद्योगिक विकास और नई आर्थिक व्यवस्था के अधीन आज विज्ञान और प्रौद्योगिकी तथा अभियांत्रिकी स्नातकों और स्नातकोत्तर छात्रों की सर्वाधिक खपत उद्योगों में ही है।

प्रसंगवश यह भी उल्लेखनीय है कि भारत में उद्योगों के विकास में अधिकांशतः आयातीत प्रौद्योगिकी का ही उपयोग हुआ है और आज भी हो रहा है। प्रौद्योगिकी का आयात विशेषकर यूरोपीय देशों से ही सर्वाधिक मात्रा में हुआ है, एतदर्थ संबंधित प्रौद्योगिकी के संचालन हेतु अपेक्षित तकनीकी ज्ञान और साहित्य पाश्चात्य देशों की उनकी अपनी भाषा में ही है। अतः अंग्रेजी माध्यम से विज्ञान और प्रौद्योगिकी संबंधी तकनीकी ज्ञान अर्जित करने वालों को उक्त उद्योग क्षेत्र में आसानी से प्रवेश मिल जाता है, जब कि स्वदेशी भाषा अथवा हिन्दी भाषा माध्यम से अर्जित तकनीकी तथा तकनीकी इतर ज्ञान वाले जनबल को उद्योगों में उपयुक्त स्थान नहीं मिल पाता है। इस प्रकार उपयुक्त रोजगार के अभाव में अपने तकनीकी ज्ञान के बावजूद देशी भाषाओं में शिक्षित लोगों को छोटी-मोटी मजदूरी ही नसीब हो पाती है। अतः अपने भविष्य को संवारने की चाह में लोग अंग्रेजी माध्यम से ही शिक्षा ग्रहण करना अनिवार्य समझते हैं। कन्हैयाला गांधी का निम्नांकित विचार इस संदर्भ में उल्लेखनीय है। वे लिखते हैं - *हिन्दी का विषय शिक्षा संस्थाओं में लोकप्रिय नहीं है। क्योंकि इसे पढ़ने से न तो विशेष नौकरियाँ मिलती हैं और न ही कोई अन्य आर्थिक लाभ होता है। इसलिए समाज का कोई भी वर्ग अपने हिन्दी ज्ञान के कारण ज्यादा लाभ उठाने की स्थिति में नहीं है। अहिन्दी भाषी राज्यों में तो यह और भी विकट समस्या है क्योंकि वहाँ तो तकनीकी हिन्दी सीखने की पर्याप्त व्यवस्था भी नहीं है।*[102]

इससे यह सिद्ध होता है कि हिन्दी अथवा अन्य भारतीय भाषा माध्यम से शिक्षित लोगों की उद्योगों में कोई मांग नहीं है। और मांग न होने के कारण जनबल का निर्माण करने वाली संस्थाओं में इसकी पूर्ति की कोई उचित व्यवस्था भी नहीं है। इस संदर्भ में यह उल्लेखनीय है कि सन् 1978 के दौरान रूड़की विश्वविद्यालय ने तकनीकी हिन्दी भाषा के माध्यम से अभियांत्रिकी की शिक्षा देने का प्रस्ताव किया था और उसके लिए कार्यक्रम भी बनाया गया था, किन्तु देश की अन्य तकनीकी संस्थाओं के सहयोग के अभाव और उत्तीर्ण स्नातकों के रोजगार की समस्या को देखते हुए उसे अपना कार्यक्रम स्थगित करना पड़ा।[103] यह स्वाभाविक भी है। मांग हो तो पूर्ति की जा सकती है ! इसी मत का समर्थन डॉ. नटवर दवे, केन्द्रीय भवन अनुसंधान संस्थान, रूड़की, के निम्नांकित शब्दों में भी होता है। वे लिखते हैं - *हिन्दी में प्रौद्योगिकी और अभियांत्रिकी शिक्षा के माध्यम के रूप में प्रतिष्ठित न होने में मुख्य बाधा लोगों के रोजगार की है। विभिन्न प्रतियोगिता परीक्षाएँ और नियुक्ति के लिए साक्षात्कार अंग्रेजी भाषा माध्यम से होते हैं तथा हिन्दी बोलने वालों को हेय दृष्टि से देखा जाता है। नियुक्ति के उपरांत भी यह अभियंता और प्रौद्योगिकीविद् जिस ढंग से कार्य करते हैं, उसमें हिन्दी का प्रयोग नहीं होता है।*[104]

इसी प्रकार उद्योगों सहित शासकीय कार्यालयों आदि में भी तमाम प्रशासनिक कार्य मुख्यतः अंग्रेजी मे ही होते हैं, अतः उद्योगों सहित संपूर्ण कार्यव्यापार जगत में यह धारणा बन गयी है कि, उनसे संबंधित सभी कार्य केवल अंग्रेजी में ही हो सकते हैं। विश्वस्तर पर तेजी से बढ़ रहे पारस्परिक आदान-प्रदान तथा विभिन्न कार्यकलापों के कम्प्यूटरीकरण ने भी अंग्रेजी भाषा के प्रयोग को अनिवार्य बना दिया है। अतः अंग्रेजी भाषा का कामचलाऊ ज्ञान रखने वाले व्यक्ति जहाँ रोजगार पा लेते हैं वहीं हिन्दी अथवा अन्य भारतीय भाषा से शिक्षित व्यक्ति बेरोजगार ही रहता है। समाज में ऐसे अनेकों उदाहरण देखे जा सकते हैं। इस समस्या से निपटने के लिए हमें उद्योग जगत के नियोक्ताओं को इस बात का विश्वास दिलाना होगा कि हिन्दी में शिक्षित छात्रों (जनबल) के कारण उनके औद्योगिक उत्पादन में कोई गिरावट नहीं होगी तथा विचार प्रेषण का अभाव न होने के कारण औद्योगिकी विवादों की संख्या भी घटेगी।[105] तभी हम उद्योगों में हिन्दी माध्यम से प्रशिक्षित जनबल को स्थान दिला सकेंगे। तात्पर्य यह है कि हिन्दी की वर्धमान तकनीकी अभिव्यक्ति क्षमता की परख हेतु उसे उद्योगों में कार्य की भाषा के रूप में स्वीकारना होगा तथा अवसर और प्रोत्साहन देकर प्रतियोगिता के योग्य सबल बनाना होगा ! उद्योगों में जब इसकी मांग बढ़ेगी, निश्चय ही तकनीकी हिन्दी के लिए प्रगति का राजमार्ग खुल जाएगा तथा तकनीकी शिक्षा माध्यम के रूप में हिन्दी भाषा को ही प्राथमिकता मिलने लगेगी जैसी कि आज अंग्रेजी को प्राप्त है।

4.1.1.14 हिन्दी माध्यम से शोधादि करने के लिए प्रायोजित परियोजनाओं का अभाव और प्रोत्साहनहीनता

विज्ञान और प्रौद्योगिकी संबंधी अनुसंधान और विकास उच्चस्तर पर तकनीकी शिक्षा का एक अभिन्न अंग होता है और जैसा कि विदित है, किसी भी विषय में शोधकार्य हेतु अपेक्षित अवसंरचनाओं तथा सुविधाओं के निर्माण हेतु धन की आवश्यकता होती है। शिक्षा संबंधी अन्य मदों और सुविधाओं की व्यवस्था के कारण स्वाभाविक है कि शिक्षा संस्थानों के पास अनुसंधान और विकास कार्यों हेतु पर्याप्त धन का अभाव हो जाता है, किन्तु इस अभाव की पूर्ति प्रायोजित परियोजनाओं के माध्यम से विभिन्न सरकारी और गैर-सरकारी अभिकरण करते हैं। सरकार सहित इसमें प्रतिष्ठित उद्योगों की भी अच्छी-खासी भागीदारी होती है। क्योंकि वैज्ञानिक अनुसंधान और प्रौद्योगिक विकास में बहुत बड़ी धनराशि चाहिए होती है। आर्थिक रूप से विकसित देशों में इस धनराशि का अधिकांश निजी क्षेत्र के उद्योगों से आता है। इससे उद्योगों और शोध संस्थानों के आपसी अन्योन्याश्रित कार्यक्रमों के माध्यम से वैज्ञानिक और प्रौद्योगिक विकास की उपलब्धियों को जनसामान्य तक पहुंचाने में उनकी अपनी भाषा में निर्मित परियोजनाओं के प्रतिवेदन अहम् भूमिका निभाते हैं। उत्पादों के विज्ञापन भी इसी

श्रृंखला की कड़ियाँ हैं, जिन्हें हम रोज सुबह-शाम विभिन्न माध्यमों पर देखते-सुनते हैं। प्रौद्योगिक विकास की यह एक स्वाभाविक प्रक्रिया है।

भारत में भी तकनीकी शोध संस्थानों और विभिन्न सरकारी तथा कतिपय गैर-सरकारी अभिकरणों द्वारा प्रायोजित परियोजनाओं के आपसी सहयोग के माध्यम से उक्त प्रकार के तकनीकी अनुसंधान और विकास कार्य किए जा रहे हैं। इस कार्य में जहाँ एक ओर शिक्षा और शोध संस्थान के रूप में देश के सभी भारतीय प्रौद्योगिकी संस्थान, अभियांत्रिकी विश्वविद्यालय, प्रादेशिक महाविद्यालय तथा राष्ट्रीय प्रयोगशालाओं का समावेश है, वहीं धनपोषण करने वाले विभिन्न प्रायोजक अभिकरणों में विज्ञान एवं प्रौद्योगिकी विभाग, रक्षा अनुसंधान एवं विकास संगठन, रक्षा अनुसंधान एवं विकास प्रयोगशाला, इलेक्ट्रॉनिकी विभाग, गैर-पारंपरिक ऊर्जा स्त्रोत विभाग,जैव-प्रौद्योगिकी विभाग, परमाणु ऊर्जा विभाग, वैज्ञानिक एवं औद्योगिक अनुसंधान परिषद, नाभिकीय विज्ञान अनुसंधान मण्डल, भारत भारी विद्युत लिमिटेड, भारत विद्युत लिमिटेड, भाभा परमाणु अनुसंधान केन्द्र, आयुध अनुसंधान विकास स्थापन, वैमानिकी अनुसंधान एवं विकास मण्डल, परमाणु ऊर्जा व्यवस्थापन मण्डल, वैमानिकी विकास अभिकरण, प्रशिक्षण एवं प्रायोजित अनुसंधान विभाग, इंजीनियर्स इंडिया लिमिटेड, गैस- टर्बाइन अनुसंधान स्थापन, भारतीय अंतरिक्ष अनुसंधान संगठन, भारतीय तकनीकी शिक्षा सोसायटी, भारतीय पेट्रोकेमिकल्स निगम लिमिटेड, औद्योगिक अनुसंधान परामर्श केन्द्र, अन्तर्राष्ट्रीय विकास अनुसंधान केन्द्र, भारतीय राष्ट्रीय विज्ञान अकादमी, मानव संसाधन विकास मंत्रालय, भारतीय समाज विज्ञान अनुसंधान परिषद, राष्ट्रीय सुदूर संवेदन अभिकरण, राष्ट्रीय विज्ञान फाऊन्डेशन, राष्ट्रीय बंजरभूमि विकास मण्डल, राष्ट्रीय पर्यावरणीय अभियांत्रिकी अनुसंधान संस्थान, तेल एवं प्राकृतिक गैस आयोग, विज्ञान एवं अभियांत्रिकी अनुसंधान परिषद, भारतीय इस्पात प्राधिकरण लिमिटेड, टाटा मौलिक अनुसंधान संस्थान, तथा अन्य अनेक भारतीय बहुराष्ट्रीय कंपनियों का समावेश है।[106]

उक्त अभिकरणों में से अधिकांश प्रायोजक अभिकरण सरकारी क्षेत्र के हैं। निजी क्षेत्र के उद्योगों का अब तक भारत के अनुसंधान और विकास कार्यों में अपेक्षाकृत कम ही योगदान रहा है। इसके कारण भारतीय उद्योगों और शिक्षा संस्थानों से प्रोद्भूत जनबल में आपसी तालमेल का अभाव रहा है, जिसके परिणामस्वरूप देश से प्रतिभाओं का पलायन होता रहा है और देश का औद्योगिक विकास अपेक्षाकृत पिछड़ता गया है।

प्रायोजित परियोजनाओं के सहयोग से जो कुछ अनुसंधान कार्य देश में हुआ भी है तो अंग्रेजी भाषा माध्यम में होने के कारण वह विदेशी पत्र-पत्रिकाओं में ही अधिक

प्रकाशित होता रहा है जिसका सीधा लाभ विदेशियों को मिला है। भारतीय भाषाओं में उक्त शोधकार्यों का प्रकाशन न होने के कारण उन शोध कार्यों का लाभ पाने से भारत और भारतीय जनमानस सदा से वंचित रहा है। इस संबंध में हरिबाबू कंसल का निम्नांकित मत उल्लेखनीय है। वे लिखते हैं - *भारत के पैसे से, भारत की मिट्टी पर व भारत की प्रयोगशालाओं में किया गया शोधकार्य भारत के बजाए विदेश में जाकर छपता है और भारतीयों के बजाए विदेशी उसका लाभ उठाते* हैं।[107] इसका प्रमुख कारण अनुसंधान प्रतिवेदनों का अंग्रेजी भाषा में तैयार होना है। कोई भी अभिकरण हिन्दी माध्यम से अनुसंधान प्रतिवेदन प्रस्तुत करने का कभी कोई आग्रह नहीं करता है और न ही उसके लिए किसी प्रकार का प्रोत्साहन देता है। अतः अनुसंधान कार्य करनेवाले अपना प्रतिवेदन हिन्दी या अन्य भारतीय भाषाओं में बनाने की आवश्यकता ही नहीं समझते हैं।

भारत के संदर्भ में एक बात और काबिले- गौर है। वह, यह कि भारत में अधिकांश तकनीकी अनुसंधान कार्यों का धनपोषण और प्रायोजन सरकारी अभिकरणों द्वारा ही होता रहा है किन्तु फिर भी अनुसंधान प्रतिवेदन कभी भी हिन्दी में अथवा अन्य भारतीय भाषाओं में बनाने का आग्रह नहीं किया गया है जबकि भारतीय संविधान की धारा 351 के अनुसार केन्द्रीय सरकार तथा उसके विभिन्न अंगों का यह संवैधानिक दायित्व है कि अपने विविध कार्यों और प्रयत्नों से हिन्दी भाषा का संवर्धन और विकास किया जाए।[108] प्रायोजक अभिकरणों द्वारा हिन्दी में प्रतिवेदनों का आग्रह न करने का लाभ उठाकर भारतीय वैज्ञानिक और अनुसंधानकर्ता अपने शोध पत्रों का प्रकाशन विदेशी पत्रिकाओं और विदेशी भाषा में करने का प्रयास करते हैं और अपने को गौरवान्वित महसूस करते हैं। संभवतः वे अपने ध्येय से विचलित हैं कि उनके अनुसंधान कार्यों का लाभ भारतीय जनता को मिलना चाहिए न कि केवल उन्हें अकेले अन्तर्राष्ट्रीय ख्याति।

इस प्रकार उपर्युक्त विवेचन से यह स्पष्ट है कि देश में हिन्दी माध्यम से शोधादि कार्य करने के लिए प्रायोजित परियोजनाओं का अभाव है और व्यापक स्तर पर इसके लिए कोई प्रोत्साहन भी नहीं है। तकनीकी हिन्दी के विकास और उपयोग के पथ में यह भी एक अवरोध है। इसे जनहित में दूर करना जरूरी है।

4.1.1.15 समस्या के संदर्भ में व्यापक स्तर पर उदासीनता

उच्चस्तर पर तकनीकी शिक्षण और शोधादि कार्यों में हिन्दी भाषा का सम्यक उपयोग न होने का एक महत्वपूर्ण कारण देश की भाषागत संवेदना और समस्या के प्रति व्यापक स्तर पर छाई उदासीनता और उपेक्षा का भाव भी है। जैसा कि पहले ही

उल्लेख किया गया है, भारत का वर्तमान वैज्ञानिक समुदाय विज्ञान और प्रौद्योगिकी शिक्षण और शोधादि कार्यों में अनेक प्रोत्साहनों के बावजूद हिन्दी भाषा और देश की अन्य भारतीय भाषाओं के उपयोग के प्रति कोई रूचि प्रदर्शित नहीं करता। उसमें इस समस्या के प्रति अपनी जिम्मेदारी और उत्तरदायित्व का तनिक भी बोध नहीं है, और न ही वह इस संबंध में अपना कोई सरोकार ही समझता है। विज्ञान और प्रौद्योगिकी ही नहीं अपितु, दर्शन, समाजशास्त्र, राजनीति या साहित्य प्रत्येक क्षेत्र में हमने अपनी समझ को अंग्रेजी का गुलाम बना लिया है। देश का तथाकथित प्रबुद्ध वर्ग इस मान्यता के प्रति रूढ़िवादी हो चुका है कि रोजगार, विकास और उपलब्धियों की भाषा अंग्रेजी है।[109] विज्ञान अंग्रेजी में ही हो सकता है, यह रूढ़ि और गलतफहमी हमारे मस्तिष्क में इतने गहरे बैठ गयी है कि भारतीय वैज्ञानिकों ने अंग्रेजी को दूसरा धर्म मान लिया है।[110] यह भाषागत अंधविश्वास देश को एक रूढ़ होती अनुत्पादक मानसिकता की ओर ढकेल रहा है। निष्क्रियता और सरोकारहीनता बढ़ रही है और हम देख रहे हैं कि सरकारी कार्यालयों की बात यदि छोड़ दी जाए तो, शिक्षा संस्थानों में इस समस्या के प्रति गहरी उदासीनता छाई है। जब कि इसके समुचित समाधान की सर्वाधिक जिम्मेदारी उनकी अपनी है।

ज्ञातव्य है कि जब भारत राजनैतिक रूप से स्वतंत्र हुआ, उसके पूर्व तक देश में हिन्दी माध्यम से अनेकानेक अभियान चलाए गये और हिन्दी भाषा की भूमिका तथा भावी भारत के निर्माण में उसकी उपयोगिता को देखते हुए उसे राष्ट्र की राजभाषा बनाया गया। आरंभिक वर्षों में इसके विकास और संवर्धन के लिए काफी प्रयास भी किए गये। किन्तु उक्त प्रयासों में आंशिक सफलता ही मिली, क्योंकि उच्चस्तर पर विज्ञान और प्रौद्योगिकी शिक्षण तथा तकनीकी ज्ञान के प्रचार-प्रसार में इसकी उपयोगिता को संदेह की दृष्टि से देखते हुए भारतीय समाज इसके प्रति पूर्णत: उदासीन रहा और उक्त क्षेत्र में इसके प्रयोग की सामर्थ्य के बावजूद अवहेलना होती रही।

इस उदासीनता और अवहेलना का कारण स्पष्ट है - हिन्दी के प्रति सुनियोजित ढंग से समाज में व्यापक भ्रम फैलाया जा रहा है। जब भी यह बात उठती है कि विज्ञान और प्रौद्योगिकी की भाषा हिन्दी या अन्य भारतीय भाषाएँ होनी चाहिए तो अंग्रेजीदां तत्काल यह कहना आरंभ कर देते हैं कि - *देश को पीछे ढकेलने की साजिश हो रही है अथवा भाषा अंध लोग देश को वैज्ञानिक दृष्टि से वंचित करना चाहते हैं।*[111] हिन्दी माध्यम से शिक्षित लोगों के ज्ञानस्तर, रोजगार और सचलता में अनेक व्यावहारिक कठिनाइयाँ उत्पन्न कर इसकी उपयोगिता के प्रति समाज में गलत छवि प्रस्तुत की जा रही है। भविष्य की कैरियर संबंधी आशंकाओं के कारण विज्ञान और प्रौद्योगिकी के क्षेत्र में इसके उपयोग को अस्वीकार किया जा रहा है। स्वेच्छा से समाज के लोग इस माध्यम से ज्ञानार्जन की ओर प्रवृत्त ही नहीं हो रहे हैं। कुल मिलाकर कहना उचित

होगा कि अंग्रेजी को ज्ञान और सम्मान की भाषा बनाकर और भारतीय भाषाओं को राष्ट्रभाषा या राजभाषा का व्यर्थ नाम देकर एक ऐसा मायाजाल खड़ा किया गया है, जिससे निकलना दु:ष्कर है।[112]

दूसरी ओर हिन्दी के विकास और प्रचार-प्रसार को देश की गंदी राजनीति में उलझा दिया गया है। जैसे ही हिन्दी के प्रयोग की बात चलती है, बड़े ही कुटिलतापूर्ण ढंग से अन्य भारतीय भाषाओं की ओट लेकर विरोध आरंभ हो जाता है - हिन्दी में ही क्यों ? .... में क्यों नहीं?[113] और ऐसे में मुख्य मुद्दा पटल पर आ ही नहीं पाता है कि समस्या हिन्दी भाषा के प्रयोग की है न कि किसी अन्य भाषा को हटाने या उसके अधिकारों से वंचित करने की। राजनैतिक दुष्चक्र में उलझे होने के कारण भारतीय वैज्ञानिक हिन्दी के प्रश्न को ''राजनैतिक समस्या'' मानकर इसकी ओर से विमुख हो जाते हैं और इस पर अपेक्षित ध्यान न देते हुए उदासीन बने रहते हैं। दूसरी तरफ हम यह भी अनुभव करते हैं कि विज्ञान और प्रौद्योगिकी के क्षेत्र में अंग्रेजी भाषा के स्थायित्व अथवा यथास्थिति को बनाए रखने के पक्षधर वैज्ञानिक और शिक्षा व्यवस्थापक गांधी जी की इस बात से पूर्णत: अनभिज्ञ हैं कि, *दुनिया अमूल्य सुन्दर रत्नों से भरपूर है और ये सभी रत्न अंग्रेजी कारीगरी के ही परिणाम नहीं है।*[114] इसका तात्पर्य यह है कि इससे पूर्व भी विश्व में अंग्रेजी भाषा की सामर्थ्य और सर्वसम्पन्नता के संबंध में चर्चे होते रहे हैं और उसकी सर्वसम्पन्नता का दावा विवादास्पद रहा है। उल्लेख मिलता है कि कतिपय विज्ञान विषयों में अंग्रेजी की अपेक्षा रूसी, जर्मन और फ्रेंच आदि भाषाएँ अधिक सशक्त रही हैं। गांधी जी का कहना था कि, *इससे बढ़कर कोई भ्रम नहीं है कि अमूक भाषा का विकास नहीं हो सकता अथवा इसमें गूढ़ वैज्ञानिक विचार प्रकट नहीं किए जा सकते। यदि हिन्दी आज अंग्रेजी के समान समृद्ध नहीं है तो उसका एकमात्र कारण यही है कि सैकड़ों वर्षों तक इसके विकास की ओर ध्यान नहीं दिया गया और इसे वह समर्थन नहीं प्राप्त हुआ जो अंग्रेजी को सौभाग्य से मिलता रहा है।*[115] इसी बात का समर्थन मिल्टन के अग्रांकित विचारों से भी होता है। वे लिखते हैं .... *इसमें कोई हर्ज नहीं कि किसी वर्ग विशेष की भाषा असंस्कृत और वीभत्स है, आंशिक रूप से दूषित है या इसमें रचना संबंधी गलतियाँ हैं, परंतु यह अक्षम्य है कि किसी राष्ट्र के लोग आलसी और अकर्मण्य हैं तथा चिरकाल तक ताबेदारी में रहने के लिए तैयार है। इसके प्रतिकूल यह कभी सुनने में नहीं आया कि कोई राज्य केवल इसलिए विकसित नहीं हो सका, क्योंकि उसने अपनी भाषा का आश्रय लिया।*[116]

आज से लगभग 50 वर्ष पूर्व अभिव्यक्त उपर्युक्त विचार भाषा समस्या और उसके प्रति देशवासियों के उदासीन रूख को ध्यान में रख कर ही प्रसंगवश प्रस्तुत किए गये हैं। इसी प्रकार हम देखते हैं कि वर्तमान संदर्भों में भी विज्ञान और प्रौद्योगिकी

के क्षेत्र में व्याप्त भाषागत संवेदनहीनता और उदासीनता की समय-समय पर कड़ी आलोचना होती रही है। आलोचकों का मानना है कि - *भाषाएँ विज्ञान के संदर्भ में भले ही उपकरण मात्र समझी जाती हैं, परंतु अंततः ये भाषाएँ विज्ञान और प्रौद्योगिकी की तरह ही संस्कृति, चिंतन और सभ्यता आदि को गहरे प्रभावित करती हैं। विज्ञान और प्रौद्योगिकी चाहे कितनी ही तीर-तोप क्यों न हों, पर उनका इन सबसे अप्रभावित रहकर विकसित होना संभव नहीं है। इस बात का अनुभव भारत से ज्यादा शायद ही किसी अन्य देश का हो! संस्कृत जैसी समृद्ध भाषा को लेकर अरबी-फारसी-अंग्रेजी आदि सभी भाषाओं ने यहाँ के जन-जीवन, उनके रहन-सहन आदि को अपने-अपने ढंग से प्रभावित किया है। उसके लाभ-हानि दोनो हुए हैं किन्तु अंतिम परिणाम यह है कि हमारा देश भाषाओं के अन्तर्विरोधों का सबसे बड़ा संग्रहालय बन गया है। इसका मुख्य कारण देश में भाषा के प्रति छाई गहरी उदासीनता ही है।*[117] इस उदासीनता का आलम यह है कि भाषागत अन्तर्विरोधों के कारण एक लम्बी कालावधि में भारतीय जनमानस की विभिन्न पीढ़ियों पर सामाजिक-आर्थिक-राजनैतिक-मनोवैज्ञानिक और भावनात्मक दृष्टि से हुए कुप्रभावों का आकलन, विश्लेषण और निवारण करने तक की जरूरत नहीं समझी गयी है। पाश्चात्य प्रभावों से बाहर आकर इनका आकलन और मूल्यांकन करने पर रोचक परिणाम सामने आ सकते हैं।

उल्लेखनीय है कि, भाषागत उपेक्षा और अवहेलना की मानसिकता को छोड़कर भारत के वैज्ञानिक वर्ग अथवा आभिजात्य वर्ग ने यदि विज्ञान और प्रौद्योगिकी के क्षेत्र में हिन्दी भाषा के प्रयोग के प्रश्न को चुनौतीपूर्ण ढंग से स्वीकार किया होता और यथारूप उसके विकास की जिम्मेदारी ईमानदारी से उठाई होती तो भाषा की वैज्ञानिकता और प्रयोगधर्मिता के स्तर पर हिन्दी भाषा अबतक सिद्ध हो चुकी होती, जैसे इंग्लैण्ड ने फ्रैंच भाषा के विरूद्ध इस चुनौती को स्वीकार कर के अपनी संस्कृति और संवेदना की रक्षा की थी तथा अंग्रेजी भाषा को विज्ञान और प्रौद्योगिकी सहित राजनैतिक, सामाजिक, सांस्कृतिक और आर्थिक केन्द्रों में मजबूती के साथ स्थापित किया था। किन्तु खेदजनक है कि अपनी गहरी उदासीनता और सरोकारहीनता के कारण तथा निहित वैयक्तिक स्वार्थों को प्राथमिकता देने के कारण प्रत्यक्ष अथवा अप्रत्यक्ष रूप से हम अपनी ही भाषा और संस्कृति के विरूद्ध लड़ाई लड़ते आ रहे हैं। अपनी इस उदासीनता और भाषा के प्रति संवेदनहीन उपेक्षा और अवहेलना के भ्रमजाल से निकल कर यदि भारतीय वैज्ञानिक और भारतीय समाज भाषा के प्रश्न को गंभीरता से ले तो विज्ञान और प्रौद्योगिकी के क्षेत्र में हिन्दी ही नहीं किसी भी भारतीय भाषा की उपयोगिता सिद्ध हो जाएगी। इसे चुनौती के रूप में स्वीकार करने की आवश्यकता है।

4.1.1.16 तकनीकी शिक्षा पर होने वाला वित्तीय व्यय : तकनीकी हिन्दी के संदर्भ में

यहाँ तक तो हमने तकनीकी हिन्दी और उच्चस्तरीय शिक्षा से जुड़े विभिन्न पक्षों के आलोक में हिन्दी भाषा के प्रयोग की समस्या का अनुशीलन किया। भाषा प्रयोग की समस्या से ही जुड़ा एक दूसरा महत्वपूर्ण पक्ष है तकनीकी शिक्षा और वित्तीय व्यवस्था। आगे विवेच्य समस्या को तकनीकी शिक्षा हेतु आबंटित वित्तीय प्रावधानों के आलोक में किया गया है।

जैसा कि विदित है, किसी भी देश की विकासात्मक प्रक्रिया में अपनी महत्वपूर्ण भूमिका के कारण शिक्षा को आज उच्च प्राथमिकता प्राप्त हो गयी है। तकनीकी शिक्षा, विकास की कार्यसूची सबसे आगे है। हमारे देश में भी स्वतंत्रता के पश्चात शिक्षा के क्षेत्र में उल्लेखनीय विकास और विस्तार हुआ है। पाठशालाओं की संख्या वर्ष 1950-51 में 2,30,683 से बढ़कर वर्ष 1992-93 में 8,21,988 तक हो गयी है। पाठशालाओं में विद्यार्थियों का नामाकन वर्ष 1950-51 में 2.4 करोड़ से बढ़कर वर्ष 1992-93 में 16.7 करोड़ हो गया है। इसी प्रकार (सदृश विश्वविद्यालयों सहित) विश्वविद्यालयों की संख्या स्वतंत्रताप्राप्ति के गत लगभग 40 वर्षों में 25 से बढ़कर 207 हो गयी है। और महाविद्यालयों की संख्या पूरे देश में 700 से बढ़कर 1992-93 में 8,545 हो गयी है। इसके अतिरिक्त देश में आज 1040 पॉलिटेक्निक, लगभग 15-16 राष्ट्रीय महत्व के संस्थान और विभिन्न राज्यक्षेत्रों में 17 से अधिक क्षेत्रीय अभियांत्रिकी महाविद्यालय हैं। गत 40-45 वर्षों में उक्त विश्वविद्यालयों, महाविद्यालयों और तकनीकी पॉलिटेक्निकों और संस्थानों में नामांकित छात्रों की संख्या 2 लाख से बढ़कर 1992 में 44.18 लाख हो गयी है।[118]

उपर्युक्त ऑकड़ों से स्पष्ट है कि स्वतंत्रता के पश्चात देश में शिक्षा और विशेषकर तकनीकी शिक्षा के क्षेत्र में उल्लेखनीय विस्तार हुआ है। जाहिर है इतने व्यापक विस्तार के लिए शिक्षा पर होने वाला व्यय भी बहुत अधिक होगा! अग्रांकित तालिका में आठवीं पंचवर्षीय योजना के दौरान शिक्षा पर होने वाले व्यय को सविस्तार प्रस्तुत किया गया है। ये आंकड़े मानव संसाधन विकास मंत्रालय द्वारा प्रकाशित शिक्षा संबंधी वार्षिक प्रतिवेदन से अभिगृहित किये गये है।

शिक्षा के विभिन्न स्तरों पर होने वाला कुल बज़ट – व्यय (योजनागत)
आठवीं पंचवर्षीय योजना
(रूपया करोड़ में)

क्षेत्र	केन्द्र	राज्य/के.शा.प्र.	कुल	प्रतिशत
प्राथमिक शिक्षा	2,880.00	6,056.46	8,936.46	45.6
प्रौढ़ शिक्षा	1,400.00	394.44	1,794.44	9.6
तकनीकी शिक्षा	844.00	1962.38	2,786.38	14.2
अन्य (माध्यमिक विश्वविद्यालयीन आदि)	2,339.00	3,743.45	6,082.45	30.6
कुल	7,443.00	12,156.73	19,599.73	100.00

स्रोत : INDIA -94 (Education Section) pp. 112. Published by Research, Reference and Training Division, Ministry of Information and Broad casting, Govt. of India and
ANNUAL REPORT - 1993-94, Vol. I, MHRD Govt. of India

शिक्षा पर होने वाले इस संपूर्ण खर्चे को उसके विभिन्न क्षेत्रों और स्तरों पर किस प्रकार खर्च किया जाएगा, उसको हम एक पाई चार्ट के माध्यम से इस प्रकार से दर्शा सकते हैं:

शिक्षा के विभिन्न स्तरों पर होने वाला कुल बज़ट – व्यय (योजनागत)
(केन्द्र, राज्य और संघ शासित क्षेत्र)
आठवीं पंचवर्षीय योजना
(रूपया करोड में)

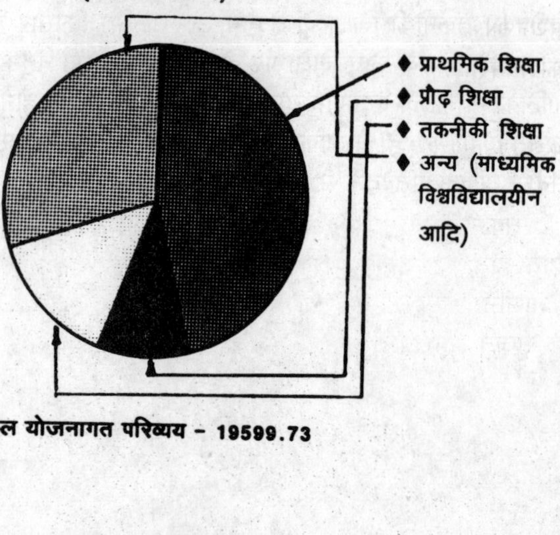

कुल योजनागत परिव्यय – 19599.73

उपर्युक्त वित्त आबंटन को देखते हुए हम कह सकते हैं कि प्राथमिक शिक्षा के पश्चात तकनीकी शिक्षा को राष्ट्रीय स्तर पर सर्वाधिक महत्व दिया गया है और शिक्षा पर व्यय होने वाली कुल राशि का लगभग 15 प्रतिशत तकनीकी शिक्षा को समर्पित है। अब प्रश्न उठता है कि तकनीकी शिक्षा पर होने वाला यह व्यय किस प्रकार सम्पन्न होता है अथवा तकनीकी शिक्षा के वे कौन से महत्वपूर्ण तत्व हैं जिनपर यह व्यय होता है। तकनीकी शिक्षा से संबंधित संस्थानों का वार्षिक प्रतिवेदन और लेखाविवरण देखने से ज्ञात होता है कि उक्त राशि निम्नांकित चार महत्वपूर्ण क्षेत्रों/ मदों पर व्यय होती है :

1. तकनीकी शिक्षा से संबंधित अवसंरचनाओं का विकास : सृजन एवं संरक्षण
2. तकनीकी शिक्षा से संबंधित प्रशासनिक व्यय
3. उच्चस्तरीय छात्रों / शोध छात्रों आदि को देय छात्रवृत्तियाँ, मानदेय, प्रोत्साहन, आदि पर होने वाला व्यय
4. अनुसंधान परियोजनाओं पर होने वाला व्यय
5. विविध व्यय

4.1.1.16.1 तकनीकी शिक्षा से संबंधित अवसंरचनाओं का विकास : सृजन एवं संरक्षण

तकनीकी शिक्षा पर किये जाने वाले व्यय की अधिकांश राशि इसी मुद्दे पर खर्च होती है। इन अवसंरचनाओं में स्थाई परिसम्पत्तियों तथा उपभोज्य परिसम्पत्तियों के सृजन और रखरखाव का समावेश होता है। जमीन का अभिग्रहण, भवन निर्माण, प्रयोगशालाओं और कार्याशालाओं की सुविधाओं सहित शिक्षण प्रौद्योगिकी से संबंधित अन्य अनेक मदों का इसमें समावेश है। बदलते वैज्ञानिक और प्रौद्योगिक वातावरण और देशकाल की जरूरतों के अनुसार इनका नवीकरण, संरक्षण और अर्जन तथा अभिग्रहण एक ऐसी प्रक्रिया है जहाँ तकनीकी शिक्षा पर व्यय होने वाले अधिकांश संसाधनों की खपत होती है।

4.1.1.16.2 तकनीकी शिक्षा से संबंधित प्रशासनिक व्यय

तकनीकी शिक्षा के लिए नियोजित जनबल तथा प्रशासनिक कार्यों पर भी काफी व्यय होता है। उदाहणार्थ प्राध्यापकों, गैर-शिक्षण वर्ग के तकनीकी कर्मियों और प्रशासनिक कार्य से जुड़े कर्मियों पर वेतन एवं भत्तों सहित प्रशासनिक अवसंरचनाओं के सृजन और अनुरक्षण पर भी उल्लेखनीय खर्च होता है।

4.1.1.16.3 उच्चस्तरीय छात्रों / शोध छात्रों आदि को देय छात्रवृत्तियाँ, मानदेय, प्रोत्साहन, आदि पर होने वाला व्यय

उच्चस्तरीय तकनीकी शिक्षा से जुड़े छात्रों को देय छात्रवृत्ति/ अ.जा. तथा अ.ज.जा. छात्रों के देय अनुग्रह छात्रवृत्तियाँ, अन्य खर्चों आदि का वहन भी तकनीकी शिक्षा के लिए प्राप्त अनुदान से ही होता है। भारतीय प्रौद्योगिकी संस्थान जैसी संस्थाओं में बी.टेक., एम.टेक. तथा शोध स्तर के छात्रों को विभिन्न प्रकार की छात्रवृत्तियाँ दी जाती हैं तथा एम.टेक. और पीएच.डी. छात्रों को मासिक अध्येतावृत्ति और स्टाइपेंड दिए जाते हैं। विभिन्न प्रायोजक अभिकरणों से प्राप्त राशि के अलावा इस पर होने वाले अधिकांश व्यय को सरकारी अनुदान से ही वहन किया जाता है।

4.1.1.16.4 अनुसंधान परियोजनाओं पर व्यय

उच्चस्तरीय तकनीकी छात्रों के लिए अनुसंधान सुविधाएँ मुहैया करने में पर्याप्त राशि का व्यय होता है। तकनीकी शिक्षा के लिए आबंटित राशि के अलावा विभिन्न प्रायोजित परियोजनाओं के माध्यम से इसके लिए धन उपलब्ध कराया जाता है। इसकी चर्चा पहले ही की गयी है। इसी प्रकार विभिन्न संस्थान और सरकारी अभिकरण भी अनुसंधान कार्यों पर निर्धारित राशि खर्च करते हैं। उल्लेखनीय है कि अब तक सरकार स्वत: ही इस प्रकार के खर्चों का किसी न किसी प्रकार वहन करती रही है किन्तु अब जब कि शिक्षा संस्थानों और उद्योगों का आपसी तालमेल बढ़ रहा है, सरकारी खर्चों में अनुसंधान कार्यों पर होने वाले खर्च में स्थायित्व आने के आसार नजर आ रहे हैं। इससे सरकार को सहयोग मिल सकेगा और तकनीकी शिक्षा के प्रचार-विस्तार की योजना पर ध्यान आकर्षित किया जा सकेगा।

4.1.1.16.5 विविध व्यय

उपर्युक्त कुछ मुख्य और आवश्यक प्रकृति के खर्चों के अलावा कुछ ऐसे आकस्मिक खर्चे भी होते हैं जो परिस्थितियों और आवश्यकताओं के अनुसार करने पड़ते हैं। इसका वहन भी तकनीकी शिक्षा के लिए आबंटित राशियों से ही किया जाता है। तकनीकी शिक्षा संस्थानों का एक अन्य मुख्य खर्चा तकनीकी साहित्य के अभिग्रहण और सृजन पर भी होता है। पुस्तकालयों, वर्तमान नेटवर्किंग की सुविधाओं के अर्जन तथा अनुरक्षण पर भी उल्लेखनीय व्यय हो रहा है।

उपर्युक्त परिच्छेदों में हमने देखा कि तकनीकी शिक्षा के लिए वित्त की व्यवस्था किस प्रकार सरकार द्वारा होती है और उसका व्यय सामान्यत: किन मदों पर किया

जाता है। अब रहा विवेच्य समस्या के लिए वित्तीय प्रावधानों का सवाल तो यहाँ यह स्पष्ट रूप से उल्लेखनीय है कि तकनीकी शिक्षा संस्थानों द्वारा तकनीकी हिन्दी भाषा के विकास का कोई स्पष्ट निर्देश नहीं है और न ही इसके लिए कोई विशेष प्रकार की वित्तीय व्यवस्था की गयी है। किन्तु जैसा कि स्पष्ट है, भाषाएँ शिक्षा का सर्वाधिक महत्वपूर्ण माध्यम हैं, इस लिए राष्ट्रीय शिक्षा नीति और कार्यवाही योजना में इसके विकास को महत्वपूर्ण स्थान प्रदान किया गया है। भाषाओं की प्रोन्नति के लिए विशेषरूप से भाषा संस्थानों की स्थापना की गयी है - केन्द्रीय हिन्दी शिक्षण मण्डल आगरा (इसके अन्तर्गत पांच केन्द्रीय संस्थान हैं); राष्ट्रीय संस्कृत संस्थान दिल्ली (इसके अन्तर्गत सात विद्यापीठ हैं); केन्द्रीय भारतीय भाषा संस्थान दिल्ली और मैसूर; वैज्ञानिक एवं तकनीकी शब्दावली आयोग दिल्ली ; उर्दू तरक्की ब्यूरो आदि जैसे राष्ट्रीय महत्व के संस्थानों सहित ऐसे अनेक सरकारी अथवा गैर-सरकारी भाषा अभिकरण हैं जिन्हें भाषाओं की प्रोन्नति हेतु सहायता अनुदान के रूप में वित्तीय सहायता दी जाती है। भारतीय संविधान के अनुच्छेद 351 के निहित प्रावधानों के अनुसरण में प्रथम पंचवर्षीय योजना से ही केन्द्र सरकार स्वैच्छिक संगठनों को हिन्दी भाषा के विकास और प्रचार-प्रसार हेतु वित्तीय सहायता प्रदान करती रही है और वर्ष 1993-94 में लगभग 200 स्वैच्छिक हिन्दी संगठनों को वित्तीय सहायता प्रदान की है।[119]

इसी प्रकार गैर-हिन्दी भाषी राज्यों/संघ शासित क्षेत्रों में हिन्दी शिक्षकों की नियुक्ति तथा उनके प्रशिक्षण हेतु वर्ष 1993-94 के दौरान केन्द्र सरकार ने 2.5 करोड़ रूपये राशि की केन्द्रीय सहायता दी।[120] हिन्दी भाषा सीखने के लिए गैर-हिन्दी भाषी छात्रों और विदेशी नागरिकों के लिए भी विभिन्न प्रकार की छात्रवृत्तियों आदि की व्यवस्था की गयी है। इसी प्रकार हिन्दी में तकनीकी प्रकाशनों को पुरस्कृत करने की भी योजना बनाई गयी है। विविध प्रकार के पुरस्कारों पर उल्लेखनीय राशि खर्च होती है। केन्द्र सरकार अथवा केन्द्र के अधीन विभिन्न सरकारी कार्यालयों में प्रयोजनमूलक हिन्दी को बढ़ावा देने के लिए भी पर्याप्त धनराशि खर्च होती है। मानव संसाधन विकास मंत्रालय के अधीन राजभाषा विभाग, हिन्दी निदेशालय आदि इसी उद्देश्य के लिए बनाए गये हैं। इनके लिए भी व्यापक पैमाने पर वित्तीय व्यवस्था की गयी है। किन्तु विवेच्य समस्या के आलोक में हम कह सकते हैं कि उपर्युक्त वित्तीय प्रावधान संपर्क भाषा अथवा प्रयोजनमूलक हिन्दी के प्रचार-प्रसार के लिए अधिक हैं, जो सामान्यतः गैर-तकनीकी प्रकृति के होते हैं। कार्यान्वयन की खामियों के कारण इनका भी सदुपयोग नहीं हो पाता है। एतदर्थ विवेच्य समस्या से हम इन्हें अलग ही रखते हैं। इसके विपरीत हम यह भी नहीं कह सकते कि तकनीकी हिन्दी के विकास का न ही कोई कार्यक्रम है और न ही कोई वित्तीय व्यवस्था! ज्ञातव्य है, अक्तूबर 1961 में वैज्ञानिक तथा तकनीकी शब्दावली आयोग की स्थापना हिन्दी तथा अन्य भारतीय भाषाओं में वैज्ञानिक और तकनीकी शब्दावली के विकास, विश्वविद्यालयों में शिक्षा माध्यम में

निर्विघ्न परिवर्तन को सुगम बनाने के लिए सभी विषयों में विश्वविद्यालय स्तरीय पुस्तकें और संदर्भ साहित्य के उत्पादन के लिए की गयी थी।[121]

आंयोग ने जैसा कि गत अध्याय में उल्लेख किया गया है, अब तक सभी प्रमुख विषयों यथा- विज्ञान, सामाजिक विज्ञान, मानविकी, अभियांत्रिकी, चिकित्सा, कृषि तथा विभागीय शब्दावली जैसे - रक्षा, राजस्व, रेल्वे, डाक एवं तार, अंतरिक्ष विज्ञान, संगणक विज्ञान, पशु चिकित्सा, रासायनिक अभियांत्रिकी, प्रौद्योगिकी, खनन, भू-वैज्ञानिक सर्वेक्षण, वैमानिकी अभियांत्रिकी आदि से संबंधित साढ़े पांच लाख से भी अधिक शब्द विकसित और प्रकाशित कर चुका है। अध्येताओं, लेखकों, अनुवादकों तथा पत्रकारों आदि को 18 अखिल भारतीय शब्द संग्रह बिल्कुल निःशुल्क वितरित किए गये हैं। आयोग विश्वविद्यालय स्तर की लगभग 10,999 पुस्तकें तथा अभियांत्रिकी, चिकित्सा और कृषि से संबंधित 375 पुस्तकें प्रकाशित कर चुका है। विकसित शब्दावलियों को उपयुक्त बढ़ावा देने के लिए आयोग द्वारा विश्वविद्यालय/महाविद्यालय के शिक्षकों आदि के लिए समय-समय पर कार्यशाला और प्रबोधन कार्यक्रम भी आयोजित किए जाते हैं। उपर्युक्त मदों पर होने वाला सारा खर्च भारतीय शिक्षा नीति के अन्तर्गत चलाए जा रहे भाषाओं की प्रौन्नति कार्यक्रम के लिए किए गये वित्तीय प्रावधानों से ही होता है। यह राशि करोड़ों में है जिसका विवरण मानव संसाधन विकास मंत्रालय के वार्षिक प्रतिवेदन में देखा जा सकता है।[122]

कहने का तात्पर्य यह कि पिछले चार दशकों में देश में तकनीकी हिन्दी के विकास पर संगठित और असंगठित क्षेत्रों और अभिकरणों द्वारा पर्याप्त धनराशि का व्यय होता रहा है किन्तु मूल्यांकन करने पर ऐसा प्रतीत होता है कि उपर्युक्त वित्तीय व्यवस्थाओं और संसाधनों का अपव्यय सामान्य भाषा के प्रचार-प्रसार तथा शब्दावली निर्माण पर ही अत्यधिक किया गया है। हिन्दी के प्रचार-प्रसार से जुड़े छोटे-मोटे किन्तु अखिल भारतीय स्तर पर असंगठित अभिकरणों और पारदर्शिताहीन लघुस्तरीय प्रशिक्षण कार्यक्रमों पर ही उपलब्ध संसाधनों का अपव्यय होता रहा है, राष्ट्रीय महत्व के उच्चस्तरीय तकनीकी संस्थाओं में इनके समुचित उपयोग कार्यक्रमों अथवा प्रावधानों का आज भी नितांत अभाव है। यद्यपि तकनीकी शिक्षा से संबंधित संस्थानों के प्रशासनिक कार्यों में प्रयोजनमूलक हिन्दी के उपयोग की पहल की गयी है और यत्र-तत्र हिन्दी में गृह पत्रिकाएँ आदि भी निकाल कर संसाधनों का पर्याप्त व्यय हो रहा है किन्तु शिक्षण माध्यम की भाषा के रूप में हिन्दी का प्रयोग करने संबंधी कोई कार्यक्रम आज भी इनके हाथ में नहीं है। मुक्त आर्थिक व्यवस्था और विज्ञान और प्रौद्योगिकी की बदलती परिस्थितियों के कारण स्वायत्तता में मिलने वाली और अधिक छूट के कारण आशंका है कि भविष्य में इस प्रकार का कोई कार्यक्रम उभर कर सामने आएगा।

4.1.2 आर्थिक एवं रोजगार व्यवस्था

तकनीकी शिक्षा के क्षेत्र में हिन्दी भाषा के प्रयोग की समस्या का जो दूसरा सर्वाधिक महत्वपूर्ण तत्व है, वह है राष्ट्रीय आर्थिक एवं रोजगार व्यवस्था। प्रथमदृष्टया यह आशंका व्यक्त की जा सकती है कि आर्थिक एवं रोजगार व्यवस्था से भाषा के संबंध का औचित्य क्या है? किन्तु हमें यह नहीं भूलना चाहिए कि भाषा का आर्थिक पक्ष भी होता है। वह इस बात पर निर्भर करता है कि किस देश की किस भाषा का कितना बड़ा आधार देश के अन्दर है? तथा देश के बाहर उसका कितना प्रक्षेपण है? सम्बन्धित भाषा की राष्ट्रीय और अन्तर्राष्ट्रीय दृष्टि से उपादेयता कितनी है? यदि वस्तुनिष्ठ मूल्यांकन किया जाए तो हम पाते हैं कि इस दृष्टि से तीसरी दुनिया की भाषाओं का आर्थिक ढांचा बहुत कमजोर है। इसका कारण है बड़े और पूंजीपति देशों की आर्थिक जागरूकता। उन्होंने अपनी भाषाओं को पहले से ही आर्थिक क्षेत्र में इस तरह स्थापित कर दिया है कि भारत जैसे बड़े और भाषा की दृष्टि से परंपरावान देश तक हताश हो कर अपनी भाषाओं को उनकी उपभाषाएँ बनाने की मानसिकता में जीने की नियति को स्वीकार कर चुके हैं। भारतीय भाषाओं का आर्थिक ढाँचा इतना कमजोर हो गया है कि वह किसी भी तरह के दबाव को चाहे वह विज्ञान और प्रौद्योगिकी का हो चाहे कानून, दर्शन या समाज विज्ञान का, वहन करने में असमर्थ माना जाने लगा है क्योंकि उसकी अन्तर्राष्ट्रीय उपादेयता नहीं बन पा रही है। ऐसा नहीं है कि भारत की संपर्क भाषा हिन्दी कोई अन्तर्राष्ट्रीय भाषा नहीं है, अपितु वास्तविकता यह है कि अंग्रेजी भाषा उसके ढ़ाचे को निरंतर तोड़ रही है जिसके परिणामस्वरूप यह खतरा पैदा हो गया है कि देश के लगभग 98 प्रतिशत लोग जिनमें अंग्रेजी जानने वालों का भी समावेश है, विज्ञान न जानने के कारण अनाधुनिकता और अवैज्ञानिकता के अंधकार में धकेल दिए जाएंगे।

इस स्थिति का क्या कारण हो सकता है? इसका स्पष्ट कारण है कि आमतौर पर आर्थिक एवं रोजगार से जुड़े समस्याओं और तत्वों का अनुशीलन करते समय हम भाषा जैसे महत्वपूर्ण तत्व को नजरअंदाज कर देते हैं अथवा गंभीरता से नहीं लेते हैं। प्रसिद्ध भाषाशास्त्री ब्लूमफील्ड भी इसी मत का समर्थन करते हुए लिखते हैं कि - भाषा का हमारे जीवन में महत्वपूर्ण स्थान है, किन्तु कदाचित अत्यधिक परिचय के कारण बहुत ही कम लोग इस पर ध्यान देते हैं और बहुधा सांस लेने अथवा चलने के समान इसे सहज रूप में स्वीकार कर लेते हैं।[123] किन्तु इस प्रकार की उपेक्षा के बावजूद भी हम कदापि इस तथ्य को नहीं झुठला सकते कि - साहित्य, ज्ञान-विज्ञान, कला आदि सभी क्षेत्रों में मनुष्य की समस्त उपलब्धियों का एकमात्र आधार भाषा ही है। स्वभावतः भाषा का मनुष्य के जीवन में बहुत बड़ा महत्व है। प्राचीन भारत की भाषा परंपरा में विभिन्न आचार्यों ने इस ओर पर्याप्त संकेत किए हैं। दण्डी की मान्यता है

कि मनुष्य के समस्त क्रिया-कलाप भाषा के द्वारा ही सम्पन्न होते हैं। उनका कथन है–

इदमन्धंतमः कृत्स्न जायते भुवनत्रयम् ।
यदि शब्दाह्वयं ज्योतिरासंसारं न दीप्यते ।।[124]

(अर्थात यह त्रिभुवन घोर अंधकार में निमग्न हो जाता यदि सृष्टि के आरंभ से शब्द (भाषा) की ज्योति न जलती होती)। यही बात विख्यात दार्शनिक और वैयाकरण भर्तृहरि ने भी कहा है। वे लिखते हैं - *अर्थप्रवृत्तितत्वानां शब्दा एव निबन्धनम्*[125] अर्थात व्यवहार में प्रवृत्ति के साधन शब्द ही हैं। कहने का तात्पर्य यह कि मानव समाज में जो भी लौकिक व्यवहार सम्पन्न होता है वह भाषा के द्वारा ही होता है। इसी संदर्भ में यह कहा जा सकता है कि आज जब कि सामाजिक एवं आर्थिक विकास के लिए तकनीकी ज्ञान का केन्द्रीय महत्व हो गया है तब तकनीकी भाषा का महत्व भी उसी सापेक्षता में बढ़ गया है, क्यों कि भाषा का विकास सामाजिक विकास की सापेक्षता में ही होता है।[126] भाषा का प्रचार-प्रसार और संवर्धन शिक्षा के द्वारा होता है। एतदर्थ तकनीकी ज्ञान से संबंधित शिक्षा के लिए तकनीकी भाषा का विकास और संवर्धन अपरिहार्य है।

इसी संदर्भ में हम यह भी कह सकते हैं कि अभी हाल ही तक जिस शिक्षा की व्याख्या समाजसेवा के रूप में प्रयुक्त होती रही है वह आज पूर्णतः बदल गयी है। यद्यपि व्यक्ति के विकास के लिए शिक्षा की आवश्यकता और महत्ता हमेशा से ही रही है और आज भी उतनी ही महत्वपूर्ण है, तथापि जब उसे अभिनव संदर्भों में और सीमाओं में बांधा जाता है तो उसके प्रति नवीन मान्यताएँ उभरती हैं। वर्तमान संदर्भों में शिक्षा की उपादेयता और महत्ता को राष्ट्रीय व व्यक्तिगत जीवन की समग्रता में देखने और समझने पर सामाजिक जीवन के आर्थिक पहलू परिलक्षित होते हैं और उसमें भाषा माध्यम की अर्थपूर्ण भूमिका स्पष्ट होती है। अर्थशास्त्रीय दृष्टिकोण से देखने पर शिक्षा एक ऐसा घटक सिद्ध होती है जो आर्थिक संवृद्धि के लिए अत्यंत आवश्यक है। यह निर्विवाद रूप से स्वीकृत तथ्य है कि शिक्षा परोक्ष और अपरोक्ष दोनो ही प्रकार से उत्पादकता और आमदनी को बढ़ाने में सहायक होती है। शिक्षा से मिलने वाले प्रतिफलों के महत्व को आज ही समझा जा रहा है, ऐसा नहीं है। एडमस्मिथ ने अपनी पुस्तक WEALTH OF NATION में, जो सन् 1776 में प्रकाशित हुई थी, इस तथ्य को स्पष्ट किया था। मार्शल ने अपनी पुस्तक PRINCIPLES OF ECONOMICS में यह तथ्य स्थापित किया था कि - *भौतिक संपदा और तकनीकी शिक्षा दोनो अत्यंत महत्वपूर्ण हैं। सामान्य शिक्षा के द्वारा वह आधार बनता है जिससे हुनर और ज्ञानार्जन में सहायता मिलती है। और विशिष्ट शिक्षा द्वारा न केवल कौशल व ज्ञान ही मिलता है, अपितु आदत और अभिवृत्ति भी प्राप्त होती है जो कार्यकर्ता की कार्यकुशलता और दक्षता के लिए महत्वूपर्ण कांरक सिद्ध होती है।*[127]

एतदर्थ शिक्षा एक प्रकार का निवेश है और अब इसी दृष्टिकोण से इसे देखा भी जाने लगा है। शिक्षा के आर्थिक आयाम ने शिक्षा माध्यम को एक नई दिशा दी है जिसकी उपयोगिता स्वयंसिद्ध है। विकसित राष्ट्रों में हम इसका प्रत्यक्ष प्रमाण भी देख रहे हैं। आज शिक्षा को सामाजिक परिवर्तन के एक सक्षम तत्व के रूप में स्वीकार करते हुए समाज की आर्थिक संवृद्धि में इसकी भूमिका के अनुरूप विश्व के अधिकांश देश अपनी शिक्षा प्रणालियों का परिष्कार करने में लगे हैं क्योंकि समाज की राजनैतिक व्यवस्था, जिस प्रकार शिक्षा को प्रभावित करती है ठीक उसी प्रकार शिक्षा भी आर्थिक व्यवस्था के उद्देश्य निर्धारण और राष्ट्रीय विकास के अनुरूप उसके कलेवर को संगठित करने का महत्वपूर्ण आधार बनती है। यह एक स्वाभाविक प्रक्रिया के अन्तर्गत होता है। इसी संदर्भ में यह भी परिलक्षित होता है कि राष्ट्रीय अर्थव्यवस्था को सुधारने, उत्पादों और सेवाओं के मूल्य संवर्धन तथा कोटि सुधार हेतु मानवसंसाधन के विकास में तकनीकी शिक्षा को शिक्षा तंत्र के एक महत्वपूर्ण तत्व के रूप में देखा जा रहा है। एतदर्थ राष्ट्रीय विकास की सभी छोटी-बड़ी योजनाओं में इसे केन्द्रीय स्थान पर रखा जा रहा है क्यों कि शिक्षा व्यक्ति के वैचारिक संघटन से प्रत्यक्षतः सम्बद्ध होती है। वह उसे व्यापक यथार्थ के संपर्क में ही नहीं लाती है, वरन् इस संपर्क के वैचारिक मानक भी तय करती है। कहने का तात्पर्य यह कि वह पढ़ने वाले की जानकारी भर ही नहीं बढ़ाती, उसके दृष्टिकोण को भी प्रभावित करती है।

उपर्युक्त विवेचन का तात्पर्य इस अवधारणा को पुष्ट करना है कि उपयुक्त शिक्षा व्यवस्था के द्वारा ही राष्ट्र के आर्थिक विकास हेतु अपेक्षित मानव संसाधन का समुचित विकास किया जा सकता है। जाहिर है कथित राष्ट्र अथवा समाज की शिक्षा व्यवस्था उनकी जरूरतों अथवा आवश्यकताओं के अनुरूप उनकी अपनी भाषा में होनी चाहिए। क्योंकि जैसा कि आरंभिक परिच्छेदों में विनिर्दिष्ट है, मानव समाज का प्रत्येक कार्यव्यापार भाषा के साथ घनिष्ट रूप से जुड़ा हुआ है। विश्व के अनेकानेक विकसित देशों में सामान्यतः जनसमुदाय की शिक्षा की व्यवस्था उनकी अपनी भाषा में है, किन्तु कतिपय कारणों से भारतीय स्थिति भिन्न है। यहाँ शिक्षा की व्यवस्था भाषा-भेद के कारण अनुपयुक्त और राष्ट्रीय हित के प्रतिकूल है। यहाँ एक तथ्य और भी उल्लेखनीय है - शिक्षा से सरोकार रखने वाले शायद इस बात से अवगत होंगे कि तकनीकी शिक्षा अनौपचारिक ढंग से परंपरानुसार पेशेगत परिवारों में पीढ़ी-दर-पीढ़ी आगे बढ़ती थी। इसमें प्रशिक्षु को व्यावहारिक ज्ञान में दक्षता प्राप्त हो जाती थी। इस परंपरा ने भारत को तकनीकी ज्ञान के क्षेत्र में बुलंदियों पर पहुंचा दिया था क्योंकि तकनीकी ज्ञान संबंधी संप्रेषण स्वभाषा में होता था। इससे भारतीय अर्थव्यवस्था इस प्रकार विकसित थी कि समाज के प्रत्येक उस व्यक्ति के लिए कार्य अथवा रोजगार के अवसर उपलब्ध थे जो उत्पादक जनबल के वर्ग से सम्बद्ध था । इसी को भारतीय ग्राम्य अर्थव्यवस्था भी कहते हैं। इसी के कारण तत्कालीन भारतीय ग्राम प्रत्येक दृष्टि

से अपने आप में एक आत्मनिर्भर परिपूर्ण इकाई थे। तकनीकी ज्ञान की सचलता और प्रचार-प्रसार में भी सुगमता थी क्योंकि संभवतः इस युग में तकनीकी ज्ञान के विकास के लिए भाषा जैसी कोई समस्या अस्तित्व में नहीं थी। किन्तु जब से आधुनिक शिक्षा व्यवस्था का प्रादुर्भाव हुआ है, भारतीय शिक्षा के इतिहास में हम देखते हैं कि भाषा समस्या भी इसके साथ ही प्रादुर्भूत हुई है। दूसरे शब्दों में कहें तो दोनों का सहजात रूप में विकास हुआ है। अतः यदि इस समस्या का निवारण करना है तो यह अनिवार्य है कि शिक्षा प्रणाली का पुनर्गठन किया जाए।

जहाँ तक वर्तमान काल में तकनीकी ज्ञान के प्रचार-प्रसार का सवाल है, भाषा के कारण उसमें अनेकों कठिनाइयाँ हैं, व्यापक स्तर पर तकनीकी ज्ञान के विकास और वस्तुओं और सेवाओं की उपलब्धता के बावजूद, विद्यमान उत्पादक जनबल वर्ग में परनिर्भरता और बेरोजगारी की समस्या दरपेश है। चूँकि पेशेगत अथवा वंशगत तकनीकी ज्ञान के विकास और संप्रेषण की परंपरा अब विलुप्त हो चुकी है, अतः केन्द्रस्थ शिक्षा व्यवस्था के माध्यम से तकनीकी ज्ञान का प्रचार-प्रसार अपेक्षित और अनिवार्य है। कह सकते हैं कि संपूर्ण तंत्र की अभिकल्पना ही इसी उद्देश्य की पूर्ति के लिए हुई है। इस व्यवस्था ने आज सार्वभौमिक स्वरूप अर्जित कर लिया है। किन्तु जहाँ आम-जनता की भाषा और शिक्षा माध्यम की भाषा में समरूपता है, वहाँ तो यह बड़ी अच्छी तरह से फल-फूल रही है। विकसित देश इसके प्रत्यक्ष प्रमाण हैं, किन्तु जहाँ कहीं भी आम-जनता की भाषा और शिक्षा माध्यम की भाषा में द्वंद्व है, वहाँ भाषा की समस्या के साथ-साथ ज्ञान के स्तर, रोजगार, सामाजिक विकास आदि की समस्याएँ भी अपनी चरम सीमा पर हैं। वर्तमान भारत देश इसका प्रत्यक्ष प्रमाण है क्योंकि जैसा कि अपेक्षित है, उच्चशिक्षा की पूरी सुविधाएँ हमारे यहाँ हैं, एक बहुत बड़ी धनराशि भी इस मद में व्यय हो रही है और अनेक अनुसंधान संस्थापन भी करोड़ों की बज़ट से चल रहे हैं, फिर भी तकनीकी सहायता विदेशों से लेनी पड़ रही है और वह भी उनकी शर्तों पर। वर्तमान आर्थिक उदारीकरण के दौर में विदेशी बहुराष्ट्रीय कंपनियों को दिया गया खुला निमंत्रण इसी सत्य का उद्घाटन करता है। इसके मूल में यदि हम गौर से सोचें और देखें तो हम स्पष्ट रूप से पाएंगे कि अन्य कारकों के साथ-साथ उच्च स्तर पर विज्ञान एवं प्रौद्योगिकी से संबंधित तकनीकी शिक्षा का माध्यम विदेशी भाषा का होना है। यह एक अत्यंत महत्वपूर्ण कारण है और इस पर उचित ध्यान देने की अनिवार्य आवश्यकता है।

अंग्रेजी भाषा का समुचित ज्ञान और किसी अन्य भारतीय की अपेक्षा कहीं अधिक काल तक विश्व (विशेषकर पाश्चात्य देशों) का भ्रमण और वहाँ की सामाजिक, राजनैतिक और आर्थिक परिस्थितियों का निकट से साक्षात्कार करनेवाले राष्ट्रपिता महात्मा गांधी ने भारत भ्रमण कर इसे ग्रामों का देश कहा था तथा इसकी आर्थिक

उन्नति के लिए तकनीकी ज्ञान के संप्रेषण की माध्यम भाषा हिन्दुस्तानी को बनाए जाने की पेशकश की थी क्योंकि वही आधुनिक भारत के जनमानस की संपर्क और व्यवहार की भाषा रही है। यहाँ एक प्रश्न उठता है कि- स्वदेशी भाषा, स्वदेशी शिक्षा व्यवस्था तथा ग्रामौद्योगिकी के माध्यम से आधुनिक भारत के निर्माण का स्वपन् गाँधी जी ने क्यों देखा था? क्या अंग्रेजी भाषा और उसमें निहित ज्ञान की क्षमता से वे अनभिज्ञ थे! गौरतलब है कि राजनैतिक अथवा जातिगत समीकरणों के वर्तमान युग में गाँधी दर्शन की चाहे जो भी स्थिति है, भारत के आर्थिक और सामाजिक विकास में गांधी दर्शन को ही महत्वपूर्ण माना जा रहा है। यह निर्विवाद सत्य है कि स्वदेशी भाषा माध्यम से ही अध्ययन-अध्यापन के द्वारा राष्ट्र का निर्माण किया जा सकता है। विदेशों से अथवा विदेशी भाषा से तकनीकी ज्ञानार्जन वर्ज्य नहीं है, उसका सदैव स्वागत और उपयोग हुआ है। ज्ञातव्य है, अनुवाद की आवश्यकता का प्रादुर्भाव ही इसी उद्देश्य की पूर्ति के लिए हुआ है और अनेक राष्ट्रों ने इसका समुचित उपयोग भी किया है। प्राचीन और मध्ययुगीन यूरोप इसके उत्कृष्ट उदाहरण हैं। अरबी और अन्य एशियाई तकनीकी ज्ञान का अपनी भाषाओं में रूपांतरण कर वह आज की वर्तमान स्थिति में पहुंचा है। वर्तमान जापान, चीन, रूस आदि सभी देश इसका सम्यक उपयोग कर रहे हैं तो वैज्ञानिक प्रगति की स्पर्धा में लगा हमारा देश क्यों नहीं इसका यथोचित उपयोग करने पर विचार कर रहा है? आज भी हम देखते हैं कि बाकी दुनिया जहाँ अंतरिक्ष के अन्वेषण में लगी हुई है, वहीं अखिल भारतीय स्तर पर एक समान तकनीकी ज्ञान के प्रचार-प्रसार का भी सर्वथा अभाव है। आयातित प्रौद्योगिकी विकास की उपभोक्तावादी चमक-दमक बाहरी वातावरण में ही अपेक्षाकृत परिलक्षित हो रही है। भारतीय गांवों तक अभी अपेक्षित मात्रा में विद्युत की आपूर्ति भी नहीं हो पाई है, अन्य चीजों की तो बात ही निराली है। इसी बात को ध्यान में रखते हुए अब से लगभग 18 वर्ष पूर्व रूड़की में सन् 1978 में 'तकनीकी हिन्दी का विकास' पर आयोजित एक कार्यशाला के उद्घाटन भाषण में प्रख्यात वैज्ञानिक डॉ.आत्माराम ने चेतावनी दी थी कि- *यदि ग्रामीण क्षेत्र के लोगों के मन में यह बात समा जाती है कि विज्ञान तथा प्रौद्योगिकी का लाभ तो केवल शहरी लोगों के लिए ही है, हमारे भाग्य में इन आविष्कारों का सुख कहाँ? तो यह देश का बहुत बड़ा दुर्भाग्य होगा।*[128] यह चेतावनी सारगर्भित है। सुदूर गांवों, वनों, पहाड़ों और सीमाओं पर बसे भारतीय जनसमुदाय तक एक विदेशी भाषा के माध्यम से आधुनिक विज्ञान के आविष्कारों और अनुसंधान कार्यों की जानकारी कैसे पहुंचाई जा सकती है, जो केवल अपनी भाषा अथवा अपने देश की संपर्क भाषा का ही ज्ञान रखते हैं! यदि कोई एक विशिष्ट वर्ग ही इसकी उपलब्धियों का लाभ उठाता रहे और भारत की अधिकांश आबादी इससे वंचित रहे तो प्रगति की विश्वस्पर्धा में भारत को कोई भी स्थान मिलेगा, इसकी कल्पना तक कैसे की जा सकती है? ऐसी स्पर्धा में सहभागी होने का औचित्य ही क्या है, जिसमें संतुलित दल के अभाव में प्राणपण से लड़ा भी न जा सके!

उपर्युक्त विवेचन में हमने देखा कि राष्ट्रीय विकास और राष्ट्रनिर्माण में एक उपयुक्त अर्थव्यवस्था का निर्माण किस प्रकार किसी शिक्षा प्रणाली के द्वारा होता है और शिक्षातंत्र को कारगर बनाने में भाषा माध्यम की कितनी महत्त्वपूर्ण भूमिका है। भाषा प्रयोग की समस्या के साथ अब रोजगार की समस्या को भी जोड़ कर देखते हैं - जैसा कि उल्लेख किया जा चुका है, मनुष्य के प्रत्येक कार्यव्यापार से भाषा का संबंध होता है, रोजगार से भी है। और अपेक्षाकृत अन्य तत्वों की तुलना में कहीं अधिक है। रोजगार शब्द यहाँ एक व्यापक संदर्भ में प्रयुक्त है और उससे भाषा का सरोकार भी उतना ही व्यापक है।

यदि भाषा-वैज्ञानिक दृष्टिकोण से देखें तो भाषा प्रयोग के अनेक स्तर परिलक्षित होते हैं। छोटा-मोटा व्यवसाय अथवा रोजगार करने वालों का काम देश की संपर्क भाषा तथा स्थानीय भाषाओं के द्वारा हो जाता है। इस वर्ग के समक्ष भाषा जैसी कोई जटिल समस्या नहीं होती है और न ही व्यावसायिक विशेषज्ञता की आकांक्षा होती है। किन्तु नौकरी- पेशा और परामर्श सेवा जैसे सभी प्रकार के कार्यों में भाषा की अपनी महत्ता एवं उपयोगिता होती है। यहीं हमें आर्थिक अथवा रोजगार व्यवस्था के साथ भाषा की समस्या का प्रश्न जुड़ा नजर आता है। उल्लेखनीय है कि यदि कोई भाषा समाज में आर्थिक असमानंता का बीजारोपड़ करती है या किसी एक वर्ग के लिए ही नौकरियों हेतु व्यापक पैमाने पर अवसर प्रदान करती है तो जिन लोगों पर इसका प्रतिकूल प्रभाव पड़ेगा वे उस भाषा का विरोध अवश्य करेंगे और Son of the Soil अर्थात धरती पुत्र की विचारधारा के आधार पर यदि इसका मूल्यांकन किया जाए तो यह जायज भी लगता है। औचित्यपूर्ण लगता है।

किन्तु अपने देश की दूषित राजनीति और निहित स्वार्थों की रक्षा के लिए आम जनता को दिशाहीन करने वाले स्वार्थी तत्वों तथा भारत में अंग्रेजी को शीर्षस्थान पर रखने के पक्षधरों द्वारा दुर्भाग्यवश विभिन्न स्तरों पर हिन्दी के प्रति भ्रामक अफवाहें फैलाई जाती रही हैं कि राष्ट्रस्तर पर इसके प्रयोग को बढ़ावा देने से देश में रोजगार की समस्या पैदा हो जाएगी और उससे देश में क्षेत्रीय असंतुलन बढ़ सकता है। वस्तुस्थिति को समझे बिना इस प्रकार की मानसिकता वाले सामाजिक तत्व देश के सामाजिक, आर्थिक और वैज्ञानिक तथा प्रौद्योगिकीय प्रगति के मार्ग में हिन्दी भाषा को अवरोध बना कर पेश करते रहे हैं।[129] जब कि इसके विपरित यदि हम गौर करें तो पाते हैं कि जनभाषा हिन्दी का विभिन्न क्षेत्रों में उपयोग बढ़ाने की मांग और शिक्षा के क्षेत्र में उसकी व्यापक उपयोगिता का तक़ाजा वर्तमान भारत में ज्ञान के स्तर, रोजगार के अवसर तथा सामाजिक, आर्थिक तथा शैक्षिक स्तर पर व्यपप्त असमानता को दूर कर सर्वसाधारण को समान सामाजिक और व्यावहारिक हक दिलाने का आंदोलन है, शिक्षा अथवा तकनीकी शिक्षा के कारण सदियों से वंचित जनसाधारण के जीवन स्तर

को सुधारने का कार्यक्रम है। किन्तु जिन लोगों को लगता है कि इससे उनका एकाधिकार छिन जाएगा वे इसे प्रगति के मार्ग का अवरोध मान कर अपनी निहित शक्तियों का उपयोग कर इस परिवर्तन को रोके हुए हैं। आम, साधारण जनता को किसी काल्पनिक भूत का भय दिखाकर आपस में उलझा दिए हैं और वस्तुस्थिति कायम रखने में सफल हो रहे हैं।

यद्यपि उक्त् विवेचन में अभिव्यक्त वस्तुस्थिति को पुष्ट करने के लिए किसी प्रमाण की आवश्यकता नहीं है, फिर भी प्रमाण के तौर पर यदि वर्तमान समय में मिलने वाली नौकरियों के लिए अन्य बातों के साथ-साथ भाषा ज्ञान के आधार को उदाहरण माना जाए तो हम देखते हैं कि अन्य भाषाओं की तुलना में अंग्रेजी भाषा ज्ञान को सर्वाधिक महत्व दिया जाता है। यह बात किसी से छिपी नहीं है। यदि रोजगार के लिए भाषा ज्ञान की महत्ता नहीं है तो क्यों अंग्रेजी भाषा के ज्ञान के आधार पर अधिक और सामान्यत: उच्चस्तरीय नौकरियाँ मिलती हैं और अन्य भारतीय भाषाओं का उचित ज्ञान रखने वालों को निम्नस्तरीय अथवा मजदूरी की ही नौकरी मिलती है? निश्चय ही रोजगार से भाषा का घनिष्ट संबंध है, इसीलिए हिन्दी के माध्यम से शिक्षा और तकनीकी शिक्षा की मांग को बल मिला है, जिससे कि भाषा ज्ञान की असमानता की बात ही न रहे और सबको समान अवसर मिल सके।

4.1.3 विविधता और बहुभाषिकता

उच्च शिक्षा के क्षेत्र में तकनीकी हिन्दी भाषा के प्रयोग की समस्या का अनुशीलन भारत की बहुभाषिक विविधता के परिप्रेक्ष्य में भी किया जाना चाहिए क्योंकि भाषा समस्या के निराकरण हेतु प्रयास करने पर अन्य बातों के साथ-साथ बहुभाषिक परिस्थितियों को भी ध्यान में रखना अनिवार्य है। इसके बिना भाषा समस्या का समुचित समाधान निकालना असंभव है। जैसा कि हमें ज्ञात है, हमारा देश भौगोलिक, मानवजातीय, भाषा परिवार आदि अनेक दृष्टियों से वैविध्यपूर्ण है। विवेच्य समस्या के सम्बन्ध में यदि भाषाओं और बोलियों की संख्या पर ध्यान दिया जाए तो हमें इसकी विविधता और बहुभाषिकता का सहज ही अनुमान हो जाएगा। सन् 1961 तथा 1971 की जनगणना के अनुसार इस देश में कुल 1652 मातृभाषाएँ हैं, जिनको 200 वर्गीकृत भाषाओं में बांटा जा सकता है।[130] इसमें भी 18 बड़ी भाषाओं को राष्ट्रस्तरीय मान्यता देकर संविधान की अष्टम सूची में रखा गया है।

भाषाओं की इस विविधता के कारण ही दूषित भारतीय राजनीति ने इसे समस्या का रूप दे दिया है। जब कि यदि हम गंभीरता से सोंचे तो भाषा की यह विविधता भारत में सदियों से है और जनसामान्य के स्तर पर कभी किसी समस्या के रूप में

नहीं रही है। भाषा-शिक्षण के किसी योजनाबद्ध अध्ययन-अध्यापन के अभाव के बावजूद यहाँ की संप्रेषण व्यवस्था, समाज की अपनी आवश्यकताओं के अनुरूप जिस स्थिति में ढलती गयी उसमें बहुभाषिक स्थिति एक सहज और प्राकृतिक लक्षण के रूप में प्रशस्त होती रही। यही कारण है कि न केवल भारतवर्ष एक देश के रूप में बहुभाषी देश है अपितु, प्रत्येक भाषावार प्रदेश भी एक बहुभाषिक प्रदेश है। विभिन्न भाषा-भाषी परिवारों तथा मातृभाषाओं से जुड़े लोग अन्य भाषा परिवार की भाषाओं और मातृभाषाओं को भी आवश्यकतानुरूप सीखते और प्रयोग करते पाये जाते हैं। भारत में दो प्रकार की बहुभाषिकता रही है- व्यक्तिपरक बहुभाषिकता और समुदायिक बहुभाषिकता।

व्यक्तिपरक बहुभाषिकता एक-भाषा-भाषी समुदाय में देखी जाती है जहाँ व्यक्ति अपने ज्ञान या अन्य वैयक्तिक आवश्यकताओं के कारण अन्य भाषा को स्वीकार करके उसके उपयोग को सीखता है। उदाहरण के तौर पर किसी अंग्रेज अथवा अमरीकी (विदेशी) नागरिक द्वारा वैयक्तिक ज्ञान अथवा अनुसंधान आदि कार्य के लिए हिन्दी अथवा कोई अन्य भाषा का सीखना और उपयोग करना व्यक्तिपरक बहुभाषिकता है। जबकि सामुदायिक बहुभाषिकता किसी बहुभाषिक देश के समाज की व्यापक संरचना व्यवस्था का उपांग होती है। पारिवारिक व्यवहार, सामाजिक संप्रेष्यता, दैनिक आचरण अथवा कार्यव्यापर आदि के संदर्भ में जब कोई समाज एक से अधिक भाषाओं के प्रयोग को सहज और स्वाभाविक स्तर पर स्वीकार करने लगे तब सामुदायिक बहुभाषिकता की स्थिति आती है। भारत की भाषिक स्थिति इस तथ्य का एक उत्तम उदारहण है। घरों अथवा परिवारों में हम अपनी-अपनी मातृभाषाओं का प्रयोग करते हैं, स्थानीय अथवा क्षेत्रीय स्तर पर हम अपने दैनिक जीवन से संबंधित कार्यों के लिए स्थानीय अथवा क्षेत्रीय भाषा का प्रयोग करते हैं। साक्षरता अथवा सामान्य शिक्षा के स्तर पर माध्यम भाषा (अंग्रेजी) का प्रयोग करते हैं। कार्यस्थानों पर सामान्यतः हम उपर्युक्त सभी भाषाओं का मिलाजुला प्रयोग करते हैं (भाषा विज्ञान की शब्दावली में इसे प्रयुक्ति (रजिस्टर) कहते हैं) क्योंकि ऐतिहासिक, राजनैतिक, सामाजिक आदि परिस्थितियों और व्यवस्थागत नीतियों के कारण यह हमारी वर्तमान संप्रेषण व्यवस्था का उपांग बन गयी है।

परिवार, स्थानीय समुदाय, क्षेत्रीय जनव्यवहार, साक्षरता और सामान्य शिक्षा, उच्च तकनीकी शिक्षा आदि के विभिन्न संदर्भों में हम भारतीय समाज को बहुभाषा की एक जटिल व्यवस्था से जुड़ा हुआ पाते हैं। उसकी यह जटिलता भाषाशास्त्रियों को भले ही समस्या के रूप में नजर आती हो पर भारतीय समाज के लिए वह कभी भी किसी समस्या के रूप में नही रही है। जनसामान्य के स्तर पर यद्यपि भारतीय समाज में बहुभाषिकता के कारण न तो कभी कोई गतिरोध आया है और न ही संचार व्यवस्था

में कभी कोई रूकावट आई है फिर भी बहुभाषिकता की इस स्थिति का लाभ उठाकर विभिन्न राजनैतिक मंचों द्वारा राष्ट्रीय स्तर पर भाषाजन्य समस्या की स्थिति पैदा करने का सतत प्रयास किया गया है। वर्तमान भाषा समस्या इसी राजनीति की देन है।

इसके विपरीत यदि हम स्वतंत्रता के पश्चात भारत में तकनीकी हिन्दी की विकास प्रक्रिया को देखें तो, स्पष्ट रूप से परिलक्षित होता है कि भारत की इसी बहुभाषिकता की स्थितियों का फायदा उठाते हुए एक ऐसी तकनीकी अथवा प्रयोजनमूलक हिन्दी का विकास किया जा रहा है जो अखिल भारतीय स्तर पर सहज स्वीकार्य हो और जो दूसरी प्रादेशिक भाषाओं के विकास को किसी भी अनुचित प्रकार से प्रभावित न करे। संघ की राजभाषा के निर्धारण में हिन्दी और अन्य भारतीय भाषाओं के संबंध में राजनैतिक और सामाजिक स्तर पर स्पष्टीकरण देते हुए अनेकानेक बातें कही गयी हैं। यद्यपि उनका उल्लेख यहाँ आवश्यक नहीं है, तथापि इस बात से भी इन्कार नहीं किया जा सकता कि उच्चस्तर पर तकनीकी शिक्षा माध्यम में जब भी हिन्दी भाषा द्वारा अंग्रेजी भाषा का स्थान लेने की बात आती है, विभिन्न तकनीकी कठिनाइयों सहित विभिन्न प्रदेशों में प्रादेशिक भाषाओं की दावेदारी भी उठ खड़ी होती है और हिन्दी भाषा प्रयोग अपेक्षित होते हुए भी स्थगित हो जाता है। भारत में तकनीकी शिक्षण के क्षेत्र में अंग्रेजी भाषा इसी वजह से कायम है, अपनी शक्ति और सामर्थ्य के कारण नहीं जैसा कि दावा किया जाता है। यह कटु सत्य है। क्योंकि वर्तमान हिन्दी ज्ञान-विज्ञान के किसी भी क्षेत्र में प्रयुक्त होने के लिए प्रत्येक दृष्टि से पूर्णतः सक्षम है।

उपर्युक्त विवेचन में भारत की बहुभाषिक परिस्थितियों में अखिल भारतीय स्तर पर हिन्दी भाषा के प्रयोग की समस्या के परिप्रेक्ष्य में एक सामान्य दृष्टिकोण प्रस्तुत किया गया है। किन्तु विवेच्य समस्या के संदर्भ में बहुभाषिकता अथवा विविधता से संबंधित समस्या का यह मात्र एक पक्ष है। दूसरे पक्ष में हम कतिपय व्यवहारिक समस्याओं का भी अवलोकन करेंगे जो निम्नांकित हैं :

1. भाषिक संरचना अथवा विभिन्न भाषाओं की व्याकरणिक स्थितियाँ
2. तकनीकी हिन्दी का व्याकरण
3. लिपियों की भिन्नता
4. सामाजिक स्वीकार्यता
5. सामंजस्य की समस्या

4.1.3.1 भाषिक संरचना अथवा विभिन्न भाषाओं की व्याकरणिक स्थितियाँ

जैसा कि ज्ञात है, भारत की विभिन्न आधुनिक भाषाओं का विकास विभिन्न भाषा परिवारों के अन्तर्गत स्वतंत्ररूप से हुआ है और अपने विकासक्रम में उन्होंने एक दूसरे को विभिन्न स्तरों पर प्रभावित किया है। सभी भारतीय भाषाएँ यद्यपि संस्कृत भाषा से सर्वाधिक प्रभावित हुई हैं और अपनी शब्द संपदा की समृद्धि हेतु अन्य भाषाओं की अपेक्षा संस्कृत से सर्वाधिक शब्द ग्रहण करती रही हैं। यही कारण है कि शब्दावली के स्तर पर तो सभी भारतीय भाषाओं में व्यापक समानता है किन्तु भाषा संरचना की दृष्टि से उनमें पर्याप्त व्यतिरेक है। भाषागत संरचना का यह व्यतिरेक ही वर्तमान युग में हिन्दी भाषा के अखिल भारतीय स्तर पर प्रयोग को बाधित करता है। यह एक व्यावहारिक कठिनाई है क्योंकि प्रादेशिक भाषाओं में होने वाली पढ़ाई के कारण समान्यत: गैर-हिन्दी भाषी प्रदेश के लोगों द्वारा हिन्दी लेखन अथवा बोलचाल में लिंग, वचन, क़ारक तथा वर्तनीगत अनेक त्रुटियाँ पाई जाती हैं। इन त्रुटियों के कारण कभी-कभी मनोवैज्ञानिक समस्याएँ पैदा हो जाती हैं, जिससे प्रयोक्ता भाषा को कठिन अथवा दूरूह समझ कर प्रयोग करने से बचता है अथवा उसके प्रयोग को अस्वीकार कर देता है। तकनीकी भाषा के संबंध में यह कठिनाई और भी अधिक है। इसीलिए ''सरलीकरण`` जैसी विचारधार का उद्बोधन हुआ है जब कि किसी भी भाषा का कोई भी शब्द सरल अथवा कठिन नहीं होता, उसकी सहजता और कठिनता का कारण प्रयोक्ता का अपना ज्ञान होता है। शब्दावली से परिचय अथवा अपरिचय का सवाल होता है।

प्रत्येक भाषा की अपनी विशिष्ट प्रकार की ''संरचना`` अथवा ''आंतरिक व्यवस्था`` होती है जिसमें ध्वनि-क्रम, शब्द-क्रम, पदबन्ध, उपवाक्य और वाक्य आदि एक विशिष्ट सांचे में होते हैं। इसे ही सामान्त: भाषा की अभिरचना अथवा संरचना कहते हैं। किसी भी भाषा के प्रयोग हेतु इसकी समुचित जानकारी होनी अनिवार्य है अन्यथा गलतियाँ होने की संभावना रहती है। गैर हिन्दी भाषी हिन्दी प्रयोक्ताओं में सामान्यत: इसी प्रकार की गलतियाँ देखने को मिलती हैं[131] जो सामान्यत: असावधानी, परेशानी, घबराहट, अज्ञान तथा भाषिक व्याघात के कारण होती हैं।[132] उदाहरण के लिए मराठी में ''जिला`` को ''जिल्हा`` कहते तथा लिखते हैं। अत: मराठी भाषी हिन्दी प्रयोक्ता ''जिला`` की वर्तनी ''जिल्हा`` लिखने अथवा बोलने की अशुद्धि कर जाता है। इस प्रकार के अनेकों शब्द हैं जिनकी वर्तनी का अशुद्ध लेखन गैर-हिन्दी भाषी हिन्दी भाषा के प्रयोक्ताओं द्वारा जाने अनजाने होता ही रहता है। हिन्दी भाषा के प्रयोग पथ'की यह एक बहुत बड़ी बाधा है[133] जिसका इसी अध्याय में अन्यत्र विस्तारपूर्वक उल्लेख किया गया है। समुचित प्रशिक्षण कार्यक्रमों के माध्यम से इस दोष को हिन्दी के हित में दूर किया जाना अनिवार्य है।

4.1.3.2 तकनीकी हिन्दी का व्याकरण

व्याकरण शब्द की परिभाषा यहाँ अपेक्षित नहीं हैं, किन्तु जैसा कि हमें ज्ञात है, व्याकरण किसी भी भाषा का एक निहित तत्त्व है। विश्व की प्रत्येक भाषा में लेखन के स्तर पर संबंधित भाषा के व्याकरणिक नियमों का अनुसरण करना पड़ता है, क्योंकि किसी भी भाषा का व्याकरण मुख्यत: ऐसे नियमों के योग से बना होता है जो उस भाषा का संस्कार एवं परिष्कार कर उसे उसकी स्वाभाविक प्रकृति के अनुरूप बनाते हैं। विभिन्न व्याकरणिक तत्व ही भाषा की शुद्धता-अशुद्धता का द्योतन करते हैं और भाषिक अस्मिता अथवा अस्तित्व को कामय रखते हैं।

आज जब कि भाषा सामान्य और तकनीकी जैसी कोटियों में विभाजित होने लगी है, जाहिर है, दोनों प्रकार की भाषाओं के लिए व्याकरणिक भेद भी होता होगा! यह भेद क्या है? क्या वास्तव में तकनीकी भाषा का व्याकरण सामान्य भाषा के व्याकरण से भिन्न कोई चीज है? और यदि है तो उसका औचित्य क्या है और उसकी आवश्यकता क्यों है? वर्तमान संदर्भ में सामान्यत: भाषा का वर्गीकरण निम्नांकित प्रकार से किया जा सकता है।

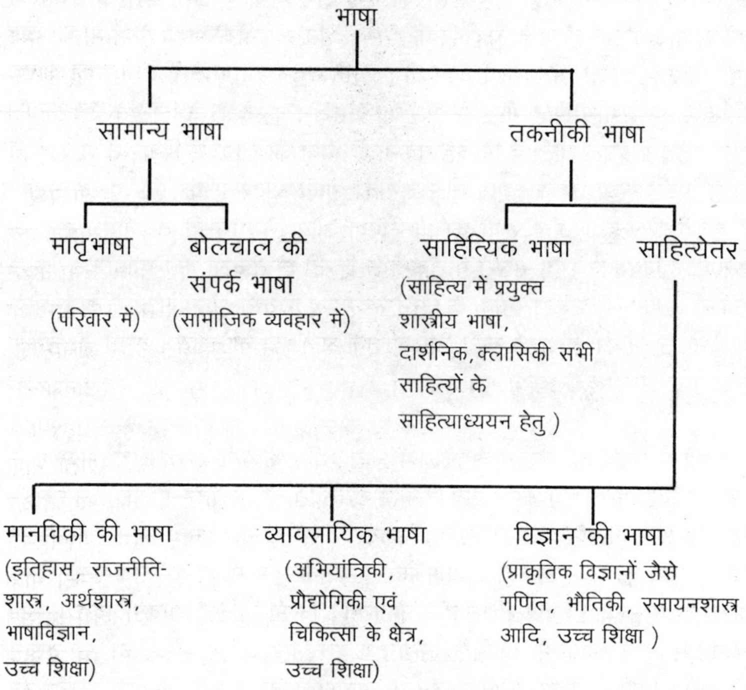

उपर्युक्त विभाजन में भाषा को विभिन्न प्रयुक्ति क्षेत्रों के आधार पर तकनीकी भाषा और सामान्य भाषा नामक दो खण्डों में विभक्त किया गया है। इस विभाजन के आधार पर भाषा की व्यापकता को देखते हुए कहा जा सकता है कि 'तकनीकी भाषा' नामक खण्ड एक ऐसा विशिष्ट प्रयुक्ति क्षेत्र है जिसमें गहन भाषिक अध्ययन की आवश्यकता है। सभी भाषाओं में इसे अत्यंत महत्वपूर्ण एवं विशेष प्रयुक्ति क्षेत्र माना गया है। इसमें पारिभाषिक शब्दों तथा शब्द बंधों की अतिशय आवृत्ति होती है और किसी दूरूह बात को समझाने के लिए प्रतीकों तथा संख्याओं का प्रयोग होता है। उपर्युक्त विभाजन में हम देख सकते हैं कि इसका क्षेत्र अत्यंत व्यापक है और सामान्यत: मनुष्य के लालित्य संबंधी कार्यव्यापारों को छोड़कर प्रत्येक व्यवहार क्षेत्र में प्रयुक्त होते हैं। इसी संदर्भ में जब तकनीकी भाषा के व्याकरण का सवाल उठता है तो भाषा संरचना के उन केन्द्रों पर अधिक ध्यान देने की आवश्यकता होती है जहाँ ''तकनीकीपन'' की मात्रा अपेक्षाकृत अधिक होती है। तकनीकी लेखन में इसकी अनिवार्य आवश्यकता होती है क्योंकि भाषा की प्रकृति को कायम रखते हुए रूढ़िबद्ध शब्दों की सहायता से कथ्य की शुद्धता और प्रासंगिकता प्राप्त की जाती है। अत: तकनीकी भाषा के पृथक् व्याकरण का औचित्य सिद्ध होता है। किन्तु यह भी उल्लेखनीय है कि तकनीकी भाषा का व्याकरण किसी भी सामान्य भाषा के व्याकरण से अलग नहीं हो सकता है। वह उसी का एक अंग होता है और उसी के सामान्य नियमों से परिचालित होता है। फर्क सिर्फ इतना है कि तकनीकी भाषा में सामान्य भाषा के कुछ विशिष्ट शब्दों और रूपों की प्रयोग प्रवृत्ति बहुत प्रबल होती है। प्रसिद्ध भाषा-शास्त्री डॉ. सूरजभान सिंह भी इसी मत का समर्थन करते हैं। वे लिखते हैं कि .... यह प्रवृत्ति इतनी प्रबल होती है कि वह तकनीकी भाषा की काया में स्थिर तथा रूढ़ हो जाती है। रूढ़िकरण का यह गुण ही तकनीकी भाषा व्यवस्था का एक भेदक लक्षण है।[134] इन रूढ़ि तत्वों और रूपों का विश्लेषण और नियमन ही तकनीकी भाषा के व्याकरण का विषयवस्तु है। भारत में तकनीकी हिन्दी शब्दावली के निर्माण हेतु गठित शब्दावली आयोग ने शब्द निर्माण के जिन सर्वमान्य नियमों और सिद्धांतों का निर्माण किया है वे तकनीकी भाषा के इसी व्याकरणिक व्यवस्था का द्योतन करते हैं। इनका उल्लेख गत अध्याय में किया गया है।

हिन्दी में तकनीकी लेखन के विकास और प्रयोग की एक अन्य बाधा संप्रेषण के रूप में भी विद्यमान है, जिसमें यह दलील दी जाती है कि हिन्दी तकनीकी लेखन इतना रूक्ष और क्लिष्ट होता है कि वह पाठक की समझ में ही नहीं आता है चाहे वह संबंधित विषय का जानकार हो अथवा नहीं ! इसके मूल में भी हमें तकनीकी हिन्दी व्याकरण की समस्या ही परिलक्षित होती है क्योंकि किसी निश्चित व्याकरणिक व्यवस्था के अभाव में हिन्दी भाषा में तकनीकी लेखन के स्तर पर व्यापक स्वैच्छाचारिता देखने को मिलती है। लिंग, वचन, कारक, वर्तनी और शब्द चयन तथा निर्माण के स्तर पर

प्रांतीयता की स्पष्ट झलक दिखाई देती है। लेखकों के भाषाई अज्ञान और दुराग्रहपूर्ण प्रयुक्तियाँ भी इसके लिए जिम्मेदार हैं। अंग्रेजी की भाँति बहुवचन शब्दों का लिखा जाना, पुलिंग-स्त्रिलिंग शब्दों का अनुचित प्रयोग, कहीं - कहीं प्रत्यय अथवा उपसर्ग लगा कर शब्द लेखन और कहीं - कहीं अंग्रेजी की भाँति हाइफन लगा कर शब्दों का लेखन आदि विभिन्न प्रकार की गलतियाँ तकनीकी हिन्दी लेखन में दिखाई देती हैं। शब्दावली निर्माण के सिद्धातों का मनमानी ढंग से उपयोग भी इसे और जटिल बना देता है। विभिन्न वैचारिक स्तरों पर इस प्रश्न को बारंबार उठाया जाता है।

इस प्रकार की त्रुटियों के कारण भी स्पष्ट हैं। जैसा कि पहले के अध्यायों में स्पष्ट किया जा चुका है, आधुनिक तकनीकी हिन्दी भाषा का विकास स्वाभाविक रूप में न हो कर नियोजित रूप में हुआ है। इसका अधिकांश नवनिर्मित है जो मौलिक ज्ञान व चिंतन से सीधे न जुड़कर एक मध्यस्थ भाषा अंग्रेजी के माध्यम से जुड़ा है। इसका प्रत्यक्ष प्रभाव तकनीकी भाषा की शाब्दिक तथा व्याकरणिक संरचना पर पड़ा है। तकनीकी हिन्दी की व्याकरणिक संरचना और शैली का एक दूसरा महत्वपूर्ण प्रभाव अनुवाद की भाषा का है क्योंकि हिन्दी में विज्ञान और प्रौद्योगिकी की तकनीकी भाषा शैली और अभिव्यक्ति का प्रयोग सर्वप्रथम वैज्ञानिकों या चिंतकों के स्तर पर नहीं अपितु अनुवादकों के स्तर पर हुआ है। स्वाभाविक है हिन्दी की अधिकांश वैज्ञानिक तथा तकनीकी पुस्तकों में जो भाषा रूप और शैली अभिव्यक्त एवं विकसित हुई है, उसमें जहाँ एक ओर अंग्रेजी संरचना शैली की छाप है वहीं दूसरी ओर अनुवादकों और लेखकों की सामर्थ्य की सीमाएँ भी दिखाई देती हैं।

कहने का तात्पर्य यह कि सामान्य हिन्दी की ही भाँति तकनीकी हिन्दी के एक समुचित व्याकरण का विकास होना आवश्यक है जिससे वाक्यरचना, उपसर्ग, प्रत्यय लगा कर शब्द निर्माण तथा लिंग, वचन, कारक आदि से संबंधित करणीय और अकरणीय का बोध हो सके और अखिल भारतीय स्तर पर एकरूपता लाई जा सके। इससे हिन्दी भाषा के प्रयोग का मार्ग प्रशस्त होगा।

4.1.3.3 लिपियों की भिन्नता

जिस प्रकार भारत में अनेक भाषाएँ हैं, उसी प्रकार लिपियाँ भी अनेक हैं। इसीलिए जो उलझन भाषा की अनेकता को लेकर है, वही लिपि की अनेकता को लेकर भी है। जिस प्रकार भाषाओं की अनेकता पारस्परिक बोधगम्यता में बाधक है, उसी प्रकार लिपिगत विविधता भी बाधक है और अपेक्षाकृत अधिक बाधक हैं। क्योंकि बोलने के स्तर पर सभी भारतीय भाषाओं में प्रयुक्त समान शब्दावली तो समझ में भी आ जाती है, किन्तु लेखन के स्तर पर जब तक उस लिपि का ज्ञान न हो, कुछ समझ नहीं आता है।

संप्रति भारत की विभिन्न भाषाओं के लिए लगभग 12 लिपियों का प्रयोग होता है।[135] यद्यपि ये सभी लिपियाँ ब्राम्ही लिपि से ही विकसित हुई हैं और इस नाते सहोदर भी हैं, किन्तु देशकाल, लेखनसामग्री आदि में भेद के कारण इनमें पर्याप्त अंतर हो गया है। लिपियों की यह विविधता ही अखिल भारतीय स्तर पर किसी एक भाषा को सर्वप्रयोजनीय उद्देश्य के लिए प्रयुक्त् होने से रोकती है। यदि मनोवैज्ञानिक आधार दिया जाए तो यह कहना असंगत नहीं होगा कि अपनी भाषा और लिपि हर व्यक्ति को प्यारी होती है और उससे संबंधित प्रश्नों से वह किसी भी प्रकार का समझौता करने को तैयार नहीं होता है। क्योंकि वह उसकी सांस्कृतिक, सामाजिक और जातिगत अस्मिता का प्रतीक होती है। विवेच्य समस्या के समाधान हेतु इसका भी निराकरण अनिवार्य है।

उल्लेखनीय है कि जब से भारत के संविधान में यह प्रावधान अपनाया गया कि भारतीय संघ की प्रशासनिक भाषा देवनागरी में लिखित हिन्दी होगी, तब से ही हिन्दी से असंतुष्ट लोग देवनागरी लिपि की खामियाँ दिखा-दिखाकर अपना असंतोष जाहिर करते रहे हैं। यदि ध्यान से देखा जाए तो हिन्दी भाषा के क्षेत्र में लिपियों की लड़ाई स्वातंत्र्यपूर्व काल से ही चली आ रही है। तथाकथित हिन्दुस्तानी भाषा के लिए फारसी और नागरी लिपि का विवाद बहुत पुराना है। मुख्यत: लिपियों के कारण ही यह भाषा अपने आप में हिन्दी और उर्दू के रूप में विभक्त हो गयी है, अन्यथा भाषिक संरचना, व्याकरण और ध्वनि के क्षेत्र में दोनों में लगभग समान प्रवृत्तियाँ और गुणधर्म पाये जाते हैं।

नागरी-फारसी के विवाद का फायदा उठाते हुए कुछ अंग्रेजीपरस्तों ने हिन्दी के लिए रोमन लिपि के व्यवहार का भी सुझाव दिया था। ऐसे लोगों की अवधारणा थी कि - *रोमन लिपि का प्रयोग करने से हिन्दुस्तान विशेषरूप से अन्तर्राष्ट्रीय संपर्क में आ जाएगा।*[136] इस अवधारणा का बुनियादी आधार यह है कि रोमन एक अन्तर्राष्ट्रीय लिपि है और आधुनिक यांत्रिक सुविधाओं - टंकण, टेलीप्रिंटर, कम्प्यूटर आदि आधुनिक मशीनों के लिए ज्यादा उपयोगी है। इसके विपरीत यह माना जाता है कि तकनीकी दृष्टि से देवनागरी अत्यंत पिछड़ी हुई लिपि है। इसमें वर्णों के आकार जटिल हैं, संयुक्ताक्षरों को लिखने का कोई निश्चित नियम नहीं है। वर्णों को अलग अलग लिखने की अपेक्षा आवश्यकतानुसार ऊपर-नीचे-दांए-बांए मात्राएँ लिखनी पड़ती हैं। स्वरों के लिए दो चिन्ह - अ आ इ ई उ ऊ ऋ ए ऐ ओ औ अं अः और (ा ि ी ु ू ृ े ै ो ौ ं ः)आदि लिखना पड़ता है। संयुक्त व्यंजन के रूपों में गड़बड़ी है। ''र`` के चार प्रकार है (र ्र र् ्र / कार, कार्रवाई, ग्रह, राष्ट्र)। इसी तरह और भी अनेक प्रकार के दोष बताए जाते हैं।[137]

उल्लेखनीय है कि उपर्युक्त दोषों के कारण हिन्दी भाषा सीखने में कठिनाई है। किन्तु इस प्रकार के दोष विश्व की लगभग सभी लिपियों में हैं और उनका निवारण

किया जा सकता है। देवनागरी के संबंध में इस प्रकार के दोषमार्जन का प्रयास राष्ट्रीय स्तर पर किया जा रहा है। भाषा वैज्ञानिक आधार पर अनेक भाषाविद् यह मानते हैं कि नागरी वर्णमाला तथा इसके अनुरूप भारतीय वर्णमालाओं की रचना अन्य भाषाओं की तुलना में ज्यादा वैज्ञानिक है क्योंकि इसमें सभी वर्णों को श्रेणियों में रखा गया है जो ध्वनि के स्वभाव या उच्चारण स्थान पर आधारित हैं। जैसे ''क`` वर्ग, ''ट`` वर्ग आदि। इसी तरह प्रत्येक वर्ग के अन्त में उसका अनुनासिक वर्ण भी है। सभी स्वरों को अलग रखा गया है। इसके अलावा व्यंजनों को लिखते अथवा उच्चारण करते समय भी उनमें स्वर निहित होते हैं, जिससे उसके पठन अथवा वर्तनी में कठिनाई नहीं होती है।[138] अगले अध्याय में यांत्रिक सुविधाओं की समीक्षा करते हुए लिपिगत समस्या पर विस्तार से विचार किया गया है।

उपर्युक्त विवेचन से स्पष्ट है कि लिपि के दोष दिखा कर भाषा प्रयोग को स्थगित रखने का प्रयास भी किया जाता रहा है। यदि हम समस्या के मूल में जाकर देखें तों लिपि की समस्या के बाधक तत्व वे ही हैं जो भाषा को अपनाए जाने के लिए प्रयुक्त होते हैं। राष्ट्रीय भावनाओं के स्थान पर प्रांतीयता की प्रबल भावनाओं के आवेग में हम अपने-अपने प्रांत की भाषा और लिपि को ही अधिक महत्त्व देते हैं तथा किसी भी प्रयोजन के लिए उन्हें ही प्राथमिकता देने को आतुर रहते हैं। दूसरी ओर देवनागरी के स्वदेशी और सजातीय लिपि होने के बावजूद कुछ लोग द्वेषपूर्ण व्यवहार के कारण उसके स्थान पर विदेशी रोमन लिपि को अपनाने की अधिक आतुरता दिखाते हैं तथा समाज में इसका बढचढ़ कर प्रचार-प्रसार भी करते हैं। विवेच्य समस्या का यह एक महत्वपूर्ण कारण है। इसके समाधान से देश की भाषागत समस्या का अपेक्षित परिणाम निकल सकता है। हम यह भी सुझाव दे सकते हैं कि यदि भारत की सभी भाषाओं के लिए देवनागरी लिपि का प्रयोग किया जाए तो भाषा समस्या स्वत: ही समाप्त हो जाएगी।

4.1.3.4 सामाजिक स्वीकार्यता

जैसा कि उपरोक्त अनुच्छेद में कहा गया है - भारतीय उपमहाद्वीप में विविधता और बहुभाषिकता की स्थिति आरंभ से ही रही है, किन्तु इसके कारण किसी भी प्रकार के आदान-प्रदान अथवा सामाजिक और सांस्कृतिक सचलता कभी भी बाधित नहीं हुई। किन्तु विदेशी शासकों द्वारा ''फूट डाल कर राज्य करने`` की नीति तथा भाषिक आधार पर राज्यों का विभाजन होने से देश में उत्पन्न अलगाववाद की भावना के कारण राष्ट्रीय स्तर पर किसी भी एक भाषा को राष्ट्रभाषा के रूप में स्वीकार करने की समस्या पैदा हो गयी। यद्यपि भारत के स्वतंत्रता संग्राम में जनभाषा हिन्दी की महत्वपूर्ण भूमिका और उसकी भावी संभावनाओं को देखते हुए उसे संघ की राजभाषा

बनाया गया था, किन्तु भाषावार राज्यों के पुनर्गठन के कारण प्रोद्भूत हुई भाषागत सांप्रदायिकता और अलगाववादी प्रवृत्तियों के जोर पकड़ने से गैर-हिन्दी भाषी प्रदेशों में हिन्दी के प्रति ''पराई भाषा'' जैसी अवधारणाओं के पनपने से शिक्षा के क्षेत्र में हिन्दी भाषा को सदैव दूसरे अथवा तीसरे स्थान पर रखा गया और व्यावहारिक दृष्टि से उसकी उपयोगिता को समाज में बढ़ने नहीं दिया गया। यही कारण है कि उपयोगिता के आधार पर हिन्दी भाषा समाज के सभी वर्गों को स्वीकार नहीं रही और कुछ अहिन्दी भाषी प्रदेशों में इसका अनावश्यक विरोध होने लगा।

उपरोक्त आधुनिक कारणों के अलावा कुछ ऐसे अन्य कारण भी हैं जो समाज द्वारा किसी भाषा को स्वीकार करने अथवा अस्वीकार करने के लिए प्रेरित करते हैं। विवेच्य समस्या के अनुशीलन हेतु भारत के अतीत अथवा ऐतिहासिक संदर्भों में उसके विभिन्न प्रदेशों की राजनैतिक परिस्थितियों (श्रेष्ठता-कुश्रेष्ठता, जातीय अस्मिता, ऐतिहासिक परंपरा, भावनात्मक लगाव तथा भाषिक और साहित्यिक प्रोन्नति आदि) को इस प्रकार के मुख्य कारक के रूप में रख सकते हैं। विवेच्य समस्या के निवारण हेतु इनका बहुत अधिक महत्व है क्योंकि भारत का अतीत जातिगत अथवा प्रदेशगत परंपराओं और शौर्य की घटनाओं से परिपूर्ण है। आज भी संबंधित प्रदेश के लोगों द्वारा उसका उदाहरण देकर अपनी श्रेष्ठता प्रमाणित करते देखा और पाया जाता है। इसी प्रकार हिन्दी के समानांतर विकसित अन्य भारतीय भाषाओं का यद्यपि अखिल भारतीय स्तर पर जनसंपर्कीय स्वरूप भले ही क्षीण हो, किन्तु उनका उत्कृष्ट विकास हुआ है। उनकी भी एक सुदीर्घ परंपरा है तथा विश्व के अन्य साहित्यों की तुलना में उनका साहित्य भी पर्याप्त समृद्ध है। वर्तमान युग में उनमें भी विविध ज्ञान-विज्ञान के अभिव्यक्ति की पर्याप्त क्षमता है। हिन्दी के मुकाबले वे किसी भी प्रकार से कमजोर नहीं हैं तथा जिस प्रकार हम अन्तर्राष्ट्रीय परिप्रेक्ष्य में अपनी राष्ट्रीय अस्मिता के लिए हिन्दी भाषा को एक सशक्त माध्यम के रूप में प्रस्तुत करने की चेष्टा करते हैं, उसी प्रकार अपने देश में विभिन्न प्रादेशिक भाषाएँ अन्तर्राज्यीय अस्मिता की पक्षधर हैं। अब तो वे भारत की अर्न्राज्यीय सीमाओं का अतिक्रमण कर विदेशों में भी विभिन्न सांस्कृतिक अथवा भाषिक मण्डलों के रूप में अपना वर्चस्व बना रही हैं और अपनी जातीय अस्मिता का पक्षपोषण कर रही हैं। ऐसी स्थिति में निश्चय ही लोग भावनात्मक स्तर पर अपनी प्रादेशिक भाषाओं को प्राथमिकता देते पाये जाते हैं। अब रहा व्यावहारिक अथवा प्रयोजनमूलक भाषा का प्रश्न तो अन्त:प्रादेशिक प्रयोजनों के लिए प्रादेशिक भाषाएँ प्रयुक्त हो ही रही हैं और अन्तर्राष्ट्रीय प्रयोजनों के लिए सभी विधाओं में प्रवीण तथा सभी प्रयोजनों के लिए सिद्ध मानी जाने वाली अंग्रेजी भाषा का विकल्प उनके पास उपलब्ध है ही। इस विकल्प का चयन करना उसकी उपयोगिता और राष्ट्रीय एकात्मता के सुदृढ़ आग्रह पर निर्भर है। अत: जैसा कि पहले ही उल्लेख किया गया है, देश में पनप रही अथवा पनप चुकी अलगाववाद की प्रवृत्तियों के कारण

भारतीय समाज द्वारा यद्यपि लघु स्तर पर ही, हिन्दी भाषा को सहर्ष स्वीकार करने की व्यावहारिक और प्रत्यक्ष समस्या सामने है। संभवतः यही कारण है कि दशकों से हमारे राष्ट्रनिर्माताओं को प्रादेशिक भाषाओं के संदर्भ में हिन्दी के पक्ष में स्पष्टीकरण और समालोचना करने की भी आवश्यकता पड़ती रही है।

ऐसा नहीं है कि हिन्दी का विरोधी पक्ष इसे इस भूमि से निर्मूल कर देना चाहता है, अपितु अपनी संकीर्ण सोच के अन्तर्गत वह इसे अपनी भाषा के समकक्ष चाहता है, उससे ऊपर कदापि नहीं। यही कारण है कि संविधान निर्माताओं ने अष्टमसूची में निहित सभी भाषाओं को राष्ट्रभाषा और उनमें से एक हिन्दी को संघ की राजभाषा कहा है।[139] विभिन्न भाषा समाज के प्रतिनिधियों द्वारा तात्कालिक परिस्थितियों से निपटने के लिए यह एक सहज और सर्वमान्य मार्ग निकाला गया दिखता है , अन्यथा राष्ट्रभाषा जैसे महत्वपूर्ण प्रश्न पर महज शाब्दिक व्यवस्था का इन्द्रजाल बनाने की जगह स्पष्ट रूप से किसी भी एक भारतीय भाषा को इस प्रयोजन के लिए विनिर्दिष्ट कर उसे तुरंत अपना कार्यभार संभालने दिया गया होता न कि संबंधित पद पर भाषा की नियुक्ति करने के पश्चात उसे उस पद का कार्यभार संभालने के लिए तैयारी करने का वैकल्पिक समय दिया गया होता। भाषा को अपनी योग्यता के लिए इस प्रकार नहीं तैयार किया जाता है जिस प्रकार की व्यवस्था हमारे संविधान निर्माताओं ने किया है, वह अपने प्रयोग से पुष्ट होती है, किसी आयोग अथवा निदेशालय की प्रयोगशाला अथवा अनुवादशाला में नहीं।

एक तथ्य यह भी उल्लेखनीय है कि, वर्तमान उपयोगितावादी समाज अपने जीवन-यापन के लिए उपलब्ध अनेकानेक विकल्पों में से अपने लिए उसी विकल्प अथव व्यवस्था का वरण करता है जिससे उसका हितसाधन होता हो। भाषा के मामले में भी यही वास्तविकता है। भाषा अब ललित कला की अभिव्यंजना और जातिगत अस्मिता की वाहिका रूप से कहीं आगे बढ़ कर विज्ञान और प्रौद्योगिकी तथा बहु भाषिक - समाज के विभिन्न कार्यव्यपारों के क्षेत्र में अपनी महत्वपूर्ण भूमिका निभा रही है। वह अब अन्य चीजों की तुलना में रोजगार और सामाजिक प्रतिष्ठा का द्योतन करने लगी है। प्रयोजनमूलक हिन्दी का उद्भव और विकास इसी आवश्यकता का आविष्कार है और प्रशासन संबंधी सेवाक्षेत्रों में इसकी मांग को देखते हुए विभिन्न भाषा-भाषी समाज के लोगों ने इसे अपनाना आरंभ कर दिया है। किन्तु इसके कुनियोजित कार्यान्वयन के कारण सामाजिक प्रतिष्ठा का प्रश्न अभी भी इससे जुड़ा हुआ है। केन्द्र सरकार अथवा राज्य सरकार के विभिन्न कार्यालयों में हिन्दी कार्यान्वयन के कार्य से जुड़े अधिकारियों, कर्मचारियों तथा शिक्षा के क्षेत्र से जुड़े हिन्दी प्राध्यापकों की प्रतिष्ठा आदि को इसके संदर्भ और उदाहरण के रूप में लिया जा सकता है जो स्वतः ही तथ्यों का खुलासा करते हैं।

उपर्युक्त विवेचन के आधार पर कहा जा सकता है कि, विभिन्न भाषा-भाषी समुदायों द्वारा हिन्दी को स्वीकार करने की स्वाभाविक प्रक्रिया यद्यपि आरंभ हो गयी है किन्तु इसकी गति इतनी धीमी है कि उसका सही मूल्यांकन आज भी नहीं किया जा सकता है, क्योंकि विदेशी भाषा ज्ञान की व्यावहारिक उपयोगिता तथा उससे जुड़ी सामाजिक प्रतिष्ठा के साथ-साथ राष्ट्रीय मूल्यों के प्रति घटती भावनाओं, आधुनिक प्रौद्योगिकीय उपलब्धियों के कारण वैश्वीकरण के बढ़ते प्रभाव, मुक्त अर्थव्यवस्था आदि अनेक बातों के परिप्रेक्ष्य में वर्तमान भारतीय समाज द्वारा उच्च शिक्षा माध्यम के रूप में हिन्दी भाषा को स्वीकार करने की समस्या अभी भी विद्यमान है। इस प्रश्न का ठीक उत्तर भविष्य ही दे सकता है।

4.1.3.5 सामंजस्य की समस्या

तकनीकी अथवा उच्च शिक्षा के क्षेत्र में हिन्दी भाषा का प्रयोग न होने का एक महत्वपूर्ण काशण यह भी है कि अंग्रेजी की अपेक्षा हिन्दी को कमजोर तो माना ही जाता है, प्रादेशिक भाषाओं की तुलना में भी उसे हीन समझा जाता है। यही कारण दै कि गैर-हिन्दी भाषी प्रदेशों में प्राथमिक अथवा माध्यमिक स्तर पर तो हिन्दी को कुछ संवैधानिक प्रावधानों के दबाव में द्वितीय अथवा तृतीय भाषा के रूप में पढ़ाया जाता है। किन्तु उच्चस्तर पर हिन्दी माध्यम से तकनीकी शिक्षा की कोई भी व्यवस्था नहीं है।

हिन्दी विरोध और प्रयोग की समस्याओं का अनुशीलन करने पर एक अन्य महत्वपूर्ण तथ्य जो सामने आता है वह यह है कि हिन्दी और अंग्रेजी का विवाद अपेक्षाकृत कम है और यह वास्तविकता है कि अंग्रेजी के आधार पर ही आधुनिक तकनीकी हिन्दी के विकास की रूपरेखा भी तैयार की गयी है। तकनीकी हिन्दी की अधिकांश शब्दावली या तो संस्कृत से ली गयी है अथवा अंग्रेजी भाषा से लिप्यंतरण के माध्यम से यथारूप ले ली गयी है। ऐसे शब्दों की संख्या अपेक्षाकृत अत्यधिक है, किन्तु हिन्दी के प्रयोग का विरोध उसकी सहोदरा कही जाने वाली विभिन्न भारतीय भाषाएँ ही करती हैं। आप गौर करें तो पाएंगे कि स्वातंत्र्यपूर्व काल से ही हमारे देश के महान कर्णधार हिन्दी सेवियों और हिन्दी के देशी-विदेशी विद्वानों ने हिन्दी को राष्ट्रभाषा बनाए जाने के पक्ष में अपना मत रखते हुए बारंबार यही बात दोहराई है कि - *हिन्दी के जरिए प्रांतीय भाषाओं को दबाना नहीं अपितु उनका भी समानांतर विकास करना है।*[140]; *भारत में अनेक भाषाएँ हैं और उनमें जितना ही स्नेह और समझ बढ़ेगी, उतना ही उनके विकास को बल मिलेगा। ; हिन्दी को सभी भाषाओं के बीच संपर्क का काम करना है।*[141]; *संपर्क भाषा या राष्ट्रभाषा होने का यह अर्थ नहीं है कि हिन्दी का अन्य भारतीय भाषाओं से किसी तरह का विरोध है। हिन्दी का मार्ग सहयोग का है, विरोध का नहीं। वह दूसरी भाषाओं पर हावी होकर आगे नहीं बढ़ना चाहती।*

वास्तव में अन्य भारतीय भाषाओं की समृद्धि पर ही हिन्दी की समृद्धि निर्भर है।[142] इसी प्रकार के अनेक दृष्टांत दिए जा सकते हैं।

ध्यान देने कि बात है कि उपरोक्त प्रकार का वक्तव्य दिया जाना अथवा किसी एक भाषा का पक्षपोषण करना यही साबित करता है कि अंग्रेजी की अपेक्षा अन्य भारतीय भाषाओं का हिन्दी के प्रति अधिक विरोध है। यह बात भी काबिले-गौर है कि हिन्दी को राष्ट्रभाषा बनाए जाने के मुद्दों का समर्थन और आंदोलन भी गैर-हिन्दी भाषी प्रदेशों और गैर-हिन्दी भाषी भारतीयों द्वारा ही होता रहा है तथा उपयोगिता, व्यावहारिकता, सामाजिक आदान-प्रदान तथा रोजगार आदि तत्वों के आधार पर उच्चस्तर के तकनीकी शिक्षण में भाषा माध्यम के रूप में असमर्थ सिद्ध करते हुए हिन्दी का विरोध भी गैर-हिन्दी भाषिक प्रदेशों के कुछ गिने-चुने व्यक्तिओं और अभिकरणों द्वारा ही किया जाता रहा है (यद्यपि इस विरोध में मिशनरी संचालकों का सर्वाधिक योग है। इस तथ्य का उद्घाटन करते हुए राष्ट्रभाषा प्रचार सभा वर्धा द्वारा प्रकाशित होने वाली पत्रिका ''राजभाषा`` के वर्ष- 53, अंक-2, फरवरी, 1995, पृष्ठ 27 पर सुप्रीम सोसायटी ऑफ क्रिश्चियन्स, एरनाकुलम (केरल) से जारी एक परिपत्र को उदाहरण के रूप में लिया जा सकता है)। यह एक विचित्र विरोधाभास है। संभवतः हिन्दी के मामले में समस्यामूलक स्थिति पैदा करने में यह विरोधाभास ही अधिक जिम्मेदार है। यद्यपि यह कहना युक्तिसंगत नहीं होगा कि यह हिन्दी के विरूद्ध किसी प्रकार का योजनाबद्ध षड्यंत्र है जो उसके सहज विकास को बाधित करने के लिए किया गया है, किन्तु यह जरूर कहा जा सकता है कि भाषा के सवाल पर हमारे देश में उचित सामंजस्य के अभाव की ही यह परिणति है। अन्यथा अंग्रेजी के समान ही प्रत्येक दृष्टि से सक्षम अन्तर्राष्ट्रीय स्वरूप तथा लोकप्रियता के बावजूद विभिन्न कारण दे कर उच्चस्तर पर इसके प्रयोग को स्थगित न रखा जाता। आधुनिक तकनीकी हिन्दी के स्वरूप, उसकी शब्द संपदा आदि का गहराई से जांच-परख करने पर हम पाते हैं कि उसमें समन्यव के तत्व को सर्वाधिक महत्व प्रदान किया गया है। उसका सामंजस्य न केवल अखिल भारतीय भाषाओं से ही है, अपितु विश्व की अन्यान्य विकसित-अविकसित भाषाओं से भी है। वह समन्च का एक प्रत्यक्ष प्रमाण है, उसके इसी गुण ने उसे बहुभाषी विशाल भारत देश की संपर्क भाषा के रूप में प्रतिष्ठित किया है। किन्तु असांमजस्य की जो बाह्य स्थिति दिखाई देती है, वह अन्य भाषाओं के प्रयोक्ताओं और निहित स्वार्थी तत्वों की गलत अवधारणओं और अज्ञान के कारण है। इस अज्ञानमूलक अवधारणा के निवारण में ही भाषा समस्या का समाधान निहित है।

4.2 मनोवैज्ञानिक समस्या

किसी भी समस्या के सामान्यतः दो पक्ष होते हैं- ''मनौवैज्ञानिक अथवा काल्प-निक`` और ''व्यावहारिक``। मनोवैज्ञानिक अथवा काल्पनिक समस्याएँ सामान्यतः

अमूर्त होती हैं और व्यक्ति अथवा समुदाय की भावनाओं से जुड़ी होती हैं। इन समस्याओं का धरातल वर्तमान की अपेक्षा अक्सर भविष्य में होता है तथा समस्या-ग्रस्त व्यक्ति अथवा समुदाय प्रायः मुद्दे के भावी परिणामों से चिंतित रहते हैं। उनके मानस पटल पर सदैव द्वंद्व की स्थिति रहती है- 'कहीं ऐसा किया तो उसका परिणाम ऐसा न हो जाए', यह भय सदैव उसके मन में समाया रहता है। एतदर्थ समस्या के काल्पनिक भावी परिणामों के आधार पर उसके निवारण हेतु प्रयास किया जाता है। परिणामों के मानसिक चित्र का सकारात्मक अथवा नकारात्मक होने के आधार पर उसकी उपलब्धि के लिए वर्तमान में किया जाने वाला प्रयास भी उसी अनुपात में प्रबल अथवा निर्बल होता है। किसी समस्या के समाधान हेतु मन लगाकर अथवा बेमन से काम करने के पीछे यही मनोविज्ञान कार्य करता है।

विवेच्य समस्या के संदर्भ में भी समस्या के मनोवैज्ञानिक कारण परिलक्षित होते हैं जो अपनी चरमसीमा पर पहुँचे हुए हैं, क्योंकि जैसा कि गत परिच्छेदों में अभिव्यक्त किया गया है, कतिपय स्वार्थी तत्वों ने इसके भावी परिणामों की एक ऐसी भयावह तस्वीर लोगों के मस्तिष्क में उतार दी है कि जनसामान्य द्वारा विवेच्य समस्या के समुचित समाधान के लिए प्रबल प्रयास करने का सर्वथा अभाव परिलक्षित होता है। चाहे हिन्दी भाषा के प्रशासनिक, संवैधानिक अथवा राजनैतिक कार्यान्वयन का सवाल हो, चाहे विभिन्न सरकारी और गैर-सरकारी अभिकरणों द्वारा हिन्दी के प्रसार-प्रचार और विकास का दायित्व, सभी संबंधित लोग भाषा के प्रयोग की समस्या से जूझते नजर तो जरूर आते हैं किन्तु बेमन से। वर्तमान परिस्थितियों में इसका अनुभव करना कठिन नहीं है।

उपर्युक्त के परिप्रक्ष्य में एक प्रश्न उठता है कि मनोवैज्ञानिक समस्या का तात्पर्य क्या है? मनोवैज्ञानिक समस्या का तात्पर्य मन की स्वीकृति से है, क्योंकि मनोवैज्ञानिकता का संबंध मन अथवा मानस से ही होता है। और भारत में शिक्षा के विविध स्तरों पर हिन्दी भाषा के प्रयोग न होने की समस्या सामाजिक मानसिकता की स्वीकृति और अस्वीकृति से घनिष्ट रूप से जुड़ी हुई है। उल्लेखनीय है कि जहाँ कहीं भी प्राथमिक और माध्यमिक स्तर पर अंग्रेजी सहित हिन्दी माध्यम से शिक्षण की सुविधाएँ उपलब्ध हैं और स्वैच्छिक चयन की स्वतंत्रता है, वहाँ भी भारतीय समाज का अधिकांश हिन्दी भाषा की अपेक्षा अंग्रेजी भाषा में ही अध्ययन करने का विकल्प चुनता है। भविष्य में उसके बच्चों को भले ही माध्यम के कारण आगे की पढ़ाई में बाधाएँ आती हो फिर भी नाना प्रकार के कष्ट उठाकर भी अभिभावक अपने बच्चों को अंग्रेजी माध्यम से ही शिक्षण मुहैया कराने को व्यग्र रहते हैं। वर्तमान भारत की यह वास्तविकता है कि स्वभाषा में विद्यालयों की उपलब्धता के बावजूद वर्तमान भारत के अभिभावक अपने अबोध बालकों को अंग्रेजी स्कूलों में भेजते हैं। यद्यपि इस निर्णय का

प्रमुख आधार अपने बच्चों के भविष्य को संवारना ही होता है किन्तु साथ ही यह भी देखने को मिलता है कि इस निर्णय के पीछे एक प्रकार की सामाजिक प्रतिष्ठा वाली मानसिकता जुड़ी होती है। अपने बच्चों को कॉन्वेन्ट में पढ़ाने का आत्मतोष अथवा कॉन्वेन्ट में न पढ़ा सकने का अफसोस व्यक्त करते हुए अनेक व्यक्ति समाज में देखे जा सकते हैं। भारतीय समाज का मुख्यांश, 'मध्यवर्ग' तो इस मनोवैज्ञानिक समस्या से बुरी तरह से ग्रसित है। वह परिस्थितियों का सही मूल्यांकन किए बगैर ही अपने बच्चों को जबरन ऐसे विद्यालयों में भेजता है अथवा भेजने का प्रयास करता है। अक्सर यह देखा जाता है कि इस विवेकहीन निर्णय का परिणाम यह होता है कि भाषा भेद (स्कूल की माध्यम भाषा और घर-परिवार अथवा सामाजिक संव्यवहार की भाषा) द्वारा जनित अतिरिक्त दबाव के कारण बच्चों का स्वाभाविक विकास अवरूद्ध हो जाता है और अधिकांश बच्चों का बीच में ही पढ़ाई आदि छोड़ देने के कारण व्यर्थ ही में जीवन अथवा कैरियर खराब हो जाता है। अंग्रेजी माध्यम के कान्वेंट स्कूलों में पढ़ाने के लिए बच्चों पर होने वाले अतिरिक्त खर्च को पूरा करने की कोशिश में प्रायः अभिभावक भी अतिरिक्त मेहनत करते हुए अथवा उसकी व्यवस्था हेतु अक्सर तनाव में जीवन व्यतीत करते हुए पाये जाते हैं। इस तनाव का दुष्परिणाम पूरे परिवार और प्रकारांतर से पूरे समाज को भुगतना पड़ता है। अपने आस-पास के समाज में हम प्रायः इस प्रकार की परिस्थितियों से साक्षात्कार कर रहे हैं, यही कारण है कि भाषा प्रयोग की विवेच्य समस्या को मनोवैज्ञानिकता से जोड़ने का प्रयास किया गया है और जैसा कि गत परिच्छेदों में सामाजिक स्वीकृति, बहुभाषिकता आदि पर संक्षिप्त विवेचन प्रस्तुत किया गया था, उसी के विस्तार के रूप में यहाँ हिन्दी भाषा के प्रयोग से जुड़ी सामाजिक मानसिकता अथवा मनोवैज्ञानिकता पर चर्चा प्रस्तुत करने का प्रयास किया गया है।

यदि मनोविज्ञान को एक विषय के रूप में लिया जाए तो हम देखते हैं कि यह अपेक्षाकृत एक नया विज्ञान अनुशासन है जिसका इस रूप में उद्भव और विकास भी पाश्चात्य देशों में अभी कुछ दशक पूर्व ही हुआ है। यह विज्ञान मानव से संबंधित पुरातन प्रश्नों, उसके तथा अन्य जीवों के व्यवहार, सामाजिक व्यवहार तथा विवादों के विभिन्न मुद्दों के अध्ययन से संबंधित है। यह मानोवैज्ञानिकता ही है कि समाज के किसी वर्ग विशेष अथवा व्यक्ति विशेष के व्यक्तित्व के मूल्यांकन का आधार उसकी बुद्धिमत्ता, व्यक्तित्व, कार्यनिष्पादन क्षमता, सामर्थ्य और सामाजिक प्रतिष्ठा आदि विभिन्न तत्व होते हैं। सामान्यतः भाषा का ज्ञान व्यक्तित्व के मूल्यांकन का आधार नहीं होता है, फिर भी यह एक रूढ़िगत व्यवहार देखा जाता है कि उपर्युक्त मूल्यांकन का प्रथम दृष्टया आधार भाषा का ज्ञान ही होता है। और अपेक्षाकृत भाषिक तत्वों का महत्व और विश्वास ही अधिक होता है।[143] इसका प्रत्यक्ष प्रमाण हम अपने देश में देखते हैं। अंग्रेजी भाषा का ज्ञान होने पर अपेक्षाकृत अधिक सामाजिक प्रतिष्ठा प्राप्त

होती है, भले ही विभिन्न व्यावहारिक क्षेत्रों में उसकी बुद्धि का स्तर कुछ भी हो। अपनी योग्यता अथवा शिक्षित होने का प्रमाण देने के लिए हम कुछ लोगों को अकारण ही अंग्रेजी भाषा में बोलने का प्रयास करते देखते हैं। भले ही उनमें उस भाषा का कार्यसाधक ज्ञान भी नही होता है और जो अक्सर त्रुटिपूर्ण बोलते हैं।

अंग्रेजी भाषा और संस्कृति के प्रभाव से प्रोद्भूत तथाकथित आधुनिकता की पीड़ा आज वह प्रत्येक समाज झेल रहा है जो एक ओर तो अपने आधुनिक विकास का मानक पाश्चात्य सभ्यता और संस्कृति को मानता है और दूसरी ओर अपने पुरातन सांचों में भी जकड़ा हुआ है। उल्लेखनीय है कि आधुनिकता की अवधारणा इस मान्यता की परिणति है कि - वह मनुष्य को अभावों से, समाज और प्रकृति की दासता से और अपने विकास को कुंठित तथा जीवन को विकृत करने वाली शक्तियों से मुक्ति दिला देगी। किन्तु ध्यान से देखा जाए तो मानव की कठिनाइयाँ और असहायता इसके कारण और भी बढ़ गयी है। जिस विज्ञान और प्रौद्योगिकी की उपलब्धियों पर आधुनिक मनुष्य को गौरव अनुभव होता है, क्या कभी यह भी सोचा गया है कि उसका, वास्तविक लाभ कितने प्रतिशत लोगों को प्राप्त है? और उसकी पीड़ा से कितने प्रतिशत लोग प्रभावित हैं? वर्तमान परिस्थितियों के परिप्रेक्ष्य में यदि कहा जाए कि आधुनिकता का केन्द्रीय लक्ष्य ही पराभूत हुआ है तो असंगत न होगा। अपनी सांस्कृतिक और सामाजिक प्रोन्नति के विपरीत आज आधुनिकता के नाम पर सांस्कृतिक और सामाजिक रूपांतरण परिलक्षित हो रहा है और प्रत्येक समाज इससे पीड़ित है। किसी समाज से प्रभाव ग्रहण करना एक बात है और किसी समाज के आधार पर अपना कायाकल्प कर लेना अन्य बात है। क्या हमारे लिए आधुनिकता का यही उद्देश्य है कि हम अपनी धरोहर और अस्मिता के मानदण्डों के होते हुए भी परमुखापेक्षी रहें। इसका स्पष्ट कारण और निवारण है। यद्यपि हम सभी इसे महसूस कर रहे हैं जिसकी प्रतिछाया हमें विभिन्न मंचों पर दिखाई भी पड़ती है, किन्तु कतिपय व्यक्त-अव्यक्त दबाओं के कारण हम उसका निराकरण करने में अपने आप को असहाय पा रहे हैं! संभवतः यह हमारी मनोवैज्ञानिक परिणति के कारण ही है। विविध प्रयोजनों के लिए भारत में हिन्दी भाषा के प्रयोग और विकास की उपेक्षा का यह एक महत्वपूर्ण कारक है। वर्तमान भारत में पाश्चात्य संस्कृति के अतिक्रमण की पीड़ा व्यक्त करते हुए हमें अधिकांश लोग मिल जाते हैं। इसके पक्ष और विपक्ष में अनेक विचार भी अभिव्यक्त किए गये हैं।

आधुनिकता के मायाजाल में फंस कर आज जहाँ एक ओर हम पाश्चात्य संस्कृति, सभ्यता और जीवनशैली को आदर्श मान कर उसे अपनाने की असफल कोशिश करते नजर आते हैं, वहीं दूसरी ओर अपनी प्राचीन भारतीय संस्कृति और सभ्यता की अतिरंजित छवि प्रस्तुत कर उसे सर्वश्रेष्ठ प्रमाणित करने का भी असफल प्रयास

करते नजर आते हैं। भाषा के संबंध में भी हमारा यही दृष्टिकोण है। जहाँ एक ओर हम अंग्रेजी भाषा को सर्वगुण सम्पन्न, अन्तर्राष्ट्रीय, सर्वग्राह्य, सहज, सरल, विज्ञान की भाषा, सशक्त अभिव्यक्ति क्षमतावान आदि अलंकारों से विभूषित कर उसे अपने सभी प्रयोजनों के लिए अपनाने अथवा प्रयोग करने के लिए व्यग्र रहते हैं, वहीं प्रादेशिक भाषाओं और राष्ट्रभाषा का सवाल उठाकर तथा तकनीकी हिन्दी को अक्षम, असहज, विज्ञान के लिए अनुपयुक्त भाषा आदि न जाने क्या-क्या साबित करने का भी असफल प्रयास करते हैं जब कि वास्तविकता यह है कि हम कभी गंभीरतापूर्वक उसका अध्ययन ही नहीं करते हैं और दूसरी ओर राष्ट्रप्रेम, एकता, अखण्डता आदि की बातें करते हुए हिन्दी के विकास की बात करने का ढोंग भी करते हैं। भाषा और संस्कृति को लेकर इस प्रकार की द्वन्द्वात्मक स्थिति हमारी मानसिकता अथवा मनोवैज्ञानिकता को ही उजागर करती है। एतदर्थ विवेच्य समस्या के संदर्भ में भाषा के साथ जुड़े हुए निम्नांकित मनोवैज्ञानिक मुद्दे विचारणीय और उल्लेखनीय है:

4.2.1 अंग्रेजी भाषा की अन्तर्राष्ट्रीयता का भ्रम

भारतीय समाज और विशेषकर भारत का वैज्ञानिक समुदाय तथा शिक्षित वर्ग प्रायः यह मानता है कि अंग्रेजी एक अन्तर्राष्ट्रीय भाषा है और कार्यव्यापार के विविध क्षेत्रों में इसका उपयोग करने से अन्तर्राष्ट्रीय आदान-प्रदान अत्यंत सुगम हो जाएगा। जवाहरलाल नेहरू जैसे राष्ट्रनायकों ने इसे भारत के लिए विश्व ज्ञान का संबंध जोड़ने वाला झरोखा भी कहा है। पारस्परिक आदान-प्रदान संबंधी वर्तमान नीति निर्धारक भी इस बात पर जोर देते हैं कि भाषाओं के कारण कल के भारत में कोई समस्या नहीं उठनी चाहिए।[144] इन्हीं बातों को ध्यान में रखकर कुछ लोग अन्तर्राष्ट्रीयता का प्रश्न उठाकर अंग्रेजी को हिन्दी से श्रेष्ठ प्रतिपादित करते हुए भारत में अंग्रेजी के प्रयोग को कायम रखने के पक्ष में अपनी दलीलें देते रहते हैं।

किन्तु यदि गंभीरतापूर्वक विचार किया जाए तो, उपर्युक्त अवधारणाओं का खोखलापन अपने आप स्पष्ट हो जाता है। पहली मनोवैज्ञानिक समस्या यही है कि अंग्रेजी के मुकाबले हम हिन्दी को अन्तर्राष्ट्रीय नहीं मानते हैं जब कि वस्तुस्थिति इसके विपरीत है। अंग्रेजी की ही भाँति हिन्दी भी एक अन्तर्राष्ट्रीय भाषा है। इसका प्रयुक्ति क्षेत्र केवल भारत ही नहीं, अपितु दुनिया के अन्य देश भी हैं। उदाहरण के रूप में हम भारत के पड़ोसी - पाकिस्तान, नेपाल, बांग्लादेश, मॉरीसस, तथा विश्व के अन्य देशों जैसे जापान, यू.के., सोवियत रूस, अमरीका, रोमानियाँ, फीजी, इंडोनेशिया, त्रिनिदाद, टोबैगो, सूरीनाम, बैंकाक, हांगकांग आदि अनेक देशों को ले सकते हैं जहाँ भारतीय अथवा भारतीय मूल के लोग रहते हैं और अपने विभिन्न कार्यव्यापारों के लिए अपने अपने ढ़ग से हिन्दी भाषा का प्रयोग करते हैं। विश्व के

विभिन्न विश्व- विद्यालयों में भी हिन्दी भाषा और साहित्य का अध्ययन-अध्यापन होता है।

यदि विश्व में विभिन्न भाषाएँ बोलने वालों की संख्या की ओर भी ध्यान दिया जाए तो हमें स्पष्ट रूप से निम्नांकित स्थिति दिखाई देती है:

भाषा	**बोलने वालों की संख्या** (करोड़ में)	**प्रयुक्ति क्षेत्र**
चीनी	116.7	चीन
अंग्रेजी	47.0	संयुक्त राष्ट्र, कनाडा, आयरलैण्ड,आस्ट्रेलिया न्यूजीलैण्ड
हिन्दी	41.8	भारत का उत्तरी भाग (सभी हिन्दी भाषी राज्य)
स्पैनिश	38.1	स्पेन, लैटिन अमरीका
रूसी	28.8	रूस The CIS

-स्रोत : मनोरमा इयरबुक.1996, पृ. 322-324

उपर्युक्त तालिका में हिन्दी के प्रयुक्ति क्षेत्र को केवल हिन्दी भाषी प्रदेशों तक ही सीमित किया गया है, जब कि चीनी को पूरे चीन देश और अंग्रेजी को छः देशों की भाषा के रूप में रखा गया है। इसके विपरित भारत के अन्य (पूर्वी, पश्चिमी और दक्षिणी हिस्सों) क्षेत्रों में कितनी हिन्दी बोली जाती है, यह सर्वविदित है जिसको उक्त आंकड़ों में शामिल नहीं किया गया है। इसी प्रकार नेपाल, पाकिस्तान, मॉरिसस, सूरीनाम आदि अन्य उपरोल्लिखित देशों में हिन्दी बोलने वाली जनसंख्या को ध्यान में रखा जाए तो यह संख्या जनसंख्या के आधार पर कदाचित चीनी से भी अधिक होगी। और यदि इसी प्रकार अंग्रेजी जानने वालों की जनसंख्या का भी विश्वव्यापी चित्र उपस्थित किया जाए तो उपर्युक्त आंकड़ों से स्पष्ट ही है कि यूरोप के छः बड़े देशों में अंग्रेजी बोलने वाली कुल जनसंख्या (47 करोड) के मुकाबले अकेले भारत के उत्तरी भाग में ही (41.8 करोड) हिन्दी भाषी जनसंख्या प्रदर्शित है। इसके अलावा नेटवर्किंग, उपग्रह संचार और बहुमाध्यम के इस प्रौद्योगिकीय युग में हम देख ही रहे हैं कि हिन्दी के मनोरंजन कार्यक्रम किस प्रकार लोकप्रिय हो रहे हैं। बी.बी.सी. द्वारा भी हिन्दी में समाचार दिया जाता है जिसकी पहुंच दुनिया के कोने-कोने में है। फिल्म उद्योग में हिन्दी भाषा सर्वाधिक लोकप्रिय है। यह सब अन्तर्राष्ट्रीय नहीं तो और क्या है?

उपर्युक्त विवेचन के आधार पर हम दृढ़तापूर्वक यह कह सकते हैं कि अकेले अंग्रेजी को अन्तर्राष्ट्रीय भाषा मानना एक बहुत गलत अवधारणा है और संभवतः हमारे देशवासियों द्वारा वस्तुस्थति को नजरअंदाज कर एक भ्रम का पोषण करना है। अंग्रेजी भाषा की अपनी उपादेयता है इस तथ्य से कोई मतवैभिन्नता नहीं है, किन्तु

इसकी अन्तर्राष्ट्रीयता की ओट लेकर अपनी भाषा का अनादर करना अथवा उसके प्रयोग को बाधित करना अनुचित है। यह एक मनोवैज्ञानिक समस्या है, जिसके भ्रमजाल से हम स्वतः ही नहीं निकलना चाहते हैं। विवेच्य समस्या के निवारण हेतु इस भ्रमजाल से निकलकर वस्तुस्थिति से साक्षात्कार करना अनिवार्य है।

4.2.2 सरलीकरण

यह एक सर्वमान्य अवधारणा है कि मनुष्य अपनी उपलब्धियों के लिए सदैव सहज मार्गों का ही अनुसरण करना चाहता है। भाषा प्रयोग के क्षेत्र में भी यही दृष्टिकोण दिखाई देता है। संभवतः यही कारण है कि भाषा के उच्चारण में ''मुख-सुख'' को ध्वनि परिवर्तन का एक महत्वपूर्ण कारक माना गया है। उल्लेखनीय है कि जब से हिन्दी को संघ की राजभाषा के रूप में स्वीकार किया गया है, तथा तकनीकी शिक्षण और प्रयोजनमूलक कार्यों के लिए उसके उपयोग की बात की गयी है तब से उसकी सरलता की समस्या भी अनेक प्रकार और अनेक क्षेत्रों से हमारे सामने आ रही है। बात तर्क-संगत भी है। विविध भाषा-भाषी समुदाय के विविध कार्य-व्यापारों की भाषा का सरल और सर्वग्राह्य होना अनिवार्य है। हिन्दी के पक्ष में यही सबसे बड़ा तर्क है जिसने उसे अन्य भारतीय भाषाओं की अपेक्षा भारत की संपर्क भाषा के रूप में विकसित होने का अवसर दिया है और संविधान द्वारा इसके राजभाषा के रूप में स्वीकृत होने का आधार भी यही है। जनभाषा का सरल होना उसका निहित गुण होता है और उसी के आधार पर उसका व्यापक स्तर पर प्रचार-प्रसार भी होता है। एतदर्थ हिन्दी से जब सरलता की मांग की जाती है तो वह अकारण ही नहीं। सरलता उसका सहज गुण और दायित्व है। इसी परिप्रेक्ष्य में लिपियों की समस्या का उल्लेख करते हुए हमने दर्शाया है कि नागरीलिपि और उससे सम्बद्ध हिन्दी भाषा को अन्य भाषाओं की तुलना में सर्वाधिक वैज्ञानिक और सहज माना गया है, क्योंकि उच्चारण के अनुसार ही इसमें लेखन भी होता है। किन्तु लेखन में दांएँ-बाँए-ऊपर-नीचे वर्तनी लगाने के कारण इसकी अपेक्षा रोमन लिपि को सरल और सहज माना जाता है। गत वर्षों में तिभिन्न लोगों और अभिकरणों द्वारा हिन्दी भाषा के लिए रोमन लिपि को अपनाने का प्रस्ताव भी इसी पृष्ठभूमि में किया गया था। भाषा से संबंधित लिपि और ध्वनि का सरलीकरण तो अपने आप में तर्कपूर्ण और काबिले-गौर है, किन्तु हिन्दी भाषा में जिस प्रकार के सरलीकरण की आज अपेक्षा की जाती है वह विचित्र प्रकार की है।

आधुनिक संदर्भों में हिन्दी की अस्वीकृति का सबसे बड़ा आधार और तर्क उसकी दूरूहता, रूक्षता, कृत्रिमता तथा अस्वाभाविकता को लेकर है। विभिन्न मंचों, पत्र-पत्रिकाओं अथवा संगोष्ठी-सम्मेलनों में सर्वत्र हिन्दी को सरल बनाने की मांग होती

रहती है। जबकि वास्तविकता यह है कि किसी भी तकनीकी भाषा का एक विशेष स्वरूप होता है। विषय विशेष की अभिव्यक्ति हेतु प्रयुक्त होने वाली भाषा बोल-चाल की भाषा से भिन्न और विशिष्ट उद्देश्यपूर्ण होने के कारण ही तकनीकी भाषा कहलाती है और किसी भी शास्त्रीय विचार की अभिव्यक्ति में शास्त्रीय भाषा का ही प्रयोग हो सकता है। तकनीकी शुद्धता के लिए यह अत्यंत आवश्यक है और तकनीकी भाषा का यही वैशिष्ट्य भी है। अतः हम देखते हैं कि एक तरफ तो आम बोल-चाल की भाषा का आग्रह होता है और दूसरी तरफ तकनीकी ज्ञान की अभिव्यक्ति हेतु शास्त्रीय और तर्कपूर्ण भाषा की भी अपेक्षा होती है। यह एक प्रकार का विरोधाभास ही है जो संभवतः सायास और मनोवैज्ञानिक ढंग से जनमानस में दुष्प्रचारित है, अन्यथा तकनीकी भाषा का प्रयोग करने वाले सभी सम्बद्ध लोग इस तथ्य से अवगत हैं कि भाषा का निर्माण करने वाले शब्द कभी कठिन अथवा सरल नहीं होते हैं। प्रयोक्ता के लिए शब्दों का अभिज्ञान महत्वपूर्ण होता है। शब्दों का उच्चारण अथवा विभिन्न लिपियों में उसका अंकन अपेक्षाकृत सरल अथवा कठिन हो सकता है। ऐसी स्थिति में एक प्रश्न का उठना स्वाभाविक है कि भाषा की सरलता का तात्पर्य क्या है? भाषा के वे कौन से तत्व अथवा घटक हैं जो उसकी सरलता का निर्माण करते हैं? यद्यपि यह निर्णय सरल नहीं है किन्तु निम्नांकित तत्वों को भाषा की सरलता से अवश्य जोड़ा जा सकता है:

1. स्वाभाविकता
2. सुलझी हुई और सीधी वाक्य रचना (जटिलता का अभाव)
3. आडम्बर और अलंकार से मुक्ति
4. सही अभिव्यक्ति

स्वाभाविकता का तात्पर्य है - अपनी प्रकृति के अनुकूल होना। अतः भाषा की स्वाभाविकता का तात्पर्य हुआ कथित भाषा की प्रकृति (मूल प्रसंग और अर्थ) के अनुकूल होना। यदि मूल अर्थ जटिल है, अर्थात उसमें अनेक अर्थ छायाओं का मिश्रण है तो जबरदस्ती सरल और छोटे वाक्यों का प्रयोग भाषा को प्रसंग तथा मूल अर्थ के प्रतिकूल बना देता है और परिणामतः भाषा अस्वाभाविक लगती है। इससे भाषा में कृत्रिमता उत्पन्न हो जाती है। लांजाइनस ने इसे ही बलिशता[145] कहा है। मुख्यतः वाक्यों से भाषा का निर्माण होता है जो स्वाभाविक प्रकृति के अधिक निकट होते हैं। प्रकारांतर से इसी दृष्टिकोण को प्रस्तुत करते हुए डॉ. विद्यानिवास मिश्र लिखते हैं - *सरकार के निर्देश पर भारत की स्वतंत्रता के पश्चात शब्दों से भाषा बनाई गयी, वाक्यों से नहीं, जब कि भाषा का निर्माण वाक्यों से होता है शब्दों से नहीं। प्रयोक्ता वाक्य का इस्तेमाल करता है, शब्द का नहीं। किन्तु भाषा बनाते समय भारत में इस बात का बिल्कुल ध्यान नहीं रखा गया है।*[146] स्वाभाविक है अंग्रेजी शब्दों का

अनुवाद कर के बनाई गयी भाषा इसी कारण कृत्रिम, अस्वाभाविक, हिन्दी की सहज प्रकृति के प्रतिकूल और जटिल होती गयी है। अधिकांश प्रयोक्ताओं को उन नवनिर्मित शब्दों का अभिज्ञान भी नहीं है। अतः स्वीकृति के सवाल पर सरलीकरण का प्रश्न उठना स्वाभाविक है।

जटिलता के अभाव का तात्पर्य संरचनागत वक्रता, शैली की अस्पष्टता और अभिप्रेत अर्थ अथवा अनेक अर्थ समझने की कठिनाई आदि है। यह भाषा का दुर्गुण है। जटिलता सामान्यतः दो स्तर पर होती है- आंतरिक और बाह्य। आंतरिक जटिलता का अभिप्राय अर्थ की अथवा चिंतन की जटिलता से है। डॉ. नगेन्द्र के अनुसार जहाँ चिंतन की गति ऋजु न हो कर जटिल और वक्र होती है वहाँ भाषा की जटिलता वैचारिक जटिलता की छाया होती है, और विचार की छाया होना भाषा का निहित गुणधर्म है।[147] बाह्य जटिलता का संबंध वाक्य-रचना आदि से है। भाषा के उचित ज्ञान के अभाव और लेखन का अभ्यास न होने के कारण विचारों का लिखित रूप-में ठीक ठीक अभिव्यक्त न हो पाना ही बाह्य जटिलता का कारण है। तकनीकी हिन्दी के क्षेत्र में हम इसी प्रकार की जटिलता देखते हैं, जिसकी अक्सर भर्तस्ना होती रहती है। इस जटिलता का मुख्य कारण प्रयोक्ता के भाषा का अज्ञान, लेखन के अभ्यास की कमी और अनुवाद करते समय विषयवस्तु की व्यापक समझ का अभाव आदि हो सकता है। इस जटिलता के निवारण का मुख्य आधार चिंतन की मौलिकता तथा चिंतन की भाषा में ही अभिव्यक्ति को संभव बनाना है। अंग्रेजी भाषा की *Practice makes a man perfect* अथवा हिन्दी की *करत - करत अभ्यास के जड़मति होत सुजान* वाली लोकोक्ति यहाँ पूर्णतः चरितार्थ होती है। भाषा और विषय का अध्ययन करने से भाषा की कठिनता अथवा दुरूहता का सवाल हल हो सकता है, किन्तु यदि कोई ऐसा चाहे कि बिना किसी परिश्रम के ही उसे भाषा का ज्ञान हो जाए अथवा वह कथित भाषा का पण्डित बन जाए तो यह संभव नहीं है। जिस प्रकार विलाप कर के कोई अबोध बालक अपनी आवश्यकताएँ पूरी कर लेता है, उसी प्रकार अध्ययन और अभ्यास के अभाव में हम अपनी मामूली जरूरतें तो पूरी कर सकते हैं, किन्तु शास्त्रीय भाषा का कोई ज्ञान कभी नहीं अर्जित कर सकते!

सरल भाषा का एक और गुण है- आडम्बर और अलंकरण से मुक्ति। तकनीकी भाषा में तो वैसे ही अलंकरण आदि का अवकाश नहीं होता है किन्तु यदि तकनीकी लेखन के स्वरूप को देखा जाए तो शोधपत्र अथवा पुस्तक अथवा संदर्भ ग्रंथ लेखन की अपेक्षा लोकप्रिय विज्ञान लेखन में अलंकरण को कुछ सीमा तक अपनाया जा सकता है। बेशक उसका स्वरूप साहित्यिक लेखन की अपेक्षा भिन्न होगा। किन्तु आडम्बरपूर्ण भाषा तो लेखकीय दोष है। अतः उसके निवारण में तथ्यात्मक शुद्धता और सटिक अभिव्यक्ति पर ध्यान देना चाहिए। आडम्बरपूर्ण लेखन जहाँ लेखकीय

अयोग्यता और स्तरहीन भाषा का द्योतन करता है वहीं अलंकरण भाषा का दोष न हो कर गुण साबित हो सकता है, बशर्ते उसे समुचित ढंग से प्रयोग में लाया जाए। अलंकार जहाँ सहजात होता है, वहाँ तो वह भाषा का अनिवार्य गुण बन जाता है और उससे सरलता बाधित नहीं होती, अपितु मुखरित होती है। प्रायः अलंकार का प्रयोग अर्थ को स्पष्ट करने के लिए किया जाता है। तकनीकी हिन्दी की शुष्कता अथवा रूक्षता का दोष इसके समुचित उपयोग से हल हो सकता है। अलंकारों का इस भाषा में उपयोग यदि विदग्धता और चमत्कार उत्पन्न् करने के उद्देश्य से न कर के संकल्पनार्थ को समझाने के लिए सादृश्यमूलक हो तो वह सहजता का बाधक नहीं अपितु साधक बन जाएगा। लघुस्तरीय विज्ञान लेखन अथवा लोकप्रिय विज्ञान लेखन में संकल्पनाओं को स्पष्ट रूप से समझाने के लिए भाषा में अपेक्षित अलंकरण के प्रयोग से भाषा की रूक्षता अथवा अस्वाभाविकता समाप्त हो सकती है तथा भाषा और भी सूरूचिपूर्ण और स्वाभाविक बन सकती है।

अभीष्ट अर्थ की यथावत अभिव्यक्ति सरल भाषा का अंतिम और अनिवार्य लक्षण है। इसके लिए उपयुक्त पर्यायों का चयन, संरचना शैली और सुलझी हुई विचारधारा का होना अनिवार्य है। सरलता का अर्थ सुबोधता है और सरल भाषा वही है जो बहुसंख्य जनता के लिए सुबोध हो। तकनीकी हिन्दी के संदर्भ में यह उल्लेखनीय है कि अंग्रेजी भाषा से अनुवाद, लिप्यंतरण और अनुकूलन आदि के माध्यम से जो शब्दावली बनाई गयी है, उसके कारण भाषा की संरचना शैली आदि बहुत अधिक प्रभावित हुई है। दूसरी भाषाओं की स्पर्धा में अपनी भाषा को समृद्ध करने की कुनियोजित प्रक्रिया में अपने सामाजिक, सांस्कृतिक और पर्यावरणीय परिस्थितियों का ध्यान रखे बिना थोक में गढ़े गये शब्द जो अब तक शब्दकोशों में ही बंद हैं तथा शिक्षा के माध्यम से लोगों के बीच अभी भी नहीं आए हैं, वास्तव में भाषा प्रयोग के लिए समस्यामूलक हैं। व्यापक स्तर पर जनमानस उनसे अनभिज्ञ है और जब वे पहली बार उसके सामने आते हैं तो एक दम अपरिचित लगते हैं क्योंकि शिक्षा ग्रहण करने के दौरान कभी ऐसे शब्दों से उसका साक्षात्कार नहीं हुआ होता है। अतः उनके द्वारा अभिप्रेत अर्थ को ग्रहण कर सकने की अपनी असमर्थता को प्रयोक्ता भाषा की असमर्थता में परिणत कर देता है। तकनीकी हिन्दी के संदर्भ में भाषा की सरलता अथवा सही अभिव्यक्ति का प्रश्न इसी बिन्दु पर ठहरा हुआ है। इसी के कारण हिन्दी भाषा को तकनीकी विषयों की अभिव्यक्ति के लिए सामर्थ्यहीन होने का आरोप भी लगाया जाता है।

तकनीकी हिन्दी के क्षेत्र में यद्यपि आज यह एक विकट समस्या है किन्तु जैसा कि उपर्युक्त विवेचन में और इसके पहले भी संकेत किया गया है, शास्त्रीय भाषा अपने विषय के कारण वैसे भी सर्वग्राह्य न हो कर प्रयुक्ति क्षेत्र में सुग्राह्य होती है किन्तु यदि

जनभाषा हिन्दी में तकनीकी लेखन उसकी स्वाभाविक प्रकृति के अनुसार हो तो वह सर्वग्राह्य हो जाएगी। इसके लिए प्राथमिक शर्त यह है कि भाषा के सरलीकरण का आग्रह छोड़कर उसका व्यापक उपयोग हो और उच्चस्तर पर तकनीकी शिक्षण के क्षेत्र में हिन्दी भाषा के प्रयोग को महत्व दिया जाए जिससे भाषा का परिष्कार होकर कोई एक सर्वमान्य स्वरूप विकसित हो सके। यह वास्तव में भाषा का दोष नहीं एक मनोवैज्ञानिक समस्या है और उससे उबरना ही इसका निवारण है।

4.2.3 अक्षमता का आरोप

प्रायः वैज्ञानिक तथा तकनीकी परिप्रेक्ष्य में हिन्दी अथवा अन्य भारतीय भाषाओं को अक्षम समझा जाता है और तकनीकी शिक्षा आदि से जुड़े लोगों द्वारा अक्सर संगोष्ठियों, चर्चाओं अथवा अभिपत्रों में इस प्रकार का आरोप लगाते हुए पाया जाता है कि -*उक्त् क्षेत्र में हिन्दी अभी प्रयुक्त होने के लिए अक्षम है। उसे अभी और अधिक योग्यता प्राप्त करनी है। अथवा तकनीकी हिन्दी के लिए निर्मित शब्दावली अभिव्यक्ति के स्तर पर अक्षम और अपर्याप्त है। इसका उपयोग कर के विषयवस्तु को ठीक ठीक समझा अथवा समझाया नहीं जा सकता है।* आदि .... आदि...

जाहिर है इस प्रकार का वक्तव्य देने वाले प्रायः विज्ञान के क्षेत्र के ही लोग होते हैं और उनका अध्ययन-अध्यापन अंग्रेजी के माध्यम से ही होता है। यह भी उल्लेखनीय है कि किसी भाषा पर अभिव्यक्ति की अक्षमता का आरोप लगाने से पूर्व उस भाषा का अध्ययन, उसकी शब्दसंपदा का भाषावैज्ञानिक अध्ययन - विश्लेषण और लेखन के स्तर पर आलेख, पुस्तकें आदि लिख कर परीक्षण भी किया जाना चाहिए! तभी किसी भाषा के विषय में आधिकारिक तौर पर कुछ कहा जाना चाहिए क्योंकि वैज्ञानिक चिंतन का यह सर्वाधिक महत्वपूर्ण तत्व है कि किसी भी संकल्पना अथवा तथ्य की समुचित जाँच और परीक्षण करने के पश्चात ही किसी निष्कर्ष पर पहुंचा जाता है। वैज्ञानिक ढंग से परीक्षण अथवा जांच-परख किए बगैर किसी भी प्रकार की संकल्पना, तथ्य अथवा सृजन को स्वीकार अथवा अस्वीकार नहीं किया जाता है और न ही उसको सक्षम अथवा अक्षम करार दिया जाता है। इसे ही वैज्ञानिक पद्धति कहते हैं तथा यही विज्ञान और वैज्ञानिक चिंतन की आधारशिला भी है। किन्तु हिन्दी के संबंध में वस्तुस्थिति सर्वथा भिन्न है। प्रायः हिन्दी भाषा अथवा तकनीकी हिन्दी का अध्ययन, लेखन आदि में समुचित उपयोग किए बगैर ही बाह्य परिस्थितियों अथवा पूर्वाग्रहपूर्ण अवधारणाओं के आधार पर तकनीकी विषय की अभिव्यक्ति के लिए अक्षम कह दिया जाता है तथा विभिन्न माध्यमों पर भाषा संबंधी इस गलत अवधारणा का प्रचार-प्रसार भी किया जाता है।

किन्तु इसके विपरीत यदि गौर किया जाए और जैसा कि पहले ही उल्लेख भी किया जा चुका है, तकनीकी हिन्दी का विकास आरंभ में तो अनुवाद के स्तर पर हुआ है तथा सामान्यतः अनुवादकों के विषय ज्ञान की सीमा अथवा अभाव के कारण उसका स्वरूप जटिल हो गया है। दूसरी ओर जो वैज्ञानिक वास्वत में विषय विशेषज्ञ होते हैं, हिन्दी भाषा पर उनकी पकड़ काफी कमजोर होने के कारण उनका भी इसके विकास में अपेक्षित योगदान नहीं मिला है। भाषा वैज्ञानिकों और विषय विशेषज्ञों द्वारा मिलकर उक्त क्षेत्र में सहलेखन का उदाहरण भी नहीं मिलता है। न ही अखिल भारतीय स्तर पर तकनीकी क्षेत्र में मुख्यतः उच्चस्तर पर हिन्दी माध्यम से अध्ययन - अध्यापन की व्यवस्था रही है और न ही हिन्दी में उपलब्ध तकनीकी साहित्य का समुचित प्रचार-प्रसार किया गया है। तकनीकी शब्दावली आयोग द्वारा बनाई गयी शब्दावली का भी प्रचार-प्रसार सीमित ही रहा है। हिन्दी में तकनीकी लेखन के क्षेत्र में शब्द प्रयोग की दृष्टि से पर्याप्त स्वैच्छाचारिता, लिप्यंतरित शब्दावली का उपयोग, शैली और वाक्यरचना के स्तर पर प्रांतीयता का दोष आदि भी देखने को मिलता है। इससे यह निष्कर्ष निकलता है कि तकनीकी हिन्दी भाषा का साहित्य सृजन अथवा शिक्षण आदि में अब तक समुचित उपयोग ही नहीं किया गया है। एतदर्थ किसी भाषा को प्रयोग के स्तर पर परखे बिना अकारण ही अक्षमता का दोष लगा देना पक्षपातपूर्ण अथवा पूर्वाग्रहपूर्ण मानसिकता का परिणाम है। यह भाषा की क्षमता- अक्षमता का नहीं वैयक्तिक अथवा सामाजिक मनोविज्ञान का प्रश्न है।

दूसरी तरफ यदि हम हिन्दी और अंग्रेजी दोनो भाषाओं के प्रयुक्ति क्षेत्रों की विभिन्न सामाजिक और सांस्कृतिक परिस्थितियों और कथित क्षेत्र में पूर्ववर्ती परंपराओं की तुलना करें तो मुख्यतः इस क्षेत्र में अंग्रजी को हिन्दी की अपेक्षा अधिक अनुभवी, परंपरासमृद्ध और आधुनिक विज्ञान के जन्मक्षेत्र की जनभाषा के रूप में पाते हैं, जब कि उक्त क्षेत्र में हिन्दी अनुभवहीन, आधुनिक विज्ञान एवं प्रौद्योगिकी के क्षेत्र में काफी हद तक परंपराहीन, आधुनिक ज्ञान-विज्ञान से वंचित तथा अपने वास्तविक विकास काल के दौरान राजनैतिक एवं आर्थिक दासता से संघर्षरत समाज की जनभाषा और अनुवाद के आधार पर आगे बढ़ने वाली भाषा के रूप में सामने आती है। इसके विपरीत आज उसे किसी ऐसे ज्ञान की अभिव्यक्ति के लिए बाध्य किया जा रहा है जिसका उद्‌भव और विकास उसकी अपनी सामाजिक और सांस्कृतिक परिस्थितियों से सर्वथा भिन्न परिस्थितियों में हुआ है। यह भी उल्लेखनीय है कि उक्त क्षेत्र में इसके प्रयोग को न ही अतीत में कभी बढ़ावा दिया गया और न ही समुचित रूप में आज बढ़ावा दिया जा रहा है। जाहिर है दोनों की अभिव्यक्ति क्षमता में पर्याप्त अंतर होगा ही! किन्तु फिर भी अपनी क्षमता के कारण ही विरोधों और सुअवसरों के अभाव के बावजूद हिन्दी तकनीकी क्षेत्र में तेजी से बढ़ रही है। फिलहाल दोनों भाषाओं की तुलना करना असंगत है। यह किसी अनुभवी और प्रौढ़

विद्वान तथा होनहार बालक की तुलना करने जैसा है।

इसके विपरीत हिन्दी साहित्य और दर्शन जैसे गुढ़तर विषयों की अभिव्यक्ति में पूर्णतः सक्षम है, उसकी सुदीर्घ परंपरा और समृद्ध साहित्य है, वहाँ वह अंग्रेजी भाषा से किसी भी प्रकार कम नहीं है। अतः व्यर्थ में भाषा पर अक्षमता का आरोप लगाना मानसिक रूग्णता का प्रदर्शन करना है, क्योंकि क्षमता अथवा अक्षमता भाषा की नहीं, उसके प्रयोक्ता की होती है। भाषा के ज्ञान की सीमा नहीं प्रयोक्ता के ज्ञान की सीमा होती है। भाषा तो यादृच्छिक प्रतीकों की एक व्यवस्था मात्र है जिसका नियंता प्रयोक्ता होता है। भाषा प्रकृति की नहीं व्यक्ति और उसके सामाजिक व्यवस्था की देन है। अतः भाषा पर अक्षमता का आरोप लगाना छोड़ कर हमें स्वतः को उक्त कार्य के लिए सक्षम बनाने की आवश्यकता पर बल देना चाहिए। अपने दायित्व को भाषा पर हस्तांतरित करना वैज्ञानिक समाज का लक्षण नहीं है।

4.2.4 हिन्दी को मात्र एक प्रादेशिक भाषा मानना

हिन्दी भाषा के प्रयोग में यह अवधारणा भी समस्यामूलक ही है। यद्यपि सभी जानते हैं कि यह छद्म अथवा दुराग्रहपूर्ण मानसिकता है। तथापि बहुभाषिक परिस्थिति में समस्या पैदा करने के लिए इसका भरपूर उपयोग किया जाता है। संविधान के प्रावधानों के अनुरूप हिन्दी कार्यान्वयन को ध्यान में रखकर भारत सरकार ने संपूर्ण भारत को हिन्दी भाषा ज्ञान के आधार पर तीन क्षेत्रों में विभक्त कर दिया है। ''क`` क्षेत्र में सभी हिन्दी भाषी प्रदेश तथा कुछ केन्द्र शासित क्षेत्र हैं। ''ख`` क्षेत्र में गुजरात, महाराष्ट्र, पंजाब और केन्द्र शासित चण्डीगढ़ आदि क्षेत्र हैं जब कि ''ग`` क्षेत्र में उपर्युक्त सभी प्रदेशों और केन्द्र शासित प्रदेशों को छोड़कर सामान्यतः सभी गैर-हिन्दी भाषी राज्यों को रखा गया है। यद्यपि कार्यान्वयन संबंधी कार्यक्रम बनाने के लिए इस प्रकार का विभाजन अपने आप में ठीक हो सकता है, किन्तु इससे प्रादेशिक भाषाओं संबंधी मनोवैज्ञानिक समस्या स्पष्ट रूप से उभर कर सामने आई है। गैर-हिन्दी भाषी प्रदेश के लोग इसी कारण हिन्दी को प्रादेशिक अथवा प्रदेश विशेष की भाषा मानते हैं और इस विभाजन के माध्यम से सरकारी स्तर पर इसे पुष्ट भी किया गया है।

किन्तु वस्तुस्थिति इसके विपरीत है। तथाकथित हिन्दी भाषी प्रदेश में 18 जनपदीय बोलियाँ अथवा उपभाषाएँ हैं। उनका अपना साहित्य और प्रयुक्ति क्षेत्र है। अपने पारिवारिक अथवा दैनिक संव्यवहारों के लिए जिस प्रकार अन्य भाषा-भाषी प्रदेश के निवासी अपनी मातृभाषा अथवा प्रादेशिक भाषा का उपयोग करते हैं, उसी प्रकार हिन्दी भाषी प्रदेश के लोग भी अपनी-अपनी मातृभाषाओं का प्रयोग करते हैं।

किन्तु जिस प्रकार हिन्दी का अखिल भारतीय स्तर पर संपर्क भाषा के रूप में उपयोग होता है, उसी प्रकार कहीं उससे अधिक मात्रा में हिन्दी भाषी प्रदेशों में भी मानक हिन्दी का संपर्क भाषा के रूप में प्रयोग हो रहा है। वहाँ भी उच्चस्तर पर तकनीकी शिक्षण की माध्यम भाषा के रूप में अंग्रेजी भाषा का ही उपयोग होता है। हिन्दी भाषी प्रदेश में स्थित दो भारतीय प्रौद्योगिकी संस्थानों में शिक्षण का माध्यम अंग्रेजी ही है। अतः कहना यही उचित होगा कि हिन्दी किसी प्रदेश विशेष की नहीं अपितु अखिल भारत की भाषा है। इसको किसी प्रदेश विशेष से जोड़ना ठीक नहीं है।

इसके पक्ष में दूसरा स्पष्टीकरण यह भी दिया जा सकता है कि भाषा का उद्भव तो किसी न किसी प्रदेश में ही होगा और उसकी उपयोगिता और सर्वग्राहिता के विशेष गुणों के आधार पर उसका संपूर्ण राष्ट्र में प्रचार-प्रसार होना कोई अस्वाभाविक बात नहीं है। किन्तु जब किसी भाषा का विकास किसी एक प्रयुक्ति क्षेत्र से दूसरे प्रयुक्ति क्षेत्र तक होता है तो उसका अभिनव रूप और शैली विकसित होती है। यद्यपि उसमें मूल प्रदेश की भाषा के अत्यधिक तत्व होते हैं, तथापि उसका विकास एक अभिनव भाषा के रूप में होता है। हिन्दी हो या अंग्रेजी दोनों के संदर्भ में यही बात सत्य है। आधुनिक हिन्दी का उद्‌भव क्षेत्र जैसा कि पहले अध्याय में स्पष्ट किया गया है देश के उत्तरी खण्ड में दिल्ली के आस-पास की खड़ीबोली एवं अन्य जनपदीय बोलियों के सम्यक योगदान से हुआ है। किन्तु उसके विकास में संपूर्ण भारतीय भाषाओं का यथोचित योगदान रहा है। यही कारण है कि अपने आरंभिक प्रयुक्ति क्षेत्र उत्तर भारत की सीमाओं को लांघ कर यह भाषा समस्त भारत में संपर्क भाषा के रूप में फैल गयी है। इसी प्रकार अंग्रेजी भाषा भी अपने उद्‌भव क्षेत्र आयरलैण्ड (इंग्लैण्ड) से बढ़ती हुई आज लगभग समस्त विश्व में फैल चुकी है। हिन्दी भाषा का भी इसी प्रकार अन्तर्राष्ट्रीय स्वरूप विकसित हो रहा है जिसे इसी अध्याय में अन्यत्र दर्शाने का प्रयास किया गया है। अतः हिन्दी को मात्र प्रदेश विशेष की भाषा के रूप में बताना और अन्य भाषाओं पर उसे थोपने जैसा आरोप लगाना निश्चय ही विकृत मानसिकता का परिणाम है। वस्तुस्थिति से अनभिज्ञ रहने का यह एक अनुचित प्रयास है। इस मनःस्थिति से उबर कर ही इस समस्या के प्रति कोई समुचित समाधान प्रस्तुत किया जा सकता है।

4.2.5 हिन्दी के कारण अखिल भारतीय स्तर पर सेवाक्षेत्रों में व्यापक विषमता के फैल जाने का भय :

अक्सर हिन्दी विरोधी अहिन्दी भाषी व्यक्तियों अथवा संगठनों द्वारा विभिन्न क्षेत्रों में हिन्दी को बढ़ावा देने के विरोध में यह दलील दी जाती है कि भाषा के कारण अहिन्दी भाषी क्षेत्र के लोगों को नौकरी अथवा सेवाक्षेत्र आदि में समान अवसर नहीं

मिलेंगे और हिन्दी भाषियों की तुलना में उन्हें सरकारी एवं स्वयत्त संस्थाओं में नौकरियों में नुकसान रहेगा। भाषा विरोध के पक्ष में जनमानस की विचारधारा को निहित स्वार्थों की खातिर मनचाही दिशा में मोड़ने का यह एक सशक्त मनोवैज्ञानिक साधन है, क्योंकि मनुष्य के लगभग सभी कार्यव्यापार उसके जीविकोपार्जन से ही जुड़े होते हैं और नौकरी का प्रश्न भी उसी से जुड़ा हुआ है। यह वास्तविकता है कि यदि जनसामान्य के मन में यह बात किसी तरह से बैठा दी जाए कि ''अमूक चीज'' के कारण उसकी आजीविका नकारात्मक ढंग से प्रभावित होने वाली है तो स्वाभाविक है कि वह उसका विरोध करेगा। दुर्भाग्यवश हिन्दी के विरूद्ध गैर-हिन्दी भाषी भारतीयों में कुछ थोड़े से स्वार्थी तत्वों द्वारा इसी प्रकार की मानसिकता अथवा दुर्भावना भर दी गयी है जिससे कथित प्रदेश के लोगों द्वारा विभिन्न स्तरों पर हम हिन्दी का विरोध करते देखते हैं। अन्यथा कौन इस बात से अनभिज्ञ है कि भारत सरकार के विभिन्न कार्यालयों में नियोजित लोगों में से कितने लोग अंग्रेजी में प्रवीण हैं ! किन्तु फिर भी उनके मन की गहराई में कहीं यह बात बैठी हुई है कि अंग्रेजी भाषा के ज्ञान के कारण ही उन्हें आजीविका चलाने के लिए नौकरी मिली है और उनकी भावी संतति को भी मिलेगी। अत: वे जिस अनुपात में अंग्रेजी भाषा सीखने का प्रयास करते हैं उसी अनुपात में हिन्दी आदि सीखने का प्रयास कदापि नहीं करते। नियोजित होने पर कार्यालयीन प्रशिक्षण में भी मन लगा कर नहीं सीखते कि कालांतर में हिन्दी में कार्य करने की योग्यता प्राप्त कर लें। इसके विपरीत राज्य सरकार के कार्यालयों में जहाँ कहीं भी प्रादेशिक भाषाओं में काम होता है, वहाँ लोगों को प्रादेशिक भाषा में कार्य करते हुए पाया जाता है भले ही उनकी मातृभाषा कुछ और हो। उल्लेखनीय है कि जब मातृभाषा अथवा प्रादेशिक भाषा में कार्य किया जा सकता है तो राष्ट्रभाषा हिन्दी में क्यों नहीं किया जा सकता? वास्तविकता यह है कि अतीत में अंग्रेजों द्वारा नौकरियों का लालच दे कर जिस प्रकार अंग्रेजी के प्रति एक मनोवैज्ञानिक आकर्षण का निर्माण किया गया था वह आज भी कायम है। हमारे देश में तो अब वह रूढ़ि का रूप ले चुका है। सामान्यत: नौकरियों के लिए साक्षात्कार आदि अंग्रेजी भाषा के ही माध्यम से होते हैं। अंग्रेजी भाषा का ज्ञान रखने वाले को नियोक्ता भी मनोवैज्ञानिक स्तर पर प्राथमिकता देते हैं जब कि हिन्दी अथवा अन्य भारतीय भाषा के जानकार को अंग्रेजी भाषा की अपेक्षित जानकारी और विषय ज्ञान के आधार पर ही बड़ी मुश्किल से नौकरी मिल पाती है। यह वस्तुस्थिति है। हमारी संपूर्ण व्यवस्था ही कुछ इसी प्रकार की हो गयी है जो अंग्रेजी के प्रति भाषिक श्रेष्ठता की मानसिकता से ग्रस्त है।

यह एक प्रकार का काल्पनिक भय है कि हिन्दी भाषा के कारण विभिन्न सेवाक्षेत्रों में विषमता फैल जाएगी और अहिन्दी भाषियों को उससे हानि होगी, क्योंकि वर्तमान स्थिति ठीक इसके विपरीत है। पूरे देश में अंग्रेजी भाषा ज्ञान के कारण सेवाक्षेत्रों में विषमता की स्थिति है। कुछ प्रतिशत अंग्रेजी भाषा के जानकारों को नौकरियाँ सहज

सुलभ हैं जब कि अधिकांश अन्य-भाषा भाषियों को इने-गिने क्षेत्रों को छोड़ कर नौकरियों के अवसर अत्यल्प हैं। दूसरी ओर भाषा के अलावा अन्य कारक भी होते हैं जो नौकरियों को प्रभावित करते हैं। जैसे कि तकनीकी ज्ञान, प्रशासनिक अथवा प्रबंधकीय क्षमता, संविधान का ज्ञान इत्यादि। और ये ज्ञान उच्चस्तरीय शिक्षा के द्वारा ही अर्जित किए जा सकते हैं। उच्चस्तर पर शिक्षा का माध्यम सर्वत्र अंग्रेजी ही है। अत: अंदाज लगाया जा सकता है कि किस भाषा के कारण विषमता की स्थिति है। शिक्षा तंत्र के अलावा संपूर्ण व्यवहार तंत्र भी अंग्रेजी के ही सहारे चल रहा है क्योंकि दोनों एक दूसरे पर आनुषंगिक रूप से निर्भर रहते हैं। उपर्युक्त विवेचन से स्पष्ट है कि हिन्दी द्वारा नौकरियों में होने वाली विषमताओं की घोषणा अथवा मनोवैज्ञानिक कुधारणाओं का आधार बेबुनियाद है। वर्तमान परिस्थितियाँ स्वत: ही इसका प्रमाण हैं।

निष्कर्ष रूप में इस प्रकार कहा जा सकता है कि मनोवैज्ञानिकता की यह समस्या समाज में विद्यमान अनेकानेक अन्य तत्वों से भी जुडी हुई है - जैसे हिन्दी भाषा के प्रति लोगों के मन में आस्था और दृढ़ विश्वास का अभाव है कि वह उन्हें प्रगति के पथ पर ले जाएगी। समस्या के प्रति लोकजागरण का भी सर्वथा अभाव और भ्रामक धारणाएँ हैं। भाषा के कारण सामाजिक प्रतिष्ठा की कमी तथा काल्पनिक दृष्टांतों द्वारा भाषा का उपहास और राष्ट्रीय स्तर पर ढुलमूल सरकारी नीतियों और कार्यान्वयन की असफलताओं ने लोगों के मन में हिन्दी के भविष्य के प्रति आशंका पैदा कर दी है। ऐसी धारणाओं का पोषण हो रहा है कि हिन्दी भाषा के ज्ञान के आधार पर प्रतिष्ठा-पूर्वक आजीविका नहीं कमाई जा सकती है। अत: लोग अपने कैरियर के आरंभिक चरण में ही इसको अपनाने से कतराते हैं। वास्तव में यह एक प्रकार की मनोवैज्ञानिक समस्या है, जिसका निवारण लोगों में हिन्दी के प्रति सही जागरूकता आने से ही संभव है।

4.3 राजनैतिक समस्या

यहाँ राजनैतिक व्यवस्था और उसके प्रकार्यों पर प्रकाश डालने की आवश्यकता नहीं है। किन्तु इसका उल्लेख करना प्रासंगिक होगा कि राज्य के संचालन की विद्या ही राजनीति है और राज्य मानवजीवन की अनिवार्यता है। आधुनिक युगीन उदारवादी और सुधारवादी विचारधाराओं ने लोकतंत्रात्मक राजनीति की विचारधारा संपूर्ण विश्व में फैलाई। भारत में भी यह विचारधारा औपनिवेशिक काल से ही आरंभ हुई और जब भारत स्वतंत्र हुआ तब भारत को निवर्तमान अंग्रेजी शासन से एक तंत्रबद्ध शासन व्यवस्था का कार्यभार हस्तांतरित हो कर मिला जिसे उन्होंने अपेक्षित फेर-बदल कर के अपना लिया। संक्रमण की उस कालावधि में राष्ट्रीय सरोकार वाले कुछ ऐसे मुद्दे थे

जिन्हें तत्काल बदल देने की आवश्यकता थी जिनसे कालांतर में राष्ट्रीय हितों के प्रभावित होने की व्यापक संभावनाएँ थीं। हमारे नेतागण ऐसा चाह भी रहे थे किन्तु देश के विभाजन से पैदा हुई परिस्थितियों, निर्णय लेने की दृढ़ता के अभाव और मुद्दों पर समुचित सहमति न हो पाने के कारण उन्होंने अनेक महत्वपूर्ण महाप्रश्नों को अस्थाई संवैधानिक व्यवस्थाओं के अन्तर्गत द्वंद्वात्मक स्थिति में भविष्य के कंधों पर हस्तांतरित कर दिया। भारतीय शिक्षा नीति और अनेकानेक व्यावहारिक क्षेत्रों से घनिष्ट रूप से सम्बद्ध भाषा का प्रश्न एक ऐसा ही मुद्दा है जिसे भारत के संविधान निर्माताओं ने अनिर्णय की स्थिति में भविष्य के लिए हस्तांतरित कर दिया और भविष्य की दलगत राजनीति ने अपने निहित स्वार्थों की खातिर इसे कुत्सित राज-नीति के दलदल में ढकेल दिया है। संप्रति यह एक विकट राजनैतिक समस्या के रूप में देश में विद्यमान है।

स्वतंत्र भारत के संविधान द्वारा भारतीय भाषाओं की स्थिति स्पष्ट किए हुए आज चार दशक से भी अधिक समय हो गया है। यद्यपि उक्त संवैधानिक व्यवस्था को भारतीय संसद ने स्वीकार किया है और कालांतर में उसका पुनरीक्षण भी किया है, तथापि भाषाओं के लेकर आज भी द्वंद्वात्मक स्थिति बनी हुई है। समय-समय पर विभिन्न राजनैतिक दलों द्वारा भारतीय भाषाओं और विशेषकर हिन्दी की स्थिति को लेकर अनेक प्रकार के सवाल उठाए जाते रहे हैं। विभिन्न राजनैतिक दलों के घोषणापत्रों में बारंबार यह प्रश्न उठाया जाता रहा है कि अन्य प्रदेशों अथवा प्रादेशिक भाषा क्षेत्रों के विविध कार्यव्यापरों हेतु हिन्दी थोपने अथवा आरोपित करने का प्रयास किया जा रहा है।[148] किन्तु वस्तुस्थिति इससे सर्वथा भिंन्न है। हिन्दी को राजभाषा और राष्ट्रभाषा मान लेने के बावजूद भी राष्ट्रीय स्तर पर कभी भी ऐसा कोई प्रयत्न नहीं हुआ है, जिससे ऐसा लगे कि कथित हिन्दी भाषा को अन्य भारतीय भाषाओं अथवा अन्य भाषा-भाषियों पर किसी प्रकार से भी आरोपित करने का प्रयास किया जा रहा है। सरकार के स्तर पर तो इस प्रकार का प्रयास बिल्कुल नहीं हुआ है। और न ही कथित हिन्दी भाषी क्षेत्र के रहिवासियों द्वारा कभी भी ऐसा कुछ किया गया है जो गैर-हिन्दी भाषी प्रदेश के लोगों की नाराजगी का कारण बने। उल्लेखनीय है कि सातवें दशक के आरंभ में डॉ. राममनोहर लोहिया ने हिन्दी में नामपट्ट लिखे जाने को लेकर एक आंदोलन जरूर चलाया था, किन्तु बाद में उन्हें स्वतः ही अपनी कार्यप्रणाली पर पुनर्विचार करने की आवश्यकता महसूस हुई थी।[149]

डॉ. लोहिया के आंदोलन को भाषा-विवाद का मुददा बनाने की अपेक्षा हम यह कह सकते हैं कि - भाषा के संबंध में संविधान विहित उपबन्धों का सरकार द्वारा उचित अनुपालन न करने अथवा कार्यान्वयन की ढिलाई के विरोध में प्रतिक्रिया स्वरूप डॉ. लोहिया को हिन्दी का आंदोलन चलाने के लिए मजबूर होना पड़ा था। अन्यथा किया।

लोहिया जैसे राष्ट्रीय नेता के व्यक्तित्व को देखते हुए कोई भी यह कह सकता है कि महात्मा गांधी के पश्चात अपने देश तथा देशवासियों से गहरा और व्यक्तिगत लगाव रखने वाले डॉ. लोहिया राजनीति प्रेरित हो कर इस प्रकार के आंदोलन करने वालों में नहीं थे।[150] यह भी उल्लेखनीय है कि ''अंग्रेजी हटाओ`` आंदोलन के जन्मदाता डॉ. लोहिया स्वत: अंग्रेजी साहित्य में ऑनर्स के साथ स्नातक की परीक्षा उत्तीर्ण थे और अंग्रेजी भाषा की उपयोगिता और सामर्थ्य से भलिभाँति परिचित थे। राजनीति में भाषा के संदर्भ में उनका दृढ़ मत था कि लोकतंत्र को लोकभाषा में ही चलाया जाना चाहिए। उनका मानना था कि - *लोकशाही बिना लोकभाषा के कैसे चलेगी? अंग्रेजी हटाओ आंदोलन को तेज करना है। अंग्रेजी के रहते पिछड़ों के हाथ में सच्ची ताकत नहीं जा सकती। यह पेट भी मारता है , दिमाग भी मारता है।*[151] अत: यह स्पष्ट है कि लोहिया के लिए हिन्दी राजनीति का नहीं, विशुद्ध राष्ट्रहित का प्रश्न था जिसका संबंध पारस्परिक विकास से था, सामूहिक विनाश से नहीं। ''अंग्रेजी हटाओ`` का आंदोलन चलाकर डॉ. लोहिया ने अन्य भारतीय भाषाओं अथवा अन्य भारतीय अहिन्दी भाषियों का किसी भी प्रकार से अहित नहीं करना चाहा था। यदि निष्पक्ष दृष्टिकोण से सोचा और समझा जाए तो इस तथ्य से इन्कार नहीं किया जा सकता है कि डॉ. लोहिया ने भारतीय संविधान की भाषा संबंधी व्यवस्थाओं के अनुरूप आचरण करते हुए अपने राष्ट्रनायकों के ही पथ पर चलने का प्रयास किया था। भटकी हुई नौकर-शाही को संविधान के अनुरूप आचरण करने का पाठ पढ़ाना चाहा था। अंग्रेजी का विरोध किया था, किसी अन्य भारतीय भाषा का अहित नहीं चाहा था।

राजनैतिक संकीर्णता से ऊपर उठकर यदि निष्पक्ष चिंतन किया जाए तो हम पाते हैं कि जिस हिन्दी को भारत की राजभाषा और राष्ट्रभाषा, संपर्क भाषा आदि के रूप में प्रतिष्ठित करने के लिए अहिन्दी भाषी राष्ट्रनायकों ने स्वेच्छा से वरण किया था और जिन्हें यह दृढ़ विश्वास था कि उनके इस निर्णय का उनकी आमजनता स्वागत करेगी, यह आश्चर्यजनक लगता है कि उनके बाद अथवा उनके रहते ही उनकी पार्टी के लोगों अथवा जनता ने उनके निर्णय को क्यों कर अस्वीकार कर दिया। ऐसी स्थिति में इस प्रश्न का उठना स्वाभाविक है कि क्या आज जनता ने वास्तव में हिन्दी को अस्वीकार कर दिया है, या वस्तुस्थिति कुछ और ही है ? निश्चय ही वस्तुस्थिति उपर्युक्त के विपरीत है। यह कहना सर्वथा असंगत और असत्य है कि अहिन्दी भाषी आम-जनता ने हिन्दी को अस्वीकार कर दिया है अथवा अपने नेताओं के निर्णय को ठुकरा दिया है। बल्कि वास्तविकता यह है कि सन् 1952 में भाषिक आधार पर राज्यों के पुनर्गठन के पश्चात क्षेत्रीय राजनैतिक दलों की ताकत बढ़ने से सत्ता के लोभ में उन्होंने भाषिक और जातिगत संवेदनाओं के आधार पर भोले-भाले जनमानस को मनोवैज्ञानिक स्तर पर गुमराह किया। भाषा और जातिगत अस्मिता को आधार बनाकर निहित स्वार्थों की खातिर राजनैतिक दलों ने समाज में विघटन का विष-वमन

वस्तुतः आज हम भारत के राजनैतिक परिदृश्य पर अस्थिरता से लेकर विघटन के जितने भी तत्व समाज में पनपता, बढ़ता देख रहे हैं वह दलगत क्षेत्रीय राजनीति की ही देन है। इसके लिए कथित प्रदेश की आम-जनता को जिम्मेदार ठहराना अनुचित है। अशिक्षा, बेरोजगारी आदि के कारण आमजनता में तो वैसी ही अपेक्षित जागरूकता का अभाव है।

उल्लेखनीय है कि जो हिन्दी सदियों से भारत की संपर्क भाषा रही है तथा भारत के स्वतंत्रता आंदोलन में जिसकी महत्वपूर्ण भूमिका रही है, और जिस हिन्दी के विकास के लिए संपूर्ण भारतीय जनमानस जिम्मेदार रहा है, उसी हिन्दी को स्वतंत्र भारत का भाषा-भाषी समाज क्यों कर अस्वीकार करना चाहेगा? स्पष्ट है, देश की कुत्सित राजनीति ने इसे एक राजनैतिक समस्या के रूप में देश के सामने प्रस्तुत किया है। जिस हिन्दी को उसकी निहित योग्यता के आधार पर राजभाषा का सिंहासन दिया गया है, उसी पर बैठने के लिए बारंबार उसकी योग्यता का सवाल क्यों खड़ा किया जा रहा है। निश्चय ही यह क्षेत्रीय कुर्सीबाजी की राजनीति का परिणाम है। उदाहरण के लिए हम कह सकते हैं कि सन् 1965 में तो इसी आधार पर तमिलनाडु की सरकार गठित हुई थी। एतदर्थ विवेच्य समस्या के अनुशीलन हेतु भारत की भाषिक राजनीति का अनुशीलन अपेक्षित है। निम्नलिखित बिन्दुओं को इस विवेचन का आधार बनाया जा सकता है :

1. हिन्दी की संवैधानिक स्थिति
2. दलगत राजनीति और हिन्दी
3. हिन्दी की वर्तमान स्थिति पर राजनीति-इतर वर्ग का दृष्टिकोण

4.3.1 हिन्दी की संवैधानिक स्थिति

जैसी की आम प्रचलित अवधारणा है, किसी राष्ट्र के राष्ट्रीय प्रतीकों जैसे- राष्ट्रीय ध्वज, राष्ट्रगीत, राष्ट्रीय पशु तथा राष्ट्रभाषा आदि के निर्धारण और चयन के लिए देशवासियों में आपस में अधिक वाद-विवाद की अपेक्षा नहीं होती है। जिस प्रकार अपने कार्यों और अपनी निहित योग्यता के आधार पर कोई व्यक्ति सर्वसम्मति से अपने दल का नेता चुन लिया जाता है, ठीक उसी प्रकार किसी देश अथवा जाति की सुदीर्घ परंपरा और उसकी सांस्कृतिक और सामाजिक अस्मिता को अपनी योग्यता के आधार पर वहन करने वाले प्रमुख तत्वों को उनके निहित गुणों के आधार पर राष्ट्रीय प्रतीक होने का पारंपरिक गौरव प्राप्त होता है। उनपर आपसी सहमति एक स्वाभाविक बात होती है क्योंकि वे किसी वर्ग विशेष का नहीं अपितु समग्र राष्ट्र का प्रतिनिधित्व करते हैं। किन्तु यदि किन्हीं कारणों से ऐसी आवश्यकता पड़ भी जाए तो औपचारिक

ढंग से उनका चयन कर के संवैधानिक घोषणा कर दी जाती है। भारत में यद्यपि अन्य राष्ट्रीय प्रतीकों जैसे - राष्ट्र ध्वज, राष्ट्रगीत आदि के बारे में भी अपेक्षाकृत कम विवाद रहे और अंततः सर्वसम्मति से उनकी संवैधानिक घोषणा हो गयी। किन्तु राष्ट्रभाषा को लेकर राष्ट्रस्तर पर विवाद अपनी चरम सीमा पर रहा है। स्थिति आज भी विवादास्पद ही है।

ज्ञातव्य है कि 14 सितम्बर, 1949 को संविधान सभा ने निर्णय लेकर 26 जनवरी, 1950 से भारत का अपना संविधान लागू कर दिया। संविधान के भाग 17 में विभिन्न भारतीय भाषाओं के संबंध में संवैधानिक व्यवस्था दी गयी है। संविधान के अनुच्छेद 343 से 351 तक विभिन्न भारतीय भाषाओं की स्थिति स्पष्ट की गयी है तथा उनके विकास आदि के लिए निर्देशादि दिए गये है जो मुख्यतः चार खण्डों में विभक्त हैं: ''संघ की भाष``, ''प्रादेशिक भाषाएँ``,''उच्चतम न्यायालय एवं अन्य न्यायालयों की भाषा`` और ''विशेष निदेश``। (कृपया भाषा संबंधी संवैधानिक व्यवस्था का विवरण परिशिष्ट III तथा IV में देखें) भाषा के संबंध में विवादात्मक स्थिति होने के कारण संघ की राजभाषा संबंधी व्यवस्था वास्तव में अस्थाई है जिसके कारण अंग्रेजी भाषा को शासन की भाषा होने की संवैधानिक छूट मिल गयी है। संविधान की ढुलमूल व्यवस्था के कारण ही भाषा विवाद की स्थिति आज तक बनी हुई है। भाषा विवाद की प्रखरता और भविष्य में उसके खतरों को भारतीय संविधान के प्रमुख शिल्पी डॉ. बी.आर.अंबेडकर ने बहुत पहले ही भांप लिया था। इसीलिए उन्होंने देश के कर्णधारों को आगाह करते हुए बहुत पहले ही (19 अप्रैल, 1947 को ही) यह स्पष्ट रूप से बता दिया था कि हिन्दुस्तानी को न केवल संघ की वरन सभी इकाइयों की भाषा बना दिया जाना चाहिए। उनका कथन है – *यथास्थिति धारा 9 हिन्दुस्तानी को संघ की राजभाषा घोषित करती है। समिति द्वारा गृहित शब्दावली के विचार से यह स्पष्ट है कि हिन्दुस्तानी राज्य की, अर्थात संघ की भाषा होगी और साथ ही इकाइयों की भी। यदि प्रत्येक इकाई को स्वतंत्रता दी जाती है कि वह किसी भी भाषा को राजभाषा बनाए तो इससे न केवल भारत के लिए एक राष्ट्रभाषा का उद्देश्य पराभूत हो जाएगा वरन, भाषाई विभेदता के कारण भारत का प्रशासन भी असंभव हो जाएगा। अतः मेरा अभिमत है कि ``संघ'' के स्थान पर ``राज्य'' शब्द रख दिया जाए। हो सकता है इकाइयाँ हिन्दुस्तानी को अपनी राजभाषा बनाने के लिए समय मांगे। इसके लिए उन्हें समय देने में कोई हानि नहीं है। किन्तु इस विषय पर कोई संदेह नहीं हो सकता कि प्रारंभ से ही इकाइयों पर हिन्दुस्तानी को अभिग्रहण करने की वैधानिक अनिवार्यता या बाध्यता होगी।*[152] किन्तु जब संविधान का अंतिम रूप सामने आया तो स्थिति कुछ और ही थी।

संविधान का भाग XVII (अनुच्छेद 343 से 351) वास्तव में हिन्दी का दुर्भाग्य बनकर अवतरित हुआ है, क्योंकि उसने घोषणा तो हिन्दी के पक्ष में किया है किन्तु प्रयोग अनिवार्य अंग्रेजी का कर दिया है। स्वयं संविधान के निर्माण के लिए अंग्रेजी भाषा को अपनाया गया है और फलतः उसका मूलपाठ अंग्रेजी में ही है। उल्लेख मिलता है कि संविधान पारित हो जाने के पश्चात उसका एक हिन्दी रूपांतर भी तैयार किया गया था तथा उस पर संविधान सभा के सभी सदस्यों ने हस्ताक्षर भी किए थे, किन्तु उसका प्रकाशन हिन्दी अनुवाद कह कर किया गया और कुछ महानुभाव उसे प्राधिकृत हिन्दी पाठ कहते हुए भी समग्रतः विधि क्षेत्र में उसे हिन्दी अनुवाद ही मानते हैं।[153] स्वतंत्र भारत की यह पहली ऐतिहासिक घटना थी कि जिन विदेशियों और उनके द्वारा फैलाई जा रही सामाजिक बुराइयों को निकालने के लिए वर्षों तक जिस भाषा के माध्यम से संर्घष किया गया और जिसके लाखों प्रयोक्ताओं ने अपने जीवन की कुर्बानी दी थी, उनकी भाषा को राजभाषा की मान्यता तो दी गयी किन्तु अंग्रेजी के प्रयोग को अनिवार्य बना दिया।

यह सब होते हुए भी जहाँ तक सैद्धांतिक मान्यता का प्रश्न है, हिन्दी के पक्ष में फिर भी बहुत कुछ है। संविधान के अनुच्छेद 343(1) के अनुसार हिन्दी संघ की राजभाषा है। यद्यपि यह दर्जा उसे संविधान के लागू होते ही प्राप्त हो गया था किन्तु संविधान की उस घोषणा का परवर्तीकाल में उचित कार्यान्वयन न हो सका और समस्यामूलक स्थित उठ खड़ी हुई। संघ की राजभाषा होने के कारण यह संघ तथा विभिन्न राज्यों के पारस्परिक संपर्क एवं पत्रव्यवहार की भाषा के रूप में भी मान्य हो गयी(अनुच्छेद 346)। संसद तथा राज्य विधान मण्डलों को यह अधिकार दे दिया गया कि वे हिन्दी को अपने-अपने राज्यों की राजभाषा के रूप में अपनाएँ (अनुच्छेद 345) तथा हिन्दी भाषा का प्रसार एवं विकास करना संघ का कर्तव्य बना दिया गया (351)।

यह तो रही सैद्धांतिक स्थिति। वास्तविक संवैधानिक स्थिति के ज्ञान के लिए हमें विभिन्न कार्यों हेतु दिए गये उपबंधों का विश्लेषण करना होगा। सबसे पहले विधायन अथवा विधि निर्माण और संसदीय कार्य को लेते हैं। यह मुख्यतः दो स्तरों पर होता है - संघ तथा राज्य। संघ स्तर पर अधिनियम संसद द्वारा पारित होते हैं। राष्ट्रपति को अध्यादेश निकालने का अधिकार है। इसके अतिरिक्त् संविधान तथा विभिन्न केन्द्रीय अधिनियमों के अधीन विभिन्न प्राधिकारियों द्वारा नियम, विनियम आदि बनाए जाते हैं। ये विधि के अंग होते हैं। इसी प्रकार राज्य स्तर पर अधिनियम राज्य-विधान मण्डल द्वारा पारित होते हैं। राज्यपाल को अध्यादेश निकालने का अधिकार है तथा संविधान एवं राज्य अधिनियमों के अधीन विभिन्न प्राधिकारियों द्वारा नियम, विनियम आदि बनाए जाते हैं। इन सबके संबंध में अनुच्छेद 348(1) में एक सामान्य

व्यवस्था यह है कि जब तक संसद विधि द्वारा अन्यथा उपबंध न करे तब तक इन सबके प्राधिकृत मूलपाठ अंग्रेजी में ही होंगे। जहाँ तक संघीय विधि का संबंध है, संसद ने ऐसी कोई व्यवस्था नहीं की है जिसके अनुसार विधायन हिन्दी में हो सके। अतः समस्त संघीय विधायन की एकमात्र भाषा अंग्रेजी है तथा सभी केन्द्रीय कानून मूलरूप से अंग्रेजी में ही प्रस्तुत होते व बनते हैं। यह अवश्य है कि राजभाषा अधिनियम-1963 की धारा 5(2) ने यह व्यवस्था कर दी है कि विधेयक के अंग्रेजी पाठ के साथ उसका प्राधिकृत हिन्दी अनुवाद भी दिया जाएगा, किन्तु यह अनुवाद सहायक मात्र हो सकता है, स्वयं विधि का रूप ग्रहण नहीं कर सकता, न उसके आधार पर संसद में कोई कार्रवाई हो सकती है।

जहाँ तक संसद के अन्य कार्यों का संबंध है, अनुच्छेद 120 में यह व्यवस्था है कि संसद में कार्य हिन्दी या अंग्रेजी में किया जाएगा। साथ ही यह व्यवस्था भी की गयी थी कि यदि संसद अन्यथा विधि न बनाए तो संविधान के आरंभ से 15 वर्ष की समाप्ति पर अर्थात 26 जनवरी, 1965 से संसद में अंग्रेजी का प्रयोग समाप्त हो जाएगा। किन्तु संसद ने इसका लाभ उठाते हुए अन्यथा विधि बना दी और राजभाषा अधिनियम की धारा 3 ने संसद में अंग्रेजी के प्रयोग को अनिश्चित काल तक के लिए बढ़ा दिया।

जहाँ तक राज्यों का संबंध है, उनकी विधि के प्राधिकृत मूलपाठों के लिए अंग्रेजी को अनिवार्य बनाते हुए भी अनुच्छेद 345 में यह व्यवस्था कर दी गयी थी कि राज्य विधान मण्डल राज्य के राजकीय प्रयोजनों के लिए हिन्दी अथवा राज्य में प्रयुक्त होने वाली किसी अन्य भाषा के प्रयोग की व्यवस्था विधि द्वारा कर सकता है। हिन्दी भाषी राज्यों सहित अन्य चार राज्यों में यद्यपि विधायन की भाषा के रूप में हिन्दी को स्वीकार किया गया है। किन्तु वहाँ भी हिन्दी को वास्तविक स्थान व्यावहारिक रूप में नहीं मिला है, क्योंकि संविधान के अनुच्छेद 348(1) के अनुसार अंग्रेजी में प्राधिकृत मूलपाठ उपलब्ध कराना अब भी आवश्यक है तथा संसद ने उस आवश्यकता को समाप्त नहीं किया है। अनुच्छेद 348(3) के अनुसार इन कानूनों के जो अंग्रेजी अनुवाद राज्यपाल के प्राधिकार से राजपत्र में प्रकाशित किए जाते हैं, वे इन कानूनों के प्राधिकृत अंग्रेजी मूलपाठ बन जाते हैं। जब अंग्रेजी में पाठ प्रस्तुत करना आवश्यक है और उस भाषा में विधि निर्माण की परंपरा चली आ रही है, तथा संबंधित महानुभाव भी अंग्रेजी के अभ्यस्त हैं तो वस्तुस्थिति प्रायः यह हो जाती है कि कानून तैयार अंग्रेजी में किए जाते हैं तथा उनके हिन्दी अनुवाद को सदन में पेश कर दिया जाता है तथा अंग्रेजी के प्रारूप को हिन्दी मूलपाठ के अनुवाद के रूप में प्रकाशित कर दिया जाता है। इस प्रकार वास्तविक प्रयोग हिन्दी का न हो कर अंग्रेजी का ही हौता है। उच्च न्यायालयों के प्रयोग की भाषा अंग्रेजी होने के कारण तथा अन्य न्यायालयों में भी

अधिकांश कार्य उसी भाषा में होने के कारण हिन्दी पाठों की ओर ध्यान नहीं दिया जाता है।

जहाँ तक राज्य विधान मण्डलों में अन्य कार्यों के लिए प्रयुक्त होने वाली भाषा का संबंध है, अनुच्छेद 210 में यह व्यवस्था है कि प्रयोग हिन्दी अथवा अंग्रेजी अथवा राज्य की राजभाषा का किया जाएगा तथा यदि राज्य का विधान मण्डल अन्यथा विधि न बनाए तो संविधान के आरंभ से 15 वर्ष की समाप्ति पर अंग्रेजी का प्रयोग समाप्त हो जाएगा। इस प्रकार कुछ राज्यों में अंग्रेजी का प्रयोग समाप्त हो चुका है तथा कुछ राज्यों में उनका प्रयोग अब भी जारी है।

विधान मण्डलों की अपेक्षा न्यायपालिका और कार्यपालिका के क्षेत्र में हिन्दी की स्थिति और भी कमजोर है। आज भी उच्चतम न्यायालय की एकमात्र भाषा अंग्रेजी ही है। यद्यपि राजभाषा अधिनियम 1963 की धारा 7 के अन्तर्गत कुछ व्यवस्था अवश्य की गयी है, किन्तु उसका भी सम्यक उपयोग नहीं है। राजभाषा अधिनियम की धारा 3 द्वारा विविध प्रयोजनों के लिए अंग्रेजी का प्रयोग अनिश्चित काल तक के लिए बढ़ा दिया गया है। राष्ट्रपति को यह अधिकार है कि वे किन्हीं कार्यों के लिए हिन्दी के प्रयोग की अनुमति दे सकते हैं और उन्होंने कुछ निदेश भी निकाले हैं (देखें परिशिष्ट-VI)। किन्तु उनसे हिन्दी का वास्तविक प्रयोग नहीं हो पा रहा है।

संविधान के अनुच्छेद 344 ने हिन्दी के प्रयोग वृद्धि की दृष्टि से यह व्यवस्था की थी कि संविधान के आरंभ से 5 वर्ष के पश्चात एक आयोग की तथा उक्त आरंभ के दस वर्ष के पश्चात दूसरे आयोग की स्थापना की जाए जो हिन्दी के प्रयोग के संबंध में सिफारिशें दे तथा एक संसदीय समिति उन सिफारिशों पर विचार कर के अपने अनुदेश जारी करे। उक्त व्यवस्था के अनुसार द्वितीय आयोग तो नियुक्त ही नहीं किया गया। पहले आयोग ने अपनी सिफारिशें प्रस्तुत की थी। राजभाषा अधिनियम की धारा 4(1) के अन्तर्गत गठित संसदीय राजभाषा समिति भी अब तक (अगस्त 1990 तक) हिन्दी के प्रयोग संबंधी अपने प्रतिवेदनों के पांच खण्ड प्रस्तुत कर चुकी है। जिसमें चार पर राष्ट्रपति के स्पष्ट आदेश जारी किए जा चुके हैं तथा जिन्हें भारत के राजपत्र में संसदीय राजभाषा समिति के प्रतिवेदनों पर संसद के दोनों सदनों द्वारा स्वीकृत संकल्प के रूप में प्रकाशित किया गया है।[154] तदनुसार यद्यपि हिन्दी के कार्यान्वयन के लिए कुछ कदम उठाए जाते रहे हैं, किन्तु कार्यान्वयन में लगातार बरती जा रही शिथिलता के कारण हिन्दी की स्थिति कुछ भी दृढ़ नहीं हुई है। इस बात का प्रमाण यह है कि भारत का संविधान सन् 1950 में लागू होने के साथ ही जिस हिन्दी की स्थिति स्पष्ट हो गयी थी, उसके लिए राजभाषा अधिनयम ही 13 वर्षों के पश्चात अर्थात 1963 में बनाए गये और उस पर भी केवल एक दक्षिण भारतीय

राज्य तमिलनाडु की क्षेत्रीय राजनीति से प्रेरित कतिपय निहित स्वार्थी तत्वों द्वारा विरोध करने पर तत्कालीन प्रधानमंत्री श्री नेहरू ने संसद में यह आश्वासन दे दिया कि जब तक देश के सभी राज्य स्वीकार नहीं कर लेते, तब तक हिन्दी और अंग्रेजी में साथ-साथ काम होता रहेगा।[155] इस प्रकार सन् 1965 और 1967 में उक्त राजभाषा अधिनियम- 1963 में पुनः संशोधन किए गये। इस अधिनियम की धारा 3(3) में संसद में प्रस्तुत होने वाले सभी कागजातों को द्विभाषिक होना अनिवार्य कर दिया। इस प्रकार हिन्दी भाषा को यहीं पर व्यावहारिक रूप से अंग्रेजी को अपदस्थ कर अपना स्थान ग्रहण करने से रोक दिया गया। राजभाषा अधिनियम 1963 के पारित होने के 13 वर्ष पश्चात राजभाषा संबंधी नियम सन् 1976 में बने जिनके आधार पर वास्तविक कार्यान्वयन को बढ़ना था। और इस प्रकार अनावश्यक रूप से 26 वर्षों का एक लम्बा समय व्यर्थ की औपचारिकताओं में गुजार दिया गया, जिसका कोई उत्तर नहीं है। संप्रति वस्तुस्थिति यह है कि राजभाषा के रूप में हिन्दी का अस्तित्व मात्र अनुवाद की भाषा के रूप में है।

केन्द्र सरकार का दस प्रतिशत कार्य भी हिन्दी में नहीं होता और बचे हुए 90 प्रतिशत से अधिक कार्य जो मूलरूप से अंग्रेजी में ही होते हैं, उनका जो हिन्दी अनुवाद उपलब्ध कराया जाता है, वह कृत्रिम और शुष्क रहता है।[156] इसके विपरीत एक अन्य ऐसा अनदेखा सत्य है, जिसका उद्घाटन करना अनिवार्य है। वह है - केन्द्र सरकार या राज्य सरकार में शायद ही ऐसा कोई पद हो जिसमें बिना अंग्रेजी जाने किसी को सेवा का अवसर मिले, वहीं आज भी हजारों ऐसे वरिष्ठ पदाधिकारी मिलेगें जो हिन्दी नहीं जानते अथवा व्यावहारिक रूप में उसकी उपेक्षा करते हैं, फिर भी ऊंची कुर्सियों पर विराजमान हैं। यह राजभाषा अधिनियम 1963 तथा धारा 3(3) का खुल्लमखुल्ला उलंघन ही है, क्योंकि इसके अन्तर्गत द्विभाषिक रूप में तभी काम संभव हो सकता है, जब दोनों भाषाओं का संबंधित अधिकारी को समुचित ज्ञान हो।

संसदीय राजभाषा समिति के स्थापनाकाल (1976) से आजीवन सदस्य तथा जनवरी 1995 से आजीवन इसके मनोनित उपाध्यक्ष रह चुके स्व. डॉ. शंकरदयाल सिंह ने स्पष्ट रूप से यह स्वीकार किया है कि संवैधानिक प्रावधानों के बावजूद विविध क्षेत्रों में हिन्दी का प्रयोग अपर्याप्त है। उनका कथन है ... *मैं स्वयं अपने अनुभवों और निरीक्षणों से अच्छी तरह जानता हूँ कि भारत सरकार के अधिकतर कार्यालयों में हिन्दी की स्थिति हास्यास्पद है। जहाँ खानापूर्ति और रस्म अदायगी ही मुख्यरूप से होती है। व्यावहारिक रूप से 25 प्रतिशत कार्य भी नहीं हो पाता। जब कि राष्ट्रपति का आदेश है कि हिन्दी भाषा-भाषी क्षेत्रों में जिन्हें ''क'' क्षेत्र कहते हैं, वहाँ 90 प्रतिशत कार्य हिन्दी में होने चाहिए।*[157]

उपर्युक्त परिस्थितियों के बावजूद इस तथ्य से इन्कार नहीं किया जा सकता है कि गत चार दशकों में दिखावे के लिए ही सही संवैधानिक उपबंधों के अन्तर्गत संघ एवं राज्य सरकारों द्वारा हिन्दी की अभिवृद्धि एवं प्रसार के लिए अनेक महत्त्वपूर्ण कार्य भी किए गये हैं। जैसा कि अनुच्छेद 351 का निर्देश है, शब्दावली आयोग, विधायी आयोग, हिन्दी निदेशालय, राजभाषा विभाग आदि संघीय निकायों के अतिरिक्त् विभिन्न राज्यों में हिन्दी अकादमियों, प्रशिक्षण संस्थानों आदि सभी मिलजुलकर हिन्दी के विकास में लगे हैं। हिन्दी के प्रयोग में सहायता देने के लिए विभिन्न कार्यालयों में हिन्दी सहायक, अनुवादक, हिन्दी अधिकारी, टाइपिस्ट, आशुलिपिक आदि के सैकड़ो पद सृजित किए गये हैं। हिन्दी शिक्षण योजनाएँ, नगर राजभाषा कार्यान्वयन समितियाँ, कार्यान्वयन निरीक्षण कार्यालय आदि तमाम ढांचागत सुविधाएँ हिन्दी के विकास के लिए ही बनाई गयी हैं। किन्तु इनका सम्यक उपयोग न होने के कारण वस्तुस्थिति में उल्लेखनीय परिवर्तन नहीं हो रहा है। सरकार सहित कार्यान्वयन के लिए उत्तरदायी कर्मचारी भी इसके लिए उतने ही दोषी हैं।

अब तक जो कुछ कार्य हुआ है, वह भी मुख्यतः अनुवाद के रूप में हुआ है तथा हिन्दी का वास्तविक प्रयोग बहुत कम होने के कारण उसका व्यावहारिक रूप में अभ्यास नहीं हो पाया है। हिन्दी के विकास का जिस प्रकार बेतरतीब प्रयास किया गया है, उससे राजकीय क्षेत्र में आकर हिन्दी जन-भाषा के स्थान पर विशेषज्ञों की भाषा अर्थात जटिल भाषा का रूप लेती जा रही है और उसका प्रयोग ऐसे होता है जैसे वह कोई विदेशी भाषा हो। इसका मुख्य कारण यही है कि संविधान ने हिन्दी को मान्यता देते हुए उसके वास्तविक प्रयोग का दिशानिर्देश करने की समुचित व्यवस्था में अनपेक्षित ढील दे दी और उस ढील का उपयोग कर के क्षेत्रीय राजनीति अथवा कुर्सी की राजनीति से प्रेरित भारतीय संसद ने आज उसे एक अत्यंत जटिल समस्या का रूप दे दिया है जिसका निवारण सहज नहीं है। इस बात का संकेत सुप्रसिद्ध अर्थशास्त्री गुन्नार मिरडल ने अपने ``एशियन ड्रामा'' में भी किया है। वह लिखता है ...... *जब तक भारतीय संसद में अंग्रेजी का व्यवहार होता रहेगा, तब तक वह देश अपने को आजाद नहीं कह सकता।*[158]

4.3.2 भारत की दलगत राजनीति और हिन्दी

संसदीय लोकतंत्र में किसी भी समस्या का अध्ययन राजनैतिक दलों को अछूता रख कर नहीं किया जा सकता है। फिर भारत जैसे बहुभाषिक देश में भाषा की समस्या का पालन-पोषण तो राजनीति की गोद में ही हो रहा है। अतः हिन्दी को संघ की राजभाषा बनाने की ऐतिहासिक घटना से पूर्व और तत्पश्चात विभिन्न राजनैतिक दलों के दृष्टिकोण में हिन्दी भाषा की स्थिति को दर्शाते हुए विवेच्य समस्या का अनुशीलन प्रस्तुत किया जा रहा है।

जैसा कि विदित है, भारत जैसे संसदीय लोकतंत्र में विभिन्न राज्यों और राष्ट्र का शासनतंत्र जनता के निर्वाचित प्रतिनिधियों द्वारा किया जाता है। निर्वाचन में बहुमत प्राप्त दल सत्ता की बागडोर सम्भालता है और बाकी के दल विपक्ष में रह कर सत्तापक्ष के कार्यों की निगरानी रखते हैं। इसी प्रक्रिया के कारण विभिन्न दल चुनाव के मैदान में देश के आर्थिक, सामाजिक, सांस्कृतिक और राष्ट्रीय विकास संबंधी महत्वपूर्ण समस्याओं पर अपने-अपने दृष्टिकोण के आधार पर अपनी कार्यसूची अपने दल के घोषणापत्र के रूप में जनमानस के समक्ष प्रस्तुत करते हैं। चुनाव में अपनी विजय सुनिश्चित करने के लिए जनता को मनोवैज्ञानिक आधार पर विभिन्न प्रकार के सब्जबाग दिखाए जाते हैं। स्वतंत्र भारत के लोकसभा और विधान सभाओं के चुनाव इतिहास तथा विभिन्न राजनैतिक दलों के घोषणापत्रों का अवलोकन करते हुए यह दृढ़तापूर्वक कहा जा सकता है कि अधिकांश राजनैतिक दल - धर्मवाद, जातिवाद, भाषावाद, प्रांतवाद जैसे महत्वपूर्ण सामाजिक और सांस्कृतिक तत्वों को विघटनकारी तत्व के रूप में प्रस्तुत कर के चुनावी बाजी मारते आए हैं। वास्तव में ये ऐसे महत्वपूर्ण तत्व हैं जिनका प्रश्न जनसमूह की भावनाओं से जुड़ा रहता है और यदि मनोवैज्ञानिक ढंग से सामाजिक, आर्थिक और राष्ट्रीय विकास के मुद्दों के परिप्रेक्ष्य में इन्हें उन भावनाओं को जोड़ दिया जाए तो जनतांत्रिक पद्धति से चुनाव के परिणामों पर इसका व्यापक प्रभाव पड़ता है। निष्पक्ष दृष्टि से देखा जाए तो भारतीय राजनीति का इतिहास इस प्रकार की घटनाओं से भरा पड़ा है।

हिन्दी भाषा का प्रश्न इस विघटनकारी राजनीति का सदैव शिकार रहा है। स्वातंत्र्यपूर्व हिन्दी-उर्दू-हिन्दुस्तानी का विवाद और विभिन्न राजनैतिक दलों - भारतीय राष्ट्रीय काँगेस, अखिल भारतीय मुस्लिम लीग तथा अखिल भारतीय हिन्दू महासभा जैसे राजनैतिक दलों का इसके साथ विभिन्न स्तरों पर जुड़ा रहना सर्वविदित है। इसी प्रकार स्वतंत्र भारत में राष्ट्रभाषा के प्रश्नपर राष्ट्रीय स्तर पर विवाद और येन- केन- प्रकारणे हिन्दी के राजभाषा स्वीकृत हो जाने पर भी उसके लागू होने में अनेक बाधाओं का प्रश्न स्वातंत्र्योत्तर भारतीय राजनीति का एक महत्वपूर्ण हिस्सा है। सन् 1952 में भाषावार राज्यों के पुनर्गठन के पश्चात तो यह समस्या और भी जटिल हो गयी है। विघटनकारी ताकतों के बढ़ते वर्चस्व को देखते हुए ही कालांतर में भारतीय प्रधानमंत्री को संसद में यह आश्वासन देना पड़ा कि जब तक एक भी राज्य चाहेगा, अंग्रेजी का प्रयोग समाप्त नहीं किया जाएगा।[159] क्योंकि क्षेत्रीय स्तर पर उठने वाले राजनीतिक दल राष्ट्रीय राजनीति को बुरी तरह प्रभावित करने लगे हैं। एतदर्थ इन्हीं क्षेत्रीय और स्थानीय राजनैतिक दलों की विघटनकारी नीतियों के फलस्वरूप राजभाषा हिन्दी का सवाल एक राजनैतिक समस्या बन गया है तथा विभिन्न क्षेत्रों में हिन्दी का सहज और स्वाभाविक विकास अवरूद्ध है। भारत की दलगत राजनीति का चित्र स्पष्ट करने के संदर्भ में यह उल्लेखनीय है कि 5 फरवरी 1996 की अधिसूचना

चित्र स्पष्ट करने के संदर्भ में यह उल्लेखनीय है कि 5 फरवरी 1996 की अधिसूचना के अनुसार इस समय देश में कुल 436 राजनैतिक दलों के नाम निर्वाचन आयोग में पंजीकृत हैं। इनमें से 7 राष्ट्रीय राजनैतिक दल हैं, 36 राज्यस्तरीय दल और शेष छोटे-मोटे स्थानीय राजनीतिक दल हैं।[160] ये विभिन्न छोटे-मोटे राजनैतिक दल भारत की सामाजिक और आर्थिक समस्याओं को अपने - अपने दृष्टिकोण से प्रभावित करते हैं। विवेच्य समस्या के संदर्भ में कुछ प्रमुख राजनैतिक दलों का दृष्टिकोण निम्नांकित रूप में प्रस्तुत है।

4.3.2.1 काँग्रेस

वर्तमान भारत में कांग्रेस नाम से कुल 22 राजनैतिक दल हैं।[161] जब कि पहली कांग्रेस जिसका नाम अखिल भारतीय राष्ट्रीय कांग्रेस है, सन् 1885 में बनी थी। विभिन्न राजनैतिक दलों में हिन्दी का प्रश्न इस दल के समक्ष अधिकांश दिनों से रहा है तथा हिन्दी के राजनैतिक स्वरूप के लिए यह दल सर्वाधिक जिम्मेदार है। सन् 1925 से पूर्व कांग्रेस पार्टी का कार्य मुख्यत: अंगेजी में होता था, किन्तु 1925 ई. में कांग्रेस ने अपने संविधान की धारा 33 को संशोधित किया तथा निर्णय लिया कि यथासंभव कांग्रेस की कार्यवाही हिन्दुस्तानी के माध्यम से चलाई जाएगी और अंग्रेजी अथवा प्रांतीय भाषाओं का प्रयोग तभी किया जाएगा जब वक्ता हिन्दुस्तानी बोलने में असमर्थ हो या जब ऐसा करना जरूरी हो। साधारणतया राज्यीय कांग्रेस समितियों का काम संबंधित प्रांतीय भाषा में ही चलाया जाएगा। हिन्दुस्तानी का इस्तेमाल भी किया जा सकता है।[162] किन्तु जब स्वतंत्र भारत का अपना संविधान पारित हो गया तो कांग्रेस पार्टी ने ``हिन्दुस्तानी'' शब्द के स्थान पर ``हिन्दी'' शब्द रख दिया और विभिन्न भारतीय भाषाओं को एक साथ प्रोत्साहित करने की अपनी नीति को कायम रखा। 17 मई, 1953 को कांग्रेस पार्टी की कार्य समिति ने यह प्रस्ताव पारित किया कि *-राष्ट्रीय भाषा होने के नाते हिन्दी को समर्थन मिलना चाहिए, परंतु इसके साथ प्रादेशिक भाषाओं को भी अपने संबंधित क्षेत्रों में प्रेरणा दी जानी चाहिए। राज्यों का काम सामान्यत: इन्ही माध्यमों से चलाया जाए। उर्दू भाषा को भी प्रोस्ताहित करने का प्रस्ताव इसमें शामिल है।*[163]

शिक्षा की माध्यम भाषा के प्रश्न पर भी कांग्रेस का स्पष्ट दृष्टिकोण रहा है। 15 अप्रैल, 1954 को कांग्रेस ने एक प्रस्ताव पारित किया कि बच्चों को प्राथमिक शिक्षा उनकी अपनी मातृभाषा में ही दी जानी चाहिए। माध्यमिक स्कूलों में हिन्दी अनिवार्य हो और उच्च शिक्षा हिन्दी और यदाकदा अंग्रेजी में पढ़ाने की छूट हो तथा धीरे-धीरे अखिल भारतीय सेवाओं की परीक्षाएँ हिन्दी, अंग्रेजी और मुख्य क्षेत्रीय भाषाओं में ली जाएं और परीक्षार्थी को अपनी इच्छानुसार इसमें से किसी भी भाषा को चुनने का

तो उसे अलग से अंग्रेजी में भी सफलता प्राप्त करनी चाहिए और यदि किसी प्रत्याशी ने हिन्दी में परीक्षा पास न की हो तो उसके लिए हिन्दी की परीक्षा पास करना अनिवार्य होना चाहिए।[164]

कांग्रेस पार्टी की नीतियों के निर्माण में महात्मा गांधी, जवाहरलाल नेहरू और अन्य वरिष्ठ नेताओं की बहुत बड़ी भूमिका रही है। भाषा के प्रश्न पर उनके विचारों से अवगत होना भी हिन्दी के प्रति कांग्रेस की विचारधारा को जानने का स्त्रोत है। अपने राजनैतिक जीवन के आरंभ से ही गांधी जी हिन्दी अथवा हिन्दुस्तानी का आग्रह और समर्थन करते रहे हैं, और वास्तव में उसके विकास और प्रचार-प्रसार में सर्वाधिक और उल्लेखनीय योगदान किया है। देश के स्वतंत्र होने के पश्चात राजभाषा के प्रश्न पर प्रांतीय भाषाओं का पक्ष लेकर विभिन्न राजनैतिक दलों के बीच जो बहस हो रही थी और राजनैतिक सरगर्मी बढ़ी हुई थी उसे देखते हुए 11 सितम्बर, 1947 ई. के ''हरिजन`` पत्र में उन्होंने लिखा था कि - *प्रांतीय भाषाओं के प्रतिष्टापन में एक एक दिन का विलंब देश के लिए सांस्कृतिक हानि है ...... यह कहना कि कुछ वर्षों तक न्यायालयों, स्कूलों और दफ्तरों की भाषा नहीं बदली जा सकती, मानसिक आलस्य का प्रमाण देना है। मेरा अनुरोध है कि जिस प्रकार सफलता के साथ हमने अंग्रेज अपहारी को राजनीति से बाहर निकाला है, उसी प्रकार उसकी भाषा को सांस्कृतिक अपहारी के रूप में देश से निर्वासित कर देना चाहिए।*[165] इसी प्रकार हिन्दी अथवा हिन्दुस्तानी के प्रति गांधीजी के अवदानों से सभी लोग भलिभाँति परिचित हैं जिसने कांग्रेस की भाषा नीति को बहुत हद तक प्रभावित किया था।

स्वातंत्र्यपूर्व हिन्दी के प्रति नेहरू जी की भी विचारधारा कुछ इसी प्रकार की रही है। सन् 1935 में लिखे *हिन्दी साहित्य का अन्य भाषाओं के साहित्यों से संबंध* नामक अपने एक लेख में वे जोर दे कर कहते हैं कि -*मेरा पक्का ख्याल है कि हिन्दी या हिन्दुस्तानी को हमारे देश की राष्ट्रभाषा होना चाहिए और वह होगी, चाहे लिपि दो हों। लेकिन मैं यह समझता हूँ कि हमारे प्रांतों की बडी भाषाएँ खूब बढ़ेंगी और हमको उन्हें बढ़ाना चाहिए। उनके बढ़ने में और हिन्दी के राष्ट्रभाषा होने में कोई विरोध नहीं है। जो लोग जोश में आकर विरोध पैदा करते हैं, वे दोनों को हानि पहुंचाते हैं।*[166] भाषा के प्रश्न पर नेहरू एकदम व्यावहारिक और वैज्ञानिक दृष्टिकोण रखते थे। अग्रांकित पंक्तियों में उनके इसी दृष्टिकोण का प्रकटन होता है। वे लिखते हैं - *हमारा देश जब गिरा, तब हमारी भाषाएँ भी गिरीं और बहुत दिनों तक गिरी रहीं। जब देश जागने लगा तब हमारी भाषाएँ भी उठीं। यह जागने का सिलसिला सबसे पहले बंगाल में शुरू हुआ। यहाँ नये ख्यालात अधिकतर यूरोप की तरफ से आए और उन्होंने नई चेतना पैदा की। हमारी राजनीतिक संस्थाएँ तो उस समय अपना सारा काम अंग्रेजी में करती थी, फिर भी उसका कुछ न कुछ असर छन कर प्रांतीय भाषाओं पर पड़ा*

- पहले बंगला, फिर मराठी और गुजराती और इसके बाद हिन्दी पर। हिन्दी कोई अपने पुराने साहित्य की कमजोरी से पिछड़ी हुई नहीं थी, बल्कि इसलिए कि हिन्दी प्रांतों में राजनैतिक जागृति देर में हुई और हम दूसरे प्रांतों की जागृति से जल्दी फायदा न उठा सके, क्योंकि प्रांतीय भाषाओं का एक दूसरे के साथ काफी संबंध नहीं था।[167]

स्वातंत्र्यपूर्व के साहित्य और पत्र-पत्रिकाओं में भाषा के संबंध में व्यक्त नेहरू के दृष्टिकोण का अनुशीलन करने पर यह स्पष्ट रूप से कहा जा सकता है कि आधुनिक भारतीय भाषाओं के प्रयोग, विकास और संवर्धन में उनकी गहरी रूचि थी, किन्तु स्वतंत्र भारत के प्रधानमंत्री के रूप में अन्तर्राष्ट्रीय परिप्रेक्ष्य में हम उनके व्यावहारिक दृष्टिकोण में परिवर्तन होता देखते हैं। यही कारण हो सकता है कि संविधान सभा में भाषा के प्रश्न पर अपना दृष्टिकोण रखते हुए उन्होंने कहा था-' *'हमें अपनी भाषा का प्रयोग अवश्य करना चाहिए .... परंतु अंग्रेजी भी भारत की एक सर्वाधिक महत्वपूर्ण भाषा बनी रहनी चाहिए। क्योंकि जब अंग्रेज हिन्दुस्तान में आए, उस समय की अपेक्षा संसार में अंग्रेजी का महत्व आज कहीं अधिक है। नि:संदेह अंग्रेजी एक अन्तर्राष्ट्रीय भाषा के निकटतम् है।*[168] अत: स्पष्ट है कि आधुनिक युग की सामाजिक- सांस्कृतिक संघटनाओं के विकास की सापेक्षता में नेहरू के भाषा संबंधी दृष्टिकोण में परिवर्तन हो रहा था। नेहरू ने जैसा कि विदित है तकनीकी शिक्षा को पाश्चात्य देशों के मॉडल पर ही विकसित करना चाहा था, अत: उच्चस्तर पर तकनीकी शिक्षा हेतु स्वदेशी भाषा माध्यम पर उन्होंने विचार ही नहीं व्यक्त किए हैं। हिन्दी के प्रयोग को मात्र राजकाज के कार्यों तक ही सीमित रखा है। इसका अर्थ यह नहीं है कि हिन्दी भाषा के विकास को उन्होंने महत्व ही नहीं दिया था। हिन्दी से उनके सरोकार को दर्शाते हुए श्री भगवान सिंह लिखते हैं- *हिन्दी के विकास में जवाहरलाल नेहरू की गहरी दिलचस्पी थी और समय-समय पर वे हिन्दी लेखकों के साथ बैठकर हिन्दी की समस्याओं पर विचार-विमर्श करते थे।* स्वातंत्र्यपूर्व भारत का एक उदाहरण देते हुए वे आगे लिखते हैं - *नवम्बर 1933 में श्री नेहरू सपत्नीक अपने मित्र एवं महान हिन्दी सेवी, बाबू शिवप्रसाद गुप्त से मिलने बनारस गये थे। इस अवसर पर उन्होंने हिन्दी के प्रेमचन्द, आचार्य रामचन्द्र शुक्ल, जयशंकर प्रसाद जैसे श्रेष्ठ साहित्यकारों के साथ एक अनौपचारिक बैठक में भाग लिया था। इस बैठक में नेहरू ने हिन्दी लेखकों को कठिन एवं अलंकृत भाषा की बजाए सरल, सुबोध भाषा लिखने तथा दरबारी ढंग की कविताओं के बहिष्कार का सुझाव दिया था।*[169] इसी प्रसंग का जिक्र नेहरू ने अपनी आत्मकथा में भी किया है। वे लिखते हैं - *मैं हिन्दी में प्रचलित क्लिष्ट एवं अलंकारिक भाषा की जिसमें संस्कृत के कठिन शब्दों, कृत्रिम एवं पुराने रूपों की भरमार रहती है, आलोचना की है। मैने यह कहने का साहस किया है कि चन्द लोगों के काम आने वाली दरबारी शैली अब छोड़ देनी चाहिए और हिन्दी लेखकों को अब कोशिश करनी*

दरबारी शैली अब छोड़ देनी चाहिए और हिन्दी लेखकों को अब कोशिश करनी चाहिए कि वे हिन्दुस्तान की आम जनता के लिए लिखें और ऐसी भाषा लिखें, जिसे लोग समझ सकें। आम जनता के संसर्ग से भाषा में नया जीवन और असली सच्चापन आ जाएगा। मैने यह भी सुझाव दिया कि अगर हिन्दी लेखक पाश्चात्य विचार एवं साहित्य की ओर अधिक ध्यान दें तो इससे बहुत लोग लाभान्वित होंगे।[170]

उपरोक्त विवेचन से सिद्ध होता है कि स्वतंत्रता पूर्व भाषा के प्रति नेहरू का दृष्टिकोण सकारात्मक था और वे उसके विकास और निखार को प्रोत्साहित भी करना चाहते थे किन्तु खेद है कि स्वतंत्रता के पश्चात अपने शासन काल के सत्रह वर्षों में भी वे हिन्दी को उसका सही स्थान न दिला सके। यद्यपि यह दृढ़ता पूर्वक नहीं कहा जा सकता कि किस अदृष्ट प्रेरणा अथवा दबाव के कारण हिन्दी भाषा के प्रति नेहरू के दृष्टिकोण में परिवर्तन आया और मिश्रित अर्थव्यवस्था की तरह उन्होंने मिश्रित भाषा की नीति को समर्थन दिया और यह भूल गये कि भाषाओं के आपसी विवाद के कारण कालांतर में क़िसी भी भारतीय भाषा का समुचित विकास नहीं हो सकेगा और प्रगति की दौड़ में हिन्दी समेत सभी भारतीय भाषाओं को अंग्रेजी के पीछे-पीछे लंगड़ाते हुए चलना पड़ेगा। लेकिन इतना जरूर कहा जा सकता है कि भारत की स्वतंत्रता तथा विभाजन के पश्चात देश में उभरी विघटनकारी राजनैतिक प्रवृत्तियों का दबाव उनके दृष्टिकोण परिवर्तन का एक मुख्य कारण रहा होगा।

गांधी नेहरू के अलावा कांग्रेस के अन्य वरिष्ठतम् नेताओं के भाषा विषयक विचार भी उल्लेखनीय हैं। भारत के प्रथम शिक्षा मंत्री, मौलाना आज़ाद उर्दू अर्थात अरबी-फारसी लिपि वाली हिन्दुस्तानी के पक्षधर थे। राजगोपालाचारी, एन.गोपालास्वामी आयंगार आदि ने यद्यपि संविधान सभा में राजभाषा के रूप में हिन्दी का अनुमोदन किया था, तथापि वे लोग अंग्रेजी भाषा को कदापि त्यागने के पक्ष में नहीं थे। कालांतर में तो राजगोपालाचारी जैसे कांग्रेसी नेता जो कभी हिन्दी का समर्थन और प्रचार-प्रसार करने में अग्रणी थे, कुछ निहित राजनीतिक स्वार्थों की खातिर हिन्दी के कट्टर विरोधियों में शुमार हो गये। इसका उल्लेख करते हुए आचार्य देवेन्द्रनाथ शर्मा ने लिखा है - *... जो लोग हिन्दी के उग्र समर्थक रहे हैं, वे भी आज अपनी नेतागिरी कायम रखने के लिए हिन्दी का विरोध कर रहे हैं। इस प्रसंग में चक्रवर्ती राजगोपालाचारी का नाम अनायास सामने आ जाता है। सन् 1937 में जब पहली बार कांग्रेस के हाथ में शासन की बागडोर आई और राजाजी मद्रास के मुख्यमंत्री (तब उसे प्रधानमंत्री कहते थे) बने तो उन्होंने मद्रास में हिन्दी की शिक्षा अनिवार्य कर दी और अनिवार्य ही नहीं किया, जिन्होंने हिन्दी का विरोध किया उन्हें जेल भेजने में भी संकोच नहीं किया। आज वही व्यक्ति जब हिन्दी का विरोध कर रहा है तो इसका कारण समझ लेना बहुत कठिन नहीं है।*[171] इसी प्रकार कांग्रेस के अन्य नेताओं जैसे-

गोपालास्वामी आयंगार, डॉ. श्यामाप्रसाद मुखर्जी, फ्रैंक अन्थोनी आदि ने संविधान सभा में राष्ट्रीय एकता के दृष्टिकोण से भले ही हिन्दी को राजभाषा के रूप में स्वीकार करने में अपना समर्थन दिया था, किन्तु वे मुख्य रूप से अंग्रेजी और गौण रूप से प्रादेशिक भाषा के पक्षधर थे। संघ की सहायक राजभाषा के रूप में अंग्रेजी के प्रयोग को बरकरार रखने में काँग्रेस के नेताओं का उल्लेखनीय योगदान रहा है।

उपर्युक्त् विवेचन में कांग्रेस की भाषा नीति को स्पष्ट रूप से देखा जा सकता है। वह हिन्दी का पक्षपोषण तो अवश्य करता है किन्तु सर्वसम्मति के अभाव में मिश्रित भाषा नीति को ही व्यावहारिक रूप में प्रयोग में लाती रही है जिसके कारण उसके दीर्घ शासनकाल में प्रकारांतर से अंग्रेजी भाषा अपने स्थान पर ही नहीं रही, अपितु और भी मजबूत हुई है और हिन्दी समेत अन्य भारतीय भाषाओं के बीच विवाद की स्थिति कायम रही।

4.3.2.2 भारतीय कम्युनिष्ट पार्टी (मार्क्सवादी सहित)

ये दल भी सभी भाषाओं के लिए बराबरी के दर्जे की घोषणा करते रहे हैं। भारतीय कम्युनिष्ट पार्टी (मार्क्सवादी) दल के अनुसार हिन्दी को किसी भी प्रकार से तरजीह नहीं मिलनी चाहिए। यद्यपि इस दल का उद्देश्य अंग्रेजी को कायम रखना नहीं है, तथापि इसका मत है कि केन्द्र में अंग्रेजी के स्थान पर हिन्दी और राज्यों में अंग्रेजी के स्थान पर प्रादेशिक भाषाओं को लाने का काम एक साथ होना चाहिए और इस कार्य के लिए राज्यों को केन्द्रीय सरकार से सहायता मिलनी चाहिए। विभिन्न चुनावी परिणामों को देखते हुए यह कहा जा सकता है कि इस दल का जनाधार मुख्यतः अहिन्दी भाषी प्रदेशों पर निर्भर रहा है, संभव है इसी कारण इस दल का दृष्टिकोण हिन्दी के लिए सहानुभूतिपूर्ण नहीं रहा है।[172] इसके विपरीत भारतीय कम्युनिष्ट पार्टी का दृष्टिकोण सदैव हिन्दी के पक्ष में रहा है। अप्रैल 1965 में अपने राष्ट्रीय परिषद की बैठक में इस दल ने स्पष्ट शब्दों में अंग्रेजी के स्थान पर हिन्दी को लाने की घोषणा किया था। इस दल का मानना है कि ... *भारतीय लोकतंत्र और सांस्कृतिक जीवन की गारंटी के लिए अंग्रेजी के स्थान पर भारतीय भाषाओं की स्थापना करना अपरिहार्य है। एक न एक दिन जब हिन्दी को अंग्रेजी का स्थान ग्रहण करना ही है तो बारंबार हिन्दी को राजभाषा भाषा बनाए जाने का प्रश्न उठाने की अपेक्षा, अपेक्षित लक्ष्य की पूर्ति हेतु आवश्यक कदम क्यों नहीं उठाए जा रहे हैं।*[173] भाषा समस्या का उचित हल निकालने के दृष्टिकोण से इस दल का यह भी सुझाव है कि हिन्दी के अखिल भारतीय स्वरूप के विकास को ध्यान में रखकर अन्य प्रादेशिक भाषाओं का भी समानान्तर विकास किया जाए तथा राष्ट्रीय स्तर पर उर्दू का भी संरक्षण किया जाए।

4.3.2.3 जनसंघ

जनसंघ की भाषा नीति आरंभ से ही स्पष्ट नहीं रही है। उसका सर्वाधिक समर्थन संस्कृत भाषा को रहा है किन्तु समय - समय पर उसके भाषा संबंधी दृष्टिकोण में परिवर्तन होता रहा है। संविधान सभा में भाषा के प्रश्न पर जनसंघ के सदस्यों ने संस्कृत भाषा को राष्ट्रभाषा अथवा राजभाषा बनाए जाने की जोरदार पेशकश की थी। सन् 1977 में जनतापार्टी में विलीन होने से पूर्व सन् 1961 में चुनावों के समय जनसंघ ने घोषणा की थी कि यदि उसे सरकार बनाने का अवसर मिलेगा तो वह हिन्दी को राजभाषा बनाएगा। स्कूलों में हिन्दी पढ़ाना जरूरी हो जाएगा और शिक्षा संस्थाओं के पाठ्यक्रम में संस्कृत अनिवार्य भाषा के रूप में नियत हो जाएगी। किन्तु सन् 1967 ई. के चुनावों में इसी जनसंघ ने अपने घोषणापत्र में संस्कृत को देश की राष्ट्रीय भाषा घोषित करने तथा विभिन्न शासकीय कार्यों के लिए हिन्दी सहित सभी भारतीय भाषाओं को प्रोत्साहन और अगले दस वर्ष तक अंग्रेजी भाषा का उपयोग करने की छूट देने की घोषणा की थी। इसी प्रकार सन् 1971 में उसकी भाषा नीति में एक और परिवर्तन हुआ। अंग्रेजी के स्थान पर इसने भारतीय भाषाओं की स्थापना की मांग उठाया तथा आगामी पांच वर्षों में हिन्दी को देश की संपर्क भाषा बनाने तथा हिन्दी की एक शैली बताते हुए उर्दू के लिए नागरीलिपि के प्रयोग की पेशकश की[174] यह परिवर्तन संभवत: सन् 1967 के चुनावों की सफलता को देखते हुए हुआ था क्योंकि पार्टी दूसरे चुनाव क्षेत्रों तक अपना दायरा विस्तार करने के लिए काफी उत्साहित थी। संप्रति जनसंघ भारतीय जनता पार्टी की सहयोगी पार्टी के रूप में उसकी नीतियों के अनुरूप कार्य कर रहा है।

4.3.2.4 जनता पार्टी

विभिन्न छोटे-बडे प्रादेशिक और स्थानीय राजनैतिक दलों के संयोग से सन् 1977 के चुनावों के समय बनी जनतापार्टी की भाषा नीति उल्लेखनीय और महत्वपूर्ण रही है। कांग्रेस की ही भाँति यह दल भी मिश्रित भाषा की नीति पर चलता रहा है और कभी भी औपचारिक रूप से भाषा संबंधी अपनी कोई नीति घोषित नहीं किया है, तथापि इसके भूतपूर्व वरिष्ठ नेता स्व. मोरारजी देसाई के कारण उनके शासन काल में भाषा का विवाद इस दल के सामने सर्वाधिक रहा है। एतदर्थ भाषा विषयक इस दल की विचारधारा को जानने के लिए जनतापार्टी के शासनकाल की अवधि का अनुशीलन वांछनीय होगा क्योंकि सत्ताच्युत होते ही इस दल का विभाजन हो गया और आज यह दल नाममात्र का रह गया है। यद्यपि जिस समय जनतापार्टी का गठन हुआ था उस समय इस दल की कोई औपचारिक भाषा नीति नहीं थी। किन्तु इसकी

विभिन्न संगठनात्मक इकाइयों यथा - काँग्रेस (अर्स), जनसंघ, और समाजवादी दलों के भाषा संबंधी अपने- अपने वायदे जरूर थे। इसके संसदीय दल के नेता और प्रधानमंत्री बने श्री मोरारजी देसाई को हिन्दी का कट्टर समर्थक माना जाता था। इसके पूर्व जब वे बम्बई के मुख्यमंत्री थे तो उन्होंने एक आदेश जारी किया था कि केवल एंग्लो-इंडियन विद्यार्थियों को ही अंग्रेजी के माध्यम से पढ़ाया जाएगा।[175]

जनतापार्टी की दूसरी इकाइयों में जनसंघ की नीति संस्कृत अथवा हिन्दी के पक्ष में सदा से ही थी। दूसरी तरफ सत्तर के दशक के आरंभ में समाजवादी पार्टी ''अंग्रेजी हटाओ`` आंदोलन का आरंभ कर ही चुकी थी। अतः इनके सहयोग से बनी सरकार की भाषा नीति को लेकर दक्षिण के लोगों और विशेषकर अंग्रेजी का पक्षपोषण करने वालों के बीच अनेक आशंकाएँ थी और आयेदिन भाषा के प्रश्न को लेकर राजनैतिक सरगर्मी बढ़ती जा रही थी। एतदर्थ जनतापार्टी की सरकार के केन्द्रारूढ होते ही विरोधी दलों में भाषा को लेकर काफी बवेला मचा और सन् 1977 से सन् 1979 ई. के दौरान हिन्दी का मसला काफी उग्र रहा। उक्त अवधि में शायद ही कोई दिन ऐसा रहा हो जिस दिन हिन्दी का मामला प्रेस अथवा संसद में न उठाया गया हो। इसी तथ्य को उजागर करते हुए एस. द्विवेदी ने अपनी पुस्तक HINDI ON TRIAL में लिखा है कि -... *सन् 1965 के दुर्भाग्यपूर्ण दिनों को छोड़कर इतिहास में पहले ऐसी कोई भी घटना कभी नहीं हुई जब इतने लम्बे समय तक किसी एक विषय को लेकर प्रेस और संसद में कुछ न कुछ, न कहा गया हो जैसा कि उक्त अवधि में हिन्दी के विषय में होता रहा है।*[176] इस अवधि में सरकार दक्षिण भारतीय लोगों की शंकाओं का निवारण और उनसे संतुलन बनाए रखने की अपील करते हुए प्रतिदिन अपनी नीतियों के बचाव में काफी समय और ऊर्जा लगाती रही।

इसी सदर्भ में 12 मार्च, 1978 को कोयम्बतुर में श्री मोरारजी देसाई ने जनता-पार्टी के कार्यकर्ताओं को संबोधित करते समय जनता पार्टी की भाषा नीति का स्पष्ट उल्लेख करते हुए कहा था कि संबंधित मुद्दे पर जब तक सहमति नहीं हो जाती सरकार ऐसा कुछ नहीं करेगी जिससे कि गैर-हिन्दी भाषी लोगों को लगे कि भाषा के संबंध में उन पर जोरजबरदस्ती की जा रही है। भाषा के मामले को लेकर सरकार की ओर से उन्हें आशंकित होने की आवश्यकता नहीं है।[177] 14 अप्रैल, 1978 में जनता पार्टी सरकार की भाषा नीतियों पर प्रकाश डालते हुए तत्कालीन गृहमंत्री को लोक-सभा में यह बयान देना पड़ा था कि जनता सरकार जवाहरलाल नेहरू द्वारा दिए गये आश्वासन का पालन करेगी और सरकार का अहिन्दी भाषा-भाषी लोगों पर हिन्दी थोपने का कोई इरादा नहीं है।[178] इसी प्रकार 23 अप्रैल, 1978 को दिल्ली में आयोजित 50वें अखिल भारतीय कन्नड़ साहित्य सम्मेलन को संबोधित करते हुए प्रधानमंत्री मोरारजी देसाई ने जनतापार्टी की भाषा नीति का स्पष्टीकरण देते हुए

सभी भारतीय भाषाओं के विकास पर जोर देने की बात कही थी तथा भाषा को राजनैतिक रूप से समस्यामूलक स्थिति में पहुंचाने वालों की कड़े शब्दों में आलोचना की थी।[179]

इस प्रकार एक छोटी अवधि में विरोधी दलों द्वारा पूर्वाग्रहपूर्ण व्यवहार के कारण भाषा के प्रश्न पर दल की सम्मिलित नीति अभी तय भी नहीं हुई थी कि अन्यान्य कारणों से सन् 1979 में पार्टी दो हिस्सों में विभक्त हो गयी और कालांतर में पार्टी लगभग समाप्तप्राय हीं हो गयी।

4.3.2.5 दक्षिण भारतीय राजनैतिक दल (डीएमके/एडीएमके आदि)

दक्षिण के अधिकांश प्रादेशिक राजनैतिक दल जिनका राष्ट्रीय राजनीति में उल्लेखनीय हस्तक्षेप है, अपने प्रभावों का उपयोग कर अक्सर वे हिन्दी के शासन अथवा शिक्षा माध्यम की भाषा होने का विरोध करते रहे हैं। उनका मानना है कि केन्द्रीय सत्ता और शिक्षा माध्यम के रूप में अंग्रेजी के स्थान पर हिन्दी का सर्वत्र प्रयोग होने से उन्हें बराबर की सहभागिता का अवसर नहीं मिलेगा। एतदर्थ भाषा के संबंध में यथास्थिति को बरकरार रखने के लिए वे अपनी प्रादेशिक भाषाओं को हिन्दी के विरोध में खड़ा कर देते हैं और राजनैतिक मंच पर इसे एक मुख्य समस्या के रूप में पेश करते हैं कि यह कथित प्रदेश के जनमानस के हितों के विपरीत है। हिन्दी के विरोध में तमिलनाडु के राजनैतिक दल ही भाषा के प्रश्न को अन्य मुद्दों की अपेक्षा अधिक तरजीह देते हैं। उनकी दृढ़ मांग है कि जब तक तमिल और शेष चौदह राष्ट्रीय भाषाएँ राजभाषा के रूप में स्वीकृत नहीं हो जाती तब तक अंग्रेजी का पद यथापूर्व बना रहे।[180] यदि ध्यान से देखा और सोचा जाए तो स्पष्ट है कि केवल राजनैतिक समस्या खड़ा करने के लिए ही इस प्रकार की मांग की जाती है। अन्यथा भारतीय संविधान ने सभी भारतीय भाषाओं को संबंधित प्रदेश की राजभाषा बनाया है और हिन्दी को संघ की राजभाषा। संघ की राजभाषा के रूप में केवल एक ही भाषा को स्थान मिल सकता है, सभी अष्टमसूची की भाषाओं को नहीं। यह कदापि व्यावहारिक नहीं है।

4.3.2.6 भारतीय जनता पार्टी

यद्यपि वर्तमान समय में भारतीय जनतापार्टी राष्ट्रीय स्तर पर कांग्रेस के बाद दूसरा सबसे बड़ा राजनैतिक दल है, तथापि एक राजनैतिक दल के रूप में इसका गठन हुए अभी अधिक समय नहीं हुआ है। सन् 1979 में जनतापार्टी के विभाजन के पश्चात इस दल का निर्माण हुआ। इस दल के अध्यक्ष लालकृष्ण आडवाणी जनता-

पार्टी सरकार में सूचना और प्रसारण मंत्री थे। उस समय भाषा के प्रश्न पर अपना दृष्टिकोण प्रस्तुत करते हुए उन्होंने जनतापार्टी की भाषा नीतियों का समर्थन किया था तथा सभी भारतीय भाषाओं के विकास पर समतुल्य प्रयास करने की पेशकश की थी। जनसंघ अब चूँकि इस दल का एक अंग है, अतः उसकी भाषा नीति भी इस दल के लिए बाध्यकर है। कुल मिलाकर भाषा के प्रश्न पर इस दल का भी वही मत है जो अन्य दलों का रहा है क्योंकि इसके नेता आदि भी पूर्ववर्ती काल में किसी न किसी दल से सम्बद्ध रहे हैं और उक्त प्रश्न पर उनका अपना-अपना दृष्टिकोण रहा है। औपचारिक रूप से अभी इस दल की भाषा नीति घोषित नहीं है। अन्य दलों की अपेक्षा यह एक नया दल है और इसके घोषणापत्र में भाषा इतर अन्य सामाजिक प्रश्न ही अधिक रहे हैं। किन्तु यह स्पष्ट रूप से कहा जा सकता है कि इस दल का जनाधार मुख्यतः नागरी लिपि के क्षेत्रों (हिन्दी प्रदेशों, गुजरात और महाराष्ट्र) में ही अधिक है अतः हिन्दी भाषा ही इस दल के कार्यकलाप की मुख्य भाषा रही है। यह दल हिन्दी को अपेक्षित महत्व देते हुए सभी भारतीय भाषाओं के समानांतर विकास की नीति रखता है।

हिन्दी के संबंध में विभिन्न राजनैतिक दलों की विचारधारा उपर्युक्त परिच्छेदों में स्पष्ट रूप से दिखाई गयी है। सभी दल भारत की सभी भाषाओं के सर्वांगिण विकास और शासन तथा शिक्षा की माध्यम भाषा के रूप में उनका प्रयोग करने की बात करते हैं। किन्तु अतीत के इतिहास से स्पष्ट है कि जैसे ही शासन की बागडोर इनके हाथ में आती है, भाषा समस्या का समुचित समाधान न निकाल पाने के कारण वे अंग्रेजी की यथास्थिति को ही बरकरार रखते हैं। हिन्दी की प्रबल समर्थक मानी जाने वाली कांग्रेस ने अपने सर्वाधिक लम्बे शासन काल में भी इस प्रश्न को उलझाए रखा और अंग्रेजी का प्रयोग होने दिया। दूसरे दलों की सरकारें जो कि अत्यंत छोटी अवधि के लिए सत्ता में आई, उन्होंने भी भाषेतर अन्य राजनैतिक समस्याओं और अपने अस्तित्व को कायम रखने के प्रयास में ही अपना जीवन गंवाया। सन् 1977 में जनता पार्टी की सरकार के समक्ष भाषा का यह मसला सर्वाधिक उग्र रूप में रहा है। उसकी पृष्ठभूमि में भी कुत्सित राजनीति ही दिखाई देती है। जैसा कि उपर्युक्त परिच्छेदों में उल्लेख किया गया है सन् 1977 के चुनाव के दौरान विपक्षी दलों के एकजूट हो जाने के कारण सत्ता की बागडोर अपने हाथों से निकल जाने के भय से अन्य दक्षिण भारतीय राजनैतिक दलों के साथ - साथ कांग्रेस के दक्षिण भारतीय नेताओं ने भी हिन्दी को राजनैतिक समस्या के रूप में व्यापक पैमाने पर उठाया। हिन्दी के समर्थक माने जाने वाले मोरारजी देसाई के प्रधानमंत्री बनते ही दक्षिण के नेताओं में हिन्दी विरोधी सरगर्मी पुनः अपनी चरम सीमा को छूने लगी। कांग्रेस के दक्षिण भारतीय वरिष्ठ नेता श्री सी सुब्रह्मण्यम ने श्री देसाई को तमिल विरोधी बताते हुए अपने चुनाव भाषणों में यह कहना आरंभ कर दिया था कि - *तमिल हितों की रक्षा के लिए पारित*

संकल्प (जब ,तक एक भी प्रदेश चाहे, अंग्रेजी भाषा का प्रयोग बंद नहीं किया जा सकता) का श्री देसाई ने सदैव विरोध किया है। एतदर्थ उनके नेतृत्व वाली जनता पार्टी तमिल हितों और उनकी भाषा के विपरीत कार्य करना चाहती है।[181] वह एक भाषा (हिन्दी) की नीति पर अड़े हुए हैं।[182] इसी प्रकार तमिलनाडु के पूर्व मुख्यमंत्री करूणानिधि ने भी तमिल पर हिन्दी भाषा के थोपे जाने का आरोप लगाते हुए उसका विरोध किया था।[183] 16 मार्च, 1977 को एक आम सभा को संबोधित करते हुए श्री सी.सुब्रहमण्यम ने श्री देसाई पर पुन: भाषाई कट्टरपंथी होने और नेहरू के आश्वासनों के विरूद्ध काम करने का आरोप लगाया।[184] उधर तमिलनाडु के तत्कालीन मुख्यमंत्री श्री एम.जी.रामचन्द्रन ने हिन्दी का विरोध करते हुए सभी चारों दक्षिण भारतीय प्रदेशों और पश्चिमी बंगाल तथा कश्मीर जैसे अहिन्दी प्रदेशों के मुख्यमंत्रियों को बुला कर एक बैठक के आयोजन के माध्यम से केन्द्र सरकार पर हिन्दी के विरूद्ध दबाव डालने कि योजना बनाई थी।[185] किन्तु अन्य राज्यों द्वारा अपेक्षित सहयोग न मिल पाने के कारण उनकी योजना असफल हो गयी।

भाषा विवाद के परिप्रेक्ष्य में अहिन्दी भाषी राज्यों की राजनैतिक सरगर्मी को देखते हुए प्रधानमंत्री के रूप में श्री देसाई को श्री नेहरू के आश्वासन को कायम रखने का बचन देने के लिए बाध्य होना ही पड़ा । गैर-हिन्दी भाषी प्रदेश के लोगों को श्री देसाई ने स्पष्ट शब्दों में आश्वस्त किया कि भाषा के संबंध में प्रधानमंत्री श्री नेहरू द्वारा दिया गया आश्वासन यथारूप लागू रहेगा और -*'जबरदस्ती हिन्दी उनके गले के नीचे नहीं उतारी जाएगी। किन्तु राष्ट्रभाषा के विकास हेतु अपेक्षित कदम अवश्य उठाए जाएंगे। इसी संदर्भ में तत्कालीन तमिलनाडु के मुख्यमंत्री को भी उन्होंने पत्र लिख-कर आश्वस्त किया था।*[186] उक्त पत्र में उन्होंने स्पष्ट संकेत किया था कि एक न एक दिन हिन्दी को राष्ट्रभाषा के रूप में मान्यता जरूर मिल जाएगी और तब तक लोग स्वेच्छापूर्वक इसे सीख भी चुके होंगे। इसी प्रकार दिल्ली में नागरी लिपि पर आयोजित एक सम्मेलन को संबोधित करते हुए उन्होंने हिन्दी के प्रचार-प्रसार से जुड़े लोगों से आग्रह किया था कि -*''हिन्दी अथवा नागरी लिपि की स्वीकृति के लिए लोगों को मजबूर करने की आवश्यकता नहीं है। हमें अपने सतत प्रयासों के साथ-साथ धैर्यपूर्वक इंतजार करना चाहिए जब लोग इसके महत्व को समझ कर उसे स्वत: ही अपना लेगें।*[187]

उपर्युक्त विवेचन में हम यदि गौर करें तो स्पष्ट रूप से यह बताने का प्रयास किया गया है कि केन्द्रीय सत्ता में बने रहने के लिए विभिन्न राजनैतिक दल हिन्दी के प्रश्न को मात्र एक मोहरे के रूप में प्रयुक्त करते रहे हैं और भाषा की समस्या का उचित समाधान निकालने की अपेक्षा आम जनता के समक्ष उसे और अधिक उलझाते रहे हैं। इस संबंध में हैदराबाद राज्य के भूतपूर्व मुख्यमंत्री और केरल तथा उत्तर प्रदेश के

भूतपूर्व राज्यपाल डॉ.बी.रामकृष्णराव भी इसी मत का समर्थन करते हैं। वे लिखते हैं *दक्षिण के प्रदेश में जनता का हिन्दी के प्रति कोई विरोध नहीं है। अब भी अगर तमिलनाडु में हिन्दी के प्रति कुछ विरोध पाया जाता है तो उसका आधार राजनैतिक मतभेद है न कि भाषा संबंधी हिन्दी विरोध।*[188] अतः यह स्पष्ट है कि आरंभ से ही सभी राजनैतिक दलों की भाषा नीतियों में अवसर के अनुसार परिवर्तन होता रहा है। यह परिवर्तन विकास कार्यक्रमों को ध्यान में रखकर नहीं, अपितु सत्ता प्राप्ति हेतु राजनैतिक उपलब्धियों को ध्यान में रखकर किया जाता रहा है। इसका स्पष्ट उदाहरण सत्तधारी दलों की नीतियों में देखने को मिलता है। हिन्दी भाषा का समर्थन करने वाले कांग्रेस की नीतियों में वैसे तो समय - समय पर परिवर्तन होते रहे, तथापि छटे दशक में उनकी भाषा संबंधी नीति में भारी फेर बदल हुआ तथा राजभाषा संशोधन विधेयक-1967 उनके कार्यकाल में पारित हुआ जिसने अंग्रेजी को अनिश्चित काल तक बने रहने की स्वतंत्रता प्रदान कर दिया। अप्रैल 1978 में मोरारजी देसाई ने संसद को पुनः इसी बात का आश्वासन दिया। यद्यपि सभी राजनैतिक दलों ने हिन्दी समेत सभी भारतीय भाषाओं के विकास और परिवर्धन की बात बराबर की है, किन्तु किसी भी राजनैतिक दल ने इन भाषाओं को बढ़ावा देने का कभी कोई ठोस कार्यक्रम नहीं प्रस्तुत किया है।

4.3.3 हिन्दी की वर्तमान स्थिति पर राजनीतिइतर वर्ग का दृष्टिकोण

भारत की राजनीति देश की भाषा समस्या को सुलझाने में असफल रही है। उपर्युक्त विवेचन में जैसा कि स्पष्ट है, उसने सदैव इस समस्या को टाला ही है, कभी इसका हिम्मत से सामना नहीं किया है। अंग्रेजी को बनाए रखने के आलावा उसके पास इस समस्या के समाधान का कोई अन्य विकल्प नहीं रहा है। हमारे देश की राजनीति ने संविधान सभा में विभिन्न राष्ट्रस्तरीय राजनैतिक दलों के सर्वसम्मत निर्णय का पालन करने की अपेक्षा उसे और दुर्गम और कण्टकाकीर्ण बना दिया है और गत पचास वर्षों में न ही प्रादेशिक भाषाओं का अपेक्षाकृत विकास हुआ है और न ही राजभाषा के रूप में हिन्दी को ही उचित प्रतिष्ठा मिल पाई है। इसके लिए अभी तक मानसिक तैयारी भी नहीं हो पाई है। ऐसी स्थिति में राजनीतिइतर वर्ग के दृष्टिकोण का भी उल्लेखनीय महत्व है। निम्नांकित परिच्छेदों में हम इसी पक्ष पर प्रकाश डालेंगे।

विवेच्य समस्या के आलोक में हिन्दी की वर्तमान परिस्थितियों का अनुशीलन करने पर राजनीतिइतर विद्वानों का ऐसा दो वर्ग स्पष्ट रूप से परिलक्षित होता है जो हिन्दी भाषा के संबंध में अब तक की उपलब्धियों पर अपना-अपना दृष्टिकोण रखता है। एक वर्ग अब तक की उपलब्धियों को उल्लेखनीय मानता है और भविष्य के लिए आशान्वित भी है, जब कि दूसरा वर्ग वर्तमान परिस्थितियों से संतुष्ट नहीं है और

ऐसा मानता भी है कि परिस्थितियाँ अगर इसी तरह कायम रहीं तो हिन्दी का भविष्य अंधकारमय है और किसी न किसी दिन उसे अंग्रेजी के सामने घुटने टेक देना ही होगा। यदि यह कहें कि उक्त वर्ग हिन्दी के भविष्य को लेकर निराश है तो अत्युक्ति न होगी।

पहले वर्ग का यह दृढ़ अभिमत है कि भाषा के प्रति राजनीति के दांवपेंच से निराश होने की आवश्यकता नहीं है। राजनीति की अस्थिरता के कारण भले ही किसी को हिन्दी का पक्ष दुर्बल लगता हो, पर बात वास्तव में ऐसी नहीं है। आज हिन्दी जितनी मजबूत है, उतनी पहले कभी नहीं थी। किन्तु राजभाषा हिन्दी को पिछले दिनों में जो विरोध सहन करना पड़ा है, हिन्दी सहित वह समस्त देश के लिए दुर्भाग्यपूर्ण है। इस विरोध की परिस्थितियों को देखते हुए उसका सही मूल्यांकन और विश्लेषण करने की आवश्यकता है, न कि पक्ष अथवा प्रतिपक्ष में अंतिम निर्णय और वक्तव्य जारी करने का। इसी वर्ग की विचारधारा से सहमति रखने वाले ए.रमेश चौधरी ''आगरिपूड़ि`` के अनुसार भाषा के साथ प्रांतीयता की भावना के जुड़ जाने के कारण यह विरोध स्वाभाविक है।[189] प्रश्न औचित्य अथवा अनौचित्य का नहीं, वास्तविकता और अवास्तविकता का है। प्रांतीयता से जुड़ी भावुकता के कारण ही कहीं कहीं हिन्दी का विरोध विस्फोटक रूप भी धारण करता रहा है। किसी अन्य प्रांत की भाषा और प्रभुत्व को स्वीकार करने में उसका अपना प्रादेशिक आत्मसम्मान आड़े आता है। एतदर्थ वास्तव में देखा जाए तो विरोध भाषा का नहीं, भाषा के प्रचार और उसके प्रचारकों के उत्साह भरे अभियान का होता है। चूँकि पारस्परिक लाभ के आधार पर किसी भी भाषा का प्रसार और विकास होना एक स्वाभाविक बात है, अतः कोई भी प्रबुद्ध व्यक्ति किसी भाषा का कभी विरोध नहीं करता, किन्तु उसके प्रचारकों का विरोध करने की प्रक्रिया में प्रकारांतर से उससे भाषा का विरोध हो जाता है। हिन्दी के संबंध में यदि हम वस्तुनिष्ठ दृष्टिकोण से विचार करें तो हमें इसी वास्तविकता से साक्षात्कार होता है। इसी मत का समर्थन करते हुए श्री वी.के.गोकक लिखते हैं -*मैं समझता हू कि हिन्दी भाषी लोगों के हिन्दी के प्रति अत्यधिक जोश के परिणामस्वरूप अहिन्दी भाषी लोगों की उसके प्रति उदासीनता बढ़ी है और लोगों के मन में हिन्दी के प्रति भ्रांति उत्पन्न हो गयी है*।[190] अतः विरोध को शांत करने के लिए उन कारणों का निष्पक्ष रूप से अध्ययन करना होगा और यथासंभव ऐसी सौमन्स्यपूर्ण परिस्थितियाँ पैदा करनी होंगी जिनमें राष्ट्रीय एकता सहित हिन्दी भाषा का भी योग्य विकास हो सके।

दूसरी तरफ दूसरे वर्ग की यह आम धारणा है कि जिस हिन्दी को गांधी जी चुपचाप देश के कोने- कोने में फैला चुके थे और जिसने प्रांतीयता की सीमाओं का अतिक्रमण कर संपूर्ण भारत को एक सूत्र में जोड़ लिया था, उसे कुछ मुट्ठीभर

आंदोलनकारियों के विरोध करने के कारण उसका सही स्थान देने से वंचित रखा गया है। यह अत्यंत दुर्भाग्यपूर्ण स्थिति है और उससे भी अधिक दुर्भाग्यपूर्ण स्थिति यह है कि कथित आंदोलनकारियों को समझाबुझाकर उचित दिशा निर्देश करने की अपेक्षा अपने निहित स्वार्थों की खातिर हमारे नेतागण उन्हे मान्यता दे रहे हैं। इस वर्ग का प्रतिनिधित्व करने वाले विद्वानों का मानना है कि दक्षिण में विशेषकर तमिलनाडु राज्य में कुत्सित राजनीति के कारण हिन्दी का विरोध आरंभ हुआ। दक्षिण में तमिलनाडु को छोड़कर आंध्र, कर्नाटक, केरल में कहीं भी हिन्दी का कोई विरोध नहीं है और तमिलनाडु में हिन्दी का विरोध करने वाले व्यक्ति भी मुट्ठी भर ही हैं, जिनका अपना निहित स्वार्थ है।[191] वास्तव में देखा जाए तो तमिलनाडु में मानवजातीय और भाषिक अस्मिता को लेकर कट्टरवाद की स्थिति रही है। भाषा के विरोध के माध्यम से ही देश की राजनीति में उनका महत्व अधिक है। इसका प्रमाण यह है कि तमिलनाडु के कुछ राजनीतिज्ञ समय-समय पर अंग्रेजी भाषा का भी विरोध करते रहते हैं। इस संदर्भ में 9 जुलाई, 1977 की एक घटना उल्लेखनीय है। तमिलनाडु विधानसभा में सरकार के एक मंत्री को अंग्रेजी में बोलते देख कर विपक्ष के एक विधानसभा सदस्य ने तीव्र विरोध किया और उसे तमिल भाषा में बोलने पर मजबूर किया। तत्कालीन विपक्षी नेता करूणानिधि ने भी उस विरोधी सदस्य का खुलकर समर्थन किया था।[192] अतः यह सिद्ध है कि भाषा विरोधी आंदोलन मुख्यतः राजनीति प्रेरित है और केन्द्र तथा राज्य की राजनीति को ध्यान में रखकर अंग्रेजी अथवा हिन्दी के विरूद्ध इस प्रकार का विरोध होता ही रहता है।

वर्तमान तमिलनाडु सरकार में सांस्कृतिक मंत्री का भाषा संबंधी रवैया अभी हाल ही के समाचार माध्यमों की सुर्खियों में था। भाषा का यह प्रश्न विज्ञापनों, अथवा सूचनापट्ट, साइनबोर्ड आदि की भाषा को लेकर उठा है। अतः राष्ट्रीय एकात्मता को ध्यान में रखकर उसका समुचित उपाय होना ही चाहिए। हिन्दी विरोधी आंदोलनों पर तीखी प्रतिक्रिया व्यक्त करते हुए डॉ. आनंद प्रकाश दीक्षित भी प्रकारांतर से इसी मत का समर्थन करते हैं। वे लिखते हैं -*आंदोलनों से भयभीत होकर कब तक सत्य का मुंह बंद रखा जाएगा? किस-किस सत्य की अवहेलना की जाएगी? आंदोलनों का क्या कोई अंत है? क्या राष्ट्रीय आंदोलन किसी एक वर्ग अथवा स्थान का ही हो सकता है? क्या एक आंदोलन दूसरे आंदोलन को जन्म नहीं देता? क्या नेताओं का काम किसी अनुचित दबाव और निहित स्वार्थों की खातिर देश को गलत रास्ते पर ढकेल देना ही है? यदि नहीं तो यह सब क्यों बरदास्त किया जा रहा है?*[193] जाहिर है इतनी तीखी प्रतिक्रिया परिस्थितियों से निराश हो कर ही की जा सकती है। इसी प्रकार भाषा के प्रश्न पर संसद में दिए गये नेहरू के आश्वासन की भी भर्तस्ना होती रही है। इस संबंध में सरकार और राजनीति की आलोचना करते हुए कहा गया है कि ... यह तो हिन्दी क्या किसी भी भाषा के साथ मजाक ही है कि उसके विषय में यह शर्त रखी जाए कि जब तक देश का हर आदमी (प्रत्येक राज्य) यह न कह दे कि उसे स्वीकार

कर लिया जाए, तब तक उसे स्वीकार न किया जाए! इस आधार पर तो चुनावी प्रक्रिया द्वारा चुनी गयी सरकार भी अस्वीकार हो जानी चाहिए क्योंकि अब तक की किसी भी सरकार को शत-प्रतिशत जनाधार नहीं मिला है। सरकारें बहुमत अथवा मिलजुल कर ही बनती रही है। प्रश्न उठता है कि जब ऐसी स्थिति में कुसियों की रक्षा करती हुई सरकारें चल सकती हैं तो मात्र हिन्दी पर इस तरह का प्रतिबंध लगाने की क्या आवश्यकत्ता और औचित्य है? निश्चय ही यह राजनीति प्रेरित और तर्कहीन वास्तविकता है।

इसी प्रकार तकनीकी हिन्दी के विकास और प्रचार-प्रसार के कार्यक्रमों की भी भर्तस्ना होती है। लोगों का मानना है कि हिन्दी भाषा, विशेषकर तकनीकी हिन्दी के लिए पहले शब्दकोश बनाकर उसका प्रचार- प्रसार करने का जो बीड़ा उठाया गया है वह अपने आप में एक तर्कहीन और अद्वितीय घटना है। विश्व में किसी भी भाषा के विकास और प्रचार-प्रसार के लिए ऐसा प्रयास कभी नहीं किया गया है। लेकिन हिन्दी के साथ यह सब हो रहा है और न जाने कब तक होता रहेगा! हिन्दी के भविष्य को लेकर निराशावादियों ने इसी प्रकार के अन्यान्य तर्क दिए हैं जो यत्र-तत्र पुस्तकों, पत्रिकाओं और सम्मेलन, संगोष्ठियों के कार्यवाहियों और स्मारिकाओं में देखने को मिलते हैं। इस वर्ग का अब यह दृढ़ मत है कि देश में हिन्दी के साथ इसी प्रकार राजनैतिक खिलवाड़ होता रहेगा और यथास्थिति कायम रहेगी।

उपुर्यक्त दोनों वर्गों की अवधारणाओं में हिन्दी की वर्तमान स्थिति के परिप्रेक्ष्य में यह स्पष्ट रूप से अभिव्यक्त होता है कि हिन्दी की दुर्गति के लिए भारतीय राजनीति ही जिम्मेदार है, और वह उसके स्वाभाविक विकास को बाधित करती रही है।

4.3.4 तकनीकी हिन्दी के प्रयोग की समस्या निवारण में साहित्यकारों का अवदान

राष्ट्र की किसी भी समस्या का निवारण समुचित रूप में वर्ग विशेष द्वारा नहीं किया जा सकता है। अपने उत्कृष्टतम् कार्यक्रमों के माध्यम से राजनैतिक दल अथवा अकेले सरकार भी किसी राष्ट्रीय समस्या का समुचित समाधान नहीं निकाल सकती जिसका राष्ट्र के जनमानस से दैनंदिन सरोकार हो। इसी दृष्टिकोण से भाषा के प्रश्न पर विचार-विमर्श होने से पूर्व ही संविधान सभा के अध्यक्ष डॉ.राजेन्द्र प्रसाद ने इस बात की ओर पर्याप्त संकेत कर दिया था[194] ताकि प्रत्येक वर्ग के प्रतिनिधियों द्वारा समस्या समाधान के लिए सामूहिक प्रयास किया जा सके। विवेच्य समस्या के संदर्भ में अब तक विभिन्न राजनैतिक दृष्टिकोण प्रस्तुत किए गये हैं। उसी परिप्रेक्ष्य में भाषा विकास और समस्या समाधान में साहित्यकारों के अवदान का भी अनुशीलन करना

वांछनीय होगा।

हिन्दी भाषा के विकास में साहित्यकार के कर्तव्य और दायित्व का प्रश्न आज तकनीकी हिन्दी के संदर्भ में भी विचारणीय है। साहित्यकार वैसे तो प्रत्यक्ष अथवा परोक्ष रूप से भाषा विकास के दायित्व का निर्वाह करता ही है, किन्तु फिर भी हिन्दी भाषा के बदलते स्वरूप और आधुनिक परिवर्तनशील युग में विज्ञान और प्रौद्योगिकी के बढ़ते प्रभाव के परिप्रेक्ष्य में साहित्यकार पर तकनीकी भाषा के विकास में योगदान देने संबंधी एक नया और विशेष दायित्व भी आ पड़ा है। रचनात्मक साहित्य से सम्बद्ध अनेकानेक समस्याओं सहित हिन्दी भाषा के व्यापक विकास की समस्या भी आज हिन्दी के साहित्यकार के समक्ष ज्वलंत रूप में उपस्थित हो गयी है। इस संबंध में एक प्रश्न उठाया जा सकता है कि तकनीकी हिन्दी के विकास और संवर्धन का कार्यक्षेत्र और दायित्व साहित्यकार का नहीं अपितु विज्ञान जगत से जुड़े लोगों का है। इस तथ्य को स्वीकार करते हुए इस संबंध में यह स्पष्टीकरण भी दिया जा सकता है कि जब समाज में वैज्ञानिक चेतना निर्माण करना है तो यह कार्य अकेले विज्ञान अथवा वैज्ञानिकों का ही नहीं अपितु समाज से सरोकार रखने वाले उसके प्रत्येक अंग का दायित्व है। दूसरी तरफ जहाँ साहित्य को समाज का दर्पण माना जाता है और जहाँ आधुनिक समाज को वर्तमान विज्ञान और प्रौद्योगिकी पूर्णतः प्रभावित कर रहे हैं, ऐसे समय में साहित्यकार उससे कैसे अछूता रह सकता है! यद्यपि साहित्यिक अथवा ललित रचनाओं में पारभाषिक शब्दावली के उपयोग का न्यूनावकाश होता है, किन्तु फिर भी ऐसे स्थल और संदर्भ आ ही जाते हैं जहाँ रचनाकार इस शब्दावली का प्रयोग कर सकता है और यह भी स्पष्ट है कि साहित्यकार से विज्ञान की जटिल संकल्पनाओं अथवा पद्धतियों के चित्रण का आग्रह भी नहीं किया जा रहा है अपितु हिन्दी में निर्मित अभिनव तकनीकी शब्दावली को अपने साहित्यिक कृतियों के माध्यम से जनसामान्य में लोकप्रिय बनाने का आग्रह किया जा रहा है। एतदर्थ हिन्दी के साहित्यकार को अपनी कृतियों में ज्ञान-विज्ञान की नवनिर्मिति पारिभाषिक शब्दावली को स्थान देना ही चाहिए। यदि यह कहा जाए कि किसी प्रतिभावान साहित्यकार के लिए यह दुष्कर नहीं है तो अन्यथा न होगा। ऐसा भी नहीं है कि हिन्दी में इसकी परंपरा नहीं है। जयशंकर प्रसाद की ''कामायनी`` में ऐसे अनेकों स्थल है जहाँ तकनीकी शब्दावली का बखूबी प्रयोग किया गया है। विभिन्न सर्गों की कुछ पंक्तियाँ उदाहरणार्थ प्रस्तुत हैं -

> अरी आँधियों! ओ **बिजली** की दिवा रात्रि तेरा नर्तन ।
> उसी वासना की उपासना, वह तेरा **प्रत्यावर्तन** ।। (चिंता सर्ग, पृ.7)

> **वाष्प** बना उड़ता जाता था वह भीषण जल संघात।
> **सौरचक्र** में आवर्तन था प्रलय निशा का होता प्रात।। (चिंता सर्ग पृ.13)

महानील इस परम **व्योम** में **अंतरिक्ष** में **ज्योतिर्मान**।
ग्रह, नक्षत्र, और **विद्युतकण** किसका करते थे संधान।। (आशा सर्ग, पृ.15)
कुसुम कानन अंचल में मंद पवन प्रेरित सौरभ-साकार।
रचित **परमाणु-पराग** शरीर खड़ा हो ले मधु का आधार।। (श्रद्धासर्ग पृ.22)

बिजली, प्रत्यावर्तन, सौरचक्र, आवर्तन, संघात, व्योम, अंतरिक्ष, ग्रह, नक्षत्र, विद्युतकण, परमाणु, पराग जैसे अनेकाने पारिभाषिक शब्दों का कामायनी में उल्लेखनीय प्रयोग देखने को मिलता है। लोकप्रिय विज्ञान लेखन भी इसी दृष्टिकोण की परिणति है जहाँ विभिन्न वैज्ञानिक तथ्यों को सुचारू भाषा में अभिव्यक्त किया जाता है।

उच्चस्तरीय साहित्यिक चिंतन में भाषा की समस्या को उपेक्षणीय बनाना साहित्यकार द्वारा अपने दायित्व से उदासीन रहने जैसा है। हिन्दी भाषा के प्रश्न को केवल प्रचार या आंदोलनों तक सीमित बना के नहीं छोड़ा जा सकता। अब तक हिन्दी के विकास की योजनाएँ प्रचार सभाओं, सम्मेलनों या परीक्षा संस्थाओं द्वारा ही प्रस्तुत होती रही हैं। साहित्यकारों का उसमें सक्रिया योगदान नहीं रहा है, जब कि सूक्ष्मतर विचारों की अभिव्यक्ति के लिए भाषा माध्यम को सक्षम बनाने का सर्वाधिक दायित्व उसका अपना होता है। आज जब कि हिन्दी की स्थिति बदल गयी है, उसके विकास का दायित्व प्रचार संस्थाओं और सम्मेलनों को सौंप कर साहित्यकार आश्वस्त नहीं रह सकता है। उसको सक्षम समृद्ध और गतिशील बनाने के लिए सर्जक साहित्यकार को उसके बाह्य एवं आभ्यंतर विकास में योगदान देना ही होगा। उसका यह योगदान आनुषंगिक न होकर प्रमुखरूप से होना चाहिए तभी हिन्दी का सार्वभौमिक स्वरूप स्थिर हो सकेगा। भारत की संविधान सभा में भाषा के प्रश्न पर मतभेद उपस्थिति हो जाने पर संविधान सभा के एक सदस्य श्री पी.टी.चक्को ने बहुत पहले ही भाषा विकास में साहित्यकार के योगदान को रेखांकित किया था। संविधान सभा में अपना दृष्टिकोण रखते हुए उन्होंने स्पष्ट शब्दों में कहा था - *भाषा का निर्णय वोटों द्वारा नहीं किया जा सकता। इसका निर्णय तो साहित्यिक प्रतिभाओं के अवदान से होता है। जिस प्रकार अंतिम रूप से शेक्सपियर ने इंग्लैण्ड की राष्ट्रीय भाषा का निर्णय कर दिया था और संभवतः दांते ने इटली की भाषा का, ठीक उसी प्रकार भविष्य की कोई साहित्यिक प्रतिभा भारत की राष्ट्रीय भाषा का निर्णय कर देगी।*[195] निश्चय ही यह विचार एक वस्तुनिष्ठ दृष्टिकोण का परिचायक है जो साहित्यकार के अवदान को मान्यता प्रदान करते हुए राष्ट्रनिर्माण और सामाजिक परिवर्तन में उसकी भूमिका और शक्ति से भलिभाँति परिचित है। मानव सभ्यता का इतिहास इस प्रकार के उदाहरणों से भरा पड़ा है कि कलम की शक्ति तलवार से कहीं श्रेष्ठ रही है। अतः तकनीकी हिन्दी की

यह भी तर्क दिया जाता है कि सामान्यत: किसी भाषा के विकास में उसके प्रयोक्ताओं का हाथ रहता है। शिक्षित और अशिक्षित दोनों•वर्ग के व्यक्ति भाषा को विकसित करने में योग देते हैं। जो रचनाकार नहीं हैं, किन्तु भाषा का दैनंदिन व्यवहार करते हैं। यहाँ यह कहना उपयुक्त होगा कि वे भी भाषा को एक सीमित अवस्था तक जरूर विकसित करते हैं किन्तु साहित्यकार का अवदान भाषा विकास का मानक और आदर्श बनता है। सर्जक साहित्यकार भाषा को सामान्य संकेतग्रह या अभिधेयार्थ से आगे लाक्षणिकता के सूक्ष्म स्तरों तक पहुंचाता है। भाषा के माध्यम से जटिल तथा दुर्बोध मनोभावों को सम्प्रेष्य और सुबोध बनाता है। उसका दायित्व भाषा विकास के संदर्भ में बोलचाल की भाषा के दैनंदिन प्रयोग करने वालों की अपेक्षा कहीं गुरूतर होता है। वह भाषा में आगत नवीन शब्दावली, नये मुहावरों आदि को अभिनव परिप्रेक्ष्य और संदर्भ देकर अभिव्यक्ति को पुष्ट, प्रांजल और परिष्कृत बनाता है। जिस प्रकार रचनात्मकता के साथ साहित्यकार का दायित्व जुड़ा होता है, उसी प्रकार माध्यम के दायित्व से भी वह सहज संपृक्त होता है।

हिन्दी भाषा के विकासित हो रहे अखिल भारतीय स्वरूप को ध्यान में रखते हुए यह भी उल्लेखनीय है कि अब तक हिन्दी का सर्जक साहित्यकार हिन्दी भाषी जनमानस को लक्ष्य कर के रचना करता रहा है। हिन्दी साहित्य के अध्ययन में प्राचीन हिन्दी सहित आधुनिक हिन्दी में भी ऐसे रचनाकारों की भरमार है जिनकी भाषा में आंचलिकता और क्षेत्र विशेष की हिन्दी का ही अधिक प्रयोग होता है। किन्तु अब जब कि हिन्दी भाषा का प्रयुक्ति क्षेत्र बृहत्तर होता जा रहा है तथा अहिन्दी भाषी क्षेत्रों में भी उसके पाठक और विभिन्न कार्यकलापों में उसका प्रयोग करने वालों की संख्या बढ़ रही है, हिन्दी भाषा को अपने रूप-सौष्ठव में व्यापक परवर्तन लाना होगा। यह कार्य साहित्यकार ही कर सकेंगे। उन्हें देश की सभी भाषाओं के अवदान से निर्मित अखिल भारतीय हिन्दी शब्दावली के प्रयोग-प्रसार को अपनी कृतियों के माध्यम से बढ़ाना होगा। यह उनका ही दायित्व है। अपने संक्रांति काल में हिन्दी जब सार्वदेशिक भाषा का रूप ग्रहण कर रही है तो उसके साहित्यकारों का यह कर्तव्य है कि वे उसके व्याकरण और शैली में स्थितरता के उपाय ढूंढें तथा उसके विकास में दृढ़तापूर्वक सहयोग करें।

4.4 विविध व्यावहारिक समस्याएँ जो उपरोक्त तीनों वर्गों में समाविष्ट नहीं हैं

उपरोक्त विवेचन में जैसा कि स्पष्ट है, शैक्षिक, मनोवैज्ञानिक और राजनैतिक परिप्रेक्ष्य में विविध क्षेत्रों में तकनीकी हिन्दी के प्रयोग की समस्या का अनुशीलन प्रस्तुत किया गया है। हिन्दी के साथ जुड़ी समस्याओं का यहीं अंत नहीं हो जाता है। इसके

किया गया है। हिन्दी के साथ जुड़ी समस्याओं का यहीं अंत नहीं हो जाता है। इसके साथ अभी भी ऐसी अनेकों समस्याएँ हैं जिनपर गौर करना बाकी है। तकनीकी हिन्दी से जुड़े कुछ व्यावहारिक समस्याओं का विवेचन यहाँ प्रस्तुत किया जा रहा है।

4.4.1 विज्ञान साहित्य के हिन्दी में अनुवाद की समस्या

जैसा कि गत पृष्ठों में उल्लिखित है, तकनीकी हिन्दी का विकास मुख्यरूप से अनुवाद के स्तर पर ही हुआ है और आज भी अंग्रेजी में उपलब्ध तकनीकी शब्दावली के आधार पर ही तकनीकी हिन्दी के शब्द भण्डार की श्रीवृद्धि हो रही है। मौलिक लेखन के अभाव में मुख्यतः हिन्दी की यह नियति बन गयी है कि अनुवाद के आधार पर ही उसके विज्ञान साहित्य का संवर्धन होगा। किन्तु विवेच्य समस्या के संदर्भ में प्रायः विभिन्न संगोष्ठियों और सम्मेलनों तथा उनकी कार्यवाहियों में इस बात का उल्लेख मिलता है कि हिन्दी भाषा विशेषकर प्रयोजनमूलक और तकनीकी हिन्दी का स्वाभाविक विकास अनुवाद के कारण अत्यंत जटिल, अस्वाभाविक और दूरूह हो गया है। यह भाषा अपने ही प्रयोक्ताओं के बीच पराई जैसी लगती है। यह भी उल्लेखनीय है कि अंग्रेजी से हुए हिन्दी अनुवाद को निम्नतम् कोटि का मानकर प्रायः उसका तिरस्कार भी होता है। जब कि वर्तमान संदर्भों में किसी भी भाषा में ज्ञान की उपलब्धि के लिए अनुवाद एक अनिवार्य तत्व बन गया है। और हिन्दी में जबतक मौलिक रचना नहीं होने लगती अनुवाद की स्थिति से नहीं बचा जा सकता है। इस प्रकार कुल मिलाकर यह कहा जा सकता है कि अनुवाद एक अनिवार्य और निरंतर प्रक्रिया है तथा अनुवाद का उत्कृष्ट न होना निश्चय ही तकनीकी क्षेत्र में हिन्दी के प्रयोग को बाधित करता है। एतदंर्थ हिन्दी में हो रहे अनुवाद के आलोक में विवेच्य समस्या का अनुशीलन प्रस्तुत है।

यद्यपि यहाँ अनुवाद की परिभाषा, व्युत्पत्ति तथा ऐतिहासिक विकास पर चर्चा प्रस्तुत करने की प्रासंगिकता नहीं है, अतः इतना ही कहना पर्याप्त होगा कि किसी भी प्रकार के साहित्य के अनुवाद में मूलरचना में वर्णित वस्तुनिष्ठ तथ्य का पुनःसृजन करना होता है। स्त्रोत भाषा से लक्ष्य भाषा में पुनःसृजन की प्रक्रिया मानते हुए व्यापक परिप्रेक्ष्य में अनुवाद की समस्याओं का वर्गीकरण इस प्रकार किया जा सकता है:

4.4.1.1 अर्थ की समस्याएँ

मूलरूप से अनुभाषिकीय समस्याएँ अर्थ की समस्याएँ हैं जिनका अध्ययन निम्नांकित तीन वर्गों में संभव है।

अर्थ की समस्याएँ

- अर्थ-ध्वनि की समस्याएँ
- सामाजिक-सांस्कृतिक समस्याएँ
- समान शब्दावली की समस्याएँ

अर्थ-ध्वनि की समस्याओं को लेकर विभिन्न देशी-विदेशी विद्वानों के बीच व्यापक विचार-विमर्श की स्थिति रही है और इसी के परिप्रेक्ष्य में मूलनिष्ठ अनुवाद, मूलभुक्त अनुवाद, शब्दानुवाद, भावानुवाद, छायानुवाद, सारानुवाद, व्याख्यानुवाद, अनुवाद, रूपांतरण, वार्तानुवाद आदि अनुवाद के विभिन्न प्रकारों की चर्चा विभिन्न पुस्तकों व पाद्यपुस्तकों में देखने को मिलती है। आनंदवर्धन द्वारा प्रतिपादित ध्वनि सिद्धांत -*(कविता में प्रयुक्त होने पर एक शब्द का अभिधेयार्थ से इतर एक ध्वन्यार्थ भी निकलता है जिसका सौंदर्यपरक महत्व होता है)* भी इस समस्या का अच्छा समाधान प्रस्तुत करता है।[196] तकनीकी अनुवाद में भी इस समस्या को रेखांकित जाता है, क्योंकि तकनीकी भाषा लालित्य और सौंदर्य के विपरीत वस्तुनिष्ठ और भी अभिधार्थप्रधान होती है। अतः स्त्रोत और लक्ष्य भाषाओं की अर्थ-संरचना की विभिन्नता को दृष्टि में रखकर पुनःसृजन की प्रक्रिया सम्पन्न करना तथा वैज्ञानिक तथ्यों को उनके निहित अर्थों और संदर्भों के साथ यथातथ्यरूप में दूसरी भाषा में रूपांतरित करना अत्यंत कठिन कार्य है।

अनुवाद में अर्थ की प्रमुख समस्या सामाज़िक-सांस्कृतिक संदर्भ की वैभिन्नता में भी पैदा होती है। सामाजिक-सांस्कृतिक विभिन्नताएँ हिन्दी एवं विदेशी भाषाओं के बीच में ही नहीं, हिन्दी तथा अन्य भारतीय भाषाओं के बीच भी द्रष्टव्य हैं। ये समस्याएँ सामाजिक-सांस्कृतिक शब्दावली, मुहावरों और लोकोक्तियों, लोक-बिंबों और विभिन्न तत्वों तथा वस्तुओं की संज्ञा-शब्दावली में विशेषरूप से पैदा होती हैं। सामाजिक-सांस्कृतिक शब्दावली जो कि काफी व्र्यापक है, विभिन्न तकनीकी विषयों पर भी उसका पर्याप्त प्रभाव है। पारिवारिक शब्दावली, कृषक शब्दावली, रंगों के शब्द, ऋतु संबंधी शब्द, वनस्पतियों तथा जीवों संबंधी शब्दावली, और ग्रामीण प्रौद्योगिकी संबंधी शब्दावली आदि इसी प्रकार की शब्दावलियाँ हैं जिनके अन्तर्गत विभिन्न सामाजिक-सांस्कृतिक संदर्भों में इसका प्रयोग होता हैं। इसी प्रकार समान शब्दावली की समस्या भी अर्थ की समस्याएँ पैदा करती है। भारत जैसी बहुभाषिक परिस्थितियों में यह समस्या और भी जटिल हो जाती है क्योंकि विभिन्न भाषाओं में प्रयुक्त शब्दावली भी भिन्न-भिन्न प्रदेशों में भिन्नार्थों में प्रयुक्त होती है।

4.4.1.2 शैली की समस्याएँ

शैली की समस्याएँ स्रोत एवं लक्ष्य भाषा की व्यतिरेकी संरचनाओं के कारण पैदा होती है। ये समस्याएँ स्वनिम, शब्दकोश, रूप एवं वाक्य के स्तर पर होती हैं। स्वनिम स्तरीय समस्याओं के अन्तर्गत प्रमुखरूप से अन्य भाषाओं के विशिष्ट स्वनिमों के लिप्यंतरण एवं अनुकूलन की समस्याएँ आती हैं। शब्दकोश स्तरीय समस्याओं के अन्तर्गत उचित शब्दों का चुनाव, प्रयोजनमूलक शैलियों का प्रयोग, द्वित्व, संयुक्त शब्द आदि की समस्याएँ आती हैं। इसी प्रकार रूप स्तरीय समस्याओं में लिंग, वचन, कारक, क्रिया, काल इत्यादि रूप तत्वों की व्यतिरेकी संरचनाओं द्वारा उत्पन्न समस्याओं तथा वाक्य रचना की समस्याओं में पदबन्ध, वाक्य तथा उपवाक्य आदि से संबंधित समस्याओं का समावेश है।

जहाँ तक विज्ञान साहित्य के अनुवाद का प्रश्न है, इस अनुवाद में लक्ष्य भाषा की प्रकृति तथा संरचना को अक्षुण रखते हुए अधिकांशत: शब्दानुवाद का ही सहारा लिया जाता है। इस अनुवाद में मुख्य समस्या संकल्पनात्मक शब्दों के अनुवाद की होती है। विभिन्न विज्ञान अनुशासनों में एक ही शब्द के भिन्नार्थ भी होते हैं। जैसे ''फ्रीक्वेंशी'' का अर्थ भौतिकी में (आवृत्ति) कुछ तथा सांख्यिकी (प्रायिकता) में कुछ और ही होता है। इसी प्रकार जैसा कि गत अध्याय में स्पष्ट किया गया है ''यूनिट'' शब्द का अर्थ भी विभिन्न संदर्भों में भिन्न-भिन्न है। विज्ञान के कुछ प्रचलित शब्दों जैसे 'कार्य', 'गति' आदि का सामान्य भाषा में एक अर्थ और तकनीकी भाषा में अलग अर्थ होता है।'स्पीड', 'वेलासिटी', 'रिवोल्युशन' और 'रोटेशन' जैसे शब्द सामान्य शब्दावली में भले ही समानार्थी हों, विज्ञान की भाषा में समानार्थी नहीं होते हैं। तात्पर्य यह कि विज्ञान शब्दावली का भी स्थान और संदर्भ के आधार पर भिन्न-भिन्न अर्थ हो सकता है और अनुवाद करते समय इनका उपयुक्त चयन करना अपेक्षित होता है। शब्द चयन की अशुद्धि पूरे अनुवाद को निरर्थक बना सकती है।

चूँकि वैज्ञानिक तथा तकनीकी शब्दावली आयोग द्वारा विभिन्न विषयों से संबंधित पांच लाख से भी अधिक शब्दों का निर्माण किया जा चुका है, अत: शब्दावली की समस्या तो कुछ हद तक हल हो चुकी है, किन्तु अनुवाद करते समय उपयुक्त पर्यायों के चयन की समस्या आज भी अनुवादकों के समक्ष है। इसका मुख्य कारण अनुवादकों के तकनीकी ज्ञान का अभाव और विज्ञान के जानकारों द्वारा अनुवाद न करना है। कुछ लोग इसका मूल कारण देश की वर्तमान अनुवाद व्यवस्था के ढांचागत दोष को भी मानते हैं। उनका दृढ़ मत है कि सामान्यत: सभी स्थानों पर अनुवादकों अथवा हिन्दी अधिकारियों की भर्ती भाषा की जानकारी के आधार पर होती है और निर्धारित योगताओं में विषय की जानकारी को कोई महत्व नहीं दिया जाता है।[197] वस्तुस्थिति का मूल्यांकन करने पर उपर्युक्त अवधारणाएँ काफी हद तक सत्य के निकट प्रतीत होती हैं। दूसरी ओर भारत में अनुवादकों को मानदेय और महत्व भी अपेक्षाकृत कम ही मिलता है। अत: आमतौर पर प्रतिभावान लोग इस कार्य को हाथ में ही नहीं लेते हैं और जो लोग इससे जुड़े हुए हैं, अपेक्षित सहयोग के अभाव में अपना समर्पित योगदान और अपने ज्ञान का लाभ पहुंचाने में असमर्थ हैं।

अंग्रेजी से हिन्दी में विज्ञान संबंधी साहित्य में अनुवाद की सबसे बड़ी बाधा उस भाषा की विशिष्ट शैली भी है। किसी-किसी वैज्ञानिक साहित्य की वाक्य-रचना बड़ी संकीर्ण होती है। ऐसा इसलिए नहीं कि हम भाषा में कठिन शब्दों का प्रयोग करते हैं, अपितु इसलिए कि निर्धारित पारिभाषिक शब्दों को सही स्थान पर प्रयुक्त करने की प्रतिबद्धता होती है। अंग्रेजी भाषा और हिन्दी भाषा में पारस्परिक बोधगम्यता नहीं है। दोनों भाषाओं की संरचना का स्तर भी पूर्णतः भिन्न है। दोनों भाषाएँ स्थिति, परिवेश, पर्यावरण, सामाजिक परिस्थिति, चिंतन तथा अर्थक्षेत्र की दृष्टि से भी एक-दूसरे से काफी दूर हैं। अतः उत्कृष्ट अनुवाद तभी संभव है, जब इन दूरियों को कम किया जा सके। स्त्रोत भाषा में अभिव्यक्ति को पकड़ने में सक्षम अनुवादक ही इस दूरी को कम कर सकता है क्योंकि अनुवाद वस्तुतः शब्द का नहीं अभिव्यक्ति का होता है। जब कि तकनीकी क्षेत्र में आमतौर पर शब्दानुवाद देखने को मिलता है जिससे कि अनेक बार स्त्रोत भाषा के वाक्य में अभिप्रेत अर्थ लक्ष्य भाषा में नहीं आ पाता है।

अंग्रेजी की तकनीकी भाषा की वाक्य-रचना में बहुत से ऐसे शब्द प्रयुक्त होते हैं जो कि शाब्दिक स्तर पर तो समान लगते हैं, किन्तु अर्थगत रूप से सर्वथा भिन्न होते हैं। अतः अंग्रेजी से हिन्दी में वैज्ञानिक एवं तकनीकी अनुवाद करते समय शब्दों के पर्याय चयन में सावधानी बरतनी चाहिए और पहले यह देखना चाहिए कि अनुवाद के लिए प्रस्तुत संबंधित संकल्पना अथवा संज्ञा के लिए हमारे देश या राज्य में प्रचलित कोई ऐसा शब्द है जिससे हमारा जनमानस पूर्व परिचित है और जो आयोग की तकनीकी शब्दावली में भी अंग्रेजी के प्रतिशब्द के रूप में दिया गया है तो उसका चयन प्राथमिकता के साथ करना चाहिए, क्योंकि भारत में गणित, खगोलशास्त्र, आयुर्विज्ञान आदि विषय किसी समय अत्यंत प्रौढ़ स्थिति में थे और वर्तमान जनमानस पर कुछ हद तक आज भी उनकी छाप है। अंग्रेजी भाषा में विशेषकर तकनीकी क्षेत्र में संक्षिप्तियों का भी अत्यधिक मात्रा में प्रयोग होता है। हिन्दी में इन संक्षिप्तियों के अनुवाद की भी कोई सर्वमान्य प्रविधि नहीं है। कहीं- कहीं तो संक्षिप्तियों का विस्तार कर उनका अनुवाद कर दिया जाता है और कहीं उनका लिप्यंतरण कर के अभिग्रहण कर लिया जाता है। भाषा की प्रांजलता अथवा रूक्षता के संदर्भ में यह एक अन्य व्यावहारिक समस्या है। विवेच्य समस्या के आलोक में इस का भी कोई सर्वमान्य समाधान निकालने की अनिवार्यता है। शब्दावली आयोग ने भी इस तथ्य को स्पष्ट करते हुए शब्दों के प्रयोग और पुनरीक्षण की सुविधा प्रदान किया है।

आधुनिक विज्ञान एवं प्रौद्योगिकी संबंधी ग्रंथों के अनुवाद में अन्तर्राष्ट्रीय शब्दों और प्रतीकों के अनुवाद की भी समस्या उठती है। शब्दावली आयोग ने इन्हें अपने शब्दकोशों में यथारूप स्वीकार कर लिया है और उनके निःसंकोच प्रयोग की पेशकश की है। इसके विपरीत पुस्तकों एवं अन्य वैज्ञानिक साहित्य सामग्री का हू-ब-हू अनुवाद करने की अपेक्षा अपने विद्यार्थियों के स्तर, पाठ्यक्रम तथा पर्यावरण और परिवेश के अनुसार उत्कृष्ट विदेशी पुस्तकों को आधार मानकर समस्त उपयोगी सामग्री तथा विषय को स्पष्ट करने वाली पद्धति का उपयोग करते हुए आवश्यकतानुकूल पुस्तकें लिखी जाएं तो अनुवाद की समस्या हल हो सकती है। ये पुस्तकें विदेशी पुस्तकों पर पूर्णतः आधारित हो सकती हैं। इसी प्रकार लोकप्रिय विज्ञान लेखन के माध्यम से भी हिन्दी में उत्कृष्ट विज्ञान साहित्य के लेखन को प्रोत्साहित किया जाए तो नवनिर्मित

विज्ञान शब्दावली के प्रचार-प्रसार सहित अनुवाद की जटिल समस्या भी समाप्त हो सकती है।

दूसरी तरफ हिन्दी में वैज्ञानिक साहित्य की मांग कम होने के कारण व्यापारिक संस्थान अथवा प्रकाशक उपयोगी पुस्तकों का अनुवाद करवाकर उन्हें प्रकाशित करने में कम ही रूचि लेते हैं। केवल सरकारी संस्थान इस दिशा में कार्य आगे बढ़ा रहे हैं। सरकारी क्षेत्रों में जैसा कि उल्लेख किया गया है उचित मानदेय और यथोचित सहयोग के अभाव में अयोग्य व्यक्तियों द्वारा अनुवाद कार्य करवाने से वह निरंतर निम्नतम कोटि का होता जा रहा है जिसे वैज्ञानिक समुदाय स्वीकार करने में कठिनाई महसूस करता है। अतः इस दिशा में पर्याप्त सुधारात्मक कदम उठाने की आवश्यकता है।

4.4.2 भाषा के मानकीकरण की समसामयिक समस्या

एक ओर जहाँ तकनीकी हिन्दी के अखिल भारतीय मानक स्वरूप को विकसित करने का प्रयास किया जा रहा है, वहीं भारत के विभिन्न भाषा-भाषी प्रदेशों में प्रादेशिकता का प्रभाव लिए हुए आधुनिक हिन्दी का विकास हो रहा है। यद्यपि एक विशाल भू-भाग और बहुभाषिक समाज में अपना दायरा विस्तार करते समय किसी भी भाषा में स्वाभाविक तौर पर यह परिवर्तन और प्रभावशीलता आती है जो कि भाषा के प्रसार और स्वीकृति के लिए अत्यंत उपयुक्त होती है। किन्तु कभी-कभी ऐसी स्थिति समस्यामूलक भी हो जाती है। वर्तमान हिन्दी के क्षेत्र में इस समस्या को गंभीरता से महसूस किया जा रहा है। एक ओर जहाँ हिन्दी भाषी क्षेत्र के लेखकों एवं साहित्यकारों का आग्रह शुद्ध अथवा तथाकथित मानक हिन्दी पर है जैसा कि पहले अध्याय में दर्शाया गया है, वहीं कुछ दक्षिण भारतीय अथवा गैर-हिन्दी भाषी प्रदेश के प्रयोक्ताओं द्वारा प्रादेशिकता से प्रभावित हिन्दी का आग्रह जोर पकड़ रहा है। इसी दृष्टिकोण को प्रस्तुत करते हुए श्री वी.के.गोकक लिखते हैं - *हिन्दी को अखिल भारतवर्ष की भाषा बनाने की आवश्यकता को प्राचीन और नवीन हिन्दी साहित्य के अध्ययन के साथ अनुचित रूप से मिला दिया गया है। कुछ अहिन्दी भाषी लोग इसी को उनपर हिन्दी लादना समझ रहे हैं। इसलिए यह आवश्यक है कि अहिन्दी क्षेत्रों में हिन्दी पढ़ाने के लिए नवीन प्रकार की पादयपुस्तकों का निर्माण किया जाए और ऐसे पादयक्रमों में गैर हिन्दी लेखकों की रचनाओं को प्राथमिकता दी जाए।*[198] हिन्दी पाठ्यक्रम के रूप में ब्रज, अवधी, भोजपुरी, राजस्थानी, मैथिली, बैसवाड़ी आदि के कवियों की रचनाएँ पढ़ाना अहिन्दी भाषियों के लिए समझ के स्तर पर जहाँ अव्यावहारिक लगता है वहीं मानक हिन्दी भाषा के स्थान पर आंचलिक हिन्दी के प्रचार-प्रसार का गलत संकेत भी देता है। इससे अहिन्दी जनमानस में हिन्दी के प्रति गलतफहमी भी होती है।

संभवतः श्री गोकक के उपर्युक्त कथन में इसी की प्रतिक्रिया व्यक्त की गयी है। आचार्य विजयेन्द्र स्नातक भी इसी मत का समर्थन करते हुए लिखते हैं - ... *इन सबको (अर्थात प्राचीन और मध्ययुगीन हिन्दी भाषा और साहित्य)* आधुनिक युग में *अहिन्दी भाषी को हिन्दी के नाम पर पढ़ाना कहाँ तक समीचीन हो सकता है। संभवतः यह प्रश्न अहिन्दी क्षेत्र में हिन्दी प्रचार के साथ उग्र रूप से सामने आया है।*[199] इसी प्रकार प्रायः यह भी देखा जाता है कि वर्तमान हिन्दी लेखन में भी आंचलिक भंगिमा

से युक्त रचनाएँ प्रस्तुत हो रही हैं जो कि संभवतः हिन्दी के अखिल भारतीय स्वरूप निर्धारण में उसके लिए समस्यामूलक बनती जा रही है। प्रांतीयता के प्रभाव के कारण हिन्दी का अखिल भारतीय रूप कुछ- कुछ विकृत सा हो गया है। इसके कारण भाषा के मानकीकरण की एक व्यावहारिक समस्या उठ रही है। उदाहरणार्थ मराठी भाषी हिन्दी प्रयोक्ता 'तबियत' को 'तब्यत', 'बराबर' को 'बरोबर', 'सिवा' को 'शिवाय', 'फिक्र' को 'फिकीर' के रूप में प्रयुक्त करता है तो मलयालय भाषी हिन्दी प्रयोक्ता 'परीक्षा में असफल हो गया है' वाक्य रचना के स्थान पर 'परीक्षा में हार गया है' लिखता है। तमिल में महाप्राण ध्वनियों का उच्चारण अल्पप्राण जैसा होता है- 'भारत भाग्य विधाता' की जगह तमिल भाषी हिन्दी प्रयोक्ता 'बारत बाग्य बिदाता' बोलते हैं। इसी प्रकार 'ख' को 'क' और 'झ' को 'ज' (झंडा को जंडा) बोलते हैं। अन्य महाप्राण ध्वनियों के बारे में भी ऐसा ही कहा जा सकता है। तेलुगु में 'पुस्तकालय' को 'ग्रंथालय' लिखते और 'ग्रंधालय' बोलते हैं। सभी दक्षिण भारतीय भाषाओं में 'शास्त्री' को 'सास्त्री' तथा 'गीता' को 'गीथा' बोलते और लिखते हैं। तेलुगु और मराठी भाषी अक्सर हिन्दी में भी 'ऋ' के स्थान पर 'रू' का ही प्रयोग करते पाये जाते हैं। 'ऋगवेद' को 'रूग्वेद', 'ऋषि' को 'रूषि', 'कृपा' को 'क्रुपा', 'अमृत' को 'अम्रुत' और 'मृत्यु' को 'म्रुत्यु' कहा जाता है। यदि सभी स्थानों पर 'ऋ' को 'रू' बोला जाता तो फिर भी ठीक था किन्तु तेलुगु में जिन शब्दों में 'रू' आता है, वहाँ उन्हें 'ऋ' के रूप में लिखते और बोलते हैं। जैसे 'त्रुटि' को 'तृटि', 'क्रुद्ध' को 'कृध', 'ध्रुव' को 'धृव' और 'ऋतु' को 'रूत' के रूप में लिखा जाता है।

हिन्दी के राम, कृष्ण और अन्य अकारान्त शब्द इस प्रकार बोले जाते हैं जैसे वे हलन्त हों, परन्तु वे होते अकारान्त ही हैं। इसका परिणाम यह हुआ है कि हिन्दी में हलन्त चिन्हों को हटाया जाने लगा है। जैसे 'भगवान्' को 'भगवान', 'विराट्' को 'विराट', 'श्रीमान्' को 'श्रीमान' लिखा जाने लगा है, क्योंकि उन्हें यदि हिन्दी में अकारान्त लिखा जाता है तो भी उनका उच्चारण हलन्त ही होता है। दक्षिण भारतीय भाषाओं में 'अ' पर इस प्रकार बल दे कर उच्चारण किया जाता है कि वह 'आ' सुनाई देता है। अंग्रेजी का प्रभाव अलग से है। परिणामतः 'राम' को 'रामा', 'कृष्ण' को 'कृष्णा' और 'अशोक' को 'अशोका' कहा जाता है। यह स्थिति सभी दक्षिण भारतीय हिन्दी प्रयोक्ताओं के लिए सत्य नहीं है किन्तु फिर भी अधिकांश प्रयोक्ता इस प्रकार का प्रयोग करते हैं। जिससे भाषा का संस्कार प्रभावित होता है।

लिंग और वचन भेद भी मानक भाषा के सवाल पर समस्यामूलक ही हैं। कुछ भारतीय भाषाओं और अंग्रेजी भाषा में हिन्दी की अपेक्षा दो से अधिक लिंग हैं। आधुनिक शहरी समाज में लिंग, वचन आदि के प्रयोग को लेकर तो हास्यास्पद स्थिति है ही। कहने का तात्पर्य यह कि अखिल भारतीय स्तर पर हिन्दी भाषा के प्रयोग को लेकर व्यावहारिक रूप में अमानक स्थिति परिव्याप्त है। आधुनिक संदर्भों में तकनीकी हिन्दी का विकास भी इससे प्रभावित होगा और भाषा के संदर्भ में किसी एक मानक स्वरूप के अभाव में अराजक स्थिति का उभरना स्वाभाविक है। शास्त्रीय अथवा तकनीकी भाषा के विकास के लिए निश्चय ही यह चिंता का कारण है। राष्ट्रीय स्तर पर इस समस्या से उबरने का उपाय विवेच्य समस्या के समाधान में उल्लेखनीय योगदान दे सकता है।

***

संदर्भ ग्रंथ, पाठ्यपुस्तकें एवं पत्रिकाएँ

1. The Constitutional declaration of the Article 343 - 351
2. संपादकीय लेख, ``वैज्ञानिक'' अंक 2, अप्रैल-जून, 1994, वर्ष 26, पृ.3
3. कार्यवाही, खण्ड - II, इक्कीसवीं शताब्दी में निर्माण प्रौद्योगिकी- शोध की दिशाएँ संगोष्ठी, केन्द्रीय भवन अनुसंधान संस्थान तथा केन्द्रीय सचिवालय हिन्दी परिषद, रूड़की (उ.प्र.), पृ.4 एवं 5, 5-7 अक्तूबर, 1988
4. संपादकीय लेख, ``वैज्ञानिक'' अंक 2, अप्रैल-जून, 1994, वर्ष 26, पृ.3
5. संपादकीय लेख, ``वैज्ञानिक'' अंक 2, अप्रैल-जून, 1994, वर्ष 26, पृ.3
6. कार्यवाही, खण्ड - II, इक्कीसवीं शताब्दी में निर्माण प्रौद्योगिकी- शोध की दिशाएँ संगोष्ठी, केन्द्रीय भवन अनुसंधान संस्थान तथा केन्द्रीय सचिवालय हिन्दी परिषद, रूड़की (उ.प्र.), पृ.6-10, 5-7 अक्तूबर, 1988
7. सन् 1971 में भारतीय प्रौद्योगिकी संस्थान, मद्रास के दीक्षांत भाषण में प्रा.एम.जी.के.मेनन का भाषा विषयक स्पष्टीकरण।
8. कार्यवाही, भाषा और प्रौद्योगिकी संगोष्ठी, 15-17 मार्च, 1986, भारतीय प्रौद्योगिकी संस्थान, कानपुर, पृ.101-111
9. भारतीय शैक्षिक विचारधारा, डॉ.के.जी.सैयदैन, पृ.25
10. कार्यवाही, भाषा और प्रौद्योगिकी संगोष्ठी, 15-17 मार्च, 1986, भारतीय प्रौद्योगिकी संस्थान, कानपुर, पृ.VIII-XV
11 कार्यवाही, भाषा और प्रौद्योगिकी संगोष्ठी, 15-17 मार्च, 1986, भारतीय प्रौद्योगिकी संस्थान, कानपुर, पृ.VIII-XV
12 ``LANGUAGE" By Bloomfield (The study of Linguistics started in India)
13. कार्यवाही, भाषा और प्रौद्योगिकी संगोष्ठी, 15-17 मार्च, 1986, भारतीय प्रौद्योगिकी संस्थान, कानपुर,
14. GATT Agreement, Intellectual Property rights and Patent Policy
15. Encyclopedia of Language
16. Curent Science
17. भारतीय शैक्षिक विचारधारा, के.जी.सैयदैन, पृ.96-97
18. भारतीय शैक्षिक विचारधारा, के.जी.सैयदैन, पृ.100-101
19. शिक्षा की रूपरेखा, एस.एच.बैस, पृ.93-103
20. शिक्षा की रूपरेखा, एस.एच.बैस, पृ. आमुख
21. शिक्षा की रूपरेखा, एस.एच.बैस, पृ. 22-49
22. शिक्षा की रूपरेखा, एस.एच.बैस, पृ.22-49
23. University Hand book-1992
24. भारतीय शिक्षा का इतिहास, जे.पी.नायक एवं सैयद नुरूल्ला, पृ. VII-VIII
25. भारतीय शिक्षा का इतिहास, जे.पी.नायक एवं सैयद नुरूल्ला, पृ. VII-VIII

26. भारतीय शैक्षिक विचारधारा, डॉ.के.जी. सैयदैन,पृ. पृ.10
27. भारतीय शैक्षिक विचारधारा, डॉ.के.जी.सैयदैन, पृ. 10-11
28. भारतीय शिक्षा का इतिहास, जे.पी.नायक एवं सैयद नुरूल्ला, पृ. 68-69
29. भारतीय शिक्षा का इतिहास, जे.पी.नायक एवं सैयद नुरूल्ला, पृ. 69
30. भारतीय शिक्षा का इतिहास, जे.पी.नायक एवं सैयद नुरूल्ला, पृ. 69-70
31. भारतीय शैक्षिक विचारधारा, डॉ.के.जी.सैयदैन, पृ. 172
32. भारतीय शैक्षिक विचारधारा, डॉ.के.जी.सैयदैन, पृ.25
33. भारतीय शिक्षा का इतिहास, जे.पी.नायक एवं सैयद नुरूल्ला, पृ.373-429
34. भारतीय शिक्षा का इतिहास, जे.पी.नायक एवं सैयद नुरूल्ला, पृ.373-429
35. भारतीय शिक्षा का इतिहास, जे.पी.नायक एवं सैयद नुरूल्ला, पृ. आमुख
36. राष्ट्रीय शिक्षा नीति, जे.सी.अग्रवाल, पृ.11
37. राष्ट्रीय शिक्षा नीति-1968 की सिफारिशें
38. राष्ट्रीय शिक्षा नीति-1968 की सिफारिशें
39. राष्ट्रीय शिक्षा नीति-1968 की सिफारिशें
40. राष्ट्रीय शिक्षा नीति-1968 की सिफारिशें
41. INDIA- 1992 पृ.81, सूचना एवं प्रसारण मंत्रालय, भारत सरकार का प्रकाशन
42. Annual Report 93-94, MHRD भाग -IS भारत सरकार, शिक्षा विभाग तथा University Hand book, All India Universities-1992
43. कार्यवाही, भाषा और प्रौद्योगिकी संगोष्ठी, 15-17 मार्च, 1986, भारतीय प्रौद्योगिकी संस्थान, कानपुर, परिशिष्ट , पृ.19
44. कार्यवाही, भाषा और प्रौद्योगिकी संगोष्ठी, 15-17 मार्च, 1986, भारतीय प्रौद्योगिकी संस्थान, कानपुर,पृ. 133
45. ``जिज्ञासा'', अंक 8, वर्ष-1994, पृ.63-67, भारतीय प्रौद्योगिकी संस्थान, दिल्ली
46. कार्यवाही, खण्ड - II, इक्कीसवीं शताब्दी में निर्माण प्रौद्योगिकी- शोध की दिशाएँ संगोष्ठी, केन्द्रीय भवन अनुसंधान संस्थान तथा केन्द्रीय सचिवालय हिन्दी परिषद, रूड़की (उ.प्र.), पृ., 5-7 अक्तूबर, 1988
47. कार्यवाही, खण्ड - II, इक्कीसवीं शताब्दी में निर्माण प्रौद्योगिकी- शोध की दिशाएँ संगोष्ठी, केन्द्रीय भवन अनुसंधान संस्थान तथा केन्द्रीय सचिवालय हिन्दी परिषद, रूड़की (उ.प्र.),पृ., 5-7 अक्तूबर, 1988
48. English as Answaring Language constitute the largest fraction (97.89%) following the Hindi(1.6 %), Bengali(0.44%), and Gujrati (0.44%); REPORT TO SENATE, JEE-1992, IIT B, पृ.8
49. ``The poor response to languages other than English and Hindi may be due to not availability to 10+2 programmes as well as coaching material including text books in these languages; REPORT TO SENATE, JEE-1992, IIT B पृ. 8

50. 'जिज्ञासा', अंक 8, वर्ष-1994, पृ.63-67 , भारतीय प्रौद्योगिकी संस्थान, दिल्ली
51. संपादकीय लेख, नवभारत टाइम्स, बम्बई, दिनांक 1 जून, 1995
52. ''शब्दायन`` स्मारिका, वै.त.श.आ.,पृ.173-175
53. ''शब्दायन`` स्मारिका, वै.त.श.आ.,पृ.173-175
54. ''शब्दायन`` स्मारिका, वै.त.श.आ.,पृ.173-175
55. ''शब्दायन`` स्मारिका, वै.त.श.आ.,पृ.176-177
56. Journal of Technical Education in India, IIT D.
57. कार्यवाही, इक्कीसवीं शताब्दी में निर्माण प्रौद्योगिकी- शोध की दिशाएँ संगोष्ठी, केन्द्रीय भवन अनुसंधान संस्थान तथा केन्द्रीय सचिवालय हिन्दी परिषद, रूड़की (उ.प्र.), पृ.68-70, 5-7 अक्तूबर, 1988
58. राष्ट्रीय शिक्षा नीति, जे.सी.अग्रवाल, पृ.11-12
59. Challanges of Education, MHRD Publication, Para 4:44, पृ.81
60. कार्यवाही, भाषा और प्रौद्योगिकी संगोष्ठी, 15-17 मार्च, 1986, भारतीय प्रौद्योगिकी संस्थान, कानपुर,पृ.115-118
61. Challanges of Education, MHRD Publication,Preface
62. कार्यवाही, भाषा और प्रौद्योगिकी संगोष्ठी, 15-17 मार्च, 1986, भारतीय प्रौद्योगिकी संस्थान, कानपुर,पृ.115-118
63. कार्यवाही, भाषा और प्रौद्योगिकी संगोष्ठी, 15-17 मार्च, 1986, भारतीय प्रौद्योगिकी संस्थान, कानपुर,पृ.115-118
64. Challanges of Education, MHRD Publication, para 3.7, पृ. 35
65. कार्यवाही, भाषा और प्रौद्योगिकी संगोष्ठी, 15-17 मार्च, 1986, भारतीय प्रौद्योगिकी संस्थान, कानपुर,पृ.115-118
66. Challanges of Education, MHRD Publication, Para 4.45, पृ. 82
67. संपादकीय लेख, नवभारत टाइम्स, बम्बई, 1 जून, 1995
68. भारतीय प्रौद्योगिकी संस्थान, बम्बई में कुछ तकनीकी प्राध्यापकों से उक्त समस्या के संबंध में किए गये साक्षात्कार के आधार पर।
69. संगोष्ठि की संस्तुतियों पर चर्चा सत्र में प्रा.बी.बी.त्रिपाठी द्वारा व्यक्त मत,कार्यवाही, भाषा और प्रौद्योगिकी संगोष्ठी,15-17 मार्च,1986,भा.प्रौ.सं.कानपुर,पृ. 349
70. कार्यवाही, भाषा और प्रौद्योगिकी संगोष्ठी, 15-17 मार्च, 1986, भारतीय प्रौद्योगिका संस्थान, कानपुर,पृ. 110
71. कार्यवाही, भाषा और प्रौद्योगिकी संगोष्ठी, 15-17 मार्च, 1986, भारतीय प्रौद्योगिकी संस्थान, कानपुर,पृ.110
72. सूचना पुस्तिका, वैज्ञानिक एवं तकनीकी शब्दावली आयोग, दिल्ली
73. कार्यवाही, भाषा और प्रौद्योगिकी संगोष्ठी, 15-17 मार्च, 1986, भारतीय प्रौद्योगिकी संस्थान, कानपुर,पृ.318-324 तथा 341-362
74. कार्यवाही, भाषा और प्रौद्योगिकी संगोष्ठी, 15-17 मार्च, 1986, भारतीय प्रौद्योगिकी संस्थान, कानपुर,पृ.320

75. भारतीय प्रौद्योगिकी संस्थान, बम्बई के स्नातक और स्नातकोत्तर छात्रों से किए गये साक्षात्कार तथा विभिन्न संगोष्ठियों की कार्यवाहियों में छात्रों द्वारा व्यक्त विचारों के आधार पर।
76. Encyclopedia of Education, पृ.328, खण्ड. 5
77. कार्यवाही, भाषा और प्रौद्योगिकी संगोष्ठी, 15-17 मार्च, 1986, भारतीय प्रौद्योगिकी संस्थान, कानपुर, पृ. 107
78. कार्यवाही, भाषा और प्रौद्योगिकी संगोष्ठी, 15-17 मार्च, 1986, भारतीय प्रौद्योगिकी संस्थान, कानपुर, पृ.318 तथा सन् 1984-85 के दौरान विभिन्न समाचार पत्रों के आधार पर।
79. इस संबंध में डॉ.एस.के.चौपड़ा की पुस्तक THE BRAIN DRAIN AND HOW TO REVERSE IT तथा डा.एस.पी.सुखात्मे की पुस्तक THE REAL BRAIN DRAIN उल्लेखनीय दस्तावेज हैं।
80. The Journal of Technical Education in India, IIT D, पृ.45, खण्ड XII
81. कार्यवाही, भाषा और प्रौद्योगिकी संगोष्ठी, 15-17 मार्च, 1986, भारतीय प्रौद्योगिकी संस्थान, कानपुर, पृ.107
82. कार्यवाही, भाषा और प्रौद्योगिकी संगोष्ठी, 15-17 मार्च, 1986, भारतीय प्रौद्योगिकी संस्थान, कानपुर, पृ.107
83. कार्यवाही, अखिल भारतीय संगोष्ठी - ऊर्जा संसाधन विकास एवं परियोजनाएँ तथा कार्यशाला, तकनीकी हिन्दी का विकास, रूड़की विश्वविद्यालय 5-7 जुलाई, 1984, पृ.8-9
84. कार्यवाही, भाषा और प्रौद्योगिकी संगोष्ठी, 15-17 मार्च, 1986, भारतीय प्रौद्योगिकी संस्थान, कानपुर, पृ.322
85. कार्यवाही, खण्ड-II, इक्कीसवीं शताब्दी में निर्माण प्रौद्योगिकी- शोध की दिशाएँ संगोष्ठी, केन्द्रीय भवन अनुसंधान संस्थान तथा केन्द्रीय सचिवालय हिन्दी परिषद, रूड़की (उ.प्र.), पृ.6-10, 5-7 अक्तूबर, 1988
86. हिन्दी में वैज्ञानिक एवं तकनीकी प्रकाशन निर्देशिका-1966-80, प्रकाशन एवं सूचना विभाग, वैज्ञानिक एवं औद्योगिक अनुसंधान परिषद्, नई दिल्ली
87. "Most of the the Indian text books are dry compendia of facts, principles are not identified and exphasized properly. Most of them look like an odd mixture of three legalities - the syllabus, the examination and foreign books. A language which is serious but interesting, logical but not dry, penetrating and yet lucid, has yet to be developed for the Indian text books`` कार्यवाही, भाषा और प्रौद्योगिकी संगोष्ठी, 15-17 मार्च, 1986, भारतीय प्रौद्योगिकी संस्थान, कानपुर, परिशिष्ट, पृ. 29
88. कार्यवाही, अखिल भारतीय संगोष्ठी - ऊर्जा संसाधन विकास एवं परियोजनाएँ तथा कार्यशाला, तकनीकी हिन्दी का विकास, रूड़की विश्वविद्यालय 5-7 जुलाई, 1984, पृ.8-9

89. कार्यवाही, भाषा और प्रौद्योगिकी संगोष्ठी, 15-17 मार्च, 1986, भारतीय प्रौद्योगिकी संस्थान, कानपुर, पृ. 108
90. ''शब्दायन`` स्मारिका, वैज्ञानिक एवं तकनीकी शब्दावली आयोग, पृ.111-113
91. भारतीय शिक्षा का इतिहास, जे.पी.नायक एवं सैयद नुरूल्ला, पृ.68-69
92. जवाहरलाल नेहरू का कथन- English is important because it is the major window to the modern world for us and se dare not close that window.
93. The term "Brain drain`` is used to describe the out flow of highly qualified and talanted man pwoer which has been trained of considerable expenses in one country and which migrates permanently to another country. In the present day context it generally means the flow of human capital from economically poor countries, where it can make significant contribution to the national welfare to rich countries which are already well supplied with trained personal. THE REAL BRAIN DRAIN by Prof, S.P.Sukhatme, पृ. 1
94. BRAIN DRAIN AND HOW TO REVERSE IT, संपा. डॉ.एस.के.चौपड़ा, पृ.11-18
95. THE REAL BRAIN DRAIN, एस.पी.सुखात्मे, पृ. 1-2
96. THE REAL BRAIN DRAIN, एस.पी.सुखात्मे, पृ. 2
97. THE REAL BRAIN DRAIN, एस.पी.सुखात्मे, पृ. 23
98. SPAN पत्रिका, मई, 1992
99. THE REAL BRAIN DRAIN, एस.पी.सुखात्मे, पृ.61
100. गैट समझौते का प्रावधान
101. Current Science पत्रिका, लेख - Science in India, पृ. 907- 916, खण्ड 66, अंक 12, 25 जून, 1994
102. राजभाषा समस्या, व्यावहारिक समाधान, कन्हैया लाल गांधी, पृ. 101
103. कार्यवाही, खण्ड-II, इक्कीसवीं शताब्दी में निर्माण प्रौद्योगिकी- शोध की दिशाएँ संगोष्ठी,केन्द्रीय भवन अनुसंधान संस्थान तथा केन्द्रीय सचिवालय हिन्दी परिषद, रूड़की (उ.प्र.), पृ.1, 5-7 अक्तूबर, 1988
104. कार्यवाही, अखिल भारतीय संगोष्ठी - ऊर्जा संसाधन विकास एवं परियोजनाएँ तथा कार्यशाला, तकनीकी हिन्दी का विकास, रूड़की विश्वविद्यालय 5-7 जुलाई, 1984, पृ.123-125
105. कार्यवाही, अखिल भारतीय संगोष्ठी - ऊर्जा संसाधन विकास एवं परियोजनाएँ तथा कार्यशाला, तकनीकी हिन्दी का विकास, रूड़की विश्वविद्यालय 5-7 जुलाई, 1984, कार्यशाला सत्र विवरण, पृ.137
106. वार्षिक प्रतिवेदन - 1993-94, भा.प्रौ.सं.बम्बई, पृ.298-300

107. ''विज्ञान गंगा'' पत्रिका, जून-1994, पृ.5, केन्द्रीय सचिवालय हिन्दी परिषद
108. भारत का संविधान, अनुच्छेद 351
109. कार्यवाही, भाषा और प्रौद्योगिकी संगोष्ठी, 15-17 मार्च, 1986, भारतीय प्रौद्योगिकी संस्थान, कानपुर, पृ. X
110. कार्यवाही, भाषा और प्रौद्योगिकी संगोष्ठी, 15-17 मार्च, 1986, भारतीय प्रौद्योगिकी संस्थान, कानपुर, पृ. XI
111. कार्यवाही, भाषा और प्रौद्योगिकी संगोष्ठी, 15-17 मार्च, 1986, भारतीय प्रौद्योगिकी संस्थान, कानपुर, पृ. X
112. कार्यवाही, भाषा और प्रौद्योगिकी संगोष्ठी, 15-17 मार्च, 1986, भारतीय प्रौद्योगिकी संस्थान, कानपुर, पृ.X
113. राजभाषा समस्या, व्यावहारिक समाधान, कन्हैयालाल गांधी, पृ. 11
114. WIT AND WISDOM OF GANDHI, संपा. होमर ए.जे., बोस्टन बेकन प्रेस, 1951, पृ.158
115. WIT AND WISDOM OF GANDHI, संपा. होमर ए.जे., बोस्टन बेकन प्रेस, 1951, पृ.158
116. National Language for India : A symposium, Z.A.Ahmed, इलाहाबाद, किताबीस्तान, 1941, पृ. 46-47
117. कार्यवाही, भाषा और प्रौद्योगिकी संगोष्ठी, 15-17 मार्च, 1986, भारतीय प्रौद्योगिकी संस्थान, कानपुर, पृ.XI
118. INDIA-1994 (Education Section), पृ.. 85, Published by Reseach, Reference and Training division, Ministry of Information and Braoadcasting, Govt. of India and Annual Report of 1993-94 of the MHRD, Vol. I. GOI, 1994
119. Annual Report-1993-94, MHRD GOI, Vol.I, पृ..179
120. Annual Report-1993-94, MHRD GOI, Vol.I, पृ..180
121. Annual Report-1993-94, MHRD GOI, Vol.I, पृ.180
122. Annual Report-1993-94, MHRD GOI, Vol.I, पृ.179-307
123. Language, Bloomfield, पृ.1
124. दण्डी - काव्यदर्श 1(4)
125. वाक्यपदीय (ब्रह्मकाण्ड)
126. हिन्दी साहित्य और नेहरू, भगवान सिंह, पृ.108
127. Expenditure of Education : Theory, Model and Growth, Shriprakash and Sumitra Choudhary, पृ.4-5
128. कार्यवाही, खण्ड-II, इक्कीसवीं शताब्दी में निर्माण प्रौद्योगिकी- शोध की दिशाएँ संगोष्ठी, केन्द्रीय भवन अनुसंधान संस्थान तथा केन्द्रीय सचिवालय हिन्दी परिषद, रूड़की (उ.प्र.), पृ.1, 6-10 अक्तूबर, 1988

129. राजभाषा समस्याः व्यावहारिक समाधान, कन्हैया लाल गांधी, पृ.101
130. Manorama Year book-1996, पृ.464-466
131. इस संबंध में डॉ. भोलानाथ तिवारी और कमल सिंह द्वारा संपादित पुस्तक ''हिन्दी और भारतीय भाषाएँ`` उल्लेखनीय है। इसमें तुलनात्मक और व्यतिरेकी आधार पर विभिन्न भारतीय भाषाओं के संरचनात्मक तत्वों का सविस्तार विवेचन प्रस्तुत किया गया है। प्रभात प्रकाशन दिल्ली, संस्करण - 1987
132. हिन्दी भाषा शिक्षण, डॉ.भोलानाथ तिवारी तथा डॉ. कैलाशचन्द्र भाटिया, पृ.85-103
133. रजत जयन्ती ग्रंथ, हिन्दी प्रचार सभा, हैदराबाद, पृ. 124-128
134. कार्यवाही, भाषा और प्रौद्योगिकी संगोष्ठी, 15-17 मार्च, 1986, भारतीय प्रौद्योगिका संस्थान, कानपुर, पृ.53-59
135. ''राष्ट्रभाषा हिन्दीः समस्या समाधान`` आचार्य देवेन्द्रनाथ शर्मा, पृ. 121 तथा ''हिन्दी विविध व्यावहारों की भाषा``, सुवास कुमार, पृ.124
136. हिन्दी साहित्य और नेहरू, श्रीभगवान सिंह, पृ.106
137. ''हिन्दी विविध व्यावहारों की भाषा``, सुवास कुमार, पृ.123-144
138. देवनागरी - एक नया प्रयोग, महेश्वर प्रसाद, पृ.7
139. भारत का संविधान (अनुच्छेद 343)
140. महात्मा गांधी का मत
141. इंदिरा गांधी का मत
142. मधुकर राव चौधरी का मत
143. Psychology : An Introduction by Kagan and Havemann, पृ..7-9
144. "It is necessary that Languages does not become a barier to mobility of India fo tommorow`` Document on Language Policy, Para 4.44, पृ..81, Ministry of Information and Broadcasting Publication, Govt. of India.
145. Purility - बलिशता / बचकानापन
146. बूंद मिले सागर में, विद्यानिवास मिश्र, पृ.92
147. रजत जयन्ती स्मृति ग्रंथ, हिन्दी प्रचार सभा, हैदराबाद, पृ.68
148. राजभाषा समस्याः व्यावहारिक समाधान, कन्हैयालाल गांधी, पृ.85-95
149. कार्यवाही, भाषा और प्रौद्योगिकी संगोष्ठी, 15-17 मार्च, 1986, भारतीय प्रौद्योगिकी संस्थान, कानपुर, पृ.3
150. लोहिया स्मरण, संपा. ओंकार शरद, पृ. संपादकीय
151. लोहिया स्मरण, संपा. ओंकार शरद, पृ.40
152. कार्यालय दर्पण, मार्च-1995, डॉ.शंकर दयाल सिंह का आलेख - ''हिन्दी को आज किसी टी.एन.शेषन की जरूरत है``, पृ.3
153. भाषा त्रैमासिकी, विश्व हिन्दी सम्मेलन अंक, पृ.86, वर्ष 1975

154. राजभाषा हिन्दी के प्रयोग संबंधी नियम पुस्तक, द्वितीय संस्करण (31 अगस्त, 1992 तक संशोधित), राजभाषा विभाग, गृह मंत्रालय, भारत सरकार का प्रकाशन
155. कार्यालय दर्पण, मार्च-1995, डॉ.शंकर दयाल सिंह का आलेख - ''हिन्दी को आज किसी टी.एन.शेषन की जरूरत है``, पृ.3
156. कार्यालय दर्पण, मार्च-1995, डॉ.शंकर दयाल सिंह का आलेख - ''हिन्दी को आज किसी टी.एन.शेषन की जरूरत है``, पृ.3
157. कार्यालय दर्पण, मार्च-1995, डॉ.शंकर दयाल सिंह का आलेख - ''हिन्दी को आज किसी टी.एन.शेषन की जरूरत है``, पृ.3
158. ASIAN DRAMA, By - Gunnar Myrdal
159. सन् 1963 में जवाहरलाल नेहरू द्वारा संसद में हिन्दी विरोधियों को दिया गया आश्वासन और उसी आश्वासन को सन् 1978 में श्री मोरारजी देसाई ने पुनः दोहराया था।
160. नवभारत टाइम्स, बम्बई, दिनांक 27 अप्रैल, 1996, मुखपृष्ठ और पृ.6
161. नवभारत टाइम्स, बम्बई, दिनांक 27 अप्रैल, 1996, मुखपृष्ठ और पृ.6
162. India's Language Crysis- An Introductory Study, by Mohan Kumarmangalam, Madras, New Century Book House, 1965, पृ.9
163. कांग्रेस बुलेटिन, मई-1953, अ.भा.कां., भारत
164. कांग्रेस बुलेटिन, अप्रैल 1954, अ.भा.कां., भारत
165. हरिजन, सितम्बर, 1947
166. विशाल भारत, नवम्बर, 1935, पृ.471 तथा हिन्दी साहित्य और नेहरू, श्रीभगवान सिंह 1994, पृ.103
167. विशाल भारत, नवम्बर, 1935, पृ.470
168. Constitution Assembly debates, India, Vol.9, No. 32, Sept.12, 1949, पृ.1317
169. हिन्दी साहित्य और नेहरू, श्रीभगवान सिंह, पृ.108
170. An Autobiography, पृ.456
171. राष्ट्रभाषा हिन्दी: समस्या समाधान, आचार्य देवेन्द्रनाथ शर्मा, पृ.160
172. The Problem of Official Language in India, K.L.Gandhi, पृ.75
173. The Problem of Official Language in India, K.L.Gandhi, पृ.76
174. The Problem of Official Language in India, K.L.Gandhi, पृ.76
175. राजभाषा समस्या: व्यावहारिक समाधान, कन्हैयालाल गांधी, पृ.90
176. "Never before, except perhaps during the fateful days of 1965, did Hindi figure in the press and in Parliament so much as during the years 1977 to 1979. Hardly a day was passed when something was not said about this matter either in press of in Parliament or in both``. HINDI ON TRIAL by S.DWIVEDI, पृ.156

177. Addressing the Janta party members meeting at Coimbatore on 12th March, 1978, he (Morarji Desai) made a catagorical declaration to dispel lingering suspician in the minds of the non-Hindi speaking people about the Language policy at the Janta Govt. and stated that there could be no compulsion by the Government as long as there was not "CONSENSUS`` on the Issue". THE HINDU, 13TH MARCH, 1978
178. THE TIMES OF INDIA, NEW DELHI 15th April, 1978, pp. 11
179. THE TIMES OF INDIA, NEW DELHI 15th April, 1978, pp.3
180. The Problem of Official Language in India, K.L.Gandhi pp.76-77
181. THE HINDU, 1st Feb. 1977
182. THE TIMES OF INDIA, NEW DELHI, 2nd Feb. 1977
183. नवभारत टाइम्स, 17 फरवरी, 1977
184. THE HINDU, 16th March, 1977
185. THE HINDU, 3rd June, 1978; THE TIMES OF INDIA, NEW DELHI 4th June, 1978 and HINDI ON TRIAL by S.DWIVEDI, PP. 162
186. THE HINDI ON TRIAL by S.DWIVEDI, PP. 157
187. NATIONAL HERALD, 17the April, 1977
188. रजत जयन्ती स्मृति ग्रंथ, हिन्दी प्रचार सभा, हैदराबाद, पृ. 60-61
189. रजत जयन्ती स्मृति ग्रंथ, हिन्दी प्रचार सभा, हैदराबाद, पृ.124
190. रजत जयन्ती स्मृति ग्रंथ, हिन्दी प्रचार सभा, हैदराबाद, पृ.50-52
191. रजत जयन्ती स्मृति ग्रंथ, हिन्दी प्रचार सभा, हैदराबाद, पृ.107
192. THE HINDU, 10th July, 1977 and HINDI ON TRIAL by S.DWIVEDI pp.159
193. रजत जयन्ती स्मृति ग्रंथ, हिन्दी प्रचार सभा, हैदराबाद, पृ.107
194. Indian Constituent Assembly debats, New Delhi, Constituent Assembly, 1949. Vol.9, No. 33, Sept. 13th, 1949 pp. 1426 and 1365
195. Indian Constituent Assembly debats, New Delhi, Constituent Assembly, 1949. Vol.9, No. 33, Sept. 13th, 1949 pp. 1394
196. The Problem of Translation, mebhee. G.Gopinathan and S.Kandaswamy, पृ.18
197. कार्यवाही, भाषा और प्रौद्योगिकी संगोष्ठी, 15-17 मार्च, 1986, भारतीय प्रौद्योगिकी संस्थान, कानपुर, पृ.174
198. रजत जयन्ती स्मृति ग्रंथ, हिन्दी प्रचार सभा, हैदराबाद, पृ.51 तथा 127
199. रजत जयन्ती स्मृति ग्रंथ, हिन्दी प्रचार सभा, हैदराबाद, पृ.80

***

पंचम अध्याय

हिन्दी में उपलब्ध यांत्रिक सुविधाओं की समीक्षा: समाधान

जब यह कहा जाता है कि विज्ञान और प्रौद्योगिकी ने संपूर्ण मानव समाज को प्रत्यक्ष अथवा परोक्ष रूप से प्रभावित किया है तो इसका तात्पर्य होता है - विज्ञान और प्रौद्योगिकीय ज्ञान के माध्यम से सृजित यांत्रिक सुविधाओं और सेवाओं के द्वारा मानव का जीवन तथा उसका दैनिक कार्यकलाप उनसे बहुत अधिक प्रभावित है। मानव के वैयक्तिक अथवा सामाजिक जीवन की अतीतकालीन परिस्थितियों की अपेक्षा वर्तमान परिस्थितियों के स्वरूप में परिवर्तन हो रहा है और इनके माध्यम से भावी परिस्थितियों के स्वरूप में भी परिवर्तन होने की व्यापक संभावनाएँ हैं। विज्ञान और प्रौद्योगिकी द्वारा सृजित यांत्रिक सुविधाओं के कारण मनुष्य की दक्षता और कार्यकुशलता व्यापक रूप से प्रभावित हई है।

कृषिकर्म, चिकित्सा अथवा किसी भी प्रकार के अभियांत्रिकीय और प्रौद्योगिकीय कार्य का यांत्रिक सुविधाओं के द्वारा प्रभावित होना स्वाभाविक है। विभिन्न कार्यप्रणालियों में संवर्धित यंत्रों और उपकरणों के निरंतर प्रयोग ने मनुष्य को क्रमशः प्राचीनता से नवीनता और आधुनिकता से अत्याधुनिकता की ओर अग्रसर किया है जिसका परिणाम यह है कि किसी युग में अपनी संपूर्ण धरती से भी अनभिज्ञ मानव आज ब्रह्माण्ड के अन्य नक्षत्रों, ग्रहों और उपग्रहों की पर्यावरणीय और पारिस्थितिकीय जानकारी रखता है। आज वह अपने कृत्रिम उपग्रह अंतरिक्ष में छोड़कर ब्रह्माण्ड के रहस्यों का पर्दाफास करने में लगा हुआ है। वास्तव में खोजी प्रकृति का होने के कारण मानव के जीवन में परिवर्तन की प्रक्रिया अन्य जीवों की अपेक्षा काफी तेजी से घटती रही है और जैसा कि दूसरे अध्याय में दर्शाया गया है, आधुनिक युग की स्वचालित यांत्रिकीय खोज ने उसके जीवन के परिवर्तन को और अधिक त्वरण प्रदान कर दिया है। जिस प्रकार अग्नि, चक्र तथा आधुनिक युगीन स्वचालन यांत्रिकीय आविष्कारों ने मानव जीवन में महत्वपूर्ण परिवर्तन लाया है। ठीक उसी प्रकार मुद्रण प्रौद्योगिकी ने विश्व की भाषाओं के विकास और लिपियों के स्थिरीकरण में महत्वपूर्ण परिवर्तन एवं परिवर्द्धन लाया है। भाषाओं के संबंध में भी

प्रौद्योगिकी का सर्वाधिक उल्लेखनीय महत्व रहा है, एतदर्थ भाषा प्रयोग की विवेच्य समस्या का अनुशीलन करने में भाषा से संबंधित प्रौद्योगिकीय सुविधाओं की समीक्षा करना समीचीन होगा।

विभिन्न संदर्भ ग्रंथों तथा विश्वकोशों में उपलब्ध तथ्य भी उपरोक्त मत का समर्थन करते हैं। अमेरिकाना विश्वकोश में उल्लेख किया गया है कि - *मुद्रण प्रौद्योगिकी के परिणामस्वरूप मानव की भाषाओं में क्रांतिकारी विकास हुआ है, तथा विभिन्न भाषाओं सहित उनकी लिपियों का स्वरूप भी इसी कारण काफी हद तक निश्चित और स्थाई हुआ है।*[1] इसमें उपलब्ध अतीतकालीन सुविधाओं की अपेक्षा वर्तमान संगणक क्रांति ने इसमें उल्लेखनीय परिवर्तन प्रस्तुत किया है । इसने मानव जीवन के अन्यान्य कार्यकलापों को काफी गहराई तक प्रभावित किया है। मनुष्य के कार्यकलापों में उत्तरोत्तर प्रगति और परिवर्तन के लिए उत्तरदायी मानव की वर्तमान शिक्षा व्यवस्था को इस प्रौद्योगिकी ने और गहरे तक प्रभावित किया है तथा प्रौद्योगिकीय उपलब्धियों के फलस्वरूप आज शिक्षा प्रौद्योगिकी का भी उद्भव हो चुका है। हालांकि द्वितीय अध्याय में शिक्षा प्रौद्योगिकी के संबंध में संक्षिप्त विवेचन प्रस्तुत किया गया है, तथापि उक्त संदर्भ में यहाँ विस्तार से विचार करने का प्रयास किया जा रहा है।

विज्ञान और प्रौद्योगिकी द्वारा सृजित अन्यान्य उपकरणों और यंत्रों का आज शिक्षा जगत में भी अनिवार्यरूप से उपयोग हो रहा है, आधुनिक संदर्भों में इसे ही हम शिक्षा प्रौद्योगिकी की संज्ञा से अभिहित करते हैं। तकनीकी शिक्षण में तो इसका उपयोग अपरिहार्य है, क्योंकि वैज्ञानिक और तकनीकी विकास के परिणामस्वरूप अनेक जटिल और दूरूह विषयों का आविर्भाव हुआ है तथा भारत जैसे स्वतंत्र एवं बहुभाषी राष्ट्र की शिक्षा संबंधी बढ़ती समस्याओं से निपटने के लिए किसी उपयुक्त प्रौद्योगिकी की अनिवार्य आवश्यकता है। जिस प्रकार आज भारत को विकासपथ पर अग्रसर करने के लिए बैलगाड़ी के स्थान पर आधुनिक आवागमन के साधनों की आवश्यकता अनिवार्य रूप में महसूस की जा रही है, ठीक उसी प्रकार शिक्षा के क्षेत्र में श्यामपट्ट एवं खड़िया वाली कक्षाओं में अब आधुनिक यंत्रों, उपकरणों तथा इलेक्ट्रॉनिक माध्यमों की अनिवार्य रूप से आवशकता महसूस की जा रही है। सूचना प्रौद्योगिकी और इलेक्ट्रॉनिक क्रांति के इस युग में प्राचीन शिक्षण उपकरण अब उतने प्रभावी नहीं रहे अतः आधुनिक युगानुरूप शिक्षण उपकरणों का अभिकल्पन एवं शिक्षा को विश्वस्तर के योग्य प्रासंगिक बनाने के साथ साथ आधुनिक यंत्रों - उपकरणों एवं सूचना विज्ञान के विभिन्न उपदानों का उपयोग एवं अन्वेषण अपरिहार्य हो गया है।

फिलहाल हम यह देख रहे हैं कि आधुनिक तकनीकी शिक्षा अपने आप में अत्यंत जटिल एवं गूढ़तर होती जा रही है जिसके आदान-प्रदान में आधुनिक यंत्रों और

उपकरणों की अनिवार्य भूमिका को देखते हुए अपनी भावी पीढ़ी के समक्ष इसे बोधगम्य रूप में प्रस्तुत करना अनिवार्य है, अतः शिक्षा प्रौद्योगिकी के विभिन्न तत्वों का नियोजन करना आवश्यक है। यद्यपि हम इस दिशा में अग्रसर भी हो चुके हैं तथा कुछ क्षेत्रों में विषय प्रस्तुति में सहायक ऐसे अनेक हस्तचालित और स्वचालित यांत्रिकीय सुविधाएँ उपलब्ध हैं तथापि अपनी आवश्यकताओं को देखते हुए हम इन्हें समुचित नहीं कह सकते। विवेच्य समस्या के संदर्भ में ऐसे ही साधनों को यांत्रिक सुविधाएँ संज्ञा से अभिहित किया गया है तथा शिक्षा प्रौद्योगिकी के रूप में उपलब्ध शिक्षण सहायक विभिन्न उपादानों के आलोक में विज्ञान और प्रौद्योगिकी के क्षेत्र में हिन्दी भाषा के प्रयोग की समस्या का समीक्षात्मक एवं समाधानात्मक अध्ययन प्रस्तुत किया जा रहा है।

5.1 उच्च शिक्षा में प्रयुक्त शिक्षा प्रौद्योगिकी

यद्यपि वर्तमान शिक्षा प्रौद्योगिकी का विकास अपनी चरम सीमा पर है और विभिन्न प्रकार के आधुनिक यंत्रों का इसके लिए उपयोग हो रहा है, तथापि शिक्षा के क्षेत्र में प्रयुक्त साधनों को मुद्रित संसाधन और दृक्-श्रव्य संसाधन जैसे दो वर्गों में विभक्त किया जा सकता है :

5.1.1 मुद्रित सामग्री

मुद्रित सामग्री का शिक्षा के क्षेत्र में अत्यंत प्राचीन काल से ही महत्व रहा है। वास्तव में यह शिक्षा का सर्वाधिक अनिवार्य अंग है। सर्वप्रथम 15वीं शताब्दी में छपाई की तकनीकों का विकास होने के पश्चात इस क्षेत्र में कांतिकारी परिवर्तन हुआ। विभिन्न भाषाओं के लिए प्रयुक्त विभिन्न लिपियों का स्वरूप लगभग स्थिर हुआ तथा उनमें यंत्रों के अनुरूप अपेक्षित परिवर्तनादि भी हुए। संप्रति मुद्रण की सुविधाओं के रूप में टाइप फेस द्वारा छपाई, टाइपराइटर मशीन द्वारा मुद्रण और आधुनिक संगणक प्रौद्योगिकी द्वारा प्रदत्त मुद्रण की सुविधाओं का उपयोग हो रहा है। मुद्रण की अपेक्षाओं के अनुसार उनमें सुधारआदि भी हुए हैं तथा विश्वस्तर पर शिक्षा प्रणाली में समरूपता आने लगी है। शिक्षा संबंधी पाद्यसामग्री मुद्रण प्रौद्योगिकी के कारण आज बहुगुणित रूप में विश्व के किसी भी कोने तक सहजतापूर्वक पहुंचाई जा सकती है। वर्तमान विश्व में मुद्रण प्रौद्योगिकी की यह स्थिति लगभग समान है। किन्तु उच्च शिक्षा के स्तर पर शोधग्रंथों, शोधपत्रों और कार्यालयीन कार्यों के लिए अपेक्षित सामग्री, छपाई की मशीनों पर छपवाने की अपेक्षा टाइपराइटरों अथवा आधुनिक संगणकों पर टंकित कर अपेक्षानुसार दो-चार प्रतियाँ तैयार करना होता है। अतः सुवाह्य टाइपराइटर अथवा संगणक आदि का इस कार्य के लिए सर्वाधिक उपयोग किया जाता है। लागत की दृष्टि से ये अपेक्षाकृत सस्ते एवं शीघ्रसेवी होते हैं। शैक्षिक, प्रशासनिक एवं व्यावसायिक कार्यों में इस प्रकार की

मशीनों का उपयोग दिन-प्रतिदिन बढ़ रहा है। यंत्रों की सहायता से कार्य की मात्रा सहित उसकी गतिशीलता भी बढ़ रही है। वर्तमान परिस्थितियों में अंग्रेजी भाषा में इस प्रकार की सुविधाएँ पर्याप्त मात्रा में उलब्ध हैं जो अन्य व्यावहारिक क्षेत्रों सहित तकनीकी लेखन के क्षेत्र में भी उसके प्रयोग को संपोषित कर रही हैं। अंग्रेजी भाषा में उपलब्ध सुविधाओं के अनुपात में भारतीय भाषाओं में इस प्रकार की यांत्रिक सुविधाओं का पर्याप्त अभाव है। यह अभाव भी तकनीकी हिन्दी के प्रयोग की समस्या पैदा करता है और विवेच्य समस्या की दृष्टि से इसका अनुशीलन करना अनिवार्य है। हालांकि इस संबंध में हम कह सकते हैं कि अंग्रेजी के आधार पर (देवनागरी) हिन्दी में भी अपेक्षित यांत्रिक सुविधाओं का सृजन करने का सार्थक प्रयास किया गया है, तथापि वर्तमान परिप्रेक्ष्य में इसे पर्याप्त नहीं कहा जा सकता है। निम्नांकित परिच्छेदों में देवनागरी में उपलब्ध यांत्रिक सुविधाओं की उपलब्धता की व्यापक समीक्षा प्रस्तुत की जा रही है।

5.1.1.1 मानक टाइपराइटर

आधुनिक सरकारी अथवा गैर-सरकारी कार्यालयों, शिक्षा संस्थानों आदि में टाइपराइटर का कितना महत्व है, यह किसी से भी छिपा नहीं है। टाइपराइटरों के कारण ही अधिकांश लेखन कार्य निम्नतम् समय में शुद्ध रूप से तथा अपेक्षित प्रतियों में प्रस्तुत किया जा सकता है। वास्तव में टाइपराइटर का आविष्कार भी कार्यालय के कार्यों को ध्यान में रख कर किया गया था, इससे कार्यालयीन कार्यों के संपादन में उल्लेखनीय प्रगति हुई । अनेक प्रयोगात्मक टाइपमशीनों के निर्माण के उपरांत ही वर्तमान टाइपराइटर का निर्माण हुआ था। आज से सौ वर्ष पूर्व सन् 1896 ई. में मेसर्स अंडरवुड कंपनी ने अंग्रेजी मानक टाइप मशीन का सर्वांगपूर्ण दशा में निर्माण किया[2] और तत्पश्चात अंग्रेजी में टाइपराइटर निर्माताओं की भरमार लग गयी। संप्रति अंग्रेजी में अनेकानेक कंपनियों के टाइपराइटर उपलब्ध हैं, जबकि भारतीय भाषाओं में आज भी उनकी उपलब्धि नगण्य है। अंग्रेजी में रैमिंगटन, रायल, एल.सी.स्मिथ, वुडस्टाक, इम्पीरियल, हालडा, हरभिस, ओलंपिया, ओलिबेत्ती, फैसिट, गोदरेज, आदि अनेक कंपनियों के टाइपराइटर हैं जो सादे और तकनीकी दोनो ही प्रकार के हैं, जबकि देवनागरी में गोदरेज और रैमिंगटन को छोड कर अन्य कंपनियों के मैनुअल टाइपराइटर नहीं हैं। रैमिंगटन और गोदरेज में भी केवल सादे टाइपराइटर ही उपलब्ध हैं, तकनीकी प्रकार के टाइपराइटर नहीं है। वर्तमान संगणक प्रौद्योगिकी के उद्‌भव से पूर्व उक्त कार्यों के लिए टाइपराइटर का ही सर्वाधिक उपयोग होता था। यद्यपि इनमें से कई अब समाप्तप्राय हैं, फिर भी भारत के अधिकांश कार्यालयों, शिक्षा संस्थानों आदि में आज भी अनेक टाइपराइटरों का ही सर्वाधिक उपयोग होता है क्योंकि संगणक प्रौद्योगिकी का अभी भी देश में अपेक्षित स्तर पर प्रसार नहीं हो पाया है।

देवनागरी टाइपराइटर का मानक कुंजीपटल, भारत सरकार ने सन् 1962 में बनाया और तब से देवनागरी की मानक मशीनें बनने लगीं। संप्रति देवनागरी में निम्नांकित टाइपराइटर सुविधाएँ उपलब्ध हैं :

1. मैनुअल टाइपराइटर
2. इलेक्ट्रीक टाइपराइटर तथा
3. इलेक्ट्रॉनिक टाइपराइटर

मैनुअल तथा इलेक्ट्रीक टाइपराइटर केवल एक ही लिपि में काम करते हैं, जब कि इलैक्ट्रॉनिक टाइपराइटरों में एक ही मशीन में डेजी व्हील बदल कर एक से अधिक लिपियों और भाषाओं में टाइप करने की सुविधा है। इसे द्विभाषिक टाइपराइटर कहते हैं। इनमें स्मृति, स्वचालित त्रुटिसुधार, मोटे अक्षरों में टाइप करने आदि की संवर्धित सुविधाएँ भी उपलब्ध हैं। अधिकांश मशीनों में संगणक की भाँति प्रपट्ट लगे होते हैं जो एक पंक्ति अथवा बहुपंक्ति के प्रदर्शन की सुविधा प्रदान करते हैं। यद्यपि इन टाइपराइटरों के प्रपट्ट संगणक प्रपट्ट से आकार में काफी छोटे और भिन्न प्रकार के होते हैं। तथापि इन प्रपट्टों के माध्यम से पाठांश को मुद्रणपूर्व देखा और आवश्यकतानुसार संपादित किया जा सकता है। विभिन्न टाइपराइटरों में पाठांश को संग्रहित करने के लिए स्मृति की सुविधा भी उपलब्ध है जिसकी क्षमता विभिन्न मॉडलों पर निर्भर करती है। इन स्मृतियों में एक पृष्ठ सामग्री से लेकर चालीस पृष्ठ तक की सामग्री संचित की जा सकती है। स्मृति को बढ़ाने की भी सुविधा उपलब्ध है। कुछ मॉडलों में अलग से चक्रिकाचालक लगाने की भी सुविधा है। इससे इसकी स्मृति क्षमता काफी हद तक बढ़ जाती है। भारत में हिन्दी अथवा हिन्दी-अंग्रेजी द्विभाषिक इलेक्ट्रॉनिक टाइपराइटरों के निर्माताओं में गोदरेज, नेटवर्क लि., फोरबेस-फोरबेस कैम्पबेल एण्ड कं.लि. तथा मेसर्स मोदी बिजनेश मशीन का प्रमुख स्थान है। किन्तु जैसा कि पहले ही उल्लेख किया गया है, इन टाइपराइटरों में तकनीकी टाइपिंग की सुविधा नहीं है क्योंकि इनमें उपलब्ध लिपि में तकनीकी प्रतीकों और चिन्हों का सर्वथा अभाव है, और इसी कारण तकनीकी लेखन के क्षेत्र में इनका पर्याप्त उपयोग नहीं हो पाता है। तकनीकी हिन्दी के प्रयोग के लिए यह एक प्रकार की मुख्य समस्या मानी जा सकती है। तकनीकी हिन्दी के प्रयोग को बढ़ाने के लिए यदि इन टाइपराइटरों के डेजी-व्हील में देवनागरी सहित रोमन एवं ग्रीक अक्षरों की भी समुचित अथवा वैकल्पिक व्यवस्था साथ-साथ की जा सके तो इनका समुचित उपयोग सुनिश्चित किया जा सकता है।

5.1.1.2 पतालेखी मशीन/टेलीप्रिंटर/टेलेक्स

मुद्रण प्रौद्योगिकी में पतालेखी मशीनों, टेलीप्रिंटरों और टेलेक्स मशीन का भी अत्यंत महत्वपूर्ण स्थान है। पतालेखी मशीन द्वारा पता विवरणियाँ, सूचियाँ, बिजली

तथा पानी के बिल, बीमा, परिपत्र, पहचान टोकन आदि छापे जा सकते हैं। इसी प्रकार टेलीप्रिंटर और टेलेक्स से सूचनाओं का आदान-प्रदान किया जा सकता है और इनका उपयोग सर्वविदित है। देवनागरी में पतालेखी मशीन का निर्माण मेसर्स ब्राडमा ऑफ इंडिया लिमिटेड द्वारा किया गया है। इसी प्रकार देवनागरी में इलेक्ट्रोमैकेनिकल टेलीप्रिंटर भी उपलब्ध हैं और देश के अधिकांश तारघरों में उपलब्ध हैं। कुछ कंपनियों ने संगणक अंतकों को भी टेलीप्रिंटरों की तरह उपयोग करने की सुविधा प्रदान की है। भारत सरकार के उपक्रम सी एम सी लिमिटेड ने विस्तारित प्रौद्योगिकी वैयक्तिक संगणक (PC/XT) पर आधारित संचार अंतक बनाया है जिसे टेलीप्रिंटर/टेलेक्स मशीनों के साथ जोड़कर द्विभाषिक रूप में संदेश भेजने और प्राप्त करने के लिए प्रयुक्त किया जा सकता है।

5.1.1.3 संगणक पर उपलब्ध द्विभाषिक सुविधाएँ

शैक्षणिक, प्रशासनिक एवं व्यावसायिक कार्यों हेतु प्रयुक्त अधिकांश संगणक एम एस-डॉस आधारित आई.बी.एम. समकक्ष या यूनिक्स/जिनिक्स पर आधारित लघु संगणक की श्रेणी के हैं। अब इस प्रकार के किसी भी संगणक को द्विभाषिक (रोमन और देवनागरी) ही नहीं बहुभाषिक रूप में भी प्रयोग में लाया जा सकता है। संगणकों का प्रयोग मुख्यतया आंकड़ों के संसाधन तथा शब्द संसाधन के लिए किया जाता है। आई.बी.एम. वैयक्तिक संगणक और समकक्ष संगणकों पर आंकड़ों के संसाधन तथा शब्द संसाधन में द्विभाषिक सुविधा उलपब्ध कराने के लिए निम्नांकित दो विकल्प उपलब्ध हैं :

5.1.1.3.1 प्रक्रियासामग्री (सॉफ्टवेयर) विकल्प

विशेष प्रकार की प्रक्रियासामग्री पैकेजों का प्रयोग कर के द्विभाषिक शब्द संसाधन सुविधा प्राप्त की जा सकती है। इसके लिए संगणक में किसी प्रकार के आंतरिक परिवर्तन की आवश्यकता नहीं पड़ती है। आई.बी.एम. वैयक्तिक संगणकों पर द्विभाषिक और बहुभाषिक शब्द ससांधन के लिए अनेक पैकेज बाजार में उपलब्ध हैं। द्विभाषिक कार्य में सुविधा के लिए इन पैकेजों पर मुद्रण के लिए केवल डॉट-मैट्रिक्स अथवा लेजर मुद्रित्रों का ही उपयोग किया जा सकता है। लाइन मुद्रित्रों का देवनागरी छपाई के लिए उपयोग नहीं किया जा सकता। आंकड़ों के संसाधन के लिए द्विभाषिक संकलक तथा आंकड़ा-संचय प्रबंधन तंत्र उपलब्ध हैं। इनका भी केवल डॉट-मैट्रिक्स अथवा लेजर मुद्रित्रों के साथ ही प्रयोग किया जा सकता है। विभिन्न संगणक भाषाओं जैसे सी, बेसिक कंपाइलर तथा देवबेस (द्विभाषिक आंकड़ासंचय प्रबंधन तंत्र) आदि तैयार किए गये हैं। अनम्यिका (फ्लॉपी) से ``सुलिपि'' प्रक्रियासामग्री के प्रयोग द्वारा बिना किसी परिवर्तन के वैयक्तिक संगणक क्रमादेशों को द्विभाषिक (हिन्दी तथा अंग्रेजी) रूप में चलाया जा सकता है।

डी-बेस, लोटस्, कोबोल, पास्कल इत्यादि मानक पैकेजों को ``सुलिपि'' प्रक्रियासामग्री द्वारा द्विभाषिक रूप में चलाया जा सकता है। यह इलेक्ट्रॉनिकी विभाग द्वारा मानकीकृत देवनागरी के कुंजीपटल तथा हिन्दी के मैनुअल टाइपराइटर के कुंजीपटल, दोनों के सुसंगत है। गिलिस संगणक पर द्विभाषिक रूप में कार्य करने के लिए पूर्णरूप से प्रक्रियासामग्री आधारित सुविधा उपलब्ध है। यह एचजीए/वीजीए/सीजीए तथा मोनोक्रोम मॉनिटर लगे पीसी/एक्स टी/एटी/386/486/पेंटियम आदि पर डॉस में काम करता है तथा इलेक्ट्रॉनिकी विभाग, भारत सरकार द्वारा मानकीकृत देवनागरी कुंजीपटल व मैनुअल टाइपराइटर के कुंजीपटल दोनों के सुसंगत है। इसमें ``इस्की'' (INDIAN STANDARD CODE FOR INFORMATION INTERCHANGE अर्थात सूचना विनिमय हेतु भारतीय मानक कूट) का प्रयोग किया गया है।

बेसिक, डी-बेस-III तथा वर्डस्टार में द्विभाषिक (हिन्दी - अंग्रेजी) वाक्यरचना त्रुटियों की व्याख्या उपलब्ध कराने के लिए ``मित्रा'' नामक एक प्रक्रियासामग्री का विकास किया गया है जिसे स्मृति में संचित किया जा सकता है। यह प्रक्रियासामग्री एक ऑन-लाइन सहायक तंत्र के रूप में कार्य करती है। क्रमादेशकों द्वारा अपनी भाषा में क्रमादेशन का कार्य करते समय संबंधित विषय के लिए इसकी सहायता ली जा सकती है। केन्द्रीय भारतीय भाषा संस्थान, मैसूर ने ``रोम-चिप'' नामक एक अन्य सुविधा का विकास किया है। इसके द्वारा किसी भी भाषा को हिन्दी / मराठी / संस्कृत भाषाओं में पढ़ाया जा सकता है। इन भाषाओं में किसी भी विषय के शब्द संसाधन की सुविधा भी दी गयी है।

``ओशो कम्यून इंटरनेशनल, पुणे'' ने एक हिन्दी वर्तनी जाँचक (ओशो स्पैल बांइडर) तथा हिन्दी शब्द कोष (हिन्दी शब्द सागर) का विकास किया है। इसका प्रयोग ऐपल मैकिन्टॉश संगणकों पर किया जा सकता है। वर्तनी जाँचक एक हिन्दी प्रूफ रीडर है जो 1000 शब्द प्रतिमिनट की गति से जांच कार्य कर सकता है और इस प्रकार तैयार किया गया है ताकि उसके द्वारा प्रचालन में आनेवाली त्रुटियों को दूर किया जा सके तथा गलत वर्तनी के शब्दों में सुधार लाया जा सके। इसके शब्दकोश में 1,20,000 शब्दों को संचित करने की क्षमता है। इसके क्रमादेश को संपादित कर अद्यतन करने की भी सुविधा है ताकि यह ऐपल संगणकों पर किसी भी प्रकार के कुंजीपटल विन्यास पर कार्य कर सके।

पुणे स्थित सी-डैक द्विभाषिक अथवा बहुभाषिक प्रक्रिया सामग्री के क्षेत्र में अग्रणी है। इसने स्क्रिप्ट और इनस्क्रिप्ट कुंजीपटलों के आधार पर कार्य करने वाले कई पैकेजों का विकास किया है। इनमें जिस्ट टर्मिनल, लिप्स, मल्टी प्राम्प्टर, मूव, बटरफ्लाई, अल्प (ALP), आई.एस.एम. इन्फोस्क्रिप्ट मैनेजर, जिस्ट सेल, लिपि आदि का समावेश है।

सी-डैक के ये सभी उत्पाद बहुभाषी माहौल में तथा अपनी विशिष्टताओं के अनुरूप अब तक के उपलब्ध अधिकांश अन्तर्राष्ट्रीय प्रक्रिया सामग्रियों के सुसंगत तथा स्वतंत्र रूप से कार्य कर सकते हैं। इन प्रक्रिया सामग्रियों के माध्यम से लगभग सभी भारतीय लिपियों जैसे असमी, बंगला, देवनागरी, गुजराती, कन्नड़, मलयालम, उड़िया, पंजाबी, तमिल तथा तेलुगे एवं कुछ विदेशी लिपियों जैसे अंग्रेजी भुटानी, सिंहली तथा तिब्बती में भी कार्य कर सकते हैं।

सी- डैक, ने एक हिन्दी वर्तनी जाँचक प्रक्रियासामग्री का भी विकास किया है जो कि जिस्टकार्ड पर स्क्रिप्ट संसाधक के साथ चलाया जा सकता है। यह स्वराधारित गलत वर्तनी के हिन्दी शब्दों के सही विकल्प भी सुझाता है। यह ``इस्की'' तथा पीसी-इस्की दोनों वर्णक्रमों का प्रयोग कर सकता है। सी-डैक द्वारा विकसित एक अन्य तकनीक द्वारा वीडियो निर्माण के लिए ग्रॉफिक्स के साथ बहुलिपीय पाठ में रंगीन ``शीर्षक/कैप्सन'' तैयार किए जा सकते हैं। इसमें अनेकों कार्ड तथा आई.बी.एम वैयक्तिक संगणक के लिए प्रक्रियासमग्री होती है। ``स्क्रिति'' पोस्ट-स्क्रिप्ट-फॉण्टस मैकिन्टॉश संगणकों पर स्वराधारित कुंजीपटल के साथ प्रयोग में लाये जाते हैं। ``अमृत'', ``अभिलाषा'' तथा ``बसंत'' आदि हिन्दी के फाण्टस, ओशो कम्यून इंटरनेशनल, पुणे द्वारा विकसित किए गये हैं जो ऐपल मैकिन्टॉश संगणकों पर प्रयोग किये जा सकते हैं। इनका विकास सुन्दर और आकर्षक छपाई को ध्यान में रखकर किया गया है। एसीईएस कन्सल्टेण्टस् द्वारा विकसित आकृति'95 प्रक्रियासामग्री में हिन्दी के अनेकों फॉण्टस् विकसित किए गये हैं जो विविध कुंजीपटलों का विकल्प, टाइपिंग गति, तथा विन्डो, डॉस आदि संकलकों पर सुसंगतता की सुविधा प्रदान करता है। इस प्रक्रियासामग्री विकल्प पर अन्य भारतीय भाषाओं के शब्द संसाधन की भी सुविधा उपलब्ध है।

इसी प्रकार सॉप्टेक द्वारा विकसित ``अक्षर'' तथा ``अक्षर फॉर विन्डोस'' पैकेज (हिन्दी-अंग्रेजी) द्विभाषिक शब्द संसाधन की सुविधा प्रदान करते हैं। ये डॉस और विण्डो आधारित स्वतंत्र पैकेज हैं जिनमें द्विभाषिक कार्य करने की बहुत अच्छी सुविधा उपलब्ध है। एक अन्य प्रक्रियासमाग्री ``शब्दमाला'' में भी देवनागरी शब्द संसाधन की सुविधाएँ उपलब्ध हैं। इसी प्रकार मेसर्स पी एस.एस.कम्प्यूटर्स इंजी.कं. प्रा. लि. की एपीएस. कार्पोरेट ऑफिस 1.0, तथा मोजैक नामक प्रक्रिया सामग्री भी हिन्दी में द्विभाषिक शब्द संसाधन की सुविधा प्रदान करते हैं। संप्रति संगणक प्रौद्योगिकी के इस क्षेत्र में अन्य अनेक द्विभाषिक प्रक्रियासामग्रियाँ बाजारों में उलब्ध हैं जो देवनागरी में टाइपिंग की सुविधाएँ प्रदान करती हैं। भारत में प्रक्रियासामग्री का क्षेत्र बड़ी तेजी से विकसित हो रहा है। ऐसी संभावना और आशा व्यक्त की जा सकती है कि विवेच्य समस्या के समाधान में यह एक सशक्त और सस्ता माध्यम साबित होगा।

5.1.1.3.2 यंत्रसामग्री विकल्प

संगणक के आंतरिक यांत्रिकीय भाग को यंत्र-सामग्री कहते हैं। इन्हीं आंतरिक यंत्रसामग्रियों में कुछ आवश्यक परिवर्तन कर के भी द्विभाषिक सुविधा प्राप्त की जा सकती है। यह परिवर्तन मशीन में जिस्ट (GRAPHICS AND INTELLEGENCE BASED SCRIPT TECHNIC अर्थात आलेखिकी एवं बुद्धिमत्ता आधारित लिपि तकनीक) प्लग-इन-कार्ड लगाकर किया जाता है। इस कार्ड की सहायता से आई.बी.एम. वैयक्तिक संगणक पर शब्द संसाधन तथा आंकड़ो के संसाधन के लिए प्रचलित सभी सामान्य रोमन पैकेजों का प्रयोग द्विभाषी तथा बहुभाषी रूप में किया जा सकता है। इस कार्ड के साथ डॉट-मैट्रिक्स तथा लेजर मुद्रित्रों का प्रयोग किया जा सकता है। इलेक्ट्रानिकी विभाग भारत सरकार द्वारा प्रयोजित परियोजना के अन्तर्गत इस कार्ड का विकास भारतीय प्रौद्योगिकी संस्थान, कानपुर द्वारा किया गया है। फिलहाल यह कार्ड सी-डैक पुणे द्वारा निर्मित किया जा रहा है। इस कार्ड के माध्यम से सभी भारतीय, फारसी, अरबी, थाई, तिब्बती, सिंहली तथा यूरोपीय लिपियों में डॉस आधारित डी-बेस, लोटस 1-2-3, वर्डस्टार आदि पैकेजों में द्विभाषिक अथवा बहुभाषिक रूप में कार्य किया जा सकता है।

जिस्ट आधारित अंतक लगाकर यूनिक्स/जिनिक्स आधारित तंत्रों पर द्विभाषिक क्षमता प्राप्त की जा सकती है। यह अंतक उन संगणकों से भी जोड़ा जा सकता है जिसमें EIARS 232 C अन्तरापृष्ठ उपलब्ध हैं। सभी मानक रोमन पैकेजों का द्विभाषिक अथवा बहुभाषिक रूप में प्रयोग किया जा सकता है। जिस्ट अंतक ANSI (VT-52,VT-100,VT-200,VT-300) के भी सुसंगत है। यह सभी डॉट-मैट्रिक्स, लाइन तथा लेजर जेट मुद्रित्रों के सुसंगत छपाई की सुविधा प्रदान करता है। लाइन मुद्रित्र का इसके साथ प्रयोग नहीं किया जा सकता है।

5.1.1.4 कुंजीपटल

संगणक विभिन्न युक्तियों के संयोग से निर्मित एक पूर्ण तंत्र है। यंत्रसामग्री, मॉनिटर तथा मुद्रित्र सहित कुंजीपटल भी इसका एक महत्वपूर्ण अंग है। यह वास्तव में एक निवेश युक्ति है जिसके माध्यम से संगणक को क्रमादेश दिए जाते हैं और आंकड़ों का निवेश किया जाता है। संगणक के मानक अंग्रेजी कुंजीपटल के विपरीत हिन्दी में मुख्यतः दो प्रकार के कुंजीपटल है। एक कुंजीपटल स्वराधारित है जिसका विकास और मानकीकरण इलेक्ट्रॉनिकी विभाग, भारत सरकार द्वारा किया गया है (कृपया चित्र 5.1 देखें)। और दूसरा कुंजीपटल मैनुअल टाइपराइटर के कुंजीपटल के सदृश है। इसे सामान्यतः टाइपराइटर मोड कुंजीपटल कहते हैं (कृपया चित्र 5.2 देखें)।

संगणक के क्षेत्र में उपलब्ध सभी द्विभाषिक प्रक्रिया सामग्रियों और यंत्र सामग्री आधारित जिस्ट कार्ड सुविधाओं में इन दोनो ही प्रकार के कुंजीपटलों के प्रयोग के विकल्प की सुविधा प्रदान की गयी है। निवेश युक्ति के रूप में चूहा और उत्तोलक भी उपलब्ध हैं। सुसंगत पैकेजों में इनका भी प्रयोग किया जा सकता है। इसी प्रकार अभी हाल ही में सी-डैक पुणे ने एक INSCRIPT कुंजीपटल का विकास किया है। यह कुंजीपटल यद्यपि स्वराधारित कुंजीपटल है, तथापि सभी भारतीय लिपियों के लिए यह एक मानक कुंजीपटल का भी काम करता है। इसके पूर्व सभी भारतीय भाषाओं के लिए कोई मानक कुंजीपटल नहीं था किंतु इस नये आविष्कार ने उक्त समस्या का समाधान कर दिया है।

5.1.1.5 डेस्क टॉप प्रकाशन तंत्र (डी टी पी)

प्रकाशन एवं टाइप सेटिंग के क्षेत्र में भी संगणक का उल्लेखनीय योगदान है। छोटे वैयक्तिक संगणकों के द्वारा दस्तावेजों का लघु एवं विस्तृत प्रारूप तैयार किया जा सकता है। इसके पश्चात इन दस्तावेजों को लेजर मुद्रित्र पर छापा जा सकता है। ऐसे संगणक युक्त लेजर मुद्रण प्रणाली को ``लघु प्रकाशन तंत्र'' अथवा डेस्क टॉप प्रिंटिंग (डी.टी.पी.) कहते हैं। आज भारत में अनेक कंपनियाँ डी टी पी बना रही हैं और लगभग सभी तंत्रों के साथ देवनागरी एवं अन्य भारतीय भाषाओं में छपाई संभव है। कुछ कंपनियों ने ऐसे इलेक्ट्रॉनिक कार्ड का भी विकास किया है जिसमें वैनचुरा और पेजमेकर भी देवनागरी में चलाए जा सकते हैं। नये - नये फॉण्टों के विकास से अब MS-WORD आदि पैकेजों में देवनागरी में शब्द संसाधन एवं छपाई की सुविधाएँ उपलब्ध हैं। इन लघु प्रकाशन तंत्रों में व्यापक पैमाने पर टाइप फॉण्टस और अन्य सुविधाएँ उपलब्ध हैं जिससे प्रकाशनों को आकर्षक बनाया जा सकता है। कुछ प्रमुख डेस्क टॉप प्रकाशन तंत्रों का उल्लेख इस प्रकार किया जा सकता है जैसे - एप्पल (प्रक्रियासामग्री एवं यंत्रसामग्री दोनो); प्रकाशक (केवल प्रक्रियांसामग्री); वीनस (केवल प्रक्रियासामग्री); अस्टरीक्स (प्रक्रियासामग्री एवं यंत्रसामग्री दोनो); लिनोस स्क्रिप्ट (प्रक्रियासामग्री एवं यंत्रसामग्री दोनो); विजन पब्लिशर माइक्रोसेंस पत्रिका (केवल प्रक्रियासामग्री); अक्षर लेजर कंपोजर (केवल प्रक्रियासामग्री); आकृति (केवल प्रक्रियासामग्री) मौजैक (केवल प्रक्रियासामग्री), आई.एम.एस. इस्फॉक (Script Manager for MS-WINDOWS, Video Graphics, Macintosh)(प्रक्रिया सामग्री) आदि।

5.1.1.6 लिप्यंतरण की सुविधाएँ

जिस्ट-प्लग-इन कार्ड और अंतक का प्रयोग कर के अब वैयक्तिक संगणक और अन्य संगणकों पर देवनागरी में आंकड़ों का संसाधन संभव हो गया है। फिर भी इन तंत्रों के प्रयोक्ताओं को अपने वर्तमान आंकड़ों को पुनःद्विभाषिक रूप में भरने की समस्या का

द्विभाषिक कंप्यूटरों के लिए मानक स्वराधारित कुंजीपटल
Standard Phonetic Keyboard for Bilingual Computers

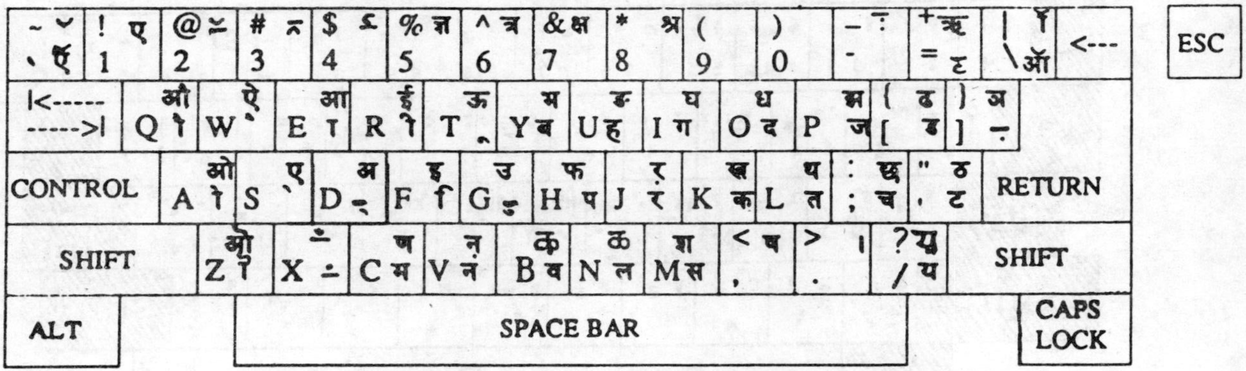

चित्र - 5.1

द्विभाषिक कम्प्यूटरों के लिए मानक कुंजीपटल

Standard Keyboard for Bilingual Computers

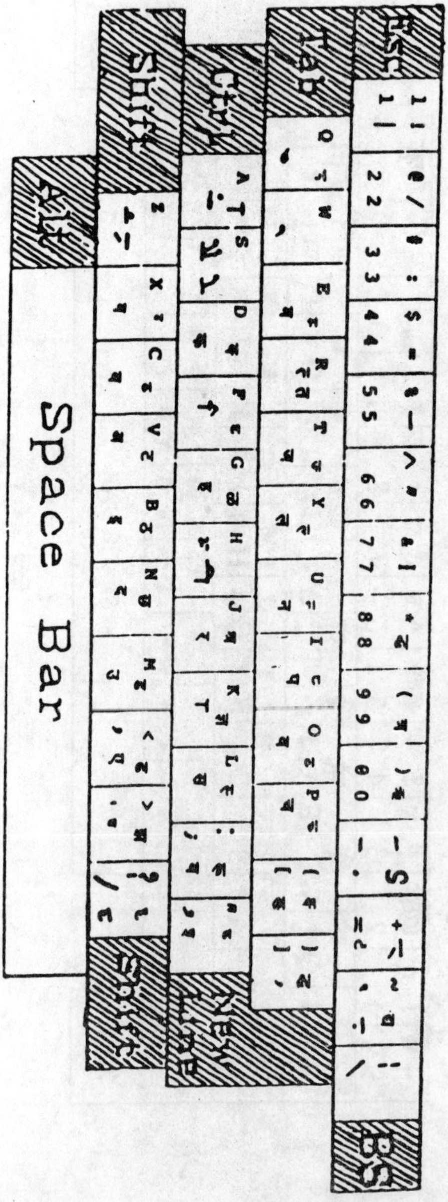

चित्र - 5.2

सामना करना पड़ रहा है। इस समस्या के समाधान के लिए यांत्रिक अनुवाद और लिप्यंतरण की सुविधाओं का विकास किया जा रहा है। विभिन्न प्रौद्योगिकीय संस्थान तथा शोध संस्थान इस दिशा में शोध कार्य कर रहे हैं तथा विभिन्न भारतीय भाषाओं में परस्पर तथा अंग्रेजी भाषा से यांत्रिकीय अनुवाद संभव कराने की दिशा में शोध कार्य कर रहे हैं। जल्दी ही आशातीत परिणाम मिलने की संभावनाएँ हैं। संप्रति राजभाषा विभाग के तकनीकी कक्ष द्वारा जिस्टकार्ड युक्त वैयक्तिक संगणकों तथा जिस्ट अंतकों के साथ जिनिक्स पर आधारित तंत्रों के लिए एक ऐसे प्रक्रिया सामग्री पैकेज का निर्माण किया गया है जो वर्तमान आंकड़ों को 85-90 प्रतिशत शुद्धता के साथ भारतीय भाषाओं में परिवर्तित कर सकता है। रेल्वे सूचना प्रणाली केन्द्र, नई दिल्ली ने भी एक लिप्यंतरण करने वाला पैकेज विकसित किया है जो कि अंग्रेजी शब्द के संभावित हिन्दी रूप भी उपलब्ध कराता है और सीधे संपादन का विकल्प भी प्रस्तुत करता है। ``ट्रांशनेन'' के नाम से इसी तरह का एक अन्य प्रक्रियासामग्री पैकेज सी-डैक, पुणे द्वारा भी तैयार किया गया है जो संज्ञाओं का शब्दकोश तैयार करने की सुविधा प्रदान करता है और डी-बेस संचिका के कुछ चुने हुए क्षेत्र में अंग्रेजी संज्ञाओं के साथ उनके हिन्दी लिप्यंतरण देने की भी सुविधा उपलब्ध कराता है।

सॉफ्टेक एवं अन्य कंपनियों ने भी कुछ इसी तरह के लिप्यंतरणकारी प्रक्रियासामग्री पैकेज तैयार किए हैं जो बाजारों में उपलब्ध हैं। जिनका उपयोग फाक्सप्रो अथवा डी-बेस जैसे बहुप्रयुक्त और मानक पैकेजों के साथ उपयोग किया जा सकता है। इसका मुख्य उपयोग लेखाकार्य, सूची निर्माण और संज्ञाओं के लिप्यंतरण में होता है।

5.1.2 दृक्-श्रव्य संसाधन

उच्चस्तर पर तकनीकी शिक्षण में आज अनेकानेक तकनीकी उपकरणों और यंत्रों का भी उपयोग किया जा रहा है। जहाँ एक ओर शिक्षा के व्यापक प्रचार-प्रसार हेतु सदियों से मुद्रण माध्यमों का प्रयोग किया जाता रहा है वहीं आज इलेक्ट्रॉनिक और संगणक के युग में अब दृक्-श्रव्य संसाधनों का व्यापक पैमाने पर उपयोग किया जा रहा है। मुद्रित सामग्रियों के माध्यमों से शिक्षा ग्रहण करने में जहाँ कानों की तुलना में नेत्रों से अधिक सूचना ग्रहण की जाती थी और जब तक कि किसी से अपेक्षित परामर्श न ले लिया जाए, संकल्पनाओं को समझने के लिए, सामान्यतः एक तरफा ही प्रयास होता था, वहीं अब दृक्-श्रव्य माध्यमों से सूचनाओं के ग्रहण में कान और ऑख दोनों का समानांतर उपयोग किया जा सकता है और संकल्पनाओं को कहीं बेहतर तरिके से समझा और समझाया जा सकता है। उच्चस्तर पर तकनीकी शिक्षण के लिए निम्नांकित दृक्-श्रव्य संसाधन उपलब्ध हैं :

5.1.2.1 रेडियो

आज शैक्षिक कार्यक्रमों के प्रसारण में रेडियो का व्यापक पैमाने पर उपयोग हो रहा है। इसका मुख्य कारण दूर-दूर तक इसकी पहुंच और निम्नतम् लागत है। यद्यपि इसका सबसे बड़ा दोष एकतरफा संचार होना है, तथापि न्यूजीलैण्ड और आस्ट्रेलिया जैसे कुछ देशों के शिक्षा संस्थानों ने रेडियो शिक्षण और रेडियो-सम्मेलन जैसे कार्यक्रमों का उपयोग अपनी शिक्षा को और अधिक सुदृढ़ बनाने के लिए करना आरंभ कर दिया है।[3] रेडियो कार्यक्रमों जैसे- विशेषज्ञ व्याख्यान, सामूहिक चर्चा, शैक्षिक पहेली तथा रेडियो संगोष्ठी और रेडियो नाटक आदि के माध्यम से अभिनव विषयों की अद्यतन जानकारी छात्रों और स्त्रोताओं तक पहुंचाई जा सकती है। इन कार्यक्रमों को और रोचक बनाने के लिए छात्रों और शिक्षकों की सहभागिता एक महत्वपूर्ण कदम साबित हो सकती है।

5.1.2.2 दूरदर्शन

शिक्षा की दृष्टि से दूरदर्शन एक बहुत ही उपयोगी और आकर्षक दृक्-श्रव्य माध्यम है जिसका आज विकसित और विकाशील देशों में शिक्षण के लिए व्यापक पैमाने पर उपयोग हो रहा है। भारत में यद्यपि आज यह रेडियो जितना सस्ता और आधारभूत स्तर तक सहज ही में प्राप्य नहीं है, तथापि उपग्रह संचार, सूक्ष्मसंगणक आधारित अवसंरचनाओं और दूरदर्शन सेटों के घटते मूल्यों को देखते हुए यह कहा जा सकता है कि यह शीघ्र ही अधिसंख्य जनसंख्या को सुलभ हो जाएगा। तब तक यदि अपेक्षित हो तो सामुदायिक टेलीवीजन की व्यवस्था व्यापक पैमाने पर की जा सकती है। इस माध्यम का उपयोग प्रयोगशाला परीक्षणों के प्रदर्शन, कक्षाओं में विशेषज्ञ प्राध्यापकों के व्याख्यान आदि को सहजतापूर्वक सुलभ कराया जा सकता है। कतिपय विकसित देशों ने तो केबल टी वी, इलेक्ट्रॉनिक श्यामपट्ट, इलेक्ट्रॉनिक पुस्तक, तंतु प्रकाशिकी तथा टेलीफोन आदि सुविधाओं का भी दूरदर्शन शिक्षा के लिए उपयोग करना आरंभ कर दिया गया है। वर्तमान युग में, यह एक अत्यंत शक्तिशाली शिक्षण युक्ति साबित हो रहा है। वीडियो टेप, वीडियो चक्रिका आदि ने स्वैच्छिक सुविधानुसार दूरदर्शन कार्यक्रमों को देखने की भी सहूलियत प्रदान कर दिया है। वर्तमान भारत में दोपहर के राष्ट्रीय प्रसारण में विश्वविद्यालय अनुदान आयोग (UGC) शैक्षिक कार्यक्रम, जी टी वी पर प्रसारित होने वाले जी एडुकेशन, कम्प्यूटर शिक्षण आदि शैक्षिक कार्यक्रम अत्यंत लोकप्रिय हो रहे हैं। इस संबंध में यह भी उल्लेखनीय है कि राष्ट्रीय विकास और सामाजिक परिवर्तन में जनसंचार माध्यमों का उपयोग एक उत्प्रेरक की भाँति होता है। वर्तमान विश्व सहित भारत में भी हम इसका प्रभाव देख रहे हैं। जनसंचार अवसंरचना के रूप में रेडियो और दूरदर्शन आज देश के कोने-कोने तक अपनी पहुंच बना चुके हैं, INSAT उपग्रहों ने भी देश की संचार व्यवस्था के प्रचार-प्रसार में काफी योगदान किया है और आज देश की लगभग 70 प्रतिशत आबादी को इसका लाभ मिल रहा है।[4] उपग्रह टीवी और संचार

माध्यमों की भी उल्लेखनीय संवृद्धि हुई है। अतः जनसंचार के इस विशाल जालक्रम की संभावनाओं का उपयोग शिक्षा के क्षेत्र में भी बढ़ रहा है। विश्वविद्यालय अनुदान आयोग इस सुविधा का उपयोग अपने शैक्षिक प्रचार-प्रसार के कार्यक्रमों और शिक्षा के स्तर में बेहतरी के लिए इनका उपयोग करने के लिए अग्रसर हो गया है तथा देश में अब राष्ट्रव्यापी कक्षाओं (Country wide class) का शुभारंभ कर दिया है।

5.1.2.3 ओपेक प्रोजेक्टर

यह एक ऐसा यंत्र है जिसकी सहायता से पारदर्शी पृष्ठ पर चित्रों, सारणियों, सूचियों या अन्य प्रकार के मुद्रित अथवा हस्तलिखित पाठ्यसामग्रियों को कक्षाओं अथवा संगोष्ठियों में प्रकाश लेंस की सहायता से पर्दे पर बड़े आकार में दिखाया जा सकता है। आधुनिक युग में विषय-वस्तु की अभिव्यक्ति का यह एक महत्वपूर्ण यांत्रिकीय साधन है।

5.1.2.4 स्टीरियोग्राफ और स्टीरियोस्कोप

स्टीरियोग्राफ एक ऐसा चित्र है जिसमें त्रिआयामी प्रभाव उत्पन्न होता है। इस पर चित्र को दो लेंस वाले कैमरे से लेकर प्रदर्शित किया जाता है। इसी प्रकार स्टीरियोस्कोप भी एक प्रकाशीय यंत्र है। इसमें भी दो लेंसों का उपयोग किया जाता है। इनके उपयोग से त्रिआयामी चित्रों को प्रस्तुत किया जा सकता है जो विषयवस्तु को और अधिक स्वाभाविक ढंग से समझाने में सहायक होते हैं।

5.1.2.5 स्लाइड प्रोजेक्टर

संबंधित विषय के प्रस्तुतीकरण के लिए स्लाइडें बनाकर स्लाइड प्रोजेक्टर के माध्यम से पर्दे पर दिखाया जा सकता है। स्लाइडें अनेक प्रकार की होती है, जैसे - कागज काटकर बनाई गयी लालटेन स्लाइडें, स्याही वाली लालटेन स्लाइडें, सैलोफिन स्लाइडें आदि। इन स्लाइडों को तैयार कर के संबंधित विषय को अपेक्षित भाषा में उत्कृष्टतापूर्वक कम से कम समय में प्रस्तुत किया जा सकता है और अच्छी तरह समझाया जा सकता है। विज्ञान, प्रौद्योगिकी और अभियांत्रिकी शिक्षण में इनका आजकल सम्यक उपयोग हो रहा है।

5.1.2.6 फिल्म पट्टियाँ और माइक्रो फिल्में

स्थिर चित्रों को प्रक्षेपित कर के दिखाने का यह एक अन्य तरिका है जिसमें एक एक चित्र अथवा संकल्पना लेख को 35 मिलीमिटर की फिल्म पर क्रमबद्ध ढंग से मुद्रित

किया जा सकता है। इस प्रकार किसी विषय के विभिन्न पहलुओं को एक ही फिल्म पट्टी पर क्रमबद्ध ढंग से फिल्म् प्रोजेक्टर की सहायता से दर्शाया जा सकता है। विषयवस्तु के प्रस्तुतीकरण का यह एक उत्तम प्रकार है जिसे विभिन्न शिक्षण तथा प्रशिक्षण कक्षाओं में सफलतापूर्वक प्रयोग में लाया जाता है। इसी प्रकार माइक्रोफिल्मों का उपयोग होता है जिसमें अपेक्षाकृत बड़े पृष्ठों की सामग्री को सूक्ष्म फोटोग्राफों के द्वारा सामान्यत: 16 मिलीमीटर अथवा 35 मिलीमीटर की फिल्मों पर प्रिंट किया जा सकता है और प्रक्षेपण के समय अपेक्षानुसार छोटा-बड़ा कर के प्रस्तुत किया जा सकता है। विषयवस्तु की प्रस्तुति में इसका प्रभावी ढंग से उपयोग किया जा सकता है क्यों-कि अपेक्षाकृत अत्यधिक पाठ्यसामग्री को छोटी फिल्मों पर संकलित कर अपेक्षानुसार कहीं भी प्रदर्शित किया जा सकता है, वास्तव में माइक्रोफिल्मों की यही विशेषता भी है। इसका उपयोग पुस्तकों, पत्रिकाओं या समाचार पृष्ठों के प्रिंट तैयार करने के लिए व्यापक रूप से किया जाता है।

5.1.2.7 वीसीआर/वीसीपी

दृक्-श्रव्य संसाधनों में हो रही वर्तमान क्रांति संचार व्यवस्था को पूरी तरह प्रभावित कर रही है। सूचनाओं के अभिगम हेतु नित्यप्रति नई प्रणालियाँ प्रोद्‌भूत हो रही हैं। फिल्मों, स्लाइडों और ओवरहेड प्रोजेक्टरों ने अपनी पूरी सामर्थ्य के साथ शिक्षा जगत की सेवा की है। किन्तु अब वर्तमान युक्तियों में वीडियो, ध्वनियुक्त स्लाइड प्रोजेक्टरों का ही अत्यधिक उपयोग हो रहा है। आजकल मानोरंजन के साथ - साथ वीडियो भी शिक्षण के क्षेत्र में अपनी महत्ता और उपयोगिता को स्थापित करता जा रहा है। विभिन्न स्तर पर व्याख्यानों की रेकार्डिगं और कैसेटों की उपलब्धता बढ़ रही है जिनका अपेक्षानुसार पुस्तकालयों, कक्षाओं और अपेक्षित स्थानों पर उपयोग हो रहा है। सामान्यत: सभी विज्ञान और प्रौद्योगिकी के शिक्षा संस्थाओं के पास अब यह सुविधा उपलब्ध है।

अखिल भारतीय विश्वविद्यालय के तत्वावधान में उच्च शिक्षा में अभिनव प्रौद्योगिकीय सहाय्यों के उपयोग की समीक्षा करते हुए किए गये एक शोध कार्य में स्पष्ट रूप से उल्लेख किया गया है कि वर्तमान भारत में विज्ञान और प्रौद्योगिकी तथा अभियांत्रिकी शिक्षा के क्षेत्र में तीन महत्वपूर्ण निम्नांकित अवरोधों का सामना करना पड़ रहा है[5] :

1. देश में लगभग 75 प्रतिशत विज्ञान और अभियांत्रिकी शिक्षा संस्थाओं/ महाविद्यालयों में सुविधासज्ज प्रयोगशालाओं का पर्याप्त अभाव है।

2. इन शिक्षा संस्थाओं और महाविद्यालयों में लगभग 30 से 35 प्रतिशत शिक्षकों के स्थान रिक्त् पड़े रहते हैं जिससे पाठ्यक्रमों के नियत समय में पूर्ण होने में

आशंका बनी रहती है और उपलब्ध शिक्षकों पर अतिरिक्त् भार पड़ने से उनकी गुणवत्ता और कार्यक्षमता पर विपरीत प्रभाव पड़ता है जिससे अंततः छात्रों और शिक्षा तंत्र की हानि होती है।

3. तीसरी समस्या भाषा माध्यम की है जो राष्ट्रीय महत्व के संस्थानों को छोड़ कर प्रादेशिक अभियांत्रिकी महाविद्यालयों में आमतौर पर भाषा नीतियों के कारण खिचड़ी भाषा का स्वरूप धारण करने के कारण है।

उपर्युक्त तीनों समस्याओं के कारण भारत में तकनीकी शिक्षा की गुणवत्ता में उल्लेखनीय गिरावट आ रही है। और आधुनिक विकास के परिप्रेक्ष्य में कदम मिलाकर आगे बढ़ने में काफी कठिनाइयों का सामना करना पड़ रहा है। दूसरी तरफ प्रयोगशाला सुविधाओं तथा संकाय सदस्यों के अभाव में विज्ञान, प्रौद्योगिकी और अभियांत्रिकी छात्रों को उपयुक्त तकनीकी शिक्षा भी नहीं मिल पा रही है। ऐसी स्थिति में वीडियो पर तैयार किए गये शैक्षणिक कार्यक्रमों का महत्व आज काफी बढ़ रहा है। वीडियो के माध्यम से शैक्षिक स्तर पर बनाए गये कार्यक्रमों से उपर्युक्त समस्याओं को काफी हद तक हल किया जा सकता है। पुनश्चर्या पाठ्यक्रम तैयार कर के अद्यतन अथवा सतत शिक्षा की भी व्यवस्था की जा सकती है। अमरीका जैसे सम्पन्न देशों में तो क्लासरूम वीडियो शिक्षण कार्यक्रम खूब जोरों पर चल रहे हैं। भारत में भी कुछेक राष्ट्रीय महत्व के तकनीकी संस्थानों में इसका उपयोग होना आरंभ हो गया है। अपने एक अध्ययन में शशि के. गुलाटी और मनोज दत्त इसी तथ्य की ओर संकेत करते हुए लिखते हैं - **The experience gained in the production of Video and slide programmes for engineering students, validates the use of such audiovisual teaching aids for improving the quality of engineering education in India**[6] इसी प्रकार शिक्षा और प्रयोगशाला शिक्षण में वीडियो की महत्ता प्रतिपादित करते हुए दृक्-श्रव्य संबंधी साहित्यों के माध्यम से यह स्पष्ट रूप से अभिव्यक्त् किया गया है कि वीडियो कार्यक्रम कमजोर छात्रों के स्वाध्ययन, छात्रों के प्रयोगशाला परीक्षण की विधियों का अभिज्ञान तथा परिसर से बाहर कहीं भी अपनी सुविधानुसार शिक्षा प्रदान करने के लिए आर्थिक दृष्टि से भी अत्यंत सस्ते साधन हैं। इनके माध्यम से संबंधित क्षेत्र अथवा औद्योगिक प्रक्रियाओं को भी यथारूप उदाहरण के तौर पर कक्षाओं के भीतर लाया जा सकता है तथा जटिलतम् से जटिलतम् और अपेक्षाकृत समयसाध्य प्रक्रियाओं को भी कम से कम समय में छात्रों अथवा प्रयोक्ताओं को दर्शाया और समझाया जा सकता है।

5.1.2.8 संगणक (Computer)

संगणक प्रौद्योगिकी के बढ़ते प्रभाव ने मानव जीवन के सभी क्षेत्रों को प्रभावित किया है। ऐसी संभावनाएँ व्यक्त की जा रही हैं कि पाश्चात्य देशों की ही भाँति भारतीय शिक्षा

की समस्याओं के समाधान में भी संगणक प्रौद्योगिकी महत्वपूर्ण साबित होगी।[7] संगणक प्रौद्योगिकी में उच्चस्तर पर शिक्षण के स्तर को बेहतर बनाने तथा शिक्षण का बेहतर माहौल तैयार करने की पर्याप्त संभावनाएँ हैं, बशर्ते इस प्रौद्योगिकी की संभावनाओं के समुचित दोहन की क्षमता हमारे पास हो। क्योंकि शिक्षा और शोधकार्य, शिक्षातंत्र के महत्वपूर्ण अंग हैं और संगणक प्रौद्योगिकी शिक्षक और छात्र दोनों को ही बेहतर माहौल और सुविधाएँ देने में सक्षम है। वर्तमान नेटवर्किंग की सुविधाओं ने इस सुविधा के सामर्थ्य को और भी कई गुना संवर्धित कर दिया है जो संभवतः हमारी कल्पना से भी परे है। यह प्रौद्योगिकी विज्ञान तथा अभियांत्रिकी शिक्षण हेतु अभिनव सूचनाओं को शीघ्रतापूर्वक सुलभ कराने में भी पूर्णतः सक्षम है। तकनीकी शिक्षा का मुख्यतः यही अभीष्ट है।

उल्लेखनीय है कि गत दो दशकों में भारत में संगणक उपयोग विशेषकर बड़े-बड़े रासायनिक संयंत्रों, औद्योगिक तथा सरकारी संगठनों और उच्च शिक्षा संस्थानों में संगणक का उपयोग प्रत्यक्ष रूप में बढ़ा है। अस्सी का दशक आरंभ होने तक संगणक की सुविधाएँ कुछ ही विश्विद्यालयों और शिक्षा संस्थानों को सुलभ थी और सामान्यतः अनुसंधान, लेखाकार्य और परीक्षा से संबंधित कार्यों के लिए ही प्रयुक्त होती थी। किन्तु आज शैक्षिक जगत में लगभग सभी स्तरों पर संगणकों का व्यापक उपयोग होने लगा है। राष्ट्रीय शिक्षा नीति -1986 में भी शिक्षा के क्षेत्र में संगणकों का उपयोग बढ़ाने पर जोर दिया गया है तथा विश्वविद्यालयीन, तकनीकी एवं प्रबंधकीय शिक्षा में संगणक के उपयोग को प्राथमिकता देने की सिफारिश की गयी है। शिक्षा के क्षेत्र में संगणक के उपयोग पर भारत और कनाडा के शोधार्थियों द्वारा किए गये एक संयुक्त शोधकार्य की संस्तुतियों में भी इसी महत्वपूर्ण पक्ष पर जोर दिया गया है। उन्होंने लिखा है कि - It is essential that the educational sector, specially the Higher education segment, adopts and integrates computers in its system to improve quality and productivity. The Computer with its versatility, accelerates one's ability to solve many problems related to teaching, research and administration that are encountered in higher education[8] एतदर्थ संगणक के माध्यम से अनुदेश तथा विज्ञान और अभियांत्रिकी से संबंधित चित्रों और प्रारूपों आदि को त्रिवीमीय तकनीकों, प्रतियमान वास्तविकता, समरूपण और प्रतिरूपण तकनीकों का उपयोग कर के कक्षा के भीतर ही सजीव रूप में प्रस्तुत किया जा रहा है। विभिन्न संगणक केन्द्रों के माध्यम से छात्रों को चौबिसों घंटे शोध और शिक्षण की सुविधाएँ उपलब्ध कराई जा रही हैं। इसके लिए शिक्षक अथवा प्रशिक्षक का छात्रों के साथ सदैव रहना भी आवश्यक नहीं है। इस प्रौद्योगिकी ने स्वाध्ययन की व्यापक सुविधाएँ प्रदान कर दी है। यही इसकी विशिष्टता भी है।

भाषा शिक्षण में भी संगणकों का व्यापक उपयोग हो रहा है। भारत में भी इस दिशा में अनेक प्रयास किए गये हैं। संगणक सहाय्यित भाषा शिक्षण {Computer Aided Language Learning (CALL)} में भाषा शिक्षण की विभिन्न पद्धतियों का आविष्कार किया गया है। CALL का उपयोग कर के विदेशी भाषा संस्थान, हैदराबाद में शोधकार्य चल रहे हैं। ''विद्या`` नामक एक हिन्दी ट्यूटर (प्रशिक्षक) इसी CALL का उपयोग कर के विकसित किया गया है। इसका विकास NCST ने किया है। यह तंत्र भाषा शिक्षण के लिए परिस्थिति आधारित उपागमों का प्रयोग करता है। ''विद्या`` के माध्यम से शिक्षण का कार्य किसी परिस्थिति हेतु सहायक तस्वीर दिखाकर शब्दावली, वाक्यरचना, वार्ता आदि से संबंधित प्रशिक्षण दिया जाता है। सी-डैक द्वारा विकसित लीला नामक साफ्टवेयर भी हिन्दी भाषा शिक्षण के लिए प्रयुक्त हो रहा है। इसी प्रकार के अन्य पैकेज विकसित करने का भी कार्य प्रगति पर है। हिन्दी शिक्षण में इसके व्यापक उपयोग की संभावनाएँ बढ़ रही हैं।

भाषा शिक्षण के साथ ही साथ गणित, विज्ञान, अभियांत्रिकी, प्रौद्योगिकी आदि की शिक्षा देने तथा शोध कार्य हेतु भी विभिन्न पैकेजों का विकास किया गया है और आज भी किया जा रहा है। टाटा मौलिक अनुसंधान संस्थान तथा होमी भाभा विज्ञान शिक्षा केन्द्र द्वारा इस प्रकार की सुविधाओं का सृजन किया गया है। दूसरी ओर राष्ट्रीय नेटवर्क जैसे SIRNET, NICNET, ERNET, CALNET, DELNET आदि राष्ट्रीय और INTERNET, आदि अन्तर्राष्ट्रीय जालक्रम, सूचना और शिक्षण तथा शोध की सुविधाएँ भारत में भी पर्याप्त मात्रा में उपलब्ध हैं। संगणकों पर बहुभाषिक प्रशिक्षण की सुविधाएँ भी उपलब्ध कराई जा रही हैं। ऐसा माना जा रहा है कि भारत जो कि एक बहुभाषिक राष्ट्र है उसमें विज्ञान और प्रौद्योगिकी का व्यापक प्रचार-प्रसार अत्यंत सहज हो जाएगा यदि उससे संबंधित आंकड़ों के संसाधन अथवा आंकड़ा संचय की सुविधाएँ भारत की विभिन्न भाषाओं में भी सुलभ करा दी जाएं। इस दिशा में GIST (Graphic Intellegent Script Technology) प्रौद्योगिकी से व्यापक सहायता और संभावना की आशा की जा सकती है। भारतीय भाषाओं में संगणक पर अभिकलनीय क्षमता का आविष्कारिक समाधान जिस्ट के द्वारा हो गया है[9] और जैसा कि इससे पूर्व भी उल्लिखित किया गया है, इसी प्रौद्योगिकी के क्रोड में स्वराधारित कुंजीपटल की अवधारणा है जिसका उपयोग भारत की अधिकांश बड़ी भाषाओं जैसे - हिन्दी, मराठी, गुजराती, तमिल, तेलुगु, उड़िया इत्यादि के लिए किया जा रहा है।

जिस्ट प्रौद्योगिकी में ISCII कूट को ISFOC (Indian Standard Font Code) के आधार पर कार्यान्वित किया जा सकता है। इस आविष्कार के कारण भारतीय भाषाओं का संगणक उपयोग के क्षेत्र में व्यापक रूप से आगे बढ़ने की संभावनाएँ हैं।[10] कम्प्यूटर सोसायटी ऑफ इंडिया की वार्षिक बैठक में मुख्य भाषण देते हुए श्रीयुत् विट्ट एन. के

शब्दों से भी इसी बात का समर्थन होता है। उनका कथन है -"India being a Multilingual country and with hardly 3% of population knowing English Language, computerization in higher education can be successful only if software are developed in different regional languages. This is required as in many of the institutions of higher education the medium of instruction is the regional language. GIST technology will prove to be a boon to computer application in different Indian Languages.[11]

5.2 विवेच्य समस्या के संदर्भ में उपर्युक्त शिक्षण प्रौद्योगिकी की आवश्यकता और औचित्य

उपर्युक्त परिच्छेदों में शिक्षण प्रौद्योगिकी के रूप में जिस मुद्रण प्रौद्योगिकी और दृक्-श्रव्य माध्यमों का विवेचन प्रस्तुत किया गया है, उच्च स्तरीय शिक्षा के लिए उनका बहुत अधिक महत्व है। तकनीकी शिक्षा के तो वे अनिवार्य अंग हैं ही। उपर्युक्त शिक्षण प्रौद्योगिकी का सम्यक उपयोग करने से विवेच्य समस्या का उल्लेखनीय समाधान हो सकता है। विशेषकर के दृक्-श्रव्य संचार माध्यम और संगणकों द्वारा इस समस्या का समाधान बहुत ही निर्णायक तरिके से प्रस्तुत किया जा सकता है जिसका विवेचन निम्नांकित पंक्तियों में प्रस्तुत किया जा रहा है:

5.2.1 रेडियो एवं दूरदर्शन

रेडियो और दूरदर्शन जैसे प्रसारण माध्यमों का उपयोग कर के विभिन्न शैक्षणिक कार्यक्रमों के माध्यम से वैज्ञानिक एवं तकनीकी शब्दावली आयोग द्वारा निर्मित तकनीकी हिन्दी शब्दावली का अखिल भारतीय स्तर पर सम्यक प्रचार-प्रसार किया जा सकता है। लघुस्तर से लेकर उच्चस्तर तक विज्ञान, प्रौद्योगिकी तथा अभियांत्रिकी से संबंधित विविध शैक्षिक कार्यक्रमों के माध्यम से समाज में इस शब्दावली के व्यापक प्रचार-प्रसार सहित विज्ञान की चेतना भी पैदा की जा सकती है।

दूरदर्शन के माध्यम से इसे और भी बेहतर ढंग से प्रस्तुत किया जा सकता है। संप्रति दूरदर्शन पर जो यू.जी.सी. के कार्यक्रम प्रस्तुत किए जाते हैं, विज्ञान के क्षेत्र में उन्हें हिन्दी भाषा में प्रस्तुत करने पर बल देना चाहिए। विज्ञान चेतना से संबंधित 'टर्निंग प्वाइंट' जैसे कार्यक्रमों को हिन्दी भाषा के माध्यम से प्रस्तुत करने की आवश्यकता है। इन कार्यक्रमों के माध्यम से तकनीकी हिन्दी शब्दावली का व्यापक प्रचार-प्रसार किया जा सकता है। यद्यपि दूरदर्शन पर विज्ञान संबंधित शैक्षिक कार्यक्रम, पहेली कार्यक्रम आदि समय-समय पर प्रस्तुत होते रहते हैं, किन्तु खेद है कि वे सामान्यत: अंग्रेजी भाषा में ही प्रस्तुत होते हैं, उन्हें हिन्दी में प्रस्तुत करने तथा मानक तकनीकी

शब्दावली का उपयोग करने की अनिवार्य आवश्यकता है। यह दृढ़तापूर्वक कहा जा सकता है कि यदि इस माध्यम का समुचित ढंग से उपयोग किया जाए तो निश्चय ही इसके अपेक्षित परिणाम प्राप्त होने की व्यापक संभावनाएँ हैं। तथा विवेच्य समस्या के समुचित समाधान का अनुकूल माहौल बनाया जा सकता है।

5.2.2 वीसीपी/वीसीआर/श्रव्य कैसेट आदि

जैसा कि गत परिच्छेदों में उल्लेख किया गया है, शिक्षा के क्षेत्र में वीडियो तथा श्रव्य कैसेटों का व्यापक उपयोग होने की संभावनाएँ हैं। विवेच्य समस्या के संदर्भ में भी इनका समुचित उपयोग किया जा सकता है। विभिन्न विषयों पर हिन्दी भाषा में व्याख्यान-मालाओं, प्रयोगशाला परीक्षणों, उनके परिणामों एवं प्रविधियों आदि को दृक्-श्रव्य (आडियो-वीडियो) कैसेटों के माध्यम से कक्षाओं में प्रस्तुत किया जा सकता है अथवा उन्हें पुस्तकालयों में उपलब्ध कराया जा सकता है। इससे अखिल भारतीय स्तर पर उठने वाले प्राध्यापकों की समस्या का समुचित समाधान हो सकता है और अखिल भारतीय हिन्दी तकनीकी शब्दावली का प्रयोजन भी हल होने के साथ-साथ शिक्षा के स्तर में समरूपता और नवीनता भी लाई जा सकती है। समय-समय पर इनके संपादन और अद्यतनीकरण की व्यावस्था भी इन साधनों का उपयोग कर के सहजतापूर्वक की जा सकती है जो विज्ञान शिक्षण के लिए अत्यानिवार्य है। इससे हिन्दी में अपेक्षित तकनीकी साहित्य के अभाव की समस्या का भी समाधान हो सकता है। वर्तमान इलेक्ट्रॉनिकी के युग में इसके सफल नियोजन में किसी भी प्रकार की अलंघ्य बाधा आने की संभावना नहीं है।

5.2.3 संगणक (Computer)

जैसा कि उल्लेख किया जा चुका है, संगणक प्रौद्योगिकी ने तकनीकी शिक्षा के क्षेत्र में आनेवाली लगभग सभी तकनीकी बाधाओं को संभवतः हटा ही दिया है। जहाँ हम वीडियो और दूरदर्शन के माध्यम से राष्ट्रव्यापी कक्षाओं (Countrywide classroom) की बात करते हैं वहीं संगणक प्रौद्योगिकी ने इंटरनेट, वीडियो कॉन्फ्रेन्सिंग, बहुमाध्यम, सीडी-रॉम आदि के माध्यम से विश्वव्यापी कक्षाओं (World wode classroom) की परिकल्पना को भी साकार कर दिया है। विभिन्न राष्ट्रीय और अन्तर्राष्ट्रीय जालक्रमों ने सूचना प्रौद्योगिकी और शिक्षण प्रौद्योगिकी के क्षेत्र में क्रांति पैदा कर दी है। संगणक प्रौद्योगिकी के आविष्कारों के फलस्वरूप विश्वस्तर पर सूचनाओं का आदान-प्रदान द्रुतगति से हो रहा है। इसने शिक्षा को व्यापक पैमाने पर आंदोलित किया है। भारत में भी GIST प्रौद्योगिकी के आविष्कार से अंग्रेजी भाषा सहित सभी भारतीय भाषाओं और विश्व की अन्य अनेक भाषाओं में उपलब्ध ज्ञान के संसाधन-विश्लेषण का कार्य अब हिन्दी में कर सकने की व्यापक संभावनाएँ पैदा हो गयी हैं। विवेच्य समस्या के समाधान के लिए इसका

समुचित उपयोग किया जाना अपने आप में निर्णायक कदम साबित हो सकता है। शिक्षा के क्षेत्र में संगणक प्रौद्योगिकी की वर्द्धमान संभावनाएँ इसकी ओर पर्याप्त संकेत करती हैं।

उपर्युक्त विवेचन के आधार पर यह स्पष्ट रूप से और दृढ़तापूर्वक कहा जा सकता कि - विवेच्य समस्या के संदर्भ में समस्या के समाधान के लिए शिक्षण प्रौद्योगिकी के नियोजन की अत्यंत आवश्यकता है और संपूर्ण भारत में समान-स्तर के तकनीकी ज्ञान के प्रसार हेतु यह कदम उठाया जाना औचित्यपूर्ण भी है। किन्तु वर्तमान संदर्भों में वस्तुस्थिति को देखते हुए कहा जा सकता है कि यद्यपि भारत में विश्व के अन्य देशों की तुलना में उल्लेखनीय प्रगति हुई है और भारतीय भाषाओं में भी अभिकलनीय सुविधाओं का सृजन किया गया है, तथापि इस क्षेत्र में अभी बहुत कुछ करना बाकी है। संगणक सुविधाओं की अवसंरचना तो देश में व्यापक पैमाने पर सुलभ हो चुकी है तथापि उसके इष्टतम उपयोग की क्षमता अभी अर्जित करनी है और भारतीय भाषाओं को विशेषकर तकनीकी हिन्दी के विकास में इसका नियोजन करना अभी बाकी है। भारत के राष्ट्रीय महत्व के जितने भी संस्थानों में संगणक अथवा नेटवर्किंग की सुविधाएँ उपलब्ध हैं, आज भी वहाँ अंग्रेजी के माध्यम से ही शिक्षण, प्रशिक्षण, अनुसंधान और प्रशासनिक अथवा अन्य कार्यव्यापार चल रहे हैं, इनका हिन्दीकरण होना चाहिए। संगणक प्रौद्योगिकी तो अपनी क्षमता और लोचकता के माध्यम से बहुत कुछ दे सकने में सक्षम है, किन्तु उसकी क्षमताओं का अपनी आवश्यकताओं और विवेच्य समस्या के समाधान हेतु इष्टतम उपयोग करने की हमारी अपनी क्षमता पर निर्भर करेगा कि उक्त प्रौद्योगिकी हमारे लिए कितनी उपादेय सिद्ध हो सकेगी।

इसी संदर्भ में यह भी उल्लेखनीय है कि देवनागरी (हिन्दी) में यांत्रिक सुविधाओं की उपलब्धि केवल सरकारी अथवा सरकार के अधीन सार्वजनिक क्षेत्रों में ही है। निजी क्षत्रों में आज भी इनकी उपलब्धि नगण्य है। इसका कारण है निजी क्षेत्रों तक अभी हिन्दी भाषा में काम-काज करने पर ध्यान नहीं दिया गया है और जैसा कि गत अध्याय में उल्लिखित है, विभिन्न व्यवस्थागत कारणों से निजी क्षेत्रों में इनकी मांग भी नहीं है। वहाँ आज भी मात्र अंग्रेजी में कार्य करने के लिए अपेक्षित अवसंरचनाएँ ही उपलब्ध हैं। आधुनिक संगणक सुविधाओं की भी उपलब्धि वहाँ नगण्य है जिसके माध्यम से हिन्दी अथवा किसी अन्य भारतीय भाषा में कार्य किया जा सके।

जनसाधारण के लिए दैनिक उपभोक्ता सेवाओं जैसे आवागमन संबंधी ढांचागत सुविधाओं के उपयोग हेतु टिकिटों का आरक्षण, पानी, बिजली के बिल, जनसंचार माध्यम पर सूचनाओं आदि जैसी सेवाओं का भी संगणकीकरण देश में व्यापक पैमाने पर हो रहा है, किन्तु इनके लिए अपेक्षित यांत्रिकीय अवसरंचनाओं की भाषा भी मुख्यतः अंग्रेजी ही है। कहीं - कहीं लिप्यंतरण सुविधाओं का उपयोग कर के दोनों

भाषाओं (हिन्दी-अंग्रेजी) का भी उपयोग हो रहा है, किन्तु इसका प्रमाण अपेक्षाकृत नगण्य ही है। इस दिशा में और अधिक कार्य करने की आवश्यकता है।

5.3 यांत्रिक सुविधाओं के सृजन की समस्या और समाधान

उपर्युक्त परिच्छेदों में हमने शिक्षण प्रौद्योगिकी पर विचार प्रस्तुत करते हुए शैक्षिक, व्यावसायिक और प्रशासनिक आदि जैसे विभिन्न कार्यक्षेत्रों में देवनागरी में उपलब्ध यांत्रिक सुविधाओं की समीक्षा की है और विवेच्य समस्या के समाधान हेतु उसके इष्टतम उपयोग को बढ़ाने की अनिवार्यता को प्रतिपादित किया है। देवनागरी में उपलब्ध यांत्रिक सुविधाओं की उपलब्धि संबंधी वस्तुस्थिति को देखते हुए यह स्पष्ट रूप से कहा जा सकता है कि रोमन अथवा अंग्रेजी की तुलना में देवनागरी अथवा हिन्दी में इन सुविधाओं की उपलब्धि नगण्य है। संगणक विज्ञान में जितने भी प्रचालन तंत्र उपलब्ध हैं, अथवा किसी प्रक्रिया सामग्री को चलाने के लिए जितने भी क्रमादेश हैं, संभवतः सभी रोमन में ही हैं। विज्ञान, प्रौद्योगिकी अथवा अभियांत्रिकी हेतु शोध आदि के लिए देवनागरी में प्रक्रियासामग्री की सुविधाएँ अग्रेंजी भाषा की तुलना में नगण्य हैं। जो भी सुविधाएँ उपलब्ध हैं वे मात्र शब्द संसाधन अथवा आंकड़ासंचय की सुविधाएँ हैं। देवनागरी में शब्द संसाधन की जो भी प्रक्रियासामग्री उपलब्ध है उनमें वैज्ञानिक अथवा अभियांत्रिकीय प्रतीकों, चिन्हों आदि को लिखने की सुविधा नहीं है। दूसरे पैकेजों से उन्हें आयात कर के प्रयुक्त करने की सुविधाएँ भी अत्यल्प हैं। कुंजीपटल की मानकता भी अपर्याप्त है। साथ ही देवनागरी की कतिपय ध्वनियों को समुचित प्रकार से लिखने की भी उचित व्यवस्था नहीं है। इन सारे अभावों अथवा समस्याओं का मूल हमें देवनागरी लिपि की समस्याओं से भी जुड़ा प्रतीत होता है।

देवनागरी लिपि की समस्या भी हिन्दी भाषा के प्रयोग की समस्या के ही सहजात है। वास्तव में यह लिपि की समस्या भी भाषा समस्या की ही उपजात समस्या है और हिन्दी भाषा विरोधी तत्वों द्वारा भाषा विरोध के तकनीकी अड़चन के रूप में प्रस्तुत की जाती रही है। विरोधी तत्वों की अवधारणा के अनुसार देवनागरी तकनीकी दृष्टि से पिछड़ी हुई लिपि है।[12] उनका मानना है कि देवनागरी वर्णों के आकार जटिल हैं, संयुक्ताक्षरों के कारण वे और भी जटिल हो गये हैं क्यों-कि उन्हें लिखने की कोई सर्वमान्य पद्धति नहीं है। कभी वे हलन्त लगाकर अगल-बगल लिखे जाते हैं जैसे - **व्याख्या, द्वारा, दवारा, सम्बन्ध, पण्डित, भद्दा** आदि और कभी ऊपर-नीचे जैसे **द्वारा, संबंध, पंडित, भद्दा** आदि। देवनागरी में मात्राओं को लगाने की पद्धति भी उलझनें पैदा करती है और स्वरों को दो प्रकार से लिखा जाता है जैसा कि गत अध्याय में दर्शाया गया है। देवनागरी का कुंजीपटल भी अभी परिनिष्ठित नहीं है। जितने कंपनियों के टाइपराइटर हैं, उनमें वर्णों का विन्यास भी उतने ही ढंग का है। इसी लिए किसी एक टाइपराइटर

पर कार्य करने का अभ्यासी दूसरे पर कार्य करने में पर्याप्त कठिनाई महसूस करता है अथवा कर ही नहीं पाता है। इन यंत्रों में एकरूपता नहीं है। किसी में कुछ विशेष वर्ण नहीं हैं तो किसी में कुछ और। संयुक्ताक्षरों एवं विराम चिन्हों में भी एकरूपता नहीं है। इसके कारण काम में जो सुविधा, सुगमता और गति होनी चाहिए वह नहीं हो पाती है।[13] उपलब्ध तकनीकी सुविधाओं का अवलोकन करने पर यह भी कहा जा सकता है कि तकनीकी हिन्दी लेखन हेतु शब्दावली आयोग द्वारा विज्ञान एवं अभियांत्रिकी में प्रयुक्त जिन अन्तर्राष्ट्रीय प्रतीकों और चिन्हों आदि को स्वीकार किया गया है और जैसा कि अध्याय तीन में दर्शाया गया है, देवनागरी की यांत्रिकी सुविधाओं में चाहे वे मैनुअल हों अथवा स्वचालित, किसी में भी उनकी उचित व्यवस्था नहीं की गयी है। परिणामस्वरूप उन्हें हाथ से ही लिखना पड़ता है। विवेच्य समस्या के संदर्भ में इस लिपिगत कठिनाई को दूर करने के उपाए किए जाने चाहिए।

उपर्युक्त परिच्छेद में देवनागरी लिपि से संबंधित जो भी व्यावहारिक कठिनाइयाँ अथवा समस्याएँ अभिव्यक्त की गयी हैं, ऐसा नहीं है कि उनको सुधारने का प्रयास नहीं किया गया है। हिन्दी भाषा का समर्थन करने वाला वर्ग देवनागरी लिपि की उपर्युक्त कमियों को स्वीकार करते हुए उसमें संभावित सुधारों का सदैव पक्षधर रहा है और वर्षों से उसके लिये प्रयास भी करता रहा है। देवनागरी लिपि की तकनीकी समस्याओं के समाधान हेतु किए गये वैयक्तिक सुधारों के लिए राहुल सांस्कृत्यायन, डॉ. पन्नालाल, डॉ.गोरखप्रसाद तथा विनोबा भावे के प्रयासों को उल्लेखनीय योगदान के रूप में लिया जा सकता है। इसी प्रकार संस्थागत प्रयासों में हिन्दी साहित्य सम्मेलन की (सेवाग्राम लिपि) तथा काशी नागरी प्रचारिणी सभा की (प्रति संस्कृत देवनागरी लिपि) के रूप में प्रस्तावित सुधारों का उल्लेख किया जा सकता है। लिपि सुधार के सरकारी अभियान के रूप में आचार्य नरेन्द्र देव समिति का उल्लेख किया जा सकता है जिसके सदस्यों में डॉ. धीरेन्द्र वर्मा, पं. रमाशंकर द्विवेदी, पं. चन्द्रशेखर शास्त्री, पं. भाऊ शास्त्री, डॉ. मंगलदेव शास्त्री आदि प्रमुख सदस्य थे। इस समिति का गठन उत्तर प्रदेश सरकार ने 31 जुलाई, 1947 में किया था। समिति ने दो वर्षों तक कार्य कर के लिपि के संबंध में महत्वपूर्ण सुझाव प्रस्तुत किए थे। इसी तारतम्य में 28-29 नवम्बर, 1953 में उत्तर प्रदेश सरकार ने विभिन्न राज्यों के मुख्यमंत्रियों की एक सभा आमंत्रित की थी, जिसके अध्यक्ष डॉ. राधाकृष्णन थे। श्री कन्हैयालाल माणिकलाल मुंशी ने सभा का उदघाटन किया था और अंत में देवनागरी लिपि में सुधार संबंधी आठ प्रस्ताव रखे थे जिनका कथित लिपि के सुधार में उल्लेखनीय महत्व है। इसी प्रकार अनेक अन्य अवसरों पर भी हिन्दी भाषा और लिपि को लेकर अनेकानेक संगोष्ठियाँ और सम्मेलन होते रहे हैं जिनमें लिपि सुधार संबंधी महत्वपूर्ण प्रस्ताव किए जाते रहे हैं। कहने का तात्पर्य यह कि देवनागरी लिपि के सुधार का अभियान भी समय-समय पर होता रहता है, किन्तु सरकारी तंत्र द्वारा भाषा समस्या को गंभीरता से न लेने के कारण, कालांतर में सारे प्रयास लगभग व्यर्थ सिद्ध होते रहे हैं और यथास्थिति कायम है।

लिपिगत समस्याओं के समाधान हेतु किए गये उपर्युक्त प्रयासों और तत्पश्चात सम्पन्न हुए कार्यों के आलोक में द्रष्टव्य है कि यद्यपि देवनागरी लिपि में सुधार की आवश्यकता लिपि की सभी त्रुटियों को निकाल कर उसकी प्राचीनता और आकार-प्रकार की वैज्ञानिकता को कायम रखते हुए आधुनिक युग की आवश्यकताओं के अनुरूप बनाने के उद्देश्य से किया गया है। किन्तु मौलिकता के अभाव में देवनागरी लिपि में अपेक्षित सुधारों का आधार और आदर्श वर्तमान अंग्रेजी टाइपराइटर को बनाया गया है। सुधार की अधिकांश योजनाएँ अपने मूल रूप में इसी टाइपराइटर से सम्बद्ध हैं और कथित सुधारकों का प्रयास इसी रोमन टाइपराइटर के अनुकूल देवनागरी लिपि में यथोचित सुधार करना रहा है। कह सकते हैं कि इस दिशा में भी मौलिक प्रयास नगण्य ही रहे हैं जब कि भाषा और लिपि की समस्याओं से सरोकार रखने वाले अधिकांश लोगों का मानना है कि वर्तमान वैज्ञानिक और प्रौद्योगिकीय युग की आवश्यकताओं के अनुरूप इस दिशा में किए गये मौलिक प्रयासों का सार्थक और अपेक्षित समाधान मिलने की व्यापक संभावनाएँ हैं। इसी दृष्टिकोण का समर्थन अग्रांकित पंक्तियों से भी होता है- *हमारी सबसे बड़ी गलती यह रही है कि हम मशीनों को देखकर लिपि सुधार का प्रयत्न करते रहे हैं। संसार में मशीनों का आविष्कार प्रत्येक लिपि के अनुसार हुआ है न कि लिपि का आविष्कार मशीनों के अनुरूप।*[14] एतदर्थ देवनागरी लिपि में सृजित यांत्रिक सुविधाओं में मानकता का सर्वथा अभाव है जो उनके समुचित उपयोग को काफी हद तक बाधित करता है।

देवनागरी में उपलब्ध यांत्रिक सुविधाओं की समीक्षा संबंधी उपर्युक्त विवेचन से स्पष्ट है कि फिलहाल अपने देश में इस दिशा में काम चलाऊ सुविधा ही उपलब्ध कराई जा सकी है। तकनीकी हिन्दी के परिप्रेक्ष्य में इस सुविधा को और भी सुदृढ़ करने की अनिवार्य आवश्यकता है क्योंकि विवेच्य समस्या का इससे बहुत गहरा सरोकार है। इस क्षेत्र में संगणक प्रौद्योगिकी के समुचित और इष्टतम उपयोग से समस्या का समाधान काफी सहज प्रतीत होता है किन्तु कथित संगणक प्रौद्योगिकी के इष्टतम उपयोग की क्षमता अर्जित करने की अनिवार्य आवश्यकता है।

***

संदर्भ ग्रंथ/पुस्तकें, पत्रिकाएँ एवं अन्य पाद्य सामग्री

1. Encyclopedia Americana, Vol. 22, pp. 601
2. देवनागरी टाइपराइटिंग प्रशिक्षक, राजभाषा विभाग, गृह मंत्रालय, भारत सरकार, पृ. 1
3. New Technologies in Higher Education, edtd, by S.Y.Shah, JNU, AIU,
4. New Technologies in Higher Education, edtd, by S.Y.Shah, JNU, AIU, पृ..27
5. New Technologies in Higher Education, edtd, by S.Y.Shah, JNU, AIU, पृ..51
6. New Technologies in Higher Education, edtd, by S.Y.Shah, JNU, AIU, पृ..49
7. Computer Technology for Higher Education : A design model for a Computerizing University, edtd. by Sarla Achuthan, Binod C. Agrawal, Vimal P.Shah, R.P.Soni and S.R.Thakore Vol. II, pp. 34
8. Computer Technology for Higher Education : A design model for a Computerizing University, edtd. by Sarla Achuthan, Binod C. Agrawal, Vimal P.Shah, R.P.Soni and S.R.Thakore Vol. II, pp. 67
9. ``GIST provides a very innovative solution for Indian Language computing Computer Technology for Higher Education : A design model for a Computerizing University, edtd. by Sarla Achuthan, Binod C. Agrawal, Vimal P.Shah, R.P.Soni and S.R.Thakore Vol. II, pp.81
10. Information Technolgies in every day life, Proceedings of XXVI Annual Convention of Computer Society in India, New Delhi, TATA MCGraw-Hill publishing Co. Ltd. 1991, pp. 56-74 (Thought of Pani S.
11. Annual Conventional Address by Vittal N., Information Technologyes and Management, Proceedings of 27th Annual Conventional of Computer society of India, Allied Publishers ltd. pp. iii-xii
12. हिन्दी विविध व्यावहारों की भाषा, सुवास कुमार, पृ. 132
13. राष्ट्र भाषा हिन्दी : समस्याएँ और समाधान, आचार्य देवेन्द्रनाथ शर्मा, पृ. 122-124 तथा हिन्दी विविध व्यावहारों की भाषा, सुवास कुमार, पृ. 126 तथा 127
14. हिन्दी विविध व्यावहारों की भाषा, सुवास कुमार, पृ. 143

परिशिष्ट – I

चिह्न, संकेत और परिभाषा

संकेत Symbol	परिभाषा Defination
+	धन / धनात्मक / अधिआकलन
−	ऋण / ऋणात्मक / अव आकलन
+	धन अथवा ऋण / धनात्मक अथवा
±	ऋणात्मक शुद्धता का अंश
∓	ऋण अथवा धन / ऋणात्मक अथवा धनात्मक
X	गुणाकार (6 x 4)
·	गुणाकार(6.4)/दो सदिशों का अदिश गुणनफल
÷	भागाकार
/	भागाकार (अनुपात) (6/4)
—	भागाकार (अनुपात)
!	क्रमगुणित (4!=4x3x2x1)
=	समान / बराबर / सम / तुल्य
≠ ≠	असमान / विषम
≡	समरूप / सर्वसम / अभिन्न
≢, ≢	असमरूप / असर्वसम / भिन्न
≙	संगत / संगति
:	सम्बन्धे (6:4)
::	समानुपातिक समानता (1:2::2:4)
≈	सन्निकट / बराबर / समान
>	बृहत्तर
≫	अतिबृहत्तर
≯	बृहत्तर नहीं
<	लघुतर
≪	अतिलघुत्तर
≮	लघु नहीं
⩾ ≥ ≧	समान अथवा बृहत्तर
⩽ ≤ ≦	समान अथवा लघुत्तर
∝	प्रत्यक्ष समानुपातिक

( )	लघुकोष्ठक / बंधनी (पैरेंथेसिस)
[ ]	मझला कोष्ठक / ब्रेकेट बंधनी (ब्रेकेट)
{ }	धनुःकोष्ठक (ब्रेसेस)
—	रेखा बंधनी / रेखाकोष्ठक/भागाकार/वृत्त की जीवा अथवा (अ ब) रेखा की लम्बाई / अंकगणितीय माध्य (x)
∞	अनंत / अपरिमित
→	सीमांत उपगमन
√	वर्गमूल
∛ ∜	घनमूल / चतुर्थ वर्ग
%	प्रतिशत
′	अभाज्य / चाप का मिनट / फूट
″	द्वि-अभाज्य / चाप का सेकण्ड / इंच
⌒	वृत्त का चाप
°	चाप का अंश
∠, ∠s	कोण
≚	समानकोणिक / समकोणिक
⊥	लम्ब
‖	समानान्तर
○	वृत्त
Δ, Δs	त्रिकोण
□	वर्ग
▭	आयत
▱	समांतर चतुर्भुज
≅	सर्वांगसम / समशेष
∴	इसलिए
∵	चूँकि
≞	द्वारा मापित
Δ	वृद्धि
Σ	संकलन चिह्न (सम्मेशन)
Π	गुणनफल (प्रोडक्ट)
∫	समाकल / पूर्णांकीय चिह्न
∇	त्रिकोणिक अवकल संकारक
∪	सम्मिलन / संयोग / यूनियन
	प्रतिच्छेदन

$\in$	का घटक
$\subset$	पूर्ण समावेश
$\supset$	अन्तर्विष्ट
$\Rightarrow$	इम्प्लाइड
$\Leftarrow$	द्वारा इम्प्लाइड
$\Leftrightarrow$	इम्प्लाइड एवं द्वारा इम्प्लाइड

I. तर्क/LOGIC

$\forall$	समष्टीय प्रमात्रीकर
$\exists$	अस्तित्व प्रमात्रीकर
$\wedge$, &	युति, तार्किक उत्पादन
$\vee$	युति, तार्किक योग
$\neg$	निषेध
$\rightarrow, \supset, \Rightarrow$	युगपत (अस्पष्ट)
$\leftrightarrow, \Leftrightarrow, \rightleftarrows$	तुल्यता

II. समुच्चय/SETS

$\in$	सदस्यता
$\notin$	गैरसदस्यता / असदस्यता
$\subset$	आविष्टि (AB का उपसमुच्चय है)
$\not\subset$	विआविष्टि (AB का उपसमुच्चय नहीं है)
$\subseteqq$	उचित आविष्टि
$\emptyset$	रिक्त समुच्चय
$\cup, \bigcup$	संयुक्त
$\cap, \bigcap$	सर्वनिष्ठ
c, C	पूरक
$-, \setminus$	अंतर
$\times$	कार्तीय गुणन
R, $\sim$	तुल्य संबंध
/	विभाग समुच्चय
Π	कार्तीय गुणन
$\Sigma, \sqcup$	अनुलोम योगफल
$\wp$	समुच्चय की गणन संख्या
$\{\mid\}$	समुच्चय का प्रतिचित्रण
	सभी घटकों का समुच्चय

{ }	सूचक समुच्चय
	अनुक्रम (संख्याओं, विन्दुओं, फलनों, समुच्चयों का अनुक्रम)
=, ||, ≠	गणन संख्या / कार्डिनल संख्या
ℵ	ऐलेफ (परिमितातीत संख्या)
⟶	प्रतिचित्रण
→	प्रतिचित्रण (किन्तु वर्तमान आयतन में नहीं)
I, id	तत्समक प्रतिचित्रण (तत्समक फलन)
c, χ	अभिलक्षण फलन
|	संकुचन
o	संयुक्त
lim sup, $\overline{\lim}$	बाह्य सीमान्त
lim inf, $\underline{\lim}$	निम्न सीमान्त
lim	सीमान्त
$\underrightarrow{\lim}$	आगमनिक सीमान्त
$\underleftarrow{\lim}$	प्रक्षेपीय सीमान्त

III. क्रम/ORDER

(,)	विवृत अन्तराल
[,]	आवृत अंतराल
(,]	अर्द्धविवृत अन्तराल
[,)	अर्द्धआवृत अंतराल
max	महत्तम
min	लघुत्तम
sup	उच्चक
inf	निम्नक (महत्तम निम्न परिबंध)
≪	अतिविशाल (बृहत्त)
∪, ∨	संयोजन (क्रमित समुच्चय में a b का संयोजन)
∩, ∧	सम्मेलन

IV. बीजगणित/ALGEBRA

mod	सापेक्ष (मॉड्यूलो)
|	विभाज्यता
∤	अविभाज्यता
det, ||	परिमिति
tr, Sp	अनुरेख (एक वर्ग आव्यूह A का अनुरेख)
‘, T, ’	परिवर्त

I	एकांक मैट्रिक्स / तत्समकारी आव्यूह
E_{ij}	मैट्रिक्स एकांक
⊗	क्रोनेकर गुणनफल
≅	तुल्यकारिता
/	विभाग समष्टि
dim	घात/विस्तार/लम्बाई-चौड़ाई/विभाग
Im	प्रतिबिंब
Ker	आष्टि
Coim	सह-प्रतिबिम्ब
Coker	सह-आष्टि
$\delta ij, \delta_i^j$	क्रोनेकर डेल्टा
(,) ;	आंतरिक गुणनफल
[,], ×	सदिश गुणनफल
⊗	प्रदिश गुणनफल
Hom	सभी समाकारिताओं का समुच्चय
Hom_A	सभी A समाकारिताओं का समुच्चय
Tor	विमोटन गुणनफल
Ext	विस्तार
$\wedge, \wedge^p$	बाह्य बीजावली

V. बीजीय तंत्र/ALGEBRAIC SYSTEM

N	सभी प्राकृतिक संख्याओं का समुच्चय
Z	सभी परिमेय पूर्णांको का समुच्चय
Z_m	सभी अवशिष्ट वर्ग मॉड्यूलों का समुच्चय
Q	सभी परिमेय संख्याओं का समुच्चय
R	सभी वास्तविक संख्याओं का समुच्चय
C	सभी संमिश्र संख्याओं का समुच्चय
H	सभी चतुष्टयियों का समुच्चय
GF(q), F,	परिमित क्षेत्र
Qp	पी-एडिक संख्या क्षेत्र
Zp	पी-एडिक पूर्णांक वलय
[ ]	बहुपद वलय
( )	क्षैत्र विस्तार
[[ ]], { }	साधारण घात श्रृंखला वलय

टिप्पणी : N,Z,Q,R,C तथा B प्रत्येक का सांकेतिक अर्थ समुच्चय है जिसमें उनकी गणितीय संरचनाओं का भी समावेश है।

VI. समूह/GROUP

GL	सामान्य रैखिक समूह
SL	विशिष्ट रैखिक समूह
PSL	प्रक्षेपीय विशिष्ट रैखिक समूह
U	ऐकिक समूह
SU	विशिष्ट ऐकिक समूह
O	लम्बकोणीय समूह
SO	विशिष्ट लम्बकोणीय समूह, घूर्णन समूह (n का अंश)
Spin	स्पाइनर/सदिश समूह
Sp	अन्तर्गुणनरक्षी समूह

VII. टोपोलॉजी (अभिसरण)/TOPOLOGY (CONVERGENCE)

$\longrightarrow$	अभिसरण
$\downarrow, \searrow$	अभिसरण एकदिष्टतः ह्रासमान
$\uparrow, \nearrow$	अभिसरण एकदिष्टतः वर्धमान
lim	सीमान्त
lim sup, $\overline{\lim}$	बाह्य सीमान्त
lim inf $\underline{\lim}$	निम्न सीमान्त
a, $\overline{\ }$, Cl	संवारक
i, o, Int	निम्न
p, d	दूरी
$\Vert\ \Vert$	मानक
l.i.m.	माध्य में सीमान्त
s-lim	प्रबल सीमान्त
w-lim	दुर्बल सीमान्त
$\simeq$	समस्थेयता
$\approx$	समरूपता

VIII. ज्यामिति एवं बीजीय टोपोलॉजी/ GEOMETRY AND ALGEBRAIC TOPOLOGY

E^n	यूक्लिडीय समष्टी
P^n	प्रक्षेपीय समष्टि
S^n	गोलीय पृष्ठ

T^n	वृत्तज ठोस-वलय, टोरस
H_n	n- विमीय सहसमजातता समूह (A में गुणक x सहित)
H^n	n- विमीय सहसमजातता समूह (A में गुणक x सहित)
π_n	n- विमीय सहसमजातता समूह (C संमिश्र श्रृंखला का)
	n- विमीय सहसमजातता समूह (X का)
∂	सीमान्त
δ	सहसीमान्त
Sq	स्ट्रीनरॉड वर्ग
$\smile$	कप गुणन
$\frown$	कैप गुणन
$\wedge$	बाह्य गुणन
d	बाह्य व्युत्पन्न
grad	प्रवणता
rot	धूर्णन
div	अपसरण
Δ	लाप्लासियन
$\Box$	डी-एलम्बर्सियन
D	अवकल संकारक
	जेकबीय सारणिक
	जेकबीय आव्यूह
$\mathcal{P}$	स्ट्रीनरॉड पी-घात

IX. फलन समष्टि/FUNCTION SPACES

C	सतत फलन समष्टि
L_p	फलन समष्टि
C'	वर्ग C की फलन समष्टि
$\mathcal{D}$	संहत आलंब की फलन समष्टि
$\mathcal{E}$	संहत आलंब सहित C^{00} फलन समष्टि
	(C^{00}) फलन की समष्टि

X. फलन/FUNCTION

$\| \|$	निरपेक्ष मान
Re	वास्तविक भाग
Im	काल्पनिक भाग

z	संमिश्र संयुग्मी
arg	संमिश्र संख्या का कोणांक
[ ]	गाउस संकेत
0, o	लँडाऊ संकेत पद्धती
$\sim$	अपरिमित अथवा उसी क्रम का अत्यणु
D	(एकांक T का) प्रांत
R	परास (दूरी)
supp	टेक/आधार
p.v.	कौशी-मुख्यमान
Pf	(एक पूर्णांक का) परिमित भाग
δ	डिरैक डेल्टा फलन (मापन अथवा बंटन)
exp	चरघातांकी फलन
log, Log	क्रमशः प्राकृतिक लघुगणकीय फलन एवं मुख्य मान
sinx, cosx, tan x	त्रिकोणमितीय फलन
arc sinx, arc cosx	प्रतिलोम त्रिकोणमितीय फलन
Arc sinx, Arc cosx	प्रतिलोम त्रिकोणमितीय फलन का मुख्य मान
sin hx, coshx	अतिपरवलयिक फलन
( ), C	द्विपदीय गुणांक, संयोजन
P	क्रमचय
!	(nका) क्रमगुणित
φ	ऑयलर मान
μ	मोबियस फलन
ζ	रीमान जीटा फलन
J_v	प्रथम प्रकार का बेसल फलन
Γ	गामा फलन
B	बीटा फलन
F	गाउस अतिज्यामितीय फलन
P	रीमान - पी - फलन
Li	लघुगणकीय समाकल

XI. प्रायिकता/PROBABILITY

P Pr	(किसी घटना की) प्रायिकता
E	माध्य अथवा प्रत्याशा
V, σ^2	प्रसरण
ρ	सहसंबंध गुणांक

P(I)	प्रतिबंध प्रयिकता
E(I)	सप्रतिबंध माध्य
N	एक विमीय प्रसामान्य वितरण
	बहुविमीय प्रसामान्य वितरण
P	प्वासों बंटन

ग्रीक भाषा के बड़े और छोटे अक्षर (वर्ण)

जिनका आमतौर पर वैज्ञानिक और गणितीय प्रतीकों के रूप में उपयोग होता है

Α	α	अल्फा
Β	β	बीटा
Γ	γ	गामा
Δ	δ	डेल्टा
Ε	ε	एप्सिलॉन
Ζ	ζ	जेटा
Η	η	एटा
Θ	θ	थीटा
Ι	ι	आयोटा
Κ	κ	कप्पा
Λ	λ	लैम्ब्ड़ा
Μ	μ	म्यु
Ν	ν	नू
Ξ	ξ	झाइ
Ο	ο	ओमिक्रॉन
Π	π	पाई
Ρ	ρ	रहो
Σ	σ	सीग्मा
Τ	τ	टाऊ
Υ	υ	अप्सिलॉन
Φ	φ	फाई
Χ	χ	चाई
Ψ	ψ	साई
Ω	ω	ओमेगा

परिशिष्ट – II

रासायनिक तत्वों के नाम और प्रतीक

नाम	प्रतीक	नाम	प्रतीक
एक्टीनियम	Ac	एल्युमिनियम	Al
एमेरिसियम	Am	एंटीमनी	Sb
ऑरगन	Ar	आर्सेनिक	As
एस्टटिन	At	बेरियम	Ba
बर्केलियम	Bk	बेरेलियम	Be
बिस्मथ	Bi	बोरॉन	B
ब्रोमीन	Br	कैडमियम	Cd
कैल्शियम	Ca	कैलीफोर्नियम	Cf
कार्बन	C	कैरियम	Ce
सीसियम	Cs	क्लोरिन	Cl
क्रोमियम	Cr	कोबाल्ट	Co
कॉपर	Cu	क्यूरियम	Cm
डायस्प्रोसियम	Dy	आइंसटीनियम	Es
इर्बियम	Er	यूरोपियम	Eu
फर्मियम	Fm	फ्लोरिन	F
फ्रॉसियम	Fr	गैडोलिनियम	Gd
गैलियम	Ga	जर्मेनियम	Ge
गोल्ड	Au	हैफ्नियम	Hf
हीलियम	He	होल्मियम	Ho
हाइड्रोजन	H	इंडियम	Im
आयोडिन	I	इरीडियम	Ir
आयर्न	Fe	क्रिप्टॉन	Kr
लैंथानम	La	लेड (प्लंबम)	Pb
लीथियम	Li	लूटेशियम	Lr
मैग्नीशियम	Mg	मैंगनीज	Mn
मंडलेवियम	Md	मर्क्यूरी	Hg
मालिब्डेनम	Mo	नीयोडिनियम	Nd
नियॉन	Ne	नेप्च्यूनियम	Np
निकेल	Ni	नियोबियम	Nb
नाइट्रोजन	N	ऑस्मियम	Os

निकेल	Ni	नियोबियम	Nb
नाइट्रोजन	N	ऑस्मियम	Os
ऑक्सीजन	O	पैलेडियम	Pd
फास्फोरस	P	प्लैटिनम	Pt
प्लूटोनियम	Pu	पोलोनियम	Po
पोटैशियम	K	प्रासियोडियम	Pr
प्रामैथियम	Pm	प्रोटैक्टिनियम	Pa
रेडियम	Ra	रेडॉन	Rm
रोनियम	Re	रोडियम	Rh
रूबिडियम	Rb	रूथेनियम	Ru
समैरियम	Sm	स्कैंडियम	Sc
सेलेनियम	Se	सिलिकॉन	Si
सिल्वर	Ag	सोडियम	Na
स्ट्रॉशियम	Sr	सल्फर	S
टैंटलम	Ta	टेक्नेशियम	Tc
टेल्यूरियम	Te	टर्बियम	Tb
थैलियम	Tl	थोरियम	Th
थलियम	Tm	टिन	Sn
टिटैनियम	Ti	टंगस्टन	W
यूरेनियम	U	वेनेडियम	V
जेनॉन	Xe	इटर्बियम	Yb
इट्रियम	Y	जिंक	Zn
जिर्कोनियम	Zr	नोबेलियम	No
लॉरेंसियम	Lw	यून्निलक्वाडियम	Unq
यून्निलपेक्सियम	Unp	यून्निलहेक्सियम	Unh
यून्निलसेप्टियम	Uns	यून्निलेन्नियम	Une

परिशिष्ट - III

राजभाषा संबंधी संवैधानिक उपबंध

संघ की राजभाषा नीति

भारत का संविधान - भाग 5(120), भाग 6(210) और भाग 17

भाग 5(120)

संसद में प्रयुक्त होने वाली भाषा

120.(1) भाग 17 में किसी बात के होते हुए भी, किन्तु अनुच्छेद 348 के उपबंधों के अधीन रहते हुए संसद में कार्य हिन्दी में या अंग्रेजी में किया जाएगा :

परंतु, यथास्थिति, राज़्य सभा का सभापति या लोकसभा का अध्यक्ष अथवा ऐसे रूप में कार्य करने वाला व्यक्ति किसी सदस्य को जो हिन्दी या अंग्रेजी में अपनी पर्याप्त अभिव्यक्ति नहीं कर सकता, अपनी मातृभाषा में सदन को संबोधित करने की अनुज्ञा दे सकेगा।

(2) जब तक संसद विधि द्वारा अन्यथा उपबंध न करे तब तक इस संविधान के प्रारंभ से 15 वर्ष की कालावधि की समाप्ति के पश्चात यह अनुच्छेद ऐसे प्रभावी होगा मानो कि ``या अंग्रेजी में'' ये शब्द उसमें से लुप्त कर दिए गये हैं।

भाग 6(210)

विधान-मण्डल में प्रयुक्त होने वाली भाषा

210(1) भाग 17 में किसी बात के होते हुए भी, किन्तु अनुच्छेद 348 के उपबंधों के अधीन रहते हुए राज्य विधान-मण्डल के कार्य राज्य की राजभाषा या भाषाओं में या हिन्दी में या अंग्रेजी में किए जाएंगे।

परंतु, यथास्थिति, विधानसभा का अध्यक्ष या विधान परिषद का सभापति अथवा ऐसे रूप में कार्य करने वाला व्यक्ति किसी सदस्य को, जो उपर्युक्त भाषाओं में से किसी में अपनी पर्याप्त अभिव्यक्ति नहीं कर सकता, अपनी मातृभाषा में सदन को सम्बोधित करने की अनुज्ञा दे सकेगा। (यह अनुच्छेद जम्मू-कश्मीर पर लागू नहीं है।)

(2) जब तक राज्य का विधान मण्डल विधि द्वारा अन्यथा उपबंध न करे तब तक इस संविधान के आरंभ से पन्द्रह वर्ष की कालावधि की समाप्ति के पश्चात् यह अनुच्छेद ऐसे प्रभावी होगा मानो कि ``या अंग्रेजी में'' ये शब्द उसमें से लुप्त कर दिए गये हों:

``परन्तु, हिमाचल प्रदेश, मणिपुर, मेघालय और त्रिपुरा के राज्य विधान मण्डलों के संबंध में यह खण्ड इस प्रकार प्रभावी होगा मानो कि उसमें आने वाले ''पन्द्रह वर्ष`` शब्दों के स्थान पर ''पच्चीस वर्ष`` शब्द रख दिए गये हों''

भाग 17

संघ की राजभाषा

343 (1) संघ की राजभाषा हिन्दी और लिपि देवनागरी होगी। संघ के शासकीय प्रयोजनों के लिए प्रयोग होने वाले अंकों का रूप भारतीय अंकों का अन्तर्राष्ट्रीय रूप होगा।

(2) खण्ड (1) में किसी बात के होते हुए भी, इस संविधान के प्रारंभ से पन्द्रह वर्ष की अवधि तक संघ के उन शासकीय प्रयोजनों के लिए अंग्रेजी भाषा का प्रयोग किया जाता रहेगा जिनके लिए उसका ऐसे प्रारम्भ से ठीक पहले प्रयोग किया जा रहा था

परन्तु राष्ट्रपति उक्त अवधि के दौरान, आदेश द्वारा संघ के शासकीय प्रयोजनों में से किसी के लिए अंग्रेजी भाषा के अतिरिक्त हिन्दी भाषा का और भारतीय अंकों के अन्तर्राष्ट्रीय रूप के अतिरिक्त देवनागरी रूप का प्रयोग प्राधिकृत कर सकेगा।

(3) इस अनुच्छेद में किसी बात के होते हुए भी, संसद उक्त पन्द्रह वर्ष की अवधि के पश्चात विधी द्वारा- (क) अंग्रेजी भाषा का, या (ख) अंकों के देवनागरी रूप का, ऐसे प्रयोजनों के लिए प्रयोग का उपबन्ध कर सकेगी जो ऐसी विधि में विनिर्दिष्ट किए जाएं।

राजभाषा के लिए आयोग और संसद की समिति

344. (1) राष्ट्रपति इस संविधान के प्रारम्भ से पांच वर्ष की समाप्ति और तत्पश्चात ऐसे प्रारम्भ से दस वर्ष की समाप्ति पर, आदेश द्वारा एक आयोग गठित करेगा जो एक अध्यक्ष और आठवीं अनुसूची में विनिर्दिष्ट विभिन्न भाषाओं का

प्रतिनिधित्व करने वाले ऐसे अन्य सदस्यों से मिलकर बनेगा जिनको राष्ट्रपति नियुक्त करें और आदेश में आयोग द्वारा अनुसरण की जाने वाली प्रक्रिया परिनिश्चित की जाएगी।

(2) आयोग का यह कर्तव्य होगा कि वह राष्ट्रपति को –

क. संघ के शासकीय प्रयोजनों के लिए हिन्दी भाषा के अधिकाधिक प्रयोग

ख. संघ के सभी या किन्ही शासकीय प्रयोजनों के लिए अंग्रेजी भाषा के प्रयोग पर निर्बन्धनों

ग. अनुच्छेद 348 में उल्लिखित सभी या किन्ही प्रयोजनों के लिए प्रयोग की जानेवाली भाषा

घ. संघ के किसी एक या अधिक विनिर्दिष्ट प्रयोजनों के लिए प्रयोग किए जानेवाले अंकों के रूप

ड. संघ की राजभाषा तथा संघ और किसी राज्य के बीच या एक राज्य और दूसरे राज्य के बीच पत्रादि की भाषा और उनके प्रयोग के संबंध में राष्ट्रपति द्वारा आयोग को विनिर्दिष्ट किए गये किसी अन्य विषय के बारे में सिफारिश करे।

(3) खण्ड (2) के अधीन अपनी सिफारिशें करने में आयोग भारत की औद्योगिक, सांस्कृतिक और वैज्ञानिक उन्नति का और लोक सेवाओं के संबंध में अहिन्दी भाषी क्षेत्रों के व्यक्तियों के न्यायसंगत दावों और हितों का सम्यक ध्यान रखेगा।

(4) एक समिति गठित की जाएगी जो तीस सदस्यों से मिलकर बनेगी जिनमें से बीस लोकसभा के सदस्य होंगे और दस राज्यसभा के सदस्य होंगे जो क्रमशः लोकसभा के सदस्यों और राज्यसभा के सदस्यों द्वारा आनुपातिक प्रतिनिधित्व पद्धति के अनुसार एकल संक्रमणीय मत द्वारा निर्वाचित होंगे।

(5) समिति का यह कर्तव्य होगा कि वह खण्ड (1) के अधीन गठित आयोग की सिफारिशों की परीक्षा करे और राष्ट्रपति को उन पर अपनी राय के बारे में रिपोर्ट दे।

(6) अनुच्छेद 343 में किसी बात के होते हुए भी, राष्ट्रपति खण्ड (5) में विनिर्दिष्ट रिपोर्ट पर विचार करने के पश्चात उस सम्पूर्ण रिपोर्ट के या उसके किसी भाग के अनुसार निदेश जारी कर सकेगा।

प्रादेशिक भाषाएँ

राज्य की राजभाषा या राजभाषाएँ

345. अनुच्छेद 346 और अनुच्छेद 347 के उपबन्धों के अधीन रहते हुए, किसी राज्य का विधान-मण्डल, विधि द्वारा, उस राज्य में प्रयोग होने वाली भाषाओं में से किसी एक या अधिक भाषाओं को या हिन्दी को उस राज्य के सभी या किन्ही शासकीय प्रयोजनों के लिए प्रयोग की जाने वाली भाषा या भाषाओं के रूप में अंगीकार कर सकेगा:

परन्तु जब तक राज्य का विधान-मण्डल, विधि द्वारा अन्यथा उपबन्ध न करे तब तक राज्य के भीतर उन शासकीय प्रयोजनों के लिए अंग्रेजी भाषा का प्रयोग किया जाता रहेगा जिनके लिए उसका इस संविधान के प्रारम्भ से ठीक पहले प्रयोग किया जा रहा था।

एक राज्य और दूसरे के बीच में अथवा राज्य और संघ के बीच में संचार के लिए राजभाषा

346. संघ के शासकीय प्रयोजनों के लिए प्रयोग किए ज़ाने के लिए तत्समय प्राधिकृत भाषा, एक राज्य और दूसरे राज्य के बीच तथा किसी राज्य और संघ के बीच पत्रादि की राजभाषा होगी:

परन्तु यदि दो या अधिक राज्य यह करार करते हैं कि उन राज्यों के बीच, पत्रादि की राजभाषा हिन्दी भाषा होगी तो ऐसे पत्रादि के लिए उस भाषा का प्रयोग किया जा सकेगा।

किसी राज्य के जनसमुदाय के किसी भाग द्वारा बोली जाने वाली भाषा के संबंध में विशेष उपबन्ध

347. इस निमित्त मांग किए जाने पर यदि राष्ट्रपति का यह समाधान हो जाता है कि किसी राज्य की जनसंख्या का पर्याप्त भाग यह चाहता है कि उसके द्वारा बोली जाने वाली भाषा को राज्य द्वारा मान्यता दी जाए तो वह निदेश दे सकेगा कि ऐसी भाषा को भी उस राज्य में सर्वत्र या उसके किसी भाग में ऐसे प्रयोजन के लिए जो वह विनिर्दिष्ट करे, शासकीय मान्यता दी जाए।

उच्चतम न्यायालय, उच्च न्यायालयों आदि की भाषा

उच्चतम न्यायालय और उच्च न्यायालयों में तथा अधिनियमों, विधेयकों आदि में प्रयोग की जाने वाली भाषा

348. (1) इस भाग के पूर्वगामी उपबन्धों में किसी बात के होते हुए भी जब तक संसद विधि द्वारा अन्यथा उपबन्ध न करे तब तक निम्नांकित संबंधित सभी प्राधिकृत पाठ अंग्रेजी में होंगे।

क. उच्चतम न्यायालय और प्रत्येक उच्च न्यायालय में सभी कार्यवाहियाँ ;

ख. (i) संसद के प्रत्येक सदन या किसी राज्य के विधान-मण्डल के सदन या प्रत्येक सदन में पुरःस्थापित किए जाने वाले सभी विधेयकों या प्रस्तावित किए जाने वाले उनके संशोधनों के,

(ii) संसद या किसी राज्य के विधान-मण्डल द्वारा पारित सभी अधिनियमों के और राष्ट्रपति या किसी राज्य के राज्यपाल द्वारा प्रख्यापित सभी अध्यादेशों के और

(iii) इस संविधान के अधीन अथवा संसद या किसी राज्य के विधान मण्डल द्वारा बनाई गयी किसी विधि के अधीन जारी किए गये सभी आदेशों, नियमों, विनियमों और उपविधियों के,

(2) खण्ड (1) के उपखण्ड (क) में किसी बात के होते हुए भी, किसी बात का राज्यपाल, राष्ट्रपति की पूर्व सहमति से उस उच्च न्यायालय की कार्यवाहियों में जिसका मुख्य स्थान उस राज्य में है, हिन्दी भाषा का या उस राज्य के शासकीय प्रयोजनों के लिए प्रयोग होने वाली किसी अन्य भाषा का प्रयोग प्राधिकृत कर सकेगा। परन्तु इस खण्ड की कोई बात उच्च न्यायालय द्वारा दिए गये निर्णय, डिक्री या आदेश पर लागू नहीं होगी।

(3) खण्ड (1) के उपखण्ड (ख) में किसी बात के होते हुए भी, जहाँ किसी राज्य के विधान-मण्डल ने, उस विधान-मण्डल में पुरःस्थापित विधेयकों या उसके द्वारा पारित अधिनियमों में अथवा उस राज्य के राज्यपाल द्वारा प्रख्यापित अध्यादेशों में अथवा उस उपखण्ड के पैरा (iii) में विनिर्दिष्ट किसी आदेश, नियम, विनियम या उपविधि में प्रयोग के लिए अंग्रेजी भाषा से भिन्न कोई भाषा विहित की है, वहाँ उस राज्य के राजपत्र में उस राज्य के राज्यपाल के प्राधिकार से प्रकाशित अंग्रेजी भाषा में उसका अनुवाद इस अनुच्छेद के अधीन उसका अंग्रेजी भाषा में प्राधिकृत पाठ समझा जाएगा।

भाषा संबंधी कुछ विधियों को अधिनियमित करने के लिए विशेष प्रक्रिया

349. इस संविधान के प्रारम्भ से पन्द्रह वर्ष की अवधि के दौरान, अनुच्छेद 348 के खण्ड (1) में उल्लिखित किसी प्रयोजन के लिए प्रयोग की जाने वाली भाषा के लिए उपबन्ध करने वाला कोई विधेयक या संशोधन संसद के किसी सदन में राष्ट्रपति की पूर्व मंजूरी के बिना पुर:स्थापित या प्रस्तावित नहीं किया जाएगा और राष्ट्रपति किसी ऐसे विधेयक को पुर:स्थापित या किसी ऐसे संशोधन को प्रस्तावित किए जाने की मंजूरी अनुच्छेद 344 के खण्ड (1) के अधीन गठित आयोग की सिफारिशों पर और अनुच्छेद के खण्ड (4) के अधीन गठित समिति की रिपोर्ट पर विचार करंने के पश्चात ही देगा, अन्यथा नहीं।

विशेष निदेश

हिन्दी भाषा के विकास के लिए निदेश

351. संघ का यह कर्तव्य होगा कि वह हिन्दी भाषा का प्रसार बढ़ाए, उसका विकास करे ताकि वह भारत की सामासिक संस्कृति के सभी तत्वों की अभिव्यक्ति का माध्यम बन सके और उसकी प्रकृति में हस्तक्षेप किए बिना हिन्दुस्तानी के और आठवीं अनुसूची में विनिर्दिष्ट भारत की अन्य भाषाओं के प्रयुक्त रूप, शैली और पदों को आत्मसात करते हुए और जहाँ आवश्यक या वांछनीय हो, वहाँ उसके शब्द-भण्डार के लिए मुख्यत: संस्कृत से और गौणत: अन्य भाषाओं से शब्द ग्रहण करते हुए उसकी समृद्धि सुनिश्चित करे।

***

अष्टम अनुसूची
(अनुच्छेद 344 (1) और 351)

1. असमिया 2. उड़िया 3. उर्दू 4. कन्नड़ 5. कश्मीरी
6. गुजराती 7. तमिल 8. तेलुगु 9. पंजाबी 10. बंगला
11. मराठी 12. मलयालम 13. संस्कृत 14. सिन्धी 15. हिन्दी
16. कोंकणी 17. मणिपुरी 18. नेपाली

(कोंकणी, मणिपुरी और नेपाली भाषा को वर्ष 1992 में संविधान के 71वें संशोधन के माध्यम से अष्टम सूची में शामिल कर किया गया है)

परिशिष्ट – IV
राजभाषा अधिनियम–1963
(1963 का अधिनियम संख्यांक 19)

उन भाषाओं का, जो संघ के राजकीय प्रयोजनों, संसद में कार्य के संव्यवहार, केन्द्रीय और राज्य अधिनियमों और उच्च न्यायालयों में कतिपय प्रयोजनों के लिए प्रयोग में लाई जा सकेंगी, उपबन्ध करने के लिए अधिनियम

भारत गणराज्य के चौदहवें वर्ष में संसद द्वारा निम्नलिखित रूप में यह अधिनियमित हो :

1. सक्षिप्त नाम और प्रारम्भ

1. यह अधिनियम राजभाषा अधिनियम, 1963 कहा जा सकेगा।

2. धारा 3, जनवरी, 1965 के 26वें दिन को प्रवृत्त होगी और इस अधिनियम के शेष उपबन्ध उस तारीख को प्रवृत्त होंगे जिसे केन्द्रीय सरकार, शासकीय राजपत्र में अधिसूचना द्वारा नियत करे और इस अधिनियम के विभिन्न् उपबन्धों के लिए विभिन्न तारीखें नियत की जा सकेंगी।

2. परिभाषाएँ – इस अधिनियम में जब तक कि संदर्भ से अन्यथा अपेक्षित न हो –

क. 'नियत दिन' से धारा 3 के सम्बन्ध में, जनवरी,1965 का 26वां दिन अभिप्रेत है और इस अधिनियम के किसी अन्य उपबन्ध के सम्बन्ध में वह दिन अभिप्रेत है जिस दिन को वह उपबन्ध प्रवृत्त होता है :

ख. 'हिन्दी' से वह हिन्दी अभिप्रेत है, जिसकी लिपि देवनागरी है।

3. **संघ के राजकीय प्रयोजनों के लिए और ससंद में प्रयोग के लिए अंग्रेजी भाषा का रहना –**

(1) संविधान के प्रारम्भ से पन्द्रह वर्ष की कालावधि की समाप्ति हो जाने पर भी हिन्दी के अतिरिक्त अंग्रेजी भाषा नियत दिन से ही निम्नलिखित प्रयोजनों के लिए प्रयोग में लाई जा सकेगी :

क. संघ के उन सब राजकीय प्रयोजनों के लिए जिनके लिए वह उस दिन से ठीक पहले प्रयोग में लाई जाती थी; तथा

ख. संसद में कार्य के संव्यवहार के लिए;

परन्तु संघ और किसी ऐसे राज्य के बीच, जिसने हिन्दी को अपनी राजभाषा के रूप में नहीं अपनाया है, पत्रादि के प्रयोजनों के लिए अंग्रेजी भाषा प्रयोग में लाई जाएगी; परन्तु यह और कि जहाँ किसी ऐसे राज्य के, जिसने हिन्दी को अपनी राजभाषा के रूप में अपनाया है और किसी अन्य राज्य के जिसने हिन्दी को अपनी राजभाषा के रूप में नहीं अपनाया है, बीच पत्रादि के प्रयोजनों के लिए हिन्दी को प्रयोग में लाया जाता है, वहाँ हिन्दी में ऐसे पत्रादि के साथ-साथ उसका अनुवाद अंग्रेजी भाषा में भेजा जाएगा:

परन्तु यह और कि जब इस उपधारा की किसी भी बात का यह अर्थ नहीं लगाया जाएगा कि वह किसी ऐसे राज्य को, जिसने हिन्दी को अपनी राजभाषा के रूप में नहीं अपनाया है, संघ के साथ या किसी ऐसे राज्य के साथ जिसने हिन्दी को अपनी राजभाषा के रूप में अपनाया है, या किसी अन्य राज्य के साथ, उसकी सहमति से, पत्रादि के प्रयोजनों के लिए हिन्दी को प्रयोग में लाने के लिए निर्धारित करती है, और ऐसे किसी मामले में उस राज्य के साथ पत्रादि के प्रयोजनों के लिए अंग्रेजी का प्रयोग बाध्यकर न होगा।

(2) उपधारा (1) में अन्तर्विष्ट किसी बात के होते हुए भी, जहाँ पत्रादि के प्रयोजनों के लिए हिन्दी या अंग्रेजी भाषा -

(i) केन्द्रीय सरकार के एक मंत्रालय या विभाग या कार्यालय के और दूसरे मंत्रालय या विभाग या कार्यालय के बीच;

(ii) केन्द्रीय सरकार के एक मंत्रालय या विभाग या कार्यालय के और केन्द्रीय सरकार के स्वामित्व में के या नियंत्रण में के किसी निगम या कम्पनी या उसके किसी कार्यालय के बीच;

(iii) केन्द्रीय सरकार के स्वामित्व में के या नियंत्रण में के किसी निगम या कम्पनी या उसके किसी कार्यालय के और किसी अन्य ऐसे निगम या कम्पनी या कार्यालय के बीच;

प्रयोग में लाई जाती है, वहाँ उस तारीख तक, जब तक पूर्वोक्त संबंधित मंत्रालय, विभाग, कार्यालय या विभाग या कंम्पनी के कर्मचारी हिन्दी का कार्यसाधक ज्ञान प्राप्त नहीं कर लेते ऐसे पत्रादि का अनुवाद यथास्थिति अंग्रेजी भाषा या हिन्दी में भी दिया जाएगा।

(3) उपधारा (1) में अन्तर्विष्ट किसी बात के होते हुए भी निम्नांकित उद्देश्यों की पूर्ति के लिए हिन्दी और अंग्रेजी भाषा दोनो ही प्रयोग में लाई जाएगी :-

(i) संकल्पों,साधारण आदेशों,नियमों, अधिसूचनाओं, प्रशासनिक या अन्य प्रतिवेदनों या प्रेस विज्ञाप्तियों के लिए जो केन्द्रीय सरकार द्वारा या उसके किसी मंत्रालय, विभाग या कार्यालय द्वारा केन्द्रीय सरकार के स्वामित्व या नियंत्रण के अधीन किसी निगम या कंपनी द्वारा या ऐसे निमग या कंपनी के किसी कार्यालय द्वारा निकाले जाते हैं या किए जाते हैं

(ii) संसद के किसी सदन या सदनों के समक्ष रखे गये प्रशासनिक तथा अन्य प्रतिवेदनों और राजकीय कागज-पत्रों के लिए ;

(iii) केन्द्रीय सरकार या उसके किसी मंत्रालय, विभाग या कार्यालय द्वारा या उसकी ओर से या केन्द्रीय सरकार के स्वामित्व या नियंत्रण के किसी निगम या कंपनी द्वारा या ऐसे निगम या कंपनी के किसी कार्यालय द्वारा निष्पादित संविदाओं और करारों के लिए तथा निकाली गई अनुज्ञप्तियों, अनुज्ञापत्रों, सूचनाओं और निविदा-प्रारूपों के लिए;

(4) उपधारा (1) या उपधारा (2) या उपधारा (3) के उपबन्धों पर प्रतिकूल प्रभाव डाले बिना केन्द्रीय सरकार धारा 8 के अधीन बनाए गये नियमों द्वारा उस भाषा या उन भाषाओं का उपबन्ध कर सकेगी जिसे या जिन्हें संघ के राजकीय प्रयोजन के लिए, जिसके अन्तर्गत किसी मंत्रालय, विभाग, अनुभाग या कार्यालय का कार्यकरण है, प्रयोग में लाया जाना है और ऐसे नियम बनाने में राजयकीय कार्य के शीघ्रता और दक्षता के साथ निपटारे का तथा जन साधारण के हितों का सम्यक ध्यान रखा जाएगा और इस प्रकार बनाए गये नियम विशिष्टतया यह सुनिश्चित करेंगे कि जो व्यक्ति संघ के कार्यकलाप के संबंध में सेवा कर रहे हैं और जो या तो हिन्दी में या अंग्रेजी भाषा में प्रवीण हैं वे प्रभावी रूप से अपना काम कर सकें और यह भी कि केवल इस आधार पर कि वे दोनों ही भाषाओं में प्रवीण नहीं हैं उनका कोई अहित नहीं होता है।

(5) उपधारा (1) के खण्ड (क) के उपबन्ध और उपधारा (2), उपधारा (3) और उपधारा (4) के उपबन्ध तब तक प्रवृत्त बने रहेंगे जब तक उनमें वर्णित प्रयोजनों के लिए अंग्रेजी भाषा का प्रयोग समाप्त कर देने के लिए ऐसे सभी राज्यों के विधान मण्डलों द्वारा, जिन्होंने हिन्दी को अपनी राजभाषा के रूप में नहीं अपनाया है, संकल्प पारित नहीं कर दिए जाते और तब तक पूर्वोक्त संकल्पों पर विचार कर लेने के पश्चात ऐसी समाप्ति के लिए संसद के हर एक सदन द्वारा पारित नहीं कर दिया जाता।

4. **राजभाषा के सम्बन्ध में समिति –** (1) जिस तारीख को धारा 3 प्रवृत्त होती है, उससे दस वर्ष की समाप्ति के पश्चात राजभाषा के सम्बन्ध में एक समिति, इस विषय का संकल्प संसद के किसी भी सदन में राष्ट्रपति की पूर्व मंजूरी से प्रस्तावित और दोनों सदनों द्वारा पारित किए जाने पर, गठित की जाएगी।

(2) इस समिति में तीस सदस्य होंगे जिनमें से बीस लोकसभा के सदस्य होंगे तथा दस राज्यसभा के सदस्य होंगे, जो क्रमश: लोकसभा के सदस्यों तथा राज्यसभा के सदस्यों द्वारा आनुपातिक प्रतिनिधित्व पद्धति के अनुसार एकल संक्रमणीय मत द्वारा निर्वाचित होंगे।

(3) इस समिति का कर्तव्य होगा कि वह संघ के राजकीय प्रयोजनों के लिए हिन्दी के प्रयोग में की गई प्रगति का पुनर्विलोकन करे और उस पर सिफारिशें करते हुए राष्ट्रपति को प्रतिवेदन प्रस्तुत करे और राष्ट्रपति उस प्रतिवेदन को संसद के हर एक सदन के समक्ष रखवाएगा और सभी राज्य सरकारों को भिजवाएगा।

(4) राष्ट्रपति उपधारा (3) में विनिर्दिष्ट प्रतिवेदन पर और उस पर राज्य सरकारों ने यदि कोई मत अभिव्यक्त किए हों तो उन पर विचार करने के पश्चात उस समस्त प्रतिवेदन के या उसके किसी भाग के अनुसार निदेश निकाल सकेगा। (परंतु इस प्रकार निकाले गये निदेश धारा 3 के उपबन्धों से असंगत नहीं होंगे।)

5. **केन्द्रीय अधिनियम आदि का प्राधिकृत हिन्दी अनुवाद –** (1) नियत दिन को और उसके पश्चात शासकीय राजपत्र में राष्ट्रपति के प्राधिकार से प्रकाशित -

(क) किसी केन्द्रीय अधिनियम का या राष्ट्रपति द्वारा प्रख्यापित किसी अध्यादेश का अथवा

(ख) संविधान के अधीन या किसी केन्द्रीय अधिनियम के अधीन निकाले गये किसी आदेश, नियम विनियम या उपविधि का, हिन्दी में अनुवाद उसका हिन्दी में प्राधिकृत पाठ समझा जाएगा।

(2) नियत दिन से ही उन सब विधेयकों के, जो संसद के किसी भी सदन में पुर:स्थापित किए जाने हों और उन सब संशोधनों के जो उनके सम्बन्ध में संसद के किसी भी सदन में प्रस्तावित किए जाने हों, अंग्रेजी भाषा के प्राधिकृत पाठ के साथ-साथ उनका हिन्दी में अनुवाद भी होगा जो ऐसे रीति से प्राधिकृत किया जाएगा, जो इस अधिनियम के अधीन बनाए गये नियमों द्वारा विहित की जाए।

6. **कतिपय दशाओं में राज्य अधिनियमों का प्राधिकृत हिन्दी अनुवाद** - जहाँ किसी राज्य के विधान-मण्डल ने उस राज्य के विधान-मण्डल द्वारा पारित अधिनियमों में अथवा उस राज्य के राज्यपाल द्वारा प्रख्यापित अध्यादेशों में प्रयोग के लिए हिन्दी से भिन्न कोई भाषा विहित की है, वहाँ, संविधान के अनुच्छेद 348 के खण्ड (3) द्वारा अपेक्षित अंग्रेजी भाषा के उसके अनुवाद में अतिरिक्त, उसका हिन्दी में अनुवाद उस राज्य के शासकीय राजपत्र में उस राज्य के राज्यपाल के प्राधिकार से नियत दिन को या उसके पश्चात प्रकाशित किया जा सकेगा और ऐसी दशा में किसी अधिनियम व अध्यादेश का हिन्दी में अनुवाद हिन्दी भाषा में उसका प्राधिकृत पाठ समझा जाएगा।

7. **उच्च न्यायालयों के निर्णय आदि में हिन्दी या अन्य राजभाषा का वैकल्पिक प्रयोग** - नियत दिन से ही या तत्पश्चात किसी भी दिन से किसी राज्य का राज्यपाल, राष्ट्रपति की पूर्व सम्मति से अंग्रेजी भाषा के अतिरिक्त हिन्दी या उस राज्य की राजभाषा का प्रयोग, उस राज्य के उच्च न्यायालय द्वारा पारित या दिए गये किसी निर्णय, डिक्री या आदेश के प्रयोजनों के लिए प्राधिकृत कर सकेगा और जहाँ कोई निर्णय, डिक्री या आदेश (अंग्रेजी भाषा से भिन्न) ऐसी किसी भाषा में पारित किया या दिया जाता है, वहाँ उसके साथ-साथ उच्च न्यायालय के प्राधिकार से निकाला गया अंग्रेजी भाषा में उसका अनुवाद भी होगा।

8. **नियम बनाने की शक्ति** - (1) केन्द्रीय सरकार इस अधिनियम के प्रयोजनों को कार्यान्वित करने के लिए नियम शासकीय राजपत्र में अधिसूचना द्वारा बना सकेगी।

(2) इस धारा के अधीन बनाया गया हर नियम, बनाए जाने के पश्चात यथाशक्य शीघ्र, संसद के हर एक सदन के समक्ष, उस समय जब वह सत्र में हो, कुल मिलाकर तीस दिन की कालावधि के लिए, जो एक सत्र में या दो समवर्ती सत्रों में समाविष्ट हो सकेगी, रखा जाएगा और यदि उस सत्र के, जिसमें वह ऐसे रखा गया हो, या ठीक पश्चात्वर्ती सत्र के अवसान के पूर्व दोनों सदन उस नियम में कोई उपान्तर करने के लिए सहमत हो जाए या दोनों सदन सहमत हो जांए कि वह नियम नहीं बनाया जाना चाहिए तो तत्पश्चात यथास्थिति, वह नियम ऐसे उपान्तरित रूप में ही प्रभावशाली होगा या उसका कोई भी प्रभाव न होगा, किन्तु इस प्रकार कि ऐसा कोई उपान्तर या बातिलकरण उस नियम के अधीन पहले की गई किसी बात की विधिमान्यता पर प्रतिकूल प्रभाव डाले बिना होगा।

9. **कतिपय उपबन्धों का जम्मू-कश्मीर को लागू न होना** - धारा 6 और धारा 7 के उपबन्ध जम्मू - कश्मीर राज्य को लागू न होंगे।

परिशिष्ट – V

राजभाषा संकल्प, 1968

नई दिल्ली, दिनांक 18 जनवरी, 1968,
संसद के दोनों सदनों द्वारा पारित निम्नलिखित
सरकारी संकल्प आम जानकारी के लिए प्रकाशित किया जाता है –

संकल्प

जब कि संविधान के अनुच्छेद 343 के अनुसार संघ की राजभाषा हिन्दी रहेगी और उसके अनुच्छेद 351 के अनुसार हिन्दी भाषा का प्रसार, वृद्धि करना और उसका विकास करना ताकि वह भारत की सामासिक संस्कृति के सब तत्वों की अभिव्यक्ति का माध्यम हो सके, संघ का कर्तव्य है:

यह सभा संकल्प करती है कि हिन्दी के प्रसार एवं विकास की गति बढ़ाने के लिए तथा संघ के विभिन्न् राजकीय प्रयोजनों के लिए उत्तरोत्तर इसके प्रयोग हेतु भारत सरकार द्वारा एक अधिक गहन एवं व्यापक कार्यक्रम तैयार किया जाएगा और उसे कार्यान्वित किया जाएगा और किए जाने वाले उपायों एवं की जाने वाली प्रगति की विस्तृत वार्षिक मूल्यांकन रिपोर्ट संसद की दोनों सभाओं के पटल पर रखी जाएगी और सब राज्य सरकारों को भेजी जाएगी।

2. जब कि संविधान की आठवीं अनुसूची में हिन्दी के अतिरिक्त भारत की 14 मुख्य भाषाओं का उल्लेख किया गया है, और देश की शैक्षिणिक एवं सांस्कृतिक उन्नति के लिए यह आवश्यक है कि इन भाषाओं के पूर्ण विकास हेतु सामूहिक उपाय किए जाने चाहिए।

यह सभा संकल्प करती है कि हिन्दी के साथ-साथ इन सब भाषाओं के समन्वित विकास हेतु भारत सरकार द्वारा राज्य सरकारों के सहयोग से एक कार्यक्रम तैयार किया जाएगा और उसे कार्यान्वित किया जाएगा ताकि वे शीघ्र समृद्ध हों और आधुनिक ज्ञान के संचार का प्रभावी माध्यम बनें।

3. जब कि एकता की भावना के संवर्धन तथा देश के विभिन्न भागों में जनता में संचार की सुविधा हेतु यह आवश्यक है कि भारत सरकार द्वारा राज्य सरकारों के परामर्श से तैयार किए गये त्रि-भाषा सूत्र को सभी राज्यों में पूर्णतः कार्यान्वित करने के

3. जब कि एकता की भावना के संवर्धन तथा देश के विभिन्न भागों में जनता में संचार की सुविधा हेतु यह आवश्यक है कि भारत सरकार द्वारा राज्य सरकारों के परामर्श से तैयार किए गये त्रि-भाषा सूत्र को सभी राज्यों में पूर्णतः कार्यान्वित करने के लिए प्रभावी किया जाना चाहिए ;

यह सभा संकल्प करती है कि हिन्दी-भाषी क्षेत्रों में हिन्दी तथा अंग्रेजी के अतिरिक्त एक आधुनिक भारतीय भाषा के दक्षिण भारत की भाषाओं में से किसी एक को तरजीह देते हुए, और अहिन्दीभाषी क्षेत्रों में प्रादेशिक भाषाओं एवं अंग्रेजी के साथ-साथ हिन्दी के अध्ययन के लिए उस सूत्र के अनुसार प्रबन्ध किया जाना चाहिए।

4. और जबकि यह सुनिश्चित करना आवश्यक है कि संघ की लोक सेवाओं के विषय में देश के विभिन्न भागों के लोगों के न्यायोचित दावों और हितों का पूर्ण परित्राण किया जाए; यह सभा संकल्प करती है -

क. कि उन विशेष सेवाओं अथवा पदों को छोड़कर जिनके लिए ऐसी किसी सेवा अथवा पद के कर्तव्यों के संतोषजनक निष्पादन हेतु केवल अंग्रेजी अथवा केवल हिन्दी अथवा दोनों जैसी कि स्थिति हो, का उच्च स्तर का ज्ञान आवश्यक समझा जाए, संघ सेवाओं अथवा पदों के लिए भर्ती करने हेतु उम्मीदवारों के चयन के समय हिन्दी अथवा अंग्रेजी में से किसी एक का ज्ञान अनिवार्यतः अपेक्षित होगा; और

ख. कि परीक्षाओं की भावी योजना, प्रक्रिया संबंधी पहलुओं एवं समय के विषय में संघ लोक सेवा आयोग के विचार जानने के पश्चात अखिल भारतीय एवं उच्चतर केन्द्रीय सेवाओं संबंधी परीक्षाओं के लिए संविधान की आठवीं अनुसूची में सम्मिलित सभी भाषाओं तथा अंग्रेजी को वैकल्पिक माध्यम के रूप में रखने की अनुमति होगी।"

***

परिशिष्ट – VI

राष्ट्रपति का आदेश, 1960
(गृह मंत्रालय की दि.27 अप्रैल, 1960 की अधिसूचना संख्या 2/8/60–रा.भा.की प्रतिलिपि)
अधिसूचना

लोकसभा के 20 सदस्यों और राज्य सभा के 10 सदस्यों की एक समिति प्रथम-राजभाषा आयोग की सिफारिशों पर विचार करने के लिए और उनके विषय में अपनी राय राष्ट्रपति के समक्ष पेश करने के लिए संविधान के अनुच्छेद 244 के खण्ड (4) के उपबन्धों के अनुसार नियुक्त की गयी थी। समिति ने अपनी रिपोर्ट राष्ट्रपति के समक्ष 8 फरवरी, 1959 को पेश कर दी । नीचे रिपोर्ट की कुछ मुख्य बातें दी जा रही हैं जिनसे समिति के सामान्य दृष्टिकोण का परिचय मिल सकता है:-

क. राजभाषा के बारे में संविधान में बड़ी समन्वित योजना दी हुई है। इसमें योजना के दायरे से बाहर जाए बिना स्थिति के अनुसार परिवर्तन करने की गुंजाइश है।

ख. विभिन्न प्रादेशिक भाषाएँ राज्यों में शिक्षा और सरकारी काम-काज के माध्यम के रूप में तेजी से अंग्रेजी का स्थान ले रहीं हैं। यह स्वाभाविक ही है कि प्रादेशिक भाषाएँ अपना उचित स्थान प्राप्त करें। अत: व्यावहारिक दृष्टि से यह बात आवश्यक हो गई है कि संघ के प्रयोजनों के लिए कोई एक भारतीय भाषा काम में लाई जाए। किन्तु यह आवश्यक नहीं है कि यह परिवर्तन किसी नियत तारीख को ही हो। यह परिवर्तन धीरे-धीरे इस प्रकार किया जाना चाहिए कि कोई गड़बड़ी न हो और कम से कम असुविधा हो।

ग. 1965 तक अंग्रेजी मुख्य राजभाषा और हिन्दी सहायक राजभाषा रहनी चाहिए। 1965 में हिन्दी संघ की मुख्य राजभाषा हो जाएगी किन्तु उसके उपरान्त अंग्रेजी सहायक राजभाषा के रूप मे ही चलती रहनी चाहिए।

घ. संघ के प्रयोजनों में से किसी के लिए अंग्रेजी के प्रयोग पर कोई रोक इस समय नहीं लगाई जानी चाहिए और अनुच्छेद 343 के खण्ड (3) के अनुसार इस बात की व्यवस्था की जानी चाहिए कि 1965 के उपरान्त भी अंग्रेजी का प्रयोग इन प्रयोजनों के लिए, जिन्हें संसद विधि द्वारा उल्लिखित करे, तब तक होता रहे जब तक वैसा करना आवश्यक रहे।

ङ. अनुच्छेद 351 का यह उपबन्ध कि हिन्दी का विकास ऐसे किया जाए कि वह भारत की सामासिक संस्कृति के सभी तत्वों की अभिव्यक्ति का माध्यम बन सके, अत्यंत महत्वपूर्ण है और इस बात के लिए पूरा प्रोत्साहन दिया जाना चाहिए कि सरल और सुबोध शब्द काम में लाए जाएं।

रिपोर्ट की प्रतियाँ संसद के दोनों सदनों के पटल पर 1959 के अप्रैल मास में रख दी गयी थी और रिपोर्ट पर विचार-विमर्श लोक सभा में 2 सितम्बर से 4 सितम्बर, 1959 तक और राज्य सभा में 8 और 9 सितम्बर, 1959 को हुआ था। लोक सभा में इस पर विचार-विमर्श के समय प्रधानमंत्री ने 4 सितम्बर, 1959 को एक भाषण दिया था। राजभाषा के प्रश्न पर सरकार का जो दृष्टिकोण है, उसे उन्होंने अपने इस भाषण में मोटे तौर पर व्यक्त कर दिया था।

2. अनुच्छेद 344 के खण्ड (6) द्वारा दी गयी शक्तियों का प्रयोग करते हुए राष्ट्रपति ने समिति की रिपोर्ट पर विचार किया है और राजभाषा आयोग की सिफारिशों पर समिति द्वारा अभिव्यक्त राय को ध्यान में रखकर, इसके बाद निम्नांकित निदेश जारी किए हैं:

3. शब्दावली - आयोग की जिन मुख्य सिफारिशों को समिति ने मान लिया वे ये हैं -

i. शब्दावली तैयार करने में मुख्य लक्ष्य उसकी स्पष्टता, यर्थाथता और सरलता होनी चाहिए,

ii. अन्तर्राष्ट्रीय शब्दावली अपनाई जाए, या जहाँ भी आवश्यक हो, शब्दों का अनुकूलन कर लिया जाए

iii. सब भारतीय भाषाओं के लिए शब्दावली का विकास करते समय लक्ष्य यह होना चाहिए कि उसमें जहाँ तक हो सके अधिकतम एकरूपता हो और

iv. हिन्दी और अन्य भारतीय भाषाओं की शब्दावली के विकास के लिए जो प्रयत्न केन्द्र और राज्यों में हो रहे हैं उनमें समन्वय स्थापित करने के लिए समुचित प्रबन्ध किए जाने चाहिए। इसके अतिरिक्त समिति का यह मत है कि विज्ञान और प्रौद्योगिकी के क्षेत्र में सब भारतीय भाषाओं में जहाँ तक संभव हो सके एकरूपता होनी चाहिए और शब्दावली लगभग अंग्रेजी या अन्तर्राष्ट्रीय शब्दावली जैसी होनी चाहिए। इस दृष्टि से समिति ने यह सुझाव दिया है कि वे इस क्षेत्र में विभिन्न संस्थाओं द्वारा किए गये काम में समन्वय स्थापित

करने और उसकी देखरेख के लिए और सब भारतीय भाषाओं को प्रयोग में लाने की दृष्टि से एक प्रामाणिक शब्दकोश निकालने के लिए ऐसा स्थाई आयोग कायम किया जाए जिसके सदस्य मुख्यत: वैज्ञानिक और प्रौद्योगिकीविद् हों।

शिक्षा मंत्रालय निम्नलिखित विषय में कार्रवाई करे –

क. अब तक किए गये काम पर पुनर्विचार और समिति द्वारा स्वीकृत सामान्य सिद्धांतों के अनुकूल शब्दावली का विकास / विज्ञान और प्रौद्योगिकी के क्षेत्र में वे शब्द जिनका प्रयोग अन्तर्राष्ट्रीय क्षेत्र में होता है, कम से कम परिवर्तन के साथ अपना लिए जांए, अर्थात मूल शब्द वे होने चाहिए जो कि आजकल अन्तर्राष्ट्रीय शब्दावली में काम आते हैं। उनमें व्युत्पन्न शब्दों का जहाँ भी आवश्यक हो, भारतीयकरण किया जा सकता है।

ख. शब्दावली तैयार करने के काम में समन्वय स्थापित करने के लिए प्रबन्ध करने के विषय में सुझाव देना और

ग. विज्ञान और तकनीकी शब्दावली के विकास के लिए समिति के सुझाव के अनुसार स्थाई आयोग का निर्माण

4. प्रशासनिक संहिताओं और अन्य कार्य-विधि साहित्य का अनुवाद - इस आवश्यकता को दृष्टि में रखकर कि संहिताओं और अन्य कार्यविधि साहित्य के अनुवाद में प्रयुक्त भाषा में किसी हद तक एकरूपता होनी चाहिए, समिति ने आयोग की यह सिफारिश मान ली है कि सारा काम एक अभिकरण को सौंप दिया जाए।

शिक्षा मंत्रालय सांविधिक नियमों, विनियमों और आदेशों के अलावा बाकी सब संहिताओं और अन्य कार्यविधि-साहित्य का अनुवाद करे। सांविधिक नियमों, विनियमों और आदेशों का अनुवाद संविधियों के अनुवाद के साथ घनिष्ट रूप से सम्बद्ध है, इसलिए यह काम विधि मंत्रालय करे। इस बात का पूरा प्रयत्न होना चाहिए कि सभी भारतीय भाषाओं में इन अनुवादों की शब्दालवली में जहाँ तक हो सके एकरूपता रखी जाए।

5. प्रशासनिक कर्मचारी वर्ग को हिन्दी का प्रशिक्षण - (क) समिति द्वारा अभिव्यक्त मत के अनुसार 45 वर्ष से कम आयु वाले सभी केन्द्रीय कर्मचारियों के लिए सेवा कालीन हिन्दी प्रशिक्षण प्राप्त करना अनिवार्य कर दिया जाना चाहिए। तृतीय श्रेणी के नीचे के कर्मचारियों और औद्योगिक संस्थाओं तथा कार्य-प्रभारित कर्मचारियों के सम्बद्ध में यह बात लागू न होगी। इस योजना के अन्तर्गत नियत तारीख तक विहित

के नीचे के कर्मचारियों और औद्योगिक संस्थाओं तथा कार्य-प्रभारित कर्मचारियों के सम्बद्ध में यह बात लागू न होगी। इस योजना के अन्तर्गत नियत तारीख तक विहित योग्यता प्राप्त न कर सकने के लिए कर्मचारी को कोई दण्ड नहीं दिया जाना चाहिए। हिन्दी भाषा की पढ़ाई के लिए सुविधाएँ प्रशिक्षार्थियों को मुफ्त मिलती रहनी चाहिए।

ख. गृह मंत्रालय उन टाइपकारों और आशुलिपिकों को हिन्दी टाइपराइटिंग और आशुलिपि में प्रशिक्षण देने का आवश्यक प्रबंध करे जो केन्द्रीय सरकार की नौकरी में हैं।

ग. शिक्षा मंत्रालय हिन्दी टाइपराइटरों के मानक की बोर्ड (कुंजी पटल) के विकास के लिए शीघ्र कदम उठाए।

6. हिन्दी प्रचार- (क) आयोग की इस सिफारिश से कि यह काम करने की जिम्मेदारी अब सरकार उठाए, समिति सहमत हो गई है। जिन क्षेत्रों में प्रभावी रूप से काम करने वाली गैर-सरकारी संस्थाएँ पहले से ही विद्यमान हैं, उनमें उन संस्थाओं को वित्तीय और अन्य प्रकार की सहायता दी जाए और जहाँ ऐसी संस्थाएँ नहीं हैं वहाँ सरकार आवश्यक संगठन कायम करे।

शिक्षा मंत्रालय इस बात की समीक्षा करे कि हिन्दी प्रचार के लिए जो वर्तमान व्यवस्था है, वह कैसी चल रही है। साथ ही वह समिति द्वारा सुझाई गयी दिशाओं में आगे कार्रवाई करे।

(ख) शिक्षा मंत्रालय और वैज्ञानिक अनुसंधान और सांस्कृतिक कार्य मंत्रालय परस्पर मिलकर भारतीय भाषा, विज्ञान, भाषा-शास्त्र और साहित्य संबंधी अध्ययन और अनुसंधान को प्रोत्साहन देने के लिए समिति द्वारा सुझाए गये तरीके से आवश्यक कार्रवाई करे और विभिन्न् भारतीय भाषाओं को परस्पर निकट लाने के लिए अनुच्छेद 351 में दिए गये निदेश के अनुसार हिन्दी का विकास करने के लिए आवश्यक योजना तैयार करे।

7. केन्द्रीय सरकारी विभाग के स्थानीय कार्यालयों के लिए भर्ती - (क) समिति की राय है कि केन्द्रीय सरकारी विभागों के स्थानीय कार्यालय अपने आंतरिक कामकाज के लिए हिन्दी का प्रयोग करें और जनता के साथ पत्र-व्यवहार में उन प्रदेशों की प्रादेशिक भाषाओं का प्रयोग करें।

अपने स्थानीय कार्यालयों में अंग्रेजी के अतिरिक्त् हिन्दी का उत्तरोत्तर अधिक प्रयोग करने के वास्ते योजना तैयार करने में केन्द्रीय सरकारी विभाग इस आवश्यकता को ध्यान में रखें कि यथासंभव अधिक से अधिक मात्रा में प्रादेशिक भाषाओं में फार्म

और विभागीय साहित्य उपलब्ध करा कर वहां की जनता को पूरी सुविधाएँ प्रदान की जानी चाहिए।

(ख.) समिति की राय है कि केन्द्रीय सरकार के प्रशासनिक अभिकरणों और विभागों में कर्मचारियों की वर्तमान व्यवस्था पर पुनर्विचार किया जाए और कर्मचारियों का प्रादेशिक आधार पर विकेन्द्रीकरण कर दिया जाए। इसके लिए भर्ती के तरीकों और अर्हताओं में उपयुक्त संशोधन करना होगा।

स्थानीय कार्यालयों में जिन कोटियों के पदों पर कार्य करने वालों की बदली मामूली तौर पर प्रदेश के बाहर नहीं होती उन कोटियों के सम्बन्ध में यह सुझाव कोई अधिवास संबंधी प्रतिबन्ध लगाए बिना, सिद्धान्ततः मान लिया जाना चाहिए।

ग. समिति आयोग की इस सिफारिश से सहमत है कि केन्द्रीय सरकार के लिए यह विहित कर देना न्यायसम्मत होगा कि उसकी नौकरियों में लगने के लिए अर्हता यह भी होगी कि उम्मीदवार को हिन्दी भाषा का सम्यक ज्ञान हो। पर ऐसा तभी किया जाना चाहिए जब कि इसके लिए काफी पहले से ही सूचना दे दी गयी हो और भाषा-योग्यता का विहित स्तर मामूली हो और इस बारे में जो भी कमी हो उसे सेवाकालीन प्रशिक्षण द्वारा पूरा किया जा सकता है।

यह सिफारिश अभी हिन्दी-भाषी क्षेत्रों के केन्द्रीय सरकारी विभागों में ही कार्यान्वित की जाए, हिन्दीतर भाषा-भाषी क्षेत्रों के स्थानीय कार्यालय में नहीं।

(क),(ख) और (ग) में दिए गये निदेश भारतीय लेखा-परीक्षा और लेखा विभाग के अधीन कार्यालयों के सम्बन्ध में लागू न होंगे।

8. प्रशिक्षण संस्थान - (क) समिति ने यह सुझाव दिया है कि नेशनल डिफेंस एकेडमी और प्रशिक्षण संस्थानों में शिक्षा माध्यम अंग्रेजी ही बना रहे, किन्तु शिक्षा संबंधी कुछ या सभी प्रयोजनों के लिए माध्यम के रूप में हिन्दी का प्रयोग शुरू करने के लिए उचित कदम उठाए जाएं।

रक्षा मंत्रालय अनुदेश पुस्तिकाओं इत्यादि के हिन्दी प्रकाशन आदि के रूप में समुचित प्रारम्भिक कार्रवाई करें, ताकि जहाँ भी व्यवहार्य हो शिक्षा के माध्यम के रूप में हिन्दी का प्रयोग संभव हो जाए।

(ख) समिति ने सुझाव दिया कि प्रशिक्षण संस्थानों में प्रवेश के लिए अंग्रेजी और हिन्दी दोनो ही परीक्षा के माध्यम हों, किन्तु परीक्षार्थियों को यह विकल्प रहे कि वे सभी या कुछ परीक्षा पत्रों के लिए उनमें से किसी एक भाषा को चुन लें और एक विशेष

रक्षा मंत्रालय को चाहिए कि वह प्रवेश परीक्षाओं में वैकल्पिक माध्यम के रूप में हिन्दी का प्रयोग शुरू करने के लिए आवश्यक कार्रवाई करे और कोई नियत कोटा प्रणाली अपनाए बिना परीक्षा के माध्यम के रूप में प्रादेशिक भाषाओं का प्रयोग आरम्भ करने के प्रश्न पर विचार करने के लिए एक विशेषज्ञ समिति नियुक्त करे।

9. अखिल भारतीय सेवाओं और उच्चतर केन्द्रीय सेवाओं में भर्ती -(क) परीक्षा का माध्यम - समिति की राय है कि (i) परीक्षा का माध्यम अंग्रेजी बनी रहे और कुछ समय पश्चात हिन्दी वैकल्पिक माध्यम के रूप में अपना ली जाए। उसके बाद जब तक आवश्यक हो अंग्रेजी और हिन्दी दोनो ही परीक्षार्थी के विकल्पानुसार परीक्षा के माध्यम के रूप में अपनाने की छूट हो; और (ii) किसी प्रकार की नियत कोटा प्रणाली अपनाए बिना परीक्षा के माध्यम के रूप में विभिन्न प्रादेशिक भाषाओं का प्रयोग शुरू करने की व्यावहार्यता की जांच करने के लिए एक विशेषज्ञ समिति नियुक्त की जाए।

कुछ समय के पश्चात वैकल्पिक माध्यम के रूप में हिन्दी का प्रयोग शुरू करने के लिए संघ लोक सेवा आयोग के साथ परामर्श कर गृह मंत्रालय आवश्यक कार्रवाई करे। वैकल्पिक माध्यम के रूप में विभिन्न प्रादेशिक भाषाओं का प्रय्रोग करने से गम्भीर कठिनाइयाँ पैदा होने की संभावना है, इसलिए वैकल्पिक माध्यम के रूप में विभिन्न प्रादेशिक भाषाओं का प्रयोग करना शुरू करने की व्यवहार्यता की जांच करने के लिए विशेषज्ञ समिति नियुक्त करना आवश्यक नहीं है।

(ख) भाषा विषयक प्रश्न-पत्र - समिति की राय है कि सम्यक सूचना के बाद समान स्तर के दो अनिवार्य प्रश्न-पत्र होने चाहिए जिनमें से एक हिन्दी और दूसरा हिन्दी से भिन्न किसी भारतीय भाषा का होना चाहिए और परीक्षार्थी को यह स्वतंत्रता होनी चाहिए कि वह इनमें से किसी एक को चुन ले।

अभी केवल एक ऐच्छिक हिन्दी परीक्षा पत्र शुरू किया जाए। प्रतियोगिता के फल पर चुने गये जो परीक्षार्थी इस परीक्षा-पत्र में उत्तीर्ण हो गये हों, उन्हें भर्ती के बाद जो विभागीय हिन्दी परीक्षा देनी होती है, उसमें बैठने और उसमें उत्तीर्ण होने की शर्त से छूट दी जाए।

10. अधिनियमों, विधेयकों इत्यादि की भाषा - (क) समिति ने राय दी है कि संसदीय विधियाँ अंगेजी में बनती रहें, किन्तु उनका प्रामाणिक हिन्दी अनुवाद उपलब्ध कराया जाए।

(ख) समिति ने राय जाहिर की है, जहाँ कहीं राज्य विधान मण्डल में पेश किए गये विधेयकों या पारित किए गये अधिनियमों का मूल पाठ हिन्दी से भिन्न किसी अन्य

भाषा में है, वहाँ अनुच्छेद 348 के खण्ड (3) के अनुसार अंग्रेजी अनुवाद के अलावा उसका हिन्दी अनुवाद भी प्रकाशित किया जाए।

राज्य की राजभाषा में पाठ के साथ-साथ राज्य विधेयकों, अधिनियमों और अन्य सांविधिक लिखतों के हिन्दी अनुवाद के प्रकाशन के लिए आवश्यक विधेयक उचित सभय पर पेश किया जाए।

12. उच्चतम न्यायालय और उच्च न्यायालय की भाषा - राजभाषा आयोग ने सिफारिश की थी कि जहाँ तक उच्चतम न्यायालय की भाषा का सवाल है, उसकी भाषा इस परिवर्तन का समय आने पर अन्ततः हिन्दी होनी चाहिए। समिति ने यह सिफारिश मान ली है।

आयोग ने उच्च न्यायालयों की भाषा के विषय में प्रादेशिक भाषाओं और हिन्दी के पक्ष-विपक्ष में विचार किया और सिफारिश की कि जब भी इस परिवर्तन का समय आए, उच्च न्यायालयों के निर्णयों, आज्ञप्तियों (डिक्रियो) और आदेशों की भाषा सभी प्रदेशों में हिन्दी होनी चाहिए किन्तु समिति की राय है कि राष्ट्रपति की पूर्व सम्मति से आवश्यक विधेयक पेश करके यह व्यवस्था करने की गुंजाइश रहे कि उच्च न्यायालयों के निर्णय, आज्ञप्तियों (डिक्रियो) और आदेशों के लिए उच्च न्यायालय में हिन्दी और राज्यों की राजभाषाएँ विकल्पतः प्रयोग में लाई जा सकेंगी।

समिति की राय है कि उच्चतम न्यायालय अन्ततः अपना सब काम हिन्दी में करे, यह सिद्धांत रूप में स्वीकार्य है और इसके सम्बन्ध में समुचित कार्रवाई उसी समय अपेक्षित होगी जब कि इस परिवर्तन के लिए समय आ जाएगा।

आयोग की सिफारिश की तरमीम करते हुए समिति ने सुझाव दिया है कि, उच्च न्यायालयों की भाषा के विषय में यह व्यवस्था करने के लिए आवश्यक विधेयक विधि मंत्रालय उचित समय पर राष्ट्रपति की पूर्व सम्मति से पेश करे ताकि निर्णयों, आज्ञप्तियों (डिक्रियों) और आदेशों के प्रयोजनों के लिए हिन्दी और राज्यों की राजभाषाओं का प्रयोग विकल्पतः किया जा सके।

13. विधि क्षेत्र में हिन्दी में काम करने के लिए आवश्यक आरम्भिक कदम - मानक विधि शब्दकोश तैयार करने, केन्द्र तथा राज्य के विधान निर्माण से संबंधित सांविधिक ग्रंथ का अधिनियम करने, विधि शब्दावली तैयार करने की योजना बनाने और जिस संक्रमण काल में सांविधिक ग्रंथ और निर्णयविधि अंशतः हिन्दी और अंग्रेजी में होंगे, उसी अवधि में प्रारम्भिक कदम उठाने के बारे में आयोग ने जो सिफारिश की थी, उन्हें

समिति ने मान लिया है। साथ ही समिति ने यह सुझाव भी दिया है कि संविधियों के अनुवाद और विधि शब्दावली तथा कोशों से संबंधित सम्पूर्ण कार्यक्रम की समुचित योजना बनाने और उसे कार्यान्वित करने के लिए भारत की विभिन्न राष्ट्रभाषाओं का प्रतिनिधित्व करने वाले विशेषज्ञों का एक स्थाई आयोग या इस प्रकार कोई उच्च स्तरीय निकाय बनाया जाए। समिति ने यह राय भी जाहिर की है कि राज्य सरकारों को परामर्श दिया जाए कि वे भी केन्द्रीय सरकार से राय लेकर इस संबंध में आवश्यक कार्रवाई करें।

समिति के सुझाव को दृष्टि में रखकर विधि मंत्रालय (यथासंभव सब भारतीय भाषाओं में प्रयोग के लिए) सर्वमान्य विधि शब्दावली की तैयारी और संविधियों के हिन्दी अनुवाद संबंधी पूरे काम के लिए समुचित योजना बनाने और पूरा करने के लिए विधि विशेषज्ञों के एक स्थाई आयोग का निर्माण करे।

14. हिन्दी के प्रगामी प्रयोग के लिए योजना का कार्यक्रम - समिति ने यह सुझाव दिया है कि संघ की राजभाषा के रूप में हिन्दी के प्रगामी प्रयोग की योजना संघ सरकार बनाए और कार्यान्वित करे। संघ के राजकीय प्रयोजनों में से किसी के लिए अंग्रेजी के प्रयोग पर इस समय कोई रोक न लगाई जाए।

तदनुसार गृह मंत्रालय एक योजना कार्यक्रम तैयार करे और उसे अमल में लाने के संबंध में आवश्यक कार्रवाई करे। इस योजना का उद्देश्य होगा, संघीय प्रशासन में बिना कठिनाई के हिन्दी के प्रगामी प्रयोग के लिए प्रारम्भिक कदम उठाना और संविधान के अनुच्छेद 343 खण्ड (2) में किए गये उपबन्ध के अनुसार संघ के विभिन्न कार्यों में अंग्रेजी के साथ-साथ हिन्दी के प्रयोग को बढ़ावा देना, अंग्रेजी के अतिरिक्त हिन्दी का प्रयोग कहाँ तक किया जा सकता है यह बात इन प्रारम्भिक कार्रवाइयों की सफलता पर बहुत कुछ निर्भर करेगा। इस बीच प्राप्त अनुभव के आधार पर अंग्रेजी के अतिरिक्त हिन्दी के वास्तविक प्रयोग की योजना पर समय - समय पर पुनर्विचार और उसमें हेर-फेर करना होगा।

***